Gisa Pauly

Die Hebamme von Sylt

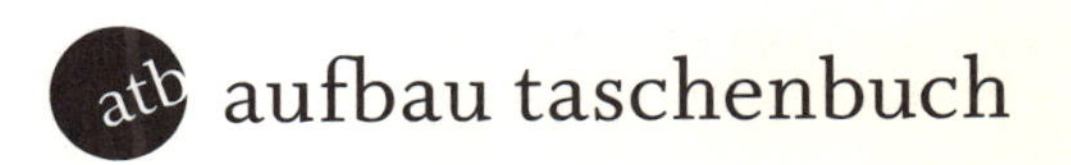

Gisa Pauly hat bisher die Sylt-Bände »Reif für die Insel« und »Deine Spuren im Sand« sowie den historischen Roman »Die Frau des Germanen« veröffentlicht. Zudem hat sie um die Ermittlerin Mamma Carlotta eine erfolgreiche Serie entwickelt, die ebenfalls auf Sylt spielt. Im März 2013 erscheint ihr nächster großer Roman »Sturm über Sylt« im Verlag Rütten & Loening.
Mehr zur Autorin unter www.gisa-pauly.de

Sylt im frühen 19. Jahrhundert. Geesche Jensen ist die einzige Hebamme auf Sylt. In einer sturmumtosten Nacht kommen zwei Frauen zu ihr, die ihre Hilfe bei einer Entbindung brauchen: Freda Boyken, die Frau eines armen Fischers, und Gräfin Katerina von Zederlitz, die ihre Zeit der Schwangerschaft auf Sylt verbracht hat. In Sorge um ihren Verlobten, der, statt als Fischer zu arbeiten, sich bei der Inselbahn verdingen muss, fällt Geesche eine verhängnisvolle Entscheidung.
Sechzehn Jahre später. Geesches Verlobter hat sich in jener düsteren Nacht das Leben genommen. Als Marinus, ein Ingenieur der Inselbahn, um ihre Hand anhält, glaubt die Hebamme, doch noch das große Glück für sich zu finden. Doch dann, während Elisa, die strahlende, sechzehnjährige Tochter der Gräfin, an einen hohen Adeligen verheiratet werden soll, findet Marinus heraus, was damals in Geesches Hütte geschah. Eine Kette von Unglücken und Verwicklungen nimmt ihren Lauf.

Gisa Pauly

Die Hebamme von Sylt

Historischer Roman

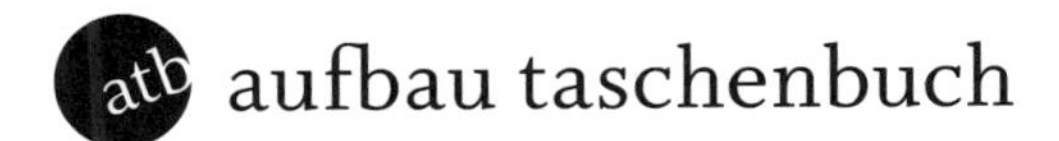

ISBN 978-3-7466-2909-4

Aufbau Taschenbuch ist eine Marke
der Aufbau Verlag GmbH & Co. KG

1. Auflage 2013

Die Originalausgabe erschien 2011 bei Rütten & Loening,
einer Marke der Aufbau Verlag GmbH & Co. KG
Umschlaggestaltung Mediabureau Di Stefano, Berlin
unter Verwendung zweier Motive von Bridgeman Art Library:
William Peter Watson und John Williams Waterhouse,
sowie einer Sylt Karte / www.historic-maps.de
Druck und Binden CPI – Clausen & Bosse, Leck
Printed in Germany

www.aufbau-verlag.de

Prolog

Es war das Jahr 1872, als sich Geesche Jensens Leben grundlegend veränderte. Ein kalter Sommer, der noch nicht viele heiße Tage gehabt hatte! Das Unwetter, das über die Insel fuhr, war nicht das erste dieses Sommers, aber das schlimmste. Der Sturm jagte die Wellen gegen den Strand, das Tosen der Brandung war auf der ganzen Insel zu hören. Viele Klänge hatte er, dieser Wind, er heulte in den Fenstern und Türen, pfiff im Reet der Dächer und fuhr mit dem Schrei einer Möwe nieder, als hätte der Sturm einen spitzen Schnabel und scharfe Krallen. Am schlimmsten aber war das Fauchen des Meeres, das ferne Grollen der Wellen, ihr Brüllen, wenn sie sich überschlugen, sich auf den Sand warfen und sich zischend zurückzogen, als wollten sie eine Warnung hinterlassen. Aus einem schwülen, drückenden Tag war dieser Sturm entstanden, einem Tag, an dem jeder auf ein reinigendes Gewitter gehofft hatte. Dass daraus ein solches Wüten, eine derartige Wucht, eine so kalte, vernichtende Kraft entstehen würde, hatte niemand erwartet. Auch die alten Seefahrer nicht, die sich mit allen Wetterlagen auskannten, die nur lange in den Himmel blicken mussten, um dann an den Wolkenbildungen, der Windrichtung und dem Verhalten der Möwen zu erkennen, was der Insel bevorstand. Sie alle hatten diesmal versagt.

Geesche fragte sich, wie viele Fischer hinausgefahren sein mochten. Jens Boyken hatte sich aufgemacht, wie sie wusste. Gegen Mittag war sie an seinem Haus vorbeigekommen, da hatte er seine Netze vorbereitet und die Reusen zusammengelegt.

»Willst du Freda wirklich allein lassen?«, hatte sie ihn gefragt.

»Du hast gesagt, es kann noch eine Woche dauern, bis das Kind kommt«, hatte Jens in seiner mürrischen Art zurückgegeben. »Soll ich eine Woche auf den Fang verzichten? Und was, wenn es zwei Wochen werden?«

Es konnte aber auch schon in der nächsten Nacht losgehen. Gerade in den Sturmnächten wurden viele Kinder geboren. Wenn sich in der Natur etwas veränderte, setzten die Wehen oft früher ein, wenn das Wetter umschlug, der Mond wechselte oder eine Gefahr näher kam. Freda würde Angst vor dem Alleinsein haben, vor allem wenn Ebbo den Vater begleitet hatte. Ob Geesche zu ihr gehen sollte, um nach ihr zu sehen?

Nachdenklich ging sie zum Fenster der Küche und blickte hinaus. Die Nacht war schwarz, kein Stern zu sehen, der Mond lag hinter den Wolken verborgen. Sie jagten vermutlich über den Himmel, aber so dicht waren sie, dass sie kein Licht hindurch ließen. So war der Sturm nur zu hören, nicht zu sehen.

Wo mochte Andrees sein? Hoffentlich war er nicht von seinem Vater gebeten worden, mit hinauszufahren. Andrees ließ sich gerne bitten, das wusste Geesche. Eigentlich war er immer noch Fischer mit Leib und Seele, hatte nie etwas anderes sein wollen. Dass er nun dabei half, die Trasse zu bauen, auf der irgendwann einmal eine Inselbahn fahren sollte, war sein größtes Unglück. Doch ein Fischerboot ernährte nur eine Familie, und selbst das nur mit Müh und Not.

»Soll ich warten, bis mein Vater zu alt und zu schwach ist, um die Netze zu heben? Warten, dass er mir sein Boot überlässt?«, hatte er sie oft gefragt.

Dass dieser Tag kommen würde, war zwar eine kleine Hoffnung, aber keine wirkliche Perspektive. Und dem Vater ein Ende des Fischfangs zu wünschen, das war sogar eine Sünde. Nein, Andrees brauchte dringend ein eigenes Boot, um als Fischer sein Auskommen zu haben. Die Arbeit an der Trasse der Inselbahn machte einen anderen Menschen aus ihm. Jeden Tag ein bisschen mehr. Morgen würde er wieder ein wenig unglücklicher sein als gestern und übermorgen erneut davon reden, dass das Leben keinen Sinn hatte, wenn er nicht täglich auf das Meer hinauskonnte. Und erst recht nicht, wenn er sein Geld mit etwas so Sinnlosem verdiente wie der Idee, dass irgendwann eine Eisenbahn über die Insel fahren und Sommerfrischler vom Hafen Munkmarsch nach Westerland bringen sollte. Niemand glaubte an die ehrgeizigen Pläne von Dr. Julius Pollacsek, der aus Westerland ein blühendes Seebad machen wollte. So hatte der selbst ernannte Kurdirektor auch nur wenig Unterstützung auf Sylt gefunden. Kaum jemand war bereit, ihm dabei zu helfen, die Voraussetzungen für die Inselbahn zu schaffen, die Dr. Pollacsek sogar selbst finanzieren wollte. Lediglich einen Haufen junger Männer gab es, die froh über jede Beschäftigung waren. Sogar einige Strandräuber waren darunter, die jede Gelegenheit nutzten, um zu Geld zu kommen.

»Was ist das für eine Arbeit!«, klagte Andrees oft. »Ich tu was Sinnloses, nur um nicht zu verhungern. In zwanzig Jahren wird niemand mehr wissen, warum etwas so Überflüssiges wie diese Eisenbahntrasse gebaut wurde. Eine Inselbahn? Sinnlos! Alles sinnlos!«

Jedes Mal, wenn er das sagte, hatte Geesche Angst, dass er bald auch keinen Sinn mehr darin sehen könnte, sich eine gemeinsame Zukunft mit ihr auszumalen. Manchmal fürchtete sie sogar, dass er in seiner eigenen Zukunft keinen Sinn mehr sah. Was sollte geschehen, wenn er den Sinn des Lebens aus den Augen verlor?

Sie riss sich vom Fenster los, verließ die Küche und trat auf den Flur, der das Haus in Wohn- und Wirtschaftsteil gliederte, wie es in friesischen Häusern üblich war. Aber Geesche hatte diese Aufteilung verändert. Aus der Kammer des Wirtschaftsteils hatte sie den Raum gemacht, in dem die Frauen gebären konnten, die bei ihr, der einzigen Hebamme der Insel, Hilfe suchten; aus der Dreschtenne sollte demnächst ein Raum werden, der an Sommerfrischler zu vermieten war. Immer mehr kamen nach Sylt, manche blieben sogar den ganzen Sommer. Und wenn die Inselbahn zwischen dem Fährhafen Munkmarsch und Westerland wirklich einmal fahren sollte, würden es noch mehr werden. Vielleicht konnte sie dann auch den Stall umbauen, der an der Westseite die ganze Tiefe des Hauses einnahm. Sommerfrischler brachten Geld auf die Insel, und Geesche brauchte Geld, damit Andrees sich sein eigenes Fischerboot kaufen konnte. Aber sie brauchte es bald. Bis die Inselbahn ihre erste Fahrt machte, würden noch viele Jahre vergehen. Wenn die Pläne von Dr. Pollacsek überhaupt in die Tat umzusetzen waren! Andrees glaubte nicht daran.

Ein so gespenstisches Heulen fuhr unter der Eingangstür her, dass Geesche sich erschrocken an die Wand drängte. Wenn Andrees doch nur daran glauben könnte, dass es für Sylt eine neue Zukunft gab, wenn immer mehr Fremde auf die Insel kamen! Dr. Pollacsek behauptete, es kämen fette Jahre auf diejenigen zu, die Fremdenzimmer zu vermieten hatten. Und ihr Haus war groß genug dafür! Sie würden ihr Auskommen haben, wenn auch Andrees sich auf Dr. Pollacseks Ideen einließ.

Aus dem Stall drang aufgeregtes Gackern, als der Wind einen schweren Eimer gegen die Stalltür schlug. Wie lange würde Andrees sein Unglück noch ertragen? So lange, bis sie den Stall zu Fremdenzimmern gemacht hatte? Geesche schüttelte den Kopf. Nein, so viel Zeit würde ihr das Schicksal wohl nicht lassen.

Noch war der Stall in dem Zustand, in dem er gewesen war, als ihr Vater das Haus von seinen Eltern übernommen hatte. Zu seinen Lebzeiten waren dort Schweine und Federvieh gehalten worden. Als er starb und auch die Mutter bald das Zeitliche segnete, hatte Geesche sich entschlossen, die Schweine abzuschaffen. Nun hielt sie nur noch ein paar Hühner und Enten dort. Die Schafe, die sie außerdem besaß, kamen nicht in den

Stall, sie blieben bei jeder Wetterlage auf der Weide. Wenn sie den Hühnern und Enten einen Verschlag im Garten bauen ließ, würde sie in dem Stall ebenfalls Fremdenzimmer einrichten können.

Geesche nahm die Petroleumlampe mit ins Gebärzimmer und leuchtete es aus. Ja, alles war an seinem Platz. Sollte Freda Boyken heute noch niederkommen, würde sie hier frische Laken vorfinden, einen sauberen Bottich für das Wasser, das Geesche auf der Feuerstelle ihrer Küche warmhielt, und alles, was für den Säugling gebraucht wurde, wenn er auf der Welt war. Auch Brot, Getreidegrütze und Bier hielt sie bereit, falls die Mutter nach der Geburt bereit war für eine Stärkung, wie Geesche sie gern empfahl.

Sie ging zurück in den Flur, wo ein großes wollenes Tuch auf einem Haken hing. Das legte sie sich gerade um, als sie spürte, dass jemand auf das Haus zukam. Schritte waren nicht zu hören, dazu war das Fauchen und Heulen des Windes zu laut, aber dass der Kies knirschte, blieb Geesche dennoch nicht verborgen. Sie kannte die Geräusche der Insel, wusste jeden Ton zu deuten, den sie erlauschte. Schon wieder raschelte es im Kies. Andrees? Warum kam er leise und heimlich zu ihr? Oder schleppte er sich mühsam zu ihrer Tür? Ging es ihm schlecht? Noch schlechter? So schlecht, dass er es nicht mehr aushielt?

Derart heftig stieß Geesche die Tür auf, als käme es auf jede Minute an. Als könnte Andrees im nächsten Augenblick noch zu retten sein und schon im übernächsten davon reden, dass er ins Watt gehen würde, weil das Leben keinen Sinn mehr hatte, wenn er kein Fischer sein durfte.

Mit aller Kraft hielt sie die Tür fest, damit der Sturm sie ihr nicht aus der Hand schlug. Aber sie konnte nicht verhindern, dass er mit gierigen Böen ins Haus fuhr.

Freda Boyken war es, die mit schweren Schritten auf das Haus zukam. Geesche sah sofort, dass ihre Stunde gekommen war. Sie streckte Freda die Hand entgegen, ergriff sie, kaum dass sie die Schwangere erreichen konnte, ohne die Tür dem Wind zu überlassen, und zog sie ins Haus.

»Seit wann hast du Wehen?«

Freda richtete sich stöhnend auf und griff sich in den Rücken, als Geesche die Tür geschlossen hatte. »Noch nicht lange«, keuchte sie. »Aber ich dachte, es ist besser, wenn ich schon jetzt zu dir komme. Falls der Sturm noch schlimmer wird …«

»Dann hättest du am Ende den Weg nicht mehr geschafft«, vollendete Geesche und schob Freda zur Tür des Gebärzimmers. »Ist Ebbo etwa mit Jens rausgefahren?«

Freda schüttelte den Kopf. »Er will zum Strand gehen und sich umhören. Vielleicht ist einer der Fischer rechtzeitig umgekehrt und weiß, was mit den anderen geschehen ist.« Freda ging zu dem Strohlager in der Mitte des Raums, über das Geesche frische weiße Laken gebreitet hatte. Sie drehte sich nicht um, als sie fragte: »Er wird doch zurückkommen? Er wird doch nicht ausgerechnet heute …?«

Geesche erwartete nicht, dass sie den Satz zu Ende sprach, und sie beantwortete die Frage nicht. Dass ein Fischerboot nicht zurückkehrte, gehörte zum Sylter Alltag. In einem solchen Fall war es eine Gnade, wenn der Fischer Tage später an den Strand gespült wurde und dort beerdigt werden konnte, wo seine Wurzeln waren. Das Allerschlimmste war, wenn ein Fischer auf See blieb.

Geesche ging zu ihr, als Freda sich unter der nächsten Wehe krümmte. Sie betastete ihren Leib, dann griff sie nach Fredas Hand. »Das dauert noch«, sagte sie. »Lass uns in die Küche gehen und einen Becher Tee trinken. Dort ist es warm, da vergeht die Zeit schneller als hier.« Sie nickte zu dem Strohbett, das weder warm noch bequem aussah, sondern nichts als zweckdienlich war. Wenn die Geburt in Gang war, würde Freda von der Kälte in diesem Raum nichts mehr spüren. Aber bis es so weit war, war sie in der warmen Küche besser aufgehoben. Freda hatte Angst, das sah Geesche. Nicht nur vor der Geburt, sondern auch um ihren Mann. Wichtig war es jetzt, ihr Zuversicht zu geben und sie abzulenken.

Freda nickte dankbar und folgte Geesche. Schwer ließ sie sich in der Küche auf einen Stuhl fallen und stützte die Ellbogen auf den Tisch. »Wenn nur Jens da wäre ...«

Geesche wandte Freda den Rücken zu, während sie den Tee aufgoss, weil sie fürchtete, dass ihrem Gesicht die Sorge abzulesen war. Wer in dieser Nacht hinausgefahren war, musste früh genug bemerkt haben, dass ein Wetter aufzog, dann war vielleicht noch Zeit zum Umkehren gewesen. Wer die Gefahr nicht rechtzeitig erkannt hatte, der kämpfte nun da draußen ums Überleben. Ob Andrees auch zu ihnen gehörte? Dann würde sie ihn vielleicht ans Meer verlieren. Noch in dieser Nacht! Andererseits war sie sicher, dass er gerade auf dem Meer um sein Leben kämpfen und den Kampf erst verloren geben würde, wenn der blanke Hans nach ihm griff! An Land ließ er sich schon lange nicht mehr aufs Kämpfen ein. Hier gab er sein Leben Stück für Stück hin, als wäre es nichts wert. Im Boot seines Vaters aber würde ihm das Leben kostbar genug sein, um es gegen die Naturgewalten zu verteidigen. Ja, überleben würde er am ehesten auf dem Meer. Aber was kam dann?

»Nur gut, dass dein Andrees nicht mit seinem Vater hinausgefahren ist«, sagte Freda in diesem Augenblick.

Geesche fuhr zu ihr herum. »Woher weißt du das?«

»Seine Tante war bei mir, kurz nachdem Jens losgezogen war. Sie sagte, Andrees habe seinen Vater begleiten wollen, aber der wollte es nicht zulassen. Weil Andrees doch schon in der Frühe von Dr. Pollacsek erwartet wird. Wie soll er für ihn arbeiten, wenn er in der Nacht auf See war und nicht geschlafen hat? Und was wäre, wenn die Fischer nicht pünktlich zurückkommen? Dann verliert er womöglich seine Stelle. Und was dann?«

Freda sah Geesche fragend an. Aber die zuckte nur mit den Schultern. Was dann? Das eine war für Andrees so schrecklich wie das andere. Die Arbeit an der Trasse der Inselbahn machte ihn genauso unglücklich wie die Aussicht auf ein Leben in tiefer Armut. Wer als Halmreeper mit dem Drehen von Halmen für Wäscheleinen und Binsen für sein Auskommen sorgen musste oder als Fischer auf dem Boot eines anderen, der verdiente kaum sein tägliches Brot. So einer schloss sich oft den Strandräubern an, um zu überleben. Aber Andrees würde vermutlich nicht einmal das tun. Wieder griff die Angst nach ihr, dass sie Andrees an ihren Traum von der Zukunft verlieren würde.

»Wenn er doch endlich sein eigenes Boot hätte«, sagte sie, »dann könnte er wieder glücklich sein.«

Sie stellte fest, dass Freda ruhiger wurde, als sie einen Becher mit heißem Tee in der Hand hatte und ihn vorsichtig schlürfte. Gelegentlich setzte sie ihn ab, schloss die Augen, beugte sich vor, legte die Stirn auf die Tischplatte und stöhnte leise. Aber die Abstände zwischen den Wehen waren noch groß. Fredas Kind würde erst in ein paar Stunden zur Welt kommen. Heimlich hoffte Geesche, dass Jens Boyken bis dahin zurückgekehrt war.

Das Schweigen trat nun in die Küche wie ein hoher Gast, der alle anderen mundtot machte. Freda war in Gedanken bei ihrem Mann, dachte an die bevorstehende Geburt, faltete die Hände, als wollte sie um göttlichen Beistand bitten. Geesches Gedanken wanderten zu Andrees. Ob er auch zum Strand gegangen war, um nach den heimkehrenden Fischern Ausschau zu halten? Oder nach dem ersten Strandgut, mit dem das Unheil verkündet wurde? Dann würde er hoffentlich auf Ebbo, Fredas Stiefsohn, aufmerksam werden und dafür sorgen, dass der Siebenjährige sicher nach Hause kam und bei den Nachbarn Unterschlupf fand, bis Freda wieder bei Kräften war.

Das Heulen des Windes verlor sein Gleichmaß. Es gab nun Augenblicke, da fiel es in sich zusammen, da tat sich eine kurze, unheimliche Stille auf, dann aber rüttelte der Sturm umso heftiger an den Türen und Fenstern.

In eine winzige Flaute hinein drang plötzlich ein anderes Geräusch, das nicht in diese Sturmnacht passte, ein leichtes Klappern, ganz und gar unwirklich für diesen finsteren bedrohlichen Abend.

Auch Freda war aufmerksam geworden. Und sie sprach aus, was Geesche nicht glauben mochte: »Pferde?« Und dann, als sich neben dem Getrappel auch das Rumpeln großer Räder näherte: »Eine Kutsche?«

Geesche sprang auf und lief in den Flur. Dort blieb sie stehen und lauschte. Nun wieder schien nur der Sturm vor dem Haus zu stehen, aber das Hufgetrappel und die Räder der Kutsche hatten sich nicht entfernt, nein, sie waren zum Stillstand gekommen.

Geesche raffte ihr wollenes Tuch vor der Brust zusammen, bevor sie die Tür öffnete. Die Kutsche, die vor ihrem Haus stand, erkannte sie sofort. Sie gehörte dem Grafen von Zederlitz, der mehrere Monate des Jahres auf Sylt verbrachte. Den Kutscher, der nun auf Geesche zutrat, hatte er von seinem schleswig-holsteinischen Gut mit nach Sylt gebracht.

Der Mann tippte mit der rechten Hand an seine Mütze, während er sie mit der linken festhielt. »Mein Herr schickt mich«, sagte er. »Ich soll die Hebamme holen. Bei der Gräfin haben die Wehen eingesetzt.« Er wies zur Kutsche. »Bitte! Es eilt!«

Geesche hörte ein Scharren hinter sich und drehte sich um. Freda war in der Küchentür erschienen und starrte den Kutscher ängstlich an.

»Das geht nicht«, sagte Geesche und gab dem Mann einen Wink, damit er eintrat und sie ihr Haus vor dem Wind verschließen konnte. »Ich habe schon eine Gebärende aufgenommen. Die kann ich nicht allein lassen.«

Der Kutscher betrachtete Freda, die zur Tür des Gebärzimmers ging, als wollte sie damit ihr Recht verdeutlichen.

»Aber mein Herr hat mir aufgetragen …«, begann er, brach dann aber ab, weil er einsah, dass die Hebamme eine Frau, die sich soeben in ihre Obhut begeben hatte, nicht wegschicken konnte. Ratlos sah er sie an. »Was soll ich meinem Herrn sagen?«

»Bring die Frau Gräfin zu mir«, antwortete Geesche. Und als der Mann zögerte, ergänzte sie: »In der Kutsche hat sie es bequem. Ich richte währenddessen alles her.« Und beruhigend, damit der Kutscher unbesorgt zurückfahren und ohne Angst vor seinen Herrn treten konnte, fügte sie hinzu: »Ich bereite für die Frau Gräfin in der Küche ein Lager vor. Dort ist es warm.«

»In der Küche?« Der Mann sah sie zweifelnd an.

Geesche schob ihn zur Tür. »In meiner Küche gibt es einen Alkoven. In das Bettzeug gebe ich einen Bettwärmer. Sie wird es bequem und warm bei mir haben. Sag deinem Herrn, es ist alles bereit für seine Gemahlin.« Sie öffnete die Tür und drängte den Kutscher aus dem Haus. »Trödel nicht! Je eher die Gräfin zu mir kommt, desto besser.«

Dem Kutscher war nicht wohl zumute, aber er verzichtete auf jeden Disput. Kurz darauf drangen seine Rufe durch den Wind, mit denen er die Pferde antrieb.

Freda stand noch immer ängstlich in der Tür des Gebärzimmers. »Keine Sorge, Freda«, sagte Geesche, »ich werde es schon schaffen, mich auch um dich zu kümmern.«

Sie betrachtete Freda besorgt, die sich in der nächsten Wehe krümmte. Freda war Erstgebärende, die Geburt konnte sich noch stundenlang hinziehen. Die Gräfin dagegen hatte schon zwei oder drei Totgeburten erlitten, Geesche wusste auch von mehreren Fehlgeburten. Wenn sie im Haus der Hebamme ankam, würde vermutlich alles schnell gehen. Geesche biss sich auf die Lippen. Hoffentlich konnte sie der armen Frau ein gesundes Kind in die Arme legen.

Freda riss sie aus ihren Gedanken. »Meinst du, der Graf ist bereit, seine Frau durch diese Sturmnacht zu kutschieren?«

»Er wird es müssen«, sagte Geesche und fühlte sich längst nicht so resolut, wie sie sich gab. »Hoffentlich beeilt der Kutscher sich.« Dann gab sie sich einen Ruck und ging in die Küche. »Leg dich hin«, rief sie zurück.

Aber Freda folgte ihr. »Ich helfe dir«, sagte sie. »Das lenkt mich ab.«

Während Geesche die beiden Flügeltüren des Alkovens öffnete, füllte Freda den Sand in den Bettwärmer, den sie auf der Feuerstelle erhitzte, damit er der Gräfin ins Bett gelegt werden konnte. Geesche riss die Laken herunter, obwohl bisher niemand darauf gelegen hatte, und breitete frische über dem Stroh aus.

Das Alkovenbett in der Küche wurde selten benutzt, Geesche schlief in dem Alkoven des Wohnzimmers. Aber jedes friesische Haus hatte auch in der Küche einen Alkoven, damit ein Familienmitglied, das krank war, in der Küche einen warmen Platz hatte und nicht allein sein musste.

Ob die Gräfin damit zufrieden sein würde? Dass sie eine bevorzugte Behandlung erfuhr, indem sie in der warmen Küche gebären durfte, würde ihr vermutlich nicht aufgehen. Sie hatte selbstverständlich erwartet, in ihrem eigenen Bett niederzukommen, umgeben von den Dienstboten, die sie mit nach Sylt gebracht hatte, und gewöhnt an den Komfort, den ihr Haus bot. Geesche spürte, dass Angst in ihr hochstieg. Was, wenn auch diese Geburt kein gutes Ende nahm? Dieses Kind des gräflichen Paares war das erste, das auf Sylt geboren werden sollte. Was würde mit der Hebamme geschehen, wenn auch dieses Kind tot zur Welt kam? Der Gedanke an Andrees schoss wie ein Blitz durch ihren Kopf. Wenn sie ihren guten Ruf als Hebamme verlor, würde es mit ihrer gemeinsamen Zukunft noch schlechter bestellt sein. Zwar wurde sie meistens nicht mit Geld, sondern mit Nahrungsmitteln entlohnt, aber diese Arbeit sicherte ihr Leben und konnte auch das Überleben eines Mannes sichern. Vorausgesetzt, dieser Mann war nicht zu stolz, ihre Hilfe anzunehmen …

Als erneut das Pferdegetrappel durch den Wind drang, fragte Geesche sich, ob der Graf es zulassen würde, dass sie sich auch um Freda kümmerte, während seine Frau in den Wehen lag. Geesche würde Gelegenheit haben, ihr Fingerspitzengefühl zu beweisen. Und als sie Freda ins Gesicht sah, wurde ihr klar, dass sie die gleichen Gedanken hatte.

»Es wird alles gut«, sagte Geesche, ehe sie zur Tür ging.

Als sie öffnete, drang der scharfe Ruf eines Mannes an ihr Ohr, der es gewöhnt war zu befehlen. Der Kutscher hob die Gräfin aus der Kutsche und trug sie Geesche entgegen, gefolgt von dem Grafen, der nervös und ungehalten war.

»Ich habe Sie in meinem Haus erwartet«, herrschte er Geesche an, während der Kutscher die Gräfin vorsichtig auf die Füße stellte.

»Sie wissen doch …«, begann Geesche, aber jede Erklärung wurde überflüssig, als Fredas unterdrückter Schrei aus der Küche drang.

Entsetzt sah die Gräfin zu der geöffneten Tür, in der Freda erschien und sich Mühe gab, einen Schritt vor den anderen zu setzen, um über den Flur ins Gebärzimmer zu gelangen. Als Geesche ihr beispringen wollte, wehrte sie erschrocken ab. Nein, die Gräfin hatte Vorrang! Freda hätte sich in Grund und Boden geschämt, wenn Geesche sich um sie gekümmert hätte, während Gräfin Katerina von Zederlitz auf die Zuwendung der Hebamme warten musste. Die arme Fischersfrau Freda Boyken war froh, dass sie in dem Haus bleiben durfte, in dem auch die Gräfin niederkam, und wenigstens darauf vertrauen konnte, dass ihr notfalls geholfen wurde, wenn sie es allein nicht schaffte, ihr Kind auf die Welt zu bringen.

Geesche verstand. Sie griff nach dem Arm der Gräfin, um sie in die Küche zu führen … und in diesem Augenblick geschah es. Das Haus wurde mit einem Mal in grelles Licht getaucht. Kein Blitz, nein, ein Leuchten, das dem Himmel für Sekunden seine Farbe nahm. Die Schwärze ging in einem weißen Schein auf, vor dem alles Große klein und alles Kleine noch winziger wurde. Scharf umrissen und rabenschwarz blitzte alles auf, was zu Sylt gehörte, auch das Inventar im Haus der Hebamme und die Menschen, die sich dort zusammengefunden hatten.

Als die Schwärze so schnell zurückkehrte, wie sie gegangen war und die Nacht sich wieder über diesen grellen Augenblick senkte, begriff Geesche, dass etwas geschehen würde. Dies war kein Wetterleuchten gewesen, es musste das Auflodern des Schicksals gewesen sein. Was würde in dieser Nacht geschehen? Ihre Hände zitterten, als sie die Gräfin in ihre Küche führte, und sie spürte, dass diese ihre Unruhe bemerkte ...

Gegen Morgen wurden kurz hintereinander zwei Mädchen geboren, keine halbe Stunde nachdem es noch einmal ein Wetterleuchten gegeben hatte. Und als die Neugeborenen auf der Welt waren, bestätigte sich, was Geesche beim Eintreffen der Gräfin gefühlt hatte. Die Warnung des Schicksals! Während der Nacht hatte sie Mühe gehabt, beiden Frauen gerecht zu werden, der Gräfin gemäß ihrer Vorrangstellung die größere Aufmerksamkeit zu schenken, aber Freda darüber nicht ganz zu vergessen. Dass das Wetterleuchten wie eine Warnung gewesen war, hatte sie verdrängt, ebenso die Frage, wovor sie gewarnt werden könnte. Sie beantwortete sich später von selbst. Schon bald, nachdem die beiden Mädchen gewaschen, gewickelt und gemeinsam in die einzige Wiege gelegt worden waren, die Geesche besaß. Dicht nebeneinander lagen sie da, als gäbe es keinen Unterschied zwischen dem Neugeborenen einer Gräfin und einer Fischersfrau. So lange, bis der Graf seine Tochter heraushob und verlangte, dass sie so schnell wie möglich in sein Haus gebracht wurde ...

I.

Sechzehn Jahre später war Geesche Jensen zu einer stattlichen Frau geworden. Groß war sie, größer als die meisten Sylterinnen und nicht so dünn wie viele von ihnen, die nur mit Mühe ihr Auskommen hatten und schlecht ernährt waren. Ihr Gesicht war immer noch weich und mädchenhaft, ihre blonden Haare, die sie in dicken Flechten um den Kopf gelegt hatte, wiesen keine einzige graue Strähne auf, obwohl sie in zwei Jahren ihren vierzigsten Geburtstag begehen würde. Ja, sie war noch immer eine ansehnliche Frau! Die großen grauen Augen wurden von dichten schwarzen Wimpern umrahmt, ihre Wangen waren rosig, ihr Mund besaß volle Lippen. Wer sie aber genauer betrachtete, bemerkte auch den herben Zug um ihren Mund, und wer sie gut kannte, wusste, dass sie nicht mehr oft lachte. Das Leben hatte Geesche Jensen stark, aber auch hart gemacht. Daran konnte auch das blau-weiß karierte Baumwollkleid nichts ändern, das eine verspielte kleine Rüsche am Halsausschnitt hatte, und ebenso wenig die strahlend weiße, blitzsaubere Schürze, die sie darüber gebunden hatte. Die hellen Leinenschuhe mit der leichten Hanfsohle hatte sie am Vortag so lange geschrubbt, bis sie fast so hell waren wie ihre Schürze. Auf Sauberkeit legte Geesche Jensen großen Wert.

Sie stand am Fenster und sah hinaus, als erwartete sie einen Gast, der sich verspätet hatte. Der Sommer war kalt in diesem Jahr. Zum Glück hatte es noch keinen Sturm gegeben, aber genauso wenig einen wolkenlosen blauen Himmel. Obwohl der Wind schwach war, blieb er dennoch kalt, und die Sonne hatte noch immer keine Kraft, um die Insel zu erwärmen. Der Steinwall, der Geesches Haus umgab, war jedoch voller Heckenrosenblüten, die Wiesen davor gelb und weiß betupft, und die Sonne, die an diesem Morgen erwacht war, schaffte es, die Blüten zum Leuchten zu bringen.

Wie anders war der Tag vor sechzehn Jahren gewesen! Wie hatte der Sturm gewütet in jener Nacht, als Hanna Boyken und Elisa von Zederlitz das Licht der Welt erblickt hatten!

Geesche kreuzte die Arme vor der Brust und zog die Schultern hoch. Sie fröstelte, als führe der Sturm noch einmal in ihr Haus, so wie damals. Jahr für Jahr war sie froh, wenn dieser Tag vorüber war, an dem die Geburt der beiden Mädchen sich jährte. Ein schrecklicher Tag, vor allem für die arme Freda. Wenn sie zu ihr kam, würde es wieder Geesches Aufgabe sein, sie daran zu erinnern, dass dieser Tag nicht nur Jens Boykens Todestag, sondern auch Hannas Geburtstag war. Das Mädchen konnte nichts für das Unglück, das ihrer Mutter widerfahren war.

Geesche wandte sich ab und schob den Tisch aus der Mitte des Raums zurück vor das Fenster. Dort hatte er seinen Platz, in den Raum gerückt und mit Stühlen umstellt wurde er nur für die Mahlzeiten. Und da seit zwei Wochen ein Sommerfrischler in ihrem Hause wohnte, musste alles so zugehen, wie es sich für einen Gast gehörte. Dr. Leonard Nissen frühstückte jeden Morgen in Geesches Küche und gab sich mit Getreidegrütze, Brot und Tee zufrieden. Geesche wusste, dass er in Hamburg, wo er lebte, an Luxus gewöhnt war. Und sie wusste auch, dass man in den beiden Logierhäusern Westerlands, der »Dünenhalle« und dem »Strandhotel«, auf die besonderen Bedürfnisse wohlhabender Sommerfrischler Rücksicht nahm. Aber Dr. Nissen betonte immer wieder, dass er sich in Geesches Küche wohlfühle und froh sei, die erste Mahlzeit des Tages mit ihr zusammen einnehmen zu dürfen.

Sie ging in den Pesel, wie der größte und schönste Raum eines friesischen Wohnhauses hieß, der nur zu besonderen Anlässen benutzt wurde. Er war mit Decken- und Wandmalereien versehen und mit wertvollen Einrichtungsstücken ausgestattet, die Geesches Vater mitgebracht hatte, wenn er aus fernen Ländern zurückgekehrt war. Bis zu seinem fünfzigsten Lebensjahr war er zur See gefahren und manchmal zwei oder drei Jahre weggeblieben. Wenn er dann endlich zurückkehrte, hatte er immer kostbare Geschenke im Gepäck gehabt.

Die Möbel und das Geschirr, das im Vitrinenschrank stand, hatte er aus England nach Sylt gebracht, die hohen, strengen Stühle aus Spanien, den kupfernen Samowar aus Russland. Geesche hatte ihn erst ein einziges Mal benutzt. Das war nach der Beerdigung ihrer Mutter gewesen, als sich die Nachbarn im Pesel versammelt hatten, um zu kondolieren. Damals hatte sie feierlich Wasser in den Kessel des Samowars gefüllt. Es wurde durch ein innenliegendes Rohr, das heiße Asche enthielt, erhitzt und heiß gehalten. In einen kleinen Kessel hatte sie die Teeblätter gegeben, sie vorziehen lassen und den Sud in die Tassen gegeben. Mit dem heißen Wasser aus dem Samowar war er dann aufgegossen worden. Die Nachbarn hatten gestaunt und behauptet, noch nie einen so guten Tee getrunken zu haben.

Ihre Mutter war sehr stolz auf den Samowar gewesen, und Geesche nahm sich oft vor, ihn in Gebrauch zu nehmen, wenn Sommerfrischler in ihrem Hause logierten. Aber dann hatte sie ihn doch im Pesel stehen lassen, damit der schönste Raum so schön blieb, wie er war. Und ohne den Samowar wäre er ein Stück ärmer geworden.

Kalt war es hier, nicht viel wärmer als im Winter. Der Pesel lag nach Osten und war nicht zu beheizen. Für den Fall, dass er im Winter benutzt wurde, gab es einen Fußwärmer, der mit glühenden Kohlen gefüllt und unter den Tisch gestellt wurde. In dicke Mäntel und Jacken gehüllt saßen die Gäste dann um den Tisch herum, und jeder versuchte, mit den Füßen ein Plätzchen auf dem Fußwärmer zu ergattern.

Geesche beeilte sich, den Deckel der großen Truhe zu öffnen, die unter dem Fenster stand. Es war die Seemannstruhe ihres Vaters, grau gestrichen und segeltuchbespannt, die er auf allen Seereisen mitgeführt hatte. Jetzt diente sie der Aufbewahrung einiger Kostbarkeiten und wurde mit Kissen belegt, wenn die Stühle und das ripsbezogene Sofa für Gäste nicht ausreichten. Geesche langte mit geschlossenen Augen in die Truhe, so, als wollte sie nicht sehen, was sich dort verbarg. Ihre Finger schoben sich unter das Leinen, das sie dort aufbewahrte, unter die Spitzendecken, die ihr Vater aus Brüssel mitgebracht hatte, dann ertasteten sie tief unten die Münzen. Geesche zog eine heraus und schob sie in die Tasche ihrer Schürze. Danach schloss sie den Deckel der Truhe wieder.

Die Holzdielen knarrten, als sie den Pesel verließ und in die Küche zurückging. Dort gab es nur einen Lehmboden, so dass sie unbekümmert in der Glut der Feuerstelle stochern konnte. Sie blieb davor stehen und starrte den Kessel an, der über dem Feuer hing, bis er zu summen begann, und sie spürte, dass die Wärme zunahm.

Gut, dass Dr. Nissen das Haus verlassen hatte! Dies war der Tag, an dem Geesche am liebsten allein blieb. Doch das würde erst möglich sein, wenn Hanna sich ihr Geldstück abgeholt hatte, das sie an jedem Geburtstag erhielt, und Freda mit ihrer Arbeit fertig war. Seit dem Tag, an dem Hanna geboren und Jens Boyken auf See sein Leben gelassen hatte, verdiente Freda sich etwas zu ihrem kläglichen Lebensunterhalt dazu, indem sie Geesche zur Hand ging. Ihr oblag es, die Fremdenzimmer in Ordnung zu halten, dafür zu sorgen, dass die Betten regelmäßig bezogen wurden, dass immer frische Handtücher neben dem Waschgeschirr lagen und das Wasser nach der Morgentoilette erneuert wurde. Zwar hätte Geesche diese Arbeit leicht selbst verrichten und das Geld für Fredas Entlohnung sparen können, aber jedes Mal, wenn Hanna Geburtstag hatte, wusste sie wieder, wie wichtig es war, Freda zu helfen. Wenn ihre Dankbarkeit auch schwer zu ertragen war.

Geesche hörte die Tür leise gehen, und sofort schoss das Unbehagen in ihr hoch, das sie seit Jahren beinahe täglich herunterschluckte. Wie oft hatte sie Hanna schon gebeten, anzuklopfen und zu warten, bis ihr die Tür geöffnet wurde! Aber das Mädchen hörte nicht darauf. Hanna hatte ein untrügliches Gespür für die Schwächen anderer Menschen. Und dass Geesche zu schwach war, um sie zurückzuweisen, wusste sie genau. Ob sie sich wohl jemals gefragt hatte, warum das so war? Warum eine starke Frau wie die Sylter Hebamme hilf- und machtlos wurde, wenn es um Hanna Boyken ging?

Geesche lauschte auf die unregelmäßigen Schritte, auf den langen, schweren Schritt und den kaum hörbaren nächsten. Tohk-tik, tohk-tik! Dann öffnete sich die Küchentür so leise, als hoffte Hanna darauf, niemanden anzutreffen.

Als sie Geesche am Herd stehen sah, lächelte sie breit. »Ich habe Geburtstag.«

Geesche ging auf sie zu und umarmte sie. »Herzlichen Glückwunsch, Hanna!«

Sie hielt den schmächtigen Körper nur so lange umfangen, wie Hanna sich an sie drängte, dann schob sie das Mädchen von sich weg, griff in ihre Schürzentasche, holte die Münze hervor und drückte sie Hanna in die Hand. »Alles Gute für dein neues Lebensjahr!«

Hanna bedankte sich nicht. Sie ließ die Münze mit einer schnellen Bewegung unter der Schürze verschwinden, wo es eine Tasche gab, die Hanna sich auf den Rock ihres Baumwollkleides genäht hatte. Beides war dunkelblau, die Schürze noch dunkler als das Kleid. Geesche hatte sich oft vorgenommen, Hanna einmal etwas Helles zu schenken, eine weiße Schürze, ein fliederfarbenes Tuch, was von ihrer mürrischen Miene und ihrem misstrauischen Blick ablenken konnte. Aber dann war es doch bei dem Vorsatz geblieben, weil Geesche Hannas Dankbarkeit genauso schwer ertrug wie ihren scharfen Blick, mit dem sie die Frage zu stellen schien, warum Geesche freundlich zu ihr war. In Hannas schmalem Gesicht mit der spitzen Nase und den kleinen, stechenden Augen stand immer eine Frage, ob sie nun freundlich oder unfreundlich behandelt wurde, streng oder nachsichtig. Sie schien weder dem Leben noch den Menschen zu trauen, mit denen sie umging. Nur ihre Mutter und Ebbo genossen ihr uneingeschränktes Vertrauen. Und Elisa von Zederlitz! Der jungen Comtesse war ohne Mühe gelungen, was Geesche nicht fertigbrachte: Hanna zu nehmen, wie sie war, und sie zu mögen, wie sie war.

Hanna humpelte zum Herd und bat um einen Tee. »Weil ich Geburtstag habe.«

Geesche nickte, griff zu einer Dose, die auf der Ummauerung der Feuerstelle stand, und holte einige Teeblätter heraus. Hanna stand neben ihr, stützte sich auf den Rand der Feuerstelle und richtete sich so gerade auf wie möglich. Ihr rechtes Bein schwebte nun über dem Boden, ihre verformte Hüfte stand beinahe so waagerecht wie bei einem gesunden Menschen. Hanna trug immer sehr lange Röcke, um sich so oft wie möglich die Illusion zu gönnen, niemand könne sehen, dass sie ein Krüppel war.

»Graf von Zederlitz kommt heute mit seiner Familie auf die Insel«, sagte Hanna.

Geesche sah sie überrascht an. »Woher weißt du das?«

»Habe ich gehört.«

Hanna hörte immer und überall etwas. Wie sie an ihre Kenntnisse kam, war Geesche ein Rätsel. Sie fragte nie. Eine ehrliche Antwort hätte sie sowieso nicht bekommen. Das war so sicher, wie sie wusste, dass sie eine ehrliche Antwort auch nicht hören wollte.

»Seine Tochter hat heute auch Geburtstag«, ergänzte Hanna zufrieden. »Ich werde ihr ein paar Blumen bringen.«

Hanna war stolz darauf, dass sie mit der Tochter des Grafen zur selben Stunde im selben Haus geboren worden war. Und seit Graf von Zederlitz ihr Arbeit gab, wenn er im Sommer auf Sylt war, hatte sie endlich einmal allen anderen etwas voraus.

»Marinus Rodenberg begleitet ihn auch in diesem Jahr«, fügte Hanna nun an und beobachtete Geesche aus den Augenwinkeln. »Ich habe gehört, wie Dr. Pollacsek mit Dr. Nissen darüber gesprochen hat. Er plant schon den nächsten Bauabschnitt der Inselbahn. Von Hörnum nach Westerland! Dafür braucht er Marinus Rodenberg.«

Freda Boyken war nach der Geburt ihrer Tochter immer schmaler und kleiner geworden, ihr Gesicht ähnelte immer mehr dem eines verängstigten Vogels. Die beiden dunklen Kleider aus Sackleinen, die sie besaß, waren ihr mittlerweile viel zu groß, die grobe Schürze, die sie darüber trug, ließ sich so weit über den Rock binden, dass sie nicht im Rücken, sondern über dem Bauch geknotet wurde. Wann immer sie das Haus verließ, wickelte sie sich ein Tuch um den Kopf, das locker über der Brust zusammengebunden wurde. Wenn die Frauen im Sommer aufs Feld gingen, trugen alle so ein Tuch, um sich vor der Sonne zu schützen, Freda Boyken dagegen band es sich sommers wie winters über den Kopf. Ihr Gesicht war somit stets überschattet. Nur die Nase stach hervor, in dem fliehenden Kinn schien ihr Mund zu verschwinden, und ihre schönen großen Augen blinzelten so ängstlich unter dem Tuch hervor, dass sie einen großen Teil ihres eigentlich hübschen Äußeren damit einbüßte. Freda Boyken ging stets gebeugt, obwohl sie gerade erst vierzig geworden war, so, als drückte sie die Sorge nieder, als beugte sie sich unter einer schweren Last, als zehrte das Leben an ihr, statt ihr Kraft zu geben. Vielleicht hätte sie diese Kraft bekommen, wenn ihr Mann am Leben geblieben wäre, wenn damit wenigstens ihr Lebensunterhalt sicherer gewesen wäre und er das Leid mit ihr geteilt hätte. Oft allerdings, wenn sie Hanna betrachtete, ihre verkrüppelte Hüfte, ihr kraftloses rechtes Bein, dann war sie zufrieden damit, dass Jens seine

Tochter nie gesehen hatte. Ob er dieses Kind hätte lieben können, wusste Freda nicht zu sagen. Ihr selbst fiel es ja sogar manchmal schwer.

Sie strich Ebbo sanft übers Haar, als sie sich vom Tisch erhob. »Wolltest du heute nicht die Netze flicken?«

Ebbo schüttelte den Kopf, ohne aufzusehen. »Das hat Zeit bis morgen. Ich habe sowieso keinen Fischer gefunden, der mich heute mit hinausnimmt.«

Freda betrachtete ihn. Ihre Augen waren voller Zärtlichkeit, um ihren Mund spielte ein verständnisvolles Lächeln. Sie wusste nicht, wie liebevoll ihr Blick war, wenn sie Ebbo ansah, so fragte sie sich auch nie, ob Hanna bemerkte, dass es in Fredas Augen nur Hoffnung gab, wenn ihr Blick auf Ebbo ruhte, und dass sie verschwand, sobald sie ihre Tochter ansah.

Obwohl sie von ihm nichts erwarten durfte, lag ihre ganze Hoffnung auf Ebbo. Ein guter Sohn musste für seine Mutter sorgen, wenn sie alt, schwach und krank geworden war, und für seine verkrüppelte Schwester ebenso. Nur … Ebbo war nicht ihr Sohn. Nicht einmal der Sohn ihres Mannes. Jens war in erster Ehe mit einer Witwe verheiratet gewesen, die Ebbo mit in die Ehe gebracht hatte. Schon im ersten Winter nach der Hochzeit war die Frau an einer Lungenentzündung gestorben und der verwaiste Ebbo bei seinem Stiefvater geblieben. Als der vor genau sechzehn Jahren in der verhängnisvollen Sturmnacht nicht zurückgekehrt war, wurde Ebbo Fredas Sohn, den sie liebte, als hätte sie ihn selbst zur Welt gebracht. Ein schöner, starker, rechtschaffener Sohn, wie sie ihn sich gewünscht hatte, als sie an der Tür der Hebamme klopfte, um ihr erstes Kind zur Welt zu bringen. Doch sie war mit einer verkrüppelten Tochter im Arm nach Hause zurückgekehrt …

»Du willst zur Inselbahn?«, fragte sie aufs Geratewohl und wusste sofort, dass sie recht hatte, als sie sah, wie die Röte in Ebbos Wangen schoss. »Der Dampfer dürfte schon in Munkmarsch angelegt haben. Die Inselbahn wird bald ankommen.«

Ebbo nickte. »Dort werden immer Gepäckträger gebraucht.«

Freda schüttelte den Kopf. Ebbo wollte ihr weismachen, dass er zum Bahnhof ging, um nach einem Nebenverdienst Ausschau zu halten? »Sie ist die Tochter eines Grafen«, sagte sie. »Das kann nicht gutgehen. Warum suchst du dir nicht ein Mädchen, das zu dir passt?«

»Lass mich, Mutter«, entgegnete Ebbo und erhob sich ebenfalls. »Ich bin alt genug!«

Freda sah ihm durch das kleine, fast blinde Fenster nach, als er mit schnellen Schritten davonlief, den Kopf zwischen die Schultern gezogen, die Hände in die Hosentaschen gebohrt. Ein großer, kräftiger Mann von dreiundzwanzig Jahren, mit einem markanten Gesicht und hellen Augen, die alles Kantige in seinen Zügen weichzeichneten.

Die liebevolle Nachsicht verschwand allmählich aus Fredas Gesicht. Verspielte Ebbo die einzige Stetigkeit, die es seit Jens' Tod in ihrem Leben gab? Worauf sie sich seit Hannas Geburt verlassen konnte, war die Loyalität des Grafen von Zederlitz. Seine Tochter war in derselben Stunde im selben Haus zur Welt gekommen wie Hanna, er hatte ihren ersten Schrei gehört, hatte sie sogar im Arm gehalten, wie Freda später von Geesche erfahren hatte. Dadurch war eine Verbindung zur gräflichen Familie entstanden, die für Freda so kostbar war wie sonst nichts auf der Welt. War der Graf auch zunächst ärgerlich gewesen, als er begreifen musste, dass seiner Frau nicht die ungeteilte Aufmerksamkeit der Hebamme sicher war, hatte er Freda zwei Tage später, als Jens' Leiche an den Strand gespült worden war, sogar kondoliert und ein Geldgeschenk überbringen lassen, das ihr für mehrere Wochen ein Auskommen sicherte. Dafür würde sie ihm ewig dankbar sein. Auch für jedes Lächeln, das er Hanna später schenkte, wenn sie ihm zufällig begegneten, schuldete sie ihm Dankbarkeit, und für jedes freundliche Wort. Es gab nur wenige Menschen auf der Insel, die Hanna wohlwollend anblickten und freundlich mit ihr redeten.

Und dann, als Hanna vierzehn geworden war, hatte er sie sogar in seine Dienste genommen. Da war Freda schon sicher gewesen, dass Hanna niemals zum Lebensunterhalt würde beitragen können. Den ganzen Sommer lang, während die Familie von Zederlitz auf Sylt war, durfte Hanna in dem großen Haus, das der Graf in der Nähe der Dünen hatte bauen lassen, arbeiten, obwohl sie sich nur langsam voranbewegte, nicht stark war und auch nicht besonders geschickt. Nicht einmal fleißig und willig war sie und freundlich nur, wenn sie damit rechnete, dass es sich auszahlte. Trotzdem war Hanna im letzten Sommer sogar zur Gesellschafterin der Grafentochter gemacht worden. Die junge Comtesse durfte selbstverständlich nicht allein das Haus verlassen, heiratsfähige junge Damen von Stand hatten sich außerhalb der Familie in Gesellschaft aufzuhalten, und zwar in der Gesellschaft, die ihre Eltern für sie aussuchten.

Als Graf Arndt von Zederlitz diese Aufgabe Hanna Boyken übertrug, hatte Freda ihr Glück kaum fassen können. Welche Ehre! Welch ein Vertrauensbeweis! Schade nur, dass auch dieses Glück mit Sorge besetzt war. Würde Hanna gewissenhaft ihre Pflicht erfüllen? Würde sie gehorchen und höflich lächeln, wenn sie einen Auftrag erhielt? Und würde sie diskret sein und ihre Zunge hüten? Es gab viele Sylter, die sich nicht auszumalen vermochten, wie es in dem großen Haus vor den Dünen zuging, und Hanna bedrängten. Sie wollten etwas erfahren von dem Leben, das Menschen führten, die sich für ihr tägliches Brot nicht anstrengen mussten. Und Hanna gehörte leider zu denen, die jede Gelegenheit nutzten, um sich Aufmerksamkeit zu verschaffen. Ob sie wusste, welche Chance der Graf ihr einräumte? Freda seufzte schwer. Und ob Ebbo klar war, was er anrichtete, wenn er Elisa von Zederlitz schöne Augen machte?

Sie schloss die Tür ihrer Kate und machte sich auf den Weg zum Haus der Hebamme. Der Wind trieb das Stampfen und Pfeifen der Inselbahn herüber. Noch im letzten Jahr waren der

Graf und seine Familie mit Pferdgespannen vom Munkmarscher Fähranleger nach Westerland gebracht worden. Eine gute Stunde hatte dieser Transport gedauert, und nun, mit der Inselbahn, ging er in zwölf Minuten vonstatten. Dr. Julius Pollacsek, der seit vier Jahren Besitzer des Seebades Westerland war, hatte angekündigt, der Ort würde aufblühen, der Strand von Sylt demnächst voll von Fremden sein, die auf der Insel Erholung suchten und viel Geld bringen würden.

Freda schüttelte verächtlich den Kopf. Selbst wenn Dr. Pollacsek recht hatte, ihr eigenes Leben würde sich dadurch nicht ändern. Wer vom Fremdenverkehr profitieren wollte, brauchte ein Haus, in dem Platz genug war, um ein Zimmer an Feriengäste zu vermieten. In ihrer Kate war gerade mal Platz für sie selbst und für Ebbo und Hanna. Freda konnte froh sein, wenn Geesche die drei Zimmer, die sie mittlerweile in ihrem Haus hergerichtet hatte, im Sommer vermietete und ihre Hilfe brauchte, damit die Gäste anständig versorgt wurden. Das waren die paar Krümel, die für Freda Boyken abfielen, wenn alles tatsächlich so kommen würde, wie Dr. Pollacsek behauptete. Aber sie wollte damit zufrieden sein. Wenn sie diese Arbeit behielt, wenn Hanna im Sommer bei dem Grafen etwas Geld verdienen konnte, wenn Ebbo die richtige Frau heimbrachte, die vergaß, dass Freda nicht seine leibliche Mutter war und sich verpflichtet fühlte, wie es sich für eine gute Schwiegertochter gehörte … dann würde sie nicht klagen. Vielleicht konnte sie sich eines Tages auf eine Bank setzen, die Sonne genießen und sich vom Leben ausruhen.

Der Weg zu Geesche Jensens Haus führte am großen Kurhaus, dem sogenannten Conversationshaus, vorbei. Es stellte den Mittelpunkt des gesellschaftlichen Lebens in Westerland dar und war vollständig aus Holz erbaut, mit einem hohen spitzen Turm in der Mitte des Gebäudes, direkt über dem Eingang, und einer Turmuhr, die jede Stunde schlug. Eine große Veranda stand den vornehmen Kurgästen zur Verfügung, auf der sie sich bei gutem Wetter trafen, um sich zu unterhalten oder um Zeitung zu lesen. Sogar einen Konzertsaal hatte das Conversationshaus, in dem die Kurkapelle wöchentlich sechs Konzerte gab.

Es wimmelte dort von Neugierigen, die der Ankunft neuer Feriengäste entgegensahen. Vor allem die Kinder tummelten sich dort, die sich an der zischenden und pfeifenden Lokomotive nicht sattsehen konnten. Erst im vergangenen Sommer war die Inselbahn in Betrieb genommen worden. Im Winter hatte sie stillgestanden, denn gebraucht wurde sie selbstverständlich nur, wenn die Sylter Dampfschifffahrtsgesellschaft mit ihren Raddampfern Feriengäste brachte. Nun kamen wieder Fremde in Munkmarsch an, die nach Westerland transportiert werden wollten. Aber bis der Anblick der Inselbahn zum Alltag gehören würde, mussten wohl noch viele Züge durch die Heide fahren und noch viele Sommergäste ankommen. Bis dahin zog die Bahnstation Schaulustige an, die all das Fremde bestaunten, die fremde Kleidung, die fremden Gepäckstücke, das fremde Gebaren der Gäste. Daneben warteten junge Männer, die sich als Gepäckträger verdingen wollten, verächtlich betrachtet von denen, die dunkle Uniformen trugen und Holzkarren neben sich stehen hatten, auf denen »Dünenhof« oder »Strandhotel« stand. Sie nannten sich neuerdings Pagen und waren losgeschickt worden, um das Gepäck der Hotelgäste zu befördern, die in den beiden Logierhäusern der Insel erwartet wurden.

Freda blieb stehen und betrachtete das bunte Treiben. Tatsächlich schienen in diesem Jahr mehr Feriengäste erwartet zu werden als im vergangenen. Ganz so, wie Dr. Pollacsek es vorausgesagt hatte. Nur wenige hatten ihm Glauben schenken wollen, und es hatte viele Jahre gedauert, bis er so viel Geld beschafft hatte, dass die Trasse und die Gleise von Munkmarsch nach Westerland fertiggestellt werden konnten. Dann waren wiederum zwei Jahre über die Insel gezogen, bis der erste Zug seine Jungfernfahrt antreten konnte. Unter großem Jubel war die Inselbahn eingeweiht und in Betrieb genommen worden. Dr. Pollacsek schien ein gemachter Mann zu sein. Es war sogar die Rede davon, dass er Gleise über die ganze Insel legen lassen wollte, von Norden nach Süden und von Osten nach Westen. Und Freda war sicher, diesmal würde man sich ihm nicht in den Weg stellen. Die meisten Sylter hatten eingesehen, dass Dr. Pollacsek gut für die Zukunft der Insel war. Mit dem Bahnhofsgebäude, das in den nächsten Monaten entstehen sollte, würde jedermann einverstanden sein.

Der gebürtige Budapester war ein ungewöhnlicher Mann von großer Vielseitigkeit, der über gute Kontakte verfügte, der viele Talente besaß und keine Mühen scheute, wenn er eine Vision verfolgte. Man sah ihn nie anders als in einem korrekten schwarzen Anzug mit Weste, die eine dicke Uhrkette schmückte. Er war klein und untersetzt mit kräftiger Muskulatur, sein Schnauzer immer säuberlich gestutzt. Er hielt sich aufrecht wie jemand, der um sein äußeres Erscheinungsbild bemüht war.

Dr. Leonard Nissen, der bei Geesche Jensen logierte, schien mit ihm bekannt zu sein. Auch er trug einen schwarzen Anzug mit Weste, dazu ein weißes Hemd mit einem steifen Stehkragen, der ihm bis zur Kinnspitze reichte. Seine schwarzen Stiefeletten polierte er jeden Morgen selbst, obwohl Geesche ihm angeboten hatte, diese Arbeit für ihn zu übernehmen, ebenso den eleganten schwarzen Stock aus glänzendem Zedernholz, mit dem er nicht zufrieden war, wenn Sand an ihm haftete. Seinen Griff umfasste er nie mit fester Hand, sondern immer spielerisch mit zwei oder drei Fingern. Er ließ ihn schweben, schwanken, tanzen oder wippen. Manchmal trug er ihn auch quer vor dem Körper oder legte ihn über die Schulter wie ein Gewehr. Niemals aber stützte er sich darauf.

Julius Pollacsek und Leonard Nissen standen etwas abseits und redeten sehr vertraut miteinander. Manchmal lachten sie, wie Männer miteinander zu lachen pflegen, die etwas verbindet, was über das gemeinsame Geschlecht hinausgeht.

Wenn Freda Dr. Nissen betrachtete, beschlich sie oft eine heimliche Angst, denn sein Interesse an der Sylter Hebamme war nicht zu übersehen. Freda mochte sich nicht vorstellen, was mit ihr geschehen würde, wenn Geesche Dr. Nissen heiratete und die Insel verließ. Es hieß, dass er in der Nähe von Hamburg in der Privatklinik seines ehemaligen Schwiegervaters arbeite und in einer großen Villa lebe. Von seiner Frau, die ihn betrogen hatte, habe er sich getrennt und erhole er sich nun auf Sylt von den hässlichen Begleitumständen seiner Scheidung. Ebbo hatte gehört, wie Dr. Nissen zu Dr. Pollacsek gesagt hatte, er suche nach einer neuen Herausforderung. Er denke darüber nach, sich auch beruflich von der Familie seiner Frau zu trennen. Vielleicht werde er über kurz oder lang irgendwo eine Arztpraxis eröffnen und sich an einem bescheideneren Leben erfreuen.

Freda kehrte ihren Blick von den beiden Männern ab und ging weiter. Auf das Pfeifen der Inselbahn reagierte sie nicht, von der Aufregung in ihrem Rücken, als die ersten Rauchwolken in Sicht kamen, wurde sie nicht berührt. Was, wenn Dr. Nissen eine Praxis irgendwo auf dem Festland eröffnete und Geesche Jensen ihm dorthin folgte? Dann würde Freda ihr kleines Einkommen verlieren, das doch so wichtig für sie war. Je öfter sie darüber nachdachte, desto sicherer wurde sie, dass Geesche irgendwann dem Werben des Arztes nachgeben würde. Was hielt die Hebamme auf Sylt? Verwandte gab es nicht, und seit Andrees nicht mehr lebte, hatte es für Geesche auf Sylt kein Glück mehr gegeben. Warum sollte sie nicht versuchen, es woanders zu finden?

Freda fielen die letzten Schritte schwer. Wenn es doch endlich ein bisschen Sicherheit in ihrem Leben gäbe! Etwas, worauf sie sich verlassen konnte! Auf das bisschen Geld, das sie bei Geesche verdiente, auf Ebbo, der eine Familie gründete, in der sie willkommen war, auf Hanna, die im Hause des Grafen ihr Auskommen fand! Aber nichts war sicher. Geesche konnte

Dr. Nissen aufs Festland folgen, Ebbo konnte sich den Unmut des Grafen zuziehen, indem er seiner Tochter nachstellte, Hanna konnte sich die Sympathien des Grafen verscherzen, so wie sie sich bisher jede Sympathie verscherzt hatte.

Vor einem Jahr war es geschehen, im Juni 1887! Der wärmste Juni seit Jahren! Nur selten erwachte der Wind, und wenn, dann war er ein Wispern, ein milder Hauch, der übers Meer geflüstert kam, das so ruhig und leise war, wie Geesche es nie erlebt hatte. In diese bleierne Stille war Marinus Rodenberg eingedrungen. Gerade an dem Tag, an dem Geesche müde von einer schweren Geburt zurückkehrte. Fünfzehn Stunden hatte sie gedauert, bis sie der erschöpften Mutter endlich einen gesunden Jungen in die Arme legen konnte.

Die Sonne war gerade aufgegangen, als sie sich auf den Heimweg machte. So müde sie auch war, die Erleichterung und die Freude über das glückliche Ende der Geburt gaben ihr Kraft. Während sie sonst den Abschnitt der Gleise mied, an dem Andrees zu Tode gekommen war, verzichtete sie diesmal auf den Umweg, den sie noch auf dem Hinweg gemacht hatte. Und dann war sie sogar stehen geblieben und hatte sich umgesehen, als könnte ihr dieser Ort verraten, wie Andrees gestorben war. Niemand hatte es ihr sagen können. Was sie erfuhr, war nur, dass er mit einer schweren Verletzung aufgefunden worden war, wahrscheinlich von einer Spitzhacke, die ihn so viel Blut gekostet hatte, dass er starb, noch ehe man eine Trage für den Transport nach Westerland zusammengebaut hatte.

Am Abend nach der Sturmnacht hatte Geesche vergeblich auf ihn gewartet. Er musste doch kommen und nach ihr sehen! Nach diesem verheerenden Sturm hatte sich jeder nicht nur um das eigene Dach über dem Kopf gekümmert, sondern auch um das Dach des Nachbarn, der Verwandten. Aber Andrees war nicht gekommen. Ausgerechnet an jenem Abend ließ er sie warten! Und am nächsten Morgen hatte sie erfahren, das er niemals mehr kommen würde. Es war zu spät! Und was sie getan hatte, war umsonst gewesen …

Gerade an dieser Stelle und zu dieser Stunde, als sie, berührt sowohl von der Vergangenheit als auch von der Gegenwart, einmal nicht vor den Erinnerungen davongelaufen war, stand plötzlich Marinus Rodenberg vor ihr. Groß, breit, stark, urwüchsig, in robusten Lederhosen mit breiten Trägern und einem karierten Hemd, mit allerlei technischem Gerät beladen und sehr erstaunt, zu dieser frühen Morgenstunde jemanden an seinem Arbeitsplatz vorzufinden, an dem er sich mutterseelenallein geglaubt hatte.

Eine wunderbare Zeit begann an diesem Morgen. Sie dauerte knapp drei Tage und blieb dann noch drei Wochen lang zu schön, um sie zu beenden, obwohl Geesche nach den ersten drei Tagen erkannt hatte, dass ihre spontan erweckten Gefühle für Marinus keine Zukunft haben konnten. Das wurde ihr klar, als sie ihn zufällig im eleganten hellgrauen Anzug in Gesellschaft von Graf Arndt sah und erfuhr, dass er zur Familie von Zederlitz gehörte. Schlimm genug, dass der Graf mit Frau und Tochter jeden Sommer auf die Insel kam! Schlimm genug, dass Geesche dadurch niemals vergessen konnte, was in der Sturmnacht vor fünfzehn Jahren geschehen war! Aber wenn der Sommer vorbei war, wollte sie den Namen Zederlitz bis zum nächsten Jahr weder hören noch aussprechen und an ihn erinnert werden. Und sie hoffte Jahr für Jahr aufs Neue, dass der Graf sein Haus auf Sylt aufgeben und endgültig aus ihrem Leben verschwinden würde.

Marinus konnte sie nicht verstehen. Was er einzusehen glaubte, hatte zwar mit der Wahrheit nichts zu tun, aber Geesche beließ es dabei. »Ich bin nicht vornehmer als du. Mein Halbbruder ist ein Graf, ich bin nur der Bankert eines Dienstmädchens.«

Sie versuchte, ihn trotzig anzublicken. »Gleichwohl! Dein Vater war ein adeliger Herr!«

Marinus sah ihr daraufhin lange in die Augen, als ginge ihm etwas durch den Kopf, was der Wahrheit nahekam. »Was steckt wirklich dahinter, Geesche?« Nun entstand in seinem Blick sogar etwas, von dem Geesche sich für einen schrecklichen Moment durchschaut fühlte.

»Ich bin nur eine Hebamme.« Als sie das sagte, hatte sie das Gesicht fest an seine Brust gedrückt, damit er ihre Augen nicht sehen konnte. »Nicht gut genug für dich.«

Dabei war sie geblieben, bis Marinus die Insel wieder verlassen hatte. Sie würde ihn nie wiedersehen, er würde niemals den wahren Grund erfahren. Dankbar wollte sie sein für die Zeit, in der sie noch einmal die Liebe genossen hatte, in der das Leben leicht gewesen war, in der die Erinnerungen heller geworden waren, von der Gegenwart abrückten und die Zukunft nicht mehr vereinnahmten. Geesche rechnete nicht damit, dass es eine solche Zeit noch einmal geben würde, umso kostbarer war diese Zeit für sie und die Erinnerung daran, die sie einen ganzen Winter lang warm gehalten hatte. Sie war nun Ende dreißig. Eine Frau in ihrem Alter hatte sich mit dem Leben abzufinden, so, wie es war. Aus eigenen Kräften etwas zu verändern, das würde sie nicht noch einmal versuchen, und die Chancen, an der Seite eines Mannes einen anderen Weg einzuschlagen, waren vorbei. Darüber durfte sie sich nicht beklagen. Sie hatte ein Haus und eine Arbeit, und wenn der Fremdenverkehr auf Sylt tatsächlich einsetzte und sie ihre Zimmer jeden Sommer vermieten konnte, würde sie niemals zu hungern brauchen.

Geesche löste sich von dem Fenster, durch das sie Hanna nachgeblickt hatte, die längst nicht mehr zu sehen war. Marinus Rodenberg kam also auf die Insel zurück! Was hatte das zu bedeuten?

II.

Graf Arndt von Zederlitz betrachtete seine Frau nachdenklich, die mit geschlossenen Augen dasaß, als wäre es ihr gleichgültig, dass sie zum ersten Mal die Bequemlichkeit der Inselbahn genießen konnte, und als interessierte sie der Ort nicht, dem sie entgegenfuhren. Ihr schönes schmales Gesicht war angespannt, die Lippen hatte sie aufeinandergepresst, die Stirn war leicht gekraust. Sie trug ein helles Reisekleid, das die Fahrt nach Sylt ohne einen einzigen Fleck überstanden hatte, darüber eine Stola aus fast schwarzem Nerz, die sie mit der linken Hand über der Brust zusammenhielt, während die rechte in ihrem Schoß lag. Ihre Haltung drückte das aus, was Graf Arndt schon im ersten Augenblick angezogen hatte, als er sie kennenlernte. Diese vornehme Teilnahmslosigkeit, mit der sie dem Leben begegnete, allen positiven Lebensumständen genauso wie den Schicksalsschlägen. Nach wie vor bewunderte er ihr Phlegma, das einen Teil ihrer Schönheit ausmachte, ihr unbewegtes Gesicht, ihren unerschütterlichen Blick, ihre Stimme, die immer leise und gleichgültig blieb, ihr Lächeln, das nie zu einem Lachen wurde. Seit er sie liebte, versuchte er, ihr Lachen zu wecken, ihre Liebe und ihre Leidenschaft herauszufordern. Und wenn es ihn enttäuschte, weil es ihm nie gelang, war er im nächsten Augenblick froh darüber. Er wusste nicht, was aus seiner Liebe geworden wäre, wenn Katerina sie leidenschaftlich erwiderte, wenn sie ihn fröhlich anlachen oder gar heimlich über einen Scherz kichern würde.

Er löste den Blick von seiner Frau und sah aus dem Fenster des Zugabteils, als wollte er in Ruhe darüber nachdenken, wie der Sommer dieses Jahres verlaufen sollte. So wie immer? Viel Muße, Strandspaziergänge, Baden im Meer? War das wirklich genug? Reichte es, dass er Katerina Jahr für Jahr zur Flucht aus ihrem Leben auf dem Gut verhalf, auf dem seine Mutter herrschte? Hatte Sylt nicht längst seine Schuldigkeit getan?

Mittlerweile glaubte er, dass es besser wäre, Katerina dabei zu helfen, sich gegen seine Mutter zu behaupten, statt jeden Sommer aufs Neue vor ihr zu fliehen. Elisa war nun sechzehn Jahre alt! Sie musste in die Gesellschaft eingeführt werden, musste Einladungen annehmen, reisen, sich präsentieren. Auf Sylt war sie zwar geboren, aber hier würde sich ihr Schicksal nicht erfüllen. Als Tochter des Grafen von Zederlitz gehörte sie dorthin, wo Bälle veranstaltet wurden, wo der Adel sich traf.

Dieser eine Sommer noch, sagte er sich, dann musste es vorbei sein mit Sylt. Dann würde er das Haus vor den Dünen verkaufen und von Katerina erwarten müssen, dass sie seine Mutter und ihre drakonische Herrschaft ertrug. Seine Frau wollte es zwar nicht einsehen, aber ihre Schwiegermutter war längst in einem Alter, in dem man sie mit der Verantwortung für das Gut nicht mehr allein lassen durfte. Und seit Katerina ihre Erwartungen erfüllt und ein gesundes Kind zur Welt gebracht hatte, war es weniger geworden mit den hässlichen Bemerkungen und den verächtlichen Fragen. Nun richteten sie sich nur noch auf den fehlenden Sohn, den Erben, auf den Arndts Mutter nicht mehr hoffen konnte.

Ja, nun würde es an ihm sein, Erwartungen an seine Frau zu richten. Berechtigte Erwartungen! Katerina konnte sich nicht für den Rest ihres Lebens auf Sylt vor ihren Pflichten verstecken! Aber wie sollte er ihr das klarmachen? Wo doch bewiesen war, dass Sylt ihr guttat! Schließlich hatte sie hier ein gesundes Kind zur Welt gebracht! Katerina, die auf dem Gut unglücklich war, solange die alte Gräfin lebte, würde nichts davon hören wollen, dass es mit den Reisen nach Sylt ein Ende haben sollte. Schon dass Graf Arndt in diesem Jahr darauf bestanden hatte, den Frühling noch auf dem Gut zu verleben, hatte seine Frau aufgebracht. Aber er war entschlossen gewesen, den Aufenthalt auf der Insel zu verkürzen, damit Katerina sich allmählich daran gewöhnte, Sylt zu entsagen.

Er starrte über die braune Heide und vermied es, den Blick

in den Himmel schweifen zu lassen, der über Sylt viel größer, höher und weiter war als über seinem Gut. Sobald er Sylt betrat, fühlte er sich, als würde er auf der flachen Hand der Schöpfung dem Himmel hingehalten. Dieses Gefühl erzeugte in ihm eine Bescheidenheit, die er immer wieder aufs Neue genoss. Dass sein Leben auf Sylt alles andere als bescheiden war, spielte dabei keine Rolle.

Er rieb sich die Augen, als hätte er gegen die Müdigkeit anzukämpfen, in Wirklichkeit wollte er damit seinen Blick verbergen, wie er es immer tat, wenn Westerland in Sicht kam. Aber wie in den Jahren zuvor nahm Katerina auch diesmal keine Notiz. Sie konnte nicht ahnen, dass er Sommer für Sommer mit gemischten Gefühlen auf die Insel kam, gleichermaßen angezogen wie abgestoßen von dem Leben, das ihn auf Sylt erwartete.

In diesem Jahr strafte Katerina ihn sogar mit Verachtung. Schon seit sie von zu Hause aufgebrochen waren, blickte sie vorwurfsvoll an ihm vorbei. Sie verübelte ihm schwer, dass er einerseits auf einer verspäteten Abreise bestanden hatte, dann aber nicht bereit gewesen war, die Reise nach Sylt um ein paar weitere Tage zu verschieben, damit Elisa ihren Geburtstag auf dem Gut feiern und ihre Mutter die Gelegenheit nutzen konnte, den Spross einer befreundeten Familie einzuladen, der für Elisa als Ehemann in Frage kam. Der junge Baron hatte sich zufällig in der Nähe des Gutes Zederlitz aufgehalten, und der sechzehnte Geburtstag der einzigen Tochter wäre nach Ansicht der Mutter ein geeigneter Anlass gewesen, die beiden jungen Leute miteinander bekannt zu machen. Das aber hatte Graf Arndt verhindert!

Ihm waren Geburtstagsfeiern verhasst, seine eigenen und auch die seiner Angehörigen, vor allem Elisas. So glücklich er war, eine gesunde Tochter zu haben, so konnte er doch nicht die Geburten vergessen, die vorangegangen waren, die toten Säuglinge, die schnell weggeschafft werden mussten, damit

Gräfin Katerina sie nicht zu sehen bekam. Und all jene Hoffnungen, die schon nach wenigen Wochen oder Monaten begraben werden mussten, konnte er auch nicht vergessen. Seine Frau hatte tatsächlich all das Leid abgestreift, als er ihr die gesunde Tochter in den Arm legte, er aber würde niemals vergessen können, was alles hatte geschehen müssen, bevor Katerina endlich so glücklich war, wie er sie sehen wollte, seit er sie geheiratet hatte. Und deshalb schaffte er es nicht, ein Glück zu bejubeln, das erst am Ende von so viel Leid aufgeblüht war.

Sein Bruder Marinus stieß ihn an und riss ihn aus seinen Gedanken. »Ist das nicht großartig? Die Fahrt dauert nicht einmal eine Viertelstunde! Und wir sitzen ganz bequem und haben es sogar warm. Oder hast du etwa vergessen, wie wir in den vergangenen Jahren in den Pferdegespannen durchgerüttelt wurden?«

Graf Arndt lächelte über Marinus' Begeisterung. »Du hast recht, die Inselbahn ist erheblich bequemer. Du kannst stolz darauf sein, daran mitgearbeitet zu haben.«

Marinus wehrte bescheiden ab, dennoch war es nicht zu übersehen, dass sein Bruder ins Schwarze getroffen hatte. Marinus Rodenberg strahlte vor Stolz, weil er mit seiner Arbeit als Ingenieur einen wesentlichen Beitrag zur Inbetriebnahme der Inselbahn geleistet hatte.

Er rückte näher zu seinem Bruder heran und senkte die Stimme. »Sag mal, Arndt ... was weißt du eigentlich von der Hebamme?« Zum ersten Mal sprach er das aus, von dem alle wussten, wie sehr es ihn beschäftigte. »Du warst doch im Winter einmal auf der Insel, um nach dem Haus zu sehen. Bist du ihr bei dieser Gelegenheit begegnet?«

Arndt schüttelte den Kopf. »Aber mir ist auch nicht zu Ohren gekommen, dass sie geheiratet hat, falls es das ist, was dir keine Ruhe lässt.«

Marinus wurde so verlegen, als hätte er tatsächlich nicht damit gerechnet, durchschaut worden zu sein. Er war ein großer, kräftiger Mann, gerade vierzig geworden, vier Jahre jünger als sein Halbbruder Arndt. Marinus' Mutter war Dienstmädchen bei Arndts Eltern gewesen und von seinem Vater geschwängert worden. Doch die junge Frau hatte Glück im Unglück gehabt. Der alte Graf von Zederlitz stand zu seiner Verantwortung, erkannte Marinus als Sohn an und ließ seine Mutter weiterhin im Hause arbeiten. Eine außergewöhnliche Güte, die nur diesem einen Dienstmädchen zuteilwurde, obwohl es nicht das Einzige war, das zur damaligen Zeit ein Kind bekam, dessen Vater als unbekannt galt. Marinus' Mutter hatte dem Vater ihres Kindes anscheinend etwas bedeutet, anders als die jungen Mütter, deren Namen er kaum kannte. Sogar Arndts hartherzige und hochmütige Mutter, die ihren Mann seit gut zwanzig Jahren überlebte, hatte schließlich nachgeben müssen und Marinus' Stellung als Sohn ihres Mannes akzeptiert. So waren Graf Arndt von Zederlitz und Marinus Rodenberg gemeinsam aufgewachsen und erzogen worden und einander sehr zugetan. Als Marinus im letzten Sommer Dr. Pollacseks Angebot angenommen hatte, an der Fertigstellung der Inselbahn mitzuwirken, war es von vornherein selbstverständlich gewesen, dass er mit Arndts Familie in dem Haus vor den Dünen leben würde. Und in diesem Sommer würde es genauso sein. Es gab noch viel zu tun an der Ostbahn und bereits einiges zu planen für die Südbahn, von der Dr. Pollacsek träumte, so dass Marinus' Mitwirkung weiterhin erwünscht war. Arndt wusste, dass sein Halbbruder ein viel besseres Angebot aus Paris bekommen hatte, aber Marinus hatte sich trotzdem entschlossen, den Sommer mit seinem Halbbruder und dessen Familie auf Sylt zu verbringen. Und es gab niemanden, der nicht wusste, warum.

Nun wurden auch Katerina und Elisa auf das Gespräch aufmerksam. Elisa, die großes Interesse an romantischen Liebesgeschichten hatte, mischte sich lebhaft ein. »Hanna hat mir von der Hebamme erzählt. Damals war sie verlobt.« Ihr hübsches

Gesicht mit den rosigen Wangen und den tanzenden Grübchen darin, das sich zum Bedauern ihrer Mutter so gar nicht für den vornehmen Überdruss eignete, der in Adelskreisen zum guten Ton gehörte, strahlte. »Kurz nach meiner Geburt, nur ein oder zwei Tage später, ist ihr Verlobter tödlich verunglückt. Hanna sagt, es wäre von Selbstmord die Rede gewesen.«

Die Gräfin meldete sich ungehalten zu Wort: »Was gehen uns die Probleme dieser Leute an?«

Aber Elisa war nicht aufzuhalten. Dass Marinus ihr aufmerksam zuhörte, machte ihr Mut. »Er hatte sich ein eigenes Fischerboot gewünscht, aber er hatte kein Geld. Deswegen hat er für die Inselbahn gearbeitet und darauf gehofft, dass er irgendwann das Boot seines Vaters erbt. Aber in dieser Sturmnacht, in der ich geboren wurde, ist sein Vater umgekommen. Genau wie Hannas Vater!« Elisa verlieh ihrem Gesicht nun einen dramatischen Ausdruck. »Als er keine Aussicht mehr auf ein eigenes Boot hatte, wollte der Verlobte der Hebamme nicht mehr leben, hat Hanna gesagt.«

»Hanna!« Gräfin Katerina zog die Mundwinkel herab. »Wir sollten uns um passende Gesellschaft für unsere Tochter bemühen.« Sie sah ihren Mann herausfordernd an, der ihren Blick dankbar erwiderte. Dankbar, weil sie zum ersten Mal an diesem Tag das Wort an ihn richtete, und ebenso dankbar, weil er nichts entgegnen musste. Denn in diesem Augenblick kreischten die Bremsen der Inselbahn, der Zug kam vor dem Conversationshaus Westerlands zum Stehen. Dass Elisa einen langen Hals machte und ihre Blicke die Menschenmenge absuchten, die die Inselbahn erwartete, bemerkte niemand. Auch dass sie heimlich lachte und winkte, fiel weder ihrem Vater noch ihrer Mutter auf. Nur Marinus Rodenberg beobachtete sie mit einem kleinen verständnisvollen Lächeln.

Geesche hatte sich an diesem Tag vorgenommen, die Wäsche zu erledigen. Freda hatte am Vortag gewaschen, nun mussten die Laken, Bettbezüge und Handtücher geglättet und gefaltet werden.

Wie immer, wenn sie ihr Mangelbrett vom Haken nahm, zögerte sie und betrachtete es eine Weile, ehe sie damit zu arbeiten begann. Es war ein besonders schönes Mangelbrett, das Andrees für sie gefertigt hatte. Sein Geschenk zu ihrer Verlobung! Einen ganzen Winter hatte er daran geschnitzt und ihm sogar einen Griff in Form eines Pferdekopfes aufgesetzt. Wenn sie es nicht benutzte, hing es an der Wand, die schönste Zier ihrer Küche.

Geesche wickelte das erste Laken fest um ihr Mangelholz und begann mit der mühsamen Arbeit des Glättens, indem sie das Mangelbrett mit aller Kraft über das Mangelholz zog. Mit ihrem ganzen Gewicht stützte sie sich auf das Mangelbrett und rollte damit das Mangelholz so lange hin und her, bis das erste Laken glatt war und säuberlich gefaltet werden konnte.

Tief atmete sie durch, ehe sie die Arbeit fortsetzte. Sechzehn Jahre war es nun her! Eine Zeit, in der zwei junge Frauen erwachsen geworden waren und sie selbst in ein Alter eingetreten war, hinter dem die Schwelle zum Lebensabend stand! Doch sie hatte noch immer das Wüten des Sturms in den Ohren, das Bild des toten Jens Boyken vor den Augen und das vergebliche Warten auf ihren Verlobten in ihrem Herzen. Wann würde das endlich aufhören?

»Andrees, warum hast du dir nicht helfen lassen?« Wäre er am nächsten Tag zu ihr gekommen – er wäre zu retten gewesen. »Warum hast du nicht mit mir geredet?«

Als das letzte Laken an der Reihe war, klopfte es an ihrer Tür. Geesche legte das Mangelholz zur Seite. Freda? Nein, Fredas Klopfen war immer so leise, dass Geesche es häufig überhörte. Dieses Pochen aber war laut und kräftig. Wieder und wieder klopfte es an ihrer Tür, immer lauter und kräftiger! Ungeduldig, fordernd!

Als Geesche in den Flur trat, ahnte sie bereits, wem sie öffnen würde. Und noch während sie die Türklinke herunterdrückte, wusste sie nicht, ob sie zögerte, weil sie voller Angst oder voller Hoffnung war. Doch als die Tür sich öffnete, entschied es sich von selbst. Marinus Rodenberg stand vor ihr. Und sie wusste, dass sein Anblick sie glücklich machte.

»Geesche! Du wunderst dich gar nicht, mich zu sehen?«

Sein Gesicht lachte, seine dunklen Augen leuchteten, die Freude, die er ausstrahlte, war ihm einen Schritt voraus und hatte Geesche schon umarmt, bevor er auf sie zutrat und nach ihr griff.

Dankbar schmiegte sie sich in seine Arme, sog den Geruch seiner Haut ein, genoss die starken Arme, den Druck seiner Hände, die leidenschaftlich, aber nicht fordernd waren, stark, aber nicht drängend. So waren auch einmal Andrees' Arme gewesen. In diesem Augenblick schoss die Erkenntnis wie eine Flamme durch ihren Körper, dass sie nicht bemerkt hatte, wie seine Umarmungen immer schwächer, immer kraftloser geworden waren. Andrees hatte sie in den letzten Tagen seines Lebens schnell wieder freigegeben, hatte seine Arme herunterfallen lassen, war ihr mit schleppenden Schritten in die Küche gefolgt und hatte mühsam gelächelt, weil er wusste, dass sie ein Lächeln von ihm erwartete.

Marinus' Armen dagegen musste sie sich lachend entziehen, sie griffen erneut nach ihr, kaum dass sie sich ihnen entwunden hatte, und er küsste sie so lange, bis sie merkte, dass auch ein Kuss lachen konnte.

»Du wunderst dich nicht?«, fragte er noch einmal, als er ihr in die Küche folgte.

Geesche drehte sich zu ihm um und genoss nicht nur Marinus' Lachen, sondern auch ihr eigenes. »Hanna hat mir gesagt, dass du kommst.«

»Hanna!« Auch Marinus hatte seine eigene Art, diesen Namen auszusprechen. Geesche wusste, dass Katerina von Zederlitz ihn verächtlich rief, von Freda kam er meist seufzend, von Ebbo mit einem Achselzucken begleitet. Nur die Stimme von Elisa von Zederlitz klang fröhlich, wenn sie Hannas Namen aussprach, Marinus' dagegen fragend, und wie ihre eigene Stimme sich anhörte, wenn sie Hanna begrüßte oder von ihr redete, wusste sie nicht. Der Einzige, der Hannas Namen genauso respektvoll aussprach wie alle anderen, war Graf Arndt von Zederlitz.

»Woher wusste Hanna, dass ich mitkomme?«

Geesche zuckte mit den Achseln, während sie für Marinus einen Stuhl heranrückte. »Bei Hanna weiß man nie, woher sie ihre Kenntnisse hat. Sie hält die Ohren offen und hat ihre Augen überall. Manchmal auch dort, wo sie nicht sein dürfen.« Sie ging zum Herd, wo immer der Kessel mit heißem Wasser über dem Feuer hing. Dann fasste sie einen Entschluss. »Lass uns in die Wohnstube gehen. Ich hole den Samowar aus dem Pesel. Der ist für besondere Gäste gedacht …«

Das Grundstück, auf dem Graf von Zederlitz sein Haus hatte errichten lassen, war einmal Weideland gewesen. Kaiken Daseler gehörte es, sie hatte dort Schafe gehalten und sich mühsam mit dem Verkauf ihrer Wolle über Wasser gehalten, seit ihr Mann von großer Fahrt nicht zurückgekehrt war. Es hieß, er sei bei einer Meuterei auf dem Weg nach Amsterdam umgekommen, es gab aber auch böse Zungen, die behaupteten, er sei dort vor Anker gegangen und habe dafür gesorgt, dass seiner Frau eine Todesnachricht überbracht wurde. So konnte er ungestört ein neues Leben mit einer hübschen Holländerin beginnen. Als der Graf der armen Frau für das wertlose Stück Land einen Kaufpreis bot, den sie sich mehrmals wiederholen ließ, weil sie ihren Ohren nicht traute, glaubte sie, dass das Leben es nun endlich einmal gut mit ihr meinte. Graf Arndt hatte ausgerechnet dieses Stück Land haben wollen, weil es gerade hier seiner Frau am besten gefiel. Es gab eine herrliche Aussicht auf die Dünen, die für Kaiken keine Bedeutung gehabt hatte, der

Weg zum Strand war nicht weit und kein Haus in der Nähe, durch deren Bewohner sich Gräfin Katerina gestört fühlen könnte. Von den Häusern Westerlands war keins in der Nähe des Strandes errichtet worden. Ihre Bewohner hatten alle einen Fußweg von mindestens zehn Minuten vor sich, wenn sie zum Meer wollten. Diese Anstrengung sollte Gräfin Katerina nicht zugemutet werden.

Das Glück der früheren Grundstücksbesitzerin war dann aber doch nur von kurzer Dauer gewesen, weil sich ihr neuer Reichtum unter den Strandräubern schnell herumgesprochen hatte. Nicht nur, dass ihr das Geld des Nachts gestohlen wurde, sie hatte es mit so viel Wut und Verzweiflung verteidigt, dass sie an den Folgen des Kampfes, den sie sich mit den Strandräubern geliefert hatte, zwei Tage später starb. So konnten das Glück über das neue Haus nur die Handwerker der Insel genießen, die einen Sommer und einen ganze Winter zu tun hatten und mehr Geld verdienten als in den Jahren zuvor. Aber das war noch nicht alles! Von da an gab es einige Sylterinnen, die während des Sommers in diesem Hause ihr Auskommen als Dienstmädchen fanden und dafür sorgten, dass ihre Ehemänner gerufen wurden, wenn es Reparaturarbeiten gab oder für die Pflege des Gartens Hilfe benötigt wurde. Wer bei Graf Zederlitz Arbeit gefunden hatte, wurde von vielen beneidet.

Hanna stand in der Eingangstür und hielt einen kleinen Strauß aus Pantoffelblumen in der Hand, den sie mit Gras und Moosspitzen aufgepolstert hatte. In Gegenwart der gräflichen Familie versuchte sie nie, ihre Behinderung zu verbergen. Im Gegenteil! Sie stützte sich am Türpfeiler ab und nahm sogar den Arm an, den die Haushälterin Owena Radke ihr hinhielt, die das Mitleid überkommen hatte.

Elisa war die Erste, die Hanna begrüßte. Strahlend nahm sie den Blumenstrauß und Hannas Glückwünsche in Empfang und vergaß nicht, dass Hanna ebenfalls Geburtstag hatte.

»Ich habe dir was mitgebracht! Das gebe ich dir, wenn das Gepäck da ist!«

Sie umarmte Hanna freundschaftlich, was ihre Mutter mit einem missbilligenden Blick bedachte. Die Gräfin selbst ging mit einem kurzen, allerdings durchaus freundlichen Nicken an Hanna vorbei ins Haus, der Graf dagegen reichte ihr lächelnd die Hand, gratulierte ihr zum Geburtstag und erkundigte sich nach ihrem Befinden. Dass Hanna vor lauter Aufregung keine Antwort über die Lippen bekam, bedachte er mit einem milden Lächeln. »Du kannst mir später erzählen, wie es dir im Winter ergangen ist. Ich darf doch damit rechnen, dich auch in diesem Sommer in Dienst zu nehmen?«

Über Hannas Gesicht ging ein Leuchten. Mit einem tiefen Knicks wollte sie sich dafür bedanken, dass der Graf die Hoffnung, mit der sie gekommen war, erfüllte. Doch sie hatte sich zu viel zugemutet. Ihre verkrüppelte Hüfte war zu schwach, ihr kraftloses Bein unfähig, das Gewicht zu halten, das sich durch den Knicks ungünstig verlagerte. Hilflos kippte sie dem Grafen in die Arme, der sie erschrocken auffing.

Mit einem verlegenen Lachen stellte er sie wieder auf die Beine. »Hoppla, junges Fräulein! Auf das Knicksen darfst du in Zukunft verzichten!«

Wie immer achtete Elisa darauf, dass Hanna Peinlichkeit erspart blieb. Sie lachte, als hätte es einen Scherz gegeben, und zog Hanna ins Haus, noch ehe Marinus ihr die Hand reichen konnte. Hanna war es gewöhnt, dass über sie gelacht wurde, wenn sie die Straße entlang humpelte, aber wenn Elisa lachte, wusste sie, dass kein Spott dahintersteckte. Immer noch lachend zog Elisa sie zur Treppe, die in die erste Etage führte, wo ihr Zimmer war. Ein eigenes Zimmer!

Der Winter war lang genug gewesen, um Hanna erneut zum Staunen zu bringen, als sie das Haus betrat. So, als sähe sie diese Pracht zum ersten Mal. Der gekachelte Fußboden der Eingangshalle, die breite, geschwungene Holztreppe, die weiß getünchten Wände und die schweren Holztüren, die mit einem Geräusch ins Schloss fielen, das Hanna ängstigte. Es klang endgültig, so, als könnten sich diese Türen nie wieder öffnen.

Auch jetzt, als Elisa die Tür ihres Zimmers hinter sich schloss, spürte sie wieder die unerklärliche Angst. Wer in einer Kate mit einer wackligen Holztür und undichten Fenstern aufgewachsen war, konnte wohl alles Große, das sich fest verschließen ließ, nur schwer ertragen. Selbst dann, wenn die Stimmen deutlich durch die geschlossene Tür zu hören waren.

Graf Arndt gab den Dienstboten Anweisungen, die leise Stimme der Gräfin war nur ganz schwach zu hören, als sie in Begleitung eines Dienstmädchens an Elisas Zimmertür vorbeiging. Kurz darauf öffnete und schloss sich erneut eine Tür, und die Stimme der Gräfin war nicht mehr zu hören.

»Endlich!«, stöhnte Elisa auf. »Ausgerechnet in diesem Jahr hat mein Vater die Reise nach Sylt verschoben.« Sie drückte Hanna auf ihr Bett und setzte sich zu ihr. »Ich habe Ebbo gesehen! Wie geht es ihm?«

Hanna konnte nicht sofort antworten. Sie musste sich erst umsehen, vor der Helligkeit die Augen zukneifen, den Geruch von Sauberkeit und Frische einatmen und die Fingerspitzen daran erinnern, wie sich gestärktes Leinen anfühlte. Dieses Zimmer mit dem dunklen glänzenden Holzboden, dem riesigen Bett in der Mitte und dem großen Schrank war nach Elisas Meinung nur mit dem Nötigsten ausgestattet worden, was für die wenigen Sommermonate gerade ausreichend war. Für Hanna dagegen war es ein kleines Wunder. Bevor sie das erste Mal dieses Haus betrat, hatte sie nicht gewusst, dass es Menschen gab, die ein Zimmer zum Schlafen hatten. Nur zum Schlafen! Kein Haus auf Sylt besaß so etwas, nicht mal das Haus der Hebamme, das gut ausgestattet war, weil Geesches Vater von seinen Seereisen viele Schätze nach Sylt gebracht hatte. Aber Geesche schlief wie alle Sylter in einem Alkoven des Wohnraums, der tagsüber geschlossen wurde. Hanna beneidete sie schon darum, dass sie einen Alkoven ganz für sich allein hatte. Sie selbst teilte sich mit ihrer Mutter und Ebbo einen Alkoven. Keiner von ihnen konnte sich ausstrecken, alle drei schliefen halb sitzend, damit jeder von ihnen Platz hatte. Und Elisa hatte nicht nur ein eigenes Bett, sondern für dieses Bett sogar einen eigenen Raum!

»Nun sag schon«, drängte Elisa. »Hat er von mir gesprochen während des Winters? Hat er sich auf meine Rückkehr gefreut?«

Hanna riss sich von ihren Betrachtungen los und blickte Elisa an. »Ich soll Ihnen sagen, Comtesse, dass er Sie sehnsüchtig erwartet.«

»Sag Elisa zu mir, wenn wir allein sind! Das habe ich dir schon im letzten Sommer angeboten.«

Aber Hanna schüttelte den Kopf. Zu groß war ihre Angst, dass die Gräfin dahinterkommen könnte, dass ihre Tochter respektlos angeredet wurde. Nein, dieses Risiko wollte sie nicht eingehen. Besser, sie blieb bei der Anrede, die der Grafentochter gebührte, dann würde sie nie irrtümlich die falsche anwenden. »Er hofft, dass er Sie bald sehen darf, Comtesse.« Und vorsichtig, als könnte sich während des Winters etwas geändert haben, was ihr trotz Elisas sehnsüchtigen Augen entgangen war, fügte sie an: »Allein!«

Elisa warf sich rücklings aufs Bett, streckte die Arme aus und lachte zur Decke. »Gott sei Dank!« Mit einem kraftvollen Schwung, für den Hanna sie bewunderte, setzte sie sich aber schnell wieder auf. »Mein Vater wird dich auch in diesem Jahr als Gesellschafterin einstellen, dafür habe ich gesorgt.« Sie umarmte Hanna und drückte ihr einen Kuss auf die Schläfe. »Wir werden einen herrlichen Sommer haben!« Damit stand sie auf und ging zum Spiegel, um sich zu betrachten. »Wie ich aussehe nach der langen Reise! Das Dampfboot bis nach Munkmarsch ist entsetzlich unbequem.« Sie drehte sich nach links und rechts und betrachtete ihr Gesicht mit einem gequälten Ausdruck, als wäre sie allen Ernstes unzufrieden mit ihrem hübschen Äußeren. »Wie soll ich meine Haare tragen, wenn ich Ebbo wiedersehe? Lang oder aufgesteckt?«

Hanna antwortete nicht. Sie konnte Elisa nur anstarren. Dann griff sie sich an die Schläfe und fuhr sacht der Spur von Elisas Lippen nach, die sie noch feucht und kühl dort spürte.

In der Wohnstube war es warm und gemütlich. Der so genannte Beilegeofen, der aus gusseisernen Platten bestand, sorgte dafür, dass es in diesem Raum beinahe so warm war wie in der Küche. Er wurde von dort aus beheizt und hatte keine Öffnung zum Zimmer hin, abgesehen von einem Wärmefach auf der rechten Seite des Ofens.

»In diesem kalten Sommer kann man den Beilegeofen noch gut gebrauchen«, sagte Geesche.

Marinus nickte. »Ja, es ist viel zu kalt für diese Jahreszeit.« Aus Verlegenheit und weil er nicht wusste, wohin mit seinen Händen, griff er sogar zu den beiden Handwärmern des Beilegeofens. Diese Handwärmer waren zwei große Messingknöpfe, die links und rechts am vorderen Teil des Beilegeofens angebracht waren und die Wärme des Ofens übertrugen. Bei Bedarf konnten sie auch abgeschraubt und als Taschenöfchen benutzt werden.

»Ich hole den Samowar«, sagte Geesche und verließ die Wohnstube, um in den Pesel zu gehen. Die Tür ließ sie offen, als wollte sie Marinus nicht allein lassen und sich selbst das Gefühl geben, in seiner Nähe zu bleiben.

Als sie den Samowar vorsichtig von dort in die Küche tragen wollte, um ihn mit heißem Wasser und heißer Asche zu füllen, blieb sie vor der geöffneten Tür stehen und warf Marinus, der noch immer vor dem Beilegeofen stand und die Handwärmer umklammerte, einen Blick zu. Nach dem nächsten Schritt blieb sie wiederum stehen, weil sie merkte, dass er in Gedanken versunken war und sie nicht wahrnahm. Unsicherheit beschlich sie, als sie sah, wie er sich von den Handwärmern löste und sich umblickte. Was sah er? Eine für Sylter Verhältnisse gut eingerichtete, behagliche Wohnstube? Oder einen bescheidenen Raum, der nicht mit den Wohnverhältnissen der von Zederlitz mithalten konnte? Marinus war im Hause eines Grafen aufgewachsen, aber auch im Zimmer eines Dienstmädchens. Der Sohn des Grafen, der in einem eleganten Reiseanzug vor ihrer Tür erschienen war, schaute womöglich spöttisch auf die schlichten dunklen Holzdielen, die verfliesten Wände, die blauen Blumentöpfe, die sich auf jeder weißen Fliese wiederholten, auf den Tisch vor dem Fenster, die gepolsterten Holzstühle und die Türen ihres Alkovens, die Geesches Großvater selbst bemalt hatte. Aber der Sohn der Dienstmagd würde wohl beeindruckt sein von der reichen Ausstattung ihres Hauses. Was war Marinus Rodenberg, wenn er zu ihr kam? Sohn eines Grafen oder einer Dienstmagd? Als Sohn der Dienstmagd würde sie ihn lieben können! Aber als Sohn des Grafen? Die Familie von Zederlitz überschattete nun schon seit sechzehn Jahren ihr Leben. Sollte das immer so weitergehen, wenn sie auf Marinus' Werben einging?

»Es ist schön bei dir«, sagte Marinus, als Geesche in die Wohnstube zurückkam. Er stand auf, nahm ihr den Samowar ab und stellte ihn auf den Tisch.

Geesche warf einen langen Blick zurück, als sie in die Küche ging, um die Teeblätter aufzugießen. Sie hörte, dass er ihr folgte, drehte sich aber nicht um, sondern gab die Teeblätter in einen Krug, als bemerkte sie ihn nicht, und übergoss sie mit kochendem Wasser.

Marinus wartete, bis sie den heißen Kessel zurückgestellt hatte, dann griff er nach ihr und drehte sie zu sich herum. Seine Augen waren dunkel, sein Gesicht war so weich und warmherzig, dass er ihr für eine paar beunruhigende Augenblicke fremd war, weil sie spürte, wie die Leichtigkeit des vergangenen Sommers verflog.

Und fremd war auch sein Kuss. So fremd wie die Welle der

Zärtlichkeit, die sie erfasste. Sogar die Erinnerungen an den letzten Sommer wurden in dieser Umarmung fremd. Die gemeinsamen Wanderungen am Strand, als seine Hand verstohlen nach ihrer gegriffen hatte. Als sie der Welt den Rücken zugekehrt und lange schweigend auf das Meer hinausgeblickt hatten. Das Erschrecken, als er plötzlich unerwartet im Gemüsegarten hinter ihr gestanden hatte, und das Lachen, als sich herausstellte, dass er nur wenige Minuten Zeit hatte, die schon aufgebraucht waren durch den Weg zu ihr und die Rückkehr zu den Gleisen der Inselbahn. Dann seine Flucht aus dem Stall, als sie nach einer Ente gegriffen hatte, die geschlachtet werden sollte. Und die vielen Stunden auf der Bank vor ihrem Haus, in denen sie zugesehen hatten, wie die Dämmerung sich herabsenkte, in denen sie miteinander geredet, sich einander offenbart, sich vieles gestanden hatten, was bisher ungesagt geblieben war. Dann Marinus' Gewissheit, nun alles von Geesche zu wissen, und ihre Beschämung, weil sie ihm das Wichtigste vorenthalten musste. Sogar das Vertrauen, das sie zueinander gefasst hatten, wurde in diesen Minuten fremd, weil Marinus sie auf eine Art küsste, die alles veränderte, und weil sie es zuließ und seinen Kuss sogar erwiderte.

Sie wurden ein Liebespaar in diesen Minuten, das spürte Geesche mit aller Deutlichkeit und Sorge, während sie im vergangenen Sommer ein Paar gewesen waren, das einander zugetan war und gemeinsam einen Sommer genießen wollte, der aus dem Garn war, aus dem schöne Erinnerungen gewebt wurden.

War sie bereit für diese Veränderung? Wollte sie die Erinnerung an den letzten Sommer an den Anfang eines neuen Lebens stellen?

Als sie in der Wohnstube saßen, den summenden Samowar zwischen sich, die dünnen Porzellanschalen in Händen, die Geesches Vater in London einem Chinesen abgekauft hatte, war das Fremde verflogen. Alles war wieder so vertraut wie vorher: die Zweifel, die Ängste, die Schuld und die Gewissheit, dass sie nicht zusammenpassten. Anders als Marinus glaubte, aber das konnte sie ihm nicht erklären. Und wenn er meinte, dass er zu ihr passte, hatte er vielleicht sogar recht. Aber sie passte nicht zu ihm! Nicht zu jemandem, der zur Familie von Zederlitz gehörte!

»Kannst du dir vorstellen, woanders zu leben als auf Sylt?«, fragte Marinus nach einer Weile des Schweigens.

»Nein!«, antwortete Geesche so schnell, dass er sie erstaunt ansah. »Nein!«, wiederholte sie, da ihr schlagartig aufging, dass diese Antwort sie von allen Erklärungen befreien konnte. Jeder musste verstehen, dass sie zu Sylt gehörte. Jeder! Niemand durfte von ihr verlangen, dass sie ihr Leben auf der Insel aufgab. Niemand! Ein Leben auf dem Gut der Familie von Zederlitz? Nein!

»Ich dachte es mir«, sagte Marinus, und ein Lächeln ging über sein Gesicht, das sie noch nie gesehen hatte. Aber es war ihr nicht fremd, sondern schien vertrauter zu sein als alles, was sie bereits kannte. »Deswegen werde ich Dr. Pollacseks Angebot annehmen, weiter für die Inselbahn zu arbeiten. Er sagt, er braucht einen guten Ingenieur für die nächsten Jahre.« Sein Lächeln vertiefte sich, in die Mundwinkel sprang etwas Amüsiertes. »Verstehst du? Ich kann auf Sylt bleiben. Jedenfalls für die nächsten Jahre.«

»Und dann?«, fragte sie genauso hastig, wie sie vorher »Nein« gerufen hatte.

Marinus zuckte mit den Achseln. »Dann werden wir weitersehen. Man kann nicht das ganze Leben planen.«

»Doch!« Geesche hatte immer ihr Leben voraussehen wollen. Dass sie längst hatte lernen müssen, wie unberechenbar das Leben war, wollte sie in diesem Moment nicht einsehen. »Ein Leben auf Sylt! Etwas anderes kommt für mich nicht in Frage.«

Marinus beugte sich vor und nahm ihre Hände. »Du hast schon mal dein Leben geplant. Als du dich mit Andrees verlobt hast, warst du sicher, mit ihm eine Familie zu gründen. Du siehst, dass das Leben seine eigenen Wege geht. Es lässt sich nicht planen.«

Geesche suchte verzweifelt nach einer Antwort … da hörte sie, dass die Haustür sich öffnete. Dr. Leonard Nissen rief einen Gruß ins Haus, wie es seiner Gewohnheit entsprach, dann waren seine Schritte in dem Flur zu hören. »Frau Jensen?« Kurz darauf erschien er in der Tür der Wohnstube. »Ich habe Sie in der Küche vermutet«, sagte er erstaunt. Und seine Augen weiteten sich, als er sah, dass Geesche Besuch hatte.

»Möchten Sie einen Tee mit uns trinken?«, fragte Geesche und übersah Marinus' Stirnrunzeln, der nicht damit einverstanden war, Geesches Gegenwart mit ihrem Feriengast zu teilen.

Dr. Nissen schien es ähnlich zu gehen. Er begrüßte Marinus zwar mit großer Höflichkeit, aber dass ihm sein Besuch nicht gefiel, war trotzdem zu erkennen. Er hielt ein Päckchen in der Hand, das er Geesche nun lächelnd überreichte. »Darf ich Ihnen eine kleine Freude machen, Teuerste?«

Geesche hatte schon oft über Dr. Nissens Art, sie anzureden, gelacht, nun, in Marinus' Gegenwart, war es ihr peinlich, »Teuerste« genannt zu werden. Doch Marinus verzog keine Miene. Anscheinend war er an diese verschnörkelten Redewendungen gewöhnt.

Zögernd nahm Geesche Dr. Nissens Geschenk entgegen, während er sich umständlich auf einem Stuhl niederließ, seinen Stock auf den Schoß legte und Geesche erwartungsvoll anblickte. Kein Zweifel, er wartete, dass sie das Päckchen sofort auswickelte, um zu sehen, wie sehr sie sich darüber freute. Es war nicht das erste Geschenk, das Geesche von ihm bekam. Allmählich konnte sie sich keine Illusionen mehr darüber machen, warum ihr Feriengast sich so sehr um sie bemühte.

Sie ärgerte sich, weil ihre Finger bebten, als sie das Papier löste, denn sowohl Marinus als auch Dr. Nissen würden den Grund für ihre Nervosität falsch beurteilen. Dr. Nissen sollte nicht an ihre freudige Erregung glauben, und Marinus sollte nicht denken, dass sie sich von einem Geschenk beeindrucken ließ.

Gelungen war es Dr. Nissen dann aber doch. Was Geesche auspackte, hatte sie noch nie gesehen. Zu Ohren gekommen war es ihr schon, dass in Lübeck, einer Stadt auf dem Festland, eine Leckerei hergestellt wurde, die Marzipan hieß, eine süße Masse, aus der geschickte Konditoren kleine Kunstwerke formten. Was Geesche in Händen hielt, waren drei Herzen aus Marzipan, mit roten Marzipanrosen verziert und mit Schokolade betupft, die Geesche bis dahin ebenfalls nur vom Hörensagen kannte.

Sie sah ihn staunend an. »Das kann man essen?«

Dr. Nissen warf Marinus einen triumphierenden Blick zu, dann lächelte er siegessicher. »Probieren Sie es, Teuerste!«

Aber Geesche schüttelte den Kopf und legte die drei Marzipanrosen zur Seite. »Nicht jetzt.«

Dr. Nissen sah enttäuscht aus. »Warten Sie nicht zu lange. Irgendwann verliert das Marzipan an Qualität.«

Geesche nickte und warf Marinus einen Blick zu, der Dr. Nissen nicht entging. Vielleicht erkannte er sogar, dass dieser Blick wie eine Entschuldigung war.

»Woher haben Sie das Marzipan?«, fragte Marinus, während Geesche eine weitere Porzellantasse holte, um Dr. Nissen Tee einzuschenken. »Aus Lübeck mitgebracht?«

Dr. Nissen schüttelte den Kopf. »Konnte ich ahnen, dass es hier eine Frau gibt, der ich gerne eine Freude machen möchte?«

So deutlich war er noch nie geworden! Bisher hatte Geesche nur geahnt, was Dr. Nissen für sie empfand und welche Absichten er mit seinen Schmeicheleien verfolgte. Nun ließ er keinen Zweifel daran. Und Geesche war sicher, dass seine deutlichen Worte vor allem Marinus galten. Dr. Nissen musste, als er den Raum betrat, gespürt haben, dass er in Marinus einen Rivalen um Geesches Gunst vor sich hatte.

Marinus gab sich so unbeeindruckt, als hätte er Dr. Nissens Worte nicht gehört oder nicht verstanden. »Wie kommt man auf der Insel an Marzipan?«

Dr. Nissen ließ Geesche nicht aus den Augen, als er antwortete: »Ich komme aus der Villa Roth. Sie wissen sicherlich, dass Königin Elisabeth von Rumänien dort absteigen wird?«

Marinus nickte, als wüsste er es tatsächlich.

»Sie wollte inkognito nach Westerland kommen, aber wer sich hinter der angekündigten Gräfin Vrancea verbirgt, hat sich schnell herumgesprochen.«

Geesche hörte das alles zum ersten Mal. Einen kurzen, aber überwältigenden Augenblick sah sie sich zwei Männern gegenüber, die in einer Welt lebten, zu der sie keinen Zutritt hatte. Der reiche Arzt, der in der gehobenen Gesellschaft Hamburgs zu Hause war, und der Sohn eines Grafen, dessen Welt ebenfalls eine andere war, obwohl er auch das Kind eines Dienstmädchens war.

»Eine Königin kommt nach Sylt?«, fragte sie ungläubig.

Dr. Nissen schien sich an seinem Wissensvorsprung zu erfreuen. »Wahrscheinlich morgen schon. Natürlich laufen in der Villa Roth die Vorbereitungen auf Hochtouren. Die Dienerschaft der Königin ist bereits angereist. Auch ihr Koch, denn Ihre Majestät hat sehr spezielle Wünsche, wenn es um ihre Beköstigung geht. Sonst ist sie ja eine bescheidene Person«, ergänzte er schnell, als wollte er betonen, wie gut er informiert war, »aber sie hat einen empfindlichen Magen.« Zufrieden lehnte er sich zurück und drehte den Stock, den er auf seinem Schoß hielt, so schnell, dass der silberne Knauf in einem feurigen Rhythmus in der Sonne blitzte. »Ich kenne den Koch. Er fuhr mal als Smutje zur See und ging in Hamburg an Land. Mit einer schlimmen Blinddarmentzündung wurde er von Bord getragen und in meine Klinik gebracht. Wollte sagen … in die Klinik meines damaligen Schwiegervaters. Ich konnte ihm im letzten Augenblick durch eine Operation das Leben retten. Nach seiner Genesung hat er in Lübeck in der Marzipanherstellung gearbeitet, dann ist er beim Fürsten zu Wied in Stellung gegangen, dem Vater Ihrer Majestät, und später mit Königin Elisabeth nach Bukarest.« Dr. Nissen sah interessiert zu, wie Geesche den Samowar bediente und den Sud aus grünen Teeblättern, von dem sie etwas in seine Tasse gegeben hatte, auffüllte. »Als ich ihm erzählt habe, dass ich ein außergewöhnliches Geschenk für eine außergewöhnliche Frau brauche, war er gern bereit, mir etwas von seinen Marzipanvorräten zu überlassen.«

»Danke«, sagte Geesche leise und betrachtete die Marzipanrosen, weil sie weder Marinus noch Dr. Nissen anblicken wollte. Dann ging ihr auf, das Marinus den Eindruck bekommen mochte, das Geschenk habe Dr. Nissen tatsächlich einen Vorsprung verschafft, und sie schob es mit einer hastigen Bewegung zur Seite und lächelte Marinus an, damit er wusste, dass ihr Herz mit keinem noch so kostbaren Geschenk zu erobern war.

Aber Marinus widmete ihr in diesem Augenblick keine Aufmerksamkeit. Ihm war plötzlich daran gelegen, mit Dr. Nissen Konversation zu treiben. »Werden Sie in der Klinik Ihres Schwiegervaters ...«

»... früheren Schwiegervaters«, unterbrach Dr. Nissen.

»Werden Sie dort nicht gebraucht? Oder wollen Sie nur für einen kurzen Urlaub auf Sylt bleiben?«

Dr. Nissen lachte. »Wer macht das schon? Die Anreise ist derart beschwerlich, dass man zwei Wochen braucht, um sich davon zu erholen. Die Inselbahn macht das Vorankommen auf der Insel zwar leichter, aber bis man auf Sylt angekommen ist ...« Er schüttelte seufzend den Kopf. »Nein, das lohnt sich nur für ein oder zwei Monate. Außerdem weiß ich als Arzt natürlich, dass die Heilkräfte des Meeres und der Luft erst nach vier Wochen zu wirken beginnen. Von einem kürzeren Aufenthalt ist also, jedenfalls aus medizinischer Sicht, abzuraten. Die Erholung setzt erst später ein.«

»Und Sie brauchen Erholung?«, fragte Marinus.

Dr. Nissen nickte, dann nippte er an seinem Tee, als hoffte er, dass ihm eine Antwort erspart blieb. Aber da Marinus' Frage noch im Raum stand, als er die Tasse absetzte, ergänzte er: »Die Scheidung hat mich eine Menge Kraft gekostet. Und die Enttäuschung! Meine Frau hat mich betrogen. Sogar mein Schwiegervater hatte Verständnis dafür, dass ich unter diesen Umständen die Ehe nicht fortführen wollte.«

Marinus sah ihn mitfühlend an, aber Geesche spürte deutlich, dass diese Konversation nur dazu dienen sollte, einen Fleck auf der weißen Weste des Arztes zu finden und ihn Geesche zu zeigen. Sie wünschte, Marinus würde aufhören, Dr. Nissen mit inquisitorischen Fragen zu bedrängen.

»Er hat mich geradezu genötigt«, fuhr Dr. Nissen fort, »mich gründlich auf Sylt zu erholen.«

Marinus nicke verständnisvoll. »Aber Sie wollen trotzdem weiter in der Klinik Ihres Schwiegervaters ... Ihres früheren Schwiegervaters tätig sein?«

Dr. Nissen verzog unschlüssig das Gesicht. »Vielleicht, vielleicht auch nicht. Manchmal denke ich, es wäre vernünftig, einen Neuanfang zu wagen. Alles hinter mir lassen, noch einmal ganz von vorn anfangen.« Er sah Geesche lächelnd an und ließ den Blick nicht von ihrem Gesicht, als er ergänzte: »Auf Sylt gibt es keinen Arzt. Wenn der Fremdenverkehr zunimmt, wird bald einer vonnöten sein. Mal sehen, vielleicht lasse ich mich hier nieder. Es erscheint mir reizvoll, auf Sylt ein neues Leben zu beginnen. Beruflich und privat.« Er ließ seine Worte wirken, dann erhob er sich. »Sie entschuldigen mich?«

Seinen übertriebenen Dank für die Tasse Tee, seine ebenso übertriebene Anerkennung für den außergewöhnlichen Samowar, der ihm zeige, dass Geesche einen bemerkenswerten Sinn für das Schöne habe, und die Bitte um Vergebung, weil er ihr Gespräch mit ihrem Gast gestört habe, erwiderte Geesche, indem sie sich ein weiteres Mal für das Marzipan bedankte, seine

Anerkennung zurückwies und behauptete, von einer Störung könne keine Rede sein. Als die Tür von Dr. Nissens Zimmer ins Schloss fiel, fühlte sie sich regelrecht erschöpft. »Was ist das anstrengend, diese extravagante Höflichkeit!«

Marinus wirkte grimmig. »Dr. Nissen weiß, wie man Frauen beeindruckt. Ein akademischer Titel, ein einträchtiger Beruf, komfortable Lebensumstände und vorsichtshalber noch ein kostbares Geschenk!«

In Geesche stieg Unmut hoch. »Du hast ihn herausgefordert! Erst befragst du ihn und willst alles von ihm wissen, und nun wirfst du ihm vor, dass er dir von seinen komfortablen Lebensumständen erzählt? Außerdem ... der Luxus ist ihm anscheinend gar nicht so wichtig. Jedenfalls nicht, wenn er demnächst auf Sylt praktizieren will. Er weiß, wie einfach das Leben hier ist.«

Marinus sah auf seine Hände. Als er wieder aufblickte, war seine Miene schuldbewusst. »Verzeih mir, Geesche. Ich war dumm und ... eifersüchtig.« Er versuchte ein Lächeln, das aber gründlich misslang. »Dabei weiß ich doch, dass du jeden Mann zurückweist, der über deinem Stand ist. Wenn du schon den Bankert eines Dienstmädchens nicht willst, nur weil der Vater ein Graf ist ...«

Er brach ab und schien zu warten, dass Geesche seinen Satz vervollständigte. Aber sie saß nur hilflos da und wusste nicht, wie sie Marinus einerseits seine Sicherheit zurückgeben konnte, ohne ihn andererseits in einer Sicherheit zu wiegen, die sie nicht verantworten konnte. Wie sollte sie ihm Sicherheit geben, wenn sie selbst viel zu unsicher war?

Das Schweigen zwischen ihnen war nur kurz, aber es dauerte zu lange. Marinus erhob sich und machte einen letzten verzweifelten Versuch, den Zauber wieder einzufangen, der sich um sie gelegt hatte, als er Geesches Haus betrat.

Er zog sie in seine Arme, und sie ließ es geschehen. Er küsste sie, und sie erwiderte seinen Kuss. Seine Hände vergewisserten sich, und sie ließ sie gewähren. Trotzdem kam der Zauber nicht zurück, den Dr. Leonard Nissen zerstört hatte.

III.

Das Haus von Dr. Julius Pollacsek befand sich in der Strandstraße, nicht weit vom Strandübergang entfernt. Ein großes Haus mit zwei Stockwerken, weiß verputzt und im Giebel mit schwarzem Fachwerk geschmückt. Die Bögen der Fenster waren mit dunklen Steinen verziert, hölzerne Balkongeländer wurden durch dicke Pfosten mit der Erde und dem Dach verbunden. Darauf reckten sich mehrere Türmchen in die Höhe, die den darunter liegenden schrägen Zimmern ein wenig Licht gaben.

In diesem Haus wohnte der Kurdirektor nicht nur, in ihm waren auch seine Büros untergebracht. Hier empfing er Gäste, hierhin kamen seine Angestellten, wenn am Reißbrett gearbeitet werden musste. Tagsüber herrschte viel Unruhe auf der Strandstraße, mit der Dämmerung jedoch senkte sich die Stille über das Haus. Die Läden in der näheren Umgebung waren geschlossen, die Nachbarn hatten sich in ihre Häuser zurückgezogen.

Auch in den vier Wänden herrschte Stille. Pollacseks Frau Elisabeth war mit den drei Kindern in Hamburg geblieben. Sie hatte nur einen kurzen Besuch auf Sylt gemacht und schnell eingesehen, dass das Leben auf dieser Insel für sie nicht das Richtige war. Seitdem lebte Pollacsek von seiner Familie getrennt, und er fragte sich manches Mal, wie lange seine Ehe das aushalten würde. Aber Dr. Julius Pollacsek war kein Mann, der sich an der Häuslichkeit erfreute und damit zufrieden war, tagsüber sein Geld zu verdienen und sich abends im Schoße der Familie davon zu erholen. Nein, er hatte viele Pläne und Visionen und arbeitete nicht nur, um sich und seine Familie zu ernähren, sondern vor allem, um seine Ideen umzusetzen und seine Träume wahrzumachen.

Sein Lebenslauf war entsprechend bunt. Nachdem er den Doktorhut aufgesetzt bekommen hatte, arbeitete er als Lehrer und war Direktor einer Handelsschule in Budapest. Später zog er von Ungarn nach Schleswig, gründete dort ein Bank- und Kommissionsgeschäft, arbeitete außerdem als Redakteur und schrieb während dieser Zeit mehrere Fachbücher. In Hamburg war er später Inhaber einer literarischen Agentur und schrieb für die »Hamburger Nachrichten«. Dort bekam er auch seine deutsche Staatsbürgerschaft und unterhielt intensive freundschaftliche Beziehungen zu dem Dichter Theodor Storm.

Dann aber gab es eine neue Mission, eine neue Idee! Dr. Pollacsek war zu Geld gekommen, kaufte das Bad Westerland mit allen dazugehörigen Gebäuden und wurde Kurdirektor. Das Warmbadehaus war sein erstes Werk, sein nächstes, wichtigstes, die Inselbahn.

Er saß vor einem Zeichenbrett, hatte aber seit mindestens einer halben Stunde keinen Strich mehr gemacht. Als der Druck in seiner Magengegend zunahm, wurde ihm klar, dass er nur hier saß, um sich von seinen Magenbeschwerden abzulenken. Er stand auf und dehnte seinen Oberkörper, als könnte er den Punkt in der Körpermitte, der ihn quälte, ebenfalls dehnen, so weit, bis er zerriss und sich auflöste.

Er machte ein paar Schritte hin und her, dann hatte er tatsächlich das Gefühl, dass ihm die aufrechte Haltung Linderung verschaffte. Als er ein Pferdefuhrwerk vorbeirumpeln hörte, ging er zum Fenster und blickte ihm nach. Der Kutscher rief etwas, eine keifende Mädchenstimme antwortete. Pollacsek reckte den Hals und sah der Stimme entgegen, die den Ruf des Kutschers zurückgeworfen hatte. Noch ehe er die junge Frau sehen konnte, die es anscheinend mit der Respektlosigkeit eines groben Burschen aufnehmen konnte, erkannte er sie schon an ihren Schritten. Die Straße wurde tagsüber von vielen Fuhrwerken benutzt, und da es lange nicht geregnet hatte, war sie fest und hart geworden. Das Geräusch der Schritte prallte gegen die Hauswände wie von einer gepflasterten Straße. Tohk-tik, tohk-tik. Das musste das Mädchen mit der missgebildeten Hüfte und dem verkrüppelten Bein sein!

Fasziniert sah Dr. Pollacsek ihr nach. Schon oft hatte er sie beobachtet und heimlich bewundert für die Stärke, mit der sie während jedes Schrittes ihre Behinderung überwand. Schritt für Schritt! Immer wieder aufs Neue. Und sie hatte noch viel mehr zu überwinden. Dieses Mädchen musste nicht nur gegen seinen Körper kämpfen, sondern auch gegen die Verachtung junger Männer, gegen den Hochmut gleichaltriger Mädchen und gegen das Misstrauen der Älteren, das sich wohl weniger gegen ihren missgestalteten Körper, sondern gegen ihren durchdringenden Blick richtete und gegen das Dreiste, Fordernde, das sie sich herausnahm, weil ihr nichts freiwillig gegeben und wenig nachgesehen wurde. Dr. Pollacsek war stets gebannt von solchen Menschen und von den Wegen, die sie einschlugen, um mit ihrem Schicksal fertigzuwerden.

Er drehte dem Fenster den Rücken zu und stellte fest, dass sich der Druck in seinem Magen wieder verstärkte. Das beschäftigte ihn so lange, bis er merkte, dass das Tohk-tik der Schritte nicht mehr zu hören war. Plötzlich verstummt oder allmählich verklungen? Er wusste es nicht. Stille war wieder eingetreten, die Stille, zu der der Wind gehörte. Wäre er nicht ein Teil von ihr, würde es auf Sylt niemals still sein.

Dr. Pollacsek wollte zum Zeichentisch zurückgehen, blieb aber plötzlich wie angewurzelt stehen. Da war etwas, was nicht zur Stille gehörte! Durch das leicht geöffnete Fenster drang ein Scharren, wie es auf dem Kies vor dem Haus entstand, ein Schaben an der Hausecke, als glitte rauer Stoff übers Holz, ein metallischer Klang am Regenrohr. Und dann ein Schatten! Gerade in diesem Moment brach das Mondlicht durch die Wolken, und Dr. Pollacsek machte eine Bewegung aus, die zu groß für ein Tier war und zu breit für einen schlagenden Ast. Jemand drang in seinen Garten ein. Und er tat es nicht zum ersten Mal!

Diesmal ignorierte Dr. Pollacsek den Schmerz in seinem Magen, der ihn an den vergangenen Abenden gelähmt hatte. Diesmal überwand er die körperliche Schwäche und schlich der Gefahr hinterher. Über den Flur mit den knarrenden Holzdielen in den Raum, den er sein Wohnzimmer nannte, obwohl es dort einen Schreibtisch gab und er gerade in diesem Raum alles aufbewahrte, was für seine Arbeit besonders wichtig war. Er dachte an die Lohngelder, die in wenigen Tagen ausgezahlt werden mussten, und die technischen Zeichnungen, die in den falschen Händen ein Vermögen wert waren. Was hatte derjenige vor, der seit Tagen um sein Haus herumschlich?

Leider ließ sich die Wohnzimmertür nicht geräuschlos öffnen, das Knarzen der Scharniere kam ihm so durchdringend vor, als müsste es in der ganzen Strandstraße zu hören sein. Mehrere Fenster waren geöffnet, die Geräusche aus dem Inneren des Hauses würde man draußen vernehmen können, jedenfalls dann, wenn jemand darauf lauschte.

Als Dr. Pollacsek am Fenster seines Wohnzimmers stand und in den Garten blickte, war alles still und ruhig. Keine Bewegung, kein Schatten, nichts. Auch die Stille war wieder ungebrochen.

Er stand reglos da und starrte hinaus. So lange, bis der Druck in seinem Magen unerträglich wurde und er sich krümmen musste, um ihn auszuhalten. Als er wieder aufsah, hatte sich etwas verändert. Der Mond wurde nicht mehr von dem Zweig eines dicht belaubten Busches zerschnitten. Er hatte sich irgendwo verfangen, Dr. Pollacsek konnte nicht ausmachen, wo. Und er brachte nicht den Mut auf, das Haus zu verlassen, in den Garten zu gehen und nachzusehen.

Dr. Julius Pollacsek, der Mann, der schon so viel gewagt hatte, bekam es mit der Angst zu tun.

Die Kate der Boykens lag in der Nähe der Trift, einem Weg, den kein Sommerfrischler nahm, wo es nur ein paar ärmliche Hütten gab. Fischer und ihre Familien wohnten dort, ein paar Witwen, die sich mit Halmreepen über Wasser hielten und ihre Kinder jeden Morgen zum Meer schickten, damit sie nach Strandgut Ausschau hielten, das sich verkaufen ließ. Der ehrbare und früher auch einträgliche Beruf der Strandgutsammler konnte jedoch nicht mehr viel zum Leben beitragen, seit die Obrigkeit ihren Anteil verlangte und die Strandräuber, die in den Dünen hausten, den Sammlern abjagten, was kostbar war. Sie standen sogar in dem Ruf, für manches Schiffsunglück verantwortlich zu sein, indem sie die Kapitäne durch falsche Leuchtfeuer verwirrten, damit sie geradewegs in ihr Unglück fuhren.

Ebbo hatte schon oft daran gedacht, sich ihnen anzuschließen, um endlich mehr zum Leben zu haben als den kargen Lohn des Fischers, der kein eigenes Boot besaß und darauf angewiesen war, dass ein anderer, der Hilfe brauchte, einen Mann mit hinaus nahm. Aber Freda und Hanna verlassen? Nein, das konnte er ihnen nicht antun. Er mochte sich nicht vorstellen, was aus Hanna würde ohne ihren großen Bruder, der ein Auge auf sie hatte. Und seiner Mutter würde es das Herz brechen. So nannte er Freda, die er liebte wie eine Mutter und von der er geliebt wurde wie ein Sohn. Nein, ihr Leben war schwer genug mit der frühen Witwenschaft und der verkrüppelten Tochter. Mehr Kummer durfte er ihr nicht machen.

Ebbo entfernte sich ein paar Schritte, damit Freda ihn, falls sie aus dem Fenster sah, nicht entdeckte und feststellte, dass er wartete. Er wollte ihr keine Sorgen machen. Schlimm genug, dass sie mitbekommen hatte, wie es um seine Gefühle stand. Dabei waren ihre Ängste überflüssig. Er wusste, dass eine Comtesse nicht die richtige Frau für ihn war. Freda musste nur akzeptieren, dass er noch einen letzten Sommer der Liebe genießen wollte, bis Elisa einem passenden Mann zur Frau gegeben wurde. Nur noch dieser eine Sommer! Sie würden darauf achten, dass niemand dahinterkam, was die Comtesse Elisa von Zederlitz mit dem armen Fischerjungen Ebbo verband. Und da Hanna ihnen half, konnte nichts schiefgehen.

Aber wenn Freda das wüsste, würde womöglich alles noch schlimmer werden. Nein, sie sollte nicht erfahren, dass Hanna etwas tat, was sie die Stelle beim Grafen kosten konnte. Freda wäre verzweifelt! Dabei hätte Ebbo seiner Mutter eigentlich gern gesagt, dass Hanna hilfsbereiter war, als sie glaubte. Freda jammerte häufig darüber, dass Hanna niemandem gerne half, wenn sie nicht dafür entlohnt wurde. Nur Geesche Jensen ging sie zur Hand, sogar dann, wenn sie nicht ausdrücklich darum gebeten wurde. Das Haus der Hebamme schien sie anzuziehen, nicht nur weil Freda ihr immer wieder einbläute, dass sie Geesche zur Dankbarkeit verpflichtet waren, denn sie gab ihnen einen kleinen Broterwerb. Aber Ebbo wusste, dass Dankbarkeit nicht Hannas Sache war. Dass sie häufig zu Geesche ging, musste einen anderen Grund haben. Vielleicht lag es daran, dass die Hebamme immer versuchte, Hanna gerecht zu werden! Ebbo glaubte nicht daran, dass sie seine Schwester wirklich gern hatte und auch nicht, dass Hanna auf Geesches Zuneigung vertraute. Aber er glaubte daran, dass Geesches Bemühungen um Hanna echt waren. Allerdings vermutete er auch, dass Hanna darin eine Schwäche erkannte, die sie sich zunutze machte. Hanna konnte gnadenlos sein, wenn sie sich einem Menschen überlegen fühlte.

Ebbo ließ sich auf einen Stein sinken, riss einen Halm aus dem Gras, das ihn umgab, und kaute darauf herum. Nein, Freda würde nichts Gutes daran finden, wenn Hanna dafür sorgte, dass er Elisa treffen konnte. Trotzdem hätte er ihr gern gesagt, dass seine Schwester ein persönliches Risiko auf sich nahm, um zwei liebenden Menschen zu helfen. Und das ohne einen eigenen Vorteil! Freda wäre glücklich darüber, wenn … ja, wenn Hanna nicht gerade bei etwas helfen würde, was zu einem großen Unglück führen konnte.

Ebbo lauschte eine Weile in den Wind, aber Hannas Schritte waren noch nicht zu hören. Wo sie nur blieb? Manchmal schien es, als dauerte ein Weg, den Hanna in der Dunkelheit zurücklegte, doppelt so lange wie derselbe Weg bei Helligkeit. Und Ebbo ahnte, warum das so war. Bei Dunkelheit konnte Hanna in fremde Fenster schauen, in fremde Gärten schleichen und Gespräche belauschen, die sie nichts angingen. Ebbo hatte oft Angst, dass irgendwann jemand entdeckte, auf welche Weise Hanna sich für die Geringschätzung, die sie erfuhr, schadlos hielt. Sie konnte nicht fliehen, wenn sie ertappt wurde! Und selbst wenn sie es schaffte wegzulaufen, würde man sie dennoch erkennen. Wer Hanna nicht sah, der hörte ihre Schritte! So wie jetzt! Tohk-tik, tohk-tik! So humpelte nur Hanna Boyken.

Ebbo warf den Grashalm zur Seite, erhob sich und sah Hanna entgegen. Ihr Gesicht erkannte er erst, als sie dicht vor ihm stand, so dunkel war es mittlerweile geworden. Nervös schob er die breiten Hosenträger auf den Schultern zurecht und fuhr sich durch die kurzen blonden Locken. Seine hellen Augen schienen in seiner Sorge um Hanna noch heller geworden zu sein, die Hände, die nach Hanna griffen, wirkten noch breiter als bei Helligkeit. »Warum kommst du so spät?«

Hanna schüttelte seine Hände ab. »Es gab viel zu tun.«

»Das glaube ich nicht«, entgegnete Ebbo. »Im Hause des Grafen wird früh zu Abend gegessen. Du musst schon vor einer guten Stunde entlassen worden sein. Wenn nicht eher!«

»Meine Hüfte tat mir weh. Ich habe unterwegs Krämpfe bekommen. Da dauert der Weg eben länger.«

Ebbo betrachtete seine Schwester kopfschüttelnd. »Du bist wieder herumgeschlichen!«, stellte er fest. »Warum tust du das? Du wirst noch in Teufels Küche landen!«

Hannas kleine Augen wurden noch kleiner, aus ihrem schmalen Gesicht stach die Nase noch spitzer hervor. Wie immer, wenn sie etwas bewegte, schienen ihre Augen enger zusammenzurücken, so, als würden sie von der steilen Stirnfalte über der Nasenwurzel miteinander verbunden. Ebbo kam es manchmal so vor, als hätte die Natur keine andere Möglichkeit gehabt, als Hannas Augen so dicht zusammenzurücken, weil ihr Gesicht einfach zu schmal war für schöne Proportionen. Runde Wangen hätten ihm und auch ihrem Blick vermutlich die Schärfe, das ewig Fragende, Misstrauische, Gekränkte genommen, aber in der Trift gab es kein einziges Haus, in dem junge Mädchen lebten, die so wohlgenährt waren, dass sie runde Wangen hatten. Und wer wie Hanna Tag für Tag Kraft aufwenden musste, um vom Morgen zum Abend zu kommen, der hatte sowieso keine Chance, runde Wangen, große, strahlende Augen und ein Lachen zu haben so wie Elisa.

Der Ärger, der in Hannas Augen stand, wich plötzlich einem anderen Gefühl. Die Stirnfalte glättete sich, die Augen rückten prompt weiter auseinander, aber auch das intensive Gefühl des Triumphes konnte Hannas Gesicht nicht zum Leuchten bringen. Das Lachen, mit dem sie unter ihre Schürze griff, schaffte es nicht einmal, ihr Gesicht hübscher zu machen. Ebbo hatte irgendwann einsehen müssen, dass Hanna zu den wenigen Menschen gehörte, die hässlicher wurden, wenn sie lachten.

Triumphierend hielt sie etwas in die Höhe, was Ebbo zunächst nicht erkennen konnte. »Das hat die Comtesse mir zum Geburtstag geschenkt.« Sie hielt das Runde, Weiße an ihre Nase und schnupperte. »Wie das duftet!«

Nun hielt sie es auch vor Ebbos Gesicht, und er begriff, dass es ein Stück Seife war. Nicht die bräunliche Kernseife, die seine Mutter aus Rindertalg und Natronlauge kochte, sondern ein parfümiertes Stück Seife, schneeweiß, wie es sie auch im »Strandhotel« geben sollte, wo Feriengäste abstiegen, die sich über die sanitären Verhältnisse auf Sylt beklagten und mit parfümierter Seife besänftigt werden sollten.

»Das wird Mutter freuen«, sagte Ebbo, damit Hanna nicht auf die Idee kam, diese Seife für sich allein zu beanspruchen. Er griff nach ihrer Hand, ehe sie etwas erwidern konnte, und drückte sie fest. »Hast du mit Elisa gesprochen?«, fragte er leise, obwohl es niemanden gab, der sie hätte hören können.

Hanna nickte. »Wir dürfen morgen Nachmittag ausgehen«, erklärte sie mit einem stolzen Lächeln. »Ich werde auch in diesem Jahr die Gesellschafterin der Comtesse sein. Graf von Zederlitz hat es heute ausdrücklich gesagt.«

Ebbo fiel ein Stein vom Herzen. »Dann treffen wir uns an derselben Stelle?«, fragte er aufgeregt. »Wie im letzten Jahr?«

Hanna nickte noch einmal. »Gräfin Katerina glaubt, dass ihre Tochter das Reizklima nur ertragen kann, wenn sie viel Bewegung an frischer Luft hat. Die Gräfin war ursprünglich der Ansicht, dass sie ruhen sollte nach der anstrengenden Reise. Aber die Comtesse hat ihr erklärt, dass ein ausgiebiger Spaziergang mit vielen Einkäufen ihr guttun wird.«

Der Morgen war kalt. Er stieg weiß aus den Wiesen und hatte alles mit Nebel verhüllt. Und feucht war er. Zwar drängte sich eine fahle Sonne in den Tag, aber in ihrem Schatten war der Nebelschleier noch so dicht, dass er Perlen trug, die sogar die Spinnweben zerrissen, so schwer waren sie. Ein Morgen ohne Wind, ein regloser Morgen. Beinahe so still wie im Winter, wenn Schnee und Raureif die Geräusche verschluckten.

Dann aber drang etwas in die Lautlosigkeit. Ganz mühelos, wie ein Schleier sich einem Windhauch fügt, übernahm die Stille den Rhythmus: tohk-tik, tohk-tik.

Geesche zog die Haustür hinter sich ins Schloss, als könnte sie damit Hannas Eindringen in ihr Leben verhindern. Tohk-tik, tohk-tik! Warum kam Hanna? Freda wurde in ihrem Haus erwartet, und trotz anderer Erfahrungen wollte Geesche daran festhalten, dass es einen Grund für Hannas Erscheinen geben musste. Hanna kam und ging, wie sie wollte, als wäre sie im Haus der Hebamme zu Hause, aber obwohl Geesche klar war, dass es einfach gewesen wäre, sich damit abzufinden, versuchte sie immer wieder, Hanna zu zeigen, dass sie nicht erwartet wurde. Vergeblich, das wusste sie. Aber sie wusste auch, dass sie diesen kleinen Widerstand brauchte, wenn sie sich nicht ganz und gar in Hannas Hände begeben wollte.

Geesche starrte in den Nebel und wartete. Sie wusste, wenn sie Hanna sah, würde es leichter werden, obwohl ihre schwankende Gestalt, dieses Zusammenbrechen, das sich bei jedem Schritt wiederholte, das Aufrichten, das jedem Zusammenbrechen folgte, den Fragen nach der Herkunft des Geräusches erst die Antwort auf das Elend gab. Aber Geesche war trotzdem froh, wenn Hannas Schritten all das folgte, was sie erträglicher machten. Das respektlose Lächeln, der argwöhnische Blick, die Sicherheit, die sie aus Geesches Unsicherheit schöpfte, und ihre Stärke, die Geesche immer schwächer machte.

Sie raffte ihr Wolltuch vor der Brust zusammen und ging Hanna ein paar Schritte entgegen, deren Gestalt sich allmählich aus dem Dunst schälte. Geesche wartete, bis sie vor ihr stand, ehe sie das Lächeln aufsetzte, das ganz allein Hanna gehörte. »Du bist schon früh auf den Beinen! Was ist mit deiner Mutter? Ist sie etwa krank?«

Hanna drängte sich mit mürrischer Miene an ihr vorbei und klinkte die Tür auf, als wäre sie dahinter zu Hause. »Der alte Johann hat Fieber. Mutter will nach ihm sehen. Sie kommt später.«

»Und deine Arbeit bei Graf von Zederlitz?«

»Dort werde ich erst später erwartet.«

»Dann kümmere dich um die Getreidegrütze. Dr. Nissen wird gleich sein Frühstück haben wollen. Ich hole ein paar Eier.«

Als sie mit einem Körbchen in die Küche zurückkehrte, in dem fünf Eier lagen, schloss Hanna gerade die Tür des Pesels.

»Was hast du dort gemacht?«, fuhr Geesche sie an.

Hanna lächelte. Nicht schuldbewusst, nur mit einem kleinen Bedauern, weil sie nicht schneller gewesen und unentdeckt geblieben war. »Nachsehen, ob alles in Ordnung ist.«

»Du solltest dich um das Frühstück für unseren Feriengast kümmern.«

Hanna ging mit unbewegter Miene an Geesche vorbei in die Küche. »Der Samowar ist benutzt worden.«

»Ich hatte Besuch.«

Geesche ärgerte sich, dass sie es nicht schaffte, Hanna ihre Neugier vorzuwerfen und sie darauf hinzuweisen, dass ihr Samowar sie nichts anging und der Zustand des Pesels auch nicht. Aber sie konnte sich nicht einmal dazu entschließen, als Hanna mit einem Grinsen antwortete: »Marinus Rodenberg ist wohl deinetwegen nach Sylt gekommen?«

Auch das ging Hanna nichts an, trotzdem sagte Geesche: »Er ist wegen der Inselbahn hier. Dr. Pollacsek hat ihn gerufen.«

In diesem Augenblick betrat Dr. Nissen die Küche. Ein großer, stattlicher Mann, der zur Korpulenz neigte, aber keinesfalls dick genannt werden konnte. Sein Bauch schien nichts als der Beweis dafür zu sein, dass er erfolgreich war und das Leben zu nehmen und zu genießen verstand. Seine dunklen Haare glänzten feucht, mit ihm drang der Geruch teurer Seife in die Küche.

»Guten Morgen, Frau Jensen!« Hanna ignorierte er, und Geesche schämte sich dafür, dass es ihr Genugtuung bereitete.

Er griff nach ihrer Hand und drückte einen Kuss darauf. »Ein herrlicher Tag, wenn er mit Ihrer Gesellschaft beginnt, Teuerste!«

Geesche gab Hanna einen Wink. »Räum Dr. Nissens Zimmer auf! Und denk auch an frisches Wasser!«

Hanna humpelte aus dem Zimmer. Als sie die Tür hinter sich schloss, war es Geesche, als hätte sie die Luft angehalten, bis sie endlich Hannas Schritte auf dem Flur hörte und die Tür zu Dr. Nissens Zimmer ging.

»Sie gehen sehr nachsichtig mit ihr um«, stellte Dr. Nissen fest. Er trug eine schwarze Anzughose, ein offenes weißes Hemd, darüber schmale Hosenträger. Auf sein Jackett hatte er verzichtet. Das war noch nie vorgekommen, bisher hatte er stets auf korrekte Kleidung Wert gelegt, auch in der Einfachheit von Geesches Küche. Aber jetzt nahm er dort Platz wie ein Ehemann, der nach dem Frühstück das Jackett überwerfen und das Haus verlassen würde. Wollte er diesen Eindruck erwecken? Wollte er mit dieser Vertraulichkeit Schritt für Schritt die Form ihrer Beziehung verändern?

»Eine wunderbare Frau, die so ein Mädchen für sich arbeiten lässt. Dabei ist die Kleine Ihnen nicht einmal dankbar!«

»Ich habe ihr auf die Welt geholfen«, gab Geesche zurück, »und ich kenne ihre Mutter sehr gut.«

Warum war Hanna im Pesel gewesen? Was hatte sie dort gesucht? Geesche schüttelte heimlich den Kopf. Nein, Hanna suchte nicht. Aber sie drängte sich nur zu gern in das Leben anderer. Und dabei fand sie so manches, von dem sie nicht ahnen konnte, dass es zu suchen gewesen war.

Erschrocken legte sie das Brotmesser zur Seite, murmelte eine Entschuldigung und verließ die Küche. Zwei schnelle Schritte über den Flur, und schon öffnete sie die Tür zu Dr. Nissens Zimmer.

Hanna zog gerade das Laken über dem Strohsack glatt und richtete sich erstaunt auf. Doch die Verwunderung wich augenblicklich aus ihren Augen, im Nu wurde ihr Blick scharf und gleichzeitig überlegen. »Denkst du, ich schnüffle in Dr. Nissens Sachen?«, fragte sie.

Ohne ein Wort zog Geesche die Tür wieder ins Schloss. Das Gefühl der Unterlegenheit brannte auf ihren Wangen wie eine Ohrfeige. Hanna konnte man nichts vormachen. Sie durchschaute Geesche immer.

Noch vor ein paar Monaten hatte Freda zu Geesche gesagt: »Hanna ist schlau, viel zu schlau für ein Mädchen. Nie hat es in unserer Familie eine Frau gegeben, die so gescheit war.« Aber dann hatte sie geseufzt. »Ich wollte, sie wäre dumm, hätte dafür einen gesunden Körper, wäre hübsch und freundlich und könnte bald heiraten.«

»Frau Jensen? Ist was nicht in Ordnung?«

Geesche fiel zum ersten Mal auf, wie angenehm Dr. Nissens Stimme war, dunkel und kräftig, ohne jede Schärfe. Er wandte der geöffneten Küchentür den Rücken zu. Leicht vorgebeugt saß er da, die Ellbogen aufgestützt. Kein Mann, der wie im »Strandhotel« oder in der »Dünenhalle« ein bestelltes Frühstück zu sich nahm, sondern ein Mann, der sich zu Hause fühlte. In Geesche schoss die Flamme einer Sehnsucht hoch, die sie sich bisher nie eingestanden hatte. Sie wollte in ihrem Hause allein sein! Nicht auf die Einnahmen von Feriengästen und vor allem nicht auf Fredas und erst recht nicht auf Hannas Hilfe angewiesen sein. Allein sein mit Marinus und von dem Namen Zederlitz nichts wissen!

Geesche merkte, dass ihr Tränen in die Augen stiegen, sah, dass Dr. Nissen sich zu ihr umdrehte, um sie zu fragen, wo sie blieb … da kamen Schritte aufs Haus zu, und Geesche riss erleichtert die Tür auf.

Vor ihr stand der junge Michelsen, der als Hausdiener für Dr. Pollacsek arbeitete. »Mein Herr schickt mich. Er bittet Herrn Dr. Nissen, ihm einen Besuch abzustatten.«

Geesche hörte das Scharren eines Stuhls, schon stand Dr. Nissen neben ihr. »Hat er gesagt, warum?«

Michelsen schüttelte den Kopf. »Nur, dass er Ihnen … sehr verbunden wäre …« Er verschluckte sich an den ungewohnten Höflichkeiten, die ihm sein Herr eingeschärft hatte, und ergänzte dann: »Wäre gut, wenn Sie heute Nachmittag kommen könnten.«

Dr. Nissen versicherte es ihm, ging in die Küche zurück, als der junge Michelsen sich verabschiedet hatte, und setzte sein Frühstück fort.

»Sie kennen Dr. Pollacsek?«, fragte Geesche.

»Er hat ein paar Jahre in Hamburg gelebt«, gab Dr. Nissen zurück. »Während dieser Zeit sind wir uns begegnet. Ein paarmal habe ich ihn auch behandelt. Vermutlich braucht er meinen ärztlichen Rat.« Dr. Nissen nahm den letzten Löffel der Getreidegrütze und trank seinen Tee aus. »Erinnern Sie sich, was ich gestern gesagt habe? Sylt wird bald einen Arzt brauchen. Der Graf hat auch nach mir schicken lassen. Ich soll nach seiner Gemahlin sehen. Nach dem Wechsel vom Festland auf die Insel hat sie häufig Kopfschmerzen.«

»Die gräfliche Familie kennen Sie auch?«, fragte Geesche überrascht.

»Nicht persönlich. Aber wie es scheint, hat die Gräfin sich einmal in der Klinik meines früheren Schwiegervaters behandeln lassen.« Dr. Nissen hatte sein Frühstück beendet und stand auf. »Ich glaube, ich werde mich wirklich hier niederlassen. Vorausgesetzt, ich finde ein geeignetes Haus, in dem ich wohnen und praktizieren kann.« Er knöpfte sein Hemd bis zur Kinnspitze zu. »Ich wäre froh, wenn ich mich nach der Trennung von meiner Frau auch von ihrer Familie unabhängig machen könnte. Dann fiele es mir leichter zu vergessen, was mir angetan wurde.«

Er berührte Geesches Arm, bevor er die Küche verließ. »Haben Sie schon das Marzipan probiert?«

Geesche blickte zu Boden, während sie den Kopf schüttelte. »An einem normalen Alltag? So etwas Kostbares ...?«

»Es passt zu Ihnen«, sagte Dr. Nissen. »Sie sind auch etwas Kostbares.« Er legte den rechten Zeigefinger unter Geesches Kinn und hob ihr Gesicht an. »Jedenfalls für mich!«

Sie sah in seine Augen, die trotz der Innigkeit, mit der er sie anblickte, seltsam unbeteiligt blieben, registrierte seinen angenehmen Geruch, die Sauberkeit, die Zuverlässigkeit, die zu einem Mann gehören musste, der Tag für Tag die Erwartung erfüllte, die er in sich selbst setzte. Sie merkte, dass ihr die Röte ins Gesicht stieg, machte einen Schritt zurück und versuchte, ihrer Verlegenheit Herr zu werden.

Zum Glück machte Dr. Nissen es ihr nicht schwer. Er deutete eine kleine Verbeugung an und lächelte. »Sicherlich wird es bald einen besonderen Tag geben, der für den Genuss von Marzipan genau richtig ist.«

Nun stieg etwas in seine Augen, was einem tieferen Gefühl entsprach, aber es wurde zerschnitten von Hannas Schritten. Tohk-tik, Tohk-tik.

Erleichtert trat Geesche zurück und zwang sich zu einem Lächeln. »Heute dürfte es am Strand recht angenehm sein. Es ist beinahe windstill.«

Sie wusste sofort, dass Hanna gelauscht hatte. Das Lächeln hing noch in ihrem rechten Mundwinkel, als Dr. Nissen die Küche verlassen hatte. Und dieses Lächeln kannte Geesche gut. Hanna hatte nur wenige Stärken. Eine davon war ihr Lächeln.

»Wie geht es der Comtesse?«, fragte Geesche, um Hanna nicht die Gelegenheit zu geben, auf ihren Feriengast zu sprechen zu kommen.

Tatsächlich ließ Hanna sich ablenken. »Sie hat mir etwas zum Geburtstag geschenkt!«, verkündete sie. »Parfümierte Seife!«

Geesche betrachtete Hanna verblüfft. »Ein Geburtstagsgeschenk? Von der Comtesse?«

Sie dachte an das schreiende Bündel, das sie vor sechzehn Jahren im Arm gehalten hatte. Vielleicht musste man mit seinem Leben rundum zufrieden sein, um zu einem Mädchen wie Hanna Boyken stets freundlich zu sein. Auf Sylt gab es nicht viele, die mit dem Leben rundum zufrieden waren, dazu war es zu entbehrungsreich.

IV.

Gräfin Katerina rieb sich mit beiden Mittelfingern die Schläfen, die vier anderen spreizte sie mit einer so dramatischen Geste ab, dass jede Bewegung um sie herum erstarrte. Erst als sie die

Hände sinken ließ, setzte ihr Mann sein Frühstück fort, die Haushälterin schenkte Kaffee ein, und das Dienstmädchen, das ängstlich in der Tür stehen geblieben war, kam zum Tisch und brachte frisches Brot.

»Dr. Nissen wird im Laufe des Tages vorbeikommen«, sagte Graf Arndt. »Ein angenehmer Zufall, dass er sich auf Sylt aufhält. Er wird beurteilen können, ob du stark genug für einen Besuch am Strand bist.«

Gräfin Katerina nippte an ihrem Kaffee. »Ein Skandal, dass diese Insel noch immer ohne Arzt ist. Dabei werden im Sommer mehr Feriengäste erwartet als zuvor. Der Fremdenverkehr wächst.«

»Wenn das wirklich so sein sollte, wird sich bald ein Arzt hier niederlassen. Vielleicht Dr. Nissen selbst? Ich habe gehört, dass er vor wenigen Wochen geschieden wurde. Seine Arbeit in der Privatklinik seines Schwiegervaters dürfte damit beendet sein.«

Katerina war entsetzt. »Ein geschiedener Arzt soll mich untersuchen?«

Arndt drückte kurz ihre Hand. »Ich kenne den Grund für die Scheidung nicht. Vielleicht ist Dr. Nissen unschuldig daran.«

Katerina seufzte. »Wenn er der einzige Arzt auf der Insel ist … was bleibt mir anderes übrig?«

»Iss etwas, Liebes. Du musst bei Kräften bleiben. Du weißt ja, das Reizklima! Es zehrt.«

Katerina nickte, machte aber keine Anstalten, zum Brotkorb zu greifen. Wieder nippte sie nur an ihrem Kaffee. »Warum kommt Elisa nicht herunter?«

»Ich habe ihr geraten, im Bett zu bleiben und das Frühstück in ihrem Zimmer einzunehmen. Sie will unbedingt schon heute Nachmittag einen Spaziergang machen. Dafür sollte sie Kraft schöpfen.«

Katerina nickte, obwohl sie antwortete: »Elisa ist von geradezu unpassend starker Gesundheit. Wir müssen darauf achten, dass sie keinen zu robusten Eindruck macht. Männer mögen zarte Frauen.« Nun griff sie doch in den Brotkorb, nahm eine Scheibe Weißbrot heraus und betrachtete sie misstrauisch, ehe sie sich ein Stück in den Mund schob und den Rest zerkrümelte. »Wir müssen uns überlegen, wie wir einen passenden Ehemann für Elisa finden, sie ist nun sechzehn.« Katerina warf ihrem Mann einen scharfen Blick zu, der es vorzog, nicht aufzusehen. »Leider hast du ja verhindert, dass ich sie mit dem jungen Baron bekanntmachen konnte.«

Graf Arndt verzichtete auf eine Entgegnung, blickte nicht einmal auf. So sah er auch nicht, dass seine Frau missmutig die Stirn runzelte.

»Deine Mutter war auch sehr verärgert darüber«, fuhr Katerina fort, die sonst eher der gegensätzlichen Meinung ihrer Schwiegermutter zugeneigt war. Aber sie wusste, wenn ihr Mann sowohl seine Ehefrau als auch seine Mutter gegen sich hatte, würde es leicht sein, ihn in ihrem Sinne zu beeinflussen. »Ich habe gehört, Königin Elisabeth wird heute auf Sylt erwartet«, sagte sie nun und lächelte, als Graf Arndt erleichtert auf dieses Gesprächsthema einging, das er für unverfänglich hielt.

»Sie wird in der Villa Roth absteigen«, antwortete er eifrig.

Katerina nickte. »Ich weiß. Frau Roth hat mich begrüßt, als wir vor dem Conversationshaus auf die Droschke warten mussten.«

Graf Arndt war noch immer arglos und nach wie vor erfreut darüber, dass das Gespräch über eine mögliche Vermählung seiner Tochter vom Tisch war. »Eine nette Frau.«

»Sie hat mir erzählt, dass die Königin einen jungen Verwandten in ihrem Gefolge hat. Alexander von Nassau-Weilburg. Die Mutter der Königin war eine geborene Nassau-Weilburg.«

Graf Arndt begriff, dass er sich zu früh gefreut hatte. »Du meinst …?«

Katerina nickte, noch ehe er zu Ende gesprochen hatte. »Wir

sollten dafür sorgen, dass die beiden sich kennenlernen. Du könntest heute Nachmittag zum Conversationshaus gehen, um die Königin auf Sylt willkommen zu heißen. Sie wird uns dann bald in die Villa Roth einladen. Schließlich sind wir neben den Bauer-Breitenfelds die einzige adelige Familie auf Sylt.«

Graf Arndt nickte. »Natürlich, Liebes!«

Die Gräfin war zufrieden. Sie griff nach einer weiteren Scheibe Brot und rief die Haushälterin herein. »Wer hat dieses Brot gebacken? Es ist erstaunlich gut.«

Owena Radke errötete vor Freude. »Mein Mann! Er ist gelernter Bäcker. Wir hoffen, dass wir bald einen eigenen Laden in Westerland eröffnen können.«

»Wenn du einen Kredit brauchst, wende dich an meinen Gemahl.« Sie lächelte Arndt an, der erstaunt aufblickte und seine Frau ansah, als hätte er sie bei einer Unschicklichkeit ertappt. »Er wird deinem Mann gern helfen«, ergänzte sie.

Während Graf Arndt die Worte seiner Frau bekräftigte und die Haushälterin ihren Dank hervorstotterte, pochte es an der Eingangstür. Katerina griff sich erneut an den Kopf. »Die Hellhörigkeit in diesem Haus!«, stöhnte sie.

Wie immer, wenn ihre Mittelfinger die Schläfen massierten, trat augenblicklich Stille ein. Der Graf beobachtete seine Frau besorgt, die Haushälterin voller Angst. Sie sah so aus, als befürchtete sie, dass die Gräfin ihre Warmherzigkeit über den Kopfschmerzen wieder vergessen könnte, und hielt den Atem an.

In diese Stille hinein drang das Knarren der schweren Eingangstür und kurz darauf das harte Geräusch von Schritten auf dem gefliesten Boden. Tohk-tik, tohk-tik.

Gräfin Katerina nahm die Hände von den Schläfen. »Das scheint die Gesellschafterin unserer Tochter zu sein«, sagte sie zu ihrem Mann. Der Spott in ihrer Stimme war nicht zu überhören, aber Graf Arndt reagierte nicht darauf.

»Hanna soll hereinkommen«, sagte er zu der Haushälterin.

Katerina sah den Grafen fragend an, sagte aber nichts. Und als sich das Tohk-tik der Tür des Esszimmers näherte, blickte sie auf ihren Teller und sah nicht auf, als Hanna eintrat. Sie erwiderte auch ihren Gruß nicht. Erst als der Graf Hanna ansprach, hob sie ihren Blick.

»Unsere Tochter ist noch in ihrem Zimmer. Du solltest ihr das Frühstück ans Bett bringen und dafür sorgen, dass sie sich kräftig genug fühlt, wenn du sie auf ihrem Spaziergang begleitest.«

Katerina beobachtete, wie Hanna zu knicksen versuchte, aber kläglich scheiterte, obwohl sie sich dabei am Türrahmen abstützte.

Graf Arndt lachte gutmütig. »Ich habe dir doch gestern schon gesagt, aufs Knicksen darfst du verzichten.«

Hanna stand da wie mit roter Farbe übergossen, trotzdem erschien Gräfin Katerina ihre Verlegenheit nicht überzeugend. Hannas Blick passte nicht dazu, dieses flinke Suchen, das hurtige Verstehen, das schnelle Urteil. Der Widerwille, der die Gräfin erfasste, war wie eine Erinnerung an den vergangenen Sommer. Schon im letzten und auch im vorletzten Jahr hatte sie Hanna nicht gemocht, und sie merkte, dass sich daran nichts geändert hatte. Alles, was an dieser jungen Frau unangenehm war, schien sich im Laufe der Zeit sogar zu verstärken. Ihre Verkrüppelung wog schwerer, je älter sie wurde, ihr Gesicht wurde hässlicher, je mehr Lebenserfahrung es prägte, die Anmaßung hob sich stärker hervor, seit sie versuchte, sie zu verbergen.

»Also lass dir ein Tablett für Elisa richten.«

»Sehr wohl«, gab Hanna zurück und humpelte in die Küche.

Gräfin Katerina warf ihrem Mann einen finsteren Blick zu. »Ich verstehe nicht, dass ausgerechnet dieses Mädchen unserer Tochter Gesellschaft leisten soll.«

»Elisa mag sie.«

»Elisa mag alles, was bemitleidenswert ist.«

»Die Fähigkeit zum Mitleiden ist nicht die schlechteste Eigenschaft.«

Gräfin Katerina griff sich erneut an die Schläfen. »Sie kann Elisas abgetragene Kleidung haben. Meinetwegen kann sie sich auch abholen, was in der Küche übrig geblieben ist. Aber …«

»Es bleibt, wie es ist«, schnitt Graf Arndt ihr das Wort ab.

Katerina war Unhöflichkeiten von ihrem Mann nicht gewöhnt. Aber noch ehe sie entschieden hatte, wie sie darauf reagieren wollte, drang lautes Geklirr und Gepolter aus der Diele ins Esszimmer.

Kurz darauf ertönte die Stimme der Haushälterin. »Warum sagst du nicht, dass du die Treppe nicht schaffst, ohne dich festzuhalten?«

Graf Arndt stand auf und ging zur Tür. »Das war meine Schuld«, rief er in die Diele. »Ich hätte wissen müssen, dass sie kein Tablett die Treppe hochtragen kann!«

Katerina sah ihm wütend entgegen, als er zum Tisch zurückkam. »Dieser Krüppel ist untragbar! Warum, um Himmels willen, gehst du so nachsichtig mit diesem Mädchen um?«

Der Zorn drängte aus ihr heraus, aber als sie den warnenden Blick ihres Mannes auffing, hielt sie sich zurück. Sie kannte diese Warnung. Wenn es um Arndts Mutter ging, erschien sie auch oft in seinem Blick. Und dann war er unerbittlich in seinen Forderungen und Wünschen. Katerina merkte, dass es ihm schwerfiel, ruhig und freundlich zu antworten.

»Hanna ist in derselben Nacht geboren wie unsere Tochter. Unter demselben Dach! Hast du das vergessen?«

»Warum gibt ihr diese Tatsache das Recht, unser Geschirr zu zertrümmern?«

»Wir haben vor sechzehn Jahren ein gesundes Kind bekommen, Katerina. Die arme Fischersfrau hatte dieses Glück nicht. Wir haben allen Grund, dankbar zu sein.«

Gräfin Katerina antwortete nicht. Ja, sie war dankbar! Wenigstens ein gesundes Kind! Kein Sohn, aber immerhin! Eine schöne Tochter, die eine gute Partie machen würde, war Grund genug für ihre Schwiegermutter gewesen, ihr endlich ein wenig Anerkennung und Respekt zu schenken. Ja, sie war genauso dankbar wie ihr Mann.

»Ich habe dieses Mädchen direkt nach seiner Geburt im Arm gehalten.«

Gräfin Katerina sah ihren Mann entgeistert an. »Du hast das Kind dieser Fischersfrau …?«

Graf Arndt antwortete schnell: »Ja! Die Kleine tat mir leid mit der verkrüppelten Hüfte und dem verkürzten Bein. Ich habe ihr damals versprochen, ihr zu helfen, so gut ich kann.« Er sah Katerina so lange an, bis sie endlich nickte. »Aus Dankbarkeit!«

Die Ähnlichkeit zwischen Graf Arndt und seinem Halbbruder war unverkennbar, die Unterschiede waren jedoch genauso hervorstechend. Sie waren von gleicher Größe, hatten beide das dunkle, leicht gewellte Haar ihres Vaters, seine hellen Augen und das Kinngrübchen geerbt und bewegten sich auch so wie er. In aufrechter Haltung, mit kleinen, gemessenen Schritten, immer leicht vorgebeugt, als drängte es sie, zu ihrem Ziel zu kommen, waren aber nie eilig, denn Eile war ihnen beiden verhasst.

Graf Arndt hatte das schmale Gesicht seiner Mutter geerbt, die eng zusammenstehenden kleinen Augen, jedoch das Glück, dass sein Gesicht besser proportioniert war als das seiner Mutter, dass seine Augen sanft und freundlich waren im Gegensatz zu denen seiner Mutter und Großzügigkeit und Toleranz aus ihnen sprachen, während seine Mutter voller Misstrauen und Berechnung war. Marinus' Mutter war wesentlich hübscher gewesen als die des Grafen. Der Sohn hatte ihre hohen Wangenknochen geerbt, das runde Gesicht, die feine Nase und ihre vollen Lippen.

Sie gingen auf die ersten Häuser Westerlands zu, der Graf in einem förmlichen schwarzen Anzug, mit weißem Hemd und dunkler Krawatte, Marinus Rodenberg in bequemen Drillichhosen, einem karierten Flanellhemd und einer Lederweste darüber. An den Füßen trug er klobige Schnürstiefel, die sich seltsam ausnahmen neben den schmalen Stiefeletten des Grafen.

Katerina hatte ihren Schwager angefleht, sich nach dem Essen umzuziehen. »Was soll die Königin von dir denken!«

Als sie hörte, dass Marinus in Dr. Pollacseks Büro gehen wollte, nachdem er einen neugierigen Blick auf Königin Elisabeth geworfen hatte, war ihr Eifer noch größer geworden. »In einem Kontor trägt man keine Arbeitskleidung. Ich habe Dr. Pollacsek noch nie anders als in einem schwarzen Anzug gesehen.«

»Ich werde nach dem Besuch bei ihm wieder auf die Bahnstrecke gehen«, hatte Marinus ihr ein ums andere Mal erklärt. Aber erst als er versprochen hatte, sich vor dem Conversationshaus von seinem Bruder fernzuhalten und weder der Königin noch ihrem Gefolge zu erkennen zu geben, dass er zur Familie von Zederlitz gehörte, hatte sie schließlich nachgegeben. Ihre letzte Ermahnung war gewesen: »Wir haben eine heiratsfähige Tochter. Das ist eine sensible Zeit, Marinus, bis wir einen passenden Ehemann für sie gefunden haben. Ein einziger Fehler kann Elisa ihre Zukunft kosten.«

Marinus hatte es vorgezogen, darauf nicht zu antworten. Aber er würde sein Versprechen wahrmachen und ein paar Schritte zurücktreten, sobald die Inselbahn mit der Königin in Sicht kam.

»Nur ein Blick«, sagte er lachend zu seinem Bruder. »Eine Königin sieht man schließlich nicht alle Tage!«

Das Gedränge vor dem Conversationshaus war nicht größer als sonst, das konnte nur bedeuten, dass die Sylter Bevölkerung tatsächlich nichts von der Ankunft einer Königin wusste. Vermutlich war nicht einmal etwas von ihrem Inkognito bekannt geworden, sonst hätten sich sicherlich auch Schaulustige eingefunden, die die Gräfin Vrancea sehen wollten.

Dass eine hochgestellte Persönlichkeit auf Sylt erwartet wurde, war nur daran zu erkennen, dass der Inselvogt persönlich vor dem Conversationshaus stand. Vielleicht erwartete er die Gräfin Vrancea, die er für würdig befunden hatte, persönlich von der ersten Person Sylts empfangen zu werden. Wenn er aber der Ankunft der rumänischen Königin entgegensah, dann war bewiesen, dass die Bemühungen Ihrer Majestät, inkognito nach Sylt zu reisen, vergeblich gewesen waren.

Heye Buuß war ein aufgeblasener Wichtigtuer, den Graf Arndt nicht leiden konnte, den er deswegen geflissentlich übersah. So weit entfernt wie möglich blieb er mit Marinus stehen. Der Inselvogt bemerkte sie nicht, weil er mit drei Männern sprach, die anscheinend ein Gesuch an ihn richteten, denn alle drei sprachen beschwörend auf ihn ein, während er unbeeindruckt dastand, die Arme vor der Brust verschränkt, so hoch aufgerichtet wie möglich, damit er auf die drei hinabblicken konnte, und mit einer Miene, die jedem Bittsteller das Bitten verschlug. Vorsichtshalber drehte Graf Arndt ihm den Rücken zu, damit Heye Buuß nicht auf sie aufmerksam wurde und sich am Ende genötigt sah, dem Grafen die Zeit bis zur Ankunft der Inselbahn zu vertreiben.

»Merkwürdig«, sagte er, »dass Dr. Pollacsek als Kurdirektor nicht erschienen ist, um die Königin zu empfangen.«

Marinus nickte nachdenklich. »Er hat gesundheitliche Schwierigkeiten, wie mir scheint. In letzter Zeit zieht er sich zurück. Ich halte es für möglich, dass er von dem Besuch der Königin gar nichts weiß.« Er sah seinen Bruder fragend an. »Wie hast du eigentlich davon erfahren?«

Graf Arndt zuckte mit den Schultern. »Katerina hat es mir erzählt. Sie weiß es von Frau Roth.«

Marinus grinste. »Die Roths sind anscheinend nicht so verschwiegen, wie die Königin erwartet. Sogar ich habe von dem hohen Besuch schon gehört. Aber nicht von Katerina!«

Arndt sah seinen Bruder überrascht an, und Marinus wurde

prompt verlegen, als wollte er seine Worte zurücknehmen. »Im Haus der Hebamme. Ich habe Geesche gestern einen Besuch abgestattet.«

Arndt sah plötzlich missmutig aus. »Du hast wirklich keine Zeit vergeudet! Und sie wusste von dem Besuch der Königin?«

»Nein, aber ihr Feriengast. Dieser Hamburger Arzt, der sich um Katerinas Gesundheit kümmern soll. Als ich ihn bei Geesche antraf, kam er geradewegs aus der Villa Roth.«

Mittlerweile waren sie vor den Stufen des Conversationshauses angekommen, und da die Inselbahn noch nicht in Sicht war, sah Marinus keinen Grund, schon jetzt das Versprechen, das er seiner Schwägerin gegeben hatte, einzulösen. Er blieb neben Graf Arndt stehen und tat nichts, was aus der Vertraulichkeit, die zwischen ihnen herrschte, einen Hehl machte.

Arndt sah nachdenklich aus. »Ich hätte erwartet, dass ein so wohlhabender Mann wie Dr. Nissen im ›Hotel Stadt Hamburg‹ Quartier nimmt. Oder mindestens im ›Dünenhof‹ oder im ›Strandhotel‹.«

»Wo es nicht wesentlich komfortabler ist als in Geesche Jensens Haus«, ergänzte Marinus.

»Aber er wäre unter seinesgleichen.«

»Das scheint ihm nicht so wichtig zu sein wie der Kontakt zu Geesche.«

Arndt blickte ihn überrascht an. »Du hast einen Rivalen?«

Marinus sah das Grinsen auf seinem Gesicht und war ihm dankbar, als er es unterdrückte. »Er macht ihr den Hof«, sagte er mit gepresster Stimme.

»Wie reagiert sie darauf?«, fragte Graf Arndt, der sich nicht anmerken ließ, dass ihn der Liebeskummer seines Halbbruders amüsierte, den er längst für einen eingefleischten Junggesellen gehalten hatte.

»Ich glaube nicht, dass er eine Chance hat.«

»Na, also!«

»Was hilft das, wenn ich auch keine habe?«

Arndt sah ihn ernst an. »Warum nicht?«

Marinus zuckte mit den Schultern. »Weil ich der Sohn eines Grafen bin. Sie hält sich selbst für unstandesgemäß. Dass meine Mutter ein Dienstmädchen war, will sie nicht hören.«

Die Überraschung des Grafen wich tiefer Nachdenklichkeit. »Bist du sicher, dass dies der wahre Grund ist?«

Nun war die Überraschung auf Marinus' Seite. »Kannst du dir einen anderen Grund vorstellen? Oder meinst du … sie mag mich nicht?«

»Das entzieht sich meiner Beurteilung«, antwortete der Graf steif und schien weiter nichts zu dieser Angelegenheit sagen zu wollen.

»Weißt du etwas, was ich nicht weiß?«, drängte Marinus.

Aber Graf Arndt schüttelte nur den Kopf. Er wies zu einem Mann, der zum Conversationshaus schlenderte, als wisse er nichts von der Ankunft eines hohen Gastes, als käme er rein zufällig vorbei und wolle das Übermaß an Zeit, die ihm momentan zur Verfügung stand, mit einer netten Unterhaltung und dem Anblick der neuen Inselbahn füllen. »Wenn man vom Teufel spricht …«, murmelte er, und Marinus hatte den Verdacht, dass Arndt froh war, durch Dr. Nissen in ihrem Gespräch gestört zu werden.

Der Arzt machte keinen Hehl aus seiner Neugier, was ihn Marinus ein Stück sympathischer erscheinen ließ als am Tag zuvor in Geesches Haus. »Sie wissen also auch von der Ankunft der Königin? Ich bin auf dem Weg zu Dr. Pollacsek. Da dachte ich, es müsste nett sein, einmal eine Königin aus der Nähe zu sehen.« Er lachte viel lauter und vergnügter, als angebracht war, wodurch er sich Marinus' kurz aufgeflackerte Sympathie gleich wieder verscherzte.

»Haben Sie auch einen Termin bei Dr. Pollacsek?«, fragte er, weil er fürchtete, lange in dessen Büro in der Strandstraße warten zu müssen, wenn Dr. Pollacsek ebenfalls ein Gespräch mit Dr. Nissen verabredet hatte.

Der Arzt winkte jedoch ab. »Er hat nach mir rufen lassen. Aber machen Sie sich keine Gedanken! Wenn Sie einen Termin haben, lasse ich Ihnen natürlich den Vortritt. Ich habe Zeit.«

Graf Arndt sah ihn schuldbewusst an. »Es tut mir leid, dass Sie während dieser Zeit der Erholung um Hilfe gebeten werden.«

Aber Dr. Nissen wehrte auch hier ab. »Ich bitte Sie, lieber Graf! Nach Ihrer Gemahlin zu sehen wird mir das reinste Vergnügen sein!«

Arndt antwortete mit den passenden höflichen Worten, auf die Marinus nicht mehr achtete, weil in der Ferne der Pfiff der Lokomotive zu hören war. Wie immer faszinierte ihn die Ankunft einer Eisenbahn, selbst wenn es sich nur um eine so kleine wie die Inselbahn von Sylt handelte. Er war nicht umsonst Eisenbahningenieur geworden und seinem Vater nach wie vor dankbar, der seinem unehelich gezeugten Sohn, dem er zu nichts verpflichtet gewesen war, das Studium ermöglicht hatte.

Nun erinnerte er sich auch an das Versprechen, das er seiner Schwägerin gegeben hatte, und entfernte sich ein paar Schritte, ohne dass es seinem Bruder auffiel. Der unterhielt sich angeregt mit Dr. Nissen, der keine Anstalten machte, sich von Arndt zu verabschieden. Wahrscheinlich hoffte er darauf, der Königin vorgestellt zu werden. Wenn er dann wirklich sein Vorhaben in die Tat umsetzen und sich auf Sylt niederlassen sollte, würde er womöglich zum Leibarzt der Königin avancieren, wenn sie die Absicht haben sollte, sich regelmäßig auf der Insel zu erholen. Wenn nicht, würden vermutlich eine kleine Migräne der Königin oder ein Schnupfen ihrer Hofdamen ausreichen, aus Dr. Nissen einen Arzt für den Hochadel zu machen.

Marinus stieg ein paar Stufen der Treppe hinauf, die zum Eingang des Conversationshauses führte, um einen besseren Überblick zu haben. Wenn Dr. Nissen dann von der Idee Abstand nehmen sollte, sich auf Sylt niederzulassen, und stattdessen an den rumänischen Königshof ging, sollte es ihm recht sein. Wenn nicht, dann konnte er nur hoffen, dass Geesche auch in diesem Fall entschied, nicht aus ihrem Stand heraus zu heiraten. Einen erfolgreichen und vermögenden Arzt, der in Adelskreisen ein und aus ging, musste sie dann genauso abweisen wie den illegitimen Spross eines Grafen.

Pfeifend fuhr die Inselbahn nun auf das Conversationshaus zu, fauchend und zischend kam sie zum Stehen. Marinus sah, dass das Gefolge der Königin zwei Waggons füllte. Elisabeth selbst saß im ersten und hatte nur zwei Hofdamen bei sich, die nun eilig heraussprangen und den Gepäckträgern Anweisungen gaben. Die Königin selbst ließ sich nicht blicken, solange ihr Gefolge noch damit beschäftigt war, die richtige Droschke an die richtige Stelle zu winken, damit Ihrer Majestät kein Schritt zugemutet wurde, der nicht unbedingt vonnöten war.

Über den großen, schlanken Mann mit den kohlschwarzen Haaren hätte Marinus vermutlich hinweggesehen, wenn nicht sein Blick gerade in dem Augenblick auf ihn gefallen wäre, in dem eine auffällige Veränderung in seiner Haltung, seinem Gesichtsausdruck, seiner gesamten Person vor sich ging. Zunächst stieg er aus dem Waggon wie alle anderen von Königin Elisabeths Gefolge: froh, dass die lange Reise ein Ende hatte! Er dehnte sich, nachdem er aus dem Abteil gesprungen war, und sah sich neugierig um. Nicht suchend, nein! Marinus war sicher, dass er nicht nach einem bekannten Gesicht Ausschau hielt, dass er niemanden erwartete, der ihn in Westerland willkommen hieß. Dass sein Blick auf Graf Arndt und Dr. Nissen fiel, die sich einander zuneigten und das Geschehen vor ihren Augen kommentierten, schien reiner Zufall zu sein. Doch dann geschah etwas mit ihm. Er erstarrte mitten in einer Bewegung, blieb wie angewurzelt stehen und sah von einer Sekunde zur anderen so aus, als wäre der Tod vor ihn hingetreten. Trotz der Entfernung sah Marinus, wie seine Unterlippe herabsackte und seine Augen sich weiteten. Mit einer hilflosen

Geste fuhr er sich durch die krausen Haare, die von da an grotesk von seinem Kopf abstanden, ohne dass er es bemerkte. Den weiten schwarzen Mantel, den er sich übergeworfen hatte, zog er vor der Brust zusammen, als fröre er plötzlich, seine ersten Schritte waren steifbeinig, als bereitete ihm das Gehen Schmerzen. Jemand rief ihm etwas zu, anscheinend wurde er aufgefordert, sich zu einem Pferdefuhrwerk zu begeben und einzusteigen.

Der Mann erwiderte nichts darauf, leistete der Anweisung jedoch Folge. Dabei führte sein Weg direkt an dem Grafen und Dr. Nissen vorbei, die ihn beide nicht beachteten, sondern gespannt auf die Tür des Waggons blickten, in dem noch immer die Königin saß.

Als der Mann auf den Wagen geklettert war, konnte Marinus ihn genauer betrachten, seine Augen, die so schwarz waren wie die Haare, die blasse Haut, den Schatten auf der unteren Gesichtshälfte, der zeigte, dass er sich an diesem Tag noch nicht rasiert hatte, seine langen knöchernen Finger, die zum Hals fuhren, als der Kutscher die Pferde antrieb.

Er blickte sich nicht um, als der Wagen anfuhr, so konnte Marinus sehen, dass er die Augen schloss, während alle anderen, die mit ihm auf dem Wagen saßen, mit großen Augen betrachteten, was sie zu sehen bekamen.

Marinus blickte dem Wagen nach, bis er entschwunden, das Geklapper der Hufe nicht mehr zu hören war und das ungute Gefühl beim Anblick dieses Mannes sich verflüchtigt hatte.

Als er sich zurückwandte, hatte die Königin ihren Waggon verlassen und begrüßte einige Personen, die der Inselvogt ihr vorstellte. Damit war der Beweis erbracht, dass es sich bis zu Heye Buuß herumgesprochen hatte, wer der Insel die Ehre gab. Anscheinend war er inzwischen auch auf Graf Arndt aufmerksam geworden, denn ihn machte der Vogt soeben mit der Königin bekannt, ebenso wie Dr. Nissen, der nicht von Arndts

Seite gewichen war und nun genauso huldvoll begrüßt wurde wie er.

Dann wandte die Königin sich wieder Graf Arndt zu und sprach lächelnd mit ihm. Es kam Marinus so vor, als machte sie ihm ein Angebot, denn sein Bruder nickte immer wieder und verbeugte sich schließlich sogar. Dr. Nissen tat es ihm gleich und beugte seinen Rücken noch tiefer als Graf Arndt. Anscheinend war ihm, weil er das Glück hatte, direkt neben Graf Arndt zu stehen, die gleiche Ehre zuteil geworden wie jenem.

Marinus betrachtete seinen Bruder aufmerksam. Was mochte Arndt mit dem düster aussehenden Mann zu tun haben, der Königin Elisabeth nach Sylt begleitet hatte? Ob es sich um ein Mitglied des rumänischen Adels handelte, der die Familie von Zederlitz kannte? Oder jemand aus dem Fürstenhaus Wied-Neuwied, dem Königin Elisabeth entstammte? Vielleicht auch aus der Familie ihres Gemahls, der als Prinz Karl von Hohenzollern-Sigmaringen König Carol I. von Rumänien geworden war? Möglicherweise gab es dort eine Verbindung, irgendeine alte Schuld, das nicht eingelöste Eheversprechen eines von Zederlitz, eine unerwiderte Liebe oder der Streit um einen Grundbesitz? Marinus kannte sich nicht gut genug aus in der Familie, der er sich nur durch die außergewöhnliche Güte seines Vaters zugehörig fühlen durfte. Vielleicht sollte er ein Auge auf diesen finsteren Mann haben …?

V.

Ihr Gesicht strahlte vor Freude, ihre Augen leuchteten, ihr Mund lachte. Sie ging hoch aufgerichtet, den Kopf gelegentlich in den Nacken gelegt, lachte den Möwen hinterher, lachte den Himmel an. Elisa von Zederlitz war ein lachender Mensch. Sie konnte auch in einen verregneten Tag hineinlachen, sie lachte sogar über Kopfschmerzen und das Lavendelwasser, das ihre

Mutter ihr dann reichte, und schaffte es, ihrer Großmutter, der alten Gräfin, ein Lächeln ins Gesicht zu zaubern, die jedermann nur mürrisch und griesgrämig kannte. Es gab Menschen, die nannten Elisa naiv oder sogar dumm, weil doch nur jemand so fröhlich sein konnte, der nicht begriff, was das Leben von ihm forderte. Aber die meisten waren von ihrem Liebreiz entzückt und wurden von ihrer Fröhlichkeit angesteckt.

Sie trug an ihrem ersten Tag auf Sylt einen dunkelgrauen Rock, der sich über ihren Hüften bauschte und so lang war, dass er nur die Schuhspitzen freiließ. Er wurde mit einem Mieder gehalten, das Elisas Taille so schlank wie möglich erscheinen lassen sollte. Zum Leidwesen ihrer Mutter entsprach Elisa an dieser Stelle ihres Körpers nicht dem gängigen Schönheitsideal. Ihre Taille war nicht annähernd so schmal wie die ihrer Mutter, und ihre Brüste waren so prall, dass Gräfin Katerina sich große Sorgen um das Erscheinungsbild ihrer Tochter machte, wenn diese erst einmal Mutter geworden war. Um die Üppigkeit ein wenig zu kaschieren, verordnete sie Elisa Blusen mit senkrechten Biesen, vielen Knöpfen und weiten Ärmeln, die den Blick von ihrer Oberweite ablenken sollten, die trotz des Korsetts, das Elisa zu tragen hatte, überbordend war.

Da Hanna das Versprechen abgenommen worden war, auf keinen Fall am Strand spazieren zu gehen, wo das Herannahen der riesigen Wellen und die Brandung mit ihrer aufspritzenden Gischt eine viel zu starke Wirkung auf eine junge Frau haben konnten, die an ein gleichmäßiges Klima gewöhnt war, hatte Elisa auf einen Hut verzichten dürfen. Ihn würde sie am Strand tragen müssen, um ihr Haar vor dem Salzgehalt der Luft zu schützen, der ihm seinen Glanz nehmen konnte, aber auch, weil der Schleier ihr gut zu Gesicht stand, der über den Hut gebunden wurde, damit er nicht davonflog.

Elisa war bestrebt, nicht zu schnell zu gehen, damit Hanna keine Mühe hatte, an ihrer Seite zu bleiben. »Manchmal wollte ich, ich könnte auch einfach ein weites Baumwollkleid über den Kopf ziehen und eine Schürze darüberbinden. Fertig!« Elisa lachte so hell und zeigte dabei eine so blendend weiße Zahnreihe, dass Hanna mit unverhohlener Bewunderung zu ihr aufsah. »Es muss herrlich sein, ohne Korsett herumzulaufen und die Füße einfach in Holzschuhe zu stecken, statt diese Pariser Stiefeletten zu schnüren.«

Sie hob in komischer Verzweiflung ihre Füße und ließ Hanna ihr Schuhwerk sehen, anscheinend ohne zu ahnen, dass Hanna ihren rechten Arm dafür gegeben hätte, um nur einmal in solchen Stiefeletten leichtfüßig durch Westerland laufen zu können. Nein, Elisa ahnte es wirklich nicht, sonst hätte sie nichts dergleichen gesagt. Sie war stets bemüht, Hanna nicht zu kränken, Rücksicht auf sie zu nehmen und sie wie ihresgleichen zu behandeln, sosehr ihre Mutter darüber auch die Nase rümpfte. Hanna war wie eine Freundin für sie, mit der sie alles teilen konnte, obwohl es in Wirklichkeit nichts gab, was mit Hanna zu teilen war. Aber Elisa ließ sich das freundschaftliche Gefühl für Hanna nicht nehmen, erst recht nicht dadurch, dass es sonst niemanden gab, der je Hannas Freundschaft gesucht hätte.

Der Tag hatte sich von einem dunstigen Morgen befreit und stand mittlerweile in einem klaren Grau über der Insel. Kein sonniger Tag mit einem blauen Himmel, aber ein heller Tag trotz der geschlossenen Wolkendecke, hinter der das Sonnenlicht zum Greifen nah schien. Sie gingen den Bundiswung hinab, der in die Süderstraße mündete, die wiederum auf die Friedrichstraße und kurz darauf auf die Strandstraße stieß. Dann endlich ging es nach Westerland hinein, wo Elisa Einkäufe tätigen wollte.

»Ich muss einiges nach Hause bringen, sonst wird man mich fragen, warum wir so lange ausgeblieben sind!« Sie warf Hanna einen Blick zu, der gleichzeitig verlegen und mitleidig war. »Keine Angst, wir kaufen nur Sachen, die leicht zu tragen sind. Ein paar Bänder und eine Wachstuchkappe für mein Haar, falls

Mama mir irgendwann erlaubt, im Meer zu baden. Vielleicht noch ein paar Bücher und Postkarten, aber ich sorge dafür, dass dir meine Einkäufe nicht zu schwer werden.«

»Danke, Comtesse.« Hanna wusste, wie unschicklich es gewesen wäre, wenn Elisa einen Teil der Einkäufe selbst getragen hätte, obwohl die junge Comtesse zweifellos dazu bereit gewesen wäre, wenn sie damit nicht nur sich selbst, sondern auch Hanna dem Spott ausgesetzt hätte. Und wenn Gräfin Katerina das zu Ohren käme, würde es vorbei sein mit Hannas Dienst als Gesellschafterin, daran könnte dann auch Graf Arndt nichts ändern.

In der Strandstraße betrat Elisa beinahe jedes Geschäft, von denen viele in den letzten zwei, drei Jahren aus dem Boden geschossen waren, als Dr. Pollacsek begonnen hatte, vom Fremdenverkehr zu reden. Oft waren es nur armselige Verschläge, die nicht einmal ein Schaufenster besaßen, einige von ihnen hatten ihr Angebot aber seit dem letzten Sommer erweitert und ihre Ladenlokale ansprechend gestaltet. Mit der Geschäftswelt von Sylt schien es aufwärtszugehen!

Wahllos kaufte Elisa ein, nur damit sie unzählige Tüten nach Hause tragen und niemand daran zweifeln konnte, dass sie viel Zeit für diese Einkäufe aufgewendet hatten.

Als die Villa Roth in Sicht kam, vergaß sie für Augenblicke ihre Eile. »Königin Elisabeth von Rumänien ist heute auf Sylt angekommen«, erzählte sie Hanna und zeigte auf das aufwändig gestaltete Logierhaus mit den vielen Türmchen und den kunstvollen Fassadenverzierungen, das wie ein kleines Schloss den schönsten Punkt der Strandstraße markierte. »Hier wohnt sie.«

Die Villa Roth stand auf einem großen Grundstück, eingefasst von dichten mannshohen Hecken, die zwischen die Pfeiler gepflanzt worden waren, die in einem Abstand von gut zwei Metern das Gitter verbanden, das das Grundstück und ihre Gäste sicherte. Aber es verschwand in den Hecken, so dass nicht einmal das stets fest verschlossene Tor den Eindruck erweckte, der Apotheker Roth und seine Frau wollten ihre vornehmen Gäste vor den weniger salonfähigen schützen. Hinter dem kunstvoll geschmiedeten Tor öffnete sich ein sorgfältig bepflanzter Garten mit einem blühenden Rondell in der Mitte, das von Kieswegen umrundet wurde, die jeden Morgen gewissenhaft gerecht wurden. Der Eingang der Villa war mit Efeuranken überwuchert, auch die Treppenaufgänge, die links und rechts des Gebäudes direkt ins Hochparterre führten, waren mit Efeuranken bekränzt. Vor der Villa standen mehrere Droschken, von ihren Kutschern bewacht, die die Sylter Kinder, die sie aus der Nähe betrachten wollten, verscheuchten, sobald sie sich näherten. Hinter dem Tor stand ein Hausdiener der Roths, der dafür sorgte, dass kein Neugieriger oder Bittsteller in die Villa eindrang, der die Königin belästigte.

»Ob ihr Gefolge auch hier wohnt?«, überlegte Elisa. Dann ergriff sie plötzlich Hannas Hand und drückte sie, als wollte sie sich an ihr festhalten. »Im Gefolge der Königin ist ein Mann, der für mich als Ehemann in Frage kommt. Ich habe gehört, wie meine Mutter davon gesprochen hat. Wenn ich das nächste Mal nach Sylt komme, bin ich vielleicht schon verheiratet.« Ihr lachendes Gesicht wurde nun so ernst, wie es selten war. »Wenn ich überhaupt jemals wieder nach Sylt komme!«

Hanna sah sie erschrocken an. »Könnte es ein, dass Sie nie wieder ...?« Sie brachte es nicht über sich, diesen schrecklichen Satz zu Ende zu sprechen.

Elisa nickte, dann starrte sie einen Moment auf die unbefestigte Straße, in die viele Fuhrwerke ihre Linien gegraben hatten, und zuckte schließlich mit den Schultern. »Vielleicht erlaubt mir mein Gemahl, meine Eltern auf Sylt zu besuchen. Dann werden wir uns auch in den folgenden Jahren sehen, Hanna. Aber wie auch immer es weitergeht – für Ebbo und mich wird dieser Sommer wohl der letzte sein.« Und tapfer fügte sie hinzu: »Kann sein, dass auch er im nächsten Jahr verheiratet sein wird. Er ist ja im richtigen Alter dafür.«

Ehe Hanna etwas erwidern konnte, öffnete der Hausdiener das Tor, trat auf Elisa zu und begrüßte sie respektvoll. »Warten Sie auf Ihren Herrn Vater, Comtesse? Oder soll ich Sie zu ihm führen?«

Elisa sah ihn verwirrt an. »Mein Vater ist in der Villa?«

»Es hat einen Empfang gegeben«, antwortete der Hausdiener diplomatisch, ohne den Namen der Königin zu erwähnen. »Ihr Vater wurde eingeladen. Soll ich Sie anmelden?«

Elisa machte einen Schritt zurück. »Oh, nein! Ich möchte nicht stören. Ich hatte meiner Freundin nur die Villa zeigen wollen.« Sie griff nach Hannas Arm, um sie weiterzuziehen. »Komm, Hanna!«

Aber Hanna blieb wie angewurzelt stehen und starrte Elisa an, als wäre sie vom Donner gerührt. »Sie haben mich Ihre Freundin genannt, Comtesse!«

Elisa lachte. »Bist du etwa nicht meine Freundin?«

»Wenn das Ihre Mutter hört!«

»Sie hört es ja nicht.« Wieder zupfte Elisa an Hannas Arm. »Nun komm schon!« Lachend sah sie zu, wie Hanna mühsam ein Bein vor das andere setzte, und tat dann etwas, was Hanna schon im Vorjahr Tränen der Rührung in die Augen getrieben hatte: Die Comtesse von Zederlitz bemühte sich, mit Hanna im Gleichschritt zu gehen. Tohk-tik, tohk-tik.

»Du siehst aus, als hätte ich dich beschimpft. Oder willst du nicht meine Freundin sein?«

»Ich … kann nicht«, brachte Hanna mühsam hervor. »Ich bin nur …«

Weiter kam sie nicht. »Es ist mir egal, was du bist«, sagte Elisa von Zederlitz heftig. »Du tust etwas für mich, was nur eine Freundin tut. Also bist du meine Freundin.«

Noch ehe Hanna etwas entgegnen konnte, öffnete sich die Tür der Villa Roth, und zwei Herren traten heraus. Elisa riss so erschrocken an Hannas Arm, dass die Nähte ihres verschlissenen Baumwollkleides knirschten. »Schnell! Komm! Wir müssen hier weg!«

Wenn Elisa bisher nie schneller gegangen war, als Hanna ihr folgen konnte, so nahm sie in diesen Augenblicken keine Rücksicht auf sie. Mit großen Schritten, die alles andere als damenhaft waren, lief sie auf den Eingang eines Geschäftes zu, in dem sie vor einer Viertelstunde blaue, rote und weiße Bänder gekauft hatte, und drehte sich erst um, als Hanna hinter ihr den Laden betrat.

»Was ist passiert?«, fragte Hanna atemlos.

Elisa nickte zu den beiden Herren, die das Rondell des Vorgartens umschritten und nun durch das Tor gingen, das ihnen der Hausdiener der Villa Roth eilfertig öffnete. Davor blieben sie eine Weile stehen, als könnten sie sich nicht entschließen, in welche Richtung sie gehen wollten.

»Wenn mein Vater sieht, dass wir bereits so viele Einkäufe erledigt haben, wird er von mir erwarten, dass ich ihn nach Hause begleite. Und was dann?«

Hanna wusste, was dann geschehen würde. Aber sie beantwortete Elisas Frage nicht, sondern nickte nur.

Der Geschäftsinhaber tauchte hinter einem Berg von Stoffballen auf. »Haben Sie etwas vergessen, Comtesse?«

Elisa sah sich hastig um. »Ich brauche … noch mehr weißes Band. Für meine Freundin …«

Der Ladenbesitzer sah Hanna fragend an, als könnte er nicht glauben, dass Elisa von der Tochter Freda Boykens sprach. Und Hanna selbst sah nicht anders aus. Anscheinend war ihr Glück zu groß, um es genießen zu können. Es machte ihr Angst und wirkte letztendlich wie ein Unglück.

Elisa konnte Hannas Angst nicht verstehen, lachte sie an, um sie zum Mitlachen zu zwingen … Da sah sie in Hannas Rücken einen Mann in einem weiten schwarzen Mantel. Er löste sich aus dem Schatten einer Droschke, als hätte er sich dort verborgen, und wich schnell wieder dahinter zurück, als er Gefahr lief, von Graf Arndt oder Dr. Nissen gesehen zu werden. Die beiden Herren schritten langsam, ins Gespräch vertieft, an der Droschke vorbei. Kurze Zeit später trat der Mann ins Licht und folgte ihnen. Dabei war er auf einen Abstand bedacht, mit dem er ihnen nicht auffiel.

Elisa schob Hanna zur Seite, ging zum Schaufenster des Ladens und sah ihrem Vater nach. Nun blieb er stehen, um sich von Dr. Nissen zu verabschieden, und Elisa beobachtete, dass der Mann um eine Hausecke verschwand, wo er weder von ihrem Vater noch von Dr. Nissen gesehen werden konnte. Kein Zweifel, er beobachtete die beiden, wollte aber von ihnen nicht gesehen werden. Was hatte ihr Vater mit diesem Mann zu schaffen?

Dr. Pollacsek stand am Fenster und blickte auf die Strandstraße hinaus, als wollte er Marinus Rodenberg nachsehen, der ihn soeben verlassen hatte. Ein fähiger Mann, der Halbbruder des Grafen von Zederlitz! Seine Meinung zu einem Problem, das Pollacsek unlösbar erschienen war, hatte ihn tatsächlich weitergebracht. Trotzdem schaffte er es nicht, Rodenbergs Vorschläge sofort in die Tat umzusetzen. Früher hätte er es so gemacht. Früher, als er noch keine Magenschmerzen hatte. Neuerdings aber verbrachte er einen großen Teil des Tages in aufrechter Haltung, weil das Magendrücken unerträglich wurde, wenn er am Schreibtisch oder am Zeichenbrett saß. Am liebsten stand er am Fenster und sah hinaus, oder er ging auf und ab, was er sich aber meistens verbot, weil die Holzdielen im Hause so laut knarrten, dass seinen Angestellten nicht verborgen geblieben wäre, wie wenig Zeit er mit den Plänen für die Erweiterung der Inselbahnstrecke verbrachte, die ihm eigentlich so wichtig war.

Pollacsek war erleichtert, als er Dr. Leonard Nissen erblickte, der sich auf der anderen Straßenseite von Graf Arndt verabschiedete und nun auf sein Haus zukam. Vielleicht hatte der Arzt ein Mittel, das ihn von seinen Beschwerden befreite? Pollacsek war mittlerweile sogar bereit, sich nach Hamburg in die Klinik zu begeben, wenn Nissen ihm dazu raten würde. Bevor er sich jedoch zu diesem schweren Schritt entschloss, wollte er es erst einmal auf dem Wege der Gefälligkeiten versuchen. Wenn Dr. Nissen Entgegenkommen zeigte, würde sich bald für Dr. Pollacsek eine Gelegenheit ergeben, sich erkenntlich zu zeigen. Das war ein Weg, der in beiden Richtungen leicht zu beschreiten war, für Julius Pollacsek viel leichter als die Wege, auf denen Verträge geschlossen und Rechnungen geschrieben wurden.

Er wollte sich gerade vom Fenster abwenden, um Dr. Nissen entgegenzugehen, da sah er den Mann, der hinter einer Hausecke auftauchte. Er warf Graf Arndt einen langen Blick hinterher und schaute dann zur Tür von Dr. Pollacseks Haus, in der Dr. Nissen vermutlich gerade verschwand. Es war das Dunkle an diesem Mann, das Dr. Pollacsek aufmerken ließ. Schwarz die Haare, schwarz der weite Mantel, der ihn vom Kragen bis zu den Schuhen verhüllte, finster sein Blick, der aus so dunklen Augen kam, dass Pollacsek trotz der Entfernung sicher war, dass sie ebenfalls schwarz waren. Wenn der Mann weitergegangen wäre, hätte er ihn vermutlich bald vergessen, aber er blieb stehen, und sein Blick wanderte langsam an der Hausfront hoch.

Dr. Pollacsek trat unwillkürlich einen Schritt zurück, weil er von diesem Mann nicht gesehen werden wollte. Warum eigentlich nicht? Er vermochte es nicht zu sagen. Dieser Mann war ihm fremd, er hatte also keinen Grund, sich vor ihm zu verbergen. Gleich darauf erkannte er aber, dass es die seltsame Starre war, die ihm Angst machte. Nun lehnte er sich an die Hauswand, als wollte er länger dort stehen und das Haus beobachten. Prompt griff Julius Pollacsek sich an den Magen und verzog schmerzhaft das Gesicht.

In diesem Augenblick klopfte es! Ärgerlich lief er zur Tür. Nun hatte er durch diese Beobachtung versäumt, Dr. Nissen schon im Hausflur zu empfangen, wie es höflich gewesen wäre, wenn man jemanden begrüßte, von dem eine Gefälligkeit erwartet wurde. Heftig riss er die Tür auf, um die Unfreundlichkeit mit besonders lauter Herzlichkeit wiedergutzumachen. »Mein lieber Nissen! Wie schön, dass Sie meiner Einladung gefolgt sind!«

Dr. Nissen wehrte jeden Dank ab, da es ihm selbstverständlich eine Freude war, dem Kurdirektor seine Aufwartung zu machen, und eine Ehre, ihm zu Diensten zu sein. »Sehr freundlich, dass Sie an mich denken, wenn Sie Hilfe brauchen!«

Zufrieden ließ er sich in dem Sessel nieder, der ihm angeboten wurde, und schien nichts dabei zu finden, dass Dr. Pollacsek stehen blieb. Bevor er sich erkundigte, um welchen Wunsch es ging, ließ er einfließen, dass er schon früher gekommen wäre, wenn er nicht durch einen kleinen Empfang bei der soeben eingetroffenen Königin von Rumänien aufgehalten worden wäre.

Dr. Pollacsek sah ihn verblüfft an. »Königin Elisabeth ist auf Sylt? Warum weiß ich nichts davon?«

Dr. Nissen genoss seinen Vorsprung an Informationen. »Weil sie inkognito reist. Aber anscheinend hat es sich dennoch herumgesprochen. Heye Buuß war jedenfalls zur Stelle, um sie zu begrüßen. Und er wurde daraufhin auch zum Empfang in die Villa Roth gebeten.«

Dr. Pollacsek war zufrieden. »Das reicht! Wenn der Inselvogt ihr seine Aufwartung gemacht hat, braucht der Kurdirektor nicht auch noch zu erscheinen. Jedenfalls dann nicht, wenn die Königin inkognito reist.«

Dr. Nissen grinste. »Frau Roth hatte anscheinend damit gerechnet, dass sich schnell herumspricht, wer hinter dieser Gräfin Vrancea steckt. Sie war auf einen Empfang eingestellt, zu dem die Königin wohl oder übel laden musste, als sie merkte, dass sie erwartet wurde.« Er klopfte gegen seinen Magen. »Die Aal-Häppchen waren hervorragend.«

Dr. Pollacsek fühlte Übelkeit in sich aufsteigen. »Dann bin ich froh, dass ich von diesem Empfang verschont blieb.« Nun nahm er Dr. Nissen gegenüber Platz, weil die Übelkeit den Druck in seinem Magen abgelöst hatte und im Sitzen besser zu ertragen war. »Damit sind wir beim Thema, lieber Nissen.«

Dr. Nissen wurde nun sehr aufmerksam. »Es gibt ein gesundheitliches Problem?«

Dr. Pollacsek war froh, dass er so schnell auf seine Beschwerden zu sprechen kommen konnte, und dankbar, weil der Arzt ihm konzentriert zuhörte und seine Nöte augenscheinlich ernst nahm. »Seit Wochen habe ich nicht mehr auf dem Pferd gesessen. Dabei bin ich früher täglich ausgeritten.«

Als er geendet hatte, sagte Dr. Nissen nachdenklich: »Das sieht nach einer Gastritis aus. Andererseits ... manchmal führen auch seelische Verstimmungen zu diesen Beschwerden. Probleme im Beruf oder in der Familie! Ängste konkreter oder eingebildeter Art ...«

»Können Sie das feststellen?«, fragte Dr. Pollacsek.

Dr. Nissen lächelte. »Es gibt also seelische Verstimmungen?«

Pollacsek schüttelte den Kopf, dann überlegte er es sich anders und nickte. »Aber meine Beschwerden sind älter als dieses Problem.«

»Es könnte Ihre körperlichen Beschwerden verstärken.«

Nun entschloss sich Dr. Pollacsek, erstmals über seine Ängste zu reden, unter denen er litt, seit er zum ersten Mal festgestellt hatte, dass jemand um sein Haus schlich, seinen Garten betrat und in seine Fenster blickte. »Ich kann nicht mehr schlafen, und seit ich nicht mehr schlafen kann, verstärkt sich der Druck in meinem Magen immer mehr. Ich arbeite nun in der ersten Etage, weil ich mich hier sicherer fühle, aber meine Magenbeschwerden sind immer noch da.«

Dr. Nissen war voller Verständnis. »Haben Sie einen Verdacht, wer das sein könnte? Jemand, der Sie bedroht? Jemand, der die Absicht hat, in Ihr Haus einzudringen? Der Sie bestehlen möchte? Oder der Rache an Ihnen nehmen will?«

Pollacsek erschrak. »Sie meinen, es könnte jemand sein, der mich umbringen will?«

Dr. Nissen hob die Schultern. »Ich weiß ja nicht, ob Sie Feinde haben.«

»Nicht, dass ich wüsste.« Pollacsek schüttelte den Kopf. »Ich habe nie jemanden gesehen. Aber ich höre die Person und spüre, dass sie da ist!« Pollacsek starrte auf seine Fußspitzen, ehe er fortfuhr: »Nur gestern habe ich jemanden gesehen. Dieses verkrüppelte Mädchen …«

»Hanna Boyken? Wie kommen Sie darauf, dass sie es sein könnte, die bei Ihnen rumschleicht?«

»Ich habe sie einmal dabei beobachtet, wie sie versuchte, in ein Fenster zu schauen. Und gestern kam sie am Haus vorbei. Dann plötzlich waren ihre Schritte nicht mehr zu hören … Sie wissen ja, wie ihre Schritte klingen.«

»Sie sind unverwechselbar«, bestätigte Dr. Nissen.

»Als ich sie nicht mehr hörte«, fuhr Pollacsek fort, »spürte ich, dass jemand ums Haus schlich. Und ich habe eine Bewegung im Garten gesehen.«

Dr. Nissen sah nun sehr nachdenklich aus. »Zuzutrauen wäre es ihr. Sie wissen ja, ich wohne bei Geesche Jensen, wo Hannas Mutter im Haushalt hilft. Das Mädchen ist unehrlich, neugierig und dreist.«

»Das habe ich auch schon gehört.«

»Sie meinen, Hanna Boyken wartet auf eine Gelegenheit, bei Ihnen einzusteigen und Sie zu bestehlen?«

Pollacsek nickte, ohne Dr. Nissen anzusehen. Er wusste plötzlich nicht mehr, was er glauben sollte. Und nun begriff er, dass er sich lächerlich machte, wenn er Angst vor einem verkrüppelten Mädchen hatte, das vielleicht dreist und neugierig war, ihm aber niemals gefährlich werden konnte. »An das

Geld, das ich im Hause habe, könnte sie sowieso nicht kommen«, machte er sich selber Mut. »Den Tresor habe ich mit voller Absicht im ersten Obergeschoss untergebracht.« Er warf einen vielsagenden Blick auf ein Ölgemälde, das eine Ansicht seiner Heimatstadt Budapest zeigte, dann klopfte er auf die Tasche seines Jacketts. Ein metallisches Geräusch war zu hören. »Die Schlüssel trage ich immer bei mir.«

»Von Hanna Boyken droht Ihnen sicherlich keine Gefahr«, bestätigte Dr. Nissen. »Selbst wenn sie ins Haus eindringt, würden Sie ihre Schritte auf dem Holzfußboden sofort erkennen. Und sie würde nicht fliehen können. So mühsam, wie sie sich vorwärtsbewegt.«

»Warum schleicht sie dann um mein Haus herum?«, fragte Dr. Pollacsek so wütend, als wäre es Dr. Nissen, der ihm Angst machte.

»Vielleicht haben Sie sich getäuscht. Aber wenn sie es wirklich ist, haben Sie nichts von ihr zu befürchten. Sie ist neugierig, will sehen, wie es in Häusern zugeht, die so schön sind wie Ihres. Am besten vergessen Sie Hanna Boyken einfach.« Dr. Nissen erhob sich und bat Dr. Pollacsek, seinen Oberkörper freizumachen.

Nach einer kurzen Untersuchung verordnete er ihm, täglich den Saft roher Kartoffeln zu trinken. »Außerdem soll Ihre Haushälterin Ihnen Haferschleim kochen. Und eine Rollkur mit Kamillentee wird Ihnen helfen. Sie trinken den lauwarmen Tee zügig aus, legen sich anschließend drei Minuten auf den Bauch, dann drei Minuten auf die linke und die rechte Seite. So kommt die gesamte Magenschleimhaut mit dem Kamillentee in Berührung und wird sich beruhigen.« Dann schrieb er dem Kurdirektor noch ein Rezept für einen Tee aus Kalmuswurzeln auf und riet ihm, schwer verdauliche Kost zu meiden. »Keine fetten Speisen, keine Hülsenfrüchte, kein Kohl und keine Zwiebeln. In einer Woche müsste es Ihnen wesentlich bessergehen, wenn Sie meine Ratschläge beherzigen.«

Dr. Pollacsek atmete erleichtert auf. »Was für ein Glück, dass es zurzeit einen Arzt auf Sylt gibt! Ich wollte, Sie wären schon im vergangenen August hier gewesen. Da war mein Freund Theodor Storm auf Sylt zu Besuch, wegen seiner ›Sylter Novelle‹. Aber er musste bald zurückkehren, ohne sie vollendet zu haben. Seine Magenbeschwerden!« Dr. Pollacsek schluckte nervös. »Später stellte sich heraus, dass er Magenkrebs hatte.«

Dr. Nissen beruhigte ihn. »Magenkrebs kommt zwar oft zunächst wie eine Gastritis daher, aber es gibt keinen Grund anzunehmen, dass Sie so schwer erkrankt sind.«

Dr. Pollacsek seufzte. »Vor ein paar Tagen habe ich die Todesnachricht erhalten. Wären Sie im letzten Jahr auf Sylt gewesen, hätte Theodor es vielleicht geschafft, seine ›Sylter Novelle‹ zu vollenden. Ihm fehlte ärztlicher Beistand.«

Auf Dr. Nissens Gesicht entstand ein kleines tiefgründiges Lächeln. »Soll ich Ihnen etwas verraten, Pollacsek? Ich denke darüber nach, mich auf Sylt niederzulassen. Kann ich mit Ihrer Unterstützung rechnen?«

Dr. Pollacsek knöpfte vor lauter Begeisterung sein Hemd falsch zu, so dass er noch einmal von vorn beginnen musste, als er glaubte, mit dem Knöpfen fertig zu sein. »Das wäre fantastisch! Ich werde mich um ein Haus in exponierter Lage kümmern. Ich nehme an, Geld spielt keine Rolle?«

Nissen machte eine Handbewegung, die Dr. Pollacseks Vermutung bestätigen sollte. Trotzdem antwortete er: »Ich brauche kein Haus, verehrter Pollacsek. Meine Pläne sehen anders aus.«

Pollacsek war endlich mit seinem Hemd fertig und setzte sich zu Leonard Nissen, ohne sein Jackett überzuziehen. Die Neugier leuchtete aus seinen Augen.

»Haben Sie sich nicht gewundert, dass ich im Haus der Hebamme logiere?«, fragte Nissen geheimnisvoll.

Pollacsek lächelte. »Wenn ich ehrlich bin, ja. Ich hätte Sie in einem der Hotels gesucht.«

»Unter anderen Umständen wäre ich natürlich im ›Hotel Stadt Hamburg‹ abgestiegen. So wie im letzten Sommer, als ich mit meiner Frau auf Sylt war.«

»Andere Umstände? Welche Umstände sind es, die sich geändert haben?« Pollacsek hob abwehrend die Hände. »Über Ihre Scheidung bin ich natürlich informiert, ich werde Ihnen nicht zumuten, darüber zu reden. Ich kann mir vorstellen, wie schwer das für Sie ist. Von der Ehefrau betrogen zu werden – schrecklich!«

Dr. Nissen nickte dankbar. »Ja, es war eine schwere Zeit. Aber nun liegt sie hinter mir.« Er seufzte tief auf, ehe er fortfuhr: »Jetzt hoffe ich, dass ich das alles bald vergessen kann.«

»Das wünsche ich Ihnen«, beteuerte Dr. Pollacsek.

Auf Dr. Nissens Gesicht stahl sich ein Lächeln, das den Kurdirektor aufmerken ließ. »Soll das heißen …?«

Der Gedanke erschien ihm so ungeheuerlich, dass er den Satz nicht zu Ende sprechen mochte.

Aber Dr. Nissen ahnte, was er fragen wollte, und nickte. »Ja, ich habe mich verliebt. Eigentlich möchte mein Schwiegervater … mein früherer Schwiegervater, dass ich weiterhin in seiner Klinik arbeite. Aber ich will meine Ehe so schnell wie möglich vergessen. Und das kann ich nur, wenn ich mich nach der Trennung von meiner Frau auch von ihrer Familie trenne.«

Pollacsek verstand. »Und am besten vergisst man eine Liebe mit der nächsten.«

»Geesche Jensens Haus ist groß genug für eine Arztpraxis.«

»Aber … dass Sie auf Sylt nicht annähernd so viel verdienen können wie in einer Hamburger Privatklinik, wissen Sie? Die Sylter Bevölkerung ist arm.«

Dr. Nissen beugte sich vor, stützte seine Ellbogen auf die Oberschenkel und sah Dr. Pollacsek eindringlich an. »Erstens denke ich nicht an die Sylter Bevölkerung, sondern an die Feriengäste, die hier Urlaub machen …«

»Die sind nur im Sommer da!«

»... zweitens geht es mir nicht ums Geld ...«

»Natürlich! Ihre Frau hat Ihnen vermutlich ein Vermögen zahlen müssen, weil sie schuldig geschieden wurde.«

»... und drittens lockt mich nach den luxuriösen Jahren das einfache Leben.« Nissens Lächeln vertiefte sich. »An der Seite einer geliebten Frau.«

Julius Pollacsek setzte an, Dr. Nissen zu gratulieren, aber der wehrte hastig ab. »Dazu ist es noch zu früh. Leider habe ich Geesche Jensens Herz noch nicht erobert.«

Pollacsek lachte laut los, um Dr. Nissen seine Unsicherheit zu nehmen. »Das dürfte nur eine Frage der Zeit sein, lieber Nissen! Geesche Jensen ist Ende dreißig, wenn ich nicht irre. Eine Frau in diesem Alter ist froh, wenn jemand um ihre Hand anhält. Erst recht ein Mann wie Sie. Und den Tod ihres Verlobten dürfte sie mittlerweile überwunden haben.«

Die beiden Herren schieden in bestem Einvernehmen voneinander. Leonard Nissen versprach, sich demnächst nach dem Gesundheitszustand des Kurdirektors zu erkundigen, und ermunterte Pollacsek, ihn zu konsultieren, wann immer er das Bedürfnis habe. Und der Kurdirektor sicherte seinem Besucher jede erdenkliche Hilfe zu, damit Sylt über kurz oder lang zu einem Arzt kam, so dass auch kränkliche oder gebrechliche Kurgäste den Aufenthalt auf der Insel in Erwägung zogen.

Als Dr. Nissen ins Erdgeschoss hinabstieg, fühlte Julius Pollacsek sich bereits besser. Die offenen Worte hatten ihm gutgetan; dass der Arzt daran glaubte, die vorgeschlagenen Maßnahmen würden bald zum Abklingen seiner Beschwerden führen, weckte Zuversicht in ihm. Er hörte Dr. Nissen im Erdgeschoss mit seinem Bürovorsteher reden, der an chronischem Husten litt und anscheinend die Gelegenheit wahrnahm, den Arzt um Rat zu fragen. Pollacsek war drauf und dran, sich an seinen Schreibtisch zu setzen, und optimistisch, diese Körperhaltung nun besser zu ertragen.

Aber er traute seiner Hoffnung noch nicht und zog es deshalb vor, es noch eine Weile bei der aufrechten Haltung zu belassen. Wieder ging er zum Fenster, um sich von dem Treiben auf der Strandstraße abzulenken und sich der Frage zu stellen, ob die seelische Verstimmung, von der Dr. Nissen gesprochen hatte, ihm tatsächlich so sehr zusetzte, dass sie ihn krank gemacht hatte. Wenn dem so war, musste er dem Arzt dankbar sein, dass er ihn auf diese Möglichkeit hingewiesen hatte. Pollacsek hätte beinahe gelacht. Wie konnte er sich von einem Krüppel bedroht fühlen? Von einem Mädchen, das neugierig war und unverschämt genug, sich in ein fremdes Leben zu schleichen?

Dr. Pollacsek dehnte seinen Oberkörper und zog die Schultern nach hinten. Im selben Moment fiel sein Blick auf den Mann, den er über Dr. Nissens Besuch vergessen hatte. Er stand noch immer an die Hauswand gelehnt da, als hätte er sich in der Zwischenzeit nicht bewegt. Und noch immer starrte er zum Haus herüber.

Dr. Pollacsek drehte sich um, damit er ihn nicht mehr sehen musste. Und augenblicklich wurden seine Magenschmerzen so heftig, dass er laut aufstöhnte.

VI.

Geesche war auf dem Weg zur Schafweide. Ihre weiße Schürze hatte sie gegen eine dunkelgraue eingetauscht, die sie immer umband, wenn Schmutzarbeit zu erledigen war. An den Füßen trug sie unempfindliche Holzschuhe. In dem Eimer, den sie mit sich führte, lag eine Schaufel zum Aufnehmen von Schafsdreck, den sogenannten Schafskütteln, die später, wenn sie getrocknet waren, zum Heizen dienten. Sie ging mit großen, kräftigen Schritten, wie es ihre Art war, ob sie es eilig hatte oder nicht, hielt sich aufrecht und trug den Kopf hoch. Eine schöne, stolze Frau!

Kurz nach Mittag war die Wolkendecke aufgerissen, hier und da stahl sich die Sonne hervor. Sie hatte an Kraft zugenommen, war endlich in der Lage, die Luft zu erwärmen und dem Wind, der in einer schwachen Brise vom Meer herüberkam, die kalten Spitzen zu nehmen. Der Sommer schien auf Sylt anzukommen. Bald würde es sich zeigen, ob der Fremdenverkehr wirklich zunahm, ob auch die beiden Fremdenzimmer, die Geesche in dem früheren Stall einrichten wollte, den Sommer über zu vermieten waren. Wenn Dr. Pollacsek recht hatte, würde die Inselbahn eine Menge verändern, und mittlerweile war Geesche geneigt, ihm zu glauben, wenn es ihr auch nicht gefiel. Nichts würde ihr je gefallen, was mit der Inselbahn zusammenhing!

Andrees hatte nicht an Dr. Pollacseks Pläne glauben können, hatte die Inselbahn gehasst und war ihr schließlich sogar zum Opfer gefallen. Und nun Marinus? Ein Mann, der die Inselbahn zu seinem Beruf gemacht hatte! War es nicht ein Verrat an Andrees, wenn sie Marinus' Liebe erwiderte?

Sie schüttelte so heftig den Kopf, dass der Eimer an ihre Knie stieß und sie schmerzhaft das Gesicht verzog. Nein, nicht ausgerechnet Marinus Rodenberg! Ein Mann, der die Inselbahn liebte und der außerdem zur Familie von Zederlitz gehörte, deren Namen sie am liebsten vergessen würde! Nein, nicht dieser Mann! Sie musste ihn sich aus dem Herzen reißen.

Sie hatte es nicht einmal fertiggebracht, der Jungfernfahrt der Inselbahn beizuwohnen, zum Conversationshaus zu gehen und den Punsch zu trinken, den Dr. Pollacsek allen reichte, die mit ihm die Eröffnung der ersten Sylter Eisenbahnlinie feiern wollten. Später aber hatte sie sich einen Platz in den Dünen gesucht, wo sie einen Blick auf die Bahntrasse hatte. Von dort konnte sie das fauchende Ungetüm sehen, das rußige Wolken in den Himmel paffte, die Schafe mit seinem Pfeifen erschreckte und die Linie des Horizonts für sich beanspruchte. Geesche Jensen hatte in diesem Augenblick beschlossen, dass sie die Inselbahn genauso hassen wollte, wie Andrees sie gehasst hatte. Und einen Mann, der für die Inselbahn arbeitete, wollte sie nicht!

Ihre Schafe standen nördlich des Wohnhauses, das der Graf auf Kaiken Daselers Grundstück hatte errichten lassen. Früher hatten Kaiken und Geesche sich beim Sammeln der Schafsküttel abgewechselt, heute begnügte sich Geesche mit einem Teil des Ertrags, weil sie nicht in der Nähe des Zauns sammeln wollte, hinter dem das Anwesen der von Zederlitz begann. Sie nahm sogar einen Umweg auf sich, um nicht den Grundstückseingang zu passieren. Lieber ging sie ein Stück am Strand entlang, dann durch die Dünen und betrat die Weide von Westen her.

Zunächst glaubte sie an ein verendetes Tier, als sie das Lange, Dunkle, Schmale sah, was sich in ein enges Dünental streckte und bewegungslos dalag. Aber als sie näher kam, merkte sie schnell, dass sie sich geirrt hatte. Dort lag ein Mensch, bäuchlings, in den Strandhafer gedrückt, nur den Kopf leicht erhoben. Sogar aus größerer Entfernung war zu erkennen, dass es jemand war, der nicht entdeckt werden wollte, der etwas beobachtete, was nicht für seine Augen bestimmt war.

Geesche duckte sich unwillkürlich und machte sich eine Sandwehe zunutze, die der Wind vor einen dichten Strandhaferbusch getrieben hatte. Vorsichtig, tief gebückt, schlich sie sich heran und richtete ihren Körper erst wieder auf, als sie damit rechnen konnte, die Person zu erkennen, die dort im Sand lag. Sie machte ein dunkles Kleid aus, unter dem ein Fuß hervorsah, bleiche Haare, weder blond noch brünett, und dünne Strähnen, die sich aus den Flechten gelöst hatten und im leichten Wind faserten.

Geesche duckte sich erneut, setzte ihren Eimer ab und ließ sich im Sand nieder, um nachzudenken. Was tat Hanna hier? Wen beobachtete sie? Und wie war darauf zu reagieren, dass sie es tat? Freda hatte noch vor ein paar Stunden stolz berichtet, dass Hanna ausersehen war, die junge Comtesse auf einem Spaziergang durch Westerland zu begleiten. Hatte Hanna ihre Mutter belogen? Oder hatte sie ihre Arbeit als Elisas Gesellschafterin gleich am ersten Tag verloren? Freda setzte all ihre Hoffnungen auf Graf Arndt, der als Einziger nachsichtig mit ihrer Tochter umging, aber selbst er würde nicht immer über sämtliche Taktlosigkeiten und über Hannas Unverfrorenheit hinwegsehen können. Und erst recht würde Gräfin Katerina es nicht tun, die sich zwar bisher gefügt hatte, wenn ihr Mann darauf beharrte, Hanna Jahr für Jahr wieder in Dienst zu nehmen, deren Geduld aber sicherlich schnell ein Ende haben würde, wenn Hanna den Bogen überspannte und sich das Gleiche herausnahm wie in Geesches Haus.

Doch wenn man sie entlassen hatte, wen spionierte sie dann in den Dünen aus? Ließ sie nun alle Vorsicht fahren und belauerte sogar die Gräfin auf ihrem Weg zum Strand?

Sehr behutsam, ohne von Hanna gesehen zu werden, zog sie sich Richtung Strand zurück. Dann ging sie so nah wie möglich an die Wasserkante und blickte zu den Dünen hoch. Niemand war zu sehen, weder Hanna noch das Objekt ihrer Beobachtung. Geesche lief weiter, so weit, bis sie glaubte, dass sie über den Punkt hinaus war, an dem etwas geschah, was Hannas Aufmerksamkeit erregt hatte. Dort stapfte sie erneut in die Dünen. Sie merkte, dass Angst in ihr aufstieg, Angst vor allem um Freda, der sie weitere Enttäuschungen gern ersparen würde.

Vorsichtig machte sie einen Schritt vor dem nächsten, darauf bedacht, von Hanna nicht gesehen zu werden, und darauf gefasst, hinter jeder Erhebung etwas zu entdecken, was für ihre Augen genauso wenig bestimmt war wie für Hannas. Schließlich hatte sie den letzten Schritt getan. Das Dünengras war hier so dicht, dass sie sich leicht verbergen konnte, wenn sie sich so wie Hanna bäuchlings in den Sand legte. Vorsichtig reckte Geesche den Hals. Wer war das? Was ging in der Mulde der Düne vor?

Sie sah ein junges Paar, das auf einer Decke lag und sich leidenschaftlich küsste. Die Frau hatte ihre Arme fest um den Mann gelegt, drängte sich ihm entgegen, schien ihm gar nicht nah genug sein zu können. Erst als er sich von ihr löste, gab sie ihn widerwillig frei, bog sich ihm jedoch noch stürmischer entgegen, als seine Lippen eine Spur über ihren tiefen Ausschnitt zogen. Er hob sein Gesicht, lächelte sie an, sagte ein paar Worte … und nun erkannte Geesche ihn. Ebbo!

Er hatte sich also in den Dünen zu einem Schäferstündchen getroffen und ahnte nicht, dass er von seiner Schwester dabei beobachtet wurde. Doch wer war die junge Frau? Sie trug ein Kleid von feinstem Stoff, das war sogar aus der Entfernung zu erkennen, und Stiefeletten, wie sie auf Sylt nur selten gesehen wurden. Keine Fischerstochter und wohl auch nicht die Tochter eines Seemanns, nicht einmal die eines Kapitäns. Etwa die Tochter oder gar die Ehefrau eines vornehmen Kurgastes? Auf welches Abenteuer ließ Ebbo sich da ein? Hanna war nicht verschwiegen. Wenn sie ihren Bruder hier entdeckt hatte, dann würde die junge Frau über kurz oder lang in Schwierigkeiten geraten. Und Ebbo selbst womöglich auch. Nun nestelte er sogar an den Knöpfen ihrer weißen Bluse herum! Welche Frau auf Sylt trug eine solche Bluse?

In Geesche schoss die Antwort auf diese Frage hoch, noch ehe sie sicher sein konnte. Doch die Gewissheit folgte auf dem Fuße. Die junge Frau, mit deren Ehre Ebbo spielte, war Elisa von Zederlitz. Ebbo, der gute Sohn, Fredas ganze Hoffnung! Ebbo, der arme Fischerjunge, der kaum mehr besaß als das, was er am Leibe trug. Er und die Comtesse von Zederlitz, reich, verwöhnt, mit einem mächtigen Vater, der seiner Tochter nicht ungestraft die Ehre nehmen lassen würde. Elisa von Zederlitz, die einmal eine angemessene Partie machen würde, die Baronin, Fürstin oder gar Prinzessin werden, mindestens aber demnächst Frau Gräfin genannt werden würde! Sie lag mit einem der ärmsten Fischerjungen der Insel im Sand und wurde beobachtet von einem Mädchen, das niemandem ein Glück gönnte, weil es selbst nie Glück erfahren hatte.

Wie würde Hanna mit ihrem Wissen umgehen? Geesche mochte sich nicht vorstellen, was mit Ebbo passieren würde, wenn die Wahrheit ans Licht kam, und mit der armen Freda, wenn der Graf die Familie Boyken für das bestrafte, was seiner Tochter angetan worden war. Ob Hanna klar war, welches Unglück da in ihren Händen lag?

Geesche begab sich vorsichtig auf den Rückzug. Erst als sie auf ihrem Weidestück die Schafsküttel einsammelte, war sie in der Lage, die Gedanken zu ordnen, die ihr beim Anblick des Paares durch den Kopf geschossen waren. Und sie konnte sie in Ruhe zu Ende denken. Wie war es der Comtesse gelungen, allein aus dem Haus zu kommen, um sich mit Ebbo zu treffen? Auf diese Frage gab es nur eine Antwort: Hanna deckte ihren Bruder und Elisa von Zederlitz. Der Graf und die Gräfin glaubten, dass ihre Tochter mit ihrer Gesellschafterin einen Spaziergang unternahm, in Wirklichkeit sorgte Hanna dafür, dass die beiden sich heimlich treffen, küssen und lieben konnten.

Hanna, die zwei Menschen einen Gefallen tat? Geesche stellte ihren Eimer ab und schüttelte den Kopf. Hanna beanspruchte zwar Gefälligkeiten, verlangte sie und reagierte wütend und ungerecht, wenn sie nicht bekam, was sie wollte, aber sie selbst ging nicht großzügig mit Liebenswürdigkeiten um. Weil es niemanden gab, den sie gern genug hatte, und niemanden, dem sie selbst etwas bedeutete. Außer Freda und Ebbo natürlich. Ja, von Freda erhielt sie Mutterliebe, so viel sie brauchte, und von Ebbo wurde sie geliebt wie eine Schwester. Und Hanna liebte ihn wie einen Bruder. Aber Elisa von Zederlitz?

Geesche dachte an das Stück Seife, das Hanna von der Comtesse geschenkt bekommen hatte, und rief sich in Erinnerung, wie unbefangen und freundlich Elisa von Zederlitz im letzten Sommer mit Hanna umgegangen war. So vorurteilsfrei, wie es keinem Sylter je gelungen war. Möglich, dass Hanna von der Comtesse endlich die Anerkennung bekam, nach der sie sich ein Leben lang gesehnt hatte. Und dann war es möglich, dass sie ihr tatsächlich half. Ja, so musste es sein! Was aber sicherlich weder Elisa noch Ebbo ahnten, war, dass Hanna sie beim Liebesspiel beobachtete.

VII.

Königin Elisabeth von Rumänien, Gemahlin von König Carol I., war eine imposante Erscheinung. Eine große, stattliche Frau von Mitte vierzig mit ebenmäßigen Zügen und tief liegenden Augen unter starken Brauen, die ihrem Gesicht etwas Geheimnisvolles gaben. Das lag allerdings völlig im Widerspruch zu ihrem klaren Wesen. Die Königin war eine lebhafte Person, freundlich und zugänglich, offen für jedermann, der sie aufsuchte.

Als Prinzessin zu Wied war sie auf die Welt gekommen. Mit fünfundzwanzig Jahren lernte sie Prinz Karl von Hohenzollern-Sigmaringen kennen, den sie ein Jahr später heiratete. Als er in Rumänien zum König gekrönt wurde, folgte sie ihm, der sich nun Carol I. nannte, nach Bukarest.

Dr. Julius Pollacsek kannte ihre Beinamen »dichtende Königin« und »königliche Dichterin« und wusste, dass sie unter dem Pseudonym Carmen Sylva schon viele Gedichte und Romane verfasst hatte. Von einer Hofdame hatte er auch erfahren, dass Ihre Majestät ihr einziges Kind, eine kleine Tochter, im Alter von nur vier Jahren verloren hatte. Das lag zwar bereits vierzehn Jahre zurück, dennoch wurde ihm empfohlen, mit der Königin nicht von Kindern, insbesondere nicht von kleinen Mädchen und auf keinen Fall vom Tod zu sprechen, wenn er Wert darauf legte, ein heiteres, unverfängliches Gespräch mit ihr zu führen.

Das war Dr. Pollacsek äußerst wichtig. Hatte er zunächst noch geglaubt, es reiche völlig aus, dass der Inselvogt die Königin begrüßt hatte, war er bald nicht mehr so sicher gewesen, ob er sich eine schwere Verfehlung vorwerfen musste. Zwar war es der Wille der Königin gewesen, inkognito zu reisen, aber Pollacsek hatte bald begriffen, dass er sich hinter dieser Tatsache nicht verstecken konnte. Es hätte ihm zu Ohren kommen müssen, dass nicht eine Gräfin Vrancea, sondern die Königin von Rumänien in Westerland erwartet wurde. Und wenn der Inselvogt und sogar Graf von Zederlitz zur Begrüßung der Königin erschienen waren, hätte auch der Kurdirektor sich die Ehre geben müssen.

Inzwischen hatte er ein heftiges Streitgespräch mit Heye Buuß geführt, der seine Frage nach der Königin mit einer Gegenfrage beantwortet hatte: »Sie wussten nicht, dass Königin Elisabeth auf Sylt erwartet wurde?« Dabei hatte er die Augenbrauen so hoch gezogen, dass sie beinahe unter seiner roten Haarmähne verschwanden.

»Wie konnte ich das wissen, wenn Sie mich nicht informieren?«, hatte Pollacsek wütend entgegnet.

Aber Heye Buuß hatte nur kopfschüttelnd nach einem Telegramm gegriffen und es Pollacsek unter die Nase gehalten. »Sie sollten sich gelegentlich mal in der Badedirektion blicken lassen, verehrter Pollacsek, statt immer nur in Ihrem Hause über dem Zeichenbrett zu sitzen.« Anzüglich hatte er hinzugefügt: »Oder am Fenster zu stehen. Dann hätten Sie von dieser Mitteilung Kenntnis gehabt.«

Pollacseks Hände hatten zu zittern begonnen, als er den Inhalt des Telegramms las, das der preußische Minister des Innern von Berlin an den Oberpräsidenten nach Schleswig geschickt hatte, mit der Bitte, es den Behörden auf Sylt weiterzuleiten. ›Königin von Rumänien inkognito als Gräfin Vrancea am Sonnabend eintreffend.‹

Der Oberpräsident hatte dieser Mitteilung noch zugefügt,

dass die Königin über Tondern einreisen werde, mit der Inselbahn nach Westerland zu fahren und in der Villa Roth Quartier zu nehmen gedenke.

Der Hausdiener führte ihn in die Halle und bat ihn, dort auf einem zierlichen Sofa Platz zu nehmen. Marie Roth, die Frau des Apothekers Carl Roth, ließ ihn nicht lange warten. Sie war eine schlanke, dunkelhaarige Frau von gepflegtem Äußeren, stets sehr damenhaft und formell gekleidet, einerseits von großer Liebenswürdigkeit, andererseits von einer Geschäftstüchtigkeit, die ihre gewählten Worte manchmal in einem anderen Licht erscheinen ließen. Ihr hatte der Apotheker es zu verdanken, dass sein Erbe in der Villa Roth gut angelegt war. Seine Frau war auf dem Wege, das Haus zum Besten am Platze zu machen. Dass die Königin von Rumänien nun hier abgestiegen war, dürfte der Durchbruch geworden sein. Die exzellente Lage des Hauses hart an den Dünen in unmittelbarer Nähe des Meeres und eines Strandübergangs würde ein Übriges tun. Alle anderen Häuser Westerlands hatten sich vom Meer zurückgezogen und der Sicherheit den Vorzug gegeben; das Ehepaar Roth jedoch schien beim Bau ihrer Villa schon den Fremdenverkehr im Auge gehabt zu haben und die Gewissheit, dass Kurgäste den Anblick des Meeres genießen wollten. So lag die Villa am Ende der Strandstraße auf der Düne, aber noch in der Nähe von Geschäften, die den Damen Zerstreuung bieten konnten. Etwas weiter nordwestlich befand sich nur noch die riesige Villa von Baron Bauer-Breitenfeld, aber sie machte der Villa Roth die exponierte Stellung nicht streitig.

»Ihre Majestät erwartet Sie«, sagte Marie Roth und ging Dr. Pollacsek voran, der ihr mit gemischten Gefühlen folgte. Wie würde die Königin ihn empfangen? Wie jemand, der es nicht für nötig befunden hatte, sie in der Stunde ihrer Ankunft auf Sylt zu begrüßen?

Zum Glück merkte er schnell, dass er sich umsonst Sorgen gemacht hatte. Königin Elisabeth begrüßte ihn freundlich, hörte sich seine Entschuldigungen lächelnd an und versicherte ihm dann, dass es nichts zu verzeihen gäbe. »Wäre es mein Wunsch gewesen, dass mich die Obrigkeit von Westerland an der Inselbahn in Empfang nimmt, hätte ich meinen Besuch offiziell angekündigt.«

Sie saß in ihrem Salon am Schreibtisch, der so aufgestellt worden war, dass sie den Blick auf das Meer genießen konnte, wenn sie vom Schreiben ausruhte oder sich Gedanken über das nächste Wort, den nächsten Satz machte. Pollacsek wies sie den Platz zu ihrer Rechten zu, am schmalen Ende des Schreibtisches, mit dem Fenster an seiner rechten Seite. Während sie mit ihm redete, blickte sie meist aufs Meer hinaus, trotzdem war Pollacsek sicher, dass sie sich dem Gespräch voll und ganz widmete. Es kam ihm sogar so vor, dass der wunderbare Anblick vor ihrem Fenster ihre Unterhaltung beflügelte. Das Lächeln, das nicht aus ihrer Miene wich, und die Freundlichkeit, die in ihren Augen stehen blieb, waren ihm Beweis genug. Und es gefiel ihm, dass er die Königin auf diese Weise ungeniert betrachten konnte.

Ihr helles Haar hatte sie in gleichmäßige Wellen legen und es fest an den Kopf stecken lassen. Sie trug ein hellgraues Taftkleid, das mit dunkelgrauen Längsstreifen versehen war, deren Abstände zum Saum des Rockes hin breiter wurden. Auf dem eng anliegenden Oberteil mit dem hohen Stehkragen gab es keine Abstände zwischen den dunklen Längsstreifen, sie waren in Form von Biesen aufgenäht worden und gaben dem Kleid eine strenge Note. An einer Frau von ernstem, würdevollem Aussehen hätte es gesetzt und formell gewirkt, an der Königin jedoch sah es aus wie der Versuch eines jungen Mädchens, sich die Wirkung einer reifen Frau zu verleihen.

»Ist es nicht allerliebst hier?«, fragte sie Julius Pollacsek, der sich verwirrt umsah; bisher hatte er der Einrichtung ihres Salons keine Aufmerksamkeit schenken können.

Ja, Marie Roth hatte sich große Mühe gegeben, den Raum für einen königlichen Gast herzurichten, der an Komfort gewöhnt war. Trotzdem war es ihr gelungen, ihm die Behaglichkeit zu erhalten, die die Bescheidenheit braucht. Frau Roth hatte der Versuchung widerstanden, aus diesem Raum etwas zu machen, was er niemals sein konnte, hatte sich nicht bemüht, etwas Kleines groß aussehen zu lassen. Zwar wunderte sich Pollacsek ein wenig über das Entzücken der Königin, denn sie war sicherlich an Luxus gewöhnt, andererseits machte es sie noch sympathischer, dass sie sich in dieser Umgebung wohlfühlte und die Bemühungen der Gastgeber anerkannte.

»Wenn ich auf dem Balkon stehe«, fuhr die Königin fort, »kann ich den Friedhof der Heimatlosen sehen. Wenn ich zum Strand gehe, komme ich daran vorbei. Es gefällt mir, dass die angestrandeten Toten auf Sylt einen eigenen Friedhof haben.«

Dr. Pollacsek erschrak. Hatte die Hofdame nicht gesagt, das Thema Tod sei tabu? Andererseits aber war er froh, dass die Königin ihm ein Thema vorgab, mit dem er sich auskannte, und da sie selbst es anschnitt, durfte er sicherlich darauf eingehen. »Tatsächlich war es früher so«, berichtete er, »dass die angespülten toten Seeleute einfach in der nächsten Düne verbuddelt wurden. Strandinspektor Wulf Hansen Decker hat diesem Treiben 1854 ein Ende gemacht und den Friedhof der Heimatlosen angelegt.«

Die Königin nickte interessiert und lächelte freundlich. »Die Schmucklosigkeit des Friedhofs tut mir leid«, sagte sie. Und noch bevor Pollacsek zu Rechtfertigungen ansetzen konnte, ergänzte sie: »Ich würde ihm gern einen Gedenkstein schenken. Können Sie das für mich in die Wege leiten?«

Dr. Pollacsek starrte sie sprachlos an. Welch eine Großzügigkeit! Welch eine Ehre für Westerland! »Selbstverständlich!«, stotterte er und lüftete seinen Körper leicht an, um eine Verbeugung anzudeuten. »Ganz, wie Ihre Majestät wünschen!«

»Es sollte ein großer Stein sein, groß genug für ein Gedicht, das mir sehr gut gefällt.« Wieder schickte sie den Blick auf das Meer hinaus, während sie deklamierte: »Wir sind ein Volk, vom

Strom der Zeit / gespült ans Erdeneiland, / voll Sehnsucht und voll Herzeleid, / bis heim uns holt der Heiland. / Das Vaterhaus ist immer nah, / wie wechseln auch die Lose: / Es ist das Kreuz von Golgatha / Heimat für Heimatlose.« Nun sah sie Dr. Pollacsek wieder an, ihr Lächeln vertiefte sich, vermutlich, weil er immer noch dasaß und sie anstarrte wie ein kleines Wunder. »Glauben Sie, das geht?«

Pollacsek riss sich zusammen. »Selbstverständlich, Majestät! Ich werde mich sofort darum kümmern.«

»Schön. Dann können wir den Gedenkstein noch einweihen, während ich hier bin.« Übergangslos wechselte sie das Thema. »Das Ehepaar Roth ist reizend. Wussten Sie, dass der Apotheker sehr krank war, dass die Ärzte ihn schon aufgegeben hatten, als er hierherzog?«

Pollacsek nickte. Das wusste er. In Westerland kannte jeder jeden, auch wenn er nicht hier geboren war so wie er selbst, und das Schicksal der Roths war ihm genauso bekannt wie allen anderen. Aber natürlich ließ er sich das nicht anmerken, sondern sah die Königin so interessiert an, als erzählte sie ihm etwas, was ihm bis dahin nie zu Ohren gekommen war.

»Das Klima auf Sylt bewirkt anscheinend reinste Wunder. Hier wurde er wieder gesund und kann sich seiner Lieblingsbeschäftigung widmen. Seine Holzschnitzereien sind beeindruckend. Das Gartenhäuschen, in dem ich speise, hat er ganz allein möbliert.«

Pollacsek nickte wieder. Auch das war ihm bekannt.

»Frau Roth hat mir erzählt, dass sie sich im Winter oft sehr allein fühlt, in dieser Villa auf der Düne, bei Eis und Schnee. Manchmal gibt es tagelang keine Post, und trotzdem sieht die Frau frisch und heiter aus.«

Wieder starrte Pollacsek sie an. Warum Frau Roth nicht frisch und heiter aussehen sollte, wenn ihr das geschah, woran alle Sylter gewöhnt waren, wollte sich ihm nicht auf Anhieb erschließen.

»Und ihr Mann auch«, fügte Königin Elisabeth an. »Trotz seiner Krankheit! Und obwohl es auf Sylt keinen Arzt gibt!« Nun verschwand zum ersten Mal das Lächeln aus ihrem Gesicht. »Ich hoffe, das wird kein Problem. Der König und ich, wir leiden unter häufigen Fieberanfällen. Er weilt seit längerem wegen einer Wasserkur in Gräfenberg, ich habe mich für das Nordseeklima entschieden. Mein Gemahl wird in Kürze ebenfalls nach Sylt kommen, um sich davon zu überzeugen, dass ich wohlauf bin. Und er will sich vergewissern, das Sylt der richtige Ort für Menschen ist, die ihre Gesundheit wiederherstellen wollen.« Ihre Miene glättete sich, das Lächeln kehrte zurück. »Zum Glück habe ich am Tag meiner Ankunft einen Arzt kennengelernt, der sich zurzeit auf Sylt erholt. An ihn darf ich mich wenden, wenn es gesundheitliche Probleme geben sollte.«

Dr. Pollacsek freute sich, dass er auch hierzu etwas sagen konnte. »Dr. Nissen ist ein guter Arzt«, beteuerte er, »und sehr gefällig. Mir hat er auch geholfen.« Er griff sich an den Magen und stellte fest, dass der Druck kaum zu spüren war. »Seit er mich behandelt, geht es mir besser.«

Das entsprach zwar nicht ganz der Wahrheit, aber Pollacsek fand, dass er es der Königin schuldig war, Optimismus zu zeigen.

»Das freut mich zu hören«, gab sie prompt zurück. »Eine meiner Hofdamen ist schwanger. Vielleicht muss auch sie seine Dienste beanspruchen.«

»Auch die Hofdame kann ich beruhigen«, antwortete Pollacsek. »Wir haben eine Hebamme am Ort. Schon Geesche Jensens Mutter war als Hebamme tätig. Von ihr hat sie alles gelernt, was sie können und wissen muss.« Und zur Bekräftigung fügte er an: »Sogar die Tochter von Graf von Zederlitz ist unter ihrer Obhut zur Welt gekommen. Das einzige Kind des Paares, das auf Sylt geboren wurde, und das einzige Kind, das überlebt hat und gesund ist.«

Nun sah die Königin nachdenklich aus. »Ich habe von ihr gehört. Ihr Vater hat mich am Tag meiner Ankunft begrüßt. Sie kennen die Comtesse?«

Pollacsek bejahte eifrig, pries die Familie von Zederlitz und damit auch die Insel Sylt, wohin die Familie Sommer für Sommer zurückkehrte, die Schönheit und den Liebreiz der jungen Comtesse und ihre strahlende Gesundheit, die sie sicherlich dem guten Nordseeklima zu verdanken habe, in dem sie zur Welt gekommen war. »Zwar war es eine stürmische Nacht«, ergänzte er, »in der mehrere Sylter Fischer ihr Leben gelassen haben, aber Elisa von Zederlitz kam gesund zur Welt.«

Die Nachdenklichkeit wich aus dem Gesicht der Königin und machte freudiger Entschlossenheit Platz. »Ich denke, ich werde demnächst ein Dinner geben. Natürlich nur, sofern sich Frau Roth in der Lage sieht, so etwas für mich auszurichten. Der Sohn meines Cousins hat mich nach Sylt begleitet. Ich hätte also eine passende Tischdame für ihn.« Sie griff nach ihrem Federhalter und zeigte damit, dass der Antrittsbesuch des Kurdirektors beendet war. »Ich werde Ihnen auch eine Einladung zukommen lassen«, erklärte sie lächelnd.

Pollacsek sprang auf, verbeugte sich so tief, wie es sein Magen zuließ, und stotterte etwas von großer Ehre und außerordentlichem Vergnügen. Bei der Königin von Rumänien zum Dinner eingeladen! Er konnte sein Glück kaum fassen.

Königin Elisabeth beachtete seine Ehrerbietung nicht. »Bitte, geben Sie mir einen Rat«, bat sie, und Dr. Pollacsek blieb der Mund offen stehen. Von einer Königin um Rat gebeten zu werden, war beinahe mehr, als er verkraften konnte.

»Natürlich müsste ich eigentlich auch dem Inselvogt eine Einladung zukommen lassen«, fuhr Königin Elisabeth fort. »Aber er scheint mir ein … ungehobelter Mann zu sein.«

Dr. Pollacsek, der der gleichen Ansicht war, scheute sich dennoch, der Königin unumwunden zuzustimmen. Machte es nicht einen besseren Eindruck, einen Mann in Schutz zu nehmen, der nicht anwesend war und sich nicht selbst verteidigen konnte?

»Er ist ein Sylter Bauer«, sagte er vorsichtig. »Ohne Schulbildung, ohne jegliches Interesse an Kultur.«

»Das merkt man.«

»Aber ist er ein guter Inselvogt. Die Sylter haben ihn gewählt, weil sie an seine Fähigkeiten glauben.«

Königin Elisabeth nickte. »Trotzdem möchte ich ihn nicht zu dem Dinner einladen. Wenn auch nicht alle Gäste von Adel sein werden, so möchte ich doch sichergehen, dass alle auf dem gleichen Bildungsstand sind und sich eine Unterhaltung ergibt, der alle folgen können.«

Dr. Pollacsek bestätigte die Erwägungen der Königin und bekräftigte ihre Entscheidung, indem er zu bedenken gab, dass man Heye Buuß eine Gefälligkeit erwies, wenn man ihm die Peinlichkeit ersparte, einen Abend in einer Gesellschaft zu verbringen, der er intellektuell nicht gewachsen war.

Die Königin wirkte sehr zufrieden und dankte dem Kurdirektor ausdrücklich für seinen Ratschluss. »Sie haben recht. Man tut einem einfachen Menschen keinen Gefallen, wenn man ihn auf eine Stufe hebt, auf der er sich unwohl fühlt.«

Der Kurdirektor bestärkte sie ein weiteres Mal, dann war offensichtlich, dass die Königin den Besuch für beendet hielt. Die vielen Abschiedsworte und der tausendfache Dank, den er hervorstieß, waren ihr augenscheinlich lästig. Sie nickte ungeduldig, wehrte mit der linken Hand ab und beugte sich über das Papier, das vor ihr lag.

Pollacsek bewegte sich rückwärts zur Tür, deutete bei jedem Schritt eine Verbeugung an, obwohl die Königin ihm den Rücken zukehrte, und überhörte, dass es währenddessen an der Tür klopfte. Erst als die Königin »Herein!« rief, wurde ihm klar, dass die Tür sich jeden Augenblick öffnen musste und er Gefahr lief, dass ihm der Türflügel in den Rücken gestoßen wurde. Er fuhr herum, keine Sekunde zu früh – und stand einem Mann gegenüber, an dem alles schwarz war. Sein Anzug, der Schal, den er darüber trug, seine Haare, der Bart, seine Augen, sein Blick. Pollacsek starrte ihn aus weit aufgerissenen Augen an, während sein Gegenüber ihn mit Gleichmut betrachtete.

»Das ist Ioan Bitu«, hörte er die Königin in seinem Rücken sagen, »ein rumänischer Lyriker. Ioan, das ist Dr. Pollacsek, der Kurdirektor von Westerland.«

Ioan Bitu nickte flüchtig und ging an Pollacsek vorbei ins Zimmer, ohne ihm die Hand zu reichen. Pollacsek starrte ihm nach, wie er zum Schreibtisch der Königin ging und ihr einige Blätter vorlegte, die sie interessiert zur Hand nahm.

Beiden schien plötzlich aufzufallen, dass die Tür nicht ins Schloss gefallen war. Ioan Bitu blickte auf, Königin Elisabeth wandte sich zu Pollacsek um. »Frau Roth wird Sie zur Tür bringen«, sagte sie und drehte sich wieder zurück. Bevor Pollacsek die Tür hinter sich schloss, hörte er sie noch sagen: »Sie sollten nicht immer diese schwarze Kleidung tragen, Ioan. Die Sylter Bevölkerung ist so etwas nicht gewöhnt. Sie erschrecken die Leute.«

Kurz darauf erschien Marie Roth vor Dr. Pollacsek, deren leichte Schritte er auf dem weichen Teppich nicht gehört hatte. »Geht es Ihnen nicht gut, Dr. Pollacsek?«, fragte sie und musterte ihn besorgt.

Pollacsek riss sich zusammen und schüttelte den Kopf. »Magenbeschwerden! Nichts Besonderes!« Schnell fügte er hinzu: »Und die Unterhaltung mit der Königin hat mich sehr bewegt.«

Frau Roth lächelte. »Ja, Ihre Majestät ist ein wunderbarer Mensch. Mein Mann und ich, wir sind sehr glücklich, dass sie sich für unser Haus entschieden hat.«

Ein paar Minuten später stand Dr. Pollacsek vor dem Blumenrondell des Vorgartens und nahm sich vor, seine Haushälterin zu bitten, ihm auf der Stelle Kamillentee zu kochen. Es wurde Zeit, dass er wieder seine Rollkur machte. Wenn es ihm in Gegenwart der Königin auch etwas besser gegangen war, nun hatte der Druck auf seinem Magen wieder zugenommen.

Geesche stand an Andrees' Grab und starrte das Holzkreuz an, das seinen Namen trug. Regelmäßig kam sie hierher, um das Grab zu pflegen, aber schon lange war sie nicht mehr gekommen, um mit Andrees zu reden, wie sie es in den Wochen nach seinem Tod häufig getan hatte und auch in den ersten Jahren danach, als Trauer und Verzweiflung sie oft zum Friedhof geführt hatten.

»Andrees, was soll ich tun?«

Sie stellte den Eimer mit dem Schafdung ab und zupfte ein paar Unkrautstengel vom Grab.

»Ich bin schrecklich verliebt in ihn! Aber darf ich das sein? Darf ich mich lebenslang mit dem Namen von Zederlitz verbinden? Kann ich damit glücklich werden?«

Sie hielt inne, richtete sich aber nicht auf und sah das Kreuz an, als wollte sie nicht mehr auf Andrees hinabblicken, sondern ihm in die Augen sehen.

»Und was tue ich dir damit an? Ausgerechnet jemand, der für die Inselbahn arbeitet! Du hast sie so gehasst! Du hast durch sie dein Leben verloren. Darf ich einen Mann lieben, der mit der Inselbahn sein Geld verdient?«

Sie erhob sich und sah Andrees' Namen so lange an, bis sie es aufgab, auf ein Zeichen zu warten. Andrees schwieg. Die Erinnerung an ihn half ihr nicht weiter. Als sie den Eimer wieder aufnahm, gab es noch immer keine Antwort auf ihre Fragen.

»Er ist meinetwegen nach Sylt zurückgekommen«, versuchte sie es noch einmal. »Und er will für eine Weile hierbleiben. Natürlich spürt er, dass ich ihn genauso liebe wie er mich. Was soll ich ihm sagen, warum ich ihn nicht heiraten kann? Wie lange wird er mir noch glauben? Irgendwann wird er erkennen, dass es einen ganz anderen Grund gibt, ihn zurückzuweisen. Und was dann?«

Aber auch diesmal gab es keine Antwort, kein Zeichen, keinen Hinweis, keine Eingebung.

Als Geesche sich umdrehte und plötzlich vor Marinus stand, wusste sie einen entsetzlichen Augenblick lang nicht, ob sie laut gesprochen hatte oder ihr die Fragen nur durch den Kopf gegangen waren und die Lippen nicht erreicht hatten. Erschrocken hielt sie die Luft an, starrte Marinus an, wartete auf seine Reaktion … und ließ sich dankbar an seine Brust sinken, als er lächelnd auf sie zutrat und sie ohne ein Wort in seine Arme zog. Nein, er kannte ihre Gedanken nicht, er ahnte nichts von ihrer Schuld!

»Ich habe gesehen, wie du durchs Friedhofstor gegangen bist«, flüsterte Marinus in ihr Haar. »Da dachte ich mir, dass du zu deinem Verlobten gehst.« Er schob Geesche behutsam von sich weg und betrachtete ihr Gesicht. »Hast du mit ihm über uns gesprochen?«, fragte er und bewies damit, wie gut er Geesche kannte, wie seelenverwandt sie waren. Dass er Verständnis für ihre Gespräche mit einem Toten hatte, dass er bereit war, sich den Antworten zu stellen, die Geesche vor Andrees' Grab finden würde, rührte sie zu Tränen.

Sie drückte ihr Gesicht an seine Brust, damit er sie nicht sehen musste. »Ja«, flüstert sie. Mehr nicht.

Marinus wartete eine Weile, dann sagte er leise: »Wenn er so war, wie du ihn mir geschildert hast, dann wird er einverstanden sein. Dann will er, dass du glücklich wirst. Und dann wird er wissen, dass ich alles tun werde, um dich glücklich zu machen.«

Sie blieb so stehen, wie sie stand, ohne sich zu rühren, spürte die Wärme, die sich von seinem Körper auf ihren übertrug und die sie nun verband und zu ihrer gemeinsamen Wärme wurde.

»Lass uns nach Hause gehen«, sagte Marinus.

Geesche blickte auf. Nach Hause? Wo war das?

»Oder ist Dr. Nissen da? Oder Hanna? Oder Freda?«

»Ich weiß es nicht. Ich bin in meinem Haus selten allein.«

Marinus lachte. »Lass uns trotzdem gehen. Hier auf dem Friedhof kann ich dich nicht so küssen, wie ich möchte. In deinem Haus könnte es klappen. Wenn Dr. Nissen dir nicht wieder Marzipan bringt und wenn Hanna dir nicht nachschnüffelt …«

Er nahm den Eimer, und gemeinsam verließen sie den Friedhof. Wie zwei Menschen, die zueinandergehörten, wie zwei, die viel verband. Geesche genoss dieses Gefühl der Verbundenheit wie nichts je zuvor, und dass dieses Gefühl sie zu einer Entscheidung führen könnte, versuchte sie zu vergessen.

»Hoffentlich schnüffelt Hanna nicht auch im Haus deines Bruders herum«, sagte Geesche. »Dann ist sie die längste Zeit Gesellschafterin gewesen.«

Marinus nickte. »Ich verstehe nicht, dass Arndt seiner Tochter ausgerechnet dieses Mädchen zur Seite stellt. Katerina versteht es auch nicht.«

»Da scheint es etwas zu geben zwischen der Comtesse und Hanna. Vielleicht so etwas wie … Freundschaft?«

Aber Marinus wehrte ab. »Elisa ist zu allen Menschen freundlich. Und sie ist erstaunlich vorurteilsfrei, wie es in ihren Kreisen selten ist. Für sie spielt es keine Rolle, ob jemand gesund oder krank, reich oder arm, von Adel oder von niedrigstem Stand ist. Sie mag alle. Und ganz besonders die, die Mitleid verdienen.«

Geesche betrachtete den Himmel, sah einer Möwe nach, verfolgte den Zug einer Wolke, dann meinte sie: »Die Comtesse ist nun im heiratsfähigen Alter. Haben ihre Eltern schon einen Ehemann für sie ausgesucht?«

Marinus nickte. »Katerina hat einen jungen Fürsten ins Auge gefasst. Einen Verwandten der rumänischen Königin. Deswegen hat sie Arndt losgeschickt, um die Königin zu empfangen, als sie auf Sylt ankam. So wurde er in die Villa Roth gebeten, und es wird sicherlich weitere Einladungen geben. Wie ich hörte, hat Königin Elisabeth bereits signalisiert, dass einer Verbindung des Hauses Zederlitz mit den Nassau-Weilburgern nichts im Wege steht. Für Elisa wäre das eine gut Partie.«

»Und wenn sie einen anderen liebt?«

Marinus lachte. »Wen sollte sie lieben? Auf dem Gut gibt es keine passenden jungen Männer und auf Sylt auch nicht. Außerdem geht es nicht um Liebe, wenn man die Comtesse von Zederlitz ist.« Er zog Geesche fest an seine Seite. »Uns geht es besser. Wir können aus Liebe heiraten.«

Geesche dachte an das, was sie in den Dünen gesehen hatte. Ob sie Marinus davon erzählen konnte, dass die Comtesse den armen Fischerjungen Ebbo liebte? Dass die beiden ein gefährliches Spiel begonnen hatten, bei dem Hanna sie unterstützte? Es war ein Spiel, das alle verlieren würden. Wenn sie bloß wüsste, wie sie es verhindern konnte, ohne dass jemand dabei zu Schaden kam!

Dr. Nissen war sehr zufrieden. Mit geradezu akrobatischer Leichtigkeit ließ er seinen Stock in der rechten Hand kreisen. Seine Wünsche schienen sich ganz von selbst zu erfüllen, die Pläne, mit denen er nach Sylt gekommen war, würden sich leichter in die Tat umsetzen lassen, als er angenommen hatte. Der Besuch bei der Gräfin von Zederlitz ließ hoffen, dass er von nun an Sommer für Sommer ihr Leibarzt werden konnte, und dass er dem Grafen bei der Ankunft der Königin nicht von der Seite gewichen war, hatte sich als sehr klug erwiesen. Er würde zur Stelle sein, wenn sie von einem Fieberanfall gequält oder jemand aus ihrem Gefolge krank wurde. Damit war der Anfang gemacht! Man kannte ihn! Die adeligen und reichen Kurgäste würden beruhigt nach Sylt kommen können, weil es auf der Insel einen fähigen Arzt gab. Auch Dr. Pollacsek hatte er auf seiner Seite! Und die Familie seiner geschiedenen Frau war weit weg. Er würde nichts mehr mit ihr zu tun haben müssen. Auf einer Insel in der Nordsee hatte er sich von seinem alten Leben fast so weit entfernt, als wäre er nach Amerika ausgewandert.

Blieb nur noch Geesche Jensen, die sein Glück perfekt machen sollte! Ihr Haus war zwar im Vergleich zu seinen bisherigen Wohnverhältnissen primitiv, aber doch komfortabler als die meisten anderen Häuser auf Sylt. Und vor allem war es groß genug, eine Praxis dort einzurichten. Arzt und Hebamme in ein und demselben Haus, das würde sich als nützlich erweisen. In der Klinik seines Schwiegervaters hatten sich in letzter Zeit immer öfter Damen der besseren Gesellschaft eingefunden, die mit Hilfe eines Arztes entbinden wollten, weil sie der oft mangelhaften Ausbildung einer Hebamme nicht trauten. Die Kombination würde sich als ideal erweisen.

Dr. Nissen blieb stehen und blickte sich um, als wollte er sein neues Leben in Augenschein nehmen. Mit dem Spätnachmittag hatte sich Ruhe über die Insel gesenkt. Der Wind war eingeschlafen, das Licht des Tages wurde weicher und färbte sich allmählich rot, die Konturen der Dünen begannen sich aufzulösen. Wenn auf Sylt ein Tag zur Neige ging, wurde der Abendfrieden noch kostbarer als auf dem Festland, weil alle Tage auf der Insel rauer, stürmischer, kälter und ungewisser waren, als er sie in Hamburg je erlebt hatte. Umso ermutigender war das Ende eines jeden Tages, gleichgültig, ob eine ruhige Nacht erwartet wurde oder mit einem Sturm gerechnet werden musste. Immer war der Abend auf Sylt nicht nur das Ende eines Tages, sondern vor allem der Beginn der Nacht, aus der ein neuer Tag hervorging, der das Leben auf Sylt verändern würde. Auf dieser Insel war alles ungewiss. Und Dr. Nissen glaubte in diesem Augenblick, dass Sylt gerade deswegen genau richtig für ihn war.

Er betrachtete das Bild, das sich ihm bot, so lange, bis er glaubte, dass das, was er sah, ein guter Grund war, auf Sylt zu bleiben, dann wandte er sich zurück und ging weiter. Ein gutaussehender Mann, ein Mann, der es zu etwas gebracht hatte, der wusste, was er wollte und dass er es erreichen würde. Dr. Nissen begann in diesem Augenblick die Insel zu lieben. Er spürte, dass sie seine Heimat werden konnte, dass er hier sein Leben beenden würde. Vorausgesetzt, er konnte Geesche Jensen für sich gewinnen …

Die schwankende Gestalt, die vor ihm auf dem Weg erschien, bewog ihn, seinen Schritt zu beschleunigen, obwohl es nicht nötig gewesen wäre, denn die humpelnde Hanna einzuholen, war leicht. In Dr. Nissen regte sich Mitleid, als er sich ihr näherte, und er bedauerte, dass er dieses Mitleid vergessen hatte über der Antipathie, die er bisher für sie empfunden hatte. Plötzlich glaubte er auch zu wissen, warum Geesche Jensen sich auf Hanna Boyken einließ, obwohl sie das Mädchen genauso wenig mochte wie alle anderen. Zugeben würde sie es niemals, aber die Animosität war ihrem Gesicht abzulesen. Und auch Hanna wusste, dass Geesche sie nicht aus Sympathie zu sich ließ, sondern weil sie sich ihrer Mutter verpflichtet fühlte.

Hanna sah sich nicht um, obwohl sie seine Schritte hören musste, und veränderte ihr Tempo nicht. Sie sah erst auf, als Dr. Nissen neben ihr angekommen war und sie ansprach.

Auf seine Frage, ob der Weg vom Haus des Grafen zum Haus ihrer Mutter weit sei, antwortete sie: »Ich will nicht nach Hause, ich gehe zu Geesche.«

»Dann können wir ja ein Stück zusammen gehen.« Er passte sich ihrem Tempo an und stellte bestürzt fest, wie langsam es war. Als er ihr einen Blick zuwarf, bemerkte er das weiße Band, das sie sich ins Haar geflochten hatte. Geradezu grotesk machte es sich aus in ihren dünnen Strähnen, aus denen es sich bereits an einigen Stellen löste, und das strahlende Weiß passte weder zu ihrer Kleidung noch zu ihr selbst.

Hanna bemerkte seinen Blick und griff sich in die Haare. »Das hat mir die Comtesse geschenkt.«

Dr. Nissen antwortete nicht darauf, er warf ihr nur einen misstrauischen Blick zu. Elisa von Zederlitz sollte Hanna ein solches Geschenk gemacht haben? Er vermutete eher, dass Hanna dieses Band gestohlen hatte. Aber er war klug genug, dazu zu schweigen, sondern fragte: »Willst du Frau Jensen bei der Hausarbeit helfen?«

»Mal sehen.«

»Braucht deine Mutter nicht auch deine Hilfe? Sie hat es nicht leicht.«

»Sie hat ja noch Ebbo.«

»Dein Bruder? Kann er für euch sorgen?«

»Er ist Fischer«, antwortete Hanna ausweichend.

»Aber er hat kein eigenes Boot?«, mutmaßte Dr. Nissen.

»Das Boot meines Vaters liegt auf dem Grund des Meeres.«

»Er muss also darauf warten, dass ein anderer Fischer Hilfe braucht?«

Hanna antwortete nicht. Dr. Nissen merkte, dass er vorsichtig sein musste. Hanna war schlau. Dass dieses Gespräch keine freundliche Konversation war, hatte sie längst erkannt. Und wenn ihr klar wurde, wie dringend er ihre Unterstützung brauchte, würde er das Nachsehen haben. Er musste darauf achten, dass seine Bitte daherkam wie das freundliche Angebot eines vermögenden Mannes an ein armes Mädchen, das er unterstützen wollte. »Das Leben eines Fischers«, sagte er vorsichtig, »ist schon hart genug mit einem eigenen Boot. Als Tagelöhner ist es noch viel schwerer.«

Sie kamen an einer Schafweide vorbei, auf der sich ein Schwarm Möwen um etwas stritt, was nicht zu erkennen war. Dr. Nissen schaute eine Weile zu, dann sagte er, ohne den Blick von den Möwen zu nehmen: »Du kennst Marinus Rodenberg?«

Hanna antwortete auch diesmal nicht, und Dr. Nissen wollte sich ihr nicht zuwenden, um zu sehen, ob sie nickte. Aber da er wusste, dass ihr der Halbbruder des Grafen bekannt war, fuhr er fort: »Glaubst du, dass er Frau Jensen heiraten will?«

An diesem Thema schien Hanna interessiert zu sein. »Er ist ihretwegen nach Sylt zurückgekommen«, sagte sie. »Und seinetwegen hat sie den Samowar aus dem Pesel geholt.«

Seine Hoffnungen sanken. »Du glaubst also, dass er sie heiraten will?«

»Ich weiß es.«

»Und sie? Will sie auch?«

Die Antwort kam so schnell, dass Dr. Nissen beinahe gelächelt hätte: »Sie sagt, sie sei nicht gut genug für den Sohn eines Grafen. Aber er wird sie sicherlich überzeugen.«

Dr. Nissen begriff. »Sie haben also im letzten Sommer schon darüber gesprochen? Und du hast sie belauscht?«

In Hannas Gesicht war kein Schuldbewusstsein zu erkennen. »Ich bin öfter bei Geesche.«

»Auch dann, wenn sie dich nicht braucht?«

»Bei ihr ist es schöner als in unserer Kate.«

»Und sie erlaubt dir, bei ihr ein- und auszugehen?«

»Ich bin in ihrem Haus geboren.«

Dazu sagte Dr. Nissen nichts. Aber er nahm sich heimlich vor, dass es mit Hannas Anwesenheit in Geesches Haus ein Ende haben würde, sobald auch er dort wohnte. Nicht als Feriengast, sondern als Ehemann der Hebamme und als Arzt, der dort praktizierte. Geesche Jensen war einfach zu gutmütig. Sie ließ sich von dem Mädchen auf der Nase herumtanzen, weil ihr Mitleid ihr verbot, sie zurückzuweisen.

Nun beschloss er, mit der Tür ins Haus zu fallen. »Ich habe einen Auftrag für dich. Wenn du willst, kannst du dir was verdienen. So viel wie deine Mutter in einem ganzen Monat von Geesche Jensen bekommt.«

Hannas Miene zeigte Interesse. Aber sie fragte nicht, um welchen Auftrag es sich handelte, sondern antwortete: »In zwei Monaten.«

Dr. Nissen ärgerte sich, weil ihm klar wurde, dass sie ihn schon jetzt durchschaute, ohne dass er sich erklärt hatte. »Also gut! Das ist es mir wert, wenn du es schaffst, dass Geesche Jensen Marinus Rodenberg nicht heiratet.«

»Wie soll ich das hinkriegen?«

»Ich bin sicher, dir wird was einfallen.«

Nun waren sie in der Nähe der »Dünenhalle« angekommen, dem ersten Restaurant, das in Westerland bereits vor Jahren entstanden war. Auf einer Koppel in der Nähe der Dünen war es errichtet worden, weil sich schon damals die Einsicht durchsetzte, dass Badegäste den Blick auf das Meer, auf die Dünen und über die Heide zu schätzen wussten. Den Blick auf das Meer konnte man zwar in der »Dünenhalle« nicht genießen, aber die Gewissheit, dass die Wellen sich gleich hinter den Dünen auf den Strand warfen, reichte den meisten Gästen aus. Und der freie Blick über die riesigen Heideflächen entzückte jeden, der auf dem Festland in einer größeren Stadt lebte, wo der Blick niemals fliegen konnte, ohne von einem Gebäude aufgehalten zu werden.

So lag die »Dünenhalle« aus gutem Grunde völlig ungeschützt da, nicht nur nach Westen, zum Meer hin, sondern auch nach Osten, wo sich der Eingang befand. Dass die Insel nahezu baumlos war, daran hatte Dr. Nissen sich inzwischen gewöhnt, aber bei der »Dünenhalle« hatte man sogar darauf verzichtet, sie mit einem Heckenrosenwall zu umfrieden, der zwar Bäume und Büsche nicht ersetzen konnte, dennoch geeignet war, einem Haus einen optischen Schutz zu geben, den nach Dr. Nissens Auffassung jedes Haus brauchte, um behaglich auszusehen.

Die »Dünenhalle« war in der typischen friesischen Bauart errichtet worden, mit dem spitzen Brandgiebel in der Mitte des Hauses direkt über dem Eingang, der im Falle eines Feuers dafür sorgte, dass der Fluchtweg erhalten blieb und nicht durch abrutschende Dachteile abgeschnitten wurde. Das Restaurant unterschied sich von den Wohnhäusern Westerlands nur durch seine Größe. Auch hier war das Dach reetgedeckt, Grassoden auf dem First schlossen die Nahtstelle zwischen den beiden Dachschrägen. Da die dünnen Backsteinwände keinen Schutz gegen Feuchtigkeit boten, waren die Innenwände gefliest worden; zusätzlich hatte man die Dachflächen weit heruntergezogen, um das Haus vor Regen zu schützen. Darüber hinaus wurde die »Dünenhalle« von einem breiten Steinpflaster umgeben, das das Regenwasser ableitete, so dass die Außenmauern von aufsteigender Feuchtigkeit geschützt blieben. Jeweils drei Fenster gab es links und rechts des Eingangs, dazu zwei Fenster im Giebel über dem Eingang. Die Größe des Hauses ergab sich aus der Tiefe, die sich gen Westen streckte. Dass die »Dünenhalle« einen großen Speisesaal besaß, war an der Fassade nicht abzulesen. Der Saal hatte Fenster, die sich nach Norden öffneten, damit er auch im Sommer kühl und luftig war. Außerdem gab es einen Billard- und einen Leseraum und sogar ein Damenzimmer.

»Ich werde hier zu Abend essen«, sagte Dr. Nissen und zeigte auf die »Dünenhalle«. »Lass dir mein Angebot durch den Kopf gehen.«

Er war drauf und dran, Hanna die Hand zu reichen, um sich ihr anzudienen, war dann aber froh, dass sie es nicht zuließ, indem sie ihn zum Abschied nicht einmal ansah. Dr. Nissen war erleichtert, weil er wusste, dass er vor einem Fehler bewahrt worden war. Hanna Boyken, das spürte er instinktiv, durfte man keine Schwäche zeigen. Sie, die selbst durch einen verkrüppelten Körper geschwächt war, erkannte und nutzte jede Schwäche eines anderen sofort. So, wie sie Geesches Schwäche genau kannte und gnadenlos ausnutzte.

VIII.

Dass Marinus den Alkoven öffnete, hatte Geesche nicht verhindern können und dann auch nicht mehr verhindern wollen. Er hatte ja recht. Es war herrlich, sich gemeinsam auszustrecken, sich aneinanderzuschmiegen, die Glieder ineinander zu verschränken, ganz nah am Mund des anderen zu sein und in seinen Augen lesen zu können. Das Hämmern in ihrem Kopf ließ allmählich nach. Das Wort »Inselbahn« und der Name »von Zederlitz« pochten nicht mehr hinter ihrer Stirn, sie stießen nur noch gelegentlich irgendwo an, klangen dann aber sanft und kaum vernehmbar. Und seit sie an Andrees' Grab gewesen war, glaubte sie sogar daran, dass das Wort »Inselbahn« ganz zum Schweigen zu bringen war.

Marinus beugte sich über sie, küsste sie und löste sich dann nur so weit von ihr, dass sie seinen Atem noch auf ihrem Gesicht spüren konnte, als er sagte: »Mein Bruder denkt darüber nach, das Haus auf Sylt zu verkaufen. Dann könntest du vielleicht vergessen, dass ich der Sohn eines Grafen bin?« Seine Augen waren dicht über ihr, voller Hoffnung, ganz angefüllt von einer großen Bitte. Als sie nicht reagierte, ließ er sich auf den Rücken fallen, als wollte er resignieren.

Geesche versuchte zu lächeln, brachte es aber nicht fertig. Graf von Zederlitz würde endlich aus ihrem Leben verschwinden? Sie bekam die Chance zu vergessen? Sie musste diesen Namen nie wieder hören und brauchte ihn nie wieder auszusprechen?

Sie stützte sich auf einem Ellbogen auf und betrachtete Marinus' Gesicht, in dem noch immer die Hoffnung leuchtete, und seine Augen, in denen eine kleine Angst entstand, je länger sie hineinblickte.

Ohne etwas zu sagen, ließ sie sich wieder auf den Rücken fallen. Nein, solange Marinus auf Sylt war und erst recht, wenn er an ihrer Seite lebte, würde sie niemals vergessen können. Es würde Post vom Festland eintreffen, sie würde mitbekommen, dass Elisa heiratete, würde alles erfahren, was auch Marinus erfuhr. Nur wenn er genauso aus ihrem Leben verschwand wie die Familie von Zederlitz, dann erst hatte sie die Chance zu vergessen. Nur dann ...

Sie suchte nach Worten, strich, als sie keine fand, die Haare zurück und versuchte, mit den Fingerspitzen die Strähnen in die Flechten zurückzustecken, die sich gelöst hatten. Sie spürte, dass auch Marinus etwas sagen wollte, sah sein Zögern … In diesem Augenblick knirschte die Türklinke der Haustür, die sich gleich darauf leise knarrend öffnete.

»Dr. Nissen?«, fragte Marinus flüsternd. »Dann müssen wir leise sein, damit er denkt, es wäre niemand zu Hause. Sicherlich wird er dann in sein Zimmer gehen, und wir haben unsere Ruhe.«

Aber Geesche schüttelte den Kopf. Wenn Dr. Nissen zurückkam, schlug er die Klinke herab, stieß die Tür auf und betrat das Haus mit festen Schritten, die in jeder Kammer zu hören waren.

Auch Marinus schien aufzugehen, dass diese Art, sich ins Haus zu drücken, nicht zu Dr. Nissen passte. »Freda?«, flüsterte er.

Geesche schüttelte den Kopf, und kurz darauf erklangen die Schritte, die verrieten, wer ins Haus gekommen war: Tohk-tik, tohk-tik.

Geesche fuhr in die Höhe, obwohl das Stroh unter dem Laken verdächtig knackte und raschelte. »Wir müssen damit rechnen, dass sie in die Wohnstube kommt.«

Aber Marinus drückte sie zurück. »Sie hat hier nichts zu suchen. Sie wird in die Küche gehen und sich ums Abendessen kümmern.«

Doch Geesche schüttelte den Kopf. Marinus kannte Hanna nicht so wie sie. Hanna kam nicht, um ihr zu helfen, Hanna kam, um sich hier zu Hause zu fühlen. Mehr und mehr! Jedes Jahr kam sie öfter, und ihre Anwesenheit wurde von Jahr zu Jahr selbstverständlicher, je weniger es Geesche gelang, ihr Grenzen zu setzen und ihr Haus vor Hanna Boyken zu verschließen.

Das Tohk-tik verschwand in der Küche. »Hab' ich's nicht gesagt?«, raunte Marinus. »Sie macht das Abendessen.«

Aber kurz darauf kamen Hannas Schritte wieder näher, die

Tür knarrte, die von der Küche in den winzigen Zwischenflur führte und von dort in den Pesel, der hinter der Wohnstube lag.

Marinus richtete sich auf und starrte die Tür zwischen Wohnstube und Pesel an, die zum Glück geschlossen war. »Was macht sie dort?«, fragte er kaum hörbar.

Geesche zuckte hilflos mit den Schultern. Diese Frage stellte sie sich selber oft und hatte sie ebenso häufig an Hanna gerichtet. Aber eine befriedigende Antwort hatte sie nie bekommen. »Sie geht gern in den Pesel und schaut sich die Dinge an, die mein Vater von seinen Reisen mitgebracht hat.«

»Es gehört sich nicht, in einem fremden Haus herumzuschnüffeln. Sie glaubt ja anscheinend, dass sie allein ist.«

Marinus versuchte sich aufzusetzen, aber da er an der Innenseite des Alkovens lag und Geesche keine Anstalten machte, sich zu erheben, ließ er sich wieder zurückfallen. »Wir sollten besser aufstehen«, meinte er träge, »damit Hanna nicht sonst was denkt.«

Geesche war plötzlich wie gelähmt. Sie lauschte auf das Tohk-tik, das aus dem Pesel drang, auf die Stille, die folgte, auf die leisen Geräusche, die mal auf Holz, mal auf Metall entstanden, auf das leise Schaben, das sanfte Klirren. In dieser Minute wurde ihr zum ersten Mal klar, dass ihr nicht damit geholfen sein würde, den Namen »von Zederlitz« nie wieder zu hören und die Familie des Grafen nie wieder sehen zu müssen. Was hatte sie sich vorgemacht? Ihre Schuld würde dennoch stets gegenwärtig sein. Es war unmöglich, vor ihr zu fliehen, sich vor ihr zu verstecken oder sie gar zu vergessen. In der Gestalt von Hanna Boyken würde sie täglich vor der Tür erscheinen und in ihr Haus eindringen. Sie würde es nicht verhindern können, ihr Schicksal war längst besiegelt.

Marinus berührte ihren Arm. »Steh auf, Geesche!«, tuschelte er. »Noch können wir es so aussehen lassen, als hätten wir in der Wohnstube gesessen und uns unterhalten.«

Geesche nickte und schwang schwerfällig die Beine aus dem

Alkoven. Im Nu saß Marinus an ihrer Seite und wollte in seine Schuhe steigen. Aber Geesche hielt ihn zurück, indem sie nach seinem Arm griff und sich an seine Seite schmiegte. So, als wollte sie ihn festhalten, bis Hanna den Raum betrat und erkennen musste, dass sie sich liebten und zusammengehörten.

Marinus spürte, dass etwas anders geworden war, ohne zu ahnen, was es war. Fragend blickte er sie an, aber Geesche wusste, dass sie ihm nicht antworten konnte. Hanna hatte ihr in diesen Minuten durch ihr Erscheinen zu einer Erkenntnis verholfen, die alles veränderte, hatte diese Erkenntnis aber gleichzeitig durch ihre Anwesenheit zu Boden gedrückt. Geesche stand auf und strich sich energisch die Kleidung glatt.

Lächelnd wandte sie sich zu Marinus um, der noch immer dasaß und sie fragend anblickte. »Ich hole den Samowar aus dem Pesel«, sagte sie. »Du weißt doch: für besondere Gäste.«

Ehe Marinus etwas erwidern konnte, war sie schon an der Tür der Wohnstube und trat auf den Flur. Als sie gerade von dort in die Küche gegangen war, öffnete sich die Tür des Pesels, und Hanna erschien auf der Schwelle.

Geesche versuchte, ihre heimliche Freude über Hannas Erschrecken zu verbergen. »Was machst du im Pesel?«

»Nachsehen, ob alles in Ordnung ist.« Das war die Antwort, die Geesche jedes Mal auf ihre Frage erhielt.

Gerade in diesem Augenblick schloss Marinus die Tür des Alkovens, und Geesche sah, dass Hanna das Geräusch erkannte. Der linke Flügel war gut geölt und ließ sich fast unhörbar bewegen, der rechte jedoch besaß rostige Scharniere und knarrte vernehmlich, hell und schrill, wenn er zügig bewegt wurde, dumpf, aber genauso durchdringend, wenn jemand versuchte, ihn vorsichtig und leise zu schließen.

Geesche sah, dass die heimliche Freude die Seite wechselte. Aber nur kurz, dann entstand auf Hannas Gesicht etwas, was wie Bedauern aussah, ein Gefühl, das Geesche sich nicht erklären konnte. »Wenn du schon da bist, kannst du den Teesud vorbereiten. Ich möchte mit Herrn Rodenberg in der Wohnstube Tee trinken. Aus dem Samowar! Also sorg auch für heiße Asche.«

Sie rechnete damit, dass Hanna aufbegehren oder zumindest mit einer anzüglichen Frage daran erinnern würde, dass der Samowar besonderen Gelegenheiten und besonderen Gästen vorbehalten war, aber sie fügte sich tatsächlich, ohne zu murren.

Als Geesche den Pesel betrat, blickte sie sich um und sah, dass Hanna auf die Geräusche lauschte, die aus der Wohnstube drangen. »Nun mach schon!«, sagte sie und betrat den Pesel erst, als Hanna sich an der Feuerstelle zu schaffen machte.

Im Pesel war es schon düster, aber noch hell genug, um ohne Petroleumlampe auszukommen. Geesche ging in die hintere Ecke des Raums, wo eine Vitrine stand, auf der sich der Samowar besonders prächtig ausnahm. Als sie nach ihm griff, um ihn in die Wohnstube zu tragen, entstand ein Geräusch, das ein Wiedererkennen in ihr weckte. Das Schaben des Samowars auf dem lackierten Holz! Das hatte sie vor wenigen Minuten gehört. Das gleiche Schaben entstand, wenn eine Lade dieser Vitrine geöffnet wurde.

Geesche probierte es aus, öffnete die obere Lade und lauschte dem Geräusch hinterher. Ja, dieses Schaben hatte sie gehört, als Hanna im Pesel war. Sie griff in die Lade und holte das Päckchen hervor, in dem die Marzipanherzen lagen, die Dr. Nissen ihr geschenkt hatte. Sie sah sofort, dass das Päckchen geöffnet und nicht sorgfältig wieder verschlossen worden war. Drei Marzipanherzen waren es gewesen, nun lagen in dem Päckchen nur noch zwei. Und auf denen fehlten die kunstvollen Rosen und die Schokoladentupfer.

Hanna hatte also in eine neue Dimension gewechselt. Es reichte ihr nicht mehr, in Geesches Leben einzudringen, nun fing sie an, es zu vereinnahmen. Hanna ahnte vermutlich schon lange, dass Geesche wehrlos war. Jetzt wusste sie es.

Freda stellte ihren Kindern die Getreidegrütze hin und goss ihnen von dem Wasser ein, das sie kurz zuvor vom Brunnen geholt hatte. Schweigend lehnte sie sich an die Feuerstelle, nippte an ihrem eigenen Wasser und betrachtete die beiden, die ebenso schweigend ihr Frühstück löffelten. Schon lange hoffte sie darauf, dass irgendwann das Geld für einen dritten Stuhl da sein würde, doch bisher hatte das bisschen, das sie verdiente, nur fürs tägliche Auskommen gereicht. Aber immerhin! Einen Stuhl brauchte sie nicht unbedingt, solange es die Herdstelle gab, an die sie sich lehnen konnte, oder den Alkoven, dessen Bettkante wie eine Bank zu benutzen war. Solange sie nicht hungern mussten, wollte sie nicht klagen. Und das würde Geesche zu verhindern wissen, der Freda vertraute, die ihr immer eine Freundin gewesen war. Geesche würde nicht zulassen, dass sie Hunger litten, sie würde auch dann zu ihnen stehen, wenn Graf von Zederlitz zu ihrem Unglück werden sollte.

»Warum beschenkt dich die Comtesse so großzügig?«, fragte sie Hanna, die nach dem Aufstehen viel Zeit gebraucht hatte, um das weiße Band in ihr Haar zu flechten.

Hanna sah so zufrieden aus, dass von Freda ein Teil ihrer Sorgen wieder abfiel. »Sie hat mich ihre Freundin genannt.«

Schon waren sämtliche Sorgen zurück! »Ihre Freundin?« Freda trat auf den Tisch zu, als wollte sie Hanna ins Gesicht sehen können, um sie dann der Lüge zu überführen. »Du kannst nicht die Freundin einer Comtesse sein!«

»Sie hat es sogar zu dem Stoffhändler gesagt«, beharrte Hanna.

Freda verstand die Welt nicht mehr. Dieses weiße Band hatte, als Hanna am Abend vorher damit nach Hause gekommen war, Angst in ihr geweckt, aber auch eine kleine Hoffnung. Beides jedoch wollte sie nicht zulassen, weder die Hoffnung noch die Angst, deswegen ließ sie es dabei bewenden und sprach stattdessen Ebbo an, der den Getreidebrei in sich hinein löffelte, ohne den Blick vom Teller zu nehmen. »Die Witwe Nickelsen braucht Hilfe. Die Gicht macht ihr mal wieder zu schaffen, sie kommt mit der Ernte nicht voran. Sie hat mich gefragt, ob du ihr helfen kannst. Ein Stück Butter will sie uns dafür geben.«

Aber Ebbo winkte ab. »Ich will mich heute bei der Inselbahn umsehen. Die brauchen starke Arbeiter, habe ich gehört. Auch in der ›Dünenhalle‹ und im ›Strandhotel‹ will ich mal nachfragen, ob die jemanden brauchen. Als Gepäckträger oder Schuhputzer.«

»Das kannst du morgen noch tun«, entgegnete Freda. »Für heute Abend könnte ich das Stück Butter gut gebrauchen.«

»Frag Geesche! Die gibt dir sicherlich ein Stück.«

»Geesche gibt uns schon genug. Ich weiß gar nicht, was ohne sie aus uns geworden wäre.«

Ebbo antwortete nicht. Hanna schwieg ebenfalls ihre Gedanken in die Getreidegrütze und verzichtete auch nach dem letzten Löffel darauf, etwas einzuwenden, mit dem sie Ebbo unterstützen oder ihrer Mutter recht geben konnte. Bei Hanna wusste man nie, auf wessen Seite sie stand, aber dass sie schwieg und nicht einmal den Versuch unternahm, mit ihrer Ansicht die Meinungen aufzurühren, kam selten vor.

Freda verstummte nun ebenfalls. Verzweifelt betrachtete sie Ebbos verstocktes Schweigen und Hannas stummes verschwörerisches Beipflichten, ohne zu ahnen, worin ihre Tochter einstimmte. Vielleicht wäre sie von dem Gedanken, der sie von nun an quälen würde, verschont geblieben, wenn sie nicht diesen kurzen Blick zwischen Ebbo und Hanna aufgefangen hätte, diese Frage in Ebbos Augen, dieses Nicken in Hannas Blick, die Bestimmtheit in Ebbos Miene und die winzige Bestätigung, die Hanna ihm zublinzelte.

Freda drehte sich um, griff nach dem Feuerhaken und stocherte in der Glut herum. Da war sie wieder, die Angst! Schwach und hilflos wurde sie durch diese Angst. Gab es denn keinen Tag ohne Sorgen und Angst? Ein langer Sommer lag vor ihnen, in dem so viel passieren, in dem ihre kleine, schwache Existenz in Gefahr geraten oder sogar zerstört werden konnte. Graf Arndt von Zederlitz war mächtig. Wenn er herausfand, dass er von Hanna und Ebbo betrogen wurde, musste Freda mit dem Schlimmsten rechnen.

»Die Comtesse mit ihrer Freundlichkeit wird uns Unglück bringen«, sagte sie, obwohl sie sicher war, dass diese Mahnung nichts bewirken würde. Dann drehte sie sich um und versuchte es deutlicher: »Sie passt nicht zu uns. Und noch weniger passen wir zu ihr. Wenn sie auch noch so freundlich ist!«

»Das weiß ich«, sagte Ebbo und stand auf, als wollte er sich diesem Gespräch schleunigst entziehen.

»Warum stellst du ihr dann nach?«, fragte Freda hitzig. »Du wirst uns alle ins Unglück stürzen!«

Ebbo riss die Tür auf und warf sie hinter sich ins Schloss, ohne zu antworten.

Freda, die plötzlich viel Kraft in sich spürte, fuhr zu Hanna herum. »Und du? Wie kannst du Ebbo dabei unterstützen?«

Hanna sah sie erstaunt an, fragte nicht, woher ihre Mutter wusste, was sie für Ebbo tat, bestätigte es aber auch nicht. Sie erhob sich in einer Gemächlichkeit, die Freda so sehr aufbrachte, dass sie ihre Tochter am liebsten geschlagen hätte.

»Ebbo ist mein Bruder, und die Comtesse ist meine Freundin«, sagte Hanna so hochmütig, dass Freda es wirklich tat: Sie schlug Hanna mit der flachen Hand ins Gesicht.

IX.

Dies war der erste Morgen, der einen warmen Sommertag versprach. Graf Arndt verkündete während des Frühstücks, dass die Familie diesen Tag am Strand verbringen werde. »Das Wetter wird herrlich! Heute wird die Sonne herauskommen.«

Seine Frau sah ihn zweifelnd an. »Bist du sicher? Haben wir uns schon ausreichend akklimatisiert?«

Graf Arndt verwies auf das Gespräch mit Dr. Nissen am Vortag. Der Arzt hatte versichert, dass ein Aufenthalt am Meer der Gesundheit der Gräfin nicht schaden würde, und er sah auch keine Gefahr, dass die kräftige Konstitution der Comtesse noch robuster würde, was ihre Mutter unbedingt verhindern wollte.

Dr. Nissen hatte es gefallen, das gräfliche Paar auf die gesundheitlichen Gefahren für Leib und Leben hinzuweisen, die auf Sylt bedacht werden mussten, aber auch auf sämtliche Vorzüge. »Mein Kollege Dr. Jenner, der erste Badearzt von Westerland, hat empfohlen, auf jeden Fall ohne Kleidung zu baden. Wenn man mal von den Gesetzen der Schicklichkeit absieht und nur an die Wirkung auf die Gesundheit denkt, hatte er sicherlich recht.« Als die Gräfin ihn entsetzt anstarrte, hatte er ergänzt: »Jede noch so dünne Kleidung hindert die Wirkung des Wellenschlags, der sich äußerst positiv auf den ganzen Körper auswirkt. Dazu kommt die Gefahr der Erkältung. Der Körper wird beim Baden durch die Bewegung erwärmt. Aber schon beim Verlassen des Wassers und den wenigen Schritten zum Badekarren wird er durch die nasse Kleidung durchkältet. Die Gefahr, sich zu verkühlen, ist groß.«

Aber weder Gräfin Katerina noch Graf Arndt hatten davon etwas hören wollen. »Baden ohne Kleidung? Dann verzichten wir lieber aufs Baden.«

Dr. Nissen hatte sie in diesem Entschluss bestärkt. »Der Aufenthalt am Strand reicht völlig und ist aus ärztlicher Sicht besonders zu empfehlen. Der Sylter Strand ist ideal, weil er gegen den schädlichen Ostwind geschützt ist, der krank machen kann. Auch die Sonne ist sehr angenehm, weil sie durch die frische Meeresluft abgeschwächt wird. Ich sehe keine Veranlassung, verehrte Frau Gräfin, Ihnen von einem Besuch am Strand abzuraten.«

Und nun schien an diesem Morgen die Sonne ins Fenster, und die Dienstboten wurden angewiesen, alles für einen Tag am Strand vorzubereiten.

Das Haus der Familie von Zederlitz lag am mittleren Strandübergang, zwischen dem Herrenbad im Süden und dem Damenbad im Norden. In dieser neutralen Zone, die für beide Geschlechter zur Verfügung stand, war der Frühstückspavillon »Erholung« errichtet worden, eine mittlerweile beliebte Strandrestauration, die schon im vergangenen Jahr sogar den Beifall der Gräfin gefunden hatte. Über die Schlichtheit des Angebots und der Einrichtung hatte sie ausnahmsweise nicht die Nase gerümpft, sondern sich an dem bescheidenen Holzhaus, den einfachen, aber appetitlichen Mahlzeiten und dem herrlichen Blick auf das Meer ergötzt. Sie erinnerte ihren Mann daran, dass ihr im Pavillon »Erholung« sogar der Kuchen geschmeckt habe.

Graf Arndt schien erleichtert zu sein. »Die Haushälterin soll dafür sorgen, dass alles zum Strand gebracht wird, was wir brauchen. Die Anmietung eines Badekarren und einiger Strandkörbe habe ich schon bei Dr. Pollacsek in Auftrag gegeben.«

»Und die Kutsche kann uns wieder bis zum Strandübergang fahren?«, vergewisserte sich Gräfin Katerina.

Graf Arndt nickte. »Die Treppe über die Dünen wirst du schaffen, Liebes.«

Die Gräfin schien daran zu zweifeln, nickte aber tapfer.

»Viel Spaß!«, wünschte Marinus seinem Bruder, ehe er sich in Dr. Pollacseks Büro begab, wo er zu einer Besprechung erwartet wurde.

Arndt begleitete ihn zur Haustür. »Was ist mit der Hebamme?«, fragte er leise. »Bist du weitergekommen?«

Über Marinus' Gesicht ging ein Lächeln. »Sie lehnt zwar immer noch jeden meiner Heiratsanträge ab, trotzdem bin ich guten Mutes.«

»Heißt das: Sie liebt dich?«

Marinus' Lächeln vertiefte sich. »Ich bin ganz sicher, dass sie mich liebt.«

»Und trotzdem will sie dich nicht heiraten?«

Nun wurde Marinus ernst. »Sie wird bald einsehen, dass sie den Bankert eines Dienstmädchens heiraten kann, auch wenn der Vater ein Graf war. Und die Sache mit der Inselbahn … ich glaube, das hat sich heute auch erledigt.«

Graf Arndt runzelte die Stirn. »Was hat die Inselbahn mit deiner Liebe zu Geesche Jensen zu tun?«

»Du weißt doch, ihr Verlobter ist vor sechzehn Jahren beim Bau der Inselbahntrasse ums Leben gekommen. Geesche konnte den Gedanken nicht ertragen, mit einem Mann zusammen zu sein, der für die Inselbahn arbeitet.«

»Konnte? Jetzt sieht sie das anders?«

Marinus nickte. »Wir waren heute gemeinsam am Grab ihres Verlobten. Und irgendwas … hat sich dort verändert.« Marinus betrachtete seinen Bruder aufmerksam, der plötzlich mit den Gedanken weit weg zu sein schien. »Wie stehst du zu meinen Plänen? Wäre es dir recht, wenn ich Geesche Jensen heirate?«

Arndt drehte sich weg, als wollte er Marinus sein Gesicht nicht sehen lassen. »Ich habe dir keine Vorschriften zu machen.«

»Ich will keine Vorschrift von dir, sondern deine Meinung.«

Arndt drehte sich zurück und gab sich große Mühe, seinen Bruder gleichmütig anzusehen. »Ich würde mir das an deiner Stelle gut überlegen. Wenn eine Frau so lange zögert, dann ist es mit ihrer Liebe vielleicht doch nicht so weit her. Und warum suchst du dir nicht eine Jüngere? Mit Geesche Jensen kannst du keine Familie mehr gründen.« Er klopfte Marinus auf die Schulter. »Vielleicht sehen wir dich später noch am Strand?«

Ohne eine Antwort abzuwarten, ging er in den Wohnraum zurück, blieb aber, als die Tür hinter Marinus zuschlug, stehen und sah grüblerisch auf seine Fußspitzen. Die Verbindung seines Bruders mit der Hebamme gefiel ihm nicht. Ganz und gar nicht! Und Geesche Jensen ging es genauso, dessen war er sicher. Dass sie Marinus nicht heiraten wollte, hatte nichts damit zu tun, dass er der Sohn eines Grafen war. Das mochte sein Bruder glauben, aber nicht er, Graf Arndt von Zederlitz.

Seine Frau und seine Tochter machten sich in der ersten Etage für den Ausflug zum Strand bereit, die Dienstboten hatten damit zu tun, alles zu verstauen, was mitgenommen werden sollte. Es war still im Haus. Deswegen war das schwache Tohktik-tohktik zu hören. Sehr leise nur, aber dennoch von anderen Geräuschen gut zu unterscheiden.

Der Graf trat wieder in die Diele zurück und rief halblaut: »Hanna?« Und als er keine Antwort bekam: »Hast du gelauscht?«

In diesem Augenblick ging die Tür zu Elisas Zimmer, die Schritte waren verklungen.

Graf Arndt blickte die Treppe hoch und dachte an das, was die Haushälterin gestern seinem Kutscher zugetuschelt hatte. Rein zufällig hatte er es mitbekommen: »Nehmen Sie sich vor Hanna Boyken in Acht. Die hat ihre Augen und Ohren überall. Und wenn sie etwas weiß, wird sie es gegen Sie verwenden.«

Hannas Herz floss über vor Liebe. Klein und eng war es, dieses Herz, wohl deswegen konnte es die Liebe nicht fassen, die sie so wie jetzt noch nie empfunden hatte. Natürlich liebte sie auch ihre Mutter und Ebbo, aber das war etwas ganz anderes. Diese Liebe war ihr mit dem Leben geschenkt worden, sie war von Anfang an da gewesen, hatte sie begleitet, hatte sich nie verändert, hatte nicht wachsen und nie verteidigt werden müssen. Sie war so wichtig wie das tägliche Brot, aber auch so nebensächlich wie das tägliche Brot ist, solange man keinen Hunger leidet. Die Liebe, die Hanna jetzt empfand, war deshalb so wertvoll, weil es eine Liebe war, die sie zurückgab, die ihr in ähnlicher Form entgegengebracht wurde. Obwohl die Liebe ihrer Mutter und ihres Bruders auch etwas Wechselseitiges war, erschien es ihr doch ganz anders, ein Gefühl zu erwidern, das aus Wertschätzung, Respekt und Sympathie entstanden war. Eine Liebe ohne Familienbindung hatte Hanna Boyken noch nicht kennengelernt, obwohl Freda ihr oft einschärfte, dass sie von Geesche geliebt wurde und stets dankbar dafür zu sein hatte. Nein, was Geesche ihr entgegenbrachte, galt in Wirklichkeit ihrer Mutter und Geesches Verpflichtung. Wenn Geesche den Eindruck erweckte, es läge ihr etwas an Hanna, dann log sie, davon war Hanna überzeugt. Sie spürte es mit jeder Geste und hörte es mit jedem Wort, das die Hebamme an sie richtete. Was Geesche ihr schenkte, war nicht einmal Mitleid, das spürte Hanna instinktiv, obwohl sie in ihrem Leben noch nicht viel Mitleid erfahren hatte. Trotzdem konnte sie dieses wertlose Gefühl gut von dem kostbaren unterscheiden, das Elisa von Zederlitz ihr entgegenbrachte. Warum Graf Arndt respektvoll und manchmal sogar herzlich mit ihr umging, hatte sie noch nicht durchschaut, aber Elisas Freundschaft vertraute sie voll und ganz. Und dass sie ihre Mutter oft um die Freundschaft mit Geesche beneidet hatte, wurde ihr jetzt auch klar.

Gräfin Katerina hatte, nachdem sie in die Kutsche gestiegen war, auf den Sitz neben sich geklopft. »Steig ein, Elisa!«

Auf diese Aufforderung hatte die Comtesse mit einer so ungeheuerlichen Frage geantwortet, dass dem Kutscher die Zügel aus der Hand glitten, die Haushälterin, die sich gerade anschickte, einen Korb mit Lebensmitteln zum Strand zu tragen, verblüfft stehen blieb und Graf Arndt verwundert seinen Strohhut nach hinten schob, als wollte er besser sehen können, wie seine Frau reagierte.

»Kann Hanna auch mitfahren?«, fragte Elisa in aller Unschuld. »Das Laufen im Sand ist sehr schwer für sie.«

Gräfin Katerina warf ihrer Tochter einen Blick zu, den

niemand so gut beherrschte wie sie. Dieser Blick, unter dem sich jeder Dienstbote erschrocken duckte, Graf Arndt ergeben seufzte und sogar Marinus, der sich als niedergeborener Verwandter ohne sorgfältige Erziehung gelegentlich eine Respektlosigkeit erlauben durfte, den Kopf einzog.

Elisa jedoch hielt dem Blick ihrer Mutter ohne weiteres stand. Ob es Mut oder nur Unbekümmertheit war, wusste Hanna nicht zu sagen. »Du siehst doch, Mutter, dass sie schon auf festen Wegen ihre Schwierigkeiten hat«, ergänzte sie.

Gräfin Katerina nahm den Blick von ihrer Tochter und starrte geradeaus, was im Hause eines Sylter Fischers einer gehörigen Tracht Prügel gleichgekommen wäre. Ohne ein weiteres Wort und ohne Elisa noch einmal anzusehen, klopfte sie erneut auf den Platz neben sich und veränderte ihre Haltung nicht, während sie vergeblich darauf wartete, dass ihre Tochter neben ihr Platz nahm.

Als Elisa sagte: »Dann gehe ich mit Hanna zusammen zu Fuß zum Strand«, atmete die Gräfin so tief ein und aus, dass Hanna einen winzigen Moment darauf hoffte, von ihrer hellblauen Bluse, die sie fest über ein eng geschnürtes Mieder geknöpft hatte, möge ein Knopf platzen. Ehe jedoch der Unmut die Kleidung der Gräfin derangieren und damit dem Strandtag für die ganze Familie samt Gefolge den Garaus machen konnte, mischte sich Graf Arndt ein, der es gewöhnt war, die Stimmung seiner Gemahlin aufzufangen, sobald ein Abwärtstrend ersichtlich wurde.

»Gerade wollte ich sagen«, behauptete er, »dass es gut wäre, wenn Hanna sich hinten auf die Kutsche stellte, um die Körbe und die Sonnenschirme festzuhalten.«

Hanna wusste, dass er nicht die Wahrheit sprach, die Gräfin wusste es auch und Elisa ebenfalls. Jedem war klar, dass der Graf seine Tochter unterstützen wollte, und in jedem Gesicht stand die Frage, warum er es tat. In den Augen der Haushälterin sogar derart unverhohlen, dass Hanna von einer Welle der

Abneigung erfasst wurde, obwohl Owena Radke bisher nie über sie gespottet und ihr nie Aufgaben übertragen hatte, die sie überforderten. Zwar brachte Owena ihr genauso wenig Sympathie entgegen wie alle anderen Sylter, aber immerhin hatte sie sich stets um Fairness bemüht. Jetzt aber machte sie keine Anstalten, Hanna auf den hinteren Rand der Kutsche zu helfen. Sie senkte nicht einmal die Stimme, als sie zu dem Dienstmädchen, das neben ihr stand, sagte: »Ich habe euch gewarnt. Nehmt euch vor Hanna Boyken in Acht. Erst recht, wenn es ihr gelingt, sich bei der Comtesse einzuschmeicheln.«

Hanna blickte auf sie herab, als die Kutsche anfuhr. Sie konnte sogar auf die Gräfin herabblicken, die vor ihr saß, und auf den Grafen, der ihnen nachsah.

Marinus Rodenberg wanderte den Strand entlang. Er kam von Süden, wo er mit Dr. Pollacsek ein Gelände besichtigt hatte, das demnächst, wenn es nach dem Willen des Kurdirektors ging, der geplanten Südbahn zur Verfügung gestellt werden sollte. Zwei Fischerhütten mussten allerdings dafür weichen. Aber da Dr. Pollacsek die beiden Familien großzügig abfinden wollte, würde es wohl keine Schwierigkeiten geben.

Marinus blieb stehen, als er die Gruppe der Männer sah, die sich an diesem Strandabschnitt, dem Herrenbad, mit Ballspielen vergnügten. Zwei lösten sich aus der Gruppe und liefen ins Wasser. Sie alle trugen einteilige Badeanzüge, die meisten quergestreift, mit kurzen Ärmeln und Hosenbeinen, die bis zu den Knien reichten, und verhielten sich in dieser zwanglosen Kleidung so lärmend, ausgelassen und prahlerisch, wie es Männer nur tun, wenn sie unter sich sind.

Marinus zögerte weiterzugehen, weil er nicht wusste, ob er einen von ihnen kannte. Er wollte nicht aufgefordert werden, sich zu ihnen zu gesellen, wollte sich kein Gespräch aufzwingen lassen, das ihn nicht interessierte, und sich erst recht nicht in das beliebteste Gespräch aller Männer hineinziehen lassen, die sicher sein konnten, nicht belauscht zu werden. Marinus waren Männer, die über Frauen redeten, zuwider. Dabei spielte es keine Rolle, ob sie höhnisch, spöttisch, freundlich, nachsichtig oder sogar ehrfürchtig von einer Frau sprachen. Sie wollten auch dann ihr Herr sein, wenn die Frauen unerreichbar für sie waren und blieben.

Marinus kannte nur einen Mann, der seine Frau ohne jeden Besitzanspruch liebte, und das, obwohl auch ihre Hochzeit, wie in Adelskreisen üblich, von den Eltern arrangiert worden war. Marinus glaubte, dass es nichts gab, was Arndt unversucht gelassen hätte, um Katerina glücklich zu machen. Sogar von der Herrschsucht seiner Mutter hatte er sie befreit, indem er das Haus auf Sylt bauen ließ, wo Katerina zumindest während der Sommermonate vor der Verächtlichkeit ihrer Schwiegermutter verschont blieb, die gleich nach der ersten Fehlgeburt eingesetzt hatte. Die Geburt der gesunden Tochter hatte zwar die Einstellung der alten Gräfin geändert, aber dass der Familie von Zederlitz der männliche Erbe fehlte, wurde dennoch in so manchen scheinbar unbedeutenden Nebensatz eingeflochten.

Marinus seufzte tief auf, ehe er sich entschloss weiterzugehen. Dicht an der Wasserkante hielt er sich, auf dem Streifen, über den die Zungen der Wellen geleckt hatten, wo der Sand feucht und fest war. Zu seiner Linken das Meer, zu seiner Rechten der Strand, vor sich der Bogen, der sich vom Horizont über dem Meer bis zur Kliffkante am Saum des Strandes spannte.

Er sehnte sich nach Geesche. Wie gern wäre er zu ihr gegangen, hätte sich mit ihr auf die Bank vor der Tür gesetzt, hätte ihren flinken Fingern zugesehen, wie sie Salatköpfe zerteilten oder Erbsen aus ihren Schoten holten, während er selbst ein Messer über den Schleifstein zog oder einen angeschlagenen Krug kittete. Gegen Abend, wenn die Sonne unterging, hätte er dann eine Pfeife angezündet und Geesche genötigt, mit der Arbeit aufzuhören. Friedlich hätten sie nebeneinander gesessen, schweigend oder auch plaudernd, und dem Abend dabei zugesehen, wie er sich über die Insel senkte. So wollte er es haben für den Rest seines Lebens, hier auf Sylt oder woanders. Aber immer mit Geesche.

Er winkte einen Gruß zurück, ohne zu ahnen, wer ihn mit »Moin, Herr Ingenieur!« angerufen hatte, und nickte den beiden Männern zu, die wie kleine Jungen im Wasser planschten und sich gegenseitig verdächtigten, zu frieren und es nicht mehr lange im kalten Wasser auszuhalten.

Marinus schritt nun so kräftig aus, wie es möglich war. Es hatte keinen Sinn, zu Geesche zu gehen. Zu ihr war eine Frau gekommen, die im Haus der Hebamme ihr erstes Kind zur Welt bringen wollte. Geesche hatte ihm bedeutet, dass es lange dauern konnte, und Marinus wollte nichts weniger, als in Geesches Haus zu platzen, wenn dort eine Frau in den Wehen lag. Als etwa Zehnjähriger war er auf dem Gut seines Vaters einmal unversehens Zeuge einer Geburt geworden. Die gequälten Schreie des Dienstmädchens hatte er nie vergessen können.

Mittlerweile konnte er das Strandrestaurant »Erholung« ausmachen und davor eine Gruppe von Menschen. Möglich, dass es sich um die Familie seines Bruders handelte, die mitsamt ihrer Dienstboten am Strand erschienen waren. Marinus beschleunigte nun seinen Schritt. Er liebte das Strandleben zwar nicht besonders, aber allein in dem großen Haus hinter den Dünen hätte er sich noch unwohler gefühlt. Und auf eine Plauderei mit seiner Schwägerin freute er sich. Katerina war eine interessante Frau, intelligent und gebildet, und dass sie ihn, den illegitimen Spross ihres Schwiegervaters, behandelte wie ihresgleichen, rechnete er ihr hoch an. Wie eine Auszeichnung nahm er diese Wertschätzung entgegen. Katerina war sich ihres Standes sehr bewusst und nannte die Weltoffenheit, mit der sich manche Adelige neuerdings dem niederen Volk zuwandten, Schwäche. Eine solche Schwäche leistete sie sich niemals. Wenn sie zu ihrem Personal freundlich war, schloss sich dennoch nie die Distanz, die sie für eine natürliche Positionierung hielt.

Umso bemerkenswerter war die Herzlichkeit, mit der sie Marinus entgegentrat. Es kam sogar vor, dass sie ihn um Rat fragte. Und wenn es um die Probleme mit ihrer Schwiegermutter ging, wandte sie sich eher an Marinus als an ihren Mann, der zwar immer auf ihrer Seite stand, seine Aufgabe jedoch stets im Beschwichtigen sah und eine Auseinandersetzung mit seiner Mutter mied, die für Marinus von vornherein undenkbar gewesen wäre. Wenn es um die alte Gräfin von Zederlitz ging, fühlte Katerina sich dem Halbbruder ihres Mannes anverwandt, genauso akzeptiert und gleichermaßen abgelehnt wie er. Womöglich war es das, was sie verband.

Marinus blieb stehen und sah angestrengt geradeaus. Dass eine flache Welle ihm den Sand unter den Schuhsohlen wegzog, nahm er nicht zur Kenntnis. Diese Gruppe von Menschen, die er aus der Ferne für die von Zederlitz gehalten hatte, war viel größer, als er zunächst angenommen hatte. Nun konnte er auch erkennen, dass sich mindestens zwanzig bis dreißig Menschen dicht zusammendrängten, wie es niemand in der Familie seines Bruders je tun würde, und sich um einen zentralen Punkt scharten. Marinus beschleunigte seinen Schritt. Was war da los?

Je näher er kam, desto deutlicher wurde es, dass es sich um Kinder handelte, die sich um eine erwachsene Person versammelt hatten. Eine Frau! Marinus konnte deutlich ein helles Kleid ausmachen und einen großen Hut, der mit einem Schleier am Kopf befestigt war, damit der Wind ihn nicht davontrug. Anscheinend eine Dame der Gesellschaft, die sich um Sylter Kinder kümmerte und nicht die Nähe der ungewaschenen Gesichter, der ungekämmten Haare und schmutzigen Hosen scheute. Erstaunlich!

Nun sah er, dass auch sein Bruder und Katerina darauf aufmerksam wurden, die sich weiter vorn, in der Nähe des Strandpavillons, niedergelassen hatten. Arndt reckte den Hals und machte ein paar Schritte vom Meer weg auf die seltsame

Ansammlung zu. Sogar Katerina erhob sich aus ihrem Strandkorb, obwohl sie keinen Sonnenschirm zur Hand hatte, ohne den sie normalerweise keinen Schritt in die Sonne machte, die mittlerweile hoch am Himmel stand, von keiner Wolke mehr bekränzt. Aber anscheinend war ihre Neugier größer als ihre Sorge um ihren Teint.

Nun fielen Marinus die beiden livrierten Männer auf, die am Fuß der Dünen standen und das Treiben genau beobachteten. Es schien tatsächlich eine hochgestellte Dame zu sein, die sich dort um die Sylter Nachkommenschaft kümmerte. Das erschien Marinus derartig kurios, dass er unwillkürlich stehen blieb, obwohl sich eine derartige Neugier wirklich nicht schickte. Je näher er gekommen war, desto deutlicher war das Befremdliche dieser Versammlung geworden. Die zerlumpten Kinder, die sonst nichts anderes im Sinn hatten, als irgendwelche Streiche auszuhecken oder sich auf mehr oder weniger schamlose Weise ein paar Geldstücke zu verdienen, saßen still und aufmerksam dort, lehnten sich aneinander oder sogar an die Beine der Frau, ohne auf das helle Kleid zu achten. Und das Erstaunliche war, dass es der Königin nichts auszumachen schien.

Marinus blieb der Mund offen stehen. Ja, die Frau, die den Kindern aus einem großen Buch vorlas, war Königin Elisabeth von Rumänien!

Das schien auch Arndt und Katerina von Zederlitz mittlerweile aufgegangen zu sein. Zwar näherten sie sich der Königin nicht, aber Marinus konnte sogar auf die Entfernung erkennen, dass sie sich die Frage stellten, ob sie es tun sollten, wie sie es tun sollten oder ob es ganz und gar unangebracht war, weil die Königin ihr Inkognito wahren wollte. Elisa schien als Einzige unbekümmert mit dem Erscheinen der Königin am Westerlander Strand umzugehen. Sie kam neugierig ein paar Schritte näher und hätte sich vermutlich noch weiter vorgewagt, wenn ihre Mutter sie nicht zurückgerufen hätte. Zwar konnte Marinus Katerinas Stimme nicht hören, aber ihre Gestik war ausdrucksstark genug.

Marinus näherte sich der Königin behutsam und nahm sich vor, nicht erkennen zu lassen, dass er wusste, wen er vor sich hatte. Zum Glück wurde sie nicht auf ihn aufmerksam, so dass er unbeobachtet stehen blieb und ihrer Stimme lauschen konnte.

»Weine nicht, weil dich die Götter gesendet / weil sich mein Schicksal, mein Leben vollendet. / Was man besingen kann, durfte ich sagen / was man ertragen kann, hab ich getragen. / Danke den Göttern: Ich habe geendet!«

Marinus hätte sich am liebsten dem Meer zugewandt, weil die Poesie der Königin ihn derart berührte, dass sein Auge etwas haben wollte, was sein Herz gleichermaßen bewegte. Dass er den Worten Carmen Sylvas lauschte, dessen war Marinus sicher. Seine Schwägerin hatte ihm ausführlich berichtet, dass Königin Elisabeth unter diesem Künstlernamen Literatur schuf, die überall große Anerkennung fand, auch dort, wo niemand wusste, dass sich hinter dem Namen Carmen Sylva die Königin von Rumänien verbarg.

Aber Marinus musste dem Meer weiterhin den Rücken zukehren, konnte den Blick nicht von der Königin nehmen, weil es schwierig gewesen wäre, ihre Worte zu verstehen, wenn er ihr Gesicht und die Bewegungen ihrer Lippen nicht sah.

»Weine nicht! Staub ist das Leben und Kleinheit / Lass mich vergeh'n in der ewigen Einheit / alles, was mein war, das hat mich verlassen / lass mich das Ganze im Fluge erfassen / dass ich es schaue in leuchtender Einheit!«

Marinus war derart fasziniert, dass er die Königin nun unverhohlen anstarrte. Als sie aufsah, ihr Blick auf ihn fiel und sie ihn mit einem kleinen Lächeln bedachte, zuckte er zusammen und kam sich vor wie ein unerwünschter Eindringling. Schuldbewusst wollte er weitergehen und blickte in die Dünen, um der Königin weiszumachen, sein Blick sei nur zufällig auf sie gefallen und als habe er nichts von dem erfasst, was sie tat. Auf keinen Fall wollte er, dass sie ihn für indiskret hielt oder gar befürchten musste, er würde ihr zu nahe treten.

»Lies weiter«, hörte er einen Jungen rufen, der anscheinend keine Ahnung hatte, dass er mit einer Königin sprach.

Ebenso wie das kleine Mädchen neben ihm: »Das sind so schöne Wörter. So schöne habe ich noch nie gehört.«

Die Königin lächelte die Kinder freundlich an, dann warf sie Marinus ein Blick zu, der ihm wie eine Warnung vorkam. Anscheinend sollte er sie nicht verraten. Sie hatte gemerkt, dass er sie erkannt hatte, wollte sich aber den Kindern anscheinend nicht offenbaren.

Wieder gab Marinus sich Mühe, mit Gleichgültigkeit zu reagieren. Während er langsam weiterging, sah er nicht die Königin an, sondern in die Dünen, als gäbe es dort etwas, was sein Interesse erregte.

Und im nächsten Augenblick war es tatsächlich so! Durch die Dünen bewegte sich jemand, der der Königin so nah wie möglich kommen wollte. Hanna! Sie trug zwei Sonnenschirme unter dem Arm, warf sie nun in den Sand und hockte sich ins Dünengras. Wahrscheinlich hatte Katerina sie nach den Sonnenschirmen geschickt, die zunächst in der Kutsche geblieben waren, weil die Sonne bis jetzt hinter einem Dunstschleier verborgen geblieben war. Und nun hatte Katerina den Schutz des Strandkorbs aufgegeben und brauchte ihren Sonnenschirm, den sie vermutlich auch Elisa aufnötigen wollte, die sich stets gegen solche Requisiten wehrte.

Kopfschüttelnd betrachtete er Hanna, die nur Augen für die Königin hatte. Sie würde Ärger bekommen, wenn sie nicht unverzüglich mit den Sonnenschirmen zurückkehrte. Katerina war ohnehin nicht damit einverstanden, dass Graf Arndt ausgerechnet Hanna Boyken zur Gesellschafterin ihrer Tochter gemacht hatte. Sie würde froh über jeden Grund sein, sich Hannas zu entledigen, wenn auch Elisa mit einer Entscheidung gegen Hanna zweifellos nicht glücklich sein würde. Marinus wusste, mit welch abgöttischer Liebe Katerina an ihrer Tochter hing und wie stolz sie auf Elisa war, aber er wusste auch von ihrer Sorge, dass Elisa das Vornehme und Elegante fehlte, das Snobistische, das Bewusstsein für ihren Stand. Zwar gab es auf Sylt niemanden, der wirklich zu Elisa passte, aber Katerina wäre vermutlich mit einer Kapitänstochter oder mit dem wohlerzogenen Töchterchen eines gutsituierten Geschäftsmannes einverstanden gewesen. Alles wäre besser als dieses verkrüppelte Kind einer armen Witwe. Für Arndts Sentimentalität hatte sie kein Verständnis. Die Tatsache, dass Hanna in derselben Nacht und im selben Haus wie Elisa zur Welt gekommen war, hatte in Katerina kein Gefühl der Verbundenheit entstehen lassen. So wie das bei Graf Arndt der Fall war.

Und auch bei Marinus! Ja, in diesem Augenblick merkte er, wie groß sein Mitleid war, wie sehr er sich um Hanna sorgte, dass er Angst hatte, sie würde zu spät mit den Sonnenschirmen zurückkommen, Katerina würde diese Gelegenheit beim Schopfe packen … und Hanna hatte dann ihre große Chance vertan, ein einziges Mal in ihrem Leben mehr zu haben als andere.

Er überlegte, ob er Hanna warnen, ob er sie mit einem Handzeichen darauf aufmerksam machen sollte, dass es besser war, zurückzugehen und die Sonnenschirme abzuliefern. Aber da sie nicht zu ihm blickte, sondern nur Augen für die Königin hatte, schob er den Gedanken schnell wieder beiseite. Was ging ihn Hanna Boyken an? Sie musste selber sehen, wie sie mit seiner Schwägerin klarkam. Wenn sie sich erlaubte, ihre Neugier über ihre Pflichten zu setzen, dann hatte sie es nicht besser verdient, wenn sie die Anstellung als Gesellschafterin verlor. Mit Mitleid war Hanna nicht gedient. Wenn sie auch ein schweres Schicksal hatte, sie würde es nicht meistern, wenn man ihr nichts abverlangte.

Dass sein Bruder ihm entgegenkam, bemerkte Marinus erst,

als er nur noch wenige Meter von ihm entfernt war. Arndt begrüßte ihn nicht, sondern fragte ohne Umschweife: »Glaubst du auch, dass das die Königin ist? Du hast sie doch bei ihrer Ankunft gesehen. Hast du sie wiedererkannt?«

Marinus nickte. »Ohne Zweifel! Die Kinder scheinen einen Narren an ihr gefressen zu haben. Ich glaube, die haben noch nie ein Gedicht gehört.« Er lachte amüsiert. »Sie verstehen nicht, was die Königin ihnen vorliest, aber es gefällt ihnen.«

Arndts Interesse war mit einem Mal abgelenkt. Er sah nicht mehr zu der Königin hin und auch nicht seinen Bruder an. Sein Blick wanderte in die Dünen, er stutzte, kniff die Augen zusammen, sah genauer hin. Marinus konnte sich denken, worauf er aufmerksam geworden war.

»Wahrscheinlich gefällt ihnen am meisten«, sagte Arndt nachdenklich, ohne den Blick von den Dünen abzuwenden, »dass sich jemand mit ihnen befasst. Das sind diese Kinder nicht gewöhnt. Ihre Eltern haben zu viel zu tun, um ihren Kindern Zeit zu schenken.«

Langsam gingen sie auf die Strandkörbe zu, die für die Familie von Zederlitz zusammengerückt worden waren. Vor einem stand immer noch Katerina in der prallen Sonne, beschirmte ihr Gesicht mit den Händen und beobachtete Königin Elisabeth inmitten ihrer kindlichen Zuhörerschaft. Marinus schaute seinen Bruder verstohlen an, der immer wieder besorgt zu den Dünen blickte.

Owena Radkes Stimme tönte gegen die Brandung an: »Hanna! Wo bleibst du? Die Frau Gräfin hat lange genug auf ihren Sonnenschirm gewartet! Hanna!«

Marinus sah nun, dass Hanna sich hastig erhob und die Sonnenschirme an sich raffte, die sie achtlos zu Boden geworfen hatte, während sie die Königin beobachtete. Der Sand spritzte bei jedem Schritt auf, während sie so schnell sie konnte durch den Dünensand schwankte, er stiebte bis zu den Haaren, wenn ihr Bein sich tief in die verformte Hüfte bohrte, und wenn sie sich bei jedem zweiten Schritt aufrichtete, war eine solche Kraftanstrengung nötig, dass der Auftrieb ihres Körpers den Sand in die Sonnenschirme schleuderte, deren Öffnungen sie nach unten hielt.

»Hanna! Wo bleibst du?« Owena Radkes Stimme war mittlerweile angsterfüllt. Anscheinend hatte sie schon einiges von Katerina zu hören bekommen, weil sie nicht selbst zur Kutsche gegangen war, um die Sonnenschirme zu holen. Wenn Katerina morgen auch nur die kleinste Unregelmäßigkeit an ihrem Teint entdeckte, würde Owenas Arbeit für die gräfliche Familie wohl ein Ende haben.

Marinus verspürte denselben Wunsch wie sein Bruder, der so tat, als hörte er die Stimme der Haushälterin nicht und sähe auch nicht die Sandwolken, die unter Hannas verzweifeltem Humpeln entstanden. Er wollte sich genauso wie Arndt von dem Geschehen distanzieren und allen anderen weismachen, er hätte nichts von Hannas Verfehlung bemerkt.

»Was ich dich noch fragen wollte, Arndt«, begann er, und Marinus fiel auf, wie gern sich sein Bruder durch ein Gespräch ablenken ließ, das nichts mit Hanna Boyken zu tun hatte. »Als die Königin in Westerland eintraf, ist mir ein Mann aufgefallen. Schwarze Haare, schwarze Augen, schwarze Kleidung! Er schien auf dich aufmerksam zu werden. Kennst du ihn?«

Arndt überlegte nicht lange. »Ich weiß nicht, von wem du redest.«

»Er gehörte zum Gefolge der Königin.«

»Meinst du den?« Graf Arndt zeigte unauffällig zu einem jungen Mann, der gerade den Scheitel des Strandübergangs erklommen hatte und sich nun umsah. Als er die Gruppe bemerkte, die sich um die Königin geschart hatte, setzte er seinen Weg fort und hielt direkt auf sie zu. Ein gut aussehender Mann mit dunklen Haaren, die aber nichts mit dem fremdländisch Schwarzen zu tun hatten, das Marinus an dem Mann aufgefallen war, den er bei der Ankunft der Königin beobachtet hatte.

»Nein, der nicht.«

Arndt runzelte die Stirn und betrachtete den jungen Mann näher, der mit großen, steifen Schritten zur Königin ging, während er dafür sorgte, dass seine Schuhe und die Hose seines korrekten schwarzen Anzuges so sauber wie möglich blieben.

»Das könnte der junge Nassau-Weilburg sein«, meinte Arndt nachdenklich.

Mittlerweile war Hanna am Fuß des Strandübergangs angekommen, wo Owena Radke sie empfing und ihr mit barschen Worten die Sonnenschirme abnahm. Nun hastete sie auf Katerina zu, die ihr ungeduldig entgegensah.

»Endlich!«, hörte Marinus seine Schwägerin sagen. »Warum hat das so lange gedauert?«

Marinus gefiel es, dass die Haushälterin eine Erklärung herunterschluckte, die womöglich zu Hannas sofortiger Entlassung geführt hätte. Anscheinend hatte Owena Radke Verständnis für Hanna, die dem Glanz der Königin erlegen war.

Hanna selbst jedoch tat nichts, um ihre Pflichtvergessenheit wiedergutzumachen. Sie blieb am Strandübergang stehen und starrte dem jungen Adeligen nach, dessen elegante Erscheinung sie zu blenden schien.

Owena Radke riss eilig einen der Sonnenschirme hoch, hielt ihn schon über Katerinas Kopf, noch ehe sie ihn geöffnet hatte … und so passierte es. Als der Sonnenschirm aufsprang, rieselte Sand herab. In Katerinas kunstvoll aufgesteckte Frisur, auf die Schultern ihres hellen Sommerkostüms, in den Ausschnitt ihrer weißen Spitzenbluse, den Rock hinab, bis auf die schwarzen Schnürstiefeletten.

Der Schrei, der ertönte, war vielstimmig. Nicht nur Katerina schrie auf, auch Elisa, Owena Radke und die beiden Dienstmädchen, die sich in der Nähe aufhielten, schrien. Die Einzige, die das Erschrecken unberührt ließ, war Hanna.

Marinus beobachtete, wie sie neugierig näher kam. Ihr Gesicht war ohne jedes Schuldbewusstsein, obwohl sie wissen musste, dass das Unglück nur geschehen konnte, weil bei ihrem Ausflug in die Dünen der Sand in die Schirme geraten war.

»Rosemarie! Eveline!« Katerina schrie nach den beiden Dienstmädchen, als ginge es um ihr Leben. Owena Radkes Hände, die sich um sie bemühen wollten, schlug sie wütend zur Seite. »Gehen Sie mir aus den Augen! Verschwinden Sie! Lassen Sie sich in meinem Hause nie wieder blicken!«

»Aber …«, stotterte Owena Radke, »es war nicht meine Schuld!«

»Nicht Ihre Schuld?«, wiederholte Katerina schneidend. »Waren Sie es nicht, die den Sonnenschirm geöffnet hat?«

»Ja, aber …«

»Erst lassen sie mich auf den Schirm warten und dann so etwas!«

»Aber, ich …«

»Verschwinden Sie!«

Owena Radke machte ein paar Schritte zurück. Sie zitterte am ganzen Körper, ihre Augen waren schreckgeweitet. Noch einmal stieß sie hervor: »Es war nicht meine Schuld!« Aber niemand hörte auf sie.

Als sie begriff, dass jedes Wort, das sie zu ihrer Verteidigung vorbrachte, nichts nutzen würde, machte sie auf dem Absatz kehrt. Weg von Katerina, weg vom Strand, weg von dieser wunderbaren Chance, über die sie so glücklich gewesen war.

Beinahe wäre sie mit Hanna zusammengestoßen, die neugierig hinter ihr erschienen war, noch immer ohne jedes erkennbare Schuldbewusstsein.

Wie angewurzelt blieb Owena Radke stehen. »Sag der Gräfin, dass es deine Schuld war. Das bist du mir schuldig!«

Aber Hanna antwortete nicht, sah sie nur mit großen, ausdruckslosen Augen an, als verstünde sie nicht, wovon Owena Radke sprach.

Die starrte nur kurz in Hannas Gesicht, dann machte sie eine wegwerfende Handbewegung. »Von dir kann man nichts erwarten! Es geschieht dir ganz recht, dass du als Krüppel zur Welt gekommen bist! Du hast nichts Besseres verdient!«

Marinus wandte sich an Arndt, während die beiden Dienstmädchen sich zusammen mit Elisa darum bemühten, den Sand von Katerinas Kleidung und aus ihren Haaren zu entfernen. »Die Haushälterin hat recht. Das war nicht ihre Schuld!«

Arndt nickte und machte sich daran, Owena Radke zu folgen. »Ich regele das.«

Eilig ging er der Haushälterin nach, die mit gesenktem Kopf durch den Sand stapfte. Sogar von hinten konnte man erkennen, dass sie weinte. Ihre Schultern zuckten, hin und wieder wischte sie sich mit dem Unterarm übers Gesicht.

Marinus fiel auf, dass Hanna von seinem Bruder mit keinem Blick und keinem Wort bedacht wurde. So, als hätte sie mit der Angelegenheit nichts zu tun. Das kam Marinus merkwürdig vor. Und das war auch der Grund, warum er seinem Bruder folgte …

Geesche saß auf der Bank vor dem Haus, von köstlicher Ruhe umgeben. Nicht nur aus der Stille in der Natur war diese Ruhe gemacht, nicht nur aus der Abwesenheit anderer Menschen, sondern vor allem aus dem Frieden, der in ihr war. Müde war sie, aber zufrieden, wie immer nach einer glücklichen Geburt. Im Gebärzimmer schlief die Frau eines Kapitäns, in der Wiege neben ihr der neugeborene Sohn.

Dr. Nissen saß neben Geesche, entweder unter dem Eindruck eines ähnlichen Gefühls oder aber einfühlsam genug, sie in ihrer Zufriedenheit nicht zu stören.

Schläfrig sagte er: »Man hätte einen Dammschnitt machen können. Der heilt schneller.«

»Der Damm ist gerissen. So wie immer. Das heilt auch.«

»Aber nicht so schnell. Wenn ein Arzt bei der Geburt dabei ist, kann ein Dammschnitt gemacht werden.«

Geesche sah zu, wie die Ruhe davonschwebte, wie die Stille vom Schrei einer Möwe aufgepickt und der Friede von einem unerwarteten Windstoß übertönt wurde.

»Auf Sylt ist kein Mann bei einer Geburt dabei«, sagte sie. »Der Vater nicht und ein fremder Mann erst recht nicht. Auch nicht, wenn er ein Arzt ist.«

Sie dachte an Graf Arndt von Zederlitz, der in jener Sturmnacht vor sechzehn Jahren keinen Augenblick daran gedacht hatte, seine Frau allein zu lassen.

»Es werden in den nächsten Jahren immer mehr Sommerfrischler kommen«, wandte Dr. Nissen ein. »Auf Sylt wird sich manches ändern.«

»Nicht von heute auf morgen. Nur weil reiche Leute hier ihre Ferien verbringen, werden die Sylter nicht damit einverstanden sein, dass bei der Geburt ihrer Kinder ein Arzt dabei ist.«

Aber Dr. Nissen schien unbedingt an seiner Meinung festhalten zu wollen. »Sogar die Königin von Rumänien ist nach Sylt gekommen. Die Insel wird hoffähig! Das wird sich in Adelskreisen herumsprechen. Wenn bekannt wird, dass es auf Sylt einen Arzt gibt, der die Hebamme unterstützt, werden auch schwangere Damen auf die Insel kommen. In Hamburg ist es mittlerweile normal, dass eine Frau unter Aufsicht eines Arztes ihr Kind zur Welt bringt. Immer mehr Frauen kommen in die Klinik, um zu entbinden. Sie wissen, dass einer Hebamme Grenzen gesetzt sind, die es für einen Arzt nicht gibt. Das wird sich auch auf Sylt durchsetzen.«

»Sie wollen also hierbleiben?«

Nun schien Dr. Nissen plötzlich zu allem entschlossen zu sein. Er griff so schnell nach Geesches Hand, dass sie keine Gelegenheit hatte, sie ihm zu entziehen. »Frau Jensen! Geesche! Ich würde gerne in Hamburg alles aufgeben für ein Leben in Westerland. An Ihrer Seite! Wir würden uns beruflich ergänzen. Und privat auch.«

Geesche starrte ihn an, als hätte er in einer fremden Sprache zu ihr gesprochen. »Sie meinen …«

»Wir könnten gemeinsam praktizieren! Sie als Hebamme, ich als Arzt. Und bei schweren Geburten arbeiten wir Hand in Hand. So sieht die Zukunft aus! Auch auf Sylt! Glauben Sie mir.«

»Sie meinen …«

Aber auch diesmal ließ er ihre Frage nicht zu. »Ihr Haus ist groß genug. Und es wird noch größer und auch komfortabler werden, wenn der Fremdenverkehr zunimmt. Die Familie von Zederlitz gehört schon jetzt zu meinen Patienten, und die Königin von Rumänien wird bei mir Hilfe suchen, wenn es gesundheitliche Probleme gibt. Das hat sie mir versichert. Dr. Pollacsek steht ebenfalls auf meiner Seite. Wir haben eine große Zukunft vor uns.«

Dr. Nissen erhob sich so unvermittelt, dass Geesche ebenfalls aufsprang. Im selben Moment merkte sie, dass die Entschlossenheit, die während der letzten Sätze in seiner Stimme herangewachsen war, aus dem Mut der Verzweiflung entstanden war. Der fiel in sich zusammen, als er ihr Auge in Auge gegenüberstand. Geesche begriff, dass Dr. Nissen sich erhoben hatte, um größer zu sein als sie, um seine Kühnheit wachsen zu lassen und damit seine Angst vor Zurückweisung zu überwinden. Nun aber hatte er eine gleich große Frau vor sich stehen, selbstständig, ebenbürtig. Und Geesche konnte beobachten, wie der Mut in seinen Augen erlosch. Er tat ihr leid. Aber sie wusste, dass sein Selbstvertrauen nicht zurückkommen würde, wenn sie sich wieder auf die Bank setzte.

Dr. Nissen holte sich einen Zipfel seiner Stärke zurück, indem er einen Satz formulierte, wie ihn auf Sylt niemand aussprechen würde: »Ich möchte noch mehr mit Ihnen teilen, Teuerste«, sagt er, und Geesche merkte, dass er sich zwingen musste, den Blick nicht aus ihren Augen zu nehmen. »Mein ganzes Leben! Ich lege Ihnen mein Herz zu Füßen.«

»Sie meinen …?«

»Ja, das meine ich! Wenn wir heiraten, könnten wir sehr glücklich werden.«

Bevor er nach ihr greifen konnte, machte Geesche einen Schritt zurück. »Heiraten?« Einen weiteren Schritt floh sie vor ihm. Die Gedanken rasten durch ihren Kopf. Wenn sie Dr. Nissen heiratete, konnte der Name von Zederlitz seine Wucht verlieren. Er würde an einem Namen abprallen, der ihr ein Schutzschild sein konnte.

»Heiraten?«, wiederholte sie und war nun an der Tür, die ins Haus führte, während Dr. Nissen noch immer neben der Bank stand und sie so hilflos ansah, als wüsste er bereits, welche Antwort er zu erwarten hatte.

Nein, vor der gräflichen Familie würde der Name Dr. Nissens sie nicht schützen, das begriff Geesche schnell. Wohl aber … vor Hanna Boyken! Wenn Dr. Nissen ihr Ehemann war, würde Hanna es nicht mehr wagen, in ihr Haus und in ihr Leben einzudringen, im Pesel herumzuschnüffeln und ihre Marzipanherzen zu stehlen.

»Ist es wegen Marinus Rodenberg?«, fragte Dr. Nissen nun.

Und Geesche wusste wieder, dass sie Hanna nie aus ihrem Leben ausschließen durfte. Niemals! Hanna war der Preis, den sie zu zahlen hatte.

»Ja, es ist wegen Marinus Rodenberg«, antwortete sie.

Arndt von Zederlitz war es nicht gewöhnt, dass jemand vor ihm davonlief. Erst recht war er es nicht gewöhnt, dass er eine Forderung wiederholen musste, bevor man ihr nachkam. Owena Radke jedoch blieb tatsächlich erst stehen, als er zum zweiten Mal rief: »Warten Sie!«

Nun drehte sie sich zu ihm um, ihr Gesicht war tränennass. »Es war nicht meine Schuld«, stieß sie hervor.

Graf Arndt nickte, ging an ihr vorbei und stieg vor ihr den Strandübergang hinauf. Als er am höchsten Punkt angekommen war, machte er noch zwei, drei Schritte, die ihn aus dem Blickfeld all derer herausrückten, die zu ihm gehörten. Nun drehte er sich um, in der festen Erwartung, dass Owena Radke ihm gefolgt war.

Tatsächlich stand sie vor ihm, verschwitzt, mit hochrotem Kopf, wischte sich erneut über die Augen und sah ihn dann abwartend an. Fragend, aber ohne jede Hoffnung.

»Ich habe gesehen, was passiert ist«, begann Arndt von Zederlitz, und prompt stieg nun doch so etwas wie Hoffnung in Owenas Augen. Aber dann wurde seine Stimme hart und unerbittlich. »Man spannt keinen Sonnenschirm über dem Kopf meiner Frau aus, ohne ihn vorher zu kontrollieren.«

Die Tränen schossen erneut in Owena Radkes Augen. Sie wollte etwas antworten, aber Graf Arndt schnitt ihre Entgegnung mit einer energischen Handbewegung ab.

»Bis jetzt war ich mit Ihrer Arbeit zufrieden«, sagte er, »und ein Fehler kann schließlich jedem einmal passieren.«

Owenas Tränen versiegten auf der Stelle, aber nicht, weil sie sich getröstet fühlte, sondern weil sie sich die Worte des Grafen nicht erklären konnte und ihre Verwirrung sie in diesem Augenblick mehr aufwühlte als ihre Verzweiflung.

»Sie haben gesagt, Ihr Mann möchte einen eigenen Bäckerladen aufmachen«, fuhr Graf Arndt fort. »Ich werde ihm dabei helfen. Ein kleiner Ausgleich für diese … diese unangenehme Geschichte.« Er sah Owena nicht an, sondern drehte sich bereits um, während er ergänzte: »Schicken Sie ihn morgen zu mir. Er bekommt ein zinsloses Darlehen. Das braucht er nur zurückzuzahlen, wenn der Laden Gewinn abwirft.« Nun blieb er doch noch einmal stehen und warf Owena Radke einen Blick zu, als wollte er die Wirkung seiner Worte kontrollieren. »Dafür erwarte ich, dass über diese Sache nicht gesprochen wird. Klar?«

Owena Radke war unfähig zu antworten, aber sie brachte immerhin ein Nicken zustande.

»Wenn ich mich nicht täusche, sind Rosemarie und Eveline Ihre Nichten?«

Wieder nickte Owena, und diesmal konnte sie antworten: »Die Töchter meiner Schwester.«

»Wenn sie weiterhin in meinen Diensten bleiben wollen, sollten sie ebenfalls den Mund halten.«

Owena Radke stotterte einen Dank hervor, den Graf Arndt sich nicht anhörte. Er stieg langsam wieder zum Strand hinab, mit den gleichmütigen, gemächlichen Bewegungen, die typisch für ihn waren. Graf von Zederlitz ließ sich von keiner Gemütsaufwallung zur Eile antreiben oder aufhalten.

Als er den Mann sah, der am Fuß der Düne auf ihn wartete, stockte sein Schritt jedoch. »Hast du mich etwa belauscht?«, fuhr er seinen Bruder an.

Marinus machte nicht den Versuch, sich zu rechtfertigen. »Warum tust du das?«, fragte er. »Warum kommt Hanna ungeschoren davon?«

»Das geht dich nichts an«, gab Graf Arndt barsch zurück und machte Anstalten, an seinem Bruder vorbeizugehen.

Doch Marinus ließ sich nicht so einfach abschütteln. Er hielt seinen Bruder am Ärmel fest, was sich kein anderer, nicht einmal Elisa, jemals erlaubt hatte. »Was wirst du Katerina sagen?«

»Sie wird mich nicht fragen«, gab Graf Arndt zurück. Dann wurde er plötzlich so zornig, dass Marinus den Kopf einzog. »Was ist das für eine Welt, in der ich mich für ein bisschen Mitleid entschuldigen muss?«, fuhr er seinen Bruder an.

»Du musst dich nicht entschuldigen«, versuchte Marinus es vorsichtig.

»Erklären will ich es auch nicht«, sagte Graf Arndt leise, aber mit so schneidender Stimme, dass seine Worte die gleiche Wirkung hatten wie ein Wutausbruch. »Ich habe es oft genug getan.« Er trat dicht an Marinus heran, und es war eine Genugtuung für ihn zu sehen, dass sein Halbbruder Mühe hatte, nicht zurückzuweichen. »Ein letztes Mal: Das arme, verkrüppelte

Mädchen ist in derselben Nacht zur Welt gekommen wie meine gesunde Tochter! Ich habe dieses Kind nach seiner Geburt im Arm gehabt! Ich weiß, ein Fauxpas! Unverzeihlich! Katerina hat es mir oft genug vorgehalten. Das Neugeborene einer armen Fischersfrau! Was geht mich so ein Kind an?« Nun sprach er derart leise, dass seine Worte nur ein wütendes Zischen waren. »Und weil ich so glücklich war ... so glücklich über meine gesunde Tochter, habe ich diesem armseligen Kind nach seiner Geburt versprochen, es zu beschützen, soweit es in meiner Macht steht. Verstehst du, Marinus? Ich habe es versprochen, und ein Graf von Zederlitz hält seine Versprechen! Wenn du das nicht verstehst, dann bist du eben doch nur der Bankert eines Dienstmädchens.«

So wütend war er, dass seine Bewegungen nun doch etwas von ihrem gewohnten Gleichmaß verloren, als er auf den Strandkorb seiner Frau zuhielt, dass er schneller ging als gewöhnlich und damit rechnen musste, dass er seiner Frau diese sichtbare Erregung erklären musste.

Aber zum Glück war Katerina noch vollauf damit beschäftigt, die Dienstmädchen auf jedes Sandkorn hinzuweisen, das sie in ihrer Kleidung und in ihren Haaren vermutete. Seine Erleichterung darüber, dass sie keinen Blick für ihn hatte, wich jedoch schnell einem schweren Schuldgefühl. Was hatte er getan? Er war mit Marinus so umgegangen wie seine Mutter!

X.

Alexander von Nassau-Weilburg schien ein junger Mann zu sein, der tat, was von ihm erwartet wurde. Er war elternlos aufgewachsen, bei wechselnden Verwandten, bis er schließlich am rumänischen Hof ein Zuhause gefunden hatte. Die Dankbarkeit, die er Königin Elisabeth entgegenbrachte, sprach aus jedem Satz, den er äußerte, aus jedem Blick, mit dem er sich vergewisserte, dass er alles richtig machte, und aus seinem Lächeln, das immer und vor allem der Königin galt. Er redete nie mit eigener Zunge, sondern versuchte stets, so zu argumentieren wie Königin Elisabeth, ihre Worte zu wählen, ihre Meinung weiterzutragen.

Elisa verlor schon bald das Interesse an ihm, hielt aber dennoch an ihrer Sympathie für ihn fest. Zwar war er ein gut aussehender Mann mit exzellenten Manieren, der sich ihr in tadelloser Freundlichkeit und Ehrerbietung zuwandte, aber die Unterhaltung mit ihm langweilte sie schon nach wenigen Sätzen. Sie fragte sich sogar, ober er wirklich so gebildet war, wie ihre Mutter behauptet hatte. Ebbo wusste viel mehr vom Leben, von den Menschen, von dem, was überflüssig oder notwendig war, richtig oder falsch, anständig und unanständig. Alexander von Nassau-Weilburg wusste, wie man sich kleidete, wie man sich benahm, wie man mit silbernem Besteck umging und einer Frau Komplimente machte. Er kannte auch die aktuelle politische Lage und wusste, wie man mit ihr umzugehen hatte, wenn man einem Stand angehörte, der Einfluss zu nehmen vermochte. Aber das wirkliche Leben? Nein, davon wusste er nicht viel, da war Elisa sich sicher. So wenig, wie sie selbst bisher gewusst hatte vom Leben und von der Liebe, von Glück und Leid, von Reichtum und Armut. Aber seit sie Ebbo liebte, interessierte sie nur noch dieses: das wirkliche Leben. Doch dass es für sie nicht vorgesehen war, wusste sie genauso gut. Auch ohne die mahnenden Blicke ihrer Mutter.

So ließ sie ihre Grübchen tanzen, als Alexander von Nassau-Weilburg ihre schönen Augen und ihr Lächeln bewunderte, den Klang ihrer Stimme und ihren Liebreiz. Und als die Königin ihm ein zufriedenes Lächeln schenkte, bewunderte er auch Elisas Klugheit und ihre Fröhlichkeit. Katerina von Zederlitz war sehr zufrieden mit ihrer Tochter, als Elisa jedes seiner Komplimente mit einem bezaubernden kleinen Lächeln beantwortete.

Alexander von Nassau-Weilburg war auf sie aufmerksam geworden, kurz bevor die Königin ihr großes Buch zugeschlagen und die Sylter Nachkommenschaft auf den nächsten Tag vertröstet hatte. Nach einem kurzen Gespräch mit der Königin war er dann über den Strand zu ihnen gekommen und erreichte gleichzeitig mit Graf Arndt den Strandkorb, in dem Katerina von Zederlitz sich erschöpft niedergelassen hatte, nachdem sie von jedem Sandkörnchen befreit worden war.

Elisa war sofort klar gewesen, dass Alexander von Nassau-Weilburg ihrer Mutter gefallen würde, und sie wusste, wie sie auf die Einladung der Königin zu reagieren hatte. Nach einer formvollendeten Begrüßung übermittelte der junge Fürst die Wünsche der Königin. »Ihre Majestät würde es sehr begrüßen, zusammen mit der Familie von Zederlitz im Strandrestaurant einen Imbiss zu sich zu nehmen. Auf der Terrasse, im Schatten, mit dem Blick auf das Meer scheint es sehr angenehm zu sein.« Voller Ernst hatte er diese Worte überbracht und dann mit einem kleinen Lächeln, das Elisa sympathisch fand, ergänzt: »Ihre Majestät wird sich mit Gräfin Vrancea ansprechen lassen, und auch die Kinder, denen sie gerade vorgelesen hat, kennen nur diesen Namen.«

Graf Arndt bedankte sich mit der gebotenen Höflichkeit für die Einladung, versicherte, es sei ihm und seiner Familie eine Ehre, die Königin im Strandrestaurant »Erholung« zu erwarten, und Gräfin Katerina legte sogar einen guten Teil ihres Hochmuts ab, als sie sich von Alexander von Nassau-Weilburg die Hand küssen ließ. »Es ist uns eine Freude«, sagte sie und lächelte, wie man sie selten lächeln sah.

Nun saßen sie seit einer geraumen Weile beieinander, und die Anspannung, die die Anwesenheit Ihrer Majestät zunächst hervorgerufen hatte, fiel allmählich von ihnen ab. Die Königin plauderte über ihre Kindheit in Neuwied, die sie als erstes Kind des Fürsten zu Wied dort verlebt hatte, und berichtete lächelnd, die Eltern seien über ihren stürmischen, unbeugsamen und verschlossenen Charakter bestürzt gewesen. »Deswegen erhielt ich schon im Alter von vier Jahren eine Gouvernante, die mich bändigen und zur Ruhe bringen sollte.«

Graf Arndt lachte amüsiert, Gräfin Katerina flocht ein, dass ihre Tochter Elisa ihnen noch nie Kummer gemacht habe, und Alexander von Nassau-Weilburg bedauerte, dass er die Königin nicht als Kind habe erleben dürfen.

Königin Elisabeth schenkte ihm einen warmherzigen Blick. »Ja, mein lieber Alexander weiß von einer glücklichen, unbeschwerten Kindheit leider nur wenig.«

Elisa dachte an Ebbo, der sich an seinen Vater nicht erinnern konnte, der seine Mutter früh verloren hatte, der froh sein musste, dass deren zweiter Mann ihn bei sich behalten hatte, und der von großem Glück sprach, weil er in Freda wieder eine Mutter gefunden hatte, die ihn liebte wie einen eigenen Sohn. Das nannte er eine glückliche Kindheit. Von Unbeschwertheit wusste Ebbo nichts.

Dann erzählte die Königin von ihrem schwerkranken Bruder Otto, der unheilbar krank gewesen war und im letzten Jahr seines Lebens qualvolle Schmerzen hatte erleiden müssen und gleichzeitig mit seinem Vater, der an einer unheilbaren Lungenerkrankung litt, dem Tod entgegengesehen hatte. »Eine schwere Zeit! Der Tod regierte unser Leben! Und als er meinen Vater und meinen Bruder erlöst hatte, tat sich eine Leere auf, die nur schwer zu füllen war.«

Was wusste die Königin wohl von den Krankheiten der kleinen Leute? Unpässlichkeiten manchmal nur, Hinfälligkeiten, die unbehandelt ebenfalls das Leben kosten konnten. Ebbo hatte erzählt, dass die Menschen in seiner Nachbarschaft an Erkältungen starben, an Fieber, an einem vereiterten Zahn, an Krankheiten, die nicht auskuriert werden konnten, weil kein Fischer und keine Mutter von mehreren Kindern Zeit dafür hatte und weil auf der Insel sowohl ein Arzt fehlte als auch das Geld, ihn zu bezahlen. Ob die Königin eine Ahnung davon hatte, wie die Leere in solchen Familien aussah? Wenn der Ernährer weggefallen oder den Kindern die Mutter genommen worden war?

Alexander von Nassau-Weilburg griff tröstend nach der Hand der Königin, die er anscheinend behandeln durfte wie eine Mutter, Gräfin Katerina murmelte ein paar mitleidige Worte, während Graf Arndt seinen Stock aufsetzte und ihn so lange zwischen den Knien drehte, bis die Schwermut verflogen war.

Elisa wurde seltsamerweise von der traurigen Erzählung nicht berührt. Ihre Aufmerksamkeit hatte sich, während die Königin mit ihrer leisen, freundlichen Stimme berichtete, ganz auf Alexander von Nassau-Weilburg konzentriert, auf seine Teilnahme für die Königin, auf den Trost, den er ihr spendete. Es gefiel ihr, wie gefühlvoll der junge Mann mit der Frau umging, der er viel zu verdanken hatte, wie sehr er bemüht war, sich dankbar zu erweisen. Aber plötzlich ging ihr auch auf, dass der junge Fürst ebenfalls ein schweres Schicksal zu tragen hatte. Er durfte nicht er selbst sein! Er war dazu verdammt, in den Spiegel der Königin zu sehen und das Leben zu führen, das er dort sah. Vermutlich verlangte sie es nicht von ihm. Aber sie hatte vielleicht nur ein einziges Mal seine Dankbarkeit gelobt, und er hatte geglaubt, einen Weg gefunden zu haben, ihre Zuneigung und Fürsorge zu vergelten. Unter allen Umständen wollte er täglich und stündlich sein Dankgefühl zeigen, weil sie ihm eine Familie gegeben hatte, und so schien aus seiner Erkenntlichkeit ein Lebenszweck geworden zu sein. Elisa war davon überzeugt, dass er mehr Mitleid verdiente als die Königin. Und sie war erleichtert, als deren Gesicht sich wieder mit Lächeln füllte, während sie erzählte, dass sie als junge Frau unbedingt Lehrerin hatte werden wollen. Doch durch eine Einladung des Fürsten von Hohenzollern war ihr Leben verändert worden. Der zweite Sohn von Fürst Anton zu Hohenzollern hatte sie zu seiner Gemahlin auserkoren.

Karl von Hohenzollern war der preußischen Armee beigetreten und in den deutsch-dänischen Kriegen von 1864 zu Ruhm und Ehre gekommen. Zwei Jahre später wurde er durch einstimmigen Willen der Nation auf den rumänischen Fürstenthron berufen, und so wurde aus Prinz Karl von Hohenzollern der regierende Fürst Karl I. von Rumänien.

Das Gesicht der Königin verklärte sich geradezu, als sie von ihrer Hochzeit berichtete. Dass Gräfin Katerina anfing, sich zu langweilen, bemerkte sie nicht, dass Graf Arndt auf das Meer hinaussah, fiel ihr auch nicht auf, ebenso wenig, dass Elisa nur Alexander von Nassau-Weilburg im Auge hatte, der versuchte, jede Regung der Königin im Voraus zu erahnen.

Erst als ihre Stimme zu zittern und ihre Augen feucht zu schimmern begannen, holte sie sich die Aufmerksamkeit zurück. »Fünf Jahr später erschien mein erstes Buch«, sagte sie. »›Rumänische Dichtungen‹!« Ihre Stimme wurde wieder hell und kräftig, der Blick ihrer Augen klar. »Ich habe gerade den Kindern daraus vorgelesen. Seit ich ihnen einmal etwas vorgetragen habe, laufen sie mir ständig hinterher und bitten mich, es wieder und wieder zu tun.« Nun lachte sie leise und schien die kurze Schwermut gänzlich überwunden zu haben. »Die Gräfin Vrancea! Vielleicht hätte ich ihnen meinen Künstlernamen Carmen Sylva nennen sollen?«

Alexander von Nassau-Weilburg lachte im selben Rhythmus wie die Königin und nur wenig lauter als sie, während Katerina durchblicken ließ, dass sie sich mit dem schriftstellerischen Werk der Königin auskannte. Mit der ihr eigenen spielerischen Leichtigkeit erwähnte sie die Gedichte »An meine Heimat« und »Die Ernte«, während Graf Arndt anerkennende Worte für die Kunst der Königin fand, die jedoch ein wenig holprig und unpersönlich klangen.

Elisa ging auf, dass ihre Mutter auf die Begegnung mit der Königin bestens vorbereitet war, indem sie ein langes Gespräch mit Marie Roth geführt hatte, die zwangsläufig gut informiert war. Von ihr wusste Katerina, dass die Königin ihr einziges Kind, eine Tochter, im zarten Alter von nur vier Jahren durch Scharlachfieber verloren hatte, und war dankbar, dass sie darauf verzichtete, über diese schreckliche Erinnerung zu sprechen.

An den Erzählungen über ihre Krönung dagegen war Elisa sehr interessiert. Im Mai 1866 hatte Fürst Karl von Hohenzollern seinen Einzug in Bukarest gehalten, elf Jahre später, ebenfalls im Mai war die Unabhängigkeitserklärung Rumäniens erfolgt, 1881, auch diesmal im Mai, wurde der erste König von Rumänien gekrönt: König Carol I.! An seiner Seite Königin Elisabeth, die nunmehr seit sieben Jahren die Königin von Rumänien war.

Elisa wünschte sich, etwas von den Kleidern zu erfahren, die während der Krönungszeremonie getragen worden waren, über die hochgestellten Persönlichkeiten, die anwesend gewesen waren, und über Elisabeths Gefühle, als sie sich Königin nennen durfte. Doch sie wurde enttäuscht – und war im nächsten Moment froh darüber. Wie hätte Ebbo diese Fragen aufgenommen? Seine Mutter besaß zwei Kleider, das erste davon hatte sie erhalten, als sie erwachsen geworden war, und würde vermutlich darin begraben werden. Und er hatte ihr sanfte Vorwürfe gemacht, weil sie Hanna mit dem weißen Band gezeigt hatte, dass es eine Verschwendung gab, die in der Familie eines Sylter Fischers keinen Platz hatte.

Königin Elisabeth, die bis dahin sehr emotional erzählt hatte, wurde nun sachlich und ernst. »Dem Staatsgründer Alexandru Cuza war es nicht gelungen, die notwendigen Reformen durchzusetzen, er wurde deshalb zur Abdankung gezwungen. Zunächst sollte der Bruder des belgischen Königs zum Fürsten ernannt werden. Der aber verzichtete, und so fiel die Wahl nach einer Volksabstimmung auf meinen Gemahl.«

»Und die Krönung?«, erinnerte Elisa an ihre eigentliche Frage und schob den Gedanken an Ebbo beiseite.

Aber die Königin lächelte sie verständnisvoll an. »Der Krönungszug war wunderbar«, sagt sie schlicht. »Mein Wagen war à la Daumont geschirrt, er wurde von acht Rappen gezogen, alle mit Federschmuck gezäumt.«

Elisa runzelte die Stirn. »À la Daumont? Was heißt das?«

Diesmal antwortete Alexander von Nassau-Weilburg, dem es zu gefallen schien, der jungen Comtesse etwas zu erklären: »Bei dieser Anspannung wird der Wagen nicht vom Kutschbock aus gelenkt, sondern durch berittene Kutscher. Sie sitzen auf den linken Tieren und führen die rechten als Handpferde.«

Königin Elisabeth nickte ihm lächelnd zu. »Auf dem Kutschersitz stand ein großer Blumenkorb, auf dem Dienerstand eine Blumenkrone, die Tritte waren mit Blumen besetzt. Zu jeder Seite paradierten vier Lakaien zu Fuß, und voran ritten Offiziere auf Pferden, die mit Federbüschen geschmückt waren.« Sie lehnte sich zurück, blickte aufs Meer hinaus, sah aber weder das Spiel der Wellen noch das Funkeln der Sonne auf dem Wasser. Sie war ganz in ihren Erinnerungen gefangen. »Vor dem Haupttor der Kirche war eine Tribüne errichtet worden, dort wurde die kirchliche Zeremonie abgehalten. Vier Generäle trugen die beiden Kronen aus dem Inneren der Kirche ins Königszelt, wo sie dem König und mir aufgesetzt wurden, nachdem sie geweiht worden waren. Zum Schluss donnerten Kanonensalven über Bukarest. Danach ging es in einem fast unübersehbaren Zug zum Schloss, wo die Flügeltüren des Thronsaals bereits weit geöffnet waren. Dort wartete der Thronsessel auf uns.« Die Königin endete erschöpft. Von einem Augenblick zum andern schien ihre Energie nachzulassen, und Elisa hatte den Verdacht, dass die Kraft, die sie bisher gezeigt hatte, gespielt gewesen war.

Alexander von Nassau-Weilburg war es, der diese Schwäche anscheinend kannte und die Erzählung für sie beendete: »Leider fühlte sich die Königin auch während der Kronfeier nicht wohl«, berichtete er. »Dennoch hat sie den Tag leidlich überstanden. Wenn Ihre Majestät will, ist sie stärker als alle anderen zusammen.«

Die Königin seufzte. »Ja, die Gesundheit … Aber darf ich mich beklagen? Gesund war ich nie, doch es ging mir erheblich besser als meinem Bruder Otto. Schweres Leid musste ich auch ertragen, aber immerhin war dieses Unglück nur möglich, weil ich vorher großes Glück erfahren durfte.«

Nun wussten alle, dass sie vom Tod ihrer Tochter sprach, und nicht einmal Alexander von Nassau-Weilburg machte den Versuch einer lindernden Geste oder eines tröstenden Wortes. Elisa kam es so vor, als hätte er es schon oft versucht, aber nie die richtigen Worte gefunden und war deshalb mutlos geworden. Dass er nicht fähig war, der Königin in dieser kurzen Melancholie zu helfen, schien ihn weitaus mehr zu quälen, als sie unter ihrer Niedergeschlagenheit litt. Er war ein netter Mann, das glaubte Elisa von Minute zu Minute mehr. Kein interessanter Mann, kein Mann, der ihr Herz erreichen konnte, aber ein Mann, der ihr nicht wehtun würde. Wenn ihre Eltern ihn für sie aussuchten, konnte sie zufrieden sein.

»Ich weiß, wovon Sie sprechen«, sagte Gräfin Katerina, und alle Gesichter wandten sich ihr ungläubig zu. Elisa wusste, dass ihre Mutter mehrere Tot- und Fehlgeburten erlitten hatte, bevor sie zur Welt gekommen war, aber gesprochen hatte sie nie davon. Über etwas derartig Intimes verlor die Gräfin niemals ein Wort. Dass sie nun ihr eigenes Schicksal ins Spiel brachte, konnte nur bedeuten, dass ihr daran gelegen war, der Königin vor Augen zu führen, dass die Welt voller trauriger Schicksale war und das einer Königin nicht schwerer wog als alle anderen. Die Liebe zu ihrer Mutter schoss in diesen wenigen Augenblicken in Elisa hoch wie eine Flamme, die in Sekundenschnelle alles erwärmte, was gerade zu Eis erstarren wollte. Ganz erfüllt war sie von dieser Liebe, als Gräfin Katerina sogar so weit ging, wie man es nie für möglich gehalten hätte: »Ich habe viele Kinder hergeben müssen, bevor ich meine Tochter endlich behalten durfte.« Dann tastete sie sogar nach Elisas Hand und drückte sie leicht. Eine Gefühlsaufwallung sondergleichen! Und noch dazu in der Öffentlichkeit!

Elisa warf ihrem Vater einen Blick zu, der seine Frau verblüfft anstarrte und anschließend den Stock zwischen seinen Knien so schnell kreisen ließ, dass er auf den sandigen Planken der Terrasse ins Rutschen kam und zu Boden fiel.

In den wenigen Sekunden, die verstrichen, bis ein Kellner ihn aufgehoben und zurückgegeben hatte, senkte sich eine lähmende Stille herab. Aber zum Glück löste sie sich bald auf. Die Königin gab Katerina von Zederlitz mit einem kleinen Lächeln zu verstehen, dass sie sich ihres Mitgefühls sicher sein dürfe, und kam nun auf sonnige Tage zu sprechen. »Wie glücklich war ich, als ich zum ersten Mal nach Bukarest kam! Noch am selben Abend habe ich ein kleines Gedicht geschrieben, obwohl ich wieder mal unter meinem Fieber litt.« Sie richtete sich auf, atmete tief ein, dehnte die Ellbogen nach außen und spreizte die Finger. »Ein Jubellied aus frohem Munde / das schwingt sich auf zum Himmelszelt / Es trägt wie Lerchensang die Kunde / empor: ›Wie schön ist doch die Welt!‹«

Gräfin Katerina und Graf Arndt applaudierten lebhaft, Alexander von Nassau-Weilburg so frenetisch, als hätte er dieses Gedicht noch nie gehört, Elisa fiel erst ein, als der Blick ihrer Mutter sie traf.

Die schönen Worte der Königin waren an ihr vorbeigeflogen, denn an der Wasserkante sah sie etwas, das ihre Aufmerksamkeit ablenkte. Ebbo kam den Strand entlang, barfuß, die Hände in die Hosentaschen vergraben, den Blick mal auf das Wasser gerichtet, mal auf die Sommerfrischler, die sich am Strand vergnügten. Er sah so aus, als suchte er eine Möglichkeit, sich etwas zu verdienen, einen Strandkorb zurechtzurücken oder einem weggewehten Tuch nachzujagen und es zurückzubringen. Aber Elisa wusste, dass er gekommen war, um sie zu sehen. Ein Blick aus der Ferne hätte ihm gereicht. Für ein heimliches Augenspiel, einen winzigen Blick in ihr Leben hätte er die ganze Insel umrundet. So etwas würde Alexander von Nassau-Weilburg wohl niemals tun. Aber kam es darauf an? Ja, in der Liebe kam es genau darauf an! Aber nicht, wenn es um die Ehe ging.

Zum Glück lächelte sie genau im richtigen Augenblick, obwohl sie kaum zur Kenntnis nahm, dass Königin Elisabeth ankündigte, demnächst ein Dinner zu geben, zu dem die Familie von Zederlitz herzlich eingeladen sei. »Ihr reizendes Töchterlein wird die Tischdame meines lieben Alexanders sein!«

Als der junge Fürst nach Elisas Hand griff und sie an seine Lippen zog, beugte er sich so weit vor, dass sie Ebbo weiterhin im Blick haben konnte. Dies war der Moment, in dem ihr mit aller Konsequenz bewusst wurde, dass sie in zwei Welten lebten. Ebbo unerreichbar dort drüben mit nackten Füßen im seichten Wasser und sie hier oben auf der Terrasse des Strandrestaurants in Gegenwart einer Königin und eines jungen Fürsten.

Dr. Nissen saß noch auf der Bank vor dem Haus, auf die er sich hatte fallen lassen, als Geesche vor ihm in die Küche geflohen war. Ja, es war wie eine Flucht gewesen. Auf keinen Fall hatte sie sich erklären und nichts hatte sie hinzufügen wollen. Leonard Nissen wusste, es gab jetzt nur noch eine Chance für ihn: Hanna Boyken. Zwar konnte er nicht genau sagen warum, aber er vertraute darauf, dass sie es schaffen konnte. Hanna war nicht nur geldgierig, sie war gierig in jeder Beziehung, und sie war ohne jeden Skrupel. Sie würde bereit sein, die Liebe zwischen Geesche Jensen und Marinus Rodenberg zu zerstören, wenn es ihr selbst zum Vorteil gereichte. Ob es ihr gelingen würde, war eine andere Sache, aber den Versuch würde sie machen. Geesches Pflichterfüllung ihr gegenüber erzeugte ja nichts als Verachtung in Hanna.

Er hielt so lange an dieser Hoffnung fest, bis sie ihm ein wenig Selbstvertrauen gegeben hatte. Aber als er sich dann erhob, fühlte er sich nicht viel zuversichtlicher als vorher. Besser, er behandelte Hannas Hilfe als eine von mehreren Optionen. Sich darauf zu verlassen war wohl doch leichtsinnig.

Er musste handeln! Der Konkurrenz von Marinus Rodenberg fühlte er sich nicht gewachsen, aber über einen Umweg würde er vielleicht doch zum Ziel kommen. Hanna Boyken war so ein Umweg, aber von denen gab es mehrere. Und es war immer gut, sich nicht auf eine einzige mögliche Lösung zu verlassen.

Nachdenklich ging er ins Haus zurück, lauschte auf die Geräusche, die aus der Küche drangen, verbot es sich aber hineinzugehen, damit Geesche sich nicht von ihm bedrängt fühlte. Er musste behutsam vorgehen, sehr behutsam.

Als er von draußen den Ruf eines Fischers hörte, zog er sich eilig in sein Zimmer zurück, um Geesche nicht zu begegnen, die in wenigen Augenblicken aus der Küche treten würde.

Es pochte an der Tür. »Geesche, komm! Es ist soweit! Jale braucht dich!«

Schon stand Geesche im Flur, noch bevor Dr. Nissen seine Zimmertür ins Schloss gezogen hatte. »Kann Jale nicht herkommen?«, hörte er sie fragen.

»Geht nicht«, kam es zurück. »Das schafft sie nicht mehr.«

Dr. Nissen wartete so lange, bis Geesche das Haus verlassen hatte, dann erst trat er wieder aus seinem Zimmer. Nachdenklich ging er in die Küche, wo es warm und behaglich war und angenehm roch. Einen Gegenstand nach dem anderen nahm er auf, den Geesche kurz vorher in Händen gehalten haben mochte. Den Kessel, den sie wohl gerade mit Wasser füllen, den Feuerhaken, mit dem sie die Glut anheizen wollte, als der Fischer nach ihr rief, den Holzklöppel, der auf Sylt Tintenstocker genannt wurde, vor den Geesche sich vielleicht setzen wollte, um Schnüre oder Borten zu klöppeln. Noch nie war er ganz allein in Geesches Küche gewesen, ohne erwarten zu müssen, dass jeden Augenblick jemand eintrat. Geesche würde so bald nicht zurückkehren, Hanna war bei Graf von Zederlitz beschäftigt, und Freda hatte ihre Arbeit im Haus der Hebamme längst getan. Leonard konnte sicher sein, unbehelligt zu bleiben, während er sich in Geesches Leben einschmiegte. Er konnte vorausfühlen, wie es sein würde, hier zu Hause zu sein, konnte versuchen, den Geruch in den Räumen als seinen eigenen zu erkennen und die Wärme als Teil seines Wohlstands.

Zögernd öffnete er die hintere Tür der Küche, durch die er noch nie gegangen war, und trat in den winzigen dunklen Flur, der in den Pesel führte. Von dort ging es auch in die Kellerkammer, einen kleinen Raum, der über dem Keller des Hauses lag. Aber der interessierte ihn nicht. Der Pesel zog ihn an, dieser Raum, der sogar auf einen Mann wie ihn Wirkung ausübte. Er sah sich um, als hätte er ihn noch nie gesehen, drehte sich einmal ganz langsam um sich selbst und nahm erst jetzt einige Einzelheiten wahr, die ihm entgangen waren, wenn er sich mit Geesche zusammen hier aufgehalten hatte. Nie war ihm aufgefallen, wie sanft das Licht, das von draußen hereinfiel, in den Wandkacheln schimmerte, und bisher hatte er keinen Blick für den Brautteller von Geesches Mutter gehabt, der als besonderes Schmuckstück an der Wand über einem Tischchen hing. Ein Messingteller, vor den Geesche eine Kerze gestellt hatte, deren Licht sich vor diesem glänzenden Teller wie in einem Spiegel vervielfachen würde.

Nie hatte Dr. Nissen sich Geesche so nahe gefühlt wie in diesem Moment. Er war sogar versucht, in den Wohnraum zu gehen und Geesches Alkoven zu öffnen, ohne das geringste Schuldgefühl zu verspüren, als er diesen Gedanken fasste. Doch im selben Moment fiel sein Blick auf die Kommode mit dem Samowar. Besonderen Gästen war er vorbehalten, das wusste er. Er, Leonard Nissen, war bisher nie ein besonderer Gast gewesen, nur ein zahlender Sommergast. Marinus Rodenberg war so ein besonderer Gast! Aber Dr. Nissen wollte dafür sorgen, dass Geesche demnächst auch für ihn den Samowar von der Kommode holen und Hanna anweisen würde, ihn mit heißer Asche zu füllen. Es musste ihm einfach gelingen! Geesche Jensen war seine Hoffnung, seine Zukunft.

Er spürte, wie seine Zuversicht heranwuchs, die ihm die Kraft gab, die obere Lade der Kommode zu öffnen. Dort lag das Marzipan, das er Geesche geschenkt hatte und das sie so beharrlich mied, um ihm zu zeigen, dass sie sich nicht von einem Geschenk verführen ließ. Er hatte ihre Haltung sofort verstanden. Sobald sie das Marzipan probierte, war sie ihm einen Schritt näher gekommen, und wenn es ihr schmeckte und sie nicht anders konnte, als weiter davon zu essen, hatte sie ihn noch näher an sich herangelassen. Das wollte sie ihm sagen, als sie das Marzipan in diese Lade legte, ohne es probiert zu haben.

Vorsichtig zog er die Lade auf, so leise, als gäbe es jemanden, der das verräterische Geräusch hören könnte. Dann ging ein Lächeln über sein Gesicht. Eins der Marzipanherzen fehlte, und an den anderen gab es keine Rosenverzierungen mehr. Dr. Nissen fühlte sich plötzlich viel besser. Genauso leise, wie er sie geöffnet hatte, schloss er die Lade wieder. Geesche Jensen hatte von seinem Marzipan genascht! Ein erster Schritt, den sie auf ihn zugegangen war. Selbst wenn sie nicht ahnte, dass er nun von dieser Annäherung wusste.

Als dürfte jeder hören, dass er wie der Herr des Hauses den Wohnraum durchquerte, ging er mit kräftigen Schritten in den Flur zurück. Geesches Alkoven zu öffnen erschien ihm plötzlich kleinlich und philiströs. Und der Gedanke daran beschämte ihn nun.

XI.

Marinus Rodenberg fühlte sich schlecht. Er hatte keinen Blick für das Licht, mit dem die Abenddämmerung zu spielen begann, für die Schatten, die ineinandergriffen, für die Reglosigkeit in der Natur, wenn sie, nachdem der Wind eingeschlafen war, einen guten Tag beschloss und eine ruhige Nacht verkündete.

Dies war kein guter Tag gewesen, und eine ruhige Nacht würde nicht folgen. Marinus hatte in wenigen Augenblicken sein Zuhause verloren, seine Heimat, seine Familie. Er fühlte sich so elend wie nie zuvor. Arndt hätte ihn einen Nichtsnutz, einen Dummkopf oder einen Versager nennen dürfen, das hätte er auf das Erbteil seiner lieblosen Mutter geschoben und über kurz oder lang überwunden. Aber den Bankert eines Dienstmädchens hätte er ihn nicht nennen dürfen. Nicht Arndt! Marinus selbst durfte diese Kränkung im Munde führen; wenn Arndts Mutter sie ausstieß, berührte sie ihn kaum, er hätte sie sogar Katerina verzeihen können. Aber nicht Arndt! Die beiden waren immer Brüder gewesen. Keine Halbbrüder, nicht einer viel und der andere weniger wert. Dieses Vertrauen, das in vielen Jahren gewachsen war, hatte Arndt in wenigen Augenblicken zerstört. Und ob es wieder herzustellen war, konnte Marinus nicht sagen. Arndt würde sich vermutlich entschuldigen und ihn um Verzeihung bitten, aber ob er ihm wirklich vergeben konnte – Marinus wusste es nicht. Zu schwer hatte diese Kränkung ihn verletzt.

Wenn er wenigstens Geesche angetroffen hätte! Ihr gesunder Menschenverstand, ihr Pragmatismus, ihre Schlichtheit und ihre Fähigkeit, aus etwas Kompliziertem etwas Einfaches zu machen, hätte ihm gutgetan. Vielleicht wäre es ihm sogar gelungen, die Kränkung abzustreifen, ehe sie unter seine Haut kriechen konnte. Aber Geesche war nicht zu Hause gewesen. Dr. Nissen, den er vor der Haustür antraf, hatte ihm Auskunft geben können: Geesche war zu einer Geburt gerufen worden.

Marinus musste also allein bleiben mit seinen Fragen. Warum hatte Arndt ihm das angetan? Weil Marinus gelauscht hatte? Weil Arndt deswegen ärgerlich gewesen war? Marinus blieb abrupt stehen und starrte den Weg entlang, der direkt in die Dünen hineinführte. Oder weil es um Hanna Boyken ging? Arndt schien einen seltsamen Schwur getan zu haben in der Nacht ihrer Geburt. Immer wenn es um Hanna Boyken ging, reagierte er irrational, entweder mit einem Gleichmut, den niemand verstand, oder mit einer Heftigkeit, die noch weniger zu verstehen war.

Marinus überlegte, ob es überhaupt Sinn hatte, nach Hause zurückzukehren. Heimlich korrigierte er: in das Haus meines Halbbruders. Sein Heim konnte er das Haus an den Dünen in diesem Augenblick nicht nennen. Aber wo sollte er hin? Er wollte nicht am Strand herumirren, bis Arndt und Katerina schlafen gegangen waren, er wollte sich so bald wie möglich in seinem Bett verkriechen und in Ruhe nachdenken. Dort gelang es ihm vielleicht, einen Grund für Arndts seltsames Verhalten zu finden, den er ihm verzeihen konnte. Er musste einfach sehen, dass er unbeobachtet ins Haus kam, damit er niemandem Rede und Antwort zu stehen brauchte. Vor allem Arndt nicht. Und gleich am nächsten Morgen würde er zu Geesche gehen und ihr sein Herz ausschütten.

Dieser Gedanke tat ihm so gut, dass er sich tatsächlich besser fühlte, dass seine Schritte länger und seine Haltung aufrechter wurde. Geesche! Mit ihr war alles leichter zu ertragen. Wenn er doch endlich ihr Jawort bekäme, sich in ihr Leben fallen lassen und ihres in seins aufnehmen konnte!

Sein Plan, ungesehen ins Haus und in sein Zimmer zu kommen, misslang gründlich. Kaum hatte er die schwere, knarzende Eingangstür geöffnet, hörte er schon Katerinas Stimme: »Marinus? Bist du das?«

Er seufzte leise, warf einen wehmütigen Blick die Treppe hinauf, dann ging er zur Wohnzimmertür, die offen stand. »Guten Abend, Katerina! Du bist allein?«

»Arndt ist gerade aufgebrochen«, entgegnete seine Schwägerin und wies mit einer Geste auf den Sessel an ihrer Seite, die gleichermaßen einladend wie herrisch war. »Herr Roth hat ihn ins ›Strandhotel‹ eingeladen.«

»Der Besitzer der Villa Roth? Wo die Königin logiert?«

Katerina lächelte spöttisch. »Arndt mag solche Herrenabende nicht besonders. Aber Alexander von Nassau-Weilburg wird auch dabei sein. Also konnte Arndt nicht ablehnen.« Nun lachte sie sogar leise, als sei sie schadenfroh. »Herr Roth legte Wert darauf, dass auch ein rumänischer Dichter dabei ist, auf den die Königin große Stücke hält. Längere Reisen macht sie nur, wenn er an ihrer Seite ist, damit sie einen Menschen bei sich hat, mit dem sie ihr Interesse teilt. Herr Roth sagt, dieser junge Lyriker sei ein sehr interessanter Mensch, mit dem sich hervorragend über den Sinn des Lebens plaudern lässt. Er soll auch ein Anhänger von Freud sein und so leidenschaftlich diskutieren können wie kein anderer.«

Marinus hatte keine Ahnung, wer dieser Freud war, und wollte es auch nicht wissen. Aber dass es seinem Bruder Vergnügen bereiten könnte, mit einem rumänischen Dichter über den Sinn des Lebens zu diskutieren, konnte er sich nicht vorstellen. Und er hoffte, dass Katerina davon absehen würde, ihn nun in etwas zu unterweisen, was er als illegitimer Spross eines Grafen nicht gelernt hatte, obwohl seine Bildung immerhin deutlich besser war, als sie dem unehelichen Sohn eines Dienstmädchens zuteilgeworden wäre.

Bevor Katerina ihm etwas von rumänischer Dichtkunst, von diesem Herrn Freud oder von ihrer Unterhaltung mit Königin Elisabeth im Strandrestaurant erzählen konnte, musste er unbedingt einen Grund finden, sich zurückzuziehen. Nichts interessierte ihn im Moment weniger als die Gespräche zwischen gelangweilten Adeligen, als gesellschaftlicher Klatsch oder die Ausdrucksformen, mit denen sich Lyriker über den Sinn des Lebens auseinandersetzten.

Doch er schien sich getäuscht zu haben. Bevor er sich niederlassen konnte, bat Katerina ihn: »Schließ bitte die Tür, Marinus. Ich möchte nicht, dass unser Gespräch von den Dienstboten belauscht wird. Und Elisa soll auch nichts davon mitbekommen.«

Marinus erfüllte ihre Bitte. Als er sich zu seiner Schwägerin setzte, spürte er, wie die Müdigkeit von ihm abfiel. Anscheinend hatte Katerina ihn nicht erwartet, um ihn mit Gesellschaftsklatsch zu unterhalten. Aber dass sie auf ihn gewartet hatte, dessen war er ganz sicher. Irgendwas hatte sie auf dem Herzen. In ihren kühlen Augen brannte ein winziges Feuer, das er nicht kannte. Ihre Mundwinkel bebten, als könnten sie sich nicht entscheiden zwischen einem unverbindlichen Lächeln und der Arroganz, die niemand so gut und sicher dosieren konnte wie Katerina von Zederlitz.

»Schön, dass du nach Hause kommst, ehe Arndt zurück ist«, sagt sie und strich ihr dunkelbraunes Taftkleid glatt, das sie gern am Abend trug, wenn sie sich nur in Gesellschaft ihrer Angehörigen und der Dienstboten befand und sich eine Kleidung zugestand, die mit weniger als zwanzig Knöpfen auskam und eine Passform hatte, unter dem sie ihr Mieder etwas weniger eng schnüren konnte. »Ich möchte gern ungestört mit dir reden«, sagte sie und ergänzte: »Allein.«

Marinus spürte, wie ihn die Anspannung aufrichtete. »Was ist los?«

»Ich mache mir Sorgen«, sagte Katerina.

»Um Arndt? Ist er krank?« Marinus spürte bereits die Erleichterung nahen, die ihn überkommen könnte, wenn sich herausstellte, dass sein Bruder aufgrund einer großen Sorge und einer körperlichen Schwäche am Nachmittag überreagiert hatte, womit alles zu erklären und zu verzeihen war.

Aber Katerina schüttelte den Kopf. »Nein, es ist etwas anderes.«

Plötzlich fiel Marinus der Mann ein, den er bei der Ankunft von Königin Elisabeth beobachtet hatte. Dieser dunkel gekleidete Mann, der so erschrocken gewesen war, als er Arndt und Dr. Nissen vor dem Conversationshaus gesehen hatte. Lag dort der Schlüssel für Arndts ungerechte und heftige Reaktion? »Ist Arndt in irgendwelchen Schwierigkeiten? Hat er sich auf krumme Geschäfte eingelassen?«

Katerina sah ihn verblüfft an. »Wie kommst du auf so etwas?«

Marinus wollte es ihr nicht erklären. »Ich dachte nur ... Hätte ja sein können ...«

Katerina legte das Buch, das sie bei Marinus' Eintreten in den Schoß gelegt hatte, zur Seite. Die Entschlossenheit, mit der sie ihm entgegengeblickt hatte, fiel plötzlich von ihr ab. Wären sie nicht auf Sylt, würde Marinus erwarten, dass sie über ihre Schwiegermutter sprechen, deren Intrigen beklagen, sich über ihre Zurückweisung beschweren würde und von Marinus wissen wollte, ob es denn nichts gäbe, womit die alte Gräfin zufriedengestellt werden könnte. Aber hier auf Sylt gab es keine Probleme mit Arndts Mutter. Was also lag seiner Schwägerin auf der Seele?

»Es geht um Elisas Gesellschafterin«, begann Katerina.

»Hanna Boyken?«

Sie nickte. »Wenn sie ein hübsches Mädchen wäre, würde ich denken, Arndt kommt auf seinen Vater.«

Marinus verstand, was sie meinte. Tatsächlich hatte sein Vater sich für seine lieblose Ehe schadlos gehalten, indem er jedem Rock nachstieg, gleichgültig, wer darin steckte. Nur Marinus' Mutter hatte ihm etwas bedeutet, alle anderen hatten nur den Zweck erfüllt, sich seine Stärke zurückzuholen, die seine Frau ihm Stück für Stück genommen hatte.

»So etwas kommt für Arndt nicht in Frage«, sagte Marinus,

dessen Gerechtigkeitssinn so ausgeprägt war, dass er seinen Bruder auch dann verteidigte, wenn er selbst von ihm schwer gekränkt worden war. »Er liebt dich.«

Katerina zuckte zusammen und sah Marinus strafend an. Liebe! Wie konnte er ein solch obszönes Wort in den Mund nehmen! Sie schien nun die Anspielung auf Arndts Vater zu bereuen. Von Liebe redete man nicht. Erst recht nicht, wenn es um Eheleute ging, und auf gar keinen Fall, wenn es um die Ehe zweier Adliger ging, in der die Liebe keine Rolle spielte.

»Er sagt, er hätte einen Schwur getan«, sagte Katerina verärgert. »In der Nacht, in der Elisa geboren wurde und in der auch diese …«

Marinus war ihr dankbar, dass sie darauf verzichtete, den Satz zu Ende zu führen. So wenig er Hanna Boyken mochte, so machte ihm die Verächtlichkeit, die ihr überall entgegenschlug, dennoch zu schaffen. Was das Schicksal ihr auferlegt hatte, war schwer genug; dass niemand sie mochte, war eine zusätzliche Bürde. Verächtlichkeit aber hatte sie nicht auch noch verdient.

»Graf Arndt von Zederlitz bricht einen Schwur nicht«, sagte er schnell.

»Er hat dir also auch davon erzählt?«

Marinus nickte. »Das Mädchen tut ihm leid. Er will Hanna gelegentlich einen Vorteil verschaffen, weil sie in ihrem Leben nur Nachteile hat.«

Er beobachtete Katerinas nervöse Hände, unter denen ihr Taftrock leise raschelte.

»Du glaubst ihm?«, fragte sie leise.

»Warum nicht?« Marinus fragte sich, ob Katerina wusste, wie Arndt am Nachmittag die Gerechtigkeit wieder hergestellt hatte, ohne dass Hanna dabei zu Schaden gekommen war. Nein, er war sicher, dass Katerina keine Ahnung hatte. Arndt würde kein Wort darüber verloren haben, ebenso wenig wie Owena Radke und ihre beiden Nichten. Und er selbst war der Sache ja nur auf den Grund gekommen, weil er Arndt belauscht hatte.

Plötzlich konnte er Katerinas Sorge verstehen. Und dass sie sich mit dem Gedanken gequält hatte, Arndt könnte sich so wie sein Vater die Abhängigkeit einer jungen Frau zunutze machen, verstand er nun ebenfalls. Wenn es um Hanna Boyken ging, wurde Graf Arndt manchmal ein anderer, dann konnte er seinen Halbbruder sogar den Bankert eines Dienstmädchens nennen …

»Hanna Boyken tut ihm leid«, wiederholte er, weil ihm nichts anderes einfiel. Dass damit Arndts seltsames Verhalten nicht erklärt war, wusste er genauso gut wie Katerina.

Ihr Taftkleid rauschte wie eine Frühlingsbö in einem frisch belaubten Baum, als sie sich erhob. Anscheinend war Katerina derart erregt, dass ihr das Stillsitzen schwerfiel. So etwas kam bei ihr selten vor. Sie hielt jede zur Schau getragene Gemütsaufwallung für unschicklich und hatte sogar auf jede ihrer Fehl- und Totgeburten mit Versteinerung reagiert statt mit Trauer und Tränen. Und nun diese deutlich sichtbare Beunruhigung!

»Ich möchte, dass du mit ihm redest«, sagte sie, während sie hin und her ging. »Auf dich hört er vielleicht.«

Marinus erhob sich ebenfalls, verzichtete aber darauf, Katerina zu erklären, dass der Zeitpunkt für ein Gespräch unter Brüdern denkbar ungünstig war. Wie hätte er seiner Schwägerin erklären sollen, dass er sich mit Arndt gestritten hatte? Dass er von ihm sogar beleidigt worden war und dass der Name Hanna Boyken die Brüder entzweit hatte, die bis dahin als unzertrennlich gegolten hatten? Außerdem verstand er nicht, was Katerina von ihm erwartete.

»Worüber sollte ich mit ihm reden?«, fragte er vorsichtig. »Über Hanna Boyken?«

Katerina nickte. »Oder über seine Mutter. Mir ist jetzt erst aufgegangen, dass Arndt eine merkwürdige Affinität zu Frauen hat, die hässlich sind und dazu einen hässlichen Charakter haben. Warum sonst sucht er immer wieder Erklärungen für das hässliche Benehmen seiner Mutter, die ein hässliches Gesicht hat und auch ein hässliches Wesen?«

»Weil sie seine Mutter ist«, gab Marinus verwundert zurück. »Er ist ein guter Sohn. So, wie er ein guter Ehemann und Vater ist. Er würde seiner Mutter niemals die Ehrerbietung verweigern, die jede Mutter verdient.« Und hilflos setzte er hinzu: »Das hat mit Hanna Boyken nichts zu tun.«

»Sie ist genauso hässlich«, fuhr Katerina ihn an. »Ihr Benehmen ist ebenso hässlich, und ihr Charakter ist auch durch und durch hässlich.«

Marinus spürte ein vages Unbehagen während dieser Worte. Merkte Katerina nicht, dass auch ihre Rede hässlich war? Sie war es geworden, weil sie so oft dieses Wort benutzt hatte, dass es sich aus dem Zusammenhang löste und jeden und alles zu treffen schien.

»Ich kann all das Hässliche nicht ertragen«, fuhr Katerina fort. »Und ich verstehe nicht, dass Arndt darüber hinwegsehen kann. Er erkennt das Hässliche an seiner Mutter nicht, und er übersieht es genauso bei Hanna Boyken. Ich will keine Hässlichkeit in meiner Nähe.«

Marinus starrte sie hilflos an. Was sollte er dazu sagen? »Hanna kann nichts für ihr Aussehen«, versuchte er es, »und für ihre Behinderung erst recht nicht.«

»Aber sie kann was für ihr hässliches Benehmen und für ihren hässlichen Charakter. Genau wie meine Schwiegermutter!« Plötzlich schien sie Hanna Boyken vergessen zu haben. Wie so oft, wenn die Rede auf ihre Schwiegermutter kam, hatte dann nichts anderes mehr Platz. »Vielleicht wird sie endlich nicht mehr davon reden, dass der Familie der männliche Nachfolger fehlt, wenn sie hört, wer Elisa hier den Hof macht. Fürst von Nassau-Weilburg wäre eine großartige Partie.«

Erstaunt betrachtete Marinus sie. Wie war es möglich, dass diese ahnenstolze, hochmütige Frau noch immer darauf hoffte, es ihrer Schwiegermutter endlich recht machen zu können? Er bemerkte, dass ihm das Ausmaß der Verletzung, die Katerina beigebracht worden war, erst jetzt bewusst wurde. Dass sie immer wieder als Versagerin aus einem Wochenbett aufstehen und ihrer Schwiegermutter unter die Augen treten musste, hatte ihr anscheinend viel mehr zugesetzt, als Marinus sich bisher hatte vorstellen können.

Katerina trat an eines der Fenster, in dessen Nähe mehrere hohe Kerzenleuchter standen, mit dicken weißen Kerzen darin, die ein gleichmäßiges, ruhiges Licht verströmten. Sie drehte dem Fenster den Rücken zu, und Marinus bewunderte die scharf umrissene Gestalt vor dem schwarzen Nachthimmel. Eine der Kerzen begann plötzlich zu flackern und erlosch kurz darauf mit einem sanften Zischen. Mit der Unruhe, die sie kurz vorher auf Katerinas Gesicht gemalt hatte, war es damit ebenfalls vorbei.

Das war der Moment, in dem er plötzlich begriff. Warum war er nicht vorher darauf gekommen? Ganz einfach war die Erklärung! So einfach, dass sie ihm nicht gekommen war. Katerina hatte recht gehabt, in einem anderen Sinne zwar, ihre Erkenntnis war zur falschen Zeit gekommen und hatte sich in der falschen Zeit verfangen, trotzdem war sie der Wahrheit nähergekommen, als sie selbst ahnte. Ja, so musste es sein! Die Erkenntnis brach förmlich über Marinus zusammen, so dass er am liebsten mit den Armen gerudert hätte, um nicht von ihr erschlagen zu werden. Alles passte zusammen! Marinus war ganz sicher, dass er das Geheimnis zwischen Graf Arndt von Zederlitz und Hanna Boyken nun durchschaut hatte! Katerina hatte ihn auf die richtige Spur gebracht. Und wenn er mit seinem Wissen zu Arndt gehen würde, dann sollte der noch einmal wagen, ihn den Bankert eines Dienstmädchens zu nennen …

Als Dr. Nissen das Geräusch vor dem Haus hörte, machte sich prompt Übelkeit in ihm breit. Er fühlte sich wie jemand, der

Hunger hatte, aber etwas zu essen vorgesetzt bekam, das ihn ekelte.

Er riss die Haustür auf in der unsinnigen Hoffnung, dass Hanna Boyken damit zu erschrecken oder sogar abzuwehren war. Aber das Tohk-tik ihrer Schritte veränderte seinen Rhythmus nicht, und sie blickte nicht einmal auf, während sie auf Geesches Haus zuging, als interessierte sie es nicht, wer ihr öffnete.

Dr. Nissen blieb in der Tür stehen und gab sich Mühe, sie ganz auszufüllen. »Frau Jensen ist nicht zu Hause«, sagte er.

Hanna blieb vor ihm stehen und sah ihn gleichmütig an. »Ich weiß. Sie ist bei Jale.«

Dr. Nissen schaffte es nicht, stehen zu bleiben, er wich zur Seite, als Hanna sich an ihm vorbeidrängte, und folgte ihr in die Küche. »Was machst du hier? Frau Jensen hat nichts davon gesagt, dass du heute Abend noch hier zu tun hast.«

Hanna sah ihn nicht an, während sie im Herdfeuer herumstocherte. »Ich bereite schon mal alles fürs Frühstück vor«, sagte sie. »Dann geht es morgen früh schneller.«

Dr. Nissen glaubte ihr kein Wort. »Ist es Frau Jensen recht, wenn du bei ihr eindringst, ohne dass sie es weiß?«

Aber Hanna zog es nun wieder vor zu schweigen. Und unter dem flinken Blick ihrer kleinen stechenden Augen ließ Dr. Nissen alle Hoffnung fahren. Hanna Boyken zu vertrauen war vergeblich. Sie verachtete ihn, sie hatte sich längst ausgerechnet, dass es ihr zum Nachteil gereichen würde, wenn Dr. Nissen hier der Hausherr sein würde, und deshalb wollte sie lieber auf das Geld verzichten, das er ihr geboten hatte, wenn sie dafür sorgte, dass Geesche den Antrag von Marinus Rodenberg nicht annahm. Stattdessen würde sie sich an seiner Not erfreuen, ihren Spaß daran haben, dass er ihr freundlich und höflich entgegenkommen musste, und dafür sorgen, dass sie weiterhin in diesem Haus ein- und ausgehen konnte, wie es ihr beliebte. Dr. Nissen merkte, dass er drauf und dran war, die Beherrschung zu verlieren. Und als er den Wunsch verspürte, Hanna zu beweisen, dass er auch ohne ihre Hilfe Geesches Herz erobern könne, wurde er noch wütender.

Trotzdem rettete er sich in diese lachhafte Genugtuung, obwohl er hätte wissen müssen, dass Hanna Boyken damit nicht niederzuringen war. »Frau Jensen hat das Marzipan, das ich ihr geschenkt habe, gut geschmeckt«, behauptete er so leichthin, wie es ihm eben möglich war. Hanna sollte sehen, dass er Geesche mit seiner Großzügigkeit beeindruckt hatte, damit dieses verkrüppelte Mädchen endlich seine widerwärtige Überheblichkeit verlor.

Aber als sie den Feuerhaken zur Seite legte und ihm offen ins Gesicht grinste, wurde ihm schlagartig klar, dass er einen Fehler gemacht haben musste. Er wusste nicht welchen, aber er machte sich keine Illusion, dass sein Schuss ins Schwarze getroffen hatte.

»Sie hat nichts davon gegessen«, sagte Hanna, und ihr Grinsen wurde noch breiter.

Beinahe hätte Dr. Nissen ihr entgegengehalten, was er gesehen hatte, da wurde Hannas Grinsen so geringschätzig, dass er wusste, wer ein Marzipanherz gegessen und die Marzipanrosen von den anderen herunter genascht hatte. Und vor allem wurde ihm klar, dass er sich nun vollends in Hanna Boykens Hände begeben hatte. Sie wusste, dass er im Pesel herumgeschnüffelt hatte. So, wie Hanna selbst es gern tat. Hanna wurde es aus unerfindlichen Gründen nachgesehen, ein Feriengast jedoch, der sich in einem fremden Sylter Haus aufhielt, hatte sich damit etwas zuschulden kommen lassen, was unverzeihlich war. Dr. Nissen schämte sich in Grund und Boden.

»Drei Monatsgehälter«, sagte Hanna leise.

Dr. Nissen verstand sofort und nickte. Wortlos verließ er die Küche, blieb ein paar Augenblicke in der Diele stehen, ballte in hilfloser Wut die Fäuste und verließ dann das Haus. Dass er seinen Stock vergessen hatte, bemerkte er erst, als er schon ein paar Schritte gemacht hatte. Aber um nichts in der Welt wäre er zurückgegangen, um ihn zu holen. Mit großen Schritten, als wäre er sogar froh, von dem Stock und der Pflicht, ihn elegant zu handhaben, befreit zu sein, ging er nach Westerland hinein. Das ungewohnte Tempo, das er angeschlagen hatte, tat ihm gut. Es nahm ihm einen Teil der Wut, und schon nach hundert Metern wusste er, was er zu tun hatte. Das besänftigte ihn. Eine Schlacht verloren zu haben war eine Sache. Eine neue Strategie auszuklügeln und auf anderen Wegen noch einmal gegen das Ziel anzustürmen eine andere. Nein, Dr. Nissen wollte sich noch nicht geschlagen geben.

Dr. Pollacsek stand aufrecht am Fenster und dehnte seinen Oberkörper so weit wie möglich. Das tat ihm gut. Die Rollkuren, zu denen Dr. Nissen ihm geraten hatte, zeigten allmählich Wirkung, und auch der Haferschleim, den er dreimal täglich aß, tat ihm gut. Den Saft der rohen Kartoffeln hatte er zwar angewidert ausgespuckt, aber von dem Tee, den seine Haushälterin ihm aus Kalmuswurzeln gekocht hatte, trank er täglich eine ganze Kanne. Was für ein Glück, dass sich zurzeit ein Arzt auf Sylt aufhielt! Er musste Dr. Nissen unbedingt in dem Plan unterstützen, sich auf der Insel niederzulassen.

Tief atmete er ein und aus und versuchte sich einzureden, dass die Magenschmerzen kaum noch zu spüren waren. Aber er wusste natürlich, dass er sich etwas vormachte. Andererseits durfte er sich nicht beschweren. Dr. Nissen hatte ihm erklärt, dass eine Gastritis nicht von heute auf morgen zu kurieren sei und dass er Geduld haben müsse. Er konnte also damit zufrieden sein, dass der Druck, der seit langem auf seinem Magen lastete, sich zumindest verringert hatte. Es ging aufwärts!

Dr. Pollacsek winkte einem Geschäftsinhaber auf der anderen Straßenseite einen Gruß zu, der zu ihm hinaufsah, während er seinen Laden abschloss. Vielleicht hatte Dr. Nissen ja auch recht, dass eine seelische Verstimmung hinter seinen Beschwerden steckte. In den letzten Tagen hatte er sich sicherer gefühlt. Keine Schritte, die ums Haus schlichen, keine Angst mehr vor einer anonymen Gefahr. Der schwarz gekleidete Mann, den er beobachtet hatte, als Dr. Nissen ihn besuchte, war auch nie wieder in der Nähe seines Hauses aufgetaucht. Und seit er ihn in der Villa Roth gesehen hatte, war die Angst vor diesem unheimlich aussehenden Mann allmählich vergangen. Nach dem ersten Schreck hatte er sich gesagt, dass von einem Mann, der zum Gefolge der rumänischen Königin gehörte, unmöglich eine Gefahr ausgehen konnte. Ein rumänischer Lyriker, hatte Königin Elisabeth gesagt und auch seinen Namen genannt. Aber den hatte Julius Pollacsek sofort wieder vergessen, weil er noch viel zu sehr mit seinem Schreck und seiner Angst befasst gewesen war. Später dann hatte er eine Erklärung gefunden. Menschen, die Gedichte schrieben, waren wohl nicht mit normalen Maßstäben zu messen. Pollacsek hatte noch nie einen Lyriker kennengelernt, doch seitdem er bei der Königin seinen Antrittsbesuch gemacht hatte, redete er sich ein, dass es für so einen Menschen wahrscheinlich ganz normal war, sich an eine Hausecke zu stellen, das Leben um sich herum zu beobachten oder so lange ein Haus anzustarren, bis ihm dazu ein Reim eingefallen war. Ja, so musste es sein! Je länger er sich mit dieser Möglichkeit befasste, desto wahrscheinlicher kam sie ihm vor. Er selbst war eben durch und durch Techniker. Hätte er sich mehr mit Schöngeistern umgeben, wüsste er vielleicht, wie mit solchen Leuten umzugehen und was von ihnen zu erwarten war. Möglicherweise wäre es dann gar nicht zu seinen Ängsten gekommen.

Die Dunkelheit senkte sich über die Strandstraße, in einigen Häusern glomm das schwache Licht von Petroleumlampen auf, in anderen begannen Kerzen zu flackern. Dr. Pollacsek ging ins Erdgeschoss, wo seine Angestellten gerade Feierabend machten, und bat den Hausmeister, im Obergeschoss sämtliche Petroleumlampen zu entzünden.

»Nur oben?«, fragte der Mann, wie er ihn jeden Abend fragte, weil er nicht verstehen konnte, dass Dr. Pollacsek es im Erdgeschoss nach wie vor gern dunkel hatte.

»Nur oben«, bestätigte Dr. Pollacsek wie jeden Abend, weil er immer noch nicht darauf vertrauen mochte, dass Schluss war mit den schleichenden Schritten unter den Fenstern. Wenn es wieder so weit war, wollte er sich ungesehen im Erdgeschoss bewegen können, um der Bedrohung auf die Spur zu kommen. Selbst wenn sie Hanna Boyken hieß und keine ernste Gefahr darstellte.

Er hockte sich wieder vor sein Zeichenbrett und nahm sich vor, eine Stunde vor den Plänen sitzen zu bleiben, an denen er zurzeit arbeitete. Die nächste Strecke der Inselbahn, die er zwischen Westerland und Hörnum plante, machte ihm Schwierigkeiten. Es würde noch Jahre dauern, bis er die Eigentumsverhältnisse geklärt, alle Ansprüche der Wiesen- und Weidebesitzer befriedigt hatte und mit dem Bau der nächsten Trasse beginnen konnte.

Als er sich schließlich zurücklehnte und den Bleistift zur Seite legte, stellte er fest, dass die Zeit wie im Fluge vergangen war. Nun konnte er sogar darüber lächeln, dass er eine gute Weile seinen Magendruck vergessen hatte. Ja, es ging wirklich aufwärts mit ihm!

Er schob seine Pläne zusammen, die er niemals über Nacht auf seinem Schreibtisch liegen ließ. Zu wertvoll waren sie. Kostbar für jeden, der Nutznießer der Trasse werden konnte, und vor allem für die, die dafür etwas aufgeben mussten. Die Pläne würde Julius Pollacsek erst der Öffentlichkeit zur Verfügung stellen, wenn die größten Schwierigkeiten überwunden waren. Kein Sylter durfte die großen Zusammenhänge kennen, jeder sollte den Forderungen des Kurdirektors nachkommen, selbst dann, wenn sie für ihn nachteilig waren, aus Angst, dass andernfalls alles noch schlimmer kommen konnte. Er wollte den Menschen keine Sicherheit geben. Unsicherheiten spielten Dr. Pollacsek in die Hände.

Er ging zu dem Ölgemälde, das eine Ansicht seiner Heimatstadt Budapest zeigte, und nahm es vom Haken. Schuldgefühle hatte er nicht, wenn er daran dachte, mit welchen Winkelzügen er die Sylter Bevölkerung zu ihrem Glück zwang. Denn dass es um ihr Glück ging, davon war er überzeugt. Zwar gab es immer noch viele Gegner der Inselbahn, aber Julius Pollacsek war sicher, dass man am Ende dieses Jahrhunderts seinen Namen voller Respekt aussprechen würde, weil er als einer der Ersten erkannt hatte, wie aus dem armen Sylt eine reiche Insel zu machen war.

Noch gab es allerdings viele, die Zusammenstöße ihres frei auf der Weide laufenden Viehs mit der Lokomotive der Inselbahn befürchteten, während andere, die Angst vor jeder Veränderung hatten, sich gegen die »Neue-Welt-Sitten« wehrten, wie Dr. Pollacseks Pläne von vielen Insulanern genannt wurden. Wieder andere mokierten sich über den Fahrpreis, aber das Problem, das Dr. Pollacsek am meisten zu schaffen machte, hatte zum Glück kein Insulaner bedacht, sonst wäre der Widerstand noch größer gewesen. Zu niemandem hatte Dr. Pollacsek davon gesprochen, dass er befürchtete, der Funkenflug könne Heidebrände verursachen. Bis jetzt war alles gutgegangen, aber der Kurdirektor mochte gar nicht daran denken, wie die Gegner der Inselbahn reagieren würden, wenn die Heide eines Tages in Flammen stand.

Er griff in die Innentasche seiner Jacke und holte den Schlüssel des Tresors hervor. Er schob das Gemälde beiseite, öffnete den Tresor und stapelte die Lohngelder aufeinander, damit für die Pläne genug Platz war. Wenn er mit der Südbahn beginnen würde, musste er unbedingt einen zweiten Tresor anschaffen, damit auch die Pläne für diesen Streckenabschnitt im Tresor unterzubringen waren. Die Ostbahn zwischen Munkmarsch und Westerland war zwar im Wesentlichen fertiggestellt, trotzdem waren noch viele Arbeiter damit beschäftigt, den Streckenabschnitt mit Strandhafer zu bepflanzen, um Sandverwehungen zu vermeiden. Fahrtunterbrechungen oder gar Entgleisungen würden die Folge sein, wenn der Eigendynamik der Dünenwelt kein Einhalt geboten wurde. Und es würde weiterhin für viele Sylter Arbeit geben, denn die Trasse musste regelmäßig instand gehalten werden.

Das verräterische Geräusch hörte er gerade in dem Moment, in dem er die Tresortür wieder schließen wollte. Er erstarrte mitten in der Bewegung, als er die Schritte wahrnahm, ließ die Hände erhoben, nahm den Blick nicht von den Lohngeldern und dachte nur ganz kurz daran, dass er ein kleines Vermögen hier aufbewahrte! Bisher hatte er geglaubt, dass kein Sylter an einen Diebstahl auch nur einen Gedanken verschwendete, da jeder sofort auffallen würde, der plötzlich reich geworden war. Aber die Fremden, die neuerdings auf die Insel kamen! Zwar handelte es sich durchweg um gutsituierte oder sogar vermögende Familien – von Stand, von Adel, von Erfolg gekrönt –, aber wer wusste schon etwas von der Gier, die reiche Leute noch reicher machte?

Hastig warf Dr. Pollacsek die Tresortür zu, verschloss sie eilig und hängte das Ölgemälde darüber, ohne darauf zu achten, dass es schief über der Tresortür baumelte und jedem Eindringling sofort verraten würde, wo die Beute zu finden war. Doch die Angst machte ihn unvorsichtig, und die Magenschmerzen, die auf ihn zugesprungen waren, schienen ihn zu umklammern, so dass er kaum Luft bekam, geschweige zu einem vernünftigen Gedanken fähig war.

Auf leisen Sohlen verließ er sein Büro und blieb auf dem Treppenabsatz stehen, um zu lauschen. Alles war still! Schon dachte Dr. Pollacsek, dass er einer Täuschung aufgesessen war, da hörte er es wieder, dieses Rascheln im Kies, das sanfte Rütteln an einem der Fensterläden. Die Angst war drauf und dran, ihn zu lähmen, aber er zwang sich, die Treppe herunterzuschleichen. Jede Stufe ein Wagnis, jedes Knacken des Holzes eine Gefahr!

Als er endlich am Fuß der Treppe stand, war er in Schweiß gebadet. In welchen Raum sollte er gehen? Vor welchem Fenster lauerte die Gefahr? Er starrte die geschlossenen Türen an und war plötzlich zu der klaren Frage fähig, warum das Geräusch der Schritte bis in die erste Etage gedrungen war. Fenster und Türen waren verschlossen! Entweder war das Geräusch sehr laut und unbekümmert gewesen, oder es war von einer ganz anderen Stelle zu ihm gedrungen, als er vermutet hatte.

Wieder blieb er stehen und lauschte. Der Abend war noch voller Stimmen und Töne, aber sie alle waren weit entfernt. Julius Pollacsek griff zu dem Treppengeländer, um sich für den nächsten Schritt zu schützen – notfalls mit den Händen aufzufangen, wenn seine Füße versagen wollten.

In diesem Augenblick hörte er es wieder. Den raschelnden Kies, das Klappern eines Fensterladens, der an die Hauswand schlug. Und nun wusste er, warum er diese Geräusche trotz geschlossener Fenster und Türen hören konnte. Sie drangen nicht aus dem Garten zu ihm, sondern kamen aus der Nähe der Eingangstür.

Er starrte sie an. Nur drei Schritte, und er würde dort sein, nach der Klinke greifen und die Tür aufreißen können. Aber was dann? Wer würde ihm gegenüberstehen? Und wie würde derjenige reagieren, wenn er den Kurdirektor vor sich hatte?

Dr. Pollacsek zögerte. Der Abend hatte noch viele Lichter: die Lampen und Kerzen in den Fenstern der Häuser und den Mond, über den eine Wolke hinweggezogen war, der jetzt silberhell über der Insel stand. Unter der Eingangstür gab es einen waagerechten hellen Streifen. Und er wurde in der Sekunde unterbrochen, in der Julius Pollacsek sich entschied, der Gefahr ins Gesicht zu blicken, selbst wenn es das Letzte sein würde, was er zu sehen bekam. Gebannt starrte er die helle Linie an, in der es kaum wahrnehmbar flackerte, ein winziger Schatten, der schnell wieder weghuschte, eine Bewegung, die stillstand, kaum dass er sie wahrgenommen hatte.

Nun war die Angst groß genug, daraus Mut zu machen. Er riss sich von dem Lichtstreifen los, machte zwei, drei Schritte auf die Tür zu, die laut und kräftig waren, und riss sie auf, als wäre er ohne jede Furcht. Als er sah, wer vor der Tür stand, war er unfähig, etwas zu sagen.

XII.

Marinus stand am Fenster seines Zimmers und sah hinaus. Von der Müdigkeit, die ihn bei seiner Heimkehr gequält hatte, spürte er nichts mehr, mit der Niedergeschlagenheit war es vorbei. Er war nun ganz angefüllt mit Zorn und Empörung, kein anderes Gefühl hatte Platz daneben.

Was für ein Glück, dass Katerina der Wahrheit nicht auf die Spur gekommen war! Oder war sie von einer Ahnung befallen worden und hatte es nur nicht über sich gebracht, sie auszusprechen? Marinus war sich nicht sicher. Aber er, Marinus Rodenberg, hatte es mit einem Schlage durchschaut. Dass er noch nicht eher darauf gekommen war! Des Rätsels Lösung lag doch auf der Hand! Er hätte es sehen müssen. Schon im letzten Jahr hätte er erkennen können, welches Geheimnis Hanna Boyken umgab und was sein Halbbruder damit zu tun hatte.

Wie froh war er gewesen, als seine Schwägerin sich vor zwei Stunden endlich schlafen legen wollte, nachdem er mehrmals versprochen hatte, mit Arndt zu reden. Und das würde er tun! Noch in dieser Nacht! Wenn sich Katerina auch nicht vorstellen konnte, worüber sie reden würden. In den nächsten Stunden sollte zum ersten Mal die Wahrheit ausgesprochen werden! Die ganze Wahrheit! Was würde Geesche sagen, wenn sie davon erfuhr? Marinus' Erregung legte sich für ein paar Augenblicke, weil ihm ein Gedanke kam, der Ruhe in ihm erzeugte. Wenn Geesche ihren Respekt vor der gräflichen Familie verlor, dann konnte das für seine Pläne eigentlich nur gut sein.

Die halbe Nacht war bereits vorbei, als er am Ende des Weges eine Gestalt wahrnahm, die nur langsam näher kam. Arndt? Marinus beugte sich so weit vor, dass seine Stirn die Fensterscheibe berührte. Noch war er nicht sicher, ob die Bewegung in seiner Einbildung entstanden war, ob das Mondlicht mit einem Schatten gespielt oder der Wind etwas vor sich hergetrieben oder hochgewirbelt hatte. Aber da es auf Sylt keine Bäume gab, nichts Mannshohes, was der Wind bewegen konnte, wurde Marinus schnell sicher, dass es Arndt war, der auf das Haus zukam. Trotz der Dunkelheit war er bald einwandfrei zu erkennen. Das Mondlicht war hell genug, der Himmel nicht ganz schwarz in dieser Nacht, die Sturmlampe, die an einem Pfosten des Eingangstores baumelte, schickte ihr Licht weit genug voraus.

Als Graf Arndt von Zederlitz am Rande des Lichtkegels erschien, sah Marinus, dass er schwankte. Sein Bruder war betrunken? Marinus konnte nicht sagen, wann er Arndt zum letzten Mal alkoholisiert erlebt hatte. Es musste Jahre her sein. Seit er Ehemann und Vater war, hatte er sich nur noch so verhalten, wie es von einem Mann seines Standes erwartet wurde.

Marinus verließ sein Zimmer und ging so leise wie möglich die Treppe hinab. Vorsichtig drückt er die Klinke der Eingangstür herab, die sich leider nicht unhörbar öffnen ließ. Aber er hoffte darauf, dass niemand im Haus auf das Knarren aufmerksam wurde.

Arndt erschrak heftig, als Marinus auf ihn zutrat. »Was machst du hier? Warum schläfst du noch nicht?«

»Weil ich mit dir reden will!«, gab Marinus zurück und verhinderte, dass Arndt weiter auf die Eingangstür zuging.

Sein Bruder blieb stehen und sah Marinus so verlegen an, als wüsste er, was auf ihn zukam. »Du hast recht«, sagte er, und Marinus stellte fest, dass auch seine Stimme schwankte. »Ich habe mich unmöglich benommen. Was ich heute Nachmittag am Strand gesagt habe, tut mir leid. Bitte, entschuldige.«

Marinus nickte nur deshalb, weil ihm in den letzten Stunden etwas anderes wichtiger geworden war als die Verletzung, die Arndt ihm zugefügt hatte. In Wirklichkeit wusste er gar nicht, ob er die Entschuldigung überhaupt annehmen wollte, ob er sie annehmen konnte, weil zum Verzeihen immer auch das Vergessen gehörte und ein Neuanfang ohne Schuld. Die Enttäuschung über seinen Bruder hatte sich in den letzten Stunden vervielfacht. Es ging nicht mehr um Kränkung und Beleidigung, es ging nicht einmal um Marinus. Aber es ging um seine Überzeugung, dass sein Bruder ein anständiger Mensch war, ein Ehrenmann, der hohe Ansprüche an sein eigenes Verhalten stellte. Und es ging auch um die Liebe zu seinem Bruder.

»Darüber will ich nicht mit dir reden«, sagte er, »sondern über Freda Boyken.«

Arndt sah seinen Bruder an, als fiele ihm gerade auf, dass nicht er selbst, sondern Marinus betrunken war. »Hannas Mutter? Wieso willst du mit mir über diese Frau reden?«

Marinus nahm seinen Arm und machte mit ihm ein paar Schritte in die Dunkelheit zurück. Zwar ärgerte er sich darüber, dass er nun weder Arndts Gesicht sah noch ihm sein eigenes zeigen konnte, aber er wusste, dass er dieses Gespräch nur durchhalten würde, wenn er seinem Mut so viel Unterstützung gab wie eben möglich. Die Dunkelheit half ihm dabei.

»Denk an den Sommer vor sechzehn Jahren zurück«, begann er.

Arndt nickte. »Elisa wurde geboren.«

»Hanna Boyken auch.«

Wieder nickte Arndt. »In derselben Nacht und im selben Haus. Meinst du, das könnte ich vergessen?«

Die Brüder blieben stehen, das Haus und das tanzende Licht der Sturmlaterne im Rücken, die dunkle baumlose Weite vor sich, die viel Platz hatte, bevor sie von den ersten Häusern Westerlands aufgehalten wurde.

»Ich erinnere mich«, fuhr Marinus fort, »dass du im Winter zuvor auf der Insel warst, um dafür zu sorgen, dass das Haus rechtzeitig fertig wurde.« Er wies mit dem Daumen über seine Schulter, als müsste er verdeutlichen, von welchem Haus er sprach.

»Stimmt! Katerina hielt es nicht mehr auf dem Gut aus. Meine Mutter ließ sie täglich spüren, dass sie ihre Pflicht nicht erfüllte. Es war schrecklich für Katerina. Sie wurde behandelt, als wäre sie nicht bereit, ein Kind zu bekommen. Ein gesundes Kind! Ein Kind, das überlebte. Am besten einen Sohn, aber mit einer gesunden Tochter hätte sie zumindest ihren guten Willen bewiesen.« Arndts Stimme war immer spöttischer geworden, nun stieß er ein Lachen aus, das Marinus unter die Haut fuhr. Dass sein Bruder unter der Verächtlichkeit der alten Gräfin ebenso gelitten hatte wie Katerina, war ihm bisher nicht klar gewesen. Vielleicht hatte er sogar doppelt so viel gelitten, denn er hatte nicht nur sein eigenes Leid, sondern auch das seiner Frau auf seine Schultern genommen.

Dass Arndt von Zederlitz die Frau, die er so sehr liebte, derart schamlos betrogen hatte, wollte Marinus noch immer nicht in den Kopf. Aber dennoch konnte es nicht anders sein. Das Erbe seines Vaters! Der hatte seine Frau nicht geliebt, aber wie viel ihm Marinus' Mutter bedeutet hatte, wusste jeder. Doch hatte er sie deswegen nicht betrogen? Marinus glaubte es nicht. Auf dem gräflichen Gut hatte es mehrere jüngere Kinder gegeben, die als illegitime Nachkommen des Grafen gegolten hatten. Er war froh, dass er selbst von diesem Erbe verschont geblieben war. Vielleicht setzte es sich nur unter den legitimen Nachfahren durch, der Bankert eines Dienstmädchens wurde nicht davon befallen …

Nun lachte auch Marinus so bitter auf wie kurz zuvor sein Bruder. »Kann es sein, dass du genau neun Monate vorher auf Sylt warst?«, fragte er mit so schneidender Stimme, dass sie selbst durch Arndts benebeltes Hirn fuhr wie eine scharfe

Klinge. »Und kann es sein, dass Freda Boyken mal eine hübsche junge Frau war? Jetzt sieht sie erbärmlich aus, leidgeprüft mit ihrer verkrüppelten Tochter, schwer gestraft durch die frühe Witwenschaft und den täglichen Kampf ums Überleben. Aber vor sechzehn Jahre mag sie reizvoll gewesen sein …«

Arndt von Zederlitz schwankte plötzlich nicht mehr, und auch seine Stimme war klar und fest. »Was willst du damit sagen?«

Marinus wusste nicht, ob er sich über Arndts vorgetäuschte Unschuld amüsieren oder ärgern sollte. »Dass Freda Boyken dir dein Bett gewärmt hat!«, fuhr er Arndt an. »Das will ich sagen! Wo hast du logiert damals? In einem Haus, in dem es nicht auffiel, wenn man eine verheiratete Sylterin mitbrachte? Ihr Mann war gerade rausgefahren zum Fischfang, richtig? Und sie wollte wenigstens einmal für ein oder zwei Stunden ein schönes Leben haben! Was hast du ihr versprochen? Ein hübsches Tuch? Ein Glas Wein? Oder sogar Geld für gutes Essen, das eine ganze Woche reichen würde? War sie dafür bereit?«

Arndt stand da, als hätte er eine Ohrfeige bekommen und wäre zu kraftlos, um sie zu erwidern. »Du glaubst …« Er starrte seinen Bruder an, als wäre er sich nicht sicher, dass es wirklich Marinus war, der vor ihm stand. »Du traust mir zu …« Nun war er wieder ganz der Spross der adligen Familie, der die Ehre des Hauses von Zederlitz hochhielt. »Ich würde Katerina niemals betrügen. Ich liebe sie, das weißt du.« Er versuchte ein schiefes Grinsen, das aussah, als müsste er seine Tränen herunterschlucken. »Ich weiß, Katerina dürfte nicht hören, dass ich von meiner Liebe zu ihr rede. Aber du als mein Bruder … du kennst meine Gefühle.«

»Dein Bruder?« Marinus lachte ihm dieses Wort ins Gesicht, verächtlich und unglücklich zugleich. »Ja, dein Bruder kennt dich so gut wie kein anderer, aber der Bankert eines Dienstmädchens …«

»Ich habe mich entschuldigt«, unterbrach Arndt und griff

nach Marinus' Arm. »Es tut mir wirklich leid. Ich weiß nicht, was heute Nachmittag in mich gefahren ist.«

»Es war nicht das erste Mal, dass du dich merkwürdig verhältst. Immer dann, wenn es um Hanna Boyken geht.«

»Erst Freda Boyken und jetzt noch ihre Tochter? Wer ist hier eigentlich betrunken? Du oder ich?«

Marinus trat so dicht an seinen Bruder heran, bis der endlich zurückwich. »Willst du behaupten, du hast selbst nie bemerkt, wie ähnlich Hanna deiner Mutter ist? Das gleiche schmale Gesicht, die gleichen kleinen Augen, das spitze Kinn, die hohe Stirn und die Haarfarbe. Sie ist sogar genauso boshaft wie deine Mutter! Das willst du wirklich nie bemerkt haben? Ich kenne deine Mutter!« Marinus' Stimme wurde leiser, als hätte er Angst, seine Worte wären bis in Katerinas Schlafzimmer zu verstehen. »Und deine Frau kennt sie auch.«

»Willst du damit sagen, auch Katerina glaubt, dass ich ein Verhältnis mit Freda Boyken hatte?«

Marinus schüttelte den Kopf. »Aber ihr ist aufgefallen, dass du ein anderer bist, wenn es um Hanna Boyken geht.«

»Du weißt doch …«

»Dein Schwur, ja!« Marinus drehte sich einmal um sich selbst, als wollte er sichergehen, dass er sich noch immer am selben Ort befand. »Wann hast du eigentlich gemerkt, dass Hanna deine Tochter ist? Dass vor sechzehn Jahren in derselben Nacht zwei Schwestern geboren wurden?«

»Du irrst dich, Marinus! Glaub mir!« Arndt griff nach den Schultern seines Bruders und sah ihn so eindringlich an, dass es Marinus lieber gewesen wäre, die Dunkelheit hätte das Gesicht seines Bruders verschluckt. »Ich habe Freda Boyken nie angerührt!«

»Du leugnest es? Dann hast du sie auch nie finanziell unterstützt?«

»Warum sollte ich? Ich habe mit dieser Frau nichts zu schaffen.«

Marinus machte sich von Arndts Händen frei. »Das ist das Mindeste, Arndt! Die Frau ist bitterarm. So arm, dass ihr schon ein paar Geldstücke in der Woche helfen könnten. Dazu bist du nicht bereit?«

»Darum geht es nicht …«

»Worum dann? Nur um Hanna? Nur ihr wird geholfen? Ihre Mutter ist dir gleichgültig?«

»Ich habe es dir schon hundertmal erklärt …«

»Dein Schwur, ja. Dein Glück über deine gesunde Tochter. Ja, ja, ja! Wenn es um Hanna geht, lässt du sogar Ungerechtigkeiten zu. Du nimmst in Kauf, dass die Haushälterin für etwas geradesteht, was Hanna zu verantworten hat.«

»Ich habe Owena Radke entschädigt.«

»Das ist dir eine Menge wert! Aber Hannas Mutter bekommt nichts von dir.«

»Ich habe ihr Geld gegeben, als ich hörte, dass ihr Mann auf See geblieben war.«

Marinus bemerkte, dass in der ersten Etage ein Licht aufflackerte. In Katerinas Zimmer war eine Kerze entzündet worden.

Marinus trat so dicht an seinen Bruder heran, dass er flüstern konnte, ohne fürchten zu müssen, der allgegenwärtige Wind könnte seine Worte forttragen. »Oder weiß Freda Boyken gar nicht, wer der Vater ihrer Tochter ist? Hält sie es für möglich, dass Hanna das Kind des Fischers ist? Willst du ihr diese Unsicherheit erhalten, damit sie keine größeren Ansprüche stellt?«

Arndt griff nach Marinus' Arm und nickte zum Fenster hoch. »Pscht.«

Mit wenigen Schritten zogen sie sich zur Eingangstür zurück, wo es dunkel war und sie von Katerina nicht gesehen werden konnten, deren Silhouette nun am Fenster zu erkennen war.

»Wenn du Katerina diesen Unsinn erzählst«, zischte Graf Arndt, »sind wir geschiedene Leute.«

»Keine Sorge«, gab Marinus zurück. »Warum sollte ich deine Frau für etwas büßen lassen, das du zu verantworten hast? Aber ich verlange Gerechtigkeit für die arme Freda Boyken.«

Plötzlich, von einem Augenblick zum anderen, wurde Graf Arndt so zornig, wie Marinus ihn noch nie gesehen hatte. »Ein letztes Mal: Freda Boyken hat nie in meinem Bett gelegen. Nie! Verstanden? Deswegen gibt es keinen Grund für mich, sie zu unterstützen! Ich kümmere mich um die Tochter, weil ich es diesem armseligen Wesen nach seiner Geburt versprochen habe. Das ist alles!«

»Und die Ähnlichkeit mit deiner Mutter? Durch diese Ähnlichkeit kannst du selbst doch erst darauf gekommen sein, dass Hanna nicht die Tochter des toten Fischers ist!«

»Das bildest du dir ein. Ich sehe keine Ähnlichkeit!«

Graf Arndt öffnete die Eingangstür, ohne sich darum zu scheren, dass das Knarren im ganzen Haus zu hören war. Und er stieg nicht mit Marinus die Treppe hoch, sondern ging schnurstracks ins Wohnzimmer, ohne seinem Bruder eine gute Nacht zu wünschen. Kurz darauf hörte Marinus das Klappern von Flaschen und das leise Zischen, als eine von ihnen geöffnet wurde. Sein Bruder wollte also nicht zu seiner Verpflichtung stehen! Nun begriff Marinus, warum. Wenn Arndt Hannas Mutter Geld gab, gestand er ein, dass Hanna seine Tochter war. Aber das sollte Freda nie mit letzter Sicherheit wissen. Sie kannte Arndts Mutter nicht, sie konnte nicht wissen, wie ähnlich Hanna der alten Gräfin war. Wie oft mochte sie sich schon gefragt haben, ob Hanna das Kind des Fischers oder das des Grafen war! Aber da es keine Beweise gab, hatte sie wohl von vornherein darauf verzichtet, Graf Arndt in die Pflicht zu nehmen. Wahrscheinlich aus Sorge, dass Hanna damit ihre Beschäftigung im Hause von Zederlitz verlor und Freda Boyken noch ärmer war als vorher.

Marinus ging in sein Zimmer, als er hörte, dass Arndt im Wohnzimmer ein Glas füllte. Sein korrekter Bruder, der gern von seinen Pflichten sprach, der über jeden Zweifel erhaben war, der immer wusste, was zu tun war, und an sich selbst noch höhere Ansprüche stellte als an andere! Dieser Mann war zu feige, zu seiner Verantwortung zu stehen, wenn er Unbequemlichkeiten fürchtete.

Marinus legte sich zu Bett, war aber viel zu aufgewühlt, um Ruhe zu finden. Er war noch nicht eingeschlafen, als er Arndts unsichere Schritte auf der Treppe hörte, er grübelte noch immer über das nach, was er herausgefunden hatte. Ihr gemeinsamer Vater hatte sich auch nicht um seine Verantwortung gekümmert. Nur ihn, Marinus, hatte er anerkannt und gefördert, weil er seine Mutter geliebt hatte. Für keins seiner anderen Kinder hatte er Verantwortung übernommen. Deren Mütter hatten schon froh sein müssen, dass sie die Arbeit auf dem Gut nicht verloren, als sie schwanger geworden waren.

Die Tür zu Arndts Schlafzimmer schnappte leise ins Schloss, Marinus drehte sich auf die Seite und versuchte einzuschlafen. Vielleicht war Arndts Ehrenhaftigkeit nur Fassade? Seine Mutter war zwar von Stand gewesen, eine vornehme Dame mit einem beeindruckenden Stammbaum, aber ohne jede Herzensbildung. War es da ein Wunder, dass Arndt gelernt hatte, sich zu nehmen, was er bekommen konnte, und nur dann zu bezahlen, wenn es sich nicht vermeiden ließ? Seine eigene Mutter war zwar nur ein Dienstmädchen gewesen, aber sie hatte ihren Sohn gelehrt, für das, was er getan hatte, geradezustehen. Marinus Rodenberg, der Bankert eines Dienstmädchens, würde seinem Bruder zeigen, wie sich ein Ehrenmann zu verhalten hatte!

Ach, Geesche! Wenn er sich doch jetzt in ihre Arme schmiegen, sich von ihr trösten und Mut machen lassen könnte. Sie würde ihn verstehen! Und sie würde ihm zureden, wenn er ihr sagte, dass er der armen Freda Boyken helfen wollte …

Julius Pollacsek und Leonard Nissen saßen sich gegenüber und versuchten, sich in den Schilderungen ihres Schrecks zu übertreffen. Pollacsek behauptete, sein später Besucher könne froh sein, dass er ihn rechtzeitig erkannt und nicht vorher schon niedergeschlagen habe, Dr. Nissen dagegen versicherte ein ums andere Mal, dass er gerade im Begriff zu klopfen gewesen sei und auf keinen Fall die Absicht gehabt habe, dem Kurdirektor Furcht einzujagen.

Die beiden hatten sich mittlerweile in Pollacseks Büro in der ersten Etage niedergelassen und prosteten sich mit dem Cognac zu, den Pollacsek aus dem Schrank geholt hatte, um auf den Schreck anzustoßen.

»Ich war gekommen, um mich nach Ihrem Gesundheitszustand zu erkundigen«, erklärte Dr. Nissen, »da sah ich diesen Kerl hinter Ihrem Haus verschwinden und bin ihm nachgeschlichen, um zu sehen, was er im Schilde führte.«

»Wie sah er aus?«, fragte Dr. Pollacsek. »Konnten Sie ihn erkennen?«

Dr. Nissen wollte sich nicht festlegen. »Ich kann nur sagen, dass alles an ihm schwarz war. Deswegen habe ich ihn aus den Augen verloren. Irgendwann war er Teil der Nacht geworden, und ich konnte ihn nicht mehr erkennen.«

Dr. Pollacsek stellte aufgeregt den Cognacschwenker weg. »Den kenne ich«, stieß er hervor. »Der schleicht schon seit Tagen in Westerland herum.«

Dr. Nissen beugte sich gespannt vor. »Das habe ich mir bereits erzählen lassen. Wissen Sie, was das für ein Mann ist?«

Pollacsek nickte. »Ein rumänischer Dichter. Der gehört zum Gefolge der Königin.« Er stand auf, ging zum Fenster, blieb dort eine Weile kerzengerade stehen, um seinen Magen zu strecken und den Druck zu verringern, der prompt wieder auf ihm lastete, seit Dr. Nissen von dem schwarzen Mann gesprochen hatte. Pollacsek drehte seinem Besucher so lange den Rücken zu, bis er sich besser fühlte. »Als Sie das letzte Mal bei mir waren … Sie erinnern sich?«

Dr. Nissen nickte. »Wegen Ihrer Gastritis.«

»Da habe ich ihn gesehen. Auf der anderen Straßenseite. Er hat das Haus beobachtet.«

»Während ich bei Ihnen war?« Dr. Nissen sah aus, als könnte er es nicht glauben.

Aber Dr. Pollacsek bestätigte es lebhaft. »Als Sie kamen, stand ich zufällig am Fenster und habe ihn gesehen. Als Sie gingen, wollte ich wissen, ob er immer noch dort stand ...«

Sein Gegenüber sah ihn fragend an, und Julius Pollacsek nickte. »Er war noch da.«

Er setzte sich wieder, trank sein Glas leer und goss sich sofort ein weiteres ein.

Dr. Nissen dagegen wehrte ab. »Ich vertrage nicht so viel Alkohol.«

»Ich eigentlich auch nicht.«

»Für Ihre Gastritis ist Alkohol Gift.«

»Ich weiß. Aber wenn ich mich bedroht fühle ...« Er sprach den Satz nicht zu Ende. »Dabei ging es mir bereits besser. Als ich den Kerl in der Villa Roth sah, dachte ich, dass er harmlos sein muss. Jemand, der die Königin begleitet, kann nicht gefährlich sein! Und sind Leute, die Gedichte schreiben, nicht allesamt etwas absonderlich?«

Dazu schien Dr. Nissen nichts sagen zu können, aber als Pollacsek überlegte, ob er Heye Buuß informieren sollte, riet er ihm ab. »Das könnte die Königin brüskieren.«

Pollacsek schloss sich unverzüglich seiner Meinung an und trank den Cognac in einem Zuge aus. Im selben Augenblick schien er es zu bereuen. »Sie haben recht, Doktor, ich hätte nicht so viel trinken sollen.« Er griff sich an den Kopf und stöhnte. »Mein Gott, ich bin fix und fertig!«

»Besser, Sie legen sich schlafen.« Dr. Nissen stand auf. »Unverzeihlich, wie lange ich Sie aufgehalten habe!« Er griff nach Pollacseks Arm. »Kommen Sie, ich begleite Sie in Ihr Schlafzimmer.« Und als Pollacsek abwehren wollte, ergänzte er streng: »Als Ihr Arzt! Ich hätte nicht zulassen dürfen, dass Sie so viel

Cognac trinken! Nun will ich wenigstens dafür sorgen, dass Sie heil ins Bett kommen und sich ausschlafen.«

Aber als Pollacsek energisch jede Hilfe zurückwies, ließ er es dabei bewenden. »Also gut, ich will Sie nicht bedrängen. Aber Sie müssen mir versprechen, morgen strenge Diät zu halten.«

Julius Pollacsek versprach es hoch und heilig, dann begleitete er den Arzt die Treppe hinab. Nachdem er sich von Dr. Nissen verabschiedet und die Tür hinter ihm geschlossen hatte, wäre er gerne noch einmal in die erste Etage hinaufgestiegen, um zu sehen, ob der schwarze Mann irgendwo zu entdecken war, doch er fühlte sich außerstande.

»Nie wieder so viel Cognac auf einmal!«

Schwankend ging er in sein Schlafzimmer und zog sich aus. Wann würde er endlich wieder ohne Angst leben können? Hörte das denn nie auf?

Sie starrte die schwankende Sturmlaterne an, während sie horchte. Je stärker ihre Augen beansprucht wurden, desto besser konnte sie hören, was gesagt wurde. Ihr Name war mehrmals gefallen, sogar der ihrer Mutter. Was hatte das zu bedeuten? War man ihr auf die Schliche gekommen? Sollte es mit ihrer Arbeit als Gesellschafterin vorbei sein? Und sollte auch ihre Mutter erfahren, was sie, Hanna, für die Comtesse getan hatte?

Sie erhob sich mühsam und richtete sich hinter dem Steinwall auf, hinter dem sie Deckung gesucht hatte. Sie wurde ruhiger. Nein, wenn sie entlarvt worden war, dann hätte auch Ebbos Name fallen müssen und der Name der Comtesse ebenfalls. Doch von beiden war nicht die Rede gewesen, da war sie sicher, obwohl sie von den Zusammenhängen des Gesprächs nichts hatte verstehen können.

Hanna klopfte sich ausgiebig den Sand vom Kleid und fühlte sich danach ruhiger und sicherer. Vermutlich hatten der Graf und sein Bruder über den Vorfall am Nachmittag gesprochen.

Es war ihr gleich so vorgekommen, als hätte Marinus Rodenberg durchschaut, wer wirklich die Schuld daran trug, dass über dem Kopf der Gräfin ein Sonnenschirm aufgespannt wurde, der voller Sand war. Wenn das so war, dann hatte der Graf sie verteidigt. Wie nachmittags am Strand! Es war wie ein Wunder! Sie konnte sich tatsächlich darauf verlassen, dass der Graf immer auf ihrer Seite stand.

Über Hannas Gesicht ging ein Lächeln. Graf Arndt von Zederlitz mochte sie! Was für ein wunderbares Gefühl! Und die Comtesse hatte ihr sogar ihre Freundschaft angeboten. Es kam Hanna manchmal sogar so vor, als könnte auch die Gräfin ein freundliches Wort an sie richten, wenn es nicht zu ihren Prinzipien zählte, das Personal niemals liebenswürdig, sondern nur anständig zu behandeln. Verächtlichkeit ließ sie Hanna selten spüren, eher so etwas wie wohlwollende Neugier, als wollte sie Hanna fragen, ob es in ihrer Familie häufig dieses Gebrechen gegeben habe und wie sie mit ihrer Verkrüppelung umgehe.

Hanna wurde traurig, wenn sie daran dachte, dass sie das alles irgendwann verlieren könnte. Aber seit die Comtesse Alexander von Nassau-Weilburg kennengelernt hatte, schärfte sie Hanna immer wieder ein, dass es einen gemeinsamen Sommer auf Sylt bald nicht mehr geben würde. Es sei denn, die Königin von Rumänien wollte auf der Insel Stammgast werden und legte dann Wert darauf, von Alexander von Nassau-Weilburg und seiner jungen Gemahlin begleitet zu werden.

Aber immer, wenn die Comtesse über diese Hoffnung sprach, ging auch über ihr Gesicht ein Schatten. »Wie soll ich es aushalten, Ebbo wiederzusehen, wenn ich mit einem anderen verheiratet bin?«

Das winzige Licht im Zimmer der Gräfin erlosch, in den Schlafzimmern von Graf Arndt und Marinus Rodenberg war es längst finster. So leise wie möglich huschte Hanna zurück in die Remise, in der die Kutschen des Nachts standen. In einer von ihnen saßen Elisa und Ebbo, aneinandergeschmiegt, tief in die Polster geduckt, so leise und bewegungslos, dass niemand ihre Anwesenheit erahnt hätte, der nicht eingeweiht war.

Als Hanna an die Kutsche trat, sah sie gerade noch, wie Ebbo seine Hand aus Elisas Mieder nahm. »Ist die Luft rein?«, fragte er.

Hanna kletterte auf den Kutschbock. »Die Lichter sind gelöscht. Sieht so aus, als wären nun alle schlafen gegangen.«

»Besser, du gehst nach Hause, Hanna«, sagte Elisa. »Sonst wird deine Mutter misstrauisch.«

»Und wenn schon«, gab Hanna zurück. »Sie wird nichts verraten. Dann wäre sie dumm.«

»Aber ich möchte nicht, dass sie dich noch einmal schlägt.«

Hanna winkte ab. »Das macht mir nichts aus.«

»Trotzdem! Du sollst nicht darunter leiden, dass ich Ebbo liebe. Ich bin dir so dankbar, dass du uns hilfst.« Elisa beugte sich so weit vor, dass sie Hannas Wange berühren konnte. »Das werde ich dir nie vergessen. Nie! Nie! Wenn ich heirate, werde ich wissen, wie die Liebe ist, und das habe ich dir zu verdanken. Viele erfahren das nie.« Nun drängte sie sich wieder in Ebbos Arme, der sie liebevoll umfing. »Ich bin so glücklich, dass ich es weiß.«

Ebbo wandte sich an Hanna. »Wenn du jetzt nach Hause gehst, wird Mutter dir glauben, dass du so lange bei Elisa bleiben solltest, bis sie eingeschlafen war. Sag ihr, du musstest ihr vorlesen. Sie ist stolz darauf, dass du lesen kannst, deshalb wird sie dir gern glauben.«

»Und ich gebe Ebbo Geld mit«, ergänzte Elisa. »Dann nimmt sie ihm morgen früh ab, dass er einen Fischer gefunden hat, mit dem er rausgefahren ist.«

»Dass du mir sehr, sehr leise gehst«, mahnte Ebbo noch, während Hanna vom Kutschbock herunterkletterte. »Niemand darf deine Schritte hören. Du weißt ja …«

Ja, Hanna wusste es, ohne dass Ebbo es aussprach. Das Tohk-tik kannte jeder in Westerland. Wer es hörte, wusste, dass Hanna Boyken unterwegs war.

Sie streifte die Holzschuhe von den Füßen, bevor sie die Remise verließ. Das Gehen mit bloßen Füßen fiel ihr zwar schwer, aber der Rhythmus ihrer Schritte war dann nicht zu vernehmen. Und mittlerweile hatte sie Übung darin, ihre Fußsohlen waren abgehärtet. Wenn sie um fremde Häuser schlich, um sich das Leben von Menschen anzusehen, die im Überfluss lebten, dann zog sie immer ihre Holzschuhe aus, damit niemand sie hörte.

Hanna ging so weit wie das Licht der Sturmlaterne reichte, dann blieb sie stehen und sah zurück. Um sie herum nur Dunkelheit. Das Licht der Laterne sorgte für einen hellen Kreis, der durch die Finsternis schaukelte und sie manchmal auch grell durchzuckte, wenn der Wind nach ihr griff. Aber sie erhellte die Nacht nicht. Außerhalb des Lichtkegels schien sogar alles noch dunkler zu sein, als gäbe es kein künstliches Licht. Hanna wusste, dass die Nächte auf Sylt selten so finster waren, dass die Dunkelheit undurchdringlich wurde. Die Dünen blieben weiß, auch in der Nacht, der Strand leuchtete, die Gischt war zu sehen, wenn der Mond nicht von Wolken verdeckt wurde.

Sie legte ihre Holzschuhe neben einem Stein ab, der die Grenze des Grundstücks markierte, und schlich zurück. Die Remise hatte auf der Rückseite ein niedriges Fenster, die offene Kutsche, in der Elisa und Ebbo saßen, war gut zu erkennen. Elisas Mieder war nun geöffnet, ihre Brüste lagen in Ebbos Händen. Ebbo schien sie zu wiegen, dann beugte er sich über sie und küsste ihre Warzen. Hanna konnte hören, wie Elisa aufstöhnte. Gierig schob sie ihr Gesicht näher an die Scheibe, als sie sah, dass Ebbos Hände unter Elisas Rock griffen. Hanna stockte der Atem. Die Comtesse musste empört auffahren, sich diese dreiste Annäherung verbitten, Ebbo ohrfeigen … aber nichts dergleichen geschah. Elisa legte den Kopf weit zurück und öffnete sogar die Schenkel, damit Ebbo leichteres Spiel hatte. Und was Hanna nun zu sehen bekam, hatte sie erst ein einziges Mal beobachtet, als Heye Buuß, der Inselvogt, mit seiner Frau zu Bett gegangen war und vergessen hatte, die Vorhänge vorzuziehen …

Geesche ließ die Stalltür geöffnet, während sie die Hühner fütterte. Sie wollte Marinus sofort sehen, wenn er sich ihrem Hause näherte. Zwar wusste sie nicht, ob er Zeit haben würde, noch vor Arbeitsbeginn zu ihr zu kommen, aber sie hoffte so sehr darauf, dass diese Hoffnung ihr schließlich eine Sicherheit suggeriert hatte. Er würde kommen! Nur um sie zu küssen und ihr zu sagen, dass er sie liebte! Erst dann würde er zur Trasse der Inselbahn aufbrechen, wo eine Lore auf die Schienen gesetzt werden sollte. Die würde später an die Inselbahn gehängt werden, damit sie Kohlen von Munkmarsch nach Westerland transportierte, die ein Frachtschiff mitgebracht hatte. Viel Zeit würde Marinus also auf keinen Fall haben. Aber nach einem Kuss, einer Umarmung, mochte sie noch so kurz sein, und nach ein paar geflüsterten Worten würde ein schöner Tag beginnen.

Die Sonne befreite sich gerade aus dem Dunst der Nacht, nun war mit Marinus wohl nicht mehr zu rechnen. Bei Sonnenaufgang hatte er seinen Dienst anzutreten, es war zu spät für einen kurzen Besuch.

Die Enttäuschung war wie ein leichter Schmerz. Sie hatte Teeblätter aufgegossen, Marinus sollte, bevor er in den kühlen Morgen ging, heißen Tee getrunken haben und sich gewärmt fühlen.

»Moin, Geesche!«

Die ersten Fischer kehrten zurück, mit reichem Fang und zufriedenen Gesichtern. Die Sehnsucht nach Marinus wurde zu einem Prickeln in der Körpermitte, in der Nähe des Herzens, das ihr in alle Glieder zog. Wenn er jetzt käme, in dieser Minute, und sie fragte, ob sie seine Frau werden wolle, dann würde sie Ja sagen und sich seinem Schutz anvertrauen. Andrees' Segen hatte sie, dessen war sie nun sicher, und dass Marinus zur Familie von Zederlitz gehörte, musste sie wohl ertragen lernen. Nun glaubte sie sogar, dass sie es schaffen könnte. Seit ihr aufgegangen war, dass ihre Schuld in Gestalt von Hanna Boyken immer vor ihr stehen würde, auch wenn die Familie von Zederlitz auf ihrem schleswig-holsteinischen Gut war und selbst wenn sie das Haus auf Sylt verkaufen und nie hierher zurückkehren würde! Solange Hanna in ihrer Nähe lebte, würde sie keinen Frieden finden. Da spielte es keine Rolle, dass sie den Namen von Zederlitz nicht vergessen konnte, weil der Halbbruder des Grafen an ihrer Seite lebte. Sie würde ihre Schuld sowieso nicht vergessen können. Niemals!

Gerade wollte sie die Tür hinter sich schließen, da hörte sie die Schritte. Erwartungsvoll drehte sie sich um, aber es war nicht Marinus, der auf ihr Haus zukam, sondern Freda. Verwundert sah Geesche ihr entgegen. Freda kam an diesem Morgen nicht mit schleppenden Schritten heran, müde und gebückt, wie sie sich sonst immer fortbewegte. Nein, sie ging aufrecht und forsch, als würde sie von einem Gefühl angetrieben, das ihr neue Kraft verliehen hatte.

Sie riss sich ihr Kopftuch herunter, kaum dass sie Geesches Haus betreten hatte. »Ich muss mit dir reden, Geesche.« Freda nickte zu dem Fremdenzimmer, hinter dessen Tür noch alles still war. »Schläft Dr. Nissen noch?« Als Geesche nickte, ging Freda ihr voran in die Küche. Dort blieb sie in der Nähe der Feuerstelle stehen und wiederholte: »Ich muss mit dir reden.«

»Was ist passiert?« Geesche schob Freda zu einem Stuhl. »Ich habe Tee vorbereitet, den können wir zusammen trinken.«

Freda ließ sich am Tisch nieder und sah schweigend zu, wie Geesche den Teesud, den sie für Marinus angesetzt hatte, mit heißem Wasser aufgoss.

»Red schon!«, forderte Geesche sie auf.

Aber Freda wollte sich anscheinend Geesches ungeteilter Aufmerksamkeit sicher sein. Erst als Geesche die beiden Tonschalen auf den Tisch gestellt hatte und den Tee eingoss, öffnete sie ein paar Knöpfe ihres Kleides und holte ihren Brustbeutel hervor. »Sieh dir das an.« Freda zog einige Geldscheine hervor und blätterte sie auf den Tisch. »Das sind über dreihundert Mark.«

Geesche zählte nach, als könnte sie es nicht glauben. »Woher hast du so viel Geld?«

Freda schöpfte tief Luft, ehe sie antwortete: »Von Marinus Rodenberg.«

Geesche starrte sie ungläubig an. Marinus gab Freda Geld? Und noch dazu so viel? »Warum?«, brachte sie schließlich mühsam hervor.

Freda strich die Geldscheine glatt und betrachtete sie, wie sie damals ihr Neugeborenes betrachtet hatte, glücklich und traurig zugleich, voller Wehmut, aber auch voller Entschlossenheit. »Das weiß ich nicht«, sagte sie dann.

Geesche fragte sich, ob sie an Fredas Verstand zweifeln musste. »Er wird dir doch einen Grund genannt haben.«

Freda zuckte mit den Schultern. »Ich wüsste schon, hat er gesagt. Ich bräuchte mich nicht dazu zu äußern, und ich sollte mich auch nicht bedanken. Er hat sogar gesagt …« Freda sah Geesche an, als hatte sie Angst vor deren Antwort, »… es stünde mir zu. Eigentlich hätte der Graf es mir geben sollen. Aber nun bekäme ich das Geld eben von ihm, seinem Bruder. Und er würde mir wieder etwas bringen, sobald er etwas erübrigen könne. Heute zahlt Dr. Pollacsek den Lohn aus, deswegen hat er mir nicht nur Erspartes gegeben, sondern auch das, was er in seinen Taschen hatte.« Freda schob Geesche das Geld hin, als wollte sie die Verantwortung für Marinus' merkwürdiges Verhalten von sich wegschieben. »Verstehst du das, Geesche? Ich habe ihm gesagt, er müsse sich irren. Der Graf schulde mir nichts. Aber Marinus Rodenberg wollte das Geld nicht zurücknehmen.« Sie beugte sich vor und sah Geesche so eindringlich an, als wollte sie sie zwingen, ihr zu erklären, was Freda einfach nicht verstehen konnte. »Kannst du mir sagen, was das bedeuten soll? Du ... kennst ihn doch näher. Was meint er damit?«

Ein grauer Schleier schloss sich vor Geesches Augen. Sie nahm Freda plötzlich nur noch schemenhaft wahr. Eine gewaltige Übelkeit stieg in ihr hoch, in ihrem Kopf drehte sich alles. Sie fühlte sich, als hätte sie sich zu lange um sich selbst gedreht und müsse nun abwarten, bis der Wirbel in ihrem Kopf sich legte. Aber bevor das so weit war, senkte sich etwas Großes, Bedrohliches auf sie herab, etwas, was mit vielen Armen nach ihr griff und sie am Schreien hinderte. Warum hatte Graf Arndt von Zederlitz sie verraten? Niemals sollte das große Geheimnis gelüftet werden! Niemals! Kein Mensch sollte es jemals aussprechen! Und nun? Nun hatte er sich offenbar seinem Bruder anvertraut. Warum?

»Kannst du mit ihm darüber sprechen, Geesche?«, fragte Freda nun drängender. »Ich will nicht so viel Geld annehmen, wenn es mir nicht zusteht. Hinterher heißt es dann ...«

Geesche ließ sie nicht zu Ende sprechen, da sie die Tür von Dr. Nissens Zimmer hörte. »Ja, ich rede mit Marinus!«

Der Schleier riss, sie blinzelte in ein grelles Licht, das sie an das Wetterleuchten erinnerte, das sie in der Sturmnacht vor gut sechzehn Jahren gewarnt hatte. Diesmal wollte sie die Warnung ernstnehmen.

Hastig schob sie die Geldscheine zusammen und steckte sie in Fredas Brustbeutel zurück. Als Dr. Nissen die Küche betrat, hatte sie sich wieder in der Gewalt.

XIII.

Dr. Pollacsek schrie. Er schrie die Namen sämtlicher Leute, die im Hause waren, schrie sogar die Namen derer, die an der Inselbahntrasse arbeiteten und ihn nicht hören konnten, und nach seiner Haushälterin, die nach der Zubereitung des

Haferschleims nach Hause gegangen war. Er hörte erst auf zu schreien, als sein Bürovorsteher hereinstürzte und sich erkundigte, was denn um Himmels willen geschehen sei.

Dr. Pollacsek wies zu dem geöffneten Tresor, von dessen Vorhandensein der Bürovorsteher bisher nichts gewusst hatte. Und die Angestellten, die nachdrängten, ebenfalls nicht. »Die Lohngelder!«, stöhnte er, hielt sich den Magen und krümmte sich vor Schmerzen. »Alles weg!«

Der Bürovorsteher trat näher an den Tresor heran, als hielte er es für möglich, dass der Kurdirektor die Lohntüten übersehen haben könnte, dann betrachtete er Dr. Pollacsek kopfschüttelnd. »Das kann doch nicht sein …«

»Gestern Abend waren sie noch da«, keuchte Dr. Pollacsek. »Sie müssen heute Nacht gestohlen worden sein. Holen Sie sofort den Inselvogt.«

Der Bürovorsteher verließ den Raum und drängte alle anderen mit hinaus.

»Dr. Nissen soll auch kommen«, rief Julius Pollacsek ihm nach. »Ich brauche einen Arzt.«

Als er wieder allein war, richtete er sich mühsam auf. Seine Magenschmerzen waren schlimmer denn je. Anders zwar, aber nicht minder quälend. Sie waren nicht mehr ein harter Klumpen, sondern ein Pfahl mit grausamen Spitzen. Und als sein Blick auf den geöffneten Tresor fiel und ihm in den Sinn kam, dass er nun gezwungen sein würde, woanders einen neuen einzubauen, wühlten sich diese Spitzen in seinen Magen, so dass er sich erneut zusammenkrümmte und den Schmerz wieder zu einem steinharten Klumpen zusammenballte. Er war bestohlen worden! Zum ersten Mal in seinem Leben! Die Angst davor, seit er sich beobachtet und belauert fühlte, war zwar vertraut, aber dass es nun wirklich passiert war, machte ihn trotzdem fassungslos.

Er starrte auf einen Punkt zu Füßen des geöffneten Tresors. Was lag dort am Boden? Ein winziger dunkler Gegenstand, der ungefähr die gleiche Farbe wie die Holzdielen hatte. Seine ovale Form schmiegte sich in eine besonders breite Fuge, in der sich heller Staub gesammelt hatte und damit den kleinen Gegenstand verriet. Dr. Pollacsek fiel es schwer, sich zu bücken, aber die Neugier war stärker als sein Magendruck.

Kurz darauf lag eine Kaffeebohne auf seiner Handfläche. Stirnrunzelnd betrachtete er sie. In seinem Hause wurde niemals Kaffee getrunken! Das war etwas für reiche Sommerfrischler. Die Sylter tranken Tee, und wenn sie es sich leisten konnten, mit vielen Kluntjes, wie die Kandisstückchen genannt wurden, und frischer Sahne. Aber niemals Kaffee! Wer ihn einmal probiert hatte und nicht mehr auf den Geschmack verzichten wollte, der begnügte sich mit einem Gebräu aus gebrannten Zichorien, eine zwar magenfreundliche, aber koffeinfreie Variante des Kaffees, die diesen Namen nicht verdiente.

Gedankenvoll ließ er die Kaffeebohne in seiner Jackentasche verschwinden. Vermutlich hatte sie einer seiner vielen Besucher verloren, die täglich in sein Haus kamen, weil er selbst sich immer seltener in der Badedirektion blicken ließ. Eigentlich sollte er täglich dort erscheinen, damit er sich nicht nur um die Erweiterung der Inselbahn, sondern auch um das Aufblühen des Seebades Westerland kümmerte, aber seit er zum ersten Mal die Schritte hinter seinem Haus gehört hatte und von seinen Magenschmerzen gequält worden war, hielt er sich am liebsten in seinem Büro in der Strandstraße auf und verließ dieses Haus so selten wie möglich.

Es klopfte, der Bürovorsteher erschien und meldete, dass Dr. Nissen bald eintreffen würde. »Der Bote war im Haus der Hebamme. Dr. Nissen saß beim Frühstück. Sobald er fertig ist, wird er kommen.«

Dr. Pollacsek nickte zufrieden, obwohl das Wort »Frühstück« prompt für Unordnung in seinem Magen-Darm-Trakt sorgte. Oder war es die Frage, die sich in diesem Augenblick auftat? »Wie mag der Kerl ins Haus gekommen sein?«

Es stellte sich heraus, dass der Bürovorsteher noch aus einem anderen Grunde im Büro seines Chefs erschienen war. »Mir ist gerade aufgefallen, dass die Tür des Abstellraums aufgebrochen worden ist.«

»Die Tür, die in den Garten führt?«

Der Bürovorsteher nickte. »Da ist jemand mit ziemlicher Gewalt zu Werke gegangen. Komisch, dass Sie das nicht gehört haben.«

Dr. Pollacsek betrachtete ihn nachdenklich. »Anscheinend ist mein Schlaf besser, als ich dachte. Der Kerl muss sogar in mein Schlafzimmer gekommen sein.« Er schüttelte sich bei der Vorstellung, dass er ahnungslos im Schlaf gelegen hatte und einem Kriminellen, der vermutlich nicht vor Gewalt zurückschreckte, ausgeliefert gewesen war. »Der Tresorschlüssel liegt nachts immer neben meinem Bett.« Julius Pollacsek machte einen Schritt auf den Tresor zu und zeigte auf den Schlüssel, der in der geöffneten Tür steckte. Wieder schüttelte er sich. Die Gefahr, in der er während der letzten Nacht geschwebt hatte, machte ihm zu schaffen. Da war also jemand in sein Haus eingedrungen, war in sein Schlafzimmer geschlichen, dann die knarrende Treppe hoch in sein Büro ... und er hatte nichts davon bemerkt. »Ich muss tief und fest geschlafen haben«, sagt er staunend. »Ich war schrecklich müde. Als Dr. Nissen sich verabschiedet hatte, bin ich sofort zu Bett gegangen.«

Zum Glück konnte er das Unwohlsein bald wieder abschütteln. Vielleicht würde jetzt alles besser werden? Er spürte plötzlich so etwas wie Erleichterung in sich aufsteigen. Trotz des katastrophalen Verlustes, den er erlitten hatte, tat es ihm gut zu wissen, dass endlich eingetreten war, wovor er sich gefürchtet hatte. Möglicherweise war nun der Spuk vorbei. Bisher hatte er nicht gewusst, warum er bedroht wurde, nun war es klar. Wenn der Kerl, der ihn beobachtet hatte, auf die Lohngelder aus gewesen war, dann hatte er nun, was er wollte. Also würde es ein Ende haben mit den Geräuschen, die aus dem dunklen Garten bis in die erste Etage drangen. Dann würde es vielleicht auch mit seiner Gesundheit bergauf gehen und bald alles wieder so sein wie an dem Tag, an dem er beschlossen hatte, aus Sylt eine blühende Insel zu machen. Er hatte überlebt! Mit der Angst, jemand könne ihm nach dem Leben trachten, war es nun vorbei!

Als Heye Buuß erschien, fühlte er sich ein wenig besser, konnte schon wieder klar denken und bereute es nun, dass er nicht diskreter mit der Sache umgegangen war. Inzwischen hatten vermutlich schon die ersten Verlautbarungen sein Haus verlassen und liefen als Gerüchte über die Strandstraße und die Friedrichstraße. Es wäre besser gewesen, zunächst unter vier Augen mit dem Inselvogt zu reden und in aller Ruhe mit ihm zu besprechen, wie in seinem solchen Fall vorzugehen war, statt seine ganze Belegschaft zu alarmieren. Wenn dieser dreiste Diebstahl schon an die Ohren der Königin gedrungen war, würde es schwierig werden, einem Mitglied ihres Gefolges ein paar unauffällige Fragen zu stellen.

Das fand auch Heye Buuß. Er hatte sich nicht einmal die Zeit genommen, sich richtig anzukleiden, und zu seiner Morgentoilette war er anscheinend auch noch nicht gekommen. Er trug eine verschlissene weite Hose, an der er breite Hosenträger befestigt hatte, und ein kariertes Hemd, als habe er die Absicht gehabt, diesen Tag auf seiner Schafweide zu verbringen. Seine krausen roten Haare standen vom Kopf ab, als brauchte es einen Pferdekamm, um sie zu glätten, seine blasse Haut war in den Sommermonaten von so vielen Sommersprossen übersät, dass sein Gesicht aussah, als wäre es tief gebräunt. In Wirklichkeit trug Heye Buuß, sobald sich die Sonne am Himmel zeigte, einen großen Strohhut, weil seine Haut schnell verbrannte.

Tadelnd blickte er Dr. Pollacsek an und machte keinen Hehl daraus, dass er den Kurdirektor für klüger gehalten hatte. »Ein rumänischer Dichter«, wiederholte er kopfschüttelnd, »der mit

Königin Elisabeth über Lyrik spricht! Wie soll ich den einem Verhör unterziehen? Ausgeschlossen!«

»Es sieht aber alles danach aus«, beharrte Dr. Pollacsek, »als wäre es dieser Kerl gewesen.« Er stöhnte erneut auf, diesmal aber mit einer gewissen Erleichterung. »Zum Glück hat er mir die technischen Pläne gelassen. Dem ging es nur ums Geld.«

»Wir brauchen Beweise«, entgegnete Heye Buuß und bedachte Dr. Pollacsek mit einem so selbstgefälligen Blick, dass der wieder wusste, warum er den Inselvogt nicht leiden konnte. Heye Buuß hatte der aufgebrochenen Tür nur einen kurzen Blick geschenkt und dann festgestellt, dass der Dieb keine Spuren hinterlassen hatte, mit denen er zu überführen war. »Keine Beweise«, wiederholte er, als er neben Dr. Pollacsek in dessen Büro saß.

»Dr. Nissen wird gleich kommen«, sagte der Kurdirektor ärgerlich. »Der wird Ihnen bestätigen, was ich sage. Er hat den Mann gestern gesehen.«

Aber Heye Buuß zog nur die Mundwinkel herab. »Ein Fremder? Ob man dem glauben kann?«

Dr. Pollacsek verstand. Heye Buuß hatte Angst vor der Reaktion der Königin, wenn jemand ihres Gefolges des Diebstahls bezichtigt wurde. Und er konnte den Inselvogt sogar verstehen, obwohl er ihn gerne feige und unmännlich geschimpft hätte. »Wir müssen vorsichtig ermitteln«, sagte er stattdessen. »Anklage kann natürlich erst erhoben werden, wenn dem Mann der Diebstahl nachzuweisen ist.«

»Wir hatten noch nie einen so hochstehenden Gast«, begann Heye Buuß zu jammern. »Haben Sie nicht selbst gesagt, dass Sylt hoffähig wird, wenn es Königin Elisabeth hier gefällt?«

Pollacsek nickte. »Das stimmt zwar, aber … genauso schnell kann sich herumsprechen, dass man auf unserer Insel seines Vermögens nicht sicher ist. Glauben Sie, der Adel macht auf Sylt Urlaub, wenn die Damen Angst um ihren kostbaren Schmuck haben müssen?«

Heye Buuß strich sich nachdenklich über seinen struppigen roten Bart. »Es wäre wirklich besser gewesen, Sie hätten die Angelegenheit diskret behandelt.«

Dr. Pollacsek stand zornig auf. Er konnte sich denken, worauf das hinauslaufen sollte. Heye Buuß würde von nun an bei jeder Gelegenheit darauf hinweisen, dass Dr. Pollacsek selbst schuld an seinem Verlust sei. Und irgendwann würde es heißen, der Dieb der Lohngelder hätte nicht gefasst werden können, weil das unüberlegte Verhalten des Kurdirektors diskrete Ermittlungen verhindert hatte.

»Der Insel würde vermutlich viel größerer Schaden entstehen«, meinte Heye Buuß prompt, »wenn wir den Diebstahl zwar aufklären, aber reiche und adelige Sommerfrischler dadurch verlieren.«

»Würden Sie auch so reden, wenn es um Ihr Geld ginge?«, fragte Dr. Pollacsek wütend.

Heye Buuß wurde einer Antwort enthoben, weil es klopfte und Dr. Nissen eintrat. Knapp wünschte er einen guten Morgen, dann ging er auf Pollacsek zu, griff nach seinem Arm und führte ihn zu einem Stuhl. »Warum haben Sie mich rufen lassen? Geht es Ihnen schlechter? Sie sehen so aufgeregt aus! Was ist passiert?« Ehe Julius Pollacsek etwas erwidern konnte, fügte er hinzu: »Sie wissen doch, Aufregung ist Gift für Sie!« Streng sah Dr. Nissen nun den Inselvogt an. »Dr. Pollacsek ist mein Patient. Ich dulde nichts, was seinen Zustand verschlechtert.«

Seine Miene blieb sorgenvoll, als er sich erzählen ließ, was den Kurdirektor derart aufgebracht hatte, dass seine Gastritis eine ganz neue Dimension angenommen hatte. »Ich werde nach Ihrer Haushälterin schicken lassen«, beschloss er dann. »Sie soll Ihnen Tee kochen. Und dann müssen Sie sich eine Weile hinlegen!«

Dr. Nissen unterband jede Widerrede und stieg ins Erdgeschoss hinab, um den Bürovorsteher damit zu beauftragen, die Haushälterin zu holen.

Als er wieder im Büro erschien, hatte er anscheinend erfahren, was in der vergangenen Nacht passiert war. Noch ehe er sich dazu geäußert hatte, wurde er gleich von Heye Buuß ins Verhör genommen. »Stimmt es, was Dr. Pollacsek sagt? Sie haben gestern Abend einen Mann ums Haus schleichen sehen?«

Dr. Nissen setzte sich und schlug die Beine elegant übereinander, als wäre er einer Einladung zum Tee gefolgt. »Ganz recht«, bestätigte er. »Ein schwarz gekleideter Mann mit schwarzen Haaren. Alles an ihm war so schwarz, dass ich ihn in der Dunkelheit kaum erkennen konnte. Deswegen habe ich ihn auch schnell aus den Augen verloren. Ich sah ihn in den Garten schleichen, ging ihm nach, aber …«

»Kennen Sie diesen Mann?«, unterbrach ihn der Inselvogt.

Dr. Nissen schüttelte den Kopf. »Allerdings ist mir zu Ohren gekommen, dass seit Tagen ein schwarz gekleideter Mann in Westerland herumschleicht, der ehrbare Bürger beobachtet.«

»Wer hat Ihnen das erzählt?«, fragte Heye Buuß.

Dr. Nissen überlegte eine Weile, dann bedauerte er: »Ich weiß es nicht mehr …«

»Ist ja auch egal«, ging Dr. Pollacsek dazwischen. »Wir wissen, dass es auf Sylt einen solchen Mann gibt. Ich selbst habe gesehen, dass er mein Haus beobachtet hat.«

»Nun wissen Sie auch, warum«, meinte Dr. Nissen.

Der Kurdirektor fuhr sich verzweifelt durch die Haare. »Aber er gehört zum Gefolge der Königin! Wir können unmöglich in der Villa Roth eine Hausdurchsuchung durchführen.«

»Wenn er der Täter ist«, meinte Dr. Nissen nachdenklich, »kann man nichts machen. Die Königin zu brüskieren … das könnte böse Folgen für den Fremdenverkehr haben.«

»Es sei denn, wir wären uns unserer Sache sicher«, warf Heye Buuß ein. »Wenn wir Beweise hätten und noch dazu die Beute fänden …«

»Sie können nicht sicher sein«, sagte Dr. Nissen bestimmt. »Die Tatsache, dass dieser Mann auf Sylt herumschleicht und friedliche Leute bespitzelt, ist kein Beweis dafür, dass er Lohngelder stiehlt. Und wenn er die Beute nicht in der Villa Roth versteckt hat, sondern … irgendwo anders, dann sind Sie der Blamierte, Herr Buuß.«

Man sah dem Inselvogt an, dass ihm diese Rolle nicht gefiel. Er zog die Hosenträger in die Höhe und ließ sie auf seine Schultern zurückschnellen. »Wir müssen diplomatisch vorgehen.«

Dr. Pollacsek ahnte, was das bedeutete: Der Dichter würde ungeschoren davonkommen und er sein Geld nie wiedersehen.

»Ich werde mich umhören«, versprach Heye Buuß und hatte es nun eilig, sich zu verabschieden. »Aber ganz vorsichtig«, ergänzte er mit erhobenem Zeigefinger. »Wir können nur hoffen, lieber Pollacsek, dass ein diskretes Vorgehen noch möglich sein wird, nachdem Sie die Sache schon an die große Glocke gehängt haben …«

Julius Pollacsek stöhnte auf, als der Inselvogt das Haus verlassen hatte. »Das Geld kann ich abschreiben. Was soll ich den Leuten sagen, wenn sie heute ihren Lohn nicht bekommen?«

Dr. Nissen blickte ihn mitfühlend an. »Ein Haufen Geld, das Sie verloren haben! Aber einen Mann aus dem Gefolge der Königin bezichtigen? Noch dazu ohne Beweise?«

»Völlig unmöglich!«, antwortete Dr. Pollacsek. Kopfschüttelnd starrte er auf seine Schuhspitzen. »Dass ich den Kerl nicht gehört habe! Der hat eine Tür aufgebrochen!«

»Am anderen Ende des Hauses.«

»Aber dann ist er durchs Haus geschlichen. Er muss in meinem Schlafzimmer gewesen sein. Die Tresorschlüssel lagen auf meinem Nachttisch!«

»Sie hatten sehr viel Cognac getrunken.«

Dr. Pollacsek nickte schuldbewusst. »Wahrscheinlich habe ich deswegen so fest geschlafen.«

»Sie befanden sich in einer Ausnahmesituation«, erklärte Dr. Nissen verständnisvoll. »Sie fühlten sich bedroht, nachdem Sie die Schritte gehört hatten. Dann die Angst, dass der Kerl vor der Tür steht!«

»Aber dann die Erleichterung, dass Sie es waren«, ergänzte Pollacsek mit einem schiefen Grinsen.

Dr. Nissen gab das Lächeln zurück. »Und schließlich der Alkohol! Diese Aneinanderreihung führt nicht selten zu einem psychischen Zusammenbruch. Entweder bekommt man dann in der nächsten Nacht kein Auge zu, oder man schläft wie ein Stein.«

Pollacsek nickte. »So muss es gewesen sein.«

»Seien Sie froh, dass Sie geschlafen haben. Nicht auszudenken, wenn Sie aufgewacht wären. Womöglich hätten Sie sich dem Kerl in den Weg gestellt! Dann lebten Sie vermutlich nicht mehr.«

Prompt griff sich Julius Pollacsek wieder an den Magen.

Aber Dr. Nissen machte eine Bewegung, als wollte er seine Hand verscheuchen. »Es wird Ihnen von nun an gesundheitlich besser gehen. Die Gefahr ist vorüber. Der Kerl hat, was er will. Sie können aufatmen.«

Geesche war zu Jale gegangen und hatte nach dem Neugeborenen gesehen, obwohl sie eigentlich am Abend vorher den Tinkelstocker bereit gestellt hatte, um Schnüre und Borten zu klöppeln, mit denen sie die Tisch- und Bettwäsche für die Sommerfrischler schmücken wollte, die es in ihrem Hause so komfortabel wie möglich haben sollten.

Doch fürs Klöppeln brauchte man Konzentration und einen freien Kopf, damit die Arbeit von der Hand ging. Geesche aber wusste, dass ihr an diesem Tag nichts gelingen würde. Sie fühlte sich sogar zu schwach, um sich um die Wäsche zu kümmern. Eine Weile hatte sie das Waschholz in der Hand gehalten, mit dem die nasse Wäsche geschlagen werden musste, damit sie sauber wurde, dann wusste sie, dass sie es im Haus nicht aushalten würde. Schon immer war es so gewesen, dass sie zum Meer musste, wenn sie etwas quälte. Als Kind hatte sie am Strand gesessen, wenn sie Sehnsucht nach ihrem Vater gehabt und geglaubt hatte, ihn dort herbeiwünschen zu können, als junges Mädchen hatte sie Trauer, Glück, Verwirrung und Ungeduld zum Meer getragen, und später, als Andrees immer stiller und freudloser geworden war, war sie beinahe täglich durch die Dünen gegangen, um am Meer all die Fragen zu stellen, die Andrees nicht zu beantworten vermochte. Zwar war sie auch dort ohne Antworten geblieben, aber sie hatte doch Trost bekommen und eine innere Kraft und Ruhe, die sie in Andrees' Gegenwart nicht mehr fand.

Sie steckte ihre Haare fest an den Kopf, während sie die Dünen durchschritt, hinter denen der Wind lauerte, der über das Meer kam. Dann, auf dem höchsten Punkt des Strandübergangs, blieb sie stehen, wie sie es immer tat, und vertiefte sich in den Anblick, bevor sie zum Strand hinabstieg. Sommerlich war das Meer an diesem Tag, von einem schönen, kräftigen Blau, mit Kronen von schneeweißer Gischt. So schön, so rein und durchsichtig, so über alle Zweifel erhaben! Seit Jahrhunderten warf es seine Brecher auf den Sand, solange sie lebte, war es ein Teil von ihr. Auf das Meer war Verlass, es veränderte sich nicht. Es war mal ruhig, mal wütend, spielte manchmal mit kleinen hüpfenden Wellen, rollte sie dann wieder mit einem tiefen Grollen auf den Sand, immer aber gehörte es zu ihrem Leben wie die Luft zum Atmen. Vor sechzehn Jahren genauso wie heute.

Sie sah sich um, als suchte sie etwas. Antwort auf ihre Fragen, wie zu der Zeit, als Andrees ihr nichts mehr entgegnen konnte? Warum hatte Graf Arndt das Geheimnis verraten? Warum nach sechzehn Jahren des Schweigens? Warum nur, warum? Und was hatte es zu bedeuten, dass Marinus das Unrecht wiedergutmachen wollte, das in der Nacht begangen worden war, als Elisa und Hanna geboren wurden? Was würde er ihr sagen, wenn er das nächste Mal zu ihr kam? Würde er mit Vorwürfen kommen, mit Anschuldigungen, mit Forderungen? Warum war er zu Freda gegangen und nicht zu ihr?

Geesche beobachtete die Badewärterinnen, die die Badekarren ins Wasser zogen, in denen die Sommerfrischler ihre Kleidung gewechselt hatten und nun darauf warteten, direkt vom Badekarren ins Meer steigen zu können, ohne erst über den Sand und durchs seichte Wasser laufen zu müssen. Die Badewärterinnen waren Frauen meist fortgeschrittenen Alters, kräftig, derb, mit strengen Gesichtern. Sie trugen allesamt die Haare in der Mitte gescheitelt und im Nacken festgesteckt. Einige hatten Kopftücher darüber geschlungen, alle liefen sie barfuß. Ihre Kleider waren aus dunklem grobem Leinen gefertigt, mit langen Ärmeln, hohen Kragen und weiten Röcken. Darüber hatten sie Schürzen gebunden, die dem tristen Grau der Kleidung etwas Farbe gaben. Nachdem sie die Badekarren ins Meer gezogen hatten, halfen sie den Damen beim Umkleiden und sorgten für die Befestigung der Sicherheitsleine, damit niemand in eine Untiefe getrieben wurde. Diese Badwärterinnen hatten bisher zu den Ärmsten der Armen gehört. Mittellos zurückgebliebene Witwen, unverheiratete Frauen ohne Einkommen, die ehedem auf Gedeih und Verderb ihren Verwandten ausgeliefert gewesen waren. Frauen, deren Männer auf große Fahrt gegangen und nie zurückgekehrt waren. Jetzt hatten sie ein kleines Auskommen gefunden. Zwar bestand ihre Entlohnung nur aus Trinkgeldern, aber die meisten Badegäste waren großzügig, so dass immer mehr Frauen auf die Idee kamen, als Badewärterinnen zu arbeiten.

Wie sehr sich der Strand verändert hatte in den letzten Jahren! Im Sommer war es vorbei mit der mächtigen Stille und Einsamkeit, die Geesche früher hier gefunden hatte. Nun gab es den Pavillon am mittleren Strandübergang, Badekarren standen im Wasser, und sowohl das Herren- als auch das Damenbad verfügten über ein Badehaus. Ja, Dr. Pollacsek hatte wohl recht. Westerland war auf dem Weg zum Seebad.

Zögernd begann Geesche den Abstieg zum Strand. Wenn sie Sehnsucht nach ihrem Vater gehabt hatte, wenn die Fragen sie quälten, die Andrees nicht beantworten konnte, dann war sie stets allein am Strand gewesen. Jetzt aber musste sie ihn mit Fremden teilen und fragte sich, ob sie hier wirklich besser aufgehoben war als in ihrer Küche vor dem Tinkelstocker. Wie sollte sie hier Klarheit finden? Wie sollte sie hier verstehen, warum Graf Arndt seinen Schwur gebrochen hatte? Und wie mit ihrer Angst fertigwerden, dass Marinus ihr niemals verzeihen würde?

Die Familie von Zederlitz hatte sich in der Nähe des Strandpavillons niedergelassen. Die Gräfin saß in ihrem Strandkorb und blickte auf das Meer hinaus, während sie sich mit Dr. Nissen unterhielt, der vor ihr auf einem zierlichen Klappstuhl saß. Elisa vergnügte sich mit Hanna an der Wasserkante, wo sie ihre Stiefeletten den Wellen anbot und sie immer im allerletzten Augenblick vor ihnen rettete. Graf Arndt schien die Gelegenheit nutzen zu wollen, eine Weile allein zu sein. Mit kleinen Schritten entfernte er sich in Richtung der Dünen, blieb immer wieder stehen, sah zurück, betrachtete seine Frau, spazierte dann gemächlich weiter. Er schien die Einsamkeit zu suchen, ein Fleckchen in den Dünen zwischen den Büscheln des Strandhafers, wo er sich niederlassen und hoffen konnte, für eine Weile unsichtbar zu bleiben.

Zwar hatte Geesche in den vergangenen sechzehn Jahren kein einziges Mal mit ihm gesprochen, aber beobachtet hatte sie ihn oft und nun das Gefühl, ihn gut zu kennen. Mehr als einmal hatte sie ihn nachdenklich umherwandern oder in der Sonne sitzen sehen und sich gefragt, welchen Gedanken er nachhing. Wenn er sie bemerkte, hatte er höflich gegrüßt, aber niemals das Wort an sie gerichtet.

Er schien ihre Gegenwart nicht zu spüren, blickte nicht

hoch, sah nicht, dass sie über ihm stand, ungefähr auf der Hälfte des Strandübergangs. Oder war er absichtlich in diese Richtung gegangen? Wollte er ihr erklären, was er getan hatte? Und warum er es getan hatte?

Nein, diesen Gedanken verwarf sie gleich wieder, als sie sein Erschrecken sah, nachdem er sie bemerkt hatte. Es schien, als stünde nicht die Hebamme von Sylt vor ihm, sondern die leibhaftige Vergangenheit.

Doch er hatte sich schnell wieder in der Gewalt, lüftete grüßend seinen weißen Strohhut, ohne ein Wort zu sagen, und schickte sich an, in anderer Richtung davonzugehen.

Geesche musste ihren ganzen Mut zusammennehmen, bevor sie einen Schritt auf ihn zu machte. »Darf ich kurz mit Ihnen sprechen, Herr Graf?«

Er sah sie unwillig an. »Wenn es um meinen Bruder geht … ich werde seine Heiratspläne nicht unterstützen.«

Geesche sah ihn verwirrt an. Ahnte er wirklich nicht, welche Frage ihr auf den Lippen lag? Rechnete er nicht damit? Wie konnte er nun davon reden, dass Marinus sie heiraten wollte?

»Ich weiß, dass Sie seinen Antrag mehr als einmal abgelehnt haben«, fuhr Graf Arndt fort, »und ich finde Ihre Haltung sehr vernünftig. Unter den gegebenen Umständen ist eine Verbindung zwischen meiner Familie und Ihnen alles andere als wünschenswert.«

Geesche starrte ihn an. War das alles, was er ihr zu sagen hatte? Wollte er sie wirklich mit diesen Worten abspeisen?

Aber dann verstand sie plötzlich. Eine Veränderung ging im Gesicht des Grafen vor, ein so jäher Wandel vollzog sich auf seiner Miene, dass sie mit einem Schlage zu durchschauen glaubte, was sich zugetragen hatte. Als die Kälte der Zurückweisung seine Augen erreichte und sein Mund zu einer schmalen Linie wurde, als wollte er heftigere Worte in sich verschließen, begriff sie seine Abneigung. Nie vorher war ihr in den Sinn gekommen, dass er sie verabscheute! Geesche Jensen teilte ein Geheimnis mit ihm, das ihn alles kosten konnte, was ihm wichtig war. Und deswegen durfte sie durch die Heirat mit seinem Halbbruder niemals zur Familie gehören. Er hatte nur einen Ausweg gesehen, seinen Bruder von der Ehe abzubringen. Er hatte Marinus verraten müssen, warum er die Hebamme niemals heiraten dürfe. Um sie aus seinem Leben herauszuhalten, um der Vergangenheit niemals Macht über die Gegenwart zu geben, hatte er seinem Bruder das Geheimnis anvertraut, damit Marinus sie genauso verabscheute wie sein Bruder. Deswegen war er am Morgen nicht zu ihr gekommen! Deswegen war er zu Freda gegangen und nicht zu ihr!

»Nein, das war es nicht, worüber ich mit Ihnen reden wollte«, sagte Geesche und versuchte, ihrer Stimme einen festen Klang zu geben.

Graf Arndt betrachtete sie erstaunt. »Worüber dann?«

Geesche starrte ihn an, suchte nach Worten ... da ertönte eine energische Stimme in ihrem Rücken. »Gut, dass ich Sie treffe!«

Geesche fuhr herum und sah Heye Buuß entgegen, der den Strandübergang herunterkam. Als sie sich zurückwandte, konnte sie an Graf Arndts Gesicht ablesen, dass auch er den Inselvogt nicht bemerkt hatte.

Heye Buuß schien nicht auf die Idee zu kommen, dass er ein Gespräch gestört hatte. »Mir wurde ein Verstoß gegen die Sitte gemeldet. Angeblich ist ein Mann in den Dünen oberhalb des Damenbades gesehen worden!« Er sah erst den Grafen, dann Geesche freundlich an. »Haben Sie etwas bemerkt?«

Geesche schüttelte den Kopf, und Graf Arndt entgegnete kurzab: »Wie sollte mir etwas Derartiges auffallen, wenn ich mich hier im Bereich des Familienbades aufhalte?«

Heye Buuß lachte. »Das Geschrei muss so groß gewesen sein, dass es womöglich hier zu hören war.«

Graf Arndt schüttelte ärgerlich den Kopf, und Geesche überlegte sich, wie sie sich entfernen konnte, ohne unhöflich zu wirken. Dass sie das Gespräch mit Graf Arndt fortsetzen konnte, daran glaubte sie nicht mehr. Heye Buuß gehörte nicht zu den sensiblen Mitmenschen, die merkten, wenn ihre Anwesenheit unerwünscht war.

»Um alles muss man sich selber kümmern«, schimpfte er. »Als hätten wir keinen Kurdirektor! Aber der schert sich um gar nichts! Dabei ist er für Verstöße gegen die Sitte zuständig.«

»Er soll gesundheitliche Probleme haben«, versuchte Geesche einzuwenden.

Heye Buuß schien plötzlich ein Stück größer zu werden. »Wenn es das nur wäre!«, rief er und genoss die fragenden Blicke sowohl des Grafen als auch der Hebamme. »Sie haben wohl noch nichts von dem Diebstahl gehört? Dr. Pollacsek sind in der letzten Nacht die Lohngelder gestohlen worden! Zigtausende! Der Mann ist am Boden zerstört!« Heye Buuß nickte zum Strandkorb der Gräfin, die sich noch immer mit Dr. Nissen unterhielt und nun nicht mehr auf das Meer hinausblickte, sondern ihm interessierte Fragen zu stellen schien. »Dr. Pollacsek musste sogar nach dem Arzt rufen lassen.«

Geesche vergaß für ein paar Augenblicke die Fragen, die sie Graf Arndt stellen wollte, und auch er sah nun wissbegierig aus, obwohl noch vorher Überdruss auf seinem Gesicht erschienen war.

Lang und breit berichtete der Inselvogt von dem dreisten Verbrechen, schilderte jede Einzelheit und wurde besonders ausführlich, als er sich darüber beklagte, dass der Kurdirektor so unvorsichtig gewesen war, Zeter und Mordio zu schreien, als er den leeren Tresor gesehen hatte. »Besser wäre es gewesen, er hätte Stillschweigen bewahrt. Nun spricht sich der Raub in Windeseile herum, und es ist nicht mehr möglich, vorsichtige Nachforschungen anzustellen.«

Graf Arndt runzelte die Stirn. »Was meinen Sie damit?«

Heye Buuß versicherte, dass er gegen einen Sylter, der in Verdacht stand, einen Diebstahl begangen zu haben, erbarmungslos vorgehen würde. »Schließlich wollen wir, dass sich unsere Badegäste auf Sylt wohlfühlen.« Dann kam er behutsam darauf zu sprechen, dass sich hochgestellte, reiche und vornehme Gäste auf der Insel aufhielten, die von Menschen begleitet wurden, denen sie vertrauten, die dieses Vertrauen jedoch nicht verdienten. »Wie sollen wir mit denen ins Gericht gehen?«

Graf Arndt wich einen Schritt zurück. Das unverständliche Gerede des Inselvogts schien ihn zu ärgern. »Wollen Sie behaupten, einer der Badegäste hätte den Diebstahl begangen?«, fragte er ungehalten.

Heye Buuß wies diese Verdächtigung mit vielen Worten zurück und betonte, dass es nur um unwürdige Begleiter von hochkultivierten Badegästen gehen könne. »Tatsächlich ist da jemand in Verdacht geraten, der sich zuvor auffällig benommen hat.«

Graf Arndt vergrößerte den Abstand zwischen sich und dem Inselvogt noch weiter. »Ich verstehe, dass Sie nicht darüber sprechen können. Selbst, wenn Sie einen konkreten Verdacht haben, dürfen Sie ihn selbstverständlich nicht aussprechen, solange es keine Beweise gibt.«

Heye Buuß sah ihn betreten an. Augenscheinlich hatte er mehr auf die Neugier des Grafen als auf dessen Diskretion gesetzt. Doch so schnell wollte er sich nicht geschlagen geben. Geesche konnte ihm ansehen, dass er seinen Verdacht unbedingt loswerden wollte.

Nun begann er sogar zu flüstern, als wiege eine Anschuldigung leichter, wenn sie nur schwer zu verstehen war. »Es gibt da einen merkwürdigen Mann, der sich zurzeit auf Sylt aufhält. Fatalerweise in der Gesellschaft der Königin, so dass ihm schwer beizukommen ist.«

Nun wurde der Blick des Grafen verächtlich. »Sie wollen behaupten, ein Begleiter der Königin habe den Diebstahl begangen?«

Heye Buuß hob beide Hände und rief laut und deutlich: »Behaupten? Um Himmels willen!« Aber prompt senkte er seine Stimme wieder. »Allerdings verhält er sich merkwürdig. Er schleicht herum, habe ich mir sagen lassen, und er trägt immer schwarze Kleidung. Finden Sie das nicht auch befremdlich?«

In den Augen des Grafen glomm ein Lächeln auf. »Ja, er verhält sich gelegentlich etwas absonderlich«, bestätigte er und nickte zum Dünenkamm hoch. »Ioan Bitu ist Lyriker und beobachtet die Menschen gern. Gestern Abend hat er mir erklärt, dass das Studium der Menschen Grundlage seiner Arbeit ist.«

Heye Buuß folgte seinem Blick, und auch Geesche sah sich um und starrte zu den Dünen hinauf. Der Mann im schwarzen Mantel wäre kaum zu sehen gewesen, wenn er helle Kleidung getragen und blondes Haar gehabt hätte. Im weißen Sand jedoch waren seine schwarzen Haare leicht zu erkennen, und der Saum seines schwarzen Mantels flatterte gelegentlich auf, wenn der Wind danach griff. Er saß im Dünengras, die Beine von sich gestreckt, auf beide Ellbogen gestützt, schien aufs Meer zu blicken und nicht zu bemerken, dass am Fuß des Strandübergangs drei Menschen auf ihn aufmerksam geworden waren.

»Er hat mir erklärt«, fuhr Graf Arndt fort, »dass die Natur, die er in seinen Gedichten beschreibt, immer vom Menschen abgeleitet wird und es deswegen nicht ausreicht, die Natur zu betrachten, sondern vor allem den Menschen, der die Natur formt und von sich abhängig macht.« Als Heye Buuß und Geesche sich wieder zu ihm umdrehten, lächelte Graf Arndt. »Es war ein sehr interessantes Gespräch.«

»Gestern Abend, sagen Sie?«, stieß Heye Buuß hervor.

Graf Arndt nickte. »Herr Roth hatte zu einem Herrenabend ins ›Strandhotel‹ eingeladen.«

Heye Buuß schien die Luft anzuhalten. Anscheinend hatte er zunächst mit der Erkenntnis zu tun, dass er, der Inselvogt, nicht hinzugebeten worden war, dann stieß er hervor: »Können Sie mir sagen, wie lange dieser Mann sich mit Ihnen im ›Strandhotel‹ aufgehalten hat?«

Graf Arndt lächelte so arglos, als verstünde er nicht, warum Heye Buuß den rumänischen Lyriker verdächtigte. »Leider war er sehr schnell betrunken«, erklärte er leichthin. »Er hat viel von seiner Frau gesprochen, die bei der Geburt des ersten Kindes gestorben ist. Herr Roth hat uns erklärt, dass Ioan Bitu ihren Tod nie verwunden hat. Immer, wenn er von ihr spricht, betrinkt er sich. Das war natürlich sehr unangenehm.« Graf Arndts Lächeln vertiefte sich, als machte es ihm Spaß, den Verdacht des Inselvogts zu zerstreuen. »Wir haben schließlich den Hausdiener der Villa Roth kommen lassen, damit er den Dichter nach Hause bringt. Er war nicht mehr in der Lage, allein zurückzugehen, derart betrunken war er.«

Heye Buuß drehte sich erneut um und warf dem schwarzen Mann, der noch immer bewegungslos in den Dünen hockte, einen finsteren Blick zu. »Nicht, dass ich mir vorstellen könnte, ein Begleiter der Königin habe die Lohngelder gestohlen«, rang er sich ab, »aber das Verhalten dieses Mannes …«

Er sprach den Satz nicht zu Ende, da der Graf ihn mit einem kurzen Nicken unterbrach. »Wer sich anders als alle anderen verhält, muss nicht unbedingt ein Krimineller sein. Sie entschuldigen mich?«

Geesche sah, dass eine Ader an der Schläfe des Inselvogts anschwoll, während er Graf Arndt nachblickte, der auf einen jungen Mann zuging und ihn überaus freundlich begrüßte. Die Höflichkeit des Grafen unterschied sich so deutlich von der Geringschätzigkeit, die er dem Inselvogt entgegengebracht hatte, dass sie für Heye Buuß noch schwerer wog. Die Wut über diese Kränkung trieb ihm die Röte ins Gesicht.

Graf Arndt ging erfreut auf Alexander von Nassau-Weilburg zu, dessen Erscheinen es ihm ermöglicht hatte, sich dem Gespräch mit der Hebamme und dem Inselvogt zu entziehen.

Heye Buuß war ihm nicht sympathisch, und mit Geesche Jensen wollte er nicht reden. Nie wieder hatte er ihr so nah gegenübergestanden, und er merkte nun, dass er diese Konfrontation in den letzten sechzehn Jahren aus gutem Grunde vermieden hatte. Er wollte ihre Stimme nicht hören und ihr nicht in die Augen blicken. Schlimm genug, dass er sich ihr auf Sylt nicht ganz entziehen konnte, aber sie sollte ihm nicht mit irgendwelchen Fragen kommen! So wenig er Heye Buuß mochte, so war er doch froh, dass sein Erscheinen ein längeres Gespräch mit der Hebamme verhindert hatte. Und nun konnte er zum Glück beiden entkommen, da das Erscheinen des jungen Fürsten selbstverständlich Vorrang hatte.

Er schüttelte Alexander von Nassau-Weilburg die Hand und versicherte ihm, dass er sich sehr freue, ihn zu treffen. Der Fürst versicherte das Gleiche, und die beiden Herren lächelten sich voller Sympathie an, beide gut aufgehoben und zufrieden in den erlernten Artigkeiten, die manchmal hemmten, aber immer auch Sicherheit versprachen und für Wohlbefinden sorgten.

Nach einer kurzen Konversation über das Wetter, das Wohlergehen der Königin und den zu erwartenden Zuwachs des Sylter Fremdenverkehrs gab Arndt dem jungen Mann die Gelegenheit, auf sein eigentliches Anliegen zu sprechen zu kommen. Denn dass Fürst Alexander nicht zum Strand gekommen war, um ihn zu sehen, konnte er sich denken.

»Darf ich Sie bitten, einen Spaziergang mit Ihrer Tochter machen zu dürfen?«, fragte Alexander von Nassau-Weilburg.

»Selbstverständlich!« Graf Arndt sah sich um, dann runzelte er die Stirn. »Ich habe Elisa noch vor einer Weile mit ihrer Gesellschafterin an der Wasserkante gesehen.«

»Ihre Frau Gemahlin«, antwortete Alexander eifrig, »hat mir verraten, dass sie zu einem Spaziergang in den Dünen aufgebrochen ist. Zusammen mit ihrer Gesellschafterin. Gestatten Sie, dass ich den beiden Damen folge?«

Der Graf gab lächelnd die Erlaubnis und sah dem jungen Fürsten wohlgefällig nach, wie er mit großen Schritten auf den Strandübergang zulief und dabei versuchte, sich seine Eile nicht anmerken zu lassen. Ein netter junger Mann! Nicht nur eine gute Partie für Elisa, sondern auch ein Ehemann, dem man sie anvertrauen konnte.

Arndt ging zu seiner Frau und freute sich über ihr zufriedenes Gesicht. Sie rechnete vermutlich schon jetzt fest damit, dass Alexander von Nassau-Weilburg bald um Elisas Hand anhalten würde. Tatsächlich sah alles danach aus, dass der junge Fürst großes Interesse an ihrer Tochter hatte.

Graf Arndt gab Rosemarie ein Zeichen, damit sie einen weiteren Klappstuhl holte, dann setzte er sich neben Dr. Nissen und bedankte sich bei ihm dafür, dass er seine Frau so vortrefflich unterhalten hatte.

Während Leonard Nissen versicherte, dass das Gespräch mit der Gräfin das reinste Vergnügen gewesen sei, nahm Graf Arndt sich vor, dass nach Elisas Heirat Schluss sein musste mit den Sommermonaten auf Sylt. Er würde das Haus verkaufen oder es Marinus anbieten, falls der ihm verzeihen konnte, was er im Eifer seiner Rechtfertigungen zu ihm gesagt hatte. In der letzten halben Stunde war es ihm wieder so recht bewusst geworden, dass die Insel ihre Schuldigkeit getan hatte. Er wollte der Hebamme nicht noch einmal von Angesicht zu Angesicht gegenüberstehen.

»Dr. Nissen hat mir gerade eine ungeheure Geschichte erzählt«, berichtete Katerina, und Graf Arndt sah verwundert ein kleines, aber doch deutlich sichtbares Flämmchen der Sensationslust in ihren Augen flackern. »Dem Kurdirektor sind in der vergangenen Nacht sämtliche Lohngelder gestohlen worden. Ein Vermögen!«

Graf Arndt nickte. »Ich habe es gerade vom Inselvogt erfahren. Schrecklich!«

Er ließ ein paar angemessene Augenblicke der Erschütterung

verstreichen, in denen ihm einfiel, dass auch Marinus zu denen gehörte, die heute vergeblich auf ihren Lohn warten mussten, und dass sein Bruder womöglich gezwungen sein würde, ihn um Geld zu bitten. Ob seine Großzügigkeit die brüderliche Liebe zurückholen konnte? Oder ob alles noch schlimmer wurde, wenn Marinus vor Augen geführt wurde, dass Arndt ihm als der legitime Spross ihres gemeinsamen Vaters überlegen war?

»Schrecklich!«, wiederholte er und zwang sich, an nichts anderes als an den Diebstahl der Lohngelder zu denken. »Und kein Hinweis auf den Täter!«

»So kann man das nicht sagen«, entgegnete Dr. Nissen. »Es gibt einen Verdacht. Ich habe zufällig am Abend vorher eine Beobachtung gemacht. Ein Mann, der um das Haus des Kurdirektors schlich. Nur leider ...«

»Es gibt keine Beweise«, ergänzte Katerina, und die Flamme in ihren Augen schien noch ein wenig heller.

Erstaunt betrachtete Graf Arndt seine Frau. Dass er immer wieder etwas Neues an ihr entdeckte! Es war wie ein kleines Wunder für ihn. Dass sie an einem Skandal Interesse haben könnte, hätte er bis zu diesem Tag nie für möglich gehalten.

Er hörte sich Dr. Nissens Erzählung an, ohne Katerina aus den Augen zu lassen. Dann wandte er sich Dr. Nissen zu und sagte: »Der Inselvogt hat mir ebenfalls von dem Verdacht berichtet. Aber ... wenn Sie einen Mann mit schwarzen Haaren und in schwarzer Kleidung gesehen haben, kann es nicht der rumänische Lyriker gewesen sein. Ich habe Heye Buuß gesagt, dass ich den ganzen Abend mit Ioan Bitu verbracht habe. Anscheinend gibt es noch andere Menschen auf Sylt, die schwarze Haare und einen schwarzen Bart haben und sich so kleiden wie er.«

Nun loderte es geradezu in Katerinas Augen. »Oder jemand hat diese Ähnlichkeit absichtlich herbeigeführt, um den Verdacht auf den Begleiter der Königin zu lenken!«

Graf Arndt betrachtete die winzige Locke, die der Wind aus der kunstvollen Frisur seiner Frau gelöst hatte und die sich nun über ihrem linken Ohr bewegte wie ein Insekt mit durchsichtigen Flügeln. Dass sie es nicht bemerkte und nicht sofort nach Eveline rief, damit das Dienstmädchen die Locke wieder feststeckte, erzeugte in ihm ein Staunen, das er nach einer so langen Ehe nicht mehr für möglich gehalten hätte. Die Liebe, die er in Momenten wie diesem empfand, machte ihn glücklich, aber auch so schwach, dass er sich manchmal wünschte, eine reine Vernunftehe eingegangen zu sein. Dann wäre er nie in Versuchung geraten, etwas Unrechtes zu tun.

Graf Arndt stand auf und sah auf das Meer hinaus, als langweilte ihn das Gespräch. Er hatte recht daran getan, nie wieder mit der Hebamme zu reden und ihr, so gut es möglich war, aus dem Weg zu gehen. Diese Begegnung vor wenigen Minuten hatte es ihm gezeigt. Sie hatte ihm nicht gutgetan. Er spürte wieder die Last der Vergangenheit auf seinen Schultern, von der er manchmal glaubte, er hätte sie abgeschüttelt.

Und wieder sagte er sich, dass Schluss sein musste mit Sylt. Irgendwie musste es ihm gelingen, es Katerina zu erklären.

»Ich bin glücklich«, sagte Elisa und schmiegte sich an Ebbos Seite. »Und ich werde glücklich bleiben, weil ich die Erinnerung an dich habe. Niemand wird sie mir nehmen können.«

»Vielleicht geht der Kelch an uns vorüber«, meinte Ebbo, »und er wird nicht um deine Hand anhalten.«

»Wenn nicht er, dann ein anderer.«

Elisas Worte kamen hell und klar, sogar unbekümmert und leicht, während Ebbo mürrisch sprach und seine Stimme voller Auflehnung war. Ebbo wollte ihr nicht glauben. Oder er konnte es nicht. Vielleicht lag es daran, dass sie eine Dünenlandschaft durchschritten, deren Schönheit er nicht erkannte, weil er nie etwas anderes gesehen hatte. Er nahm sie nicht in sich auf wie Elisa, verband den Augenblick nicht mit ihrem Anblick und fand ihn deshalb nicht erträglicher als jeden anderen heimlichen Moment, dem immer auch die Angst innewohnte.

Elisa jedoch konnte den Blick auf die Dünenlandschaft trotz der Schwermut genießen. Der weiße Sand funkelte unter der Sonne, der Himmel stand in einem klaren Blau über ihnen, das Dünengras wiegte sich, an einigen Stellen waren die Dünen von Kartoffelrosen überwuchert. Für Elisa war diese Welt zu schön, um traurig zu sein, und die Gegenwart zu zerbrechlich, um sie der Zukunft auszusetzen.

Sie hätten auf dem Kamm der Düne weiterlaufen können, den Strand tief unter sich, das Meer vor sich, den Möwen ganz nah, aber sie zogen es vor, in ein Dünental hinabzusteigen, wo sie sich allein fühlen konnten.

Elisa drehte sich zu Hanna um, die in dem nachgiebigen Sand Schwierigkeiten hatte, ihnen zu folgen. »Machen wir es so wie immer?«

Hanna nickte und blieb zurück. Als Elisa sich noch einmal umdrehte, sah sie, wie Hanna mühsam wieder aus dem Dünental herausstieg und schließlich auf der Kliffkante stehenblieb und sich umsah.

»Geh ein Stück zurück!«, rief Ebbo ihr zu. »Dann hast du einen guten Überblick. Und gib rechtzeitig Bescheid, wenn du jemanden kommen siehst.«

Ebbo zog sein Hemd aus und breitete es über einem kleinen Rund aus, das dicht von Dünengras umwachsen war. Es war nicht groß genug, um sich auszustrecken, aber ein Plätzchen, das ihnen allein gehörte. Zärtlich küsste er Elisa, und sie schlang ihre Arme um seinen Hals, als wollte sie sich an ihm festhalten.

Schließlich schob Ebbo sie sanft von sich. »Du hast Angst?«

»Du meinst … vor der Zukunft?« Sie sah ihn so lange an, bis er zögernd nickte.

»Nein«, sagte sie dann. »Wovor soll ich Angst haben? Ich wusste, dass ich irgendwann einen Mann heiraten muss, der zu mir passt.«

»Kein armer Fischer«, meinte Ebbo niedergeschlagen. »Wäre ich ein Fürst …«

»… dann könnte ich dich vielleicht nicht lieben.«

Ebbo verstand, was sie sagen wollte. »Dann wäre ich wohl so geworden wie Alexander von Nassau-Weilburg.«

Elisa nickte. »Ganz nett, aber nichtssagend. So lange geschliffen, bis es keine Ecken und Kanten mehr gibt. So oft mit Meinungen bedrängt, bis keine eigene mehr hervorgebracht werden kann.«

»Aber perfekt in der Etikette«, ergänzte Ebbo und grinste schief.

Elisa hauchte ihm einen Kuss auf die Schläfe. »Doch ich wüsste bis heute nicht, wie das wahre Leben aussieht.«

»Weißt du das wirklich?«

Elisa zögerte, dann antwortete sie: »Du hast recht, ich weiß nicht viel davon. Ich habe es nie am eigenen Leib erfahren, das wirkliche Leben. Aber durch dich habe ich es wenigstens gesehen. Ich bin froh, dass du es mir gezeigt hast.«

Ebbo warf sich auf den Rücken und zog Elisa auf seine Brust. So fest umfing er sie mit seinen starken Armen, dass sie leise aufschrie.

»Du kannst mich nicht festhalten«, rief sie lachend und rollte sich von seinem Körper herunter. Ihr Gesicht wurde ernst. »Obwohl es wunderbar wäre.«

Ebbo warf einen Blick zurück. »Hoffentlich passt Hanna gut auf.« Dann beugte er sich über Elisa, hielt sie mit seinen Lippen fest, mit seinen Händen, seinen Worten, mit alle seiner Liebe und Verzweiflung. Und Elisa ließ sich von ihm halten, ließ seine Hände fragen, die Fingerspitzen bitten und seine Zunge wagen …

Erst als plötzlich Sand auf sie herab rieselte, schreckten sie in die Wirklichkeit zurück. Ebbo richtete sich auf und blickte hoch.

»Ist da oben jemand?« Elisa wagte nicht hinaufzuschauen, sah nur in Ebbos Gesicht und beobachtete in seinen Augen, ob sich eine Gefahr näherte.

Erleichtert sah sie, dass Ebbo den Kopf schüttelte. »Wenn sich jemand angeschlichen hätte, müsste Hanna es bemerkt haben.« Er wandte sich in die Richtung, in die seine Schwester davongegangen war, und rief leise: »Hanna?« Und als keine Antwort kam, etwas lauter: »Hanna!«

Als sich auch diesmal nichts rührte, zuckte er mit den Schultern, legte sich an Elisas Seite und bedeckte ihre Brüste mit seinen Händen. »Sie wird ein Stück zurückgegangen sein, um rechtzeitig zu sehen, wenn jemand vom Strand hochkommt.«

»Das tun nur wenige«, versuchte Elisa sich zu beruhigen. »Die meisten bleiben am Wasser.«

Wieder löste sich Sand über ihren Köpfen und rieselte herab. Zu wenig, um sich Sorgen zu machen, aber zu viel, um unbesorgt zu bleiben.

»Ist da oben etwa jemand, der uns bobachtet?«, fragte Ebbo flüsternd.

»Den hätte Hanna bemerkt«, raunte Elisa zurück.

»Ich sehe mal nach ihr«, beschloss Ebbo und wollte sich gerade erheben, als sie die Bewegung des Schattens sah. Hannas Schatten? Warum hörten sie dann ihre Stimme nicht? Wenn Hanna zurückkam, dann um Ebbo und Elisa zu warnen. Doch dieser Schatten war größer und breiter als Hannas, er näherte sich nicht hastig, wie es Hannas Schatten getan hätte, wenn sie gekommen wäre, um ihnen einen Wink zu geben. Nein, er näherte sich langsam, sogar vorsichtig, wie es schien, kam zum Stillstand, wuchs dann jedoch heran.

»Wer kann das sein?«, flüsterte Ebbo. »Wo, zum Henker, ist Hanna?«

Die Angst machte Elisa schwach, ihre Hände zitterten, ihr

ganzer Körper vibrierte. Wo war Hanna? Der Schweiß brach ihr aus, Übelkeit stieg in ihr auf, ihr Hals wurde eng, ein Schluchzen nahm ihr die Luft. Wo war Hanna?

Elisa hatte ihr Mieder noch nicht wieder geschlossen, als sie den Mann sah, der dort auftauchte, wo Hanna auf ihre Sicherheit achten sollte. Er starrte so lange auf sie herab, bis sie endlich ihr Mieder zugehakt und den Rock über die Knie gezogen hatte. Dann erst wandte er sich ohne ein Wort um und verschwand.

Über ihren Köpfen gab es einen Wirbel, viel Sand rieselte herab. Wären Ebbo und Elisa zu einem klaren Gedanken fähig gewesen, hätten sie sich fragen müssen, ob tatsächlich jemand über ihnen im Dünengras gelegen und sie beobachtet hatte. Aber in ihren Köpfen hatte keine andere Frage Platz als die, die Ebbo aussprach: »War er das?«

Elisa nickte. Ihre Antwort war kaum zu verstehen. »Das war Alexander von Nassau-Weilburg.«

XIV.

Geesche wusste, es blieb ihr nichts anderes übrig, als zu warten. Irgendwann würde Marinus kommen und sie zur Rede stellen. Und wenn er nicht kam, würde es so sein wie damals bei Andrees. Dann hatte sie ihn verloren. Dann wollte er sich ihre Erklärungen nicht anhören, dann hatte er sein Urteil längst gefällt.

Unruhig ging sie von der Küche in den Flur, von dort in die Wohnstube und wieder zurück. Zum ersten Mal wünschte sie sich, Hanna würde sie ablenken. Aber die verbrachte den Tag am Strand, um Elisa von Zederlitz die Zeit zu vertreiben. Wenn Freda doch kommen würde! Aber sie hatte Dr. Nissens Zimmer längst geputzt und alles hergerichtet, was er brauchte, wenn er am Abend vom Strand zurückkehrte. Im Winter, bevor die Sommergäste nach Sylt gekommen waren, hatte auch

Ebbo oft einen Besuch bei ihr gemacht, aber der lag vermutlich auf irgendeiner Düne im Gras und verschlang die junge Comtesse mit seinen Blicken.

Geesche seufzte. Hoffentlich musste Freda nie die ganze Wahrheit erfahren. Was hatte Marinus sich nur dabei gedacht, Freda Geld anzubieten? Er hätte sich sagen müssen, dass er damit Fragen heraufbeschwor, die nicht zu beantworten waren. Oder ... wollte er etwa, dass sie beantwortet wurden? Würde er am Ende von Geesche verlangen, dass sie Freda die ganze Wahrheit sagte? Dazu war es zu spät. Das musste er einsehen!

Sie trat aus dem Haus und ging zu einer alten Holzbank, die selten benutzt wurde. Neben der Haustür gab es eine frisch lackierte, die sie jeden Morgen sorgfältig säuberte, damit ein Feriengast darauf Platz nehmen konnte, ohne seine Kleidung schmutzig zu machen. Am Eingang des Kohlgartens jedoch stand diese alte Bank, auf die sie sich setzte, wenn sie Gemüse putzte oder ein Huhn rupfte. Dort fühlte sie sich jetzt sicherer als vor dem Haus, wo jeder Besucher und jeder Vorübergehende sie sofort sehen konnte. Sie wollte mit niemandem reden, nur mit Marinus. Vielleicht gab er ihr die Chance zu erklären, warum sie damals so gehandelt hatte ...

Sie wusste nicht, wie lange sie so gesessen hatte, als endlich Schritte aufs Haus zukamen. Das leise Gackern der Hühner und das Zischen der Gänse hatten sie eingelullt, das Säuseln des Windes, das Krächzen der Möwen und gelegentlich eine Stimme, die aber weit genug entfernt gewesen war, um nicht aufhorchen zu müssen. Die Schritte jedoch, die sie jetzt hörte, würden nicht vorübergehen, sie kamen auf sie zu. Noch bevor sie Marinus sah, wusste Geesche, dass er es war, der zu ihr kam. Nun erschien schon sein Oberkörper auf dem Steinwall, der ihr Grundstück umgab. Er trug den Kopf hoch, sein Blick war auf die Haustür gerichtet, als hoffte er, Geesche würde darin erscheinen, um ihn willkommen zu heißen. Seine Augen lächelten ...

Geesche sprang auf. Ja, seine Augen lächelten! Er hatte ihr also bereits verziehen. Oder … er würde es tun, wenn sie ihm erklärte, wie es zu dem gekommen war, was sie heute so bitter bereute.

Marinus bemerkte sie, als er vor der Haustür angekommen war und zur Klinke greifen wollte. Und als er sich zu ihr umdrehte, lächelte auch sein Mund. »Hast du auf mich gewartet?«

»Ich habe schon heute Morgen auf dich gewartet.«

Er sah sie zerknirscht an. »Tut mir leid. Ich hatte heute Morgen etwas Wichtiges zu erledigen.«

»Ich weiß, du hast Freda Geld gebracht.« Sie nahm seinen Arm und zog ihn zu der Bank, auf der sie gesessen hatte, um auf ihn zu warten. »Sie war bei mir und hat es mir gezeigt. Natürlich versteht sie nicht, warum du ihr so viel Geld gibst.«

Marinus, der sich zunächst bereitwillig hatte mitziehen lassen, wurde nun steif und befreite sich aus Geesches Händen. »Wirklich nicht?«, fragte er, als er neben Geesche saß. »Wenn sie es nicht wusste, so muss sie es doch geahnt haben.«

Geesche sah ihn erstaunt an. »Nein, sie hat keine Ahnung! Woher auch?«

»Was für eine Frage!«

Nun hielt Geesche es nicht mehr auf der Bank. Sie sprang auf, ging vor Marinus hin und her und versuchte, ihn nicht anzusehen, um sich ganz auf ihre Worte, auf ihre Erklärungen und Rechtfertigungen konzentrieren zu können. »Ich konnte nicht widerstehen, als dein Bruder mir das viele Geld anbot. Andrees hätte sich sein eigenes Boot kaufen können. Alles wäre gut geworden. Er wäre wieder glücklich gewesen, und wir hätten heiraten können.« Sie blieb vor Marinus stehen, sah ihm eindringlich ins Gesicht und fragte sich, warum er sie anstarrte wie eine Spukgestalt. »Der Graf liebt seine Frau über alles. Er wollte, dass sie endlich ein gesundes Kind bekam. Natürlich wünschte er sich auch selbst ein gesundes Kind, aber …

ich glaube, das Glück seiner Frau ist ihm wichtiger als sein eigenes.«

Warum starrte Marinus sie an, als hätte sie etwas gesagt, was er noch nicht wusste? Warum wuchs in seinem Blick etwas heran, das wie ein großes Staunen aussah, wie ein plötzliches Verstehen, wie eine jähe Erkenntnis und ein großer Schreck?

»Hanna ist also wirklich die Tochter meines Bruders?«, fragte er so leise, dass sie ihn kaum verstehen konnte.

Aber sie machte sich keine Gedanken darüber, dass seine Stimme zitterte. Sie hörte nur die Bestätigung, den Beweis, dass Graf Arndt tatsächlich das Geheimnis preisgegeben hatte.

»Ja, aber Freda weiß es nicht. Deswegen versteht sie auch nicht, warum du ihr Geld gegeben hast!«

Nun erhob auch Marinus sich. So groß, breit und stark stand er vor Geesche, dass sie plötzlich Angst überfiel. Angst vor Marinus? Unmöglich! Angst vor ... einem großen Fehler? Vor dem zweiten großen Fehler ihres Lebens?

»Arndt hatte kein Verhältnis mit Freda Boyken?«, fragte Marinus.

Nun wusste Geesche, dass es die Angst vor einem großen Fehler gewesen war. Diesmal hatte das Schicksal sie nicht gewarnt, so wie vor sechzehn Jahren. Verzweifelt versuchte sie in Marinus' Augen zu lesen, wie es zu diesem Fehler gekommen war. Sie verstand seine Frage nicht. »Wie ... kommst du darauf?«

Aber Marinus antwortete nicht. In seinem Gesicht arbeitete es, seine Augen waren voller Fragen und gleichzeitig voller Antworten. Dennoch wusste Geesche, dass er ihr selbst das Antworten nicht ersparen würde. Zum ersten Mal in ihrem Leben würde sie aussprechen müssen, was vor sechzehn Jahren, in der Sturmnacht, in der zwei Mädchen geboren wurden, geschehen war. In der Nacht, in der das Schicksal sie gewarnt hatte, in der sie die Warnung in den Wind geschlagen hatte.

»Als der Graf das verkrüppelte Mädchen sah, war er verzweifelt. Endlich ein Kind, das lebte, das gesund genug war, um zu überleben! Aber mit einer so schweren Missbildung, dass es der Gräfin das Herz gebrochen hätte.«

Marinus löste sich aus seiner Erstarrung und ließ sich zurück auf die Bank fallen. »Er hat dir viel Geld geboten, damit du die Kinder vertauschst?«

»Sehr viel Geld.«

»Elisa ist eigentlich die Tochter eines armen Fischers?« Er stieß einen Seufzer aus, so rau und durchdringend wie ein Schrei. »Und Hanna ist eigentlich eine reiche Comtesse?«

Er sprang wieder auf, und Geesche sah, dass seine Augen voller Tränen waren. »Wie konntest du so etwas tun? Wie konntest du dich dafür hergeben?«

»Das Geld hätte Andrees' Leben gerettet!«, rief Geesche verzweifelt.

Marinus stürmte an ihr vorbei, blieb dann aber wie angewurzelt stehen und drehte sich zu ihr um. Was war das in seinen Augen? Etwas, was Geesche noch nie gesehen hatte. Hass? Verachtung?

»Und ich dachte, ich liebe dich«, stieß er hervor. »Wie konnte ich glauben, dass ich so eine Frau lieben kann? Eine Frau, die etwas so Schreckliches tut?« Er sah aus, als wollte er Geesche vor die Füße spucken. »Ich verachte dich. Dich und meinen Bruder!«

Nun lief er davon, als wäre der Teufel hinter ihm her. Der Haustür gegenüber, dort, wo sich der Steinwall öffnete, wandte er sich noch einmal um und schrie zurück: »Komm mir nie wieder unter die Augen! Ich will nichts mehr mit dir zu tun haben!«

Die Welt hörte auf, sich zu drehen, die Möwen verstummten, der Wind erreichte das hohe Gras zu Geesches Füßen nicht mehr. Das eisige Schweigen in ihrem Innern verhüllte sie, legte sich dann zu ihren Füßen, breitete sich in ihrem Garten aus, schien sie von der ganzen Insel zu trennen. Das Schweigen hatte erst ein Ende, als eine Stimme fragte: »Ist das sicher? Du heiratest Marinus Rodenberg nicht?«

Geesche blickte Hanna an, ohne zu antworten. Sie dachte nicht einmal über eine Antwort nach. Der einzige Gedanke, der ihr durch den Kopf ging, war, dass Hannas Gesicht weder spöttisch noch schadenfroh war. Seltsam!

Gräfin Katerina von Zederlitz hatte sich von ihrem Dienstmädchen die Haare bürsten und sich dabei helfen lassen, das Taftkleid überzuziehen, das sie abends am liebsten trug. Als Rosemarie den letzten Knopf geschlossen hatte, sagte Katerina freundlich: »Es ist gut, du kannst nach Hause gehen.«

Das Dienstmädchen knickste und ging zur Tür. Aber gerade als Rosemarie die Klinke herunterdrücken wollte, wurde sie von der Stimme der Gräfin zurückgehalten. »Du denkst daran, dass du morgen länger bleiben musst? Wir sind zum Dinner bei der Königin eingeladen. Die Frisuren werden viel Zeit in Anspruch nehmen, vor allem die meiner Tochter.«

Rosemarie knickste erneut und versicherte, sie wolle ihr Bestes geben.

»Und natürlich musst du uns zur Hand gehen, wenn wir zurückkommen«, ergänzte Gräfin Katerina.

»Selbstverständlich«, antwortete Rosemarie, der die Arbeit bei der Gräfin jedes Opfer wert war.

»Dafür kannst du morgen später mit der Arbeit anfangen«, fügte Gräfin Katerina an, und Rosemarie knickste so tief, dass sie beinahe den Halt verloren hätte.

Sie gab Eveline die Klinke in die Hand, die sich erkundigen wollte, ob die Gräfin irgendwelche Wünsche habe, die noch vor dem Schlafgehen erfüllt werden sollten.

Gräfin Katerina verneinte und entließ auch dieses Dienstmädchen in den Feierabend. »Ich muss noch mit meiner Tochter besprechen, welches Kleid sie morgen tragen wird und welche Frisur.«

»Die Comtesse ist noch wach.«

»Ist die Gesellschafterin bei ihr?«

»Ja, ich habe Hannas Stimme noch vor wenigen Minuten gehört. Sie hat am Nachmittag weißes Band für die Comtesse besorgt, ist aber bald zurückgekehrt.«

Gräfin Katerina verabschiedete Eveline mit einer Handbewegung, die in jedem ihrer Dienstmädchen Bewunderung hervorrief und trotz vieler Versuche bisher von keinem nachgeahmt worden war. »Es ist gut, Eveline.«

Als das Mädchen sie verlassen hatte, stand Katerina auf und ging zum Fenster. Sie brauchte nicht lange zu warten, da sah sie eine Bewegung in der Nähe des Tores und dann einen Schatten, der in den Lichtkegel fiel, den die Sturmlaterne auf den Eingang warf. Wie nervös Arndt war! Irgendetwas beschäftigte ihn so sehr, dass er keine Ruhe fand. Warum sprach er nicht mit ihr darüber? Katerina spürte von Tag zu Tag deutlicher, dass ihr Mann etwas vor ihr verbarg. Anscheinend wartete er auf Marinus. Was mochte Arndt bedrücken, das er nur mit seinem Bruder besprechen konnte?

In Katerina stieg eine Sorge auf, die ihr so fremd war, dass sie doppelt schwer wog. Auf Arndt von Zederlitz war bisher stets Verlass gewesen. Ein integerer Mann, immer loyal den Menschen gegenüber, die zu ihm gehörten. Nun aber gab es etwas, das er nicht mit ihr teilen wollte.

Sie beugte sich vor, um besser sehen zu können, aber jetzt war Arndt nirgendwo mehr zu entdecken. Sie lauschte ins Haus. Nein, das Geräusch der Eingangstür war nicht zu hören.

Nun sah sie Rosemarie und Eveline, die das Haus durch eine Seitentür verlassen hatten, durchs Tor gehen. Sie hörte ihre Stimmen und ihr Lachen bis in die erste Etage. Vermutlich hatte Arndt sich in die Dunkelheit zurückgezogen, um von den beiden nicht bemerkt und nicht zu belanglosen freundlichen Worten genötigt zu werden.

Katerina schüttelte die Angst ab, die nach ihr greifen wollte, und verließ das Zimmer, um zu ihrer Tochter zu gehen. Dass Hanna Boyken sich dort aufhielt, gefiel ihr nicht, aber die Frage, warum sie die Gegenwart dieses verkrüppelten Mädchens nur schwer ertrug, schüttelte sie genauso schnell ab wie ihre Sorge um ihren Mann.

Als Katerina das Zimmer ihrer Tochter betrat, sah sie Hanna neben Elisa auf dem Bett sitzen. Im selben Moment verspürte sie wieder die Abneigung und wusste, dass sie in ihr rumoren würde, bis Hanna aus dem Haus war. Ein Unwohlsein wie damals, als ihre Gouvernante ihr immer wieder Grießpudding vorgesetzt hatte, obwohl sie ihn nicht mochte und ihr jedes Mal übel geworden war, wenn sie ihn vor sich stehen hatte. Doch es half nichts. Ihr Mann wollte dieses junge Mädchen als Gesellschafterin für seine Tochter.

»Lass mich mit meiner Tochter allein«, sagte sie und ignorierte, dass Hanna so erschrocken vom Bett aufsprang, dass sie ins Straucheln geriet und beinahe hingefallen wäre.

Hanna verabschiedete sich hastig und war trotz ihrer Behinderung schon aus dem Zimmer, ehe die Gräfin die Beanstandung ausgesprochen hatte, die nicht nur für Elisas Ohren, sondern vor allem für Hannas bestimmt gewesen waren. »Ich mag diese Vertraulichkeiten mit dem Personal nicht«, sagte sie und wies auf die Bettdecke genau auf die Stelle, wo Hanna kurz vorher gesessen hatte.

Elisa, die sonst immer aufbegehrte, wenn Hanna kritisiert oder in ihre Schranken verwiesen wurde, schwieg. Sie nickte nur, drehte ihrer Mutter den Rücken zu und suchte in ihrem Nachtkästchen nach einem Taschentuch.

»Hast du geweint?«, fragte die Gräfin streng.

Elisa schüttelte den Kopf. Aber als sie ihrer Mutter das Gesicht zuwandte, sah sie so blass und mitgenommen aus, dass die Gräfin erschrak. »Was ist mit dir?«

»Ich fühle mich nicht wohl«, gab Elisa zurück.

»Dann müssen wir Dr. Nissen kommen lassen! Du musst

morgen aussehen wie das blühende Leben. Das Dinner der Königin! Es könnte über deine Zukunft entscheiden.«

»Am liebsten würde ich zu Hause bleiben«, sagte Elisa. »Ich glaube, ich werde krank.«

Katerina griff an die Stirn ihrer Tochter. »Hast du Fieber?« Aber sie beantwortete die Frage gleich selbst. »Nein! Was ist es dann?«

»Übelkeit, Kopfschmerzen ...«

»Alles gleichzeitig?« Die Gräfin ging nervös im Zimmer hin und her. »Hättest du das nicht vorher sagen können? Jetzt ist kein Dienstbote mehr im Haus. Wer soll dir einen Tee kochen?« Sie riss die Tür auf und rief Hannas Namen. »Bist du noch da?«

Hannas Stimme antwortete klein und verzagt, als hoffte sie, nicht gehört zu werden. »Ja, ich bin hier.«

»Sieh nach, ob es in der Küche noch ein Feuer gibt. Die Comtesse braucht einen Beruhigungstee.« Sie drückte die Tür wieder ins Schloss, ohne auf Hannas Antwort zu warten. »Du wirst die Tischdame von Alexander von Nassau-Weilburg sein. Dass du krank zu Hause bleibst, das ist völlig ausgeschlossen.«

»Sonst sagst du immer, ich soll nicht so offen zeigen, wie robust ich bin.«

Die Gräfin betrachtete ihre Tochter, und die Liebe zu Elisa nahm ihr für einen Moment den Atem. Sie sah sich selbst als junges Mädchen im gleichen Alter vor ihrer ersten Begegnung mit Graf Arndt von Zederlitz und glaubte zu wissen, was in Elisa vorging. Vorsichtig ließ sie sich neben ihr nieder, genau dort, wo vorher Hanna gesessen hatte, und legte den Arm um ihre Schultern. Dass Elisa Anstalten machte, von ihr abzurücken, versuchte sie nicht zur Kenntnis zu nehmen. Sie wusste, dass sie kein Recht hatte, verletzt zu reagieren.

Elisa war Zärtlichkeit nicht gewöhnt. Katerina selbst war von ihrer Mutter niemals umarmt, geküsst oder gehätschelt worden. Liebkosungen verweichlichten ein Kind nur, hatte ihre Mutter ihr später erklärt, als sie zum ersten Mal schwanger gewesen war. In ihrem Stand kam es auf Disziplin an, und die konnte nicht dort entstehen, wo geherzt, getröstet oder gar nachgegeben wurde. Doch Katerina konnte sich gut erinnern, dass sie sich an dem Tag, an dem sie zum ersten Mal Arndt von Zederlitz begegnen sollte, nach dem Zuspruch ihrer Mutter gesehnt hatte und viel dafür gegeben hätte, sich in ihre Arme schmiegen zu dürfen.

»Ich weiß, wie du dich fühlst«, sagte sie leise. »Aber glaub mir … dein Vater und ich hätten Alexander von Nassau-Weilburg nicht für dich ausgesucht, wenn wir fürchten müssten, dass es dir bei ihm schlecht ergeht. Du bist das Kostbarste, was wir haben, Elisa. Ich werde nie den Moment vergessen, in dem die Hebamme dich in meine Arme legte.« Gräfin Katerina holte tief Luft, um das Schamgefühl wegzuatmen, das sie nicht kannte, weil sie bisher niemals über etwas so Intimes und Primitives wie die Entstehung des menschlichen Lebens gesprochen hatte. »Ich möchte eine glückliche Zukunft für dich. Du sollst so zufrieden sein, wie ich selbst in meiner Ehe geworden bin. Und ich hoffe, dass du nicht so lange auf ein gesundes Kind warten musst wie ich.«

Ein feiner Schmerz zerriss Katerinas Herz, von dem sie wusste, dass er Glück hieß. Und zum ersten Mal stellte sie sich die Frage, warum sie zugelassen hatte, dass Elisa sich nicht mehr in ihre Arme schmiegte, seit sie dem Kleinkindalter entwachsen war.

»Wir wollen nur dein Bestes«, ergänzte sie hilflos.

Sie spürte, dass Elisa nickte, und genoss das satte Gefühl, etwas pädagogisch Wertloses, aber dennoch Richtiges getan zu haben. Doch nur so lange, bis Elisa sich von ihr löste und sie in den Augen ihrer Tochter lesen konnte, dass sie nichts bewirkt hatte. Trauer und Verzweiflung waren noch immer nicht aus Elisas Blick verschwunden.

Dr. Nissen merkte gleich, dass etwas anders war. Er hielt die Augen geschlossen, wusste aber, dass der Morgen bereits angebrochen war, spürte die Sonne, die durchs Fenster fiel, auf seiner Haut und merkte, dass der Insel ein warmer Sommertag bevorstand.

Was anders war, wurde ihm klar, als er vor dem Haus jemanden nach Geesche Jensen rufen hörte und keine Antwort kam. Nun wusste er, dass er Geesches schnelle Schritte vermisste, die Geräusche, die aus der Küche drangen, und das leise Summen, mit dem sie den Tag zu begrüßen pflegte.

»Geesche!« Es war eine Männerstimmte, die rief.

Ein Mann, dessen Frau in den Wehen lag? Er hörte es an der Tür klopfen, dann das raue Quietschen der Klinke.

»Geesche? Bist du da?«

Vorsichtige Schritte bewegten sich durch den Flur und verschwanden in der Küche. Nur kurz, dann kehrten sie zurück. Die Tür öffnete sich erneut ... und Dr. Nissen hörte andere Schritte, die ihm mittlerweile vertraut waren. Tohk-tik, tohk-tik.

»Moin, Hanna«, hörte er die männliche Stimme erneut. »Weißt du, wo Geesche ist?«

»Ist sie nicht in der Küche?«, fragte Hanna zurück.

»Nein, da habe ich nachgesehen.«

»Sie müsste längst mit dem Frühstück begonnen haben.«

Dr. Nissen stand auf, erledigte hastig seine Morgentoilette, dann ging er in die Küche, wo Hanna gerade seine Getreidegrütze anrührte. »Moin, Hanna! Wo ist Frau Jensen?«

Hanna drehte sich nicht zu ihm um, als sie antwortete: »Weiß ich nicht. Vielleicht am Meer. Sie geht immer zum Meer, wenn sie Probleme hat.«

»Sie hat Probleme?« Dr. Nissen zog selbst den Tisch von der Wand, was Geesche sonst immer schon erledigt hatte, wenn er zum Frühstücken erschien, und rückte zwei Stühle an den Tisch, als hoffte er darauf, dass Geesche bald zurückkommen und ihm bei der ersten Mahlzeit des Tages Gesellschaft leisten würde. Er betrachtete Hanna, die sich Mühe gab, die Arbeit nachzuholen, die Geesche längst hätte erledigen müssen. Ihr Körper schwankte von einer Seite der Feuerstelle zur anderen, jeder ihrer Schritte war so mühsam, dass Leonard Nissen wegschauen musste, weil er kein Mitleid mit Hanna Boyken haben wollte.

Sie ließ sich Zeit mit einer Antwort, goss kochendes Wasser auf die Teeblätter, dann erst wandte sie sich um und sagte: »Ich habe gestern gehört, dass Schluss ist mit Marinus Rodenberg. Er hat gesagt, er will nichts mehr mit ihr zu tun haben.«

Dr. Nissen starrte sie ungläubig an. »Stimmt das wirklich?«

»Er hat gesagt, sie soll ihm nie wieder unter die Augen kommen.«

Hanna löste sich von der Feuerstelle, kam zu ihm an den Tisch und stellte sich so dicht vor ihn, als wäre es ihre Absicht, ihn zu bedrängen. Es war Dr. Nissen unangenehm, auf die Stelle ihrer Schürze zu starren, wo sie sich schon häufig die Hände abgewischt hatte, und ihren Körpergeruch wahrzunehmen. Er war nicht unangenehm, aber er wollte auf keinen Fall wissen, wie Hanna Boyken roch.

Er erhob sich, damit er auf sie herabsehen konnte. »Haben die beiden sich gestritten?«

Hanna ging zur Feuerstelle zurück. »Jedenfalls werden sie nicht heiraten.« Sie setzte die Teekanne auf den Tisch und stellte die Kluntjes und frische Milch daneben. »Sie zahlen mir so viel wie meine Mutter in drei Monaten bei Geesche verdient. So war es abgemacht.«

Leonard Nissen lachte verächtlich und setzte sich wieder. »Ich habe gesagt, das bekommst du, wenn du dafür sorgst, dass die beiden nicht heiraten. Hast du dafür gesorgt?«

»Sie haben gesagt, das bekomme ich, wenn die beiden nicht heiraten.«

»Unsinn! Warum sollte ich dich dafür bezahlen, dass die beiden sich streiten und trennen?«

Hanna bedachte ihn mit einem Blick, der in Dr. Nissen viele unangenehme Fragen erzeugte. Ohne um Erlaubnis zu bitten, setzte sie sich zu ihm an den Tisch, was ihn dermaßen ärgerte, dass er es wiederholte: »Es gibt kein Geld, wenn du nichts dafür getan hast.«

Nun wurde es plötzlich still in der Küche. Eine Fliege summte gegen die Fensterscheibe, das Holz in der Feuerstelle knackte, eine weit entfernte Stimme war zu hören und dann der Flügelschlag einer Möwe, die sich vor dem Küchenfenster niederließ, um etwas aufzupicken. Dr. Nissen hatte Mühe, die Stille zu ertragen, aber er war entschlossen, sich weder von ihr noch von Hanna Boykens Blick irremachen zu lassen.

Schließlich fragte Hanna: »Sie wollen Geesche nun heiraten?«

Dr. Nissen nickte. »Wenn sie meinen Antrag annimmt.«

Hannas kleine Augen musterten ihn mit einer Garstigkeit, die ihm Angst machte. Aber da er sicher war, dass sie genau das beabsichtigte, ließ er sich seine Gefühle nicht anmerken. Er, Dr. Leonard Nissen, sollte sich von einem boshaften jungen Mädchen einschüchtern lassen?

»Ich werde dafür sorgen, dass aus Ihrer Heirat nichts wird«, sagte Hanna in diesem Augenblick. »Wenn Sie mir das Geld nicht geben, so wie es vereinbart war, bekommen Sie Geesche nicht.«

Dr. Nissen lachte. »Das steht nicht in deiner Macht.«

Hanna erhob sich, nahm den Deckel der Teekanne ab, um die Stärke des Suds zu überprüfen, dann goss sie Dr. Nissen den Tee ein. »Haben Sie schon gehört, dass Dr. Pollacsek sämtliche Lohngelder aus dem Tresor gestohlen worden sind?«

Dr. Nissen nickte erstaunt. »Warum fragst du?«

Aber Hanna antwortete nicht. Sie wünschte ihm einen guten Appetit und verließ die Küche. Dr. Nissen lauschte auf ihre Schritte. Er rechnete damit, dass sie sich in sein Zimmer begab, um dort für Ordnung zu sorgen, aber er hörte, dass sie in die Wohnstube ging und von dort in den Pesel. Was machte sie da? Am Marzipan naschen? Dr. Nissen wäre ihr gerne gefolgt, um sie heimlich zu beobachten. Aber er dachte diesen Gedanken nicht einmal zu Ende. Hanna Boyken fühlte er sich nicht gewachsen. Vermutlich war es ein Fehler gewesen, ihr das Geld zu verweigern. Es hatte sich nicht gelohnt, sich für diesen winzigen Triumph mit ihr anzulegen. Hanna Boyken durfte man nicht zur Feindin haben.

Ob es wirklich in ihrer Macht stand, seine Heirat mit Geesche Jensen zu verhindern? Wollte sie verraten, dass er heimlich in den Pesel gegangen war und in die Schublade gesehen hatte, in der Geesche das Marzipan aufbewahrte? Nein, das würde vielleicht für eine Irritation bei Geesche Jensen sorgen, sie aber nicht daran hindern, seinen Antrag anzunehmen, vorausgesetzt, eine Heirat mit ihm kam für sie in Frage.

Wenn er jetzt in sein Zimmer ging, das Geld herausholte, was nicht nur drei, sondern vier Monatsgehältern ihrer Mutter entsprach und es ihr gab mit den Worten, er habe es nicht so gemeint? Doch Dr. Nissen machte sich keine Illusionen. Hanna Boyken hatte ihren Stolz, sie würde das Geld nicht nehmen. Jetzt nicht mehr! Und er hätte, wenn er es versuchen sollte, seinen eigenen Stolz damit fahren lassen. Was mit dem Stolz geschehen würde, wenn Hanna das Geld ablehnte, mochte er sich gar nicht ausmalen.

Ein Geräusch kam aus dem Pesel, das Dr. Nissen nicht kannte. Es war nicht durch die Lade entstanden, in der Geesche das Marzipan aufbewahrte, so viel stand fest. Ein neues Geräusch, eins, das er noch nie gehört hatte, das auf Holz entstanden war, begleitet von einem rauen Quietschen, als bewegten sich Scharniere, die lange nicht geölt worden waren, dann ein Rascheln wie von Papier. Er schob die Getreidegrütze zur Seite, ihm war der Appetit vergangen. Warum hatte Hanna den Raub der Lohngelder erwähnt? Dass sie ihm etwas ganz Bestimmtes damit sagen wollte, dessen war er sich sicher. Aber was?

Dr. Nissen zermarterte sich das Gehirn, kam aber zu keinem Ergebnis. Schließlich verbannte er diese Überlegung mit einem energischen Kopfschütteln aus seinen Gedanken. Viel wichtiger war die Frage, wie es ihm gelingen konnte, Geesche Jensen dazu zu bewegen, seinen Heiratsantrag anzunehmen.

Der Tag war kaum ein paar Stunden alt, da hatte Graf Arndt seine Frau bereits mehrmals belogen. Als sie ihn fragte, wann er am Abend zuvor endlich schlafen gegangen und warum er so lange vor dem Haus auf und ab gegangen sei, hatte er behauptet, er habe sich kurz nach ihr zur Ruhe begeben. Die Abendluft habe ihm gutgetan, danach habe er gut schlafen können. Und als Marinus nicht im Esszimmer erschienen war, hatte er behauptet, sein Bruder habe ohne Frühstück das Haus verlassen, weil er früh zu Vermessungsarbeiten nach Hörnum aufbrechen musste. Als er dann später seinen Strohhut aufsetzte und nach seinem Stock griff, hatte er Katerina weisgemacht, er wolle Dr. Pollacsek seine Aufwartung machen, um ihm sein Mitgefühl wegen des Diebstahls auszusprechen. Das kam der Wahrheit wenigstens nahe. Tatsächlich wollte er zu Dr. Pollacsek, allerdings aus einem anderen Grunde. Er hoffte, dort seinen Bruder anzutreffen. Die ganze Nacht hatte er überlegt, wo Marinus nächtigen könnte, und war schließlich zu der Ansicht gekommen, dass das Haus des Kurdirektors groß genug war, um einem seiner Ingenieure Obdach zu gewähren. Eine Übernachtung in einem Hotel konnte Marinus sich nicht leisten, und dass er sich um eins der wenigen Privatzimmer bemühte hatte, die es auf Sylt mittlerweile gab, konnte Arndt sich nicht vorstellen. Marinus Rodenberg war mittlerweile als Bruder des Grafen auf der Insel bekannt und würde sich Fragen gefallen lassen müssen, die ihm nicht behagen konnten.

Aber natürlich würde auch Dr. Pollacsek Fragen stellen. Und das war der zweite Grund, warum Graf Arndt den Kurdirektor aufsuchen wollte. Er musste herausfinden, was sein Bruder verraten hatte. Und dann würde er Dr. Pollacsek zu der Einsicht bringen müssen, dass Marinus aufgrund eines bedauerlichen Missverständnisses zu der Ansicht gekommen war, Graf Arndt habe vor fast siebzehn Jahren bei einem Besuch auf Sylt ein Kind mit einer anderen Frau gezeugt. Arndt wusste, dass er sehr überzeugend sein konnte, und war voller Hoffnung, dass man ihm glauben würde. Schließlich war sein Ruf untadelig, auf ganz Sylt wusste jeder, dass er ein guter Ehemann und Vater war, während Marinus …

Graf Arndt stöhnte auf und schob den Rest des Gedankens beiseite. Dass Marinus nicht nur der Sohn eines Grafen, sondern auch der Bankert eines Dienstmädchens war, daran durfte er nicht einmal denken. Es gab viel, was er richtigstellen und wiedergutmachen musste! Er hatte nicht nur seinen Bruder von der Idee abzubringen, dass Hanna seine Tochter war, er musste auch erreichen, dass er ihm verzieh. Dann erst würde er wieder zur Ruhe kommen.

Er ging die Süderstraße hinab. Gelegentlich begegneten ihm Frauen, die zu ihren Weiden oder Feldern unterwegs waren, einmal wurde er von einem Fuhrwerk überholt, das eine Menge Staub aufwirbelte und ihm eine Weile die Sicht nahm. Als der Schleier sich senkte und die Straße wieder klar vor ihm lag, sah er die Gestalt am Ende des Weges. Und er wusste sofort, dass es sein Bruder war, der auf ihn zukam. Seine kräftige Gestalt, die großen Schritte, die Arme, die er beim Gehen vom Körper abspreizte, die leicht gebeugte Haltung. Marinus' Mutter hatte nicht darauf geachtet, dass ihr Sohn so aufrecht ging, wie es sich für den Abkömmling eines Grafen gehörte, Marinus kam so breitbeinig daher wie die Landarbeiter auf dem Gut der von Zederlitz.

Arndt sah gleich, dass Marinus im Freien genächtigt hatte. Obwohl er sich augenscheinlich den Sand abgeklopft hatte, haftete er dennoch sowohl an seiner Kleidung als auch in seinen Haaren. Er blickte zu Boden, während er auf Arndt zuging, obwohl er seinen Bruder längst bemerkt und erkannt hatte. Aber er sah erst auf, als er nur noch wenige Meter von Arndt entfernt war, und schien zu überlegen, ob er stehen bleiben oder wie ein Fremder an ihm vorbeigehen sollte.

Arndt verzichtete auf die Frage, woher sein Bruder kam, warum er nicht in seinem Bett geschlafen hatte. Er wünschte ihm nur kurz einen guten Morgen und sah darüber hinweg, dass Marinus ihm eine Entgegnung schuldig blieb. »Es tut mir leid, Marinus, was ich zu dir gesagt habe. Ich kann dich nur noch einmal bitten, mir zu verzeihen. Natürlich bist du nicht der Bankert eines Dienstmädchens, du bist mein Bruder! Ich entschuldige mich in aller Form bei dir und bitte dich, mir die Hand zur Versöhnung zu reichen.«

Graf Arndt streckte sie Marinus entgegen, aber der legte beide Hände demonstrativ auf den Rücken. »So einfach ist das nicht«, sagte Marinus, und die Kälte in seinen Augen ließ Graf Arndt trotz des warmen Sommermorgens frieren. »Ich kenne nun die ganze Wahrheit.«

Graf Arndt starrte seinen Bruder an, die Gedanken jagten durch seinen Kopf. Was meinte Marinus?

Bevor er die Frage stellen konnte, ergänzte sein Bruder: »Ich habe mit Geesche gesprochen. Sie war der Meinung, dass ich bereits die ganze Wahrheit kenne, und hat sie deshalb arglos ausgesprochen.« Nun wurde sein Stimme dunkel vor Enttäuschung, Wut und Verachtung. »Aber mein Bruder hat es ja vorgezogen, mich zu belügen.«

»Ich habe nicht gelogen, ich habe geschwiegen«, verteidigte Graf Arndt sich.

Nun begann Marinus zu schreien. »Du hast dir ein gesundes Kind gekauft! Du hast deine leibliche Tochter der Armut überlassen, weil sie nicht so war, wie du sie haben wolltest.«

Auch Graf Arndt, der noch nie in seinem Leben einen Menschen angeschrien hatte, hob seine Stimme. »Ich habe es aus

Liebe zu Katerina getan. Sie wäre an einem verkrüppelten Kind zerbrochen.«

»Und was ist mit der armen Fischersfrau? Kommt es auf sie nicht an?«

Der Graf hatte sich nun wieder in der Gewalt. Er zog seine Manschetten aus den Ärmeln und strich über den Kragen seiner Jacke, als sei er von Marinus tätlich angegriffen worden und habe es nötig, sein äußeres Erscheinungsbild zu korrigieren. »Natürlich weiß ich, dass es nicht richtig war, was ich getan habe. Es war die pure Verzweiflung, die mich dazu getrieben hat. Da lagen zwei kleine Mädchen vor mir, eins gesund und kräftig, das andere mager und verkrüppelt. Ich hatte die Chance, Katerina ein gesundes Kind in den Arm zu legen. Ich konnte sie endlich glücklich machen! Kannst du das nicht verstehen?«

»Nein!«, brüllte Martinus.

»Die Hebamme brauchte Geld! Ihr Verlobter verfiel von Tag zu Tag mehr der Schwermut. Sie wollte ihn retten, indem sie ihm ein eigenes Boot kaufte.«

»Sie hat ihn nicht gerettet.«

»Das konnte niemand voraussehen.«

Marinus drehte sich um, als könnte er den Anblick seines Bruders nicht mehr ertragen. »Du musst das Unrecht wiedergutmachen«, sagte er, ohne Arndt anzusehen.

»Ich kann es nicht«, antwortete Arndt gequält. »Wie soll ich Freda Boyken entschädigen, ohne ihr zu erklären, warum ich es tue?«

Nun fuhr Marinus zu ihm herum. »Du wirst es ihr erklären«, schrie er seinem Bruder ins Gesicht. »Wenn du es nicht tust, werde ich diese Aufgabe übernehmen.«

»Nein, Marinus!«

»Diesen Schritt will ich dir entgegengehen. Du darfst die Wahrheit selbst aussprechen. Tust du es nicht …«

Arndt unterbrach ihn aufgeregt. »… dann zwingst du mich?«

Marinus nickte. »Du wirst Hanna erklären, dass du ihr Vater bist. Du wirst Elisa erklären, dass sie eigentlich in die armselige Kate einer bitterarmen Witwe gehört! Und du wirst Katerina erklären, dass die Gesellschafterin ihrer hübschen, gesunden Tochter das Kind ist, das sie vor sechzehn Jahren zur Welt gebracht hat.«

Graf Arndt war blass geworden. »Das kannst du nicht von mir verlangen.«

»Wenn du es nicht tust, werde ich es erledigen.« Marinus gab einen Laut von sich, der wohl ein verächtliches Lachen sein sollte. »Wie hat unser Vater oft gesagt? Wenn man einen Fehler begangen hat, muss man dafür geradestehen.«

»Er hat auch gesagt, wir sollen nichts tun, was andere Menschen unglücklich macht.«

»Du hast es getan.«

»Aber das Unglück würde um ein Vielfaches größer, wenn ich versuchte, meine Entscheidung von damals rückgängig zu machen.« Graf Arndt machte einen Schritt vor, um seinen Bruder zu berühren, nach seiner Hand zu greifen oder ihm zumindest so nah zu sein, wie man keinem Fremden nahekam. »Stell dir Katerinas Unglück vor! Elisas Unglück! Freda Boykens Unglück!«

»Ich stelle mir Hannas Glück vor, wenn sie hört, dass sie die Tochter eines Grafen ist. Die Tochter eines reichen Mannes, der ihr Schuhe kauft, mit denen sie besser laufen kann. Der sie mit schönen Kleidern für ihr schweres Schicksal entschädigt.«

»Glaubst du wirklich, dass sie das nach sechzehn Jahren noch glücklich machen kann? Sie wird nur daran denken, dass sie so lange darauf warten musste.«

Graf Arndt hatte nicht gemerkt, dass ihm die Tränen gekommen waren. Erst als sie über seine Wangen liefen, schluchzte er auf und wischte sie mit einer so hilflosen Geste weg, dass sein Bruder ihn betroffen ansah. Nicht mehr hasserfüllt, nicht mehr vorwurfsvoll, sondern wieder so wie ein Bruder.

Schweigen breitete sich zwischen ihnen aus, aber Arndt konnte daran glauben, dass es sie nicht mehr trennte. Verbinden konnte es sie nicht, aber es war doch etwas, was hinüberreichte von einem zum anderen. Erst als es zur Last zu werden drohte, sagte er: »Ich habe es mir leichter vorgestellt, Hanna zu begegnen. Genau genommen habe ich in der Nacht, in der die beiden Mädchen geboren wurden, gar nicht daran gedacht, dass ich würde zusehen müssen, wie Hanna aufwächst. Es war schwer. Und es wird von Jahr zu Jahr schwerer.«

»Erwarte kein Mitleid von mir.« Schon war es wieder da, die Kälte, das Schneidende, die Zurückweisung.

»Das erwarte ich nicht. Aber eins erwarte ich: dass du mir glaubst, wenn ich dir sage, dass ich das alles für Katerina getan habe. Nicht für mich.«

Marinus wollte etwas entgegnen, und Arndt sah seiner Antwort besorgt entgegen ... da veränderte sich plötzlich der Gesichtsausdruck seines Bruders. Sein Blick, der über die Dünen gewandert war, weil er Arndt nicht ansehen wollte, blieb nun an einem Punkt haften. Die Wut verschwand aus seiner Miene, der Schmerz, der sich dort ausbreitete, trat auf Arndt über und machte aus seinem drückenden Schuldbewusstsein etwas Unerträgliches. Ohne genauer hinzusehen, wusste er, dass es die Hebamme war, die durch die Dünen ging.

Als sie die beiden Männer bemerkte, stockte sie, und Arndt glaubte schon, sie wollte zurück zum Strand fliehen. Aber dann richtete sie sich kerzengerade auf und setzte ihren Weg fort. Eine schöne, stolze Frau! Arndt gestand sich zum ersten Mal ein, dass sie gut zu seinem Bruder passte.

Fragend sah er Marinus an, aber der schüttelte den Kopf und drehte Geesche mit einer solchen Nachdrücklichkeit den Rücken zu, dass es Arndt wehtat. »Du kannst ihr genauso wenig verzeihen wie mir?«, fragte er leise.

»Ihr noch weniger«, gab Marinus bitter zurück. »Sie hat es aus Geldgier getan.«

»Du tust ihr Unrecht«, gab Graf Arndt zurück. »Sie hat es getan, um ihrem Verlobten zu helfen.«

Doch im selben Moment waren wieder der Hass da, die Bitterkeit und die Verzweiflung. »Was ihr getan habt, kann ich euch beiden nicht verzeihen. Dir nicht! Und Geesche auch nicht!«

Als Geesche zurückkehrte, wusste sie, was geschehen musste. Hatte es, als sie dem Meer den Rücken zuwandte, noch ein kleines Aufbegehren in ihr gegeben, das Suchen nach einer Lösung, die sie weniger schwer treffen würde, so wusste sie in dem Augenblick, als sie Marinus mit seinem Bruder sah, dass sie nun für ihre Schuld bezahlen musste. Es gab jetzt einen Mitwisser, durch das Schweigen war das Schicksal nicht mehr zu lenken. Die Vergangenheit war allgegenwärtig, das musste sie einsehen. Sie hatte sich locken lassen von einem Irrtum, dabei wäre es ein Leichtes gewesen, die Schuld dahinter zu verstecken. Aber sie war vom Schicksal geblendet gewesen und hatte übereifrig nach der Wahrheit gegriffen und sie Marinus entgegengehalten. Damit war der Augenblick gekommen, den ihr das Wetterleuchten in der Sturmnacht vor sechzehn Jahren prophezeit hatte.

Von da an sah sie nicht mehr auf. Wenn sie jemandem begegnete, der ihr einen Gruß zuwarf, erwiderte sie ihn zwar, aber sie blickte niemandem ins Gesicht. Sie sah auch nicht in die Wolken oder den Möwen nach, sah nicht ins Wetter, fragte sich nicht, ob der Tag mit einem Gewitter enden könnte, und gönnte weder den üppigen Blumen hinter einem Steinwall noch der verdorrten Weide daneben einen Blick.

Als Freda vor ihr erschien, schrak sie zusammen. »Suchst du nach mir?«

Freda betrachtete sie erstaunt. »Hanna sagt, du warst zur Frühstückszeit nicht zu Hause.«

Geesche nickte. »Ich musste raus. Zum Meer! Hanna hat die Arbeit allein geschafft?«

Freda bestätigte es. »Elisa von Zederlitz braucht sie heute nicht, weil sie sich auf eine Einladung in die Villa Roth vorbereiten muss. Aber … ich habe mir Sorgen gemacht.«

»Das brauchst du nicht. Es ist alles in Ordnung.«

Freda zögerte, dann fragte sie: »Hast du mit Marinus Rodenberg gesprochen?«

Geesche sah Freda nicht an, als sie antwortete: »Behalt das Geld. Versteck es gut, dann hast du was für schlechte Zeiten.«

»Es soll wirklich mir gehören?«

Geesche berührte ihren Arm, am liebsten hätte sie Freda an sich gezogen, so überwältigt war sie plötzlich von ihren freundschaftlichen Gefühlen.

»Warum?« Freda konnte dem unverhofften Reichtum noch immer nicht trauen.

»Frag nicht«, entgegnete Geesche. »Warum sollst du nicht mal Glück haben?«

Dann schenkte sie Freda ein warmes Lächeln und verabschiedete sich von ihr. Sie war sicher, dass Freda ihr verwundert nachblickte, aber sie drehte sich nicht um. Sollte Freda ihr Glück für eine Weile genießen! Die Sorgen würden zu ihr zurückkehren, wenn sie hörte, was Geesche vorhatte. Das Geld von Marinus würde ihr dann über die erste Zeit hinweghelfen, bis sie einen neuen Gelderwerb gefunden hatte. Vielleicht sollte man ihr empfehlen, es als Badewärterin zu versuchen.

Geesche war froh, als sie Dr. Nissen im Garten sitzen sah. Ohne zu zögern, ging sie zu ihm. »Ich muss mit Ihnen reden.«

Leonard Nissen sah sie erstaunt an. »Worum geht es?«

Geesche ging ihm voraus ins Haus, zögerte noch immer nicht, als sie in die Wohnstube trat und von dort in den Pesel ging.

Dr. Nissens verwunderte Stimme folgte ihr. »Was ist geschehen, Frau Jensen?«

Sie antwortete nicht, sondern öffnete die Lade, in der sie das Marzipan verwahrte, holte es heraus und legte es auf den Tisch.

Dann setzte sie sich und bot Dr. Nissen einen Platz an. »Heute ist ein besonderer Tag. Ich möchte das Marzipan nicht allein essen.«

Dr. Nissen schien zu spüren, dass in diesem Moment über ein Schicksal entschieden werden sollte. Vielleicht sogar über sein eigenes. Augenblicklich trat ein feierlicher Ernst in sein Gesicht. Nervös strich er über sein glatt rasiertes Kinn, als wollte er überprüfen, ob sein Rasiermesser sorgfältig gearbeitet hatte. Ohne etwas zu sagen, sah er Geesche an und wartete auf weitere Erklärungen.

Sie ließ ihn warten, ohne recht zu wissen, warum. Nachdem sie Marinus mit seinem Bruder gesehen hatte, war sie, zufrieden mit ihrer Entscheidung, mit aller Entschlossenheit zurückgegangen. Warum zauderte sie jetzt? Vielleicht, weil sie Leonard Nissen nicht nur sagen, sondern auch zeigen musste, warum sie sich anders entschlossen hatte?

Mit spitzen Fingern, im Bewusstsein der Kostbarkeit, die sie vor sich hatte, griff sie nach einem Marzipanherz, führte es vorsichtig zum Mund und biss hinein. Sie schloss die Augen, um sich nicht von Dr. Nissens fragendem Blick ablenken zu lassen und sich ganz auf den Genuss konzentrieren zu können. Tatsächlich nahm er sie für eine Weile derart gefangen, dass sie an nichts anderes denken konnte als an den Zauber, der auf ihrer Zunge dahinschmolz. Was für eine Köstlichkeit!

Sie hörte Dr. Nissen fragen: »Man könnte meinen, Sie probieren zum ersten Mal davon.«

Geesche riss die Augen auf. Beinahe hätte sie genickt. Aber dann sagte sie: »Sie haben ja gesehen, dass schon ein Herz fehlt.«

»Und die Marzipanrosen, die es auf allen Herzen gab, fehlen auch.«

Er sah sie eindringlich an, als erwartete er eine bestimmte Antwort von ihr, aber sie merkte nun, dass sie aufpassen musste. Das Gespräch durfte sich nicht zu den Marzipanherzen davonmachen und sich am Ende dort verirren. »Sie haben mich etwas gefragt …«

In Dr. Nissens Augen stieg ein Staunen, das in ihr schmerzendes Mitleid erzeugte. In der Hoffnung, dass aus dem Staunen etwas werden konnte, was in ihnen beiden eine Zufriedenheit auslöste, die für ein ganzes Leben reichte, ergänzte sie: »Ich habe es mir überlegt. Ich möchte Ihren Antrag annehmen.«

Aus dem Staunen wurde keine Zufriedenheit, sondern Bestürzung. »Sie wollen wirklich … meine Frau werden?«

»Unter einer Bedingung.« Geesche schob das Marzipan beiseite. Es kam nicht mehr auf eine Schaustellung, sondern auf Worte an. »Wir verlassen Sylt. Wir gehen nach Hamburg.«

»Aber …«, begann Dr. Nissen zu stottern, »Sie lieben Sylt. Sie haben hier Ihr Haus, Ihr Auskommen. Und ich dachte …«

»… an die gemeinsame Geburtshilfe? Das lässt sich auf Sylt nicht verwirklichen. Nicht bei den Syltern. Aber in Hamburg! Sie haben gesagt, auf dem Festland vertrauen die Damen der Gesellschaft eher auf einen Arzt als auf eine Hebamme.«

»Die Damen der Gesellschaft werden demnächst auf Sylt den Sommer verbringen.«

»Warum wollen Sie unbedingt auf Sylt bleiben? Sie haben sicherlich ein Haus in Hamburg, das viel komfortabler ist als meins.«

Aber Dr. Nissen schüttelte den Kopf. »In dem Haus lebt meine geschiedene Frau.«

»Dann kaufen Sie eben ein neues.«

Dr. Nissen erhob sich. In seinen Augen stand nun der Zweifel. Sanft strich er ihr übers Haar, während er fragte: »Warum, Geesche? Warum wollen Sie Sylt verlassen?«

Geesche duckte sich unter seiner Hand, die immer noch ihren Scheitel streichelte, aber ohne jede Zärtlichkeit war. Sie konnte Dr. Nissen verstehen. Er begriff natürlich, dass sie ihre Entscheidung nicht aus Liebe gefällt hatte, nicht einmal aus

Zuneigung. Und dass er wissen wollte, warum sie nun seinen Antrag annahm, war verständlich.

»Was ist mit Marinus Rodenberg?«, fragte er prompt, als wäre es nicht schlimm, dass sie seine erste Frage noch nicht beantwortet hatte.

»Ich möchte ihn vergessen«, antwortete Geesche.

»In Hamburg?

»Er bleibt auf Sylt. Dr. Pollacsek braucht ihn für die nächsten Strecken der Inselbahn. Ich kann nicht mit einem anderen Mann zusammenleben, wenn ich ihn täglich sehen muss.«

Das schien Dr. Nissen einzuleuchten. Er hörte auf, Geesches Haare zu streicheln, und setzte sich wieder an ihre Seite. Ungeschickt griff er nach ihrer Hand, als hätte er Angst davor, sie zu berühren. »Er wird nicht ewig bleiben. Irgendwann wird die Bahnstrecke fertig sein.«

»Das kann dauern.«

»Dr. Pollacsek ist ein kranker Mann. Es ist nicht sicher, dass er all seine Pläne verwirklichen kann. Er braucht ärztliche Betreuung. Die findet er auf Sylt nicht.« Der Druck seiner Hand verstärkte sich. »Jedenfalls zurzeit nicht. Er hat mir jede Unterstützung zugesichert, wenn ich mich auf Sylt niederlasse und als Arzt praktiziere.«

Geesche entzog ihm ihre Hand und griff nach dem nächsten Marzipanherz, damit es einen guten Grund dafür gegeben hatte, dass sie Leonard Nissen ihre Hand nicht überlassen hatte. »Sie wollen nicht mit mir in Hamburg leben?«

»Wenn überhaupt … dann müsste es eine andere Stadt sein. In Hamburg leben meine geschiedene Frau und mein früherer Schwiegervater … Beiden möchte ich nicht mehr begegnen. Jedenfalls dann nicht, wenn ich wieder verheiratet bin.«

»Das verstehe ich. Dann eben woanders.«

»Es ist nicht so leicht, sich irgendwo eine Existenz aufzubauen. Sie stellen sich das sehr einfach vor. Auf dem Festland sind die Verhältnisse anders als auf einer Insel.«

»Sie wollen also nicht?«

Wieder erhob Dr. Nissen sich. Diesmal zog er Geesche mit sich in die Höhe. »Natürlich will ich«, sagte er mit weicher Stimme. »Ich bin glücklich, dass du dich für mich entschieden hast. Ich habe es nicht zu hoffen gewagt.« Nun zog er sie in seine Arme, griff in ihr Haar, um ihr Gesicht an seine Brust zu drücken, stellte dann aber fest, dass sie zu groß war, und sorgte dafür, dass sich ihre Wangen aneinanderschmiegten. »Alles Weitere wird sich finden«, murmelte er. »Wir werden so bald wie möglich heiraten. Und wenn du dann immer noch Sylt verlassen willst, werden wir sehen, wo wir uns niederlassen.«

Geesche war nicht zufrieden mit dieser Antwort, aber sie sah ein, dass sie ihn nicht drängen konnte. Und ebenfalls sah sie ein, dass sie sich von ihm küssen lassen musste.

Seine Lippen waren weicher als Marinus' Lippen, sein Mund eroberte nicht, er tastete sich an ihren heran. Dr. Nissen schien noch keinen Mut zur Leidenschaft zu haben, aber sein Kuss war angenehm. Auch sein Körper war angenehm, sein Duft und der Geschmack seines Atems waren es ebenfalls. Wenn er ihr half, ihre Liebe zu Marinus zu vergessen, dann würde sie alles tun, um ihm eine gute Frau zu sein. Ganz fest nahm sie es sich vor, bevor sie spürte, dass ihr die Tränen kamen und ihre Lippen zu zittern begannen.

XV.

Dr. Pollacsek konnte die Enttäuschung und die Verzweiflung nicht abschütteln, die ihm entgegengeschlagen war und seitdem an ihm haftete und sich nicht abklopfen ließ. In manchen Gesichtern hatte sogar Misstrauen gestanden, in anderen dagegen unverhohlene Abneigung.

Zu Fuß war er am frühen Nachmittag an den Gleisen entlanggegangen, Richtung Osten, bis er an dem großen Unterstand angekommen war, den der für die Arbeiter hatte errichten lassen. Hier brannte im Winter ein Feuer, an dem sie sich aufwärmen konnten, hier meldeten sie sich bei Arbeitsantritt und gaben nach Feierabend ihre Arbeitsgeräte zurück. Hier versammelten sie sich auch, wenn es etwas zu besprechen gab oder der Lohn ausgezahlt wurde. Einige hatten anscheinend schon von dem Diebstahl der Lohngelder gehört und sahen dem Kurdirektor fragend entgegen, andere wollten es nicht wahrhaben und hatten ihre Sorgen beiseitegeschoben, wollten nichts davon wissen, bis sie von Dr. Pollacsek selbst gehört hatten, was geschehen war. Erwartungsvoll hatten sie ihn angeblickt, als er auf eine Kiste gestiegen war, um mit ihnen zu reden.

Dann aber war es vorbei mit der Ruhe. »Wovon sollen wir unsere Kinder ernähren?«

»Meine Frau wartet auf den Lohn. Meine Tochter braucht Medizin.«

Dr. Pollacsek hatte in seine Taschen gegriffen und mit dem Geld, das er bei sich trug, versucht, die größten Nöte zu lindern, aber zur Beruhigung hatte das nicht beigetragen. »Ihr bekommt euer Geld«, hatte er immer wieder beteuert. »Aber ich muss es erst beschaffen. Ich bin bestohlen worden! Ein gemeiner Dieb hat alle Lohngelder geraubt.«

Daraufhin war wenigstens in einigen Gesichtern Betroffenheit entstanden, in anderen aber war das Misstrauen sogar noch größer geworden. Anscheinend glaubten viele, Dr. Pollacsek wolle sich um ihre Entlohnung drücken.

»So etwas ist auf Sylt noch nie passiert«, rief einer.

»Ein Sylter kann das nicht gewesen sein!«, meinte der Mann, der neben ihm stand.

»Fragt Heye Buuß!«, rief Dr. Pollacsek verzweifelt. »Der hat den leeren Tresor gesehen.«

»Leer mag er ja gewesen sein!«, schrie ihm ein junger Mann ins Gesicht. »Aber wurde unser Lohn wirklich gestohlen?«

»Der Inselvogt wird den Schuldigen finden, dann bekommt ihr euer Geld sofort.«

»Wenn der Kerl es noch hat!«

»Ansonsten zahle ich euch am nächsten Ersten den doppelten Lohn.«

»Und wovon sollen wir bis dahin leben?«

Darauf hatte Dr. Pollacsek nichts zu antworten gewusst. Er war froh, als ein junger Mann sich zu Wort meldete, der in der letzten Reihe stand und bis dahin geschwiegen hatte. Dass dessen verstorbener Vater ein Freund des Inselvogts gewesen war, hatte Julius Pollacsek bisher nicht erfahren.

»Ich weiß von meinem Paten, dass der Kurdirektor recht hat«, rief er. »Lasst uns lieber dabei helfen, den Kerl zu fangen, der den Tresor ausgeraubt hat. Vielleicht war es einer der Strandräuber, die zwischen Westerland und Wenningstedt hausen!«

Einige junge Kerle stimmten ihm sofort begeistert zu, die Älteren, die Familienväter, wollten nichts davon wissen, auf Verbrecherjagd zu gehen. »Das ist nicht unsere Aufgabe.«

Aber als die jungen Heißsporne davon redeten, dass man diesen Kerl, sobald er gefunden sei, so lange in die Zange nehmen wolle, bis er seine Beute rausrückte, nickten auch sie.

Am Ende löste sich die Versammlung schnell auf, weil die Wut sich vom Kurdirektor weg auf den Dieb gerichtet hatte. Dr. Pollacsek war zwar erleichtert, weil man ihm nun zu glauben schien, aber als er sich vorstellte, wie seine Arbeiter mit einem unschuldigen Kurgast umgehen mochten, nur weil er viel Geld auf einen Ladentisch blätterte, kam seine Sorge umso stärker zurück. Diese Arbeiter, die an Armut gewöhnt waren, konnten sich ja gar nicht vorstellen, dass es Menschen gab, die so viel Geld in den Taschen hatten, wie sie selbst im ganzen Jahr nicht verdienten. Sie würden jeden verdächtigen, der viel Geld ausgab. Was mochte aus Westerland werden, wenn rachedurstige Arbeiter sich auf einen reichen Feriengast stürzten, weil sie glaubten, dass er mit gestohlenem Geld bezahlte?

Eine kleine Gruppe stand noch beisammen, die aus den älteren, besonnenen Männern bestand. Pollacsek trat zu ihnen und bat sie, ein Auge auf ihre jungen Kollegen zu haben. »Es würde dem Fremdenverkehr schwer schaden, wenn Feriengäste zu Unrecht beschuldigt werden. Es ist unwahrscheinlich, dass einer der Sommerfrischler etwas mit dem Diebstahl zu tun hat. Das sind Leute, die es nicht nötig haben, jemanden zu bestehlen.«

Aber schon war das Misstrauen wieder in alle Augen gestiegen. Der Kurdirektor war kein geborener Sylter. Wenn er sich auch um das Wohl der Insel bemühte, tat er es schließlich auch für sein eigenes Wohl. Und das machte ihn verdächtig! Ihresgleichen trauten sie keinen Diebstahl zu, aber einem Mann wie Dr. Pollacsek? Einem früheren Ungarn! Einem Freund des großen Dichters Theodor Storm! Einem Mann, der mit Bank- und Kommissionsgeschäften reich geworden war und weit über hunderttausend Mark in die neue Inselbahn investiert hatte! So einem trauten sie alle nur so lange über den Weg, wie er lebte wie ein Sylter und so handelte wie sie.

»Sie meinen, es muss ein Sylter gewesen sein?«, fragte der Älteste von ihnen. »Warum sollte ein Einheimischer so viel Geld stehlen? Er könnte nichts damit machen. Sobald er versuchte, es auszugeben, wäre er entlarvt.«

Aber ein Mann wie Dr. Pollacsek, der reich genug war, das Seebad Westerland zu kaufen, war vielleicht reich geworden, weil er sich viel Geld ergaunert hatte? Und weil er rechtschaffene Menschen um ihren Lohn betrog? Diese Frage stand nun in aller Augen.

Pollacsek war froh, als leichter Regen einsetzte und auch die letzten Arbeiter auseinandertrieb. Ganz langsam ging er ihnen nach, damit sie sich immer weiter von ihm entfernten und er schließlich allein in den Ort hineinlaufen konnte. Marinus Rodenberg war der Einzige, der zögerte und so aussah, als wollte er mit dem Kurdirektor ein Gespräch unter vier Augen führen.

Aber anscheinend spürte er, dass Dr. Pollacsek allein bleiben wollte, und ging den Arbeitern hinterher, ohne sich noch einmal umzusehen.

Er war erfreut, als er Dr. Nissen vor seiner Tür antraf. »Wollen Sie mich besuchen?«

»Ich möchte mich nach Ihrer Gesundheit erkundigen«, antwortete Dr. Nissen.

»Wie nett! Wie freundlich!«, rief Julius Pollacsek. »Dabei sind Sie doch eigentlich auf Sylt, um sich zu erholen!«

Dr. Nissen wies diese Bemerkung energisch zurück. »Wenn ein guter Freund krank wird, ist es selbstverständlich, sich um ihn zu kümmern. Auch während des Urlaubs.«

Dr. Pollacsek gefiel es, von dem Arzt als Freund bezeichnet zu werden. Er führte ihn mit vielen freundlichen Worten die Treppe hoch in die erste Etage und rief währenddessen ins Haus hinein: »Einen schwarzen Tee für Dr. Nissen! Und für mich einen Kamillentee!«

Leonard Nissen warf einen Blick zu dem Bild von Budapest, hinter dem sich der Tresor verbarg. »Gibt's was Neues?«

Pollacsek stöhnte auf, griff sich an den Magen und ließ sich auf einen Stuhl fallen. »Ich musste den Arbeitern sagen, dass sie auf ihr Geld warten müssen. Es war schrecklich!«

Nissen sah ihn mitfühlend an. »So etwas ist Gift für Ihre Gastritis.«

Pollacsek hob hilflos die Hände. »Was soll ich machen? Mich nicht aufregen, wenn ich bestohlen werde? Abgesehen von meinem persönlichen Verlust – Sie hätten mal das Misstrauen in den Augen der Arbeiter sehen sollen! Anscheinend glauben einige, ich wolle sie um ihren Lohn betrügen.«

Dr. Nissen war konsterniert. »Wie kommen die nur darauf? Jeder weiß, dass Sie ein ehrlicher Mann sind!«

»Jeder? Sie wissen es und viele andere auch. Aber woher sollen diese armen Teufel wissen, was ich für ein Mensch bin?«

»Sobald der Dieb gefasst ist, wird sich herausstellen, was wirklich geschehen ist. Dann sind Sie rehabilitiert.«

Pollacsek stöhnte erneut auf. »Ich traue Heye Buuß nicht viel zu. Und meine Arbeiter anscheinend auch nicht. Sie wollen sich selbst auf die Suche nach dem Dieb machen.«

Leonard Nissen sah ihn erschrocken an. »Das kann verheerende Folgen haben. Wenn sie nun den Falschen in die Finger kriegen! Wenn sie ihn lynchen, ehe Beweise vorliegen!«

»Oder wenn sie einen Kurgast erwischen«, ergänzte Dr. Pollacsek. »Sie können an einem Tag alles kaputt machen, was ich in vielen Jahren aufgebaut habe.«

Doch daran wollte Nissen nicht glauben. »Ganz Sylt weiß, was es Ihnen zu verdanken hat, Pollacsek. Das wissen auch die Kurgäste. Der Fremdenverkehr ist nicht mehr aufzuhalten.«

Pollacseks Hausdiener brachte den Tee. Als er gegangen war, schnitt der Kurdirektor ein Thema an, das ihn von seinen Sorgen ablenken sollte. »Wie sieht's mit Ihren Plänen aus, mein lieber Nissen? Sind Sie weitergekommen?«

Leonard Nissen lächelte, aber es war kein glückliches, sondern bestenfalls ein höfliches Lächeln. »Geesche Jensen hat meinen Antrag angenommen.«

Pollacsek sah ihn überrascht an. »Das ist ja wunderbar! Dann haben wir also bald einen Arzt auf Sylt?«

Aber Dr. Nissen schüttelte den Kopf. »Leider gibt es ein Problem.« Er stellte seinen Stock zwischen die Beine und begann ihn zu drehen, während er dem Kurdirektor auseinandersetzte, welche Bedingung Geesche Jensen an eine Heirat geknüpft hatte. »Wussten Sie, dass sie in Marinus Rodenberg verliebt war?«

»In meinen Ingenieur? In den Bruder des Grafen? Ich hatte keine Ahnung.«

»Das ist zwar vorbei, aber sie will ihn nicht mehr sehen. Deswegen möchte sie mit mir aufs Festland ziehen.«

Dr. Pollacsek sah enttäuscht aus. »Das gefällt mir aber gar

nicht, mein lieber Nissen. Wir brauchen einen Arzt auf Sylt. Und Sie wären genau richtig.«

Nissen nickte. »Sie wissen, wie gern ich bleiben möchte.«

»Vielleicht können Sie Geesche Jensen überreden.«

Aber Dr. Nissen schien nicht daran zu glauben. »Ich wüsste allerdings eine andere Möglichkeit«, sagte er und setzte den Stock mit einer energischen Bewegung auf den Boden. »Sie könnten mir helfen.«

»Raus mit der Sprache!«, rief Dr. Pollacsek resolut. »Was kann ich für Sie tun?«

»Marinus Rodenberg entlassen! Wenn er nicht mehr auf Sylt ist, wird Geesche bleiben wollen.«

Bevor der Kurdirektor etwas entgegnen konnte, wurde die Tür aufgerissen, und Heye Buuß erschien auf der Schwelle. Sein Gesicht war rot, dicke Schweißperlen hatten sich auf seiner Stirn gebildet, sein Hemd stand offen, mit seinen Holzschuhen trug er Kuhmist herein, dessen Gestank sich sofort im ganzen Raum verbreitete.

»Der Fall ist geklärt!«, rief er, griff sich in den Hosenbund und zog mehrere dicke Geldbündel hervor. Mit einem breiten Grinsen streckte er sie Dr. Pollacsek hin. »Die Lohngelder! Zählen Sie nach! Anschließend werde ich die Verhaftung vornehmen.«

Die Kutsche setzte sich langsam in Bewegung, und Elisa ließ sich hintenübersinken, soweit es ihr Mieder zuließ, dass Eveline ihr unter Aufsicht ihrer Mutter so fest wie möglich geschnürt hatte. Darauf achtete die Gräfin unerbittlich, die mit dem Taillenumfang ihrer Tochter stets unzufrieden war. Aber noch nie hatte Elisa sich in ihrem Mieder so gefangen, so eingekerkert gefühlt wie an diesem Tag. Das lag wohl daran, dass sie ihrer Mutter so lange vorgemacht hatte, sie fühle sich sehr krank, bis den Lügen schließlich die Wahrheit gefolgt war. Tatsächlich fühlte sie sich elend und hinfällig.

Wortlos hatte sie daneben gestanden, während ihre Eltern darüber debattierten, ob die Kutsche offen oder mit geschlossenem Verdeck zur Villa fahren sollte. Ihr Vater wollte gerne offen fahren, die laue Abendluft und den Blick über die Dünen genießen, ihre Mutter jedoch hatte darauf bestanden, dass das Verdeck geschlossen wurde. Elisas Frisur war ein kunstvolles Gebilde, das keinen Windstoß vertrug.

»Sie soll perfekt aussehen«, hatte sie zu ihrem Mann gesagt. »Fürst Alexander muss hingerissen von ihr sein.«

Graf Arndt hatte seine Tochter liebevoll angelächelt. »Wer ist nicht hingerissen von ihr?«

Dann hatte er zunächst seiner Frau und kurz darauf Elisa in die Kutsche geholfen und geduldig zugesehen, wie Rosemarie und Eveline die Röcke ordneten und zurechtstrichen. Anschließend hatte er sich den beiden gegenüber niedergelassen. »Ihr seht bezaubernd aus.«

Gräfin Katerina trug ein moosgrünes Kleid aus matt schimmernder Seide mit einem spitzen Ausschnitt, in den sich eine weiße Rüsche aus Brüsseler Spitze schmiegte. Ihr cremefarbener Hut war mit einem Band moosgrüner Seide geschmückt, ein winziger Federschmuck nahm ihm die Strenge, aber nichts von seiner Eleganz.

Ihr Aussehen stand im wunderbaren Gegensatz zu der leichten Anmut ihrer Tochter. Elisas Kleid war hell, beinahe weiß, aus einem duftigen Stoff gefertigt, der aussah, als könnte er davonfliegen, mit bauschigen Ärmeln, die so lang waren, dass sie über die eng anliegenden Bündchen fielen, und einem mit hellblauen Perlen bestickten Mieder. Auf ihrer Lockenpracht tanzte ein winziges Hütchen mit einem Hauch von Schleier, das mit einer Hutnadel aus Elfenbein befestigt war. Ein keckes Erscheinungsbild, zu dem die ernste Miene nicht recht passen wollte.

»Lächeln!«, mahnte ihre Mutter, und Elisa zog prompt die Mundwinkel auseinander.

»Vielleicht wäre sie doch besser zu Hause geblieben«, meinte Graf Arndt und betrachtete Elisa besorgt. »Sie sieht wirklich krank aus.«

»Sie ist nicht krank«, entgegnete Katerina scharf. »Was sie quält, muss jede Frau einmal im Leben ertragen. Das ist ganz normal.« Sie warf Elisa einen unzufriedenen Blick zu. »Man sollte es ihr jedoch nicht ansehen.«

Elisa riss sich zusammen. Natürlich hatte ihre Mutter recht. Krank war sie nicht. Dennoch fühlte sie sich so schlecht wie schon lange nicht mehr. Der Grund allerdings war ein anderer, als ihre Mutter annahm. Was ihr auf der Seele lag, ahnte die Gräfin nicht, und sie durfte es niemals erfahren. Elisa war entschlossen, genauso ratlos auszusehen wie ihre Mutter, wenn sie sich demnächst fragen würde, warum Alexander von Nassau-Weilburg urplötzlich das Interesse an der Comtesse von Zederlitz verloren hatte. Wahrscheinlich würde ihre Mutter wieder von ihrer Taille reden, die ihr nie schmal genug war, und Elisa würde schuldbewusst nicken und sich ihr Mieder bereitwillig noch enger schnüren lassen. Wenn nur dieser Abend endlich vorbei wäre!

Die Kutsche rollte den Bundiswung entlang, der in die Süderstraße mündete, vorbei an blühenden Rapsfeldern und saftigen Wiesen, auf denen die Schafe grasten, an kleinen Behausungen, in deren Fenstern Pantoffelblumen in allen Farben prangten. Neben jeder Haustür standen blank geputzte Eimer, in denen sich die Abendsonne brach, in den Gärten wuchsen Rosen und Reseda, oft direkt neben Weißkohl und Kartoffeln. Dort, wo es ein windgeschütztes Eckchen gab, hatte fast jeder Sylter einen Birnbaum gepflanzt, der nur sehr kleine Früchte trug, die aber zu Weihnachten köstlich schmecken sollten. Irgendwo schien eine Hochzeit gefeiert zu werden. Junge Frauen in ihrer rot-weißen Tracht waren zum Fest unterwegs. Zu den kniekurzen weißen Röcken und weißen Blusen trugen sie rote Strümpfe, ein rotes Taillenband und ein rotes Tuch über den

Schultern. Auf ihren Köpfen erhob sich eine hohe schwarze Haube, die Hüüf, auf die jede Sylterin besonders stolz war.

Als sie vor der Villa Roth hielten, umrundete gerade Dr. Pollacsek das blühende Rondell im Vorgarten der Villa und ging auf die Eingangstür zu.

»Der Kurdirektor ist auch eingeladen?«, fragte Gräfin Katerina. »Wenn die Königin auch die Sylter Honoratioren zu sich gebeten hat, dann wird am Ende auch dieser schreckliche Inselvogt bei Tisch erscheinen?«

Graf Arndt nickte nachdenklich. »Es wäre natürlich ein Affront, wenn der Kurdirektor eingeladen wäre und der Inselvogt nicht. Andererseits … die Königin hat es nicht nötig, Heye Buuß freundlich zu kommen. Ich glaube, der Mann besitzt nicht einmal einen ordentlichen Anzug. Seine Frau soll sich vor der Heirat als Schweinemagd verdingt haben.«

Die Gräfin schüttelte sich. »Zum Glück ist der Kurdirektor ein gebildeter Mann. Vermögend und erfolgreich sogar.«

Der Kutscher öffnete die Türen, und Graf Arndt stieg aus. Wie immer ließ er es sich nicht nehmen, seiner Frau höchstpersönlich aus der Kutsche zu helfen. Er wartete, bis sie ihre Röcke geordnet hatte, damit sie aussteigen konnte, ohne dass sich ihre Fußspitzen in der Seide verfingen.

»Es wird wohl nur eine kleine Gesellschaft geben«, meinte sie, bevor sie ihrem Mann die Hand reichte. »Unter den Syltern gibt es nicht viele, die eine Einladung von der Königin erwarten können. Und ob der Adel unter den Feriengästen vertreten ist, entzieht sich meiner Kenntnis.« Sie setzte den ersten Fuß vorsichtig auf die Straße. »Oder weißt du von einer Familie, die uns bekannt ist?«

»Nur die Bauer-Breitenfelds«, antwortete Graf Arndt, dann sorgte er dafür, dass seine Frau sicher mit beiden Beinen auf der Straße zu stehen kam, ohne dass die moosgrüne Seide ihres Rockes in Gefahr geriet. »Vielleicht kommt Dr. Nissen auch«, meinte er. »Er ist ein angenehmer Gesprächspartner.«

Aber die Gräfin hielt diese Möglichkeit für ausgeschlossen. »Ein geschiedener Mann? Niemals!«

Graf Arndt gab zu bedenken, dass der Hamburger Arzt zu dem Empfang direkt nach der Ankunft der Königin eingeladen worden war, aber das ließ Katerina nicht gelten. »Er war an deiner Seite, also musste sie ihn auch einladen. Inzwischen wird sie wissen, was es mit Dr. Nissen auf sich hat.«

Graf Arndt gab ihr Recht, dann half er auch Elisa aus der Kutsche, die einen ängstlichen Blick zur Villa Roth warf. Dort öffnete sich gerade die Eingangstür, und Alexander von Nassau-Weilburg trat heraus. Elisa schwankte und klammerte sich an den Arm ihres Vaters, um nicht hinzufallen. In ihrem Kopf drehte sich alles, ein Gedanke jagte den anderen, Angst und Hoffnung fielen übereinander her.

Auf Katerinas Gesicht dagegen erschien ein zufriedenes Lächeln. »Er will dich als Erster begrüßen«, raunte sie ihrer Tochter zu. »Ein untrügliches Zeichen!«

Tatsächlich schien Fürst Alexander nur wegen Elisa und ihrer Eltern vor die Tür getreten zu sein. Mit besonderer Herzlichkeit begrüßte er das gräfliche Paar und beugte sich dann über Elisas Hand. »Comtesse, ich habe diesen Abend herbeigesehnt.« Er blickte ihr lächelnd in die Augen. »Ich kann mir noch immer nicht verzeihen, dass ich gestern in die falsche Richtung gelaufen bin. Dabei war ich so glücklich, dass Ihr Vater mir gestattet hatte, Sie auf Ihrem Spaziergang in den Dünen zu begleiten.«

Graf Arndts Lachen klang ein wenig künstlich. »Das ist schon ein kleines Kunststück, zwei junge Damen in den Dünen zu verfehlen!« Er klopfte dem jungen Fürsten die Schulter, damit kein Zweifel blieb, dass er einen Scherz gemacht hatte, und vielleicht auch deshalb, weil er ihn mit dieser väterlichen Geste ermuntern wollte.

Fürst Alexander schien ihm dankbar zu sein. Er reichte Elisa den Arm und sagte, während sie gemeinsam auf den Eingang der Villa Roth zugingen: »Heute lasse ich Sie nicht mehr aus den Augen, Comtesse.«

Elisa schaffte es, ein Lächeln hervorzubringen, mit dem ihre Mutter zufrieden sein konnte. Fest klammerte sie sich an Alexanders Arm und war ihm dankbar für sein aufmunterndes Nicken. Anscheinend hatte er nicht vor, sie zu verraten. Obwohl er sehr enttäuscht sein musste und vielleicht sogar verärgert oder entrüstet war, ließ er sich nichts anmerken. Ein wahrer Gentleman!

Elisa ging es besser, als sie in die Halle traten und von dem Ehepaar Roth empfangen wurden. Alexander von Nassau-Weilburg würde mit der Königin an den rumänischen Hof zurückkehren und dann nichts mehr von sich hören lassen. Und ihre Eltern würden sich nach einem anderen geeigneten Bewerber um ihre Hand umsehen. Ein leichtes Bedauern legte sich über ihre Erleichterung. Fürst Alexander wäre tatsächlich ein angenehmer Ehemann gewesen. Ob sich noch einmal ein so sympathischer Verehrer für sie finden würde, war mehr als ungewiss. Ein Leben an der Seite eines gleichgültigen, lieblosen Mannes würde vermutlich ihre Strafe dafür sein, dass sie der Liebe begegnet war und nichts getan hatte, um ihr auszuweichen, wie es ihre Pflicht gewesen wäre. Der junge Fürst wusste nun, dass sie zu den Frauen gehörte, die in ihren Kreisen liederlich genannt wurden und als Ehefrauen nur für einen Mann in Betracht kamen, der sich von der Ehe mit Elisa von Zederlitz konkrete Vorteile erhoffte. Ein Adliger von niedrigem Rang vielleicht oder der Spross eines verarmten Adelshauses, der an ihrer Mitgift interessiert war. Mehr durfte sie nicht mehr erwarten, wenn Alexander von Nassau-Weilburg über ihre Verfehlung reden würde. Für Elisa selbst würde es nur noch eine gute Partie geben, wenn er bereit war zu schweigen. Aber warum sollte er das tun, wo er doch durch ihr Verhalten so schwer gekränkt worden war?

Als er ihr ein Glas reichte und ihr ein heimliches Lächeln

schenkte, das sie zu Komplizen zu machen schien, war sie sich plötzlich nicht mehr sicher, dass er wirklich der Gentleman war, für den sie ihn gehalten hatte. Möglich, dass er in dieser Stunde bereit war, ihr Peinlichkeiten zu ersparen, aber später dafür sorgen würde, dass ihre Verfehlung sich herumsprach. Wenn die Königin es wusste, wenn sie ihren deutschen Verwandten empfahl, niemals Elisa von Zederlitz auf ihre Einladungslisten zu setzen, dann würde ihre Zukunft zu Ende sein, ehe sie recht begonnen hatte. Ihre arme Mutter!

Nach der Familie von Zederlitz traf Baron Bauer-Breitenfeld mit seiner Gemahlin ein. Sie residierten in einer Villa in der Nähe, die 32 Zimmer hatte und als Sommersitz erbaut worden war. Seit aber ihr Sohn eine Sylterin geheiratet hatte, wurde die Villa während des ganzen Jahres von der jungen Familie bewohnt. Die Eltern machten es wie Graf und Gräfin von Zederlitz und kamen für einen langen Sommer von Bayern nach Sylt.

Der Baron hatte sich etwas erlaubt, was einmalig in Westerland war: Er hatte seine Villa mit einer eigenen Strom- und Wasserversorgung ausgestattet. Ein kleiner, untersetzter Mann war er, mit einem gewaltigen Bauch, den er mit einer kostbaren Brokatweste und einer schweren goldenen Uhrkette geschmückt hatte, als sei er stolz auf dieses Ergebnis guten Essens und teurer Getränke. Seine Frau überragte ihn um einige Zentimeter und war von ähnlicher Leibesfülle. Ihr Doppelkinn stülpte sich über den hohen, engen Kragen ihres schwarzen Kleides, das mit unzähligen Perlen geschlossen wurde, die als Knöpfe eigentlich nicht geeignet waren. Die winzigen Knopflöcher dehnten sich bei jedem Atemzug, und wer einmal einen Blick auf diese außergewöhnliche Knopfreihe geworfen hatte, wurde die Angst nicht mehr los, dass über kurz oder lang eine der Perlen kapitulieren könnte.

Die Bauer-Breitenfelds wurden von ihrer Tochter begleitet, die von den Eltern nach Sylt befohlen worden war, weil sie dort von dem unsinnigen Vorhaben abgebracht werden sollte, ihr

Leben Gott zu weihen und in ein Kloster einzutreten. Allerdings sah alles danach aus, als würde es den Eltern nicht gelingen. Hermine Bauer-Breitenfeld wirkte, als hätte sie den Schleier bereits genommen. Ihr dunkelgraues Kleid war so schlicht wie das Gewand einer Nonne, und auf jeglichen Putz hatte sie verzichtet. Sehr schlank war sie, geradezu hager, als übte sie sich schon seit langem darin, allem zu entsagen, was das Leben einer Tochter aus reichem Elternhaus angenehm machte. Das Lächeln der Mutter wurde stets verkniffen, wenn ihr Blick auf die Tochter fiel, während der Vater mit unbeholfener Heiterkeit versuchte, seiner Tochter ein Lächeln aufs Gesicht zu zwingen. Es gelang ihm jedoch kein einziges Mal. Die Baronesse schien entschlossen zu sein, ihr Dasein zu ertragen, statt sich daran zu erfreuen.

Alexander von Nassau-Weilburg blieb an Elisas Seite, während sich die Gäste miteinander bekannt machten. Jedes Mal, wenn der wohlwollende Blick ihrer Mutter sie traf, wusste sie, wie gut er seine Rolle spielte. Nach wie vor umwarb er sie, obwohl sie es nicht verdient hatte, behandelte sie mit der Ehrerbietung, die sie ebenfalls nicht mehr verdiente, und küsste ihr so oft die Hand, dass alle Anwesenden davon überzeugt sein mussten, es würde bald eine Verlobung geben. So erleichtert Elisa auch war, dass er sie respektvoll behandelte, so wurde sie von Minute zu Minute unsicherer. Er übertrieb es mit seiner Schmeichelei! Wie würde die Familie von Zederlitz dastehen, wenn er nach dieser zur Schau getragenen Verzückung von einem Heiratsantrag absah? Oder war gerade das sein Plan? Wollte er sie auf diese raffinierte Weise demütigen? Elisa wurde das Mieder eng, als sie sich vorstellte, dass Alexander von Nassau-Weilburg es so weit treiben konnte, dass ihre Eltern schon Hochzeitspläne schmiedeten, um erst dann zu erklären, dass Elisa von Zederlitz seiner nicht würdig war!

Sie war froh, als das Erscheinen der Königin sie von ihrer Sorge ablenkte. In einem cremefarbenen Kleid schritt sie die

Treppe hinab, das aus einem fließenden Stoff gemacht war, der über dem Mieder mit unzähligen Biesen verstärkt worden war und nur in den Ärmeln und einem weiten Rock zeigte, wie weich und duftig er war. Ioan Bitu kam direkt hinter ihr die Treppe hinab, wie immer ganz in Schwarz gekleidet. Sein finsterer Bart überwucherte die untere Hälfte seines Gesichts, das ebenso schwarze Haar fiel ihm so tief in die Stirn, dass es die schwarzen Augenbrauen verdeckte. Die dunklen Augen blickten angestrengt, was daran liegen mochte, dass einige seiner schwarzen Locken so weit über die Augen fielen, dass sein Blick behindert wurde. Aber er schien nicht daran zu denken, die Haare zurückzustreichen. Elisa kam es so vor, als versteckte er sich hinter seiner dunklen Erscheinung.

Er sprach nicht, während er die Gäste begrüßte, sah nur jeden von ihnen so ausdrucksvoll an, als hätte er zwar viel zu sagen, als lohne sich jedoch die Anstrengung nicht. Hermine von Bauer-Breitenfeld wich sogar ängstlich zurück, als er ihre Hand an seine Lippen zog, und Dr. Pollacsek sah ausgesprochen unbehaglich aus, als er den rumänischen Lyriker begrüßte.

Zum Glück öffnete Herr Roth kurz darauf die Tür des Salons, wo eine festlich geschmückte Tafel aufgebaut worden war. Die Königin legte Wert auf die Erklärung, dass sie das Ehepaar Roth um ein schlichtes Essen gebeten habe, weil sie auf keinen Fall zulassen wollte, dass ihr Besuch in der Villa zu besonderen Belastungen für die Roths führte.

Herr Roth bedankte sich mit so vielen Worten für die Bescheidenheit der Königin, dass Alexander die Gelegenheit hatte, Elisa zuzuflüstern, er genieße ihre Gegenwart ganz außerordentlich. »Ihr Liebreiz, Comtesse, stellt alles in den Schatten, was ich je gesehen habe.«

Elisa warf ihm einen unsicheren Blick zu. Warum trieb er es so weit mit seiner Verehrung? Ihre Mutter, die ihr schräg gegenübersaß, lächelte derart zufrieden, dass es schwer werden würde, ihr später zu erklären, warum Fürst Alexander von seinen Heiratsabsichten Abstand genommen hatte. So dankbar sie ihm nach wie vor war, dass er die schreckliche Begegnung in den Dünen mit keiner Silbe erwähnte und nicht durchblicken ließ, dass er sie dafür verachtete, so wäre es ihr doch lieber gewesen, er verhielte sich so, dass niemand auf den Gedanken kam, aus ihnen könnte ein Paar werden.

Als die Krebssuppe serviert wurde, plauderte die Königin über ihr Leben in Bukarest, dann bat sie Ioan Bitu, der Dinnergesellschaft etwas über den lyrischen Zirkel zu erzählen, den sie gemeinsam am königlichen Hof eingerichtet hatten.

Ioan Bitu redete sichtlich ungern, seine Miene erhellte sich erst, als die Königin ankündigte, dass er nach dem Essen einige seiner Gedichte zu Gehör bringen dürfe.

»Das wird bestimmt schrecklich langweilig«, flüsterte Alexander. »Besser, wir machen währenddessen einen Spaziergang im Garten.«

Elisa sah ihn verblüfft an. Alexander von Nassau-Weilburg pfiff auf die Etikette? Das überraschte sie noch mehr als sein galantes Verhalten. Doch ihre Sorge und ihr Misstrauen waren nach wie vor wach. Wollte er sie in eine dunkle Ecke des Gartens führen, um aller Welt zu zeigen, dass man mit einer Frau wie ihr so umgehen dürfe? Eine Frau, die ihre Ehre hingegeben hatte, durfte kein ehrerbietiges Verhalten erwarten!

Die Königin merkte, dass Ioan Bitu auf wenig Aufmerksamkeit traf, und versuchte zu vermitteln. Der Lyriker schien ein sehr empfindsamer Mensch zu sein, das musste Königin Elisabeth besser wissen als alle anderen. Und anscheinend war er tatsächlich drauf und dran, sich zu betrinken, weil die Gäste der Königin nur mit mäßigem Interesse seinen Erzählungen über den literarischen Zirkel am königlichen Hofe lauschten und sogar mit Teilnahmslosigkeit reagierten, als ihnen der Vortrag seiner Lyrik in Aussicht gestellt wurde. Die Königin warf ihm einen besorgten Blick zu, als er nach dem Schnapsglas griff und es in einem Zuge leerte. Aber zum Glück kam ihr etwas in den Sinn, was einerseits der Dinnergesellschaft gefiel und andererseits Ioan Bitus Wunsch entgegenkam, über die Dichtkunst zu reden. Sie brachte den Namen Theodor Storm ins Spiel, der in den Augen der Sylter zumindest einen Widerschein hervorrief, wo es bei der Erwähnung von Ioan Bitus Lyrik nur Apathie gegeben hatte.

Dr. Pollacsek reagierte sogar sehr lebhaft. Er war ein guter Freund des großen Dichters gewesen, der einige Male auf Sylt zu Gast gewesen war. Theodor Storm war sogar der Pate seines vierten Kindes, und jeder wusste, dass Dr. Pollacsek sehr unter dem Tod seines Freundes litt. Außer Dr. Nissen war aber niemandem bekannt, dass dieser Tod im Kurdirektor nicht nur tiefe Trauer, sondern auch große Angst erzeugt hatte. Theodor Storm war an Magenkrebs gestorben, und die ersten Symptome seiner Krankheit waren ähnlich gewesen wie die, unter denen Dr. Pollacsek zurzeit litt. »Zum Glück hat er der ›Schimmelreiter‹ noch vollenden können«, erklärte er. »Vor einem Jahr war er zum letzten Mal auf Sylt, um mich zu besuchen. Er blieb leider nur zehn Tage, aber sie hatten ihm Kraft gegeben. Nach seiner Rückkehr nach Hademarschen fühlte er sich stark genug, seine Novelle zu Ende zu schreiben.«

Dass die »Sylter Novelle« dagegen unvollendet geblieben war, wusste Graf Arndt. Und ihm gelang es auch, den Weg von Theodor Storm zurück zu Ioan Bitu zu finden, indem er erwähnte, dass der deutsche Dichter ebenso wie der rumänische schon als Sechzehnjähriger seine ersten Gedichte geschrieben hatte. Tatsächlich glättete sich daraufhin Ioan Bitus Miene, der wohl schon befürchtet hatte, dass Theodor Storm ihm an diesem Abend den Rang ablaufen würde. Er äußerte sich sogar wohlwollend darüber, dass Storm dem deutschen Realismus in seinen Werken eine norddeutsche Prägung gegeben hatte, die seine Prosa besonders klar und unterscheidbar machte. Die Königin atmete erleichtert auf, weil nicht mehr zu befürchten war, dass Ioan Bitu sich sinnlos betrinken würde.

Während des Hauptgangs, der aus gefüllten Sardinen, Matjes mit Speckstippe und grünen Bohnen bestand, versuchte jeder einen Beitrag zu leisten, um die Ratlosigkeit, die bei der Erwähnung von Ioan Bitus Lyrik entstanden war, wettzumachen mit ein paar Kenntnissen über Theodor Storm, dessen schriftstellerische Arbeit immerhin einen direkten Bezug zu Sylt hatte.

»Sylter Sagen waren es«, wusste Dr. Pollacsek zu berichten, »die Storms Dichtkunst inspiriert haben. ›Der Schimmelreiter‹ wäre nicht entstanden, wenn Theodor nichts von Sylt gewusst hätte.«

Baron von Bauer-Breitenfeld konnte beitragen, dass Storm Jurist gewesen war, und seine Frau hatte gehört, dass er seine Cousine geheiratet hatte, die bei der Geburt des siebten Kindes gestorben war. Woher Gräfin Katerina die Kenntnis hatte, dass Theodor Storm sich schon ein Jahr nach seiner Hochzeit in eine andere Frau verliebt hatte, wusste niemand. Die Baronin hing an ihren Lippen, als Katerina berichtete, dass die Leidenschaft für diese Frau so groß gewesen sei, dass sie die Jahre seiner Ehe überdauert habe. Ein Jahr nach dem Tod seiner Ehefrau hatte er sie dann geheiratet. »Sie war zu dem Zeitpunkt achtunddreißig Jahre alt. Zwanzig Jahre hat sie auf ihn gewartet.«

Dr. Pollacsek legte Wert darauf, den Ruf seines Freundes hochzuhalten: »Nein, gewartet hat sie nicht auf ihn«, korrigierte er. »Das würde ja bedeuten, sie hätte auf Constanzes Tod gewartet. Oder man könnte auf die Idee kommen, Theodor hätte ihren Tod herbeigesehnt, um endlich Dorothea heiraten zu können. Nein, so war es nicht!«

Gräfin Katerina entschuldigte sich bei Dr. Pollacsek und betonte, dass sie diesen Eindruck auf keinen Fall habe erwecken wollen. »Ich weiß, er war ein untadeliger Mann.«

Dr. Pollacsek war sofort versöhnt und ergänzte, dass Theodor Storm in tiefer Trauer gewesen sei, als seine Frau Constanze starb. »Er hat ihr Ausdruck verliehen mit dem Gedichtzyklus ›Tiefe Schatten‹. Wer ihn gelesen hat, weiß, wie es nach dem Tod seiner Frau in ihm aussah.«

Ioan Bitu bestätigte es lebhaft. Er hatte »Am grauen Strand« auf dem Weg nach Sylt gelesen, nachdem es ihm in Hamburg in die Hände gefallen war, und konnte zu jeder Strophe etwas sagen, was allerdings außer ihm niemand verstand.

Graf Arndt war anscheinend in Sorge, dass das Gespräch über das Privatleben des Dichters zu Komplikationen führen könnte, und schnitt Storms unversöhnliche Haltung an, die er gegenüber Dänemark eingenommen hatte. »Der dänische Schleswigminister Tillisch hat ihm sogar die Advokatur entzogen.«

Hermine von Bauer-Breitenfeld schwieg zu allem, was gesagt wurde. Es war, als wäre sie entschlossen, am Leben nicht mehr teilzunehmen, wenn es aus Essen, Trinken und einer Konversation bestand, die nicht gottgefällig war. Elisa sah, dass ihre Lippen sich kaum wahrnehmbar bewegten, und sie war sicher, dass die Baronesse heimlich betete, um aus diesen Stunden etwas zu machen, was nicht vergeudet war.

Auch Elisa schwieg, die sich während solcher Gespräche immer zurückhielt. Zwar hatte ihre Mutter sie oft in geistreichen Plaudereien unterrichtet, aber Elisa machte sich keine Illusionen. Was ihre Mutter in diesen Augenblicken über Theodor Storms Novelle »Immensee« sagte, wäre ihr niemals in den Sinn und schon gar nicht über die Lippen gekommen. Sie hatte einmal gehört, wie ihre Mutter zu ihrem Vater sagte, dass Elisa zum Glück hübsch genug sei, um darüber hinwegzusehen, dass ihre Geistesgaben nicht besonders ausgeprägt wären. Seitdem wusste sie, dass alle Anstrengungen auf diesem Gebiet zu nichts führen würden.

Alexander von Nassau-Weilburg sah sie trotzdem an, als wäre ihre Zurückhaltung Ausdruck einer intellektuellen Kraft. »Theodor Storm war ein großer Schweiger«, sagte er und ließ sich seine Worte von Dr. Pollacsek bestätigen. »Wo viele

Worte gemacht werden, lassen sich große Gedanken leicht zerreden.«

Daraufhin fiel Elisa etwas ein, was sie über Theodor Storm erfahren hatte. Und da ihre Mutter ihr aufmunternd zunickte, wagte sie einen Beitrag zu leisten: »Storm hat gesagt, es habe in seinem Leben keinen Menschen gegeben, der großen Einfluss auf ihn ausgeübt habe. Er sei immer nur durch Örtlichkeiten beeindruckt worden.«

Gräfin Katerina lächelte. »Es stimmt, was meine Tochter sagt. Storm hat sich mehr vom Visuellen prägen lassen als von Worten.«

Alexander spendete Elisa Beifall, als hätte sie Storms Werke unter einem Aspekt beurteilt, der bisher niemandem eingefallen war. Als er kurz darauf die Königin bat, mit Elisa von Zederlitz einen kleinen Spaziergang im Garten der Villa machen zu dürfen, entstand auf allen Gesichtern ein wissendes Lächeln. Auch auf denen von Katerina und Arndt von Zederlitz, die damit ihr Einverständnis signalisierten.

Nun war Elisa davon überzeugt, dass die Zurückweisung Alexander von Nassau-Weilburgs eine ganz besondere werden sollte. Er würde ihr den Dolchstoß seiner Verachtung erst in den Rücken rammen, wenn alle Welt davon überzeugt war, dass aus der Comtesse von Zederlitz demnächst eine Fürstin von Nassau-Weilburg werden würde. Und damit würde die Strafe, die er sich für sie ausgedacht hatte, viel schwerer wiegen. Danach konnte sie vermutlich nur noch ins Kloster gehen, zusammen mit Hermine von Braun-Breitenfeld.

Die Herren zogen sich ins Billardzimmer zurück, wo Zigarren geraucht werden sollten, die Damen beschlossen, sich die Zeit bis zum Dessert mit dem neuesten Gedichtband der Königin zu vertreiben. Frau Roth war bereit, aus dem Buch vorzulesen, das Königin Elisabeth, wie alle Texte, unter dem Pseudonym Carmen Sylva veröffentlicht hatte, was so viel bedeutete wie »Lied des Waldes«.

Elisa griff nach Alexanders Arm, den er ihr reichte, und verließ an seiner Seite den Raum. Sie spürte alle Blicke in ihrem Rücken und sogar die Gedanken, die ihnen folgten. Würde Alexander von Nassau-Weilburg nun seine Maske fallen lassen?

Dr. Nissen gab noch einmal zu bedenken, worüber Dr. Pollacsek lange vergeblich nachgedacht hatte, bevor er sich zurückziehen musste, um sich für das Dinner bei der Königin umzuziehen. »Es fehlen mehrere tausend Mark.«

»Sie wird Schulden gehabt haben«, kam es prompt von Heye Buuß zurück. »Die hat sie sofort nach dem Diebstahl bezahlt.«

»Damit hätte sie sich verraten. Ihr Gläubiger wüsste sofort, woher das Geld stammt. Jedenfalls, sobald der Diebstahl bekannt wird. Dieses Risiko wäre sie nicht eingegangen.«

Heye Buuß lachte. »Das ist kein Risiko! Wenn jemand sein Geld zurückhaben will, dann ist es ihm egal, woher es kommt. Er wird schweigen, weil er es sonst wieder hergeben müsste.«

Es war ein ungewöhnlich lauer und windstiller Abend. Die Geräusche waren zwar schon gedämpft, das Licht hatte sich gefärbt, und abendliche Kühle griff bereits nach der Wärme des Tages, aber er war noch so lebhaft wie in seinen ersten Stunden. Die Kinder lärmten, helle Frauenstimmen waren zu hören, hin und wieder das Lachen eines Mannes. Die Menschen schienen an diesem Abend nicht so erschöpft zu sein wie sonst, nicht so mutlos, nicht so gleichgültig.

Heye Buuß ging hoch aufgerichtet seiner Aufgabe entgegen, im Bewusstsein seiner Würde und Macht, Dr. Nissen war immer einen Schritt hinter ihm, als hätte er Mühe, ihm zu folgen. Der Inselvogt genoss die fragenden Blicke, die ihnen folgten, das Getuschel, das in ihrem Rücken entstand, weil anscheinend alle gleich erkannten, dass Heye Buuß in seiner Eigenschaft als Inselvogt unterwegs war. Leonard Nissen hätte sich lieber langsam fortbewegt, damit möglichst viel Zeit war für die vielen Gedanken, die ihm im Kopf herumgingen. Hanna hatte gesagt, wenn er ihr das Geld schuldig bliebe, würde er Geesche nicht bekommen! Dann würde aus seiner Heirat mit ihr genauso wenig werden wie aus Geesches Heirat mit Marinus Rodenberg! Hatte er tatsächlich ihre Macht unterschätzt?

Während der Inselvogt darüber lamentierte, dass heutzutage auf nichts mehr Verlass sei, wenn sich sogar eine bis dahin unbescholtene Frau wie die Hebamme zu einem schweren Diebstahl verführen ließ, fragte Dr. Nissen sich immer wieder, ob er sein Glück verschenkt hatte, als er Hanna Boyken ihren Lohn verweigerte. Er wusste nicht, wie viel Freda Boyken in vier Monaten bei Geesche Jensen verdiente, aber da er ihre Armut kannte, konnte er sich denken, dass es ein karger Lohn war, der gerade zum Überleben reichte. Für ein paar Mark also hatte er seine Zukunft verspielt? Dr. Nissen spürte Zorn in sich aufwallen. Woher hatte das verkrüppelte Mädchen diese Macht?

Um Zeit zu gewinnen, blieb er stehen und zwang damit Heye Buuß, seinen Triumphmarsch zu unterbrechen. »Die Stückelung stimmt nicht«, sagte er und wiederholte auch damit die Worte Dr. Pollacseks. »Die Lohngelder bestanden aus vielen kleinen Scheinen. Was Hanna Boyken bei Geesche Jensen gefunden haben will, sind in erster Linie große Scheine.«

Heye Buuß wurde ungeduldig. »Ich hab's Ihnen schon gesagt, Doktor! Sie wird mit den Strandräubern gemeinsame Sache machen. Die brauchen kleine Scheine, wenn sie beim Geldausgeben nicht auffallen wollen. Vermutlich haben sie nach einem Schiffbruch eine Geldkassette am Strand gefunden, die voller großer Scheine war. Mit denen können sie sich bei keinem Fischer ein Stück Makrele kaufen. Geesche Jensen hat bei ihnen das Geld eingewechselt und dabei vermutlich noch ein gutes Geschäft gemacht.«

»Und wie soll sie sich selbst ein Stück Makrele kaufen, wenn sie nur große Scheine in ihrer Truhe hatte?«, fragte Dr. Nissen.

»Sie hatte mit dem Geld vermutlich andere Pläne«, entgegnete Heye Buuß. »Und ein paar tausend große Scheine lassen sich nun mal besser verstecken als hunderttausend kleine.« Der Inselvogt wurde ungeduldig. »Nun kommen Sie schon! Sonst spricht sich am Ende noch rum, dass wir auf dem Weg zu ihrem Haus sind, und sie kann fliehen.«

Dr. Nissen schüttelte ärgerlich den Kopf. Dieser Gedanke war absurd. Genauso aberwitzig wie die Vorstellung, Geesche Jensen könne des Nachts in das Haus des Kurdirektors einsteigen und dessen Tresor ausräumen. Trotzdem setzte er nun seinen Weg fort und folgte dem Inselvogt. Ihm war klar, warum der so eifrig war. Wenn Geesche Jensen überführt war, würde er sich vor den Feriengästen damit brüsten können, dass alles getan worden war, um den Dieb so schnell wie möglich zu fassen. Und dass Geesche Jensen mit schwerer Bestrafung rechnen musste, war genauso klar, obwohl auch Heye Buuß wissen musste, dass die Hebamme keine gemeine Diebin war. Aber die reichen Sommergäste, die nach Sylt kamen, würden sich von da an in Sicherheit wiegen können. Geesche Jensen kam Heye Buuß gerade recht. Die Sorge, dass ein Feriengast, dem nicht beizukommen sein würde, den Diebstahl begangen hatte, brauchte er sich nicht mehr zu machen. Die Hebamme würde für Jahre im Gefängnis verschwinden und der Fremdenverkehr sich weiterhin ungestört entfalten können. Es sei denn, Geesche Jensen konnte erklären und beweisen, wie das viele Geld in ihre Truhe gekommen war …

Geesches Haus erschien am Ende des Weges, die Schritte des Inselvogts wurden noch energischer. Dr. Nissen dagegen ging immer langsamer. Ob Heye Buuß Einhalt zu gebieten war, wenn er ihm verriet, dass er Geesche heiraten wollte? Dass er ihr Einverständnis bereits hatte und somit quasi mit ihr verlobt war? Oder war es am Ende besser, diesen Umstand gänzlich zu verschweigen, damit er selbst nicht Gefahr lief, Teil des Verdachts gegen Geesche Jensen zu werden? Auch Dr. Pollacsek hatte seine Pläne nicht erwähnt, als Heye Buuß mit dem Geld gekommen war, das Hanna Boyken bei ihm abgeliefert hatte. Womöglich würde er mit diesem Hinweis alles noch schlimmer machen.

Nun konnte er Geesche im Garten arbeiten sehen. Und er konnte auch erkennen, dass Hanna ihr bei der Arbeit half. Sie entfernte mit einem kurzen Besen die Spinnweben von den Fensterrahmen, während Geesche ein Beet umgrub, das abgeerntet worden war. Dr. Nissen beobachtete, dass Hanna sich häufig umdrehte, immer wieder den Weg entlang spähte und ihre Arbeit kurz unterbrach, als sie die beiden Männer bemerkte, die auf das Haus der Hebamme zukamen. Als sie so tat, als ginge sie dieser Besuch nichts an und sich wieder den Fenstern zuwandte, war Dr. Nissen sicher, dass ein Grinsen auf ihrem Gesicht lag.

Dieses niederträchtige kleine Biest! In wenigen Minuten würde sie ihm frech ins Gesicht lachen! Und ihm blieb nichts anderes übrig, als heimlich die Fäuste zu ballen und die Zähne zusammenzubeißen. Vier Monatsgehälter ihrer Mutter! Für diesen lächerlichen Betrag hatte er seine Zukunft verkauft. Und für die paar herrlichen Augenblicke, in denen er sich Hanna Boyken überlegen gefühlt hatte …

Das Schweigen wurde ihr schnell zur Last. Alexander von Nassau-Weilburg betrachtete verträumt die Blumen, die hinter der Villa Roth prächtig gediehen, und wollte mit seinem Schweigen offenbar den Augenblick schonen, der ihm zu kostbar erschien, um ihn mit Worten zu bagatellisieren. Elisa wartete mit zitterndem Herzen darauf, dass er endlich etwas sagte, was sie erlöste.

Schließlich hielt sie es nicht mehr aus. Sie vergrößerte den Abstand zu ihm so weit, dass nur noch ihre Fingerspitzen seinen Arm berührten, und meinte, ohne ihn anzusehen: »Besser, Sie sagen mir gleich, was Sie zu sagen haben. Und ganz offen, wenn ich bitten darf.« Als er noch immer schwieg, ergänzte sie: »Ich weiß, dass ich kein Entgegenkommen erwarten kann. Trotzdem bitte ich Sie, mich vor allzu großer Demütigung zu bewahren. Ich glaube, Sie sind ein Mann, an den eine Frau eine solche Bitte richten darf.« Sie wusste, dass diese Worte sich anhörten wie Schmeichelei, die ihn blenden und verführen sollte, und glaubte gleichzeitig, dass Alexander von Nassau-Weilburg kein Mann war, der sich von der Befriedigung seiner Eitelkeit lenken ließ. Doch ihr fiel nichts anderes ein, als zu bitten und zu flehen und zu hoffen, dass sich damit sein Herz erweichen ließ.

Noch immer schwieg Fürst Alexander. Aber nun merkte Elisa, dass es kein eisiges Schweigen war, keins, das strafen oder geringschätzen sollte. Womöglich nur ein Schweigen, das in Ratlosigkeit entstanden war?

Er zog Elisa zu einer kleinen Bank. Sie stand in einer Nische, die aus Buchsbäumen gebildet worden war, die die Roths vom Festland mitgebracht hatten. Ein Page eilte herbei, um die Sitzfläche sauber zu wischen, aber Alexander wehrte ihn ab, zog ein Taschentuch aus seiner Tasche und sorgte selbst dafür, dass es nichts gab, was Elisas hellem Kleid gefährlich werden konnte. Dann wartete er, bis sie sich niedergelassen und ihre Röcke geordnet hatte, ehe er sich zu ihr setzte. Den Pagen schickte er mit einer energischen Handbewegung fort.

Elisa sah sich unruhig um. Niemand war in der Nähe! Hätte sie darauf bestehen müssen, den Weg weiterzugehen, der auf jedem Meter vom Haus aus zu überblicken war? Jetzt war sie mit dem jungen Fürsten allein. Würde sich alles so verhalten, wie ihre Eltern glaubten, müsste sie sich keine Sorgen machen. Sie hielten Alexander von Nassau-Weilburg für einen ernsthaften Bewerber um ihre Hand. Da war es nicht unschicklich, wenn sie sich an einem Ort mit ihm allein befand, der doch jederzeit jedem anderen zugänglich war. Ein Mann aber, der es auf ihre Ehre abgesehen hatte, konnte mit diesem Alleinsein viel anrichten.

Nun griff er sogar nach ihrer Hand. »Comtesse, ich verstehe Ihre Sorge. Deswegen bin ich froh und dankbar, dass wir ein paar Augenblicke allein sein können.«

Elisa versuchte zu lachen, aber es klang wie ein Schluchzen. »Damit Sie mich vollends entehren können? Das wollen Sie doch! Mir den Hof machen, damit Sie mich dann umso wirkungsvoller zurückweisen können.« Sie wandte sich ihm zu und ärgerte sich darüber, dass ihr die Tränen in den Augen standen. »Hätte es nicht gereicht, bei Tisch höflich zu sein und anschließend nichts mehr von sich hören zu lassen? Habe ich Sie so gekränkt, dass Sie meine Zukunft zerstören wollen?«

»Das will ich nicht«, gab Alexander von Nassau-Weilburg zurück »Ich gebe zu, ich war gekränkt. Aber dann ...« Er betrachtete die gepflegten Sträucher, die sorgfältig hochgebundenen Rosenranken, die geharkten Kieswege und die säuberlich geschnittene Hecke. »Auch ich weiß, was Liebe ist, Comtesse. Natürlich ist einem Mann diese Erfahrung eher erlaubt als einer Frau. Aber ich bin ein fortschrittlicher Mensch. Es fällt mir nicht schwer, einer Frau diese Art von Liebe zuzugestehen, für die sich eine Ehefrau zu schade ist.« Er wandte sich ihr zu, nur noch seine rechte Körperhälfte saß auf der Bank, sein linkes Knie berührte beinahe den Boden. »Wir sind uns ähnlich, Comtesse! Beide können wir lieben, obwohl unser Stand es nicht vorsieht, unser Leben der Liebe zu widmen.«

Elisa war verwirrt. »Warum glauben Sie, dass wir uns ähnlich sind?«

Alexander lehnte sich wieder zurück und sah in den Himmel, während er von einer Küchenhilfe am rumänischen Hof erzählte, die er nur einmal hatte sehen müssen, um zu wissen, dass sie die Liebe seines Lebens war. »Die Königin darf nicht erfahren, dass ich sie heimlich treffe. Sie hat hohe moralische Grundsätze. An die Liebe, wie Sie und ich sie erleben, Comtesse, glaubt sie nicht, nur an die Liebe, die in der Ehe entsteht.«

Elisa fühlte sich unbehaglich. Am liebsten wäre sie in die Villa zurückgegangen. Der entrückte Blick des jungen Fürsten, das unklare Lächeln auf seinem Gesicht, das Weiche, Widerstandslose, das sich nicht fassen lassen wollte, bereitete ihr körperliches Unwohlsein. Nur der dringende Wunsch, über ihr eigenes Schicksal entscheiden zu lassen und zu erfahren, was ihr bevorstand, hielt sie zurück.

»Sie ist klein und rund«, schwärmte Alexander. »Alles an ihr ist rund und weich. Schwarze Haare hat sie und dunkelbraune Augen. Und zwei Grübchen! Wenn sie mich anlacht und ihre Grübchen tanzen lässt, werde ich willenlos. Sollte in einem solchen Augenblick die Königin von mir verlangen, mich zu entscheiden zwischen Inna und meinem Platz am rumänischen Hof, ich würde mich leichten Herzens für die Frau entscheiden, die ich liebe.« Nun kehrte sein Blick aus der Erinnerung zurück, Alexander wurde plötzlich verlegen. So, als habe er im Überschwang der Gefühle etwas verraten, was nicht ausgesprochen werden sollte. Es schien ihm einzufallen, dass er eine Frau neben sich hatte, die an seinen Erinnerungen vielleicht nicht interessiert war, die sich von seinen Worten womöglich sogar gekränkt fühlte. Er schien sich zu fragen, ob er abbrechen oder seine Erzählung zu Ende führen sollte, entschied sich dann für Letzteres. Allerdings bemühte er sich nun um einen ernsten, sachlichen Tonfall, als könnte er damit seine Schwärmerei vergessen lassen. »Ich habe einen guten Freund, der darauf achtet, dass Inna und ich nicht entdeckt werden. Sie ist verheiratet, ihr Mann hat keine Ahnung, dass das Kind, das Inna im Winter bekommen hat, auch von mir sein könnte. Die Königin weiß es natürlich auch nicht. Sie würde mich zurückschicken auf mein Gut, auf dem ich geboren bin. Allerdings habe ich dort nur die ersten zwei Jahre meines Lebens verbracht, dann starben meine Eltern, und ich wurde von einem Verwandten zum nächsten geschickt, bis ich endlich in Bukarest landete, wo ich mich sehr wohlfühle. Nicht nur wegen Inna …« Wieder schwieg er eine

Weile, dann räusperte er sich umständlich. »Ich bin glücklich, Comtesse, dass ich mit Ihnen darüber reden kann. Sie verstehen mich, Sie kennen auch die Sehnsucht.« Mit einem kurzen Blick schien er sich vergewissern zu wollen, dass er sich nicht irrte. »Und wir können einander vertrauen. Jeder von uns kann auf die Diskretion des anderen bauen.«

In Elisa regte sich Widerstand. Und das, obwohl ihr allmählich klar wurde, dass sie von dem Fürsten nichts Böses zu erwarten hatte. Trotzdem missfiel es ihr, mit ihm über ihre Sehnsucht nach Ebbo zu sprechen. Und sie wollte auch nichts hören von seiner Sehnsucht nach Inna. All das kam ihr unschicklicher vor als die Sehnsucht selbst. Sie wollte dieses Gespräch schleunigst beenden. So schnell wie möglich! Wenn Alexander von Nassau-Weilburg sie beide auch für Schicksalsgefährten hielt, die einander ehrlich und offen begegnen konnten, sie selbst wollte nur wissen, wie ihr eigenes Schicksal aussehen würde. Was beabsichtigte der Fürst zu tun? Ging sein Verständnis so weit, dass er ihren Ruf schonte und ihr die Chance ließ, einen passenden Ehemann zu finden? Beinahe kam es Elisa so vor, aber dass der Fürst ihre Verfehlung mit demselben Maß wog wie seine eigene, schien ihr nach wie vor fragwürdig.

»Wie gesagt«, fuhr Alexander in diesem Augenblick fort, »ich habe einen guten Freund, der darauf achtet, dass ich mit Inna ungestört bin. Sie hätten auch dafür sorgen sollen, Comtesse, dass jemand über Ihre Sicherheit wacht.«

Elisa vergaß für einen Moment ihre Sorgen. »Sie kennen meine Gesellschafterin?«

Alexander nickte. »Diese verkrüppelte junge Frau ...«

»Sie haben sie in den Dünen nicht gesehen? Hat sie nicht versucht, Sie aufzuhalten?«

Alexander antwortete nicht, sondern schüttelte nur erstaunt den Kopf.

Und Elisa dachte an den Sand, der herabgerieselt war, während sie geglaubt hatte, ganz allein zu sein mit Ebbo ...

Geesche hatte den Inselvogt ins Haus geführt. Dr. Nissen war zögernd neben der Bank vor der Haustür stehen geblieben, als wartete er darauf, dass Geesche ihn bitten würde, ihnen zu folgen. Er schien gleichzeitig darauf zu hoffen und es zu fürchten und hatte sich dann auf die Bank gesetzt, als wollte er die Abendluft genießen und als könnte er sich nicht vorstellen, dass zwischen dem Inselvogt und Geesche Jensen harsche Worte fielen. So, als brauchte Geesche seine Hilfe nicht.

Hanna betrachtete ihn eine Weile, ohne dass er ihren Blick erwiderte, dann setzte sie ihre Arbeit fort und nahm sich das Küchenfenster vor. Aber sie ließ den Besen schnell wieder sinken. Ein Blick durch die Scheibe sagte ihr, dass Geesche mit dem Inselvogt in die Wohnstube gegangen war. Ob sie ums Haus herumgehen sollte, um dort ihre Arbeit fortzusetzen? Nein, das wäre zu auffällig. Geesche würde gleich durchschauen, dass sie lauschen wollte, und sie fortschicken. Hanna lächelte in sich hinein. Außerdem wusste sie, was in der Wohnstube gesprochen wurde, auch ohne zu lauschen. Heute wurde Geesche Jensens Stolz gebrochen!

Dass sie gelächelt hatte, wurde ihr erst klar, als Dr. Nissen sie ansprach. »Macht es dir Freude, Geesche Jensen ins Gefängnis zu bringen?«

Hanna dachte nicht daran, auf seinen Ton einzugehen. »Ich habe getan, was ein anständiger Sylter zu tun hat.«

»Anständige Sylter schnüffeln in fremden Truhen herum?«

»Sie zeigen einen Diebstahl an«, gab Hanna zurück, »und sorgen für Gerechtigkeit.«

Dr. Nissen sah sie misstrauisch an. »Warum hast du in Geesches Truhe nach dem Geld gesucht? Wie bist du auf die Idee gekommen, dass sie die Diebin sein könnte?«

Hanna legte den Besen zur Seite, lehnte sich gegen die Hauswand und verschränkte die Arme vor der Brust. So, als wüsste sie schon jetzt, dass Geesche keine Gelegenheit mehr haben würde, sie zu ermahnen, mit der Arbeit fortzufahren.

»Hast du sie vor dem Tresor gesehen?«, fragte Dr. Nissen weiter. »Ich weiß doch, dass du schon häufig um Dr. Pollacseks Haus geschlichen bist. Willst du behaupten, du hättest Geesche beim Diebstahl beobachtet? Hast du deswegen in ihrer Truhe nach dem Geld gesucht?«

Hanna ließ nicht erkennen, dass sie sich von Dr. Nissens Fragen bedrängt fühlte. »Es war Zufall«, behauptete sie. »Ich wollte nachsehen, ob Mäuse in der Truhe sind. Dabei habe ich das viele Geld entdeckt.« Ihre Körperhaltung wurde noch eine Spur selbstbewusster. »Der Inselvogt hat mich dafür gelobt, dass ich ihm das Geld gebracht habe. Ich hätte es ja auch behalten können. Dann wäre ich reich gewesen.«

Dr. Nissen riskierte ein spöttisches Lachen. »Du hättest nichts mit dem Geld machen können. Wenn du auch nur einen einzigen Schein in ein Geschäft getragen hättest, wärst du sofort entlarvt gewesen.«

Hanna zuckte die Schultern. »Ich hätte es so machen können wie Geesche. Es in einer Truhe verstecken.«

Dr. Nissen sah aus, als würde er Hanna am liebsten ohrfeigen. Lächelnd beobachtete sie seine Hände, die sich in einem schnellen Rhythmus öffneten und schlossen. »Wenn Sie ihr Verlobter wären, könnten Sie in die Wohnstube gehen und darauf bestehen, sich die Vorwürfe des Inselvogtes anzuhören«, sagte sie. »Dann hätte Geesche Sie wohl auch gebeten, bei dem Gespräch dabei zu sein.«

»Ich bin ihr Verlobter«, fuhr Dr. Nissen auf. »Heute Morgen hat sie mir ihr Ja-Wort gegeben.«

Hanna glaubte ihm kein Wort. »Und warum lassen Sie Geesche dann allein? Warum helfen Sie ihr nicht?«

Dr. Nissen stand auf, als hätte er sich soeben entschlossen, zum Abendessen in die ›Dünenhalle‹ zu gehen. Doch er ging nur bis zur Öffnung des Steinwalls, dann drehte er sich wieder zu Hanna um. Was er sagte, war so leise, dass Hanna ihn kaum verstehen konnte. »Und das alles, weil ich dir kein Geld gegeben habe? Was hättest du getan, wenn du die vier Monatsgehälter deiner Mutter bekommen hättest? Das Geld in der Truhe gelassen? Oder Geesche erpresst, damit sie dir was abgibt?«

Hanna hätte ihm auch dann nicht geantwortet, wenn sie allein geblieben wären. Als Dr. Nissen sah, dass ihre Mutter und ihr Bruder auf das Haus zugelaufen kamen, machte er keinen Versuch, Hanna zu einer Antwort zu bewegen. Ohne ein Wort und ohne einen Blick ging er ins Haus und dort sofort in sein Zimmer. Laut ließ er die Tür ins Schloss fallen, und Hanna wusste, was er damit sagen wollte: Ein Mann wie er lauschte nicht an der Tür der Wohnstube. Auch dann nicht, wenn sich dahinter das Schicksal seiner Verlobten entschied.

Ebbo war Freda einige Schritte voraus. »Stimmt es, was in Westerland geredet wird?«, fragte er Hanna atemlos. »Die Frau des Inselvogts erzählt überall rum, dass Geesche Jensen die Lohngelder gestohlen hat. Und du hättest sie angezeigt.«

Freda hatte sich die letzten Meter herangeschleppt. Sie machte einen völlig erschöpften Eindruck, als sie endlich neben Ebbo stand. »Sag, dass das nicht wahr ist«, stöhnte sie. »Du hast Geesche nicht angezeigt. Nicht ausgerechnet Geesche!«

Verzweifelt suchte sie in Hannas Gesicht nach einem Indiz, aber noch während sie suchte, wusste sie, dass die Frau des Inselvogts die Wahrheit gesagt hatte.

Auch Ebbo deutete Hannas Schweigen richtig. »Bist du verrückt geworden? Du weißt, dass Geesche keine Diebin ist!«

Hanna sah hochmütig von ihrem Bruder zu ihrer Mutter und wieder zurück. »Ich habe die Beute in ihrer Truhe gefunden.«

Ebbo ließ sich von dieser Antwort verblüffen. Mit offenem Munde starrte er seine Schwester an. »Ist das wahr?«

Freda wollte Hannas Antwort nicht hören. Sie griff nach ihren Armen, als wollte sie ihre Tochter durchrütteln. »Wie kannst du Geesche das antun? Du hast immer nur Gutes von ihr erfahren. Ohne Geesche wären wir längst im Armenhaus!

Sie ist unsere Wohltäterin! Du darfst in diesem Haus ein- und ausgehen. Du hast dich hier immer wärmen dürfen und hast zu essen bekommen, wenn bei uns die Töpfe leer waren. Geesche war gut zu dir und du ...«

Zornig machte Hanna sich von ihrer Mutter frei. »Sie hat mich nie gemocht«, schrie sie zurück. »Sie hat immer nur so getan.« Ihr Gesicht wurde noch kleiner, noch schmaler, ihre Augen verschwanden beinahe in ihrer Feindseligkeit. »Belogen hat sie mich! Jeden Tag! Macht mir vor, dass ich ihr wichtig bin! Tut so, als ginge es ihr um meine Zukunft! Alles gelogen!«

Hanna drehte sich um, damit weder ihre Mutter noch ihr Bruder ihre Tränen sehen konnten. Ihre Stimme jedoch schwankte so stark, dass sie niemandem etwas vormachen konnte. »Keiner mag mich! Nur die Comtesse! Und ihr Vater ... der mag mich auch. Ein richtiger Graf!«

Heye Buuß redete immer eindringlicher auf Geesche ein. »Nun sag schon, dass du es gewesen bist!«

Aber jedes Mal erntete er nur ein Kopfschütteln.

»Wenn das Geld nicht aus der Beute stammt, woher dann?«

Aber wieder schüttelte Geesche den Kopf. »Das geht niemanden etwas an.«

Heye Buuß stand auf und reckte sich so hoch wie möglich. Würdevoll sah er auf Geesche herab. »Damit ist der Beweis erbracht. Wenn du ein reines Gewissen hättest, könntest du sagen, was es mit dem Geld in deiner Truhe auf sich hat.«

»Ich bin keine Diebin, das weißt du!«

»Dann sag mir, woher du das Geld hast!«

»Das kann ich nicht. Das ist ... etwas sehr Privates. Ich bin darüber keine Rechenschaft schuldig. Es hat niemanden zu interessieren, wie viel Geld ich in meiner Truhe aufbewahre.«

»Ausflüchte! Alles Ausflüchte!«, rief der Inselvogt so laut, als wollte er, dass vor dem Hause zu hören war, mit welcher Härte er vorging. »Du bist verhaftet, Geesche Jensen!«

Nun blickte Geesche zum ersten Mal auf. Und sie konnte im Gesicht des Inselvogts lesen, dass ihre Ruhe ihn beunruhigte. Tatsächlich war eine Stille in ihr, die eigentlich nicht den Namen Ruhe verdiente. Eher Resignation, Aufgabe, Kapitulation und ein bisschen auch Erleichterung. Aber das konnte Heye Buuß nicht wissen.

»Wer hat mir das Geld gestohlen?«

»Gestohlenes Geld kann man nicht stehlen. Man kann es nur zurückführen zu dem rechtmäßigen Besitzer.«

»War es Hanna Boyken?«

»Hanna weiß, dass Recht und Gesetz über Freundschaft und Dankbarkeit stehen.«

Geesche erhob sich schwerfällig und sah sich in ihrer Wohnstube um, als rechnete sie damit, ihr Hab und Gut lange nicht zu sehen zu bekommen. »Dann muss es wohl sein.« Sorgfältig rückte sie ihren Stuhl an den Tisch, betrachtete die Wandfliesen, die blank geputzten Fenster, die polierten Möbel, den glänzenden Knauf ihres Alkovens. Dann fiel ihr Blick auf die alte Segeltruhe ihres Vaters. Unter den wachsamen Augen des Inselvogts klappte sie den Deckel hoch. So, als könnte sie nicht glauben, dass das Geld nicht mehr dort versteckt war. Aber sie verzichtete darauf, das Leinen anzuheben und unter die Brüsseler Spitzen zu tasten. Behutsam schloss sie die Truhe wieder und seufzte tief auf. Nun war es also so weit! Sie musste bezahlen!

»Was geschieht mit meinem Haus?«, fragte sie und sah in den Augen des Inselvogts, dass er diese Frage als weiteres Indiz wertete. Sie rechnete nicht damit, schon in Kürze wieder aus dem Gefängnis entlassen zu werden? Also war sie schuldig!

»Ich habe einen Feriengast«, fuhr Geesche fort. »Er muss versorgt werden. Darauf hat er ein Anrecht.«

Das sah der Inselvogt ein. Die Sommerfrischler hatten alle Rechte auf ihrer Seite. »Freda und Hanna werden das erledigen«, meinte er.

Geesche sah ihn offen an. »Aber … jetzt kann ich sie nicht mehr bezahlen.«

Über Heye Buuß' Gesicht ging ein hämisches Grinsen. Zufrieden klopfte er auf seinen Hosenbund, hinter dem sich das Geld verbarg, das Geesche seit sechzehn Jahren in ihrer Truhe verwahrte. »Tja …« Er spreizte die Arme vom Körper und wuchs nun nicht nur in die Höhe, sondern auch in die Breite. »Frag sie, ob sie es auch aus Freundschaft tun.«

Geesche dachte nach, strich dabei über die Handwärmer des Beilegeofens, die kalt waren und ihr so leblos vorkamen, als wollten sie ihr zeigen, dass demnächst die Kälte in ihr ganzes Haus einziehen und schon bald alles ohne Leben sein würde. »Ich möchte mit meinem Verlobten sprechen«, sagte sie dann.

Heye Buuß, der sie misstrauisch beobachtet hatte, als fürchtete er, sie könnte den stillen Abschied für eine Flucht nutzen, sah sie nun verblüfft an. »Du bist verlobt?«

Geesche nickte. »Mit Dr. Nissen.« Sie ging an Heye Buuß vorbei in den Flur. »Leonard?«

Die Tür des Fremdenzimmers öffnete sich augenblicklich, so, als hätte Dr. Nissen hinter der Tür darauf gewartet, herauskommen zu dürfen.

Schweigend standen sie voreinander, Leonard Nissen, als traute er sich nicht, Geesche in seine Arme zu ziehen, und sie, als hoffte sie, er würde es unterlassen. Am Ende reichte Geesche ihm die Hand. »Ich werde für einige Zeit fort sein. Wirst du auf mein Haus achtgeben?«

Leonard Nissen nahm ihre Hand, antwortete aber auf ihre Frage nicht. »Woher kommt das Geld, das man bei dir gefunden hat?«, fragte er.

Heye Buuß trat einen Schritt näher heran, aber seine Hoffnung, Geesche könnte ihrem Verlobten mehr verraten als ihm, erfüllte sich nicht.

»Ich habe es nicht gestohlen«, antwortete Geesche ausweichend.

Der Inselvogt riet ihr, Wäsche zusammenzupacken, da sie mit einer baldigen Rückkehr nicht rechnen dürfe. Sie ging in die Wohnstube, ohne etwas von ihrer Ruhe zu verlieren, öffnete den Alkoven und entnahm ihm einige Sachen, die sie in einen Leinenbeutel steckte und an ihren Rock band. Dann trat sie wieder auf den Flur und sagte zu Heye Buuß, der die Haustür bewachte: »Ich bin so weit.«

Dr. Nissen versuchte im Vorübergehen ihre Hand zu drücken, aber er griff ins Leere. Unsicher folgte er Geesche aus dem Haus, als wollte er sie begleiten, blieb aber noch in der Türfüllung stehen und beließ es dabei, ihr nachzublicken.

Freda stürzte auf Geesche zu. »Du warst es nicht. Ich weiß, dass du keine Diebin bist! Und Ebbo weiß es auch. Bitte, verzeih Hanna, was sie dir antut. Ich weiß nicht, warum sie dich angezeigt hat. Sie ist so undankbar und …«

Geesche ließ Freda nicht zu Ende sprechen. »Hanna hat getan, was sie tun musste.« Sie wandte sich Hanna zu, die noch immer an der Hauswand lehnte und sich große Mühe gab, Überlegenheit auszustrahlen. »Du hast recht, Hanna, ich war nicht immer gerecht zu dir.«

»Das stimmt nicht«, rief Freda verzweifelt. »Du warst immer gut zu ihr. Was für ein Glück, dass mein Jens nicht mehr miterleben muss, wie böse seine Tochter ist!«

Nun war es mit Hannas Überheblichkeit vorbei. Sie stieß sich von der Hauswand ab und humpelte auf Freda zu. »Das ist nicht wahr«, sagte sie, und ihr Gesicht verzerrte sich wie unter einem großen Schmerz. »Ich bin nicht böse!«

Aber Freda, die sonst nach allem griff, was ihre Tochter entlastete, wollte ihre Ausflüchte diesmal nicht hören. »Seit die Comtesse dich ihre Freundin nennt, ist es noch schlimmer geworden mit dir. Und seit du das weiße Band hast, meinst du wohl, ein Band im Haar macht aus dir ein vornehmes junges Mädchen? Und nur, weil der Graf freundlich zu dir ist …«

Ebbo ging dazwischen. »Lass sie, Mutter.« Schützend stellte er sich vor seine Schwester. »Hanna ist nicht böse.«

Geesche hätte seine Worte gern bekräftigt, hätte bereitwillig Schimpf und Schande von Hanna genommen, wäre sogar bereit gewesen, sie in den Arm zu nehmen … aber in diesem Moment beschloss Heye Buuß, alle Umstehenden mit seiner Machtausübung zu beeindrucken. Er holte einen Strick aus seiner Hosentasche und gab Geesche ein Zeichen, damit sie ihm ihre Handgelenke reichte.

»Nein! Nicht fesseln!«, rief Dr. Nissen, der als Erster durchschaute, was der Inselvogt vorhatte. »Sie wird nicht fliehen.«

Auch Ebbo versuchte, den Inselvogt von seinem Vorhaben abzubringen, aber der blieb unerbittlich. »Wenn sie mir entwischt, muss ich mir Vorwürfe gefallen lassen.«

Sogar Hanna schien ein gutes Wort für Geesche einlegen zu wollen, aber lautes Geschrei hielt sie davon ab. Eine Horde Inselbahnarbeiter kam den Weg entlanggelaufen. Mindestens ein Dutzend war es, mit Werkzeug bewaffnet, das die Männer drohend über den Köpfen schwangen. Freda drückte sich ängstlich neben Hanna an die Hauswand, Dr. Nissen wich in den Schatten des Eingangs zurück, Heye Buuß schob Geesche ein Stück vor, als wollte er sich notfalls hinter ihr verstecken. Er war noch nicht fertig mit der Fesselung, hatte den Strick aber bereits um Geesches Handgelenke gelegt und hielt sie damit fest.

»Da ist sie!«, schrie der Erste der herannahenden Arbeiter.

»Die gemeine Diebin!«

»Gib uns unser Geld zurück!«

Als die Männer näher kamen, fiel Heye Buuß ein, dass ein Inselvogt die Aufgabe hatte, seine Bürger zu schützen. Auch die, die straffällig geworden waren. Nun stellte er sich vor Geesche und gab den anderen ein Zeichen, dass sie sich ins Haus zurückziehen sollten.

Aber nur Freda folgte seinem Wink. Hanna blieb an der Hauswand stehen, Ebbo ging den Inselbahnarbeitern sogar einen Schritt entgegen, und Dr. Nissen traute sich aus dem Haus, wenn er sich auch weiterhin im Schutz der Tür hielt.

Piet, ein etwa dreißigjähriger Mann, der früher Knecht bei einem Bauern im Listland gewesen war, ehe er Arbeit bei der Inselbahn angenommen hatte, machte sich zum Wortführer der Gruppe. »Wir wollen unser Geld! Wenn Geesche es hat, dann soll sie es uns geben.«

Heye Buuß machte eine abwehrende Geste. »Sobald ihre Schuld bewiesen und sie verurteilt ist, bekommt Dr. Pollacsek das Geld zurück.«

»Und wie lange dauert das?«, fragte Piet, und die anderen wiederholten diese Frage in unterschiedlichen Lautstärken und mehr oder weniger drohend.

»Das kann ich nicht sagen«, antwortete Heye Buuß. »Der Richter muss erst vom Festland kommen. So lange müsst ihr euch gedulden.«

»Soll ich das meiner Frau sagen, wenn sie nicht weiß, was sie unseren Kindern zu essen geben soll?«

Heye Buuß wurde ungeduldig. »Das ist nicht mein Problem. Dr. Pollacsek hat versprochen, euch auszubezahlen, sobald er Geld vom Festland bekommen hat.«

»Davon werden wir nicht satt!«

Piet trat einen Schritt vor, musterte Geesche von oben bis unten, legte so viel Verächtlichkeit in seinen Blick wie ihm eben möglich war, dann spuckte er ihr ins Gesicht. So unvermittelt, dass sie keine Gelegenheit hatte, sich zu ducken und der Demütigung auszuweichen.

Geesche kniff die Augen zusammen, wollte ihren Arm aus der Schlinge befreien, um den Geifer abzuwischen, aber Heye Buuß hielt den Strick so fest, dass sie zulassen musste, wie er über ihre Augen lief, die Wange hinab, bis in ihre Mundwinkel. Ebbo war es schließlich, der zu ihr trat, sein Hemd aus der Hose zog und mit einem Zipfel ihr Gesicht abwischte. Geesche öffnete die Augen und sah ihn dankbar an.

»Wir hätten sie allein in die Zange bekommen müssen«, sagte Piet zu seinen Gefährten. »Dann hätten wir uns an ihrem Hausrat schadlos halten können.«

Nun wurde Heye Buuß so ärgerlich, dass er den Strick losließ, den er um Geesches Hände geschlungen hatte. Er machte einen drohenden Schritt auf Piet zu. »Wenn jemand in Geesches Haus einbricht, während sie im Gefängnis sitzt, kann er was erleben. Dann werdet ihr behandelt wie jeder andere Dieb auch. Habt ihr das verstanden?«

Heye Buuß merkte, dass die erste Aufregung sich legte. Unauffällig tastete er nach seinem Hosenbund, um zu prüfen, ob das Geld noch dort saß, wo es hingehörte. Dann knüpfte er den Strick so fest um Geesches Hände, dass sie leise aufschrie. Mit dem rechten Knie stieß er ihr in die Beine. »Geh los! Sei froh, dass du nicht hier bleiben musst. Piet und seine Leute hätten dich wahrscheinlich gelyncht.« Er lachte hämisch, aber jeder konnte sehen, dass ihm die Verächtlichkeit nicht leichtfiel. »Du kannst dich freuen! Das Gefängnis ist zurzeit leer. Der alte Nermin wird froh über deine Gesellschaft sein. Dass er den Gefangenen gern das Brot wegisst, weißt du sicherlich. Aber vielleicht hast du Glück, und jemand bringt dir was zu essen.«

Geesche merkte, dass die hässlichen Worte nicht für sie, sondern für die Inselbahnarbeiter bestimmt waren. Ihr Rachedurst wurde gelöscht, als sie sahen, dass Geesche ihre verdiente Strafe erhielt und so schlecht behandelt wurde, wie es sich für eine Diebin gehörte. Plötzlich spürte sie Ebbo an ihrer Seite, der dafür sorgte, dass sie die Gasse, die sich bildete, durchschreiten konnte, ohne noch einmal bespuckt zu werden. Die Worte, die man ihr entgegenschleuderte und nachrief, kümmerten sie nicht weiter. Sie waren schon jetzt Teil eines Lebens, das sie hinter sich lassen musste. Vor sechzehn Jahren hatte sie es verspielt, dieses Leben. Sie konnte froh sein, dass ihr diese Gnadenfrist vergönnt gewesen war.

Am Ende des Weges hatte Geesche Gelegenheit, sich umzudrehen und einen letzten Blick zurückzuwerfen. Das Bild, das sich ihr bot, würde sie niemals vergessen. Ebbo in kämpferischer Pose vor dem Steinwall, Hanna, die sich von der Hauswand gelöst hatte und ihr ein paar Schritte nachhumpelte, als wollte sie alles wieder rückgängig machen, was sie angerichtet hatte, Freda, die sich in Dr. Nissens Nähe hielt, und er, der in der Tür stand, als wäre er bereits der Hausherr. Ihr war, als hätte sie ihr Leben an diese vier verschenkt. Und als Leonard Nissen sich umdrehte, hatte sie sogar das Gefühl, dass ihr dieses Leben nie gehört hatte. Was hätte Marinus an Dr. Nissens Stelle getan? Sie verteidigt? Sie begleitet? Sie zu retten versucht?

Nun war dieser Mann, den sie kurz vorher noch ihren Verlobten genannt hatte, verschwunden, die Tür hatte sich geschlossen, Geesche Jensen war trotz der Gesellschaft, in der sie sich befand, allein. So einsam wie nie zuvor in ihrem Leben. Noch einsamer, als sie im Gefängnis von Westerland jemals sein konnte.

Die Gräfin wurde unruhig. Frau Roth las ein Gedicht nach dem anderen, ohne den Zuhörerinnen Gelegenheit zu geben, den Metaphern nachzugehen. Nur mit großer Mühe konnte Katerina sich konzentrieren, und sie schaffte es auch nur deshalb, ihre Gedanken nicht abschweifen zu lassen, weil sie fürchtete, dass Königin Elisabeth beim Dessert ihre Meinung zu dem einen oder anderen Gedanken, den sie formuliert hatte, einholen könnte. Dann wollte sie mit ihrer Bildung und ihrem Scharfsinn glänzen, damit der Königin aufging, dass ihr junger Verwandter sich für eine Frau entscheiden würde, die aus einer literaturbegeisterten Familie stammte.

Sie richtete sich so weit auf, dass ihre Wirbelsäule nur noch sanft die Rückenlehne des Stuhls berührte, aber nicht von ihr gestützt wurde, und verbot sich, an ihre Tochter und den Fürsten zu denken. »Es fallen die Gedanken / wie Blätter ab vom

Baum …« Daraus ließ sich nachher bei Tisch die Frage entwickeln, ob es erlaubt sein sollte, sich spontan zu äußern, und ob es nicht wertvoller sei, sie so lange für sich zu behalten, bis einem Gedanken ein Folgeschluss beitrat, der aus dem Denken erst einen Gedanken machte. Die Baronin würde dazu nichts beizutragen haben, die Baronesse, die mit gefalteten Händen dasaß, schien sich mit einem Gebet zu beschäftigen statt Frau Roth zuzuhören, und würde später genauso schweigen, wie sie während des Essens geschwiegen hatte. Und Frau Roth würde sich zurückhalten, weil sie sich nicht zu den Gästen zählte. Es würde also an ihr, Gräfin Katerina von Zederlitz, sein, der Königin Anerkennung für ihr literarisches Schaffen zu zollen, indem sie bewies, dass sie ihr Anliegen verstanden hatte. Dann würde die Baronin in Entzückensrufe ausbrechen und behaupten, nie von schöneren Worten berührt worden zu sein, Katerina jedoch als Einzige die Gedanken Carmen Sylvas aufnehmen und eigene hinzufügen können. Also musste sie aufhören, sich Elisas glückliches Gesicht vorzustellen, nachdem sie mit Fürst Alexander von ihrem Spaziergang im Garten der Villa zurückgekehrt war.

»Und aus der Tiefe quellen / mit immer neuer Macht / hervor die Liederwellen / vom Wald erlebt, erdacht.«

Aus dem Billardzimmer drang Gelächter. Die Tür hatte sich geöffnet, die Herren traten heraus und begaben sich in den Salon zurück. Anscheinend war es Zeit für das Dessert.

»Ein Lichtgedanke eilet / herab vom Himmelssaal …«

Frau Roth wurde nervös, sprach schneller, als es dem Text zuträglich war, und wollte jetzt nur noch, dass das Gedicht zu Ende ging, um die Lesung abzuschließen.

Als es so weit war, klappte sie das Buch zu und bat darum, sich um ihre Dienstmädchen kümmern zu dürfen, die die rote Grütze auftragen sollten.

Die Königin entließ sie huldvoll, und Katerina stellte die Frage, die sie sich vorher zurechtgelegt hatte: »Haben Sie mit Ihrer Lyrik einen Weg gefunden, Majestät, all das, was Sie bewegt, in eine Form zu geben, statt es zurückzudrängen oder auszusprechen?«

Tatsächlich schien die Königin erfreut über das Interesse an ihrem Werk, das Katerina damit zum Ausdruck brachte, während die Baronin ihr weismachen wollte, auch auf ihrer Zunge habe diese Frage gelegen. Die Baronesse dagegen sah verwirrt um sich, als sei sie soeben aus einem Traum geschreckt worden, in dem ihr der Heiland erschienen war. Zum Glück erging sich die Königin sehr lange über die Metaphern, die sie der Natur entnommen hatte, so dass keine weiteren interessierten Fragen nötig waren, weil Frau Roth ins Zimmer zurückkehrte und die Damen zu Tisch bat.

Katerina folgte der Königin mit dem Vorsatz, später im Beisein der Herren und Elisas die Romangestalt der Berthalda zu erwähnen, die eine vergiftete Hostie in den Kelch legte, damit der Priester, ihr Bruder, ihrer Todfeindin den Wein reichte, der sie umbringen sollte. Sie würde als Einzige zeigen können, dass sie viel von dem Werk Carmen Sylvas wusste.

Allerdings wurde sie von diesem Gedanken abgelenkt, als Elisa mit Fürst Alexander den Raum betrat. Katerina kannte ihre Tochter gut genug, um sofort zu durchschauen, dass Elisas Gespräch mit Fürst Alexander einen anderen Verlauf genommen hatte, als zu erwarten gewesen war. Katerina verlor einen Teil ihrer Sicherheit wieder. Was war geschehen? Elisa schien zwar ihre Angst verloren zu haben, aber das Glück strahlte ihr keineswegs aus den Augen. Es schien allenfalls die Antwort auf eine Frage zu sein, die sich in ihrem klaren Blick äußerte, wobei Katerina nicht wusste, wer sie gestellt und wer sie beantwortet hatte. Fürst Alexander wirkte zufrieden und gelöst, Elisa jedoch war von einer Nachdenklichkeit, die ihrer Mutter Sorgen bereitete.

Kaum war die Rote Grütze aufgetragen worden, die die Königin seit ihrer Ankunft auf Sylt zu ihren Leibspeisen zählte, da setzten die Herren das Gespräch fort, das sie anscheinend im

Billardzimmer begonnen hatten. Es schien auf allgemeines Interesse zu treffen, wenn man einmal davon absah, dass Ioan Bitu sich gelangweilt zurücklehnte und deutlich machte, wie sehr er derartige Banalitäten verabscheute.

»Eigentlich ist die Hebamme eine geschätzte Person auf der Insel«, erklärte Dr. Pollacsek. »Dass ausgerechnet sie mir die Lohngelder gestohlen haben soll … ich kann es kaum glauben.«

Baronin von Bauer-Breitenfeld, die froh war, dass ihr die Sorge vor einer längeren Erörterung der königlichen Literatur genommen wurde, ging bereitwillig auf das Gespräch ein. »Sie wurde also nicht auf frischer Tat ertappt?«

Dr. Pollacsek warf Ioan Bitu einen unsicheren Blick zu, der, während im Billardzimmer geraucht worden war, seine neusten Werke aus seinem Zimmer geholt hatte und nun in ihnen herumblätterte, um zu entscheiden, welche er nach der Roten Grütze vortragen wolle. Ungehalten blickte der Dichter auf. Anscheinend fürchtete er, dass über diese Sensation seine Lyrik ins Hintertreffen geraten könnte.

Während Dr. Pollacsek zu berichten begann, dass er im letzter Zeit häufig von heimlichen Schritten, die um sein Haus schlichen, gequält worden sei, bemerkte Katerina, wie Alexander sich zu Elisa beugte und ihr etwas zuflüsterte. Es gelang ihr sogar, seine Worte zu verstehen: »Ich hatte gehofft, Ioan Bitu wäre schon fertig mit seinen Gedichten.«

Was für eine Vertraulichkeit! Gräfin Katerina wurde unsicher. Hatte es im Garten der Villa doch eine Annäherung gegeben? Sie sah ihre Tochter fragend an, die ihren Blick jedoch nicht wahrnahm. Sie bedachte Alexanders Bemerkung mit einem kleinen Lächeln, das für Katerinas Geschmack viel zu viel Belustigung und zu wenig Vorwurf ausdrückte, und hing nun an den Lippen des Kurdirektors, der erzählte, dass Hanna Boyken, die verkrüppelte Tochter einer armen Fischersfrau, die Beute bei Geesche Jensen entdeckt hatte. »Sie geht im Haus der Hebamme ein und aus, sie ist dort geboren und hilft auch oft bei der Versorgung der Feriengäste.«

»Sie ist meine Gesellschafterin«, mischte sich Elisa ein und ergänzte zum Verdruss ihrer Mutter: »Wir sind in derselben Nacht im Haus der Hebamme zur Welt gekommen.«

Katerina warf ihrer Tochter einen vorwurfsvollen Blick zu, der ebenfalls nicht erwidert wurde. Wie konnte Elisa eine solche Intimität auf einer Dinner-Gesellschaft zum Besten geben?

»Sie scheint eine ehrliche junge Frau zu sein«, meinte Herr Roth. »Es muss ihr schwergefallen sein, Geesche Jensen dem Inselvogt auszuliefern.«

Graf Arndt sah nicht von seinem Teller auf, als er fragte: »Hat die Hebamme ein Geständnis abgelegt?«

»Höchstwahrscheinlich«, entgegnete Herr Roth. »Es wird ihr nichts anderes übrig bleiben. Woher soll sie so viel Geld haben? Dafür gibt es nur eine Erklärung.«

»Das ist kein Beweis, sondern nur eine Vermutung«, tadelte Graf Arndt mit sanfter Stimme.

Herr Roth musste es zugeben, wies aber gleichzeitig jede Verantwortung von sich. »Das ist Sache des Inselvogts. Er wird die Hebamme schon zu einem Geständnis bewegen.«

Er wurde von Dr. Pollacsek unterbrochen. »Ich bin sicher, dass es sich um einen Irrtum handelt. Die Hebamme ist keine Diebin. Das wird sich aufklären. Ganz sicher!«

Herr Roth zuckte mit den Schultern. »Das Gericht wird sich mit dem Fall beschäftigen. Dann werden wir ja sehen, ob sie schuldig ist oder nicht.«

Damit verlor sich das Interesse an dem Diebstahl der Lohngelder. Die Baronin schien noch immer in Sorge zu sein, dass die nächsten Gespräche sich entweder um die Literatur der Königin oder die Lyrik von Ioan Bitu drehen könnten, dessen Miene immer verschlossener wurde. Anscheinend lag ihr daran, diesem Abend den Unterhaltungswert zu bewahren, und so berichtete sie von ihrem Gärtner, dessen Bruder unter die Strandräuber gegangen war. »Okko ist ein rechtschaffener Mensch und hat immer versucht, seinen Bruder auf den rechten Weg zurückzuführen. Die Eltern wollten nichts mehr mit ihrem jüngsten Sohn zu tun haben, aber Okko, unser Gärtner, hat sich häufig mit ihm getroffen. ›Er bleibt immer mein Bruder‹, hat er gesagt, ›egal, was er tut.‹«

Ihr Mann nahm ihre Erzählung auf und führte sie weiter. »Aber wie hat der Bruder, dieser miese Halunke, es ihm gedankt?«, fuhr der Baron fort. »Er hat den besonders kostbaren Teil seiner Beute bei Okko versteckt, weil dort niemand danach suchte. Unser Gärtner hatte keine Ahnung, dass in seinem Zimmer Juwelen versteckt waren. Der Bruder hatte sie in einer Schatztruhe gefunden, die angeschwemmt worden war. Und da er nicht mit den anderen Strandräubern teilen wollte, hat er den Inhalt bei Okko verborgen, dem niemand etwas Böses zutraute.«

Graf Arndt runzelte nachdenklich die Stirn. »Okko? Wir haben auch einen Gärtner, der so heißt. Okko Bendix.«

»Den meine ich«, bestätigte der Baron. »Als eins unserer Dienstmädchen die Beute zufällig bei ihm fand, wurde er verhaftet. Zu Unrecht, wie sich nach einigen Wochen herausstellte. Als Okko aus dem Gefängnis entlassen wurde, hatten wir uns bereits einen neuen Gärtner gesucht.«

Die Baronin ergänzte: »Wir waren sehr erleichtert, dass Okko bei Ihnen eine neue Anstellung gefunden hatte.«

»Sonst hätten wir ihn selbstverständlich als zweiten Gärtner beschäftigt«, erklärte der Baron. »Schließlich war er unschuldig! Man konnte ihn nicht für die Taten seines Bruders leiden lassen.«

Der Graf zollte ihm Beifall für diese soziale Einstellung und wurde von allen anderen darin unterstützt.

»Wollen Sie damit sagen«, fragte Alexander von Nassau-Weilburg, »dass es so auch bei der Hebamme gewesen sein könnte? Jemand hat die Beute in ihrem Haus versteckt, weil er glaubte, bei einer Person, die sich bisher nichts zuschulden kommen ließ, wäre sie besonders sicher?«

»Dann hat die Gesellschafterin Ihrer Tochter der Hebamme einen schlechten Dienst erwiesen«, sagte die Königin und sah Gräfin Katerina vorwurfsvoll an.

Graf Arndt antwortete anstelle seiner Frau: »Wenn es sich so verhält, konnte Hanna es nicht wissen.« Und mit einem schnellen Blick zu Katerina ergänzte er: »Sie ist eine sehr angenehme junge Frau.«

Dr. Pollacsek griff sich an den Magen. »So freundlich habe ich noch nie von Hanna Boyken reden hören, Herr Graf!«

»Was wollen Sie damit sagen?«, fragte Graf Arndt so scharf zurück, dass Herr Roth, der seiner Frau gerade eine Anweisung zutuscheln wollte, aufmerksam wurde und vorerst darauf verzichtete, den Portwein holen zu lassen. »Hanna Boyken ist tatsächlich nicht beliebt«, sagte er und ergänzte schnell: »Aber man darf nicht vergessen, welch schweres Schicksal sie hat. Diese verkrüppelte Hüfte! Sie war bereits fünf Jahre alt, als sie endlich laufen lernte.«

Frau Roth bestätigte die Worte ihres Mannes. »Wenn ihre Mutter wenigstens Geld für einen Arzt hätte! Aber sie konnte Hanna nicht einmal orthopädische Schuhe kaufen. Die würden ihr das Laufen erleichtern.«

»Tatsächlich?« Das Interesse des Grafen war so naiv und unverbildet, dass Katerina Mühe hatte, ihren Gleichmut beizubehalten. »Dann werden wir solche Schuhe für sie anfertigen lassen und ihr schenken.«

Die Königin war entzückt über diese Mildtätigkeit und voll des Lobes für Graf Arndt. Wie sehr er unter den freundlichen Worten litt, sah nur Katerina. Und dass er seine spontane Äußerung bereute, bemerkte ebenfalls nur sie. Niemand wusste besser als seine Frau, dass Graf Arndt seine guten Werke normalerweise im Stillen tat.

Katerina warf Elisa einen Blick zu, als erwartete sie, dass ihre Tochter, die sonst immer für ihre Gesellschafterin eintrat, etwas dazu sagte. Aber Elisa schwieg. Sie sah auf ihre Hände, als wären ihre Gedanken schwer, und bemerkte nicht einmal den Blick Alexander von Nassau-Weilburgs, der sie besorgt betrachtete.

Geschickt führte Katerina das Gespräch auf die Hebamme zurück. »Wie soll sie an so viel Geld gekommen sein?«

Herr Roth war sicher. »Dafür gibt es nur eine Erklärung. Es muss aus der Beute stammen.«

»Und wenn nicht?«, fragte Graf Arndt und beantwortete diese Frage gleich selbst: »Dann wird sie dem Inselvogt inzwischen erklärt haben, wie sie an das Geld gekommen ist.«

»Aber was immer sie vorgibt«, ergänzte Herr Roth, »sie wird es beweisen müssen. Sonst glaubt ihr niemand.«

»Vielleicht kann ihr Verlobter ihr helfen«, meinte Dr. Pollacsek. »Er ist ein vermögender und geachteter Mann.«

Graf Arndt legte seinen Löffel beiseite und starrte den Kurdirektor an. »Die Hebamme ist verlobt?«

»Mit Dr. Nissen!« Dr. Pollacsek grinste schief. »Jetzt fällt es mir ein. Ihr Bruder …« Er schluckte den Rest des Satzes herunter. »Ob Dr. Nissen noch bereit sein wird, Geesche Jensen zu heiraten, wenn sie überführt ist?« Er schüttelte den Kopf. »Nein, ein Mann wie er wird niemals eine Diebin heiraten.«

»Wie auch?«, fragte Frau Roth. »Die Hebamme wird die nächsten Jahre im Gefängnis verbringen.«

Die Nacht knisterte, stöhnte und fauchte. Dann wieder stand sie still vor den Fenstern wie ein neugieriger Nachbar, aber schon im nächsten Augenblick rüttelte der Wind an den Läden und pfiff ums Haus. Dann rückte das Summen des Wasserkessels näher, das Knacken der Bodendielen und das Knarren der Binsenstühle.

Sie schwiegen lange. Freda starrte auf ihre Hände, die hin

und her zuckten, als könnte sie nicht glauben, dass es nichts für sie zu tun gab, Hannas Blick war stumpf, als hätte sie jeden Gedanken aus ihrem Kopf verbannt, Dr. Nissen trommelte nervös auf seinen Schenkeln herum. Hemdsärmelig saß er am Tisch, wie er es in Geesches Gegenwart niemals getan hätte, und Ebbo stellte fest, dass ihm mit dem Ablegen des Jacketts ein großer Teil seiner Ausstrahlung verloren gegangen war. Es gefiel ihm. Wahrscheinlich hätte er sich nach Geesches Verhaftung verdrückt, wenn Dr. Nissen der vornehme Arzt geblieben wäre, der er bisher für Ebbo gewesen war. Er selbst hockte auf der vorderen Kante seines Stuhls, hätte sich gern verabschiedet und wäre zur Villa Roth gelaufen, um zu sehen, ob die Kutsche des Grafen noch davorstand.

Dr. Nissen kehrte als Erster aus der Welt der schweren Gedanken zurück. »Ich werde Sie bezahlen, wie Geesche es getan hat«, sagte er zu Freda, obwohl er es schon einmal zugesichert hatte.

Und auch diesmal antwortete Freda mit dem dankbaren Blick, den Geesche ebenfalls für jede Zuwendung erhalten hatte. Es war die einzige Münze, mit der Freda bezahlen konnte.

Ebbo hätte es gerne gesehen, dass auch Hanna ihre Dankbarkeit zeigte, aber sie sah nicht einmal auf. Erst als Dr. Nissen sie ansprach, hob sie den Blick, und er war keineswegs freundlich.

Ebbo stockte der Atem, als Dr. Nissen fragte: »Kann es sein, dass du die Diebin bist, Hanna? Ich weiß doch, dass du oft um Dr. Pollacseks Haus geschlichen bist.«

Freda fuhr in die Höhe. »Wie oft habe ich dir gesagt …?«

Aber Dr. Nissen brachte sie mit einer energischen Handbewegung zum Schweigen. Er nahm den Blick nicht von Hannas Gesicht, als er weiter fragte: »Und nach dem Diebstahl hast du behauptet, das Geld in Geesches Truhe gefunden zu haben?«

Ebbo sah, dass Fredas Hände sich öffneten, als wollte sie nach Hanna greifen und sie schlagen. Diesmal hätte er nichts getan, um Hanna zu schützen. Für ihr spöttisches Grinsen hatte sie wirklich eine Ohrfeige verdient.

»Geld stehlen und es dann zurückgeben?«, fragte sie. »Was hätte das für einen Sinn?«

»Du hast nicht alles zurückgegeben, es fehlen mehrere hundert Mark. Der Inselvogt glaubt, dass Geesche Schulden damit bezahlt hat. Aber du hast dir vielleicht gesagt, dass du das ganze Geld sowieso nicht verbrauchen könntest. Es würde auffallen, wenn du plötzlich viel Geld hast. Und wo solltest du es verstecken? Ein paar hundert Mark dagegen ... damit lässt sich einiges machen, wenn man vorsichtig ist und erst mal Gras über die Sache wachsen lässt.«

»Stimmt das, Hanna?«, fragte Ebbo entgeistert.

Seine Schwester antwortete, ohne aufzusehen: »Dann hätte ich nur ein paar hundert Mark aus dem Tresor genommen und nicht alles.«

Aber Dr. Nissen fuhr unbeirrt fort: »Du hast etwas für deinen Ruf getan. Der Inselvogt weiß sicherlich zu schätzen, dass du das Geld abgegeben hast.«

»Stimmt«, sagte Hanna und sah Dr. Nissen herausfordernd an.

Nun wurde es Ebbo zu bunt. »Hören Sie auf, meine Schwester zu verhören! Sie haben kein Recht dazu!«

Wieder versuchte Freda zu beschwichtigen, die jedes Mal von Angst gepackt wurde, wenn eins ihrer Kinder ein Recht geltend machte, das nach Fredas Meinung niemandem zustand, der so bitterarm und so auf Hilfe angewiesen war wie die Boykens.

Aber Dr. Nissen beachtete Ebbos Einwurf gar nicht. Nach wie vor ließ er Hanna nicht aus den Augen. »Wann willst du das Geld gefunden haben?«, fragte er. »In der vorletzten Nacht ist es gestohlen worden. Hattest du gestern oder heute Gelegenheit, in die Truhe zu blicken? Du hast sie sogar durchsuchen müssen! Denn sicherlich lag das Geld ganz unten auf dem

Boden der Truhe. Dort, wo man etwas versteckt, was niemand finden soll.«

Obwohl Ebbo Dr. Nissans Einwurf absurd fand, war er froh, dass Hanna endlich ihre großspurige Haltung aufgab, die er genauso unangemessen fand wie Freda.

»Ich habe Mäuse in der Truhe rascheln hören.«

»Wann?«

Schlagartig veränderte sich Hannas Miene wieder, und sie fauchte: »Das geht Sie nichts an!«

Aber Dr. Nissen war nach wie vor nicht aus der Ruhe zu bringen. »Wenn du das Geld nicht selber gestohlen hast, dann … hast du es vielleicht schon vor längerer Zeit in Geesches Truhe gesehen? Natürlich konntest du sie nicht danach fragen, denn Geesche hat dir oft genug gesagt, dass du nicht in ihren Sachen rumschnüffeln sollst. Und nun hast du einen Weg gefunden, Geesche damit zu schaden. Das willst du doch schon lange, oder? Geesche schaden, weil sie dich nicht so gern hat, wie du es möchtest.«

Ebbo sprang auf und griff nach Hannas Hand, um sie in die Höhe zu ziehen. »Wir gehen. Das müssen wir uns nicht länger anhören.«

Es dauerte eine Weile, bis Hanna sich vom Stuhl gewuchtet hatte. Zeit genug für Dr. Nissen zu ergänzen: »Ich weiß, dass du Geesche hasst. Du möchtest von ihr geliebt und geachtet werden, so wie deine Mutter. Aber Geesche hat es nicht geschafft, obwohl sie sich viel Mühe gegeben hat. Manchmal kommt es mir so vor, als hättest du sie etwas weniger gehasst, wenn sie ehrlicher zu dir gewesen wäre. Wenn sie dir gezeigt hätte, dass sie dich niemals lieben und achten wird.«

Ebbo ließ Hannas Hand nicht los, obwohl sie versuchte, sich von ihm zu befreien. Aber seine Sorge, dass sie sich zu etwas hinreißen ließ, was sie später bitter zu bereuen hätte, war so groß, dass er sie zur Küchentür zerrte, ohne auf ihre Behinderung Rücksicht zu nehmen. »Komm, Hanna! Wir gehen!«

Wie Ebbo erwartet hatte, war Freda heilfroh, dass er das Heft in die Hand nahm und dafür sorgte, dass das Unglück nicht noch größer wurde. Er hörte noch, wie sie sagte: »Ich mache Ihnen einen Tee, Herr Doktor, damit Sie gut schlafen können. Und morgen früh bin ich pünktlich da, um Ihnen das Frühstück zu bereiten.«

Ebbo schloss die Tür und stieß Hanna vor sich her. Mit ihrem anfänglichen Widerstand war es schon an der Haustür vorbei. Als sie in die Dunkelheit hinaustraten, hörte Ebbo auf, Hanna zu drängen, und als sie auf dem Weg waren, ließ er ihr den eigenen Rhythmus und zwang sich, langsam neben ihr herzugehen.

»Stimmt es, was Dr. Nissen gesagt hat? Hast du das Geld gestohlen?«

»Nein!« Nur dieses eine Wort, mehr wollte Hanna dazu nicht sagen.

»Und dass du um Dr. Pollacsek Haus geschlichen bist? Stimmt das?«

»Und wenn schon!«

»Was ist mit seiner Vermutung, du hättest das Geld schon vorher in der Truhe entdeckt?«

»Woher sollte Geesche so viel Geld haben?«

Auf diese Frage wusste Ebbo keine Antwort. »Dann sag mir nur noch eins, Hanna! Wie konnte der Fürst von Nassau-Weilburg uns gestern in flagranti erwischen? Wo warst du? Warum hast du uns nicht gewarnt?«

Hanna zuckte mit den Schultern. »Ich musste Wasser lassen. Ganz dringend! Sollte mich jemand dabei sehen? Ich konnte ja nicht ahnen, dass ausgerechnet in diesem Moment der Fürst auftaucht.« Sie blieb stehen und sah forschend in Ebbos Gesicht. »Oder glaubst du mir etwa nicht?«

Ebbo betrachtete seine Schwester, das schmale Gesicht, die kleinen Augen, dann fühlte er sich nicht mehr wohl unter ihrem scharfen Blick und nickte. »Doch, natürlich …«

»Dann lass uns weitergehen«, drängte Hanna.

Aber Ebbo bewegte ihre Frage noch in seinem Kopf. Glaubte er ihr nicht? Obwohl er Hanna eine Antwort gegeben hatte, ließ die Frage ihn noch nicht in Ruhe. Er drehte sich zu Gesches Haus um, als könnte er dort eine Antwort finden, die auch ihn zufriedenstellte. Hatte Hanna sich einfach in die Sonne gelegt und ihn der Gefahr überlassen? Er traute es ihr zu. Ja, das tat er wirklich.

Marinus stand am Fenster seines Zimmers, sah hinaus und lauschte. Noch war das Pferdegetrappel nicht zu hören, das Rufen des Kutschers nicht, auch nicht das Rumpeln der großen Räder, wenn die Kutsche über den holprigen Weg auf das Haus zufuhr.

Marinus fühlte sich unwohl. Er wollte nicht warten, wusste aber, dass ihm nichts anderes übrig blieb. Er wollte nicht einmal in diesem Hause sein, aber auch hier blieb ihm nichts anderes übrig. Dr. Pollacsek hatte den Lohn nicht ausgezahlt, und sein Erspartes hatte er Freda Boyken gebracht. Er musste froh sein, im Hause seines Bruders wohnen zu dürfen, für ein Zimmer in einem der Gästehäuser hatte er kein Geld.

Von irgendwo her kam Gekicher. Die Dienstmädchen warteten ebenfalls auf die Rückkehr der Familie, damit sie Katerina und Elisa aus den Kleidern helfen, die Frisuren lösen und die Haare bürsten konnten. Währenddessen würde Zeit sein, mit Arndt zu reden.

Zwei Männer steuerten auf das Haus zu. Beide schwankten sie leicht, als hätten sie den Abend in einem Wirtshaus verbracht. Als sie sich dem Lichtkegel der Sturmlaterne näherten, erkannte Marinus den Gärtner, der in Begleitung eines Mannes war, den Marinus noch nie gesehen hatte. Beide verschwanden hinter dem Haus, wo es eine kleine Laube gab, in der Okko während der Sommermonate lebte, solange er für die Familie von Zederlitz arbeitete. Anscheinend wollte er seinen Zechkumpanen dort übernachten lassen. Hoffentlich ließ er sich nicht erwischen. Arndt und Katerina waren sicherlich nicht damit einverstanden, dass Fremde sich auf ihrem Grundstück aufhielten.

Die wenigen Augenblicke, in denen seine Gedanken abgeschweift waren, reichten aus, um sich nun von den Geräuschen der Kutsche überraschen zu lassen. Marinus löste sich vom Fenster und trat einen Schritt zurück. Arndt sollte nicht wissen, dass er auf ihn wartete. Warten war Schwäche. Und er wollte seinem Bruder keine Schwäche zeigen.

Als er Arndts Zimmer betrat, fühlte er sich stark genug für die Forderungen, die er an seinen Bruder stellen wollte. Und die Überraschung, die sich auf Arndts Gesicht ausbreitete, als sich die Tür öffnete, machte ihn noch ein bisschen stärker.

»Ich hatte geglaubt, du übernachtest woanders«, sagte Arndt. Er hatte sich gerade das Hemd aufgeknöpft und schloss es nun wieder, als käme es darauf an, für den Besuch seines Bruders korrekt gekleidet zu sein.

»War das Dinner sehr langweilig?«, fragte Marinus und setzte sich, ohne dazu aufgefordert worden zu sein.

»Nicht langweiliger als andere.« Arndt ging zur Tür. »Soll ich uns etwas zu trinken kommen lassen?«

Aber Marinus winkte ab. »Lass die Dienstmädchen bei den Damen. Katerina sollte nicht mitbekommen, dass wir etwas zu bereden haben.«

Arndt löste sich von der Tür und kam zu Marinus. Ratlos sah er sich um, da sein Bruder sich auf den einzigen Stuhl gesetzt hatte, auf den Graf Arndt seine Kleidung zu legen pflegte, bevor er zu Bett ging. Dann hockte er sich auf die Bettkante, erhob sich aber gleich darauf wieder. »Lass uns nach draußen gehen«, schlug er vor. »Die Luft ist angenehm. Und im Garten sind wir allein.«

Marinus war einverstanden. In schweigender Übereinstimmung gingen sie zu der Bank, die in der Nähe der Hecke stand, die den Teil des Grundstücks umgab, der an den Weg grenzte. Sie lag im Schatten des Mondes, niemand würde sie hier sehen.

Arndt sah besorgt zu den Fenstern hoch, hinter denen noch Licht brannte. Aber als er feststellte, dass sie geschlossen waren, lehnte er sich zurück und schlug die Beine übereinander. »Ich kann mir denken, worüber du mit mir reden willst.«

»Alles ist noch schlimmer geworden«, sagte Marinus heftig.

»Ich weiß. Geesche Jensen wurde verhaftet.«

»Was ich dir heute Morgen gesagt habe, gilt nun erst recht. Du musst mit der Wahrheit heraus!«

Graf Arndt blieb reglos sitzen. So, als wartete er darauf, dass Marinus zu der Erkenntnis kam, die er selbst für richtig hielt.

»Du musst!« Marinus' Stimme wurde lauter und schärfer. »Du kannst nicht zulassen, dass Geesche für ein Verbrechen bestraft wird, das sie nicht begangen hat.«

»Ich hoffe, dass der wahre Dieb gefunden wird. Dann ist sie rehabilitiert.«

»Wie soll er gefunden werden? Es sucht ja niemand mehr nach ihm. Heye Buuß ist sich seiner Sache sicher!«

Arndts Stimme klang gequält. »Alle Vorwürfe, die du mir machst, gehen mir selbst durch den Sinn. Glaub mir, Marinus, es geht mir nicht darum, meinen Kopf aus der Schlinge zu ziehen. Ich bin auch nicht zu feige, um mich zu meiner Schuld zu bekennen ...«

»Aber?«

»Wenn ich zugebe, woher Geesche Jensen das Geld hat, dann muss ich zugeben, was ich getan habe.«

»Das ist genau das, was ich von dir verlange!« Marinus schaffte es nicht mehr, sich zu beherrschen, obwohl er sich vorgenommen hatte, stark zu bleiben und nichts von seiner Schwäche zu verraten, indem er Arndt anschrie. »Diese Schuld muss gesühnt werden!«

Nun hörte sich die Stimme des Grafen schwach und kraftlos

an. »Vielleicht gesteht sie selbst, woher das Geld stammt. Wenn sie es im Gefängnis nicht mehr aushält …«

»Sie wird es nicht tun«, unterbrach Marinus, ohne nachzudenken, und verriet damit, dass er schon selbst über diese Möglichkeit nachgedacht hatte.

Graf Arndt griff nach dem rettenden Strohhalm. »Und warum wird sie es nicht tun? Weil sie weiß, dass sie damit das Unglück noch größer macht. Wie sollen Elisa und Hanna die Wahrheit ertragen? Und Katerina?«

Marinus merkte, dass er sich auf seine Stärke nicht mehr verlassen konnte. Wer aus seiner Schwäche eine Stärke machen wollte, gab ihr eben nur ein neues Gesicht, eine Maske, hinter der er genauso schwach war wie vorher. Er musste sich wohl zu dieser Schwäche bekennen. Es gab eine Gerechtigkeit, die grausamer war als ein Unrecht. Marinus hatte den Tag damit verbracht, sich Elisa in der Kate von Freda Boyken vorzustellen, Hanna in Katerinas Armen, Elisas Unglück, Hannas Hass, Freda Boykens Verbitterung, Katerinas Verzweiflung. Er hatte am Strand gestanden und in den Wind geschrien vor Wut und Abscheu, aber er hatte sich nicht besser gefühlt. Sein Bruder hatte Schicksal gespielt, hatte Gott ins Handwerk gepfuscht, hatte das Glück gezwungen, das Unglück verachtet und stellte dennoch das Recht an seine Seite! Und er, Marinus, war nicht fähig, daran etwas zu ändern. So furchtbar es war: Nach sechzehn Jahren war die Wahrheit grausamer als die Lüge geworden.

Marinus zuckte zusammen, als an Katerinas Fenster der Riegel bewegt wurde. Erschrocken blickte er hoch und fragte flüsternd: »War das Fester geöffnet?«

Arndt war nicht minder erschrocken. »Ich war der Meinung, es wäre geschlossen.«

Die helle Gestalt zwischen den Gardinenhälften konnte genauso gut Rosemarie wie Katerina sein. Jetzt verschwand sie, die Gardinen schlossen sich.

»Katerina ist kein Mensch, der andere belauscht«, sagte Graf Arndt leise.

Mühsam raffte Marinus ein wenig von der Stärke zusammen, die er soeben fast eingebüßt hatte. »Wenn du schon nicht bereit bist, zu deiner Schuld zu stehen, dann gib mir wenigstens Geld, damit ich Geesche helfen kann.«

Arndt sah seinen Bruder verblüfft an. »Was hast du vor?«

»Ich werde sie befreien und mit ihr von der Insel fliehen. Wenn ich genug Geld habe, werde ich schon jemanden finden, der uns aufs Festland bringt.«

»Das ist gefährlich.«

»Ich werde es trotzdem versuchen. Die Vorstellung, dass Geesche jahrelang in diesem Gefängnis sitzen muss, für etwas, was sie nicht getan hat ...«

»Weißt du eigentlich, dass sie verlobt ist?«

Marinus brach verblüfft ab und starrte seinen Bruder an. »Was sagst du da?«

»Dr. Pollacsek wusste es. Geesche Jensen hat sich mit Dr. Nissen verlobt.«

»Das glaube ich nicht.« Marinus versuchte es mit einem kleinen Lachen, das ihm jedoch nicht gut gelang. »Wenn es stimmt, dann hat sie es aus Verzweiflung getan. Weil ich mich von ihr getrennt habe.«

»Deswegen wirft sie sich gleich dem Nächsten an den Hals?«

»Sprich nicht so von ihr! Wenn du sie auch nicht magst ...«

»Ich habe nie gesagt, dass ich sie nicht mag. Ich war nur dagegen, dass du sie heiratest. Nun weißt du, warum. Ich wollte nicht, dass die Frau zu unserer Familie gehört, mit der mich eine große Schuld verbindet.« Graf Arndt sah seinen Bruder fragend an, und Marinus nickte. »Ihr ging es genauso. Du hast sie nie richtig verstanden, wenn sie sagte, sie wolle keinen Mann heiraten, dessen Bruder ein Graf ist.« Ein langes Schweigen stellte sich zwischen die beiden, dann sagte Arndt: »Ich gebe dir so viel Geld, wie du willst.«

»Vielleicht kann ich den Gefängniswärter bestechen. Das wäre am einfachsten. Allerdings … ich habe gehört, dass er zwar bestechlich ist, aber noch nie dabei geholfen hat, dass ein Gefangener fliehen konnte. Das würde ihm eine Menge Ärger bringen. Er lässt sich nur für die gute Behandlung der Gefangenen bezahlen. Also werde ich wohl einen anderen Weg suchen müssen.«

Der Graf sah aus, als fröre ihn. »Welchen?«

Marinus zog es vor, seinen Bruder nicht in seine Pläne einzuweihen. »Mal sehen … Wenn Geesche frei ist, werden wir uns nach Munkmarsch durschlagen. Dort wird sich jemand finden, der uns übersetzt.«

»Das wird Heye Buuß voraussehen. Wetten, dass er euch in Munkmarsch erwartet, wenn ihr dort ankommt?«

»Für wie dumm hältst du mich? Glaubst du, ich habe Pferd und Wagen vor dem Gefängnis stehen? Damit uns jeder sieht und jeder erkennt? Und damit jeder dem Inselvogt melden kann, dass Marinus Rodenberg und Geesche Jensen auf dem Weg nach Munkmarsch sind?«

Arndt versuchte zu grinsen. »Ganz abgesehen davon, dass du weder Pferd noch Wagen hast.«

»Wenn ich es brauchte, würde ich es von dir verlangen«, entgegnete Marinus kalt. »Nein, ich habe eine Hütte am Strand gefunden, zwischen Wenningstedt und Westerland. Dort werde ich Geesche fürs Erste unterbringen und dann abwarten, wie sich alles entwickelt. Erst, wenn wir wissen, was Heye Buuß unternimmt, machen wir uns nach Munkmarsch auf.«

»Dann wissen alle Fischer dort, dass ihr fliehen wollt. Sie werden sehr viel Geld von dir verlangen.«

»Du wirst es mir geben.«

Arndt nickte deprimiert, dann fragte er: »Was ist das für eine Hütte?«

»Sie wurde früher von Strandgutsammlern bewohnt.«

»Wie soll ich Dr. Pollacsek erklären, warum du verschwunden bist? Warum du nicht zur Arbeit kommst? Er wird sofort vermuten, dass du Geesche zur Flucht verholfen hast.«

Marinus schüttelte den Kopf. »Pollacsek wird mich nicht vermissen. Er hat mir gekündigt. Auch deswegen brauche ich Geld von dir.«

Graf Arndt war wie vor den Kopf gestoßen. »Aber er hat gesagt, er braucht dich für die nächsten Strecken der Inselbahn.«

Marinus nickte. »Da steckt irgendwas anderes hinter.« Er dachte nach, dann fiel ihm ein: »Dr. Nissen war gerade gegangen, als ich zu Dr. Pollacsek kam. Er ist mir vor der Haustür begegnet. Vielleicht hat er was damit zu tun?«

Graf Arndt schlug sich vor die Stirn. »Er will dich loswerden. Wegen Geesche! Ich habe schon gehört, dass Dr. Pollacsek den Arzt gern auf Sylt halten möchte.«

Marinus nickte noch einmal. Dann wurde es still zwischen den Brüdern. Marinus hätte ihr Schweigen gern Gefühlskälte genannt, Abneigung, Entfremdung, doch es gelang ihm nicht. Er wollte sich quälen in der Wortlosigkeit, wollte das dringende Bedürfnis verspüren, ihr zu entfliehen, wollte seinen Bruder verachten für dieses satte Schweigen ... aber auch das gelang ihm nicht. Und als Arndt die Stille zerschnitt, gab er all seine Versuche auf.

»Warum tust du das?«, fragte Arndt. »Warum willst du die Hebamme unbedingt befreien? War sie dir nicht genauso zuwider wie ich, als du wusstest, was sie getan hat?«

Marinus reagierte nicht, weil eine Antwort die Erkenntnis gewesen wäre, dass er seine Stärke vollends aufgegeben hatte.

Graf Arndt gab die Antwort an seiner Stelle. »Weil du sie noch liebst. Nicht weniger als vorher.«

XVI.

Das Gefängnis lag am nördlichen Rand von Westerland, weit entfernt von den Hotels und den Häusern der angesehenen Sylter Bürger. In der Nähe gab es nur ein paar armselige Katen, in denen Strandgutsammler lebten, die früher mal ein gutes Auskommen gehabt hatten. Seit es aber immer mehr Strandräuber zwischen Westerland und Wenningstedt gab, die den Strandgutsammlern ihre Beute abjagten, wurde es von Tag zu Tag schwieriger, am Strand etwas zu finden, was sich zu Geld machen ließ. Viele Strandgutsammler trauten sich nicht mehr allein ans Meer, seit einige von ihnen erschlagen aufgefunden worden waren. Aber diese Fälle waren schnell zu den Akten gelegt worden. Die Obrigkeit wollte sich nicht mit den Strandräubern anlegen, die in den Dünen in primitiven Unterständen hausten und sich nur gelegentlich in Westerland blicken ließen. Obwohl der Inselvogt auf den Anteil verzichten musste, den die Strandgutsammler als Steuer abzugeben hatten, ließ er die Strandräuber dennoch ungeschoren. Sie waren allesamt große, kräftige Kerle, düster anzusehen, denen ängstliche Blicke folgten, wenn sie in den Ort kamen. Manche Geschäftsinhaber verriegelten dann sogar die Türen, obwohl es noch nie einen Überfall im Ortskern gegeben hatte. Einige behaupteten sogar, unter den Strandräubern gäbe es ehrbare Männer, die nur deshalb aus der bürgerlichen Gemeinschaft ausgezogen waren, weil sie dort keine Chance hatten, ihren Lebensunterhalt zu verdienen.

Das Gefängnis war ein dunkles, geducktes Gebäude mit vergitterten kleinen Fenstern, die nur wenig Licht hereinließen. Drei Zellen besaß es, die meistens ausreichten. Und wenn nicht, mussten sich mehrere Gefangene eine Zelle teilen, die nur mit dem Notwendigsten ausgestattet war. Eine Pritsche mit einer Decke, ein Tisch mit einem Schemel davor und in einer Ecke ein Eimer für die Notdurft. Aus einer der zunächst vier Zellen war die Wohnung des Gefängniswärters geworden, die nicht viel komfortabler war als die Gefängniszellen und ebenfalls vergitterte Fenster hatte. Doch der alte Nermin hatte einen Weg gefunden, als Gefängniswärter sein Auskommen zu finden: Er ließ sich von den Angehörigen der Inhaftierten dafür bezahlen, dass er sie gut behandelte. So gab es in seiner Wohnung ein paar bequeme Möbelstücke und jede Menge Hausrat, den er sich leisten konnte. Wenn es Gefangene mit pflichtbewussten Angehörigen gab, ließ Nermin sich so viel zu essen bringen, dass er das Haus nie verlassen musste, um sich mit Lebensmitteln zu versorgen. War das Gefängnis leer oder saßen dort arme Schlucker ein, deren Angehörige genauso wenig hatten, ging es Nermin allerdings so schlecht wie den ärmsten Halmreepern. Dann musste er hoffen, dass sein Sohn ihm etwas zu essen brachte, der in der Nähe wohnte und als Kofferträger im »Strandhotel« arbeitete. Er vertrat den Vater auch, wenn der ausnahmsweise mal das Haus verlassen wollte. So kam es niemals vor, dass die Gefangenen sich selbst überlassen blieben.

Als Geesche dort eingeliefert wurde, hatte es seit Wochen keinen Gefangenen mehr gegeben, und der alte Nermin war froh, dass sich mit Geesches Erscheinen endlich wieder eine Einnahmequelle auftat. Die Hebamme würde hoffentlich Freunde und Verwandte haben, denen daran gelegen war, dass es ihr gutging. Diese Gedanken waren nicht nur an seinem Gesicht abzulesen gewesen, er hatte sie sogar unverblümt geäußert.

Geesche wickelte sich die Decke um den Körper, obwohl sie unangenehm roch und aus einer kratzigen Wolle bestand. Aber sie fror trotz des lauen Sommerabends und wagte sich nicht vorzustellen, an einem Winterabend auf dieser Pritsche zu liegen. Oder in einer Sturmnacht wie der vor sechzehn Jahren …

»Hanna! Du hast recht, wenn du mich verabscheust! Immer hast du es gespürt, von dem Tag an, an dem Freda dich zum ersten Mal wieder in mein Haus trug. Du hast geschrien, als ich dich von ihrem Arm nahm, als wüsstest du, dass ich dir etwas genommen hatte. All die Jahre habe ich versucht, dafür zu bezahlen. Du wusstest nicht, wofür, aber du warst dir immer darüber im Klaren, dass ich nicht ehrlich mit dir umging. Und dafür hast du mich gehasst. Es geschieht mir auch ganz recht, dass aus dir kein Mensch geworden ist, den man gern haben muss. Nein, es war richtig, dass du es mir nicht so einfach gemacht hast. Und es ist auch richtig, dass ich jetzt bezahlen muss. Mit dem Geld, mit dem ich dein Leben verkauft habe. Alles richtig!«

Geesche begann zu weinen, leise, ohne sich mit einem Schluchzen zu verraten. Ihre Tränen flossen wie ein sanfter Strom, ohne Strudel und Untiefen, ohne aufgehalten zu werden.

»Ach, Marinus! Ich hätte dabei bleiben sollen, dass die Hebamme Geesche Jensen nicht den Bruder des Grafen von Zederlitz heiraten kann. Nach Andrees durfte es keine Liebe mehr für mich geben. Ich habe es gewusst – und mich trotzdem verleiten lassen. Marinus, auch du wirst mich jetzt hassen. Genau wie Hanna! Vielleicht hasst mich auch der Graf, weil er fürchtet, dass ich nun das Geheimnis verrate. Die Comtesse würde mich hassen, wenn sie wüsste, dass ich ihr die Wurzeln genommen habe, die Gräfin, wenn sie eine Ahnung davon hätte, dass das Glück über ihre schöne, gesunde Tochter ein gestohlenes Glück ist. Und Leonard Nissen wird mich hassen, wenn er einsieht, dass ich mich nur für ihn entscheiden wollte, um Marinus vergessen zu können. Und Freda! Mein Gott, wie würde sie mich hassen! Ihr schönes, gesundes Kind, das in ihr trostloses Dasein etwas Licht gebracht hätte! Die bildhübsche, liebenswerte Tochter, die einen guten Mann geheiratet und Freda eine Familie geboten hätte. Und Ebbo? Seinen Hass mag ich mir gar nicht vorstellen. Durch meine Schuld ist Elisa unerreichbar für ihn geworden. Ganz allein durch meine Schuld!«

Hass! Schuld! Die Nacht war voller Schuld, das von den Gittern gestreifte Mondlicht voller Hass. Das Brot, das Nermin ihr hingestellt hatte, das Wasser, das sie von ihm bekam – alles voller Hass und Schuld.

»Deinen Eimer musst du selber ausleeren«, hatte er gesagt und ihr einen Strick um den Hals gebunden, ehe er sie hinters Haus führte, wo es ein Jaucheloch gab, über dem die Fliegen schwirrten. Jede einzelne vom Hass so feist geworden.

»Wenn du eine Kerze willst, müssen deine Angehörigen dafür bezahlen!«

Auch dieser alte Mann war voller Hass. Die schwere Tür, der Schlüssel, die Schritte, die sich entfernten – alles voller Schuld und Hass!

Tag und Nacht, Brot und Wasser, Wärme und Kälte, Verzweiflung und Unterwerfung, sie wusste nicht mehr, wie oft sich alles abgewechselt hatte. War die Sonne einmal, zweimal oder dreimal aufgegangen? Oder noch öfter? Hatte sie geschlafen, weil es Nacht war oder weil sie sich im Traum vor dem Erwachen verstecken wollte? Wie lange würde das noch so gehen? Bis Heye Buuß sie ein weiteres Mal verhörte? Bis der Richter vom Festland kam? Bis ein Urteil gesprochen wurde? Bis ihre Strafe verbüßt war? Wann würde das sein?

»Gib sie uns raus! Wir wollen sie haben! Liegt da auf der faulen Haut und lässt sich ernähren! Gib sie uns! Wir werden ihr zeigen, was mit Leuten geschieht, die uns um unseren Lohn bringen!«

Aber der alte Nermin war unerschütterlich geblieben. Seine Stimme hatte sich nicht einmal erhoben, als die Arbeiter der Inselbahn vor dem Gefängnis erschienen waren.

»Sie ist eine Schande für Sylt! Eine Hebamme, die Lohngelder stiehlt!«

»Weil sie kein Gewissen hat!«

Aber Nermins Stimme war ganz ruhig geblieben, als er die Meute von der Schwelle wies. Als die Stimmen nur noch aus der Ferne zu hören gewesen waren, hatte er plötzlich in ihrer Zelle gestanden und gesagt: »Das kostet! Wenn du nicht willst, dass diese Kerle dich lynchen, musst du bezahlen. Zu wem soll ich meinen Sohn schicken?«

Geesche hatte ihn lange angesehen. »Ich habe niemanden, der für mich bezahlt.«

Wann war das gewesen? Heute? Gestern? Vorgestern? Oder lag sie schon seit Wochen auf dieser Pritsche?

Elisa war früh aufgestanden. Sie hatte unruhig geschlafen, mal von Alexander, mal von Ebbo geträumt und sich schließlich erhoben, kaum dass es hell geworden war. Im Hause war noch alles ruhig gewesen. Rosemarie und Eveline hatten ihren Dienst noch nicht angetreten, und auch Hanna war erst später zu erwarten. Elisa hatte sich einen Morgenmantel übergeworfen und war in den Garten gegangen. Die Luft war kühl und klar, aber schon angefüllt mir Morgensonne, und so frisch und rein, wie sie nur auf Sylt war. Elisa fror nicht, obwohl ihr Morgenmantel dünn war und es nicht zu ihren Gewohnheiten gehörte, sich zu dieser frühen Stunde im Freien aufzuhalten. Ihre Mutter war davon überzeugt, dass die Sylter Luft nur vorsichtig dosiert zu genießen und das Reizklima für die zarte Gesundheit einer jungen Frau gefährlich war. Dabei vergaß sie gern, dass Elisa nie von zarter Gesundheit, sondern immer außergewöhnlich robust gewesen war.

Elisa ließ sich auf einer Bank nieder, merkte aber bald, dass sie Bewegung brauchte, wenn sie nicht frieren wollte. Also stand sie wieder auf und wanderte durch den Garten. Sie griff sich in den Nacken, spreizte die Haare vom Kopf, bot sie dem Wind an, ließ sie sich aus der Stirn wehen. Sie genoss das Alleinsein. Es gab niemanden, der sie kritisch betrachtete, niemanden, der ihre Haltung korrigierte, keinen Dienstboten, dem sie ein Vorbild sein musste. Nicht einmal Hanna vermisste sie. Nein, Hanna erst recht nicht! Es wäre ihr sogar lieber, wenn Hanna gar nicht käme. Heute nicht und morgen auch nicht! Elisa brauchte Zeit, um sich darüber klarzuwerden, wie sie zu Hanna stand. War sie immer noch die Freundin, der sie vertraute? Dass Fürst Alexander seit dem Dinner in der Villa Roth nie wieder bei der Familie von Zederlitz vorgesprochen hatte, war Hannas Schuld. Das Glück, dass er sie nicht verraten hatte, wich allmählich der Enttäuschung, dass es überhaupt so weit gekommen war. Seitdem hatte sie Ebbo nicht gesehen. Die Sehnsucht zerriss ihr das Herz, aber die Angst war jetzt größer. Und das alles, weil Hanna nicht aufgepasst hatte!

Jeden Morgen überlegte ihre Mutter, warum Fürst Alexander noch keinen Besuch bei ihnen gemacht hatte, jeden Morgen wurde Elisa gefragt, ob sie sich klug genug, sittsam genug, geistreich genug verhalten hatte, um dem Fürsten zu zeigen, dass sie die richtige Gemahlin für ihn war. Und jeden Morgen fasste Gräfin Katerina den Entschluss, den Tag im Garten statt am Strand zu verbringen, damit Alexander von Nassau-Weilburg sie hier antreffen konnte.

»Die Königin hat beim Abschied zu verstehen gegeben, dass sie eine Heirat begrüßen und unterstützen würde. Und Alexander von Nassau-Weilburg tut immer alles, was die Königin wünscht!«

Wie lange würde es dauern, bis ihre Mutter sich damit abgefunden hatte, dass der Fürst kein Interesse mehr an der Comtesse von Zederlitz hatte? Und wie oft mochte Elisa dann noch die Frage entgegengehalten werden, womit sie ihn enttäuscht hatte? Aber sie musste es geduldig ertragen, denn alles in allem hatte sie großes Glück gehabt, dass dem Fürsten nicht daran gelegen gewesen war, sie bloßzustellen. Er wusste, was Liebe war, deswegen hatte er Verständnis für sie gehabt. Was für ein Segen!

Elisa war nun im hinteren Teil des Gartens angekommen, ohne es recht bemerkt zu haben. Hinter dem Heckenrosenwall, der das Grundstück abschloss, begann gleich der Anstieg der Dünen, die sie vom Meer trennten. Dieser Teil des Gartens war verwildert, die Büsche waren nicht ordentlich beschnitten worden, der kleine Nutzgarten in der Nähe der Küchentür zeigte, dass sich hier nicht die Herrschaften, sondern das Personal aufhielt. Es wurde Zeit, dass sie sich wieder dorthin begab, wo es eine Rasenfläche gab, auf der hölzerne Bänke vor dichten Buchsbaumhecken standen.

Sie blieb wie angewurzelt stehen, als sie das Geräusch vernahm. Das Knarren einer Tür, flüsternde Stimmen, raschelnde Schritte im Gras. In diesem Moment fiel ihr ein, dass es in diesem Teil des Gartens eine Laube gab, die Okko, der Gärtner, bewohnte. Hinter einer Mauer war sie verborgen, an der allerlei Gerätschaften hingen, die für die Gartenarbeit benötigt wurden. Davor standen auch Tonnen für die Küchenabfälle und Krüge, mit denen das Wasser vom Brunnen geholt wurde.

Himmel, hier hatte sie wirklich nichts zu suchen! Wenn ihre Mutter zu hören bekam, dass sie sich im Morgenmantel hierhin verirrt hatte! Nicht auszudenken!

Doch es war zu spät, um zu fliehen. Sie konnte nur noch den Morgenmantel zusammenraffen und die Arme vor der Brust verschränken. Ein großer, kräftiger Kerl mit langen, ungepflegten Haaren und einem struppigen Bart stand plötzlich vor ihr. Okko war es nicht, den kannte Elisa. Wie kam ein Fremder auf das Grundstück der von Zederlitz?

Der Mann erschrak genauso wie sie. Verblüfft starrte er sie an. Dass sie nicht zum Personal gehörte, musste ihm auf der Stelle aufgehen, obwohl sie so unangemessen gekleidet war.

»Guten Morgen«, sagte er und sah sie abwartend an.

In diesem Moment erschien auch Okko, und dessen Schreck war noch größer als der des Fremden. »Comtesse«, stottert er. »Sie hier?«

Elisa richtete sich auf und setzte den Gesichtsausdruck auf, den ihre Mutter so gut beherrschte, wenn sie indigniert war. »Du hast Besuch, Okko?«

»Mein Bruder«, entgegnete Okko, der seinen Schreck allmählich überwand. »Er hat bei mir übernachtet.«

Okko war nur wenig kleiner als sein Bruder, aber wesentlich schlanker. Sein Gesicht war schmal, er hatte helle Augen, und seine Haare waren ordentlich geschnitten. Sein Bruder dagegen hatte ein breites, flächiges Gesicht mit hohen Wangenknochen und finsteren Augen.

»Die Frau Gräfin hat erlaubt«, ergänzte Okko, »dass er in meiner Laube übernachtet.«

Beinahe hätte Elisa gelacht. Ihre Mutter würde niemals etwas Derartiges erlauben! Sie würde sich eine solche Bitte nicht einmal anhören. Trotzdem sagte sie: »Wenn dem so ist ...«

Damit drehte sie sich um und ging. Okko war ein netter Kerl, sie wollte ihm keine Scherereien machen. Vor wenigen Tagen noch war ebenso gnädig mit ihr umgegangen worden, obwohl ihre Verfehlung viel schwerer wog. Dafür dankte sie dem Schicksal nun, indem sie Okko ebenfalls ungeschoren davonkommen ließ. Er sollte genauso erleichtert sein, wie sie selbst es gewesen war, nachdem Fürst Alexander sie mit seinem Verständnis überrascht hatte. Dass Okko seinen Bruder in seiner Laube schlafen ließ, war wirklich nicht weiter schlimm. Dass er ihr ins Gesicht log, wog dagegen viel schwerer. Am liebsten würde sie ihre Mutter fragen, ob sie von dem Bruder des Gärtners etwas wusste. Aber dann wäre vielleicht zur Sprache gekommen, dass sie sich im Morgenmantel und mit offenen Haaren dem Personal gezeigt hatte, und das wollte sie auf keinen Fall. Aber dass sie Okko kein Wort glaubte, würde sie ihm bei passender Gelegenheit klarmachen.

Entschlossen ging sie zurück, blieb aber in der Nähe des Eingangstores stehen und blickte sich noch einmal um. So sah sie, dass Okkos Bruder über die Hecke sprang und sich in die Dünen davonmachte Richtung Strand. Erst jetzt fiel ihr das Gespräch ein, das am Tisch der Königin geführt worden war. Okko war Gärtner bei Baron Braun-Breitenfeld gewesen und durch die Schuld seines Bruders, eines Strandräubers, im Gefängnis gelandet. Ob es sich dabei um den Bruder handelte, den Elisa soeben kennengelernt hatte? Ein Strandräuber! Sie schüttelte sich. Umso lächerlicher war Okkos Behauptung, ihre Mutter habe dem Gärtner gestattet, seinen Bruder in der Laube übernachten zu lassen.

Sie wollte gerade ins Haus zurückgehen, da sah sie Hanna den Weg entlangkommen. Hanna bemerkte sie, versuchte schneller zu gehen, schwankte dadurch noch stärker und quälte sich noch mehr. Elisa brach es das Herz, Hannas Mühen zu beobachten. Vielleicht musste man ihr nachsehen, dass sie sich etwas vom Leben nahm, was ihr nie vergönnt sein würde? Schlimm genug, dass sie die Liebe wohl niemals selbst erleben würde, dass sie darauf angewiesen war, einem Liebespaar heimlich zuzusehen, wenn sie etwas von der Liebe wissen wollte.

Hanna war außer Atem, als sie endlich vor Elisa stand. »Sie sind schon auf, Comtesse?«

»Wie du siehst! Du kannst mir mein Frühstück machen. Ich möchte im Garten frühstücken.«

»Soll ich nicht erst beim Ankleiden helfen?«

»Das mache ich allein.« Elisa drehte sich um und ging ins Haus. Über die Schulter warf sie zurück: »Sorg dafür, dass die Bank blitzsauber ist. Ich möchte mein weißes Baumwollkleid anziehen.«

Sie lief absichtlich so schnell ins Haus hinein und die Treppe hinauf, dass Hanna ihr unmöglich folgen konnte. Und sie ließ die Tür ihres Zimmers so laut ins Schloss fallen, dass Hanna es nicht wagen würde, daran zu klopfen, um sie zu überreden, ihr bei der Frisur zu helfen, ehe sie sich um das Frühstück kümmerte. Elisa wollte sich auch nicht bei Hanna erkundigen, wie es Ebbo ging und ob er nach ihr gefragt hatte. Hanna tat ihr leid, und Elisa fühlte sich nicht gut, weil sie Hanna schlecht behandelte. Aber sie war unfähig, zu dem Vertrauen zurückzufinden, das es einmal gegeben hatte. Was sie bisher Verlässlichkeit genannt hatte, war nun Indiskretion geworden.

Der alte Nermin war kein böser Mensch. Zwar fügte er anderen oft Böses zu, aber er tat niemals etwas Verbotenes. Es war ihm eingeschärft worden, keinen Gefangenen entkommen zu lassen, also bewachte er sie gut. Alles Böse, was er tat, hatte ihm niemand verboten. Und es geschah nur, weil ihm irgendwann aufgegangen war, dass niemand sich leisten konnte, Gutes zu tun, der sich täglich ums Überleben sorgen musste. Um ein guter Mensch zu werden, musste man reich sein, davon war Nermin überzeugt. Wer arm war, musste sehen, wie er sich durchs Leben schlug, und dabei durfte er in der Auswahl seiner Möglichkeiten nicht kleinlich sein. Notfalls musste man dann sogar Böses tun. Nermin hatte durchaus Mitleid mit der Hebamme, die an diesem Morgen nichts zu essen bekommen würde, aber sie anders zu behandeln als die vielen Gefangenen, die vor ihr hier gesessen hatten, kam nicht in Frage.

»Irgendwann wird dich jemand besuchen, der einsieht, dass er was mitbringen muss, wenn es dir bessergehen soll.«

Freda war gleich am Tag nach ihrer Verhaftung gekommen, aber mit leeren Händen. »Du bist keine Diebin, Geesche! Ich weiß es! Warum sagst du nicht, woher du das Geld hast? Dann muss Hanna ihre schreckliche Anschuldigung zurücknehmen.«

Aber Geesche hatte nur den Kopf geschüttelt. »Schimpf nicht mit Hanna.« Dann hatte sie Freda gebeten, ihr etwas aus ihrer Speisekammer zu bringen. »Den Schinken. Aber bring reichlich, denn der alte Nermin verlangt seinen Anteil.«

Freda hatte genickt, dann aber lange auf ihre Hände gesehen, wie sie es immer tat, wenn sie etwas bedrückte, mit dem sie keinem anderen das Herz schwermachen wollte. Schließlich hatte Geesche es aber doch aus ihr heraus gefragt. »Ich habe Angst um deinen Besitz, Geesche! Dr. Nissen wohnt zwar in deinem

Haus und wird ein Auge darauf haben, aber …« Hilflos brach sie ab und ergänzte: »Die Arbeiter der Inselbahn sind wütend auf dich. Sie wollen, dass du sie bezahlst. Wenn nicht mit Geld, dann eben mit deinen Möbeln, dem Samowar, dem Silber, dem schönen Geschirr …«

Geesche wollte diese Angst nicht an sich herankommen lassen. »Heye Buuß hat ihnen gesagt, dass sie sofort in Verdacht geraten würden, wenn in meinem Haus eingebrochen wird.«

Freda hatte geseufzt, als glaubte sie nicht daran, dass sich davon ein rachedurstiger Inselbahnarbeiter zurückhalten lassen würde. Die Falten, die sich schon früh in ihre Stirn gegraben hatten, bildeten nun über der Nasenwurzel einen kleinen Krater. »Wenn Dr. Nissen zum Strand geht, werden Ebbo und ich dein Haus bewachen. Ich hoffe, wir können das Schlimmste verhindern.« Dann hatte sie tief Atem geschöpft und sich um eine optimistische Miene bemüht. »Zum Glück habe ich das Geld, das Marinus Rodenberg mir gegeben hat. Wenn der alte Nermin bestochen werden will, dann ist das Geld dafür genau richtig. Es steht mir ja sowieso nicht zu …«

Der Gefängniswärter schlurfte in ihre Zelle und stellte Geesche einen Becher mit Wasser hin, dann verließ er sie wieder und verriegelte geräuschvoll die Tür.

Geesche ließ sich auf die Pritsche zurückfallen. Besser, sie teilte die Wasserration gut ein. Es konnte sein, dass dies der einzige Becher war, den Nermin ihr hinstellte.

Am Tag zuvor war auch Ebbo gekommen. Aber er hatte sich nicht lange aufgehalten, und ihn hatte sie nicht gebeten, ihr etwas zu essen zu bringen.

»Dr. Nissen sagt, Hanna könnte es selbst gewesen sein«, hatte Ebbo erzählt. »Er glaubt, sie hat den Tresor ausgeräumt und dir dann die Schuld in die Schuhe geschoben. Kann das sein?«

»Nein!« Geesche war erschrocken aufgefahren. »Pass auf, Ebbo, dass Hanna nichts geschieht.«

Daraufhin war sein Blick verächtlich geworden. »Du warst es also tatsächlich!« Er war aufgestanden und hatte einen Schritt auf die Tür zu gemacht. »Ich verstehe das nicht. Du hast ein schönes Haus, du hast dein Auskommen, ein gutes Leben. Warum musst du stehlen?«

Ebbo würde nicht noch einmal kommen. Aber vielleicht … Leonard Nissen? Ihn würde sie auch um Geld für Nermin bitten können, damit er sie gut versorgte. Aber ob er bereit war, ihr zu helfen? Geesche glaubte es nicht. Vermutlich hatte er ihre Verlobung gelöst, kaum dass sie verhaftet worden war. Ein Mann wie Leonard Nissen heiratete keine Frau, die des Diebstahls beschuldigt wurde.

Geesche stand auf und ging zu dem kleinen vergitterten Fenster, das aber so hoch war, dass sie nur den Himmel sehen konnte. Nein, Leonard Nissen würde nicht kommen. Und Marinus auch nicht. Er erst recht nicht! Aber der Graf? Er musste sich sagen, dass sie hier für etwas büßte, das auch seine Schuld war. Und ihm wäre es ein Leichtes, den alten Nermin zu bestechen, damit er ihr genug zu essen gab. Aber Graf Arndt würde genauso wenig kommen wie sein Bruder. Sie war allein. Und irgendwann würde auch Freda nicht mehr kommen …

Hanna war schon oft von der Küche in den Garten gelaufen, um den Tisch zu decken, den Okko aus dem Haus getragen hatte. Sie gab sich besonders große Mühe, damit Elisa ihren guten Willen erkannte, ging langsam und vorsichtig, wenn sie Geschirr nach draußen trug, und so schnell wie möglich, wenn sie wieder ins Haus zurückkehrte. Einmal hatte sie zufällig die Gräfin am Fenster ihres Zimmers stehen sehen. Es schien, als beobachtete sie Hanna bei ihrer Arbeit. Hanna lief daraufhin noch schneller und war noch eifriger bemüht, alles richtig zu machen.

Anscheinend hatte es sich gelohnt. Gräfin Katerina erschien kurz darauf im Garten, in einem hellen seidenen Hauskleid und streng aufgesteckten Haaren, auf denen ein breitkrempiger Strohhut saß, der ihr Gesicht beschattete. »Das hast du sehr hübsch gemacht«, lobte sie Hanna mit einem Blick zum Frühstückstisch.

Hannas Stimme zitterte vor Freude, als sie antwortete: »Die Comtesse wünscht im Garten ihr Frühstück einzunehmen.«

»Eine nette Idee«, erwiderte die Gräfin lächelnd. »Ich werde auch im Freien frühstücken. Sorg dafür, dass ein zweites Gedeck aufgetragen wird. Und Okko soll den Sonnenschirm aufstellen.«

Hanna beeilte sich, ihren Anweisungen nachzukommen. Sie sorgte dafür, dass das helle Seidenkleid keinen Schaden nahm, als die Gräfin sich auf der Bank niederließ, lief, so schnell sie es vermochte, zu Okko, der im hinteren Teil des Gartens arbeitete, und sorgte dafür, dass er eiligst den Sonnenschirm brachte. Dann humpelte sie atemlos ins Haus, um für das Gedeck der Gräfin zu sorgen. Sie wusste, dass Eile ihr nicht guttat, dass ihr Gang dann noch schwankender und unsicherer war als sonst, dass sie dann erst recht Gefahr lief, etwas fallen zu lassen, und sie wusste auch, dass das Tohk-tik ihrer Schritte der Gräfin schon mehrmals Unmutsfalten auf die Stirn getrieben hatte, aber sie schaffte es dennoch, es ihr recht zu machen. Und das sogar trotz ihres aufmerksamen Blicks, der sie immer nervös machte. An diesem Morgen war er besonders durchdringend. Gräfin Katerina verfolgte sie mit den Augen, wohin sie auch ging. Hanna ertrug ihren Blick nur, weil er trotz der Wachsamkeit liebenswürdig blieb.

Dann aber wäre ihr doch beinahe die Zuckerdose aus der Hand gefallen, als Gräfin Katerina mit freundlichem Interesse eine sehr persönliche Frage an Hanna richtete: »Sind diese Hüfterkrankungen in deiner Familie häufig vorgekommen?«

Hanna sah sie erstaunt an. »Nein, soviel ich weiß, bin ich die Einzige mit einer verkrüppelten Hüfte.«

In diesem Augenblick kam Elisa in den Garten, hübsch

anzusehen in ihrem weißen Baumwollkleid und den offenen Haaren, die sie mit kleinen weißen Schleifen geschmückt hatte. Sie setzte sich zu ihrer Mutter, und auch der Graf ließ nicht mehr lange auf sich warten. Hanna hatte alle Hände voll zu tun, damit die Gräfin ihren Sanddorntee bekam, der Graf seinen starken schwarzen Tee und Elisa ihre heiße Milch. Für das Brot hatte Rosemarie gesorgt, die es am frühen Morgen bei Owena Radkes Mann abgeholt hatte, und Eveline hatte Käse und Wurst aufgetragen.

Hanna beobachtete die Mahlzeit aus sicherer Entfernung. Sie stand in der Nähe eines Strandkorbs, den der Graf für seine Frau im Garten hatte aufstellen lassen. Dort musste sie sich aufhalten, damit sie jederzeit gerufen werden, aber die Gespräche der Familie nicht belauschen konnte. Hanna war froh über diesen Platz. Sie konnte sich auf der Armlehne des Strandkorbs aufstützen und musste nicht frei stehen, was für sie eine große Qual war und nach etwa einer halben Stunde unerträglich wurde.

Elisa rief sie kein einziges Mal für eine Handreichung an den Tisch, sie warf ihr nicht einmal einen Blick zu, wie sie es sonst oft tat. Hanna starrte sie unverwandt an, um ihre Aufmerksamkeit zu erzwingen, aber es half nichts. Elisa, die sonst immer versuchte, Hanna in ihr Leben einzubeziehen, behandelte sie jetzt so, wie die meisten Dienstboten behandelt wurden: Die Herrschaft übersah sie, wenn sie gerade nicht gebraucht wurden.

Hätte Elisa sie nur eines einzigen Blickes gewürdigt, wäre es Hanna möglich gewesen, sie auf die Kutsche aufmerksam zu machen, die auf das Haus zufuhr. So aber blickte Elisa erst auf, als das Klappern der Pferdehufe zu hören war. Die Comtesse wollte aufspringen, um zu sehen, wer der Besucher war, der ihnen ihre Aufwartung machen wollte, aber Gräfin Katerina zog sie sanft auf die Bank zurück. Hanna konnte von ihren Lippen ablesen, was sie sagte: »Wir sind nicht neugierig.«

So senkte Elisa ihren Blick und sah auf ihren Teller, als hörte sie das Rumpeln der Kutsche nicht. Sie blickte erst wieder auf, als die Räder vor dem Tor zum Stehen gekommen waren und auch ihre Eltern ein vornehmes Interesse an dem Besuch erkennen ließen.

Aber sehen konnten sie den Gast noch nicht, das wusste Hanna genau. Sie hatte die bessere Position und konnte beobachten, dass es Fürst Alexander von Nassau-Weilburg war, der ausstieg. Roluf, der Kutscher, sprang vom Bock, beugte sich in das Innere der Kutsche und brachte etwas zutage, was Hanna den Atem nahm: einen riesigen Strauß roter Rosen. Hanna wusste, dass diese edlen Blumen so hießen, obwohl sie nichts mit den Sylter Rosen gemein hatten, die auf den Steinwällen wuchsen. Sie hatte Bilder von langstieligen Rosen gesehen, an deren Enden nur eine einzige üppige, duftende Blüte saß, und die Verzierung in Form dieser Rosenblüte auf Geesches Marzipanherzen. Aber sie wusste auch, dass es auf der Insel diese Rosen nicht gab. Fürst Alexander musste es gelungen sein, sie vom Festland kommen zu lassen. Und Hanna wusste, dass es dafür nur einen einzigen Grund gab …

Marinus war schon vor dem Morgengrauen aufgebrochen. Auf keinen Fall wollte er in der Nähe des Gefängnisses gesehen werden. Auch die Bauern, die nach Sonnenaufgang zu ihren Feldern unterwegs waren, sollten ihn nicht zu Gesicht bekommen. In dieser Gegend fiel ein Mann wie er sofort auf, wenn er auch in Arbeitskleidung unterwegs war und damit zu erkennen gab, dass er nicht zu den Sommerfrischlern gehörte. Er unterschied sich trotzdem gründlich von den Syltern, die hier lebten. Und später sollte niemand sagen, er hätte Interesse an dem Gefängnis gezeigt.

Als er auf hundert Schritte herangekommen war, sah er sich vorsichtig um. Die Nacht war grau geworden, der Morgen stieg am Horizont auf, die Konturen der Dünen wurden schärfer, Marinus konnte seine Umgebung nun gut erkennen. Niemand war zu sehen. In den Hütten, die in der Nähe standen, regte sich nichts. Aber das würde sich bald ändern. Er durfte keine Zeit verlieren. Wenn es ernst wurde, musste er wissen, was ihn erwartete.

So geräuschlos wie möglich pirschte er sich von hinten an das düstere Gemäuer heran. Wo die Zellen der Gefangenen waren, konnte er schnell erkennen. Sie hatten winzige Fenster, die vergittert und so hoch angebracht waren, dass er nicht hineinblicken konnte. Aber dass sie alle, trotz der warmen Nacht, geschlossen waren, konnte er sehen.

Ein widerlicher Gestank stieg ihm in die Nase. Woher er kam, war leicht auszumachen. Über dem Jaucheloch am Ende des Grundstücks stand ein dichter Schwarm von Fliegen. Einige verirrten sich zu ihm, angewidert schlug er sie weg.

Dann ging er um das Haus herum zur Vorderseite, wo es eine schwere Tür gab. Aber er griff nicht nach der Klinke. Dass der Wärter diese Tür verriegelt hatte, stand für ihn außer Frage. Er würde einen anderen Weg suchen müssen, um zu Geesche vorzudringen. Am besten war es vermutlich, den Gefängniswärter zu übertölpeln. Der Mann war bestechlich, das wusste er inzwischen, aber noch nie hatte er einen Gefangenen fliehen lassen. Marinus musste es also anders versuchen. Geld und Geschenke würde ihm nicht weiterhelfen.

Er blieb stehen und lauschte. Durch ein Fenster, das es neben der Eingangstür gab, so hoch und vergittert wie die Fenster der Gefängniszellen, drang lautes Schnarchen. Dahinter musste der Gefängniswärter wohnen. Nermin hieß er, auch das hatte Marinus herausgefunden. Das Fenster hinter dem Gitter war geöffnet, der Wärter genoss die frische Luft, die er Geesche nicht zugebilligt hatte. Dieser Gedanke erzeugte die Wut in Marinus, die er für die Ausführung seines Plans brauchte. Eigentlich hasste er Gewalt und hatte sogar bisher geglaubt, unfähig zu sein, einen Mann niederzuschlagen, der ihm im Wege stand! Aber diesmal musste es sein. Wenn er in der folgenden Nacht den Wärter aus dem Gefängnis locken und unschädlich machen würde, kam es ihm sehr gelegen, dass er zornig auf ihn war. Das würde alles etwas leichter machen.

Als er Stimmen hörte, wandte er sich ab und ging Richtung Strand. Er hatte Zeit. Dr. Pollacsek erwartete ihn nicht, mit seiner Arbeit für die Inselbahn war es vorbei. Marinus horchte in sich hinein und merkte, dass er bei diesem Gedanken ruhig blieb. Auch gekränkt war er nicht. Er wusste, dass es bei der Entscheidung des Kurdirektors nicht um seine Arbeitsleistung ging. Vermutlich hatte Arndt recht. Dr. Nissen hatte zur Bedingung gemacht, dass Marinus von der Insel verschwand. Und da es weniger gute Ärzte gab als gute Eisenbahningenieure, hatte Dr. Pollacsek sich darauf eingelassen. Ein Arzt konnte auf dem Festland wesentlich mehr verdienen als hier auf der Insel, wo die Menschen viel zu arm waren, um einen Arzt zu bezahlen. Erstaunlich, dass Dr. Nissen bereit war, sein komfortables Leben in Hamburg für diese Ungewissheit aufzugeben. Aus Liebe zu Geesche? Ja, eine andere Erklärung gab es nicht.

Marinus stand nun auf dem Strandübergang und blickte auf das Meer. Aber was spielte das noch für eine Rolle? Er würde sowieso mit Geesche aufs Festland gehen müssen. Auf Sylt konnte sie nicht mehr leben. Dr. Pollacsek ahnte vermutlich nicht, dass er Marinus sogar einen Gefallen getan hatte. Schon an diesem Morgen hätte es den ersten Konflikt für ihn gegeben. Wie hätte er das Gefängnis auskundschaften können, ohne seine Arbeit zu vernachlässigen?

Er warf einen Blick zum Haus seines Bruders, das bereits von der Sonne beschienen wurde und aussah wie ein Ort des Friedens. Gern hätte Marinus die Freiheit und Unabhängigkeit besessen, es niemals wieder zu betreten. Aber nun war er auf Arndts Geld angewiesen. In Lebenslagen wie dieser war

Marinus es wieder: der Bankert eines Dienstmädchens, der um die Almosen des ehelichen Sohnes bitten musste. Das war schlimm genug. Am allerschlimmsten war, dass er Arndts Schuld hinnehmen musste, ohne sie wiedergutmachen zu können. Das Geld, das er Freda Boyken gegeben hatte, würde eher für Verwirrung gesorgt haben als für Wiedergutmachung. Dass er auch deswegen wieder ins Haus seines Bruders ging, weil er ihn nach wie vor liebte, gestand er sich an diesem Tag nicht ein.

Im Garten gab es bereits Leben. Marinus sah Elisa über den Rasen schlendern, dann erkannte er Okko, den Gärtner. Er verabschiedete sich von einem Mann, der das Grundstück nicht durch das Eingangstor verließ, sondern über den Steinwall sprang und sich Richtung Strand davonmachte. Dann sah er Hanna auf das Haus zu gehumpelt kommen. Marinus konnte den Blick nicht von ihr nehmen. Ja, an dieser Tochter wäre Katerina wohl zerbrochen.

Ärgerlich über diese Feststellung machte er sich an den Abstieg zum Strand. Soweit kam es noch, dass er Verständnis für Arndt aufbrachte! Aber trotzdem beschäftigte ihn, während er den Blick nicht vom Horizont nahm, die Frage, wie sein Bruder es in den vergangenen sechzehn Jahren ertragen hatte, dieses Mädchen aufwachsen zu sehen, das sein Fleisch und Blut war.

Er sah dem Mann nach, der sich von Okko verabschiedet hatte und nun Richtung Wenningstedt lief. Dann ließ er sich am Fuß der Düne nieder und versuchte die Ruhe zu finden, die er für diesen Tag brauchte. Er würde länger sein als alle anderen Tage vorher. Geesche hatte ihm erzählt, dass sie immer zum Meer ging, wenn etwas sie sehr beschäftigte. Und nun konnte er es nachspüren, diese Kraft der heranrollenden Wellen, die seine eigene Kraft stärkte, die Stille in der tosenden Brandung, die in ihm eine wunderbare Ruhe erzeugte, der Wind auf seiner Haut, der die Gedanken kühlte, der die Sorge, dass in der kommenden Nacht etwas schiefgehen konnte, mitnahm und die Angst zurückließ, dass Geesche sich von ihm nicht helfen lassen wollte. Vielleicht wartete sie auf Dr. Nissens Unterstützung?

Als er sich erhob, konnten zwei, aber auch drei Stunden vergangen sein, möglicherweise auch nur wenige Minuten. Er wusste es nicht. Die Sonne war höher gestiegen, es war wärmer geworden, er war am Strand nicht mehr allein. Die Badewärter waren mittlerweile erschienen und bereiteten sich auf den Tag vor. Sie hängten frische Handtücher an die Badekarren und öffneten deren Türen, als wollten sie, dass sie sich mit Wind füllten.

Marinus ging gemächlich zurück. Vor dem Tor des Hauses stand eine Kutsche. Der Kutscher saß noch auf dem Bock, als erwartete er seine Herrschaft bald zurück. Marinus wunderte sich. Die Zeit für einen Besuch war eigentlich noch nicht gekommen, und seine Schwägerin schätzte es nicht, beim Frühstücken gestört zu werden. Normalerweise empfing sie keinen Gast vor zwölf Uhr, nur gute Freunde und Familienangehörige durften sich schon um elf anmelden. Wenn sie in diesem Fall eine Ausnahme gemacht hatte, musste es ich um einen sehr willkommenen Gast handeln.

Hanna kam gerade aus dem Haus gehumpelt, mit einer überdimensionalen Blumenvase in den Armen, die ihre ganze Kraft und Aufmerksamkeit verlangte. Und da sah Marinus auch den Rosenstrauß, den Katerina in den Armen hielt. Auf ihrem Gesicht lag das Lächeln, das sie aufsetzte, wenn ihr etwas gut gelungen war. Und auch Arndt sah sehr zufrieden aus. Elisa dagegen wirkte ein wenig ratlos. In ihrem Lächeln lag kein Glück, sondern eine Frage, die Marinus sich nicht erklären konnte. Für Fürst Alexander schien es jedoch nur Antworten zu geben. Er strahlte Behagen und Fröhlichkeit aus.

»Setz dich zu uns, Marinus«, sagte Katerina. Und da sie weder etwas von dem Konflikt zwischen Arndt und seinem Bruder wusste noch davon, dass Marinus seine Arbeitsstelle bei der Inselbahn verloren hatte, fügte sie arglos hinzu: »Endlich hast du mal wieder Zeit, mit uns zu frühstücken.«

»Und heute Abend wird gefeiert«, ergänzte Arndt und sah seinen Bruder an, als wollte er ihn bitten, seine Pläne für die kommende Nacht zu vertagen.

»Der Fürst hat um Elisas Hand angehalten«, erklärte Katerina feierlich. »Wir werden Verlobung feiern.«

Am frühen Nachmittag war ein Gewitter aufgezogen. Der Himmel hatte sich verdunkelt, ein heftiger Wind war aufgekommen, prasselnder Regen folgte. Dr. Nissen stand am Fenster und sah hinaus. Er fühlte sich schlecht, ihm bekam das Alleinsein nicht. Nervös strich er sich über seinen Schnauzer, während er von einem Fenster zum anderen ging, als könnte der Himmel von der Küche aus anders aussehen als von der Wohnstube und der Regen vor dem Fenster seines Fremdenzimmers heftiger niederfallen als vor allen anderen. Von einem Zimmer zum anderen ging er, sogar die Tür zum Gebärzimmer öffnete er, als käme es darauf an, dort nach dem Rechten zu sehen. Ruhelos war er, unfähig, diese Zeit des Alleinseins mit einer sinnvollen Tätigkeit zu füllen.

Natürlich wäre es richtig, Geesche zu besuchen, aber Dr. Nissen wusste, dass er es auch nicht getan hätte, wenn das Wetter warm und trocken und der Weg zum Gefängnis ein angenehmer Spaziergang gewesen wäre. Geesche in einer Gefängniszelle zu sehen ging über seine Kräfte. Was würde aus ihr werden? Wollte er unter diesen Umständen überhaupt auf Sylt bleiben? Genauso gut könnte er aufs Festland zurückkehren und den Traum vom einfachen Leben auf der Insel begraben. Ohne Geesche ergab das alles keinen Sinn. Wenn sie wegen Diebstahls verurteilt wurde, konnte es lange dauern, bis sie in ihr Haus zurückkehren durfte. Und das Urteil war so gut wie gewiss. Solange sie nicht erklären konnte, woher das viele Geld stammte, würde auch ein Richter davon ausgehen, dass es gestohlenes Geld war.

Nun färbte sich der Himmel gelb, ein gewaltiger Sturm erhob sich, der vom Meer herüberjagte, warm, aber mörderisch. Der Regen jedoch, den er vor sich hertrieb, war kalt. Dr. Nissen war in den Garten gegangen, weil er nachsehen wollte, ob die Stalltür geschlossen war, hatte sich aber gleich wieder ins Haus zurückgezogen.

Der erste Blitz zuckte, das Donnern ließ nicht lange auf sich warten. Blätter und Papierfetzen wurden über den Weg getrieben; wer unterwegs war, hatte schleunigst irgendwo Schutz gesucht. Keine Menschenseele war zu sehen. Dr. Nissen bereute, dass er nicht rechtzeitig aufgebrochen war. Dann könnte er jetzt im »Dünenhof«, im »Strandhotel« oder im Conversationshaus sitzen und in angenehmer Gesellschaft das Ende des Gewitters abwarten. Doch es war zu spät. Es blieb ihm nichts anderes übrig, als hier in Geesches Haus darauf zu warten, dass der Regen aufhörte und der Wind sich legte.

Sein Blick wurde blind, er starrte ins Leere und dachte an Geesche. Wann würde er sie wiedersehen? Dr. Pollacsek war nach wie vor der Ansicht, dass sie bald wieder in Freiheit sein würde. Das Geld, das Hanna in ihrer Truhe gefunden hatte, war kein Beweis dafür, dass sie die Lohngelder gestohlen hatte. Doch Heye Buuß war froh, einen Täter gefunden zu haben, und auf der Insel hatte sich mittlerweile alles gegen Geesche verschworen. Die Arbeiter der Inselbahn ließen kein gutes Haar an ihr, und viele andere hatten inzwischen eingestimmt. Denn wenn Geesche auf ehrliche Weise an das viele Geld gekommen war, warum verriet sie dann nicht, woher sie es hatte? Der Kurdirektor war mittlerweile der Einzige, der noch daran glaubte, dass man Geesche Jensen bald entlassen würde. Deshalb hatte er Marinus Rodenberg gekündigt, so wie Dr. Nissen es gefordert hatte. »Dann können Sie heiraten und in Geesche Jensens Haus eine Arztpraxis eröffnen.«

Dr. Nissen stöhnte auf. Sein schöner Plan hatte eine Eigendynamik bekommen, die er nicht hatte voraussehen können. Dr. Pollacsek verstand natürlich nicht, worum er sich sorgte. »Wenn Sie die Praxis nicht in Geesche Jensens Haus einrichten, dann eben in einem Haus in der Strandstraße oder in der Friedrichstraße. Ist vielleicht sowieso besser! Die entsprechenden Räumlichkeiten werde ich Ihnen schon beschaffen. Zum Glück sind Sie ja ein Mann mit finanziellen Mitteln! Und natürlich werde ich Ihnen so weit wie möglich entgegenkommen. Unsere Insel braucht einen Arzt!«

Pollacsek hatte ja keine Ahnung!

Leonard Nissen stutzte, sein Kopf fuhr vor. Was war das da am Ende des Weges? Eine Bewegung! Da kämpfte jemand gegen Sturm und Regen an, quälte sich Schritt für Schritt voran, hielt immer wieder an, schleppte sich dann weiter. Eine Frau! Eine schwangere Frau! Sie krümmte sich, suchte nach einem Halt, den es nicht gab, verlor das Gleichgewicht, fiel zu Boden …

Dr. Nissen lief in den Flur und riss die Haustür auf. Der Sturm heulte herein, gierig, mit langen Fingern, die nach allem griffen, was leicht und schutzlos war. Er zog die Tür eilig hinter sich ins Schloss und lief der Frau entgegen. Der Regen peitschte ihm ins Gesicht, sein Hemd war im Nu durchnässt. Das Schreien der Frau wurde ihm vom Wind entgegengetragen, es verstummte gerade in dem Moment, als er bei ihr ankam und sich neben sie kniete. Sie kehrte aus einer Welt zurück, in der es finster und kalt, in der sie orientierungslos, schutzlos und verlassen gewesen war. Und sie wusste, dass sie dorthin immer wieder zurückkehren musste. Noch viele Male.

Aus weit aufgerissenen Augen starrte sie Dr. Nissen an. »Ich muss zur Hebamme.«

Er half ihr auf die Beine. »Komm! Es ist nicht mehr weit.«

Er richtete die Frau auf, stellte sie auf die Beine, dann griff er ihr unter die Arme und sorgte dafür, dass sie einen Schritt vor den anderen setzte. Wenn die nächste Wehe kam, mussten sie im Haus sein.

Aber sie schafften es nicht. Schon bald versteifte sich der Körper der Frau erneut, sie klammerte sich an ihn, schrie ihm zu, er solle ihr helfen, beschimpfte ihn, weil er nichts anderes tat, als sie zu halten und mit ihr zu warten, dass der Schmerz vorüberging … dann half er ihr, die letzten Schritte zu tun.

Als er sie ins Haus gedrängt hatte, blieb sie stehen und sah sich um. »Ich will zur Hebamme.«

»Die ist nicht da.«

Wieder begann sie zu schreien, diesmal vor Angst. »Ich brauche sie.«

Dr. Nissen kämpfte die Atemnot herunter, unter der er immer litt, wenn er unter großer Anspannung war. Dann sagte er ruhig: »Mach dir keine Sorgen. Ich bin Arzt. Ich kann dir auch helfen.«

Er führte sie ins Gebärzimmer, wo nach jeder Geburt stets alles vorbereitet wurde auf die nächste. Die Frau war noch sehr jung, keine zwanzig, und dies war vermutlich ihr erstes Kind. Sie war mager mit großen, hungrigen Augen und hatte sich einen löchrigen Umhang über das Kleid gelegt, dessen Knöpfe sich nicht mehr schließen ließen. Ein altes Kleid, verschlissen und mehrfach geflickt. Woher kam sie? Warum wusste sie nicht, dass die Hebamme im Gefängnis saß und ihr nicht helfen konnte?

»Wie heißt du?« Er nahm ihr den Umhang ab und schob sie zu dem Strohballen in der Mitte des Raums, über den Geesche ein sauberes weißes Laken gebreitet hatte.

»Fenna.«

»Woher kommst du?«

Fenna antwortete nicht.

»Du wohnst nicht in Westerland?«

Sie schüttelte den Kopf und sah zu Boden. Die nächste Wehe

schien sogar willkommen zu sein. Sie ließ sich auf den Strohballen fallen und schrie, damit sie Dr. Nissen keine Antwort geben musste.

Ihm wurde unterdessen klar, was es mit Fenna auf sich hatte. »Du gehörst zu den Strandräubern?« Er tat so, als interessierte ihn ihre Antwort nicht. »Zieh dich aus!«

Wieder begann sie zu schreien, diesmal vor Empörung und Angst. »Ich will zu der Hebamme«, weinte sie, aber ihre Stimme war schon voller Resignation. Und als Dr. Nissen ihr aus dem Kleid half, machte sie keinen Versuch mehr, ihr Schicksal abzulehnen.

»Wo ist der Vater deines Kindes?«, fragte er. »Warum ist er nicht bei dir?«

»Weg«, stöhnte sie. »Einfach weg und nicht wiedergekommen. Vielleicht ist er tot, ich weiß es nicht.«

»Hast du keine Familie?«

»Drüben auf Föhr. Ich habe sie lange nicht gesehen.«

Die Geburt verlief unproblematisch. Schon bald setzten die Presswehen ein, und obwohl Fenna schwach und unterernährt war, schaffte sie es, ihre Kräfte zu mobilisieren. Schon eine Stunde nach ihrem Erscheinen im Haus der Hebamme kam ein kleiner Junge zur Welt, kräftig und kerngesund.

Nachdem er Mutter und Kind versorgt hatte, ging Dr. Nissen in die Küche und ließ sich dort erschöpft auf einen Stuhl sinken. Fenna schlief, ihr Baby in der Wiege ebenfalls. Nun konnte auch er sich ausruhen. Tiefe Zufriedenheit durchströmte ihn. Er hatte es geschafft! Ganz allein hatte er es fertiggebracht, eine Mutter von ihrem Kind zu entbinden. Er spürte, dass die Last der Vergangenheit allmählich von ihm wich. Er hatte es ja gewusst! Er musste sich immer wieder der Geburtshilfe stellen, dann würde er irgendwann nicht mehr an die verzerrten Züge der Frau denken, an ihr Wimmern, ihr Stöhnen, ihr Röcheln. Er würde nicht mehr das wachsbleiche Gesicht sehen und die bläulich schimmernden Lider, nachdem sein Schwiegervater ihre

Augen geschlossen hatte, und nicht mehr das weiße Laken, das er über die Tote breitete. Im Einschlafen und beim Aufwachen würde er von nun an vielleicht auch nicht mehr die Worte seines Schwiegervaters hören: »Du bist ein Stümper! Ein Versager!«

Die Kutsche der Königin kam an, kurz bevor der Regen einsetzte. Elisa warf einen Blick aus dem Fenster und sah, dass der Kutscher vom Bock sprang, der Königin aus dem Wagen half und einen Schirm über sie spannte, als sie auf das Haus zuging. Welche Ehre, dass Königin Elisabeth höchstpersönlich an der kleinen Verlobungsfeier teilnahm, die ihre Eltern in aller Eile organisiert hatten! Sämtliche Lebensmittelhändler Westerlands waren im Lauf des Tages in Aufruhr geraten, die Dienstboten mittlerweile am Ende ihrer Kräfte, und Gräfin Katerina stöhnte seit etwa zwei Stunden, ihre Migräne sei wohl nicht mehr abzuwenden.

Gegen Mittag war der Koch der Königin erschienen, um der Sylter Köchin zu zeigen, wie bei Hofe gekocht und gespeist wurde. Und Elisa fragte sich, ob sich die Köchin davon jemals erholen würde.

Sie spürte, dass Alexander hinter sie trat. Er griff nach ihrem Arm und drehte sie mit sanftem Nachdruck zu sich herum. »Du siehst nicht so glücklich aus, wie es sich für eine Braut gehört«, sagte er lächelnd. Aber ehe sie etwas entgegnen konnte, gab er die Antwort schon selbst: »Ich weiß, du hättest lieber einen anderen Mann an deiner Seite. Niemand versteht das besser als ich. Mir geht es ja genauso. Aber genau darin liegt unsere Chance. Wir können einander offen begegnen, brauchen uns nichts vorzumachen. Wir können ehrlich zueinander sein. Ist das nicht wunderbar?«

Elisa sah ihn aufmerksam an, betrachtete seine freundlichen Augen, das sympathische Gesicht, das warme Lächeln. »Ich werde mir Mühe gehen, es so wunderbar zu finden wie du.«

Die leuchtende Sicherheit schwand aus Alexanders Gesicht.

»Du würdest dir lieber etwas vormachen lassen?« Aber schon stieg das Lächeln wieder in seine Augen. »Vergiss nicht, wie gefährlich das sein kann.« Nun blickte er an Elisas Gesicht vorbei nach draußen. Und sie konnte in seinen Augen lesen, wen er dort sah. »Wenn du willst, stelle ich ihn als Stallburschen an. Oder als Hausknecht«, flüsterte Alexander ihr ins Ohr. »Inna arbeitet seit Monaten in der Küche. Glaub mir, wir werden glücklich sein.«

Kurz bevor Königin Elisabeth den Raum betrat, drehte Elisa sich zum Fenster zurück und sah, dass Ebbo an der Mauer entlangschlich. Wahrscheinlich würde er sich irgendwo ein Plätzchen suchen, von wo aus er in den Wohnraum blicken und beobachten konnte, wie Alexander ihr den Verlobungsring ansteckte. Als Hanna in den Raum humpelte, um die Kerzen auf dem Esstisch anzuzünden, erkannte Elisa sofort, dass sie von Ebbos Anwesenheit wusste. Aber als Hanna aufblickte, verbot sie sich, einen Blick mit ihr zu wechseln. Sie nahm Alexanders Arm und ging mit ihm der Königin entgegen.

»Ich danke Ihnen, Majestät«, sagte sie mit einem Lächeln, das genau richtig für eine glückstrahlende Braut war, »dass Sie unserer Verlobung zustimmen.«

Sie lächelte Alexander an und wusste, dass sie für jemanden, der von draußen hereinblickte, ein harmonisches Bild abgaben.

Dr. Nissen warf einen Blick ins Gebärzimmer und stellte fest, dass Fenna noch immer tief schlief. Auch das Neugeborene schlummerte, die Fäustchen an die Wangen gedrückt. Ein Bild des Friedens! Wann würde dieses Kind zu spüren bekommen, dass der Sohn eines Strandräubers nirgendwo seinen Frieden finden konnte?

Wieder ging er in die Küche zurück und betrachtete sehnsüchtig die Teekanne, die neben der Feuerstelle stand. Er hatte sich noch nie selbst Tee zubereitet. Obwohl er Geesche oft dabei zugesehen hatte, glaubte er nicht, dass er es ohne Hilfe schaffen würde. Und er fühlte sich unfähig, es zu versuchen. Gegen jede Vernunft hoffte er, dass Freda nach ihm sehen würde und er sie dann nicht nur um einen Tee, sondern auch um die Betreuung von Mutter und Kind bitten könnte. Dann würde er sich schleunigst in die Gesellschaft von Gleichgesinnten begeben und sich umhören, welche Meinungen über Geesche Jensens Verhaftung in Umlauf waren. Freda würde ihm auch raten können, was mit Fenna und ihrem Baby passieren sollte. Im Laufe der nächsten Tage mussten die beiden das Haus der Hebamme verlassen. Aber wohin? Wo hatte Fenna ein Zuhause?

Sein Blick fiel auf ein Regalbrett, auf dem Geesche Teedosen und einige Flaschen ihres selbst gemachten Likörs aufbewahrte. Außerdem lag dort ein in Leder gebundenes Buch. Das hatte sie zur Hand genommen, als vor ein paar Tagen der Sohn eines Kapitäns geboren worden war, und fein säuberlich alle Umstände der Geburt darin vermerkt, den genauen Zeitpunkt, das Gewicht des Kindes, seine Größe, den gesundheitlichen Zustand der Mutter. Jede Hebamme war verpflichtet, ein solches Buch zu führen.

Dr. Nissen stand auf und holte es herunter. Direkt unter der letzten Eintragung notierte er die Geburt eines Jungen. Die genaue Uhrzeit konnte er angeben, ihn zu wiegen und zu messen, hatte er versäumt. Aber das ließ sich am nächsten Morgen nachholen.

Gedankenvoll blätterte er zurück. Viele Geburten waren in diesem Buch vermerkt, jedes Jahr zwanzig bis dreißig, mal mehr, mal weniger. Schon die Tätigkeit von Geesches Mutter war hier dokumentiert. Sie hatte bereits als Hebamme auf Sylt gearbeitet, Geesche war bei ihr in die Lehre gegangen und hatte schließlich den Beruf weitergeführt. Ihre Schrift war zunächst unsicher gewesen, als habe sie die Eintragung direkt nach der Geburt vorgenommen, mit noch zitternden Händen nach anstrengenden Stunden. Manchmal war sie auch besonders steil und aufrecht, sorgfältig einen Buchstaben neben den anderen gesetzt, im Bewusstsein ihrer Bedeutung. Im Lauf der Jahre war die Schrift immer flüssiger geworden, die Arbeit war Geesche immer leichter von der Hand gegangen. Nur wenn eine Geburt unglücklich geendet hatte, war ihrer Schrift wieder die Gemütsbewegung anzusehen. Einmal war eine junge Mutter gestorben, dann war das Baby tot zur Welt gekommen, ein weiteres Mal hatte man sie zu spät zu einer Gebärenden gerufen, und sie hatte nichts mehr ausrichten können.

An einer Eintragung, die Geesche vor gut sechzehn Jahren gemacht hatte, blieb sein Blick schließlich hängen. Und er wusste auch gleich, warum. Alle Eintragungen waren sorgfältig gemacht worden, ohne nachträgliche Verbesserungen, an dieser Stelle jedoch hatte Geesche unsauber gearbeitet. Irgendeinen Fehler hatte sie gemacht, den sie mit viel Mühe und Akribie zu korrigieren versucht hatte, was ihr aber nicht gut genug gelungen war.

Dr. Nissen hielt das Buch unter die Petroleumlampe, drehte sie etwas heller, damit er noch besser sehen konnte, ließ das Licht mal von links auf das Buch fallen, mal von rechts, stellte dann fest, dass er am besten sehen konnte, wenn es von hinten auf die Seite fiel. Zwei Mädchen waren etwa zur gleichen Zeit in diesem Haus zur Welt gekommen, und Geesche hatte die Namen der beiden Kinder zunächst vertauscht. Was für ein markanter Fehler! Dann aber hatte sie anscheinend den Irrtum erkannt und korrigiert. Eins der Mädchen war mit einer Missbildung geboren worden, während das andere gesund zur Welt gekommen war.

Dr. Nissen schob das Buch zur Seite, drehte die Petroleumlampe wieder kleiner und lehnte sich zurück. Still wurde es plötzlich in Geesche Jensens Küche, das ganze Haus schien zu erstarren. Der Wind heulte noch vor den Fenstern und rüttelte an den Läden, aber drinnen war nur Stille, eisige Stille.

Leonard Nissen wusste nicht, wie lange er so dagesessen hatte, als er sich erhob und das Buch auf das Regalbrett zurücklegte.

XVII.

Marinus machte sich keine Illusionen. Seiner Schwägerin war es durchaus recht gewesen, dass er keine Zeit hatte, der Verlobungsfeier beizuwohnen. Er hatte sich nicht einmal Mühe geben müssen, für einen guten Grund zu sorgen, mit dem er sein Fernbleiben entschuldigen konnte. Da Katerina nichts von seiner Kündigung wusste, hatte sie eifrig genickt – eine Spur zu eifrig für Marinus' Geschmack –, als er von wichtigen Arbeiten in Dr. Pollacseks Planungsbüro gesprochen hatte. »Natürlich, die Arbeit geht vor. Mach dir keine Gedanken, Marinus.«

Er hatte es Katerina bisher noch nie übel genommen, wenn sie ihm so deutlich zeigte, dass er zwar zur Familie gehörte, aber dennoch nicht einer von ihnen war. Er hatte es akzeptiert, weil es viele andere Situationen gegeben hatte, in denen sie ihn spüren ließ, wie sehr sie ihn schätzte. An diesem Abend aber war es anders gewesen. Einerseits war er erleichtert, dass er seinen Plan nicht ändern musste, andererseits war er seit seinem Streit mit Arndt empfindlicher geworden. Es verletzte ihn, dass er für einen Besuch der Königin nicht repräsentabel genug war. Er wäre dankbar gewesen für ein kleines Zeichen, das ihm gezeigt hätte, dass er nicht nur der Bankert eines Dienstmädchens war. Und die Hilflosigkeit, unter der er litt, seit er wusste, wozu sein Bruder in seiner Liebe zu Katerina fähig war, hätte ihn weniger geschmerzt, wenn seine Schwägerin sich an diesem Abend zu ihm bekannt hätte. Arndts Bitten, an der Verlobungsfeier teilzunehmen, hatten ihm nicht genügt. Sein Bruder sollte keine Rolle mehr spielen, er hatte ihn zu sehr enttäuscht.

Als der Umriss des Gefängnisses sich aus dem Nachthimmel

löste und sich schärfte, gestand er sich ein, dass seine Sehnsucht nach familiärer Zuwendung auch etwas damit zu tun hatte, dass er diesen Abend als Abschied betrachtete. Davon hatte Katerina natürlich nichts wissen können. Aber wenn er mit Geesche aufs Festland übergesetzt hatte, würde er seine Familie eine Weile nicht zu Gesicht bekommen. Gras musste erst über den Raub der Lohngelder gewachsen sein, besser noch, der wahre Dieb wurde gefasst, erst dann konnte er sich mit Geesche ein neues Leben aufbauen, zu dem auch Arndt, Katerina und Elisa gehören würden.

Nun hatte sich das Gefängnisgebäude aus der Nacht gelöst und stand, schwärzer als der Himmel, dunkler als die schlafende Insel, vor ihm. Marinus holte seine Strickmütze aus der Tasche, setzte sie auf und zog sie so tief wie möglich in die Stirn. Mit den Augen tastete er sorgfältig die Umgebung ab. Rührte sich etwas? War irgendwo eine Bewegung zu sehen? Wurde er beobachtet? Aber um ihn herum nur Schweigen und Reglosigkeit. Zwar hörte er in der Ferne das Meer lärmen, hin und wieder vernahm er am Boden das Rascheln eines Tieres, aber es gab in der Nähe nichts, was ihm verdächtig erschien. Trotzdem drückte er sich, wie er es sich vorgenommen hatte, zunächst hinter einen Busch, um abzuwarten. Eine halbe Stunde, um sich an die Farben der Nacht und an ihre Geräusche zu gewöhnen! Und dann noch ein paar Minuten, um sich einzuprägen, warum er es tat, warum er dieses Risiko einging, warum es sich lohnte. Geesche! Noch immer wog die Enttäuschung schwer, aber dass er sie nach wie vor liebte, wog schwerer. Und so groß auch die Sorge war, dass er sie mit seiner Zurückweisung so sehr verletzt hatte, dass sie nicht mehr an eine gemeinsame Zukunft glaubte, so war doch sein Wunsch noch größer, Geesche vor dem Gefängnis zu bewahren. Er würde es auch dann tun, wenn sein Einsatz ohne Lohn blieb.

Die halbe Stunde war gerade erst wenige Minuten alt, da

hörte er das Geräusch, das nicht zu dieser Nacht passte. Es kam nicht vom Meer, nicht aus dem Himmel, nicht aus dem Gras zu seinen Füßen. Es war nicht in nächtlicher Stille entstanden, gehörte nicht zu ihr, war etwas, das nicht zur Nacht passte. Dieses Geräusch versteckte sich in ihr!

Marinus beugte sich vor, glaubte sich zu täuschen, machte einen Schritt auf die Eingangstür zu, dann sah er, dass sie nicht fest im Schloss saß. Sie war geöffnet. Einen schmalen Spalt! Und nun hörte er das rhythmische Stöhnen hinter dem Fenster neben der Tür, dann ein langgezogenes Wimmern, ein unterdrücktes Würgen. Und kurz darauf ein kaum wahrnehmbares Rascheln auf dem Gang hinter der Tür, ein metallisches Klicken, dann das raue Quietschen eines Schlüssels, der sehr langsam, sehr behutsam bewegt wurde … Marinus begriff es mit einem Schlage: Da drang jemand in Geesches Zelle ein. Jemand, der den alten Nermin zuvor unschädlich gemacht hatte. Jemand, der ungehört bleiben wollte, um Geesche im Schlaf zu überraschen …

Ebbo hatte sich nur schwer von dem Bild lösen können, und das, obwohl er schon seit Stunden nichts mehr davon sehen wollte, wie der Fürst Elisa die Hand küsste, ihr den Stuhl zurechtrückte, an ihren Lippen hing, wenn sie mit ihm sprach, und ihr mit großen Gesten zu imponieren versuchte. Als Alexander von Nassau-Weilburg der Frau, die Ebbo über alles liebte, den Ring ansteckte, hätte er schreien können vor Schmerz, Wut und Verzweiflung. Er hatte gewusst, dass es irgendwann so kommen würde, aber dass es so wehtat, hatte er nicht geahnt. Warum verlobte sich Elisa nicht in ihrer Heimat? Warum ausgerechnet auf Sylt? Unter Ebbos Augen?

Vorsichtig erhob er sich und klopfte sich den Sand von der Hose. Natürlich kannte er die Antwort auf all seine Fragen: weil Elisa froh sein musste, dass sie so glimpflich davonkam. Weil sie es sich nicht leisten konnte, auf Bedenkzeit zu pochen!

Weil sie Fürst Alexander alles recht machen musste, damit er seinen Antrag nicht zurückzog. Er sah, wie zufrieden Elisa von der Königin angelächelt wurde, und begriff erst in diesem Augenblick, wie zerbrechlich das Glück der Reichen war, das er bis dahin für garantiert und gesichert gehalten hatte.

Das Summen der Gespräche brach mit einem Mal ab, wie es schon ein paarmal geschehen war, wenn die Königin das Wort an alle Anwesenden richtete. Lächelnd betrachtete sie zunächst das Brautpaar, dann Elisas Eltern. »Morgen werde ich offiziell Elisa und Alexander als Verlobte präsentieren. Der Gedenkstein, den ich der Insel stiften möchte, ist soeben fertig geworden. Das hat mir der Kurdirektor mitteilen lassen.«

Beifälliges Murmeln erhob sich, und Graf Arndt beeilte sich zu bemerken, wie großzügig dieses Geschenk der Königin sei. »Sylt wird Sie schon deswegen nie vergessen, Majestät.«

Königin Elisabeth lächelte milde. »Elisa und Alexander sollen morgen an meiner Seite stehen. Als frisch Verlobte!«

Ebbo hielt es nicht mehr aus. Einen letzten Blick warf er auf Elisa, die er nicht mehr gesehen hatte, seit Fürst Alexander in den Dünen plötzlich auf sie herabgeblickt hatte. Noch einmal ließ er seinen Blick durch den Raum gleiten, der von unzähligen Kerzen erhellt wurde, betrachtete noch einmal das blinkende Silber der Leuchter und Bestecke, das matt schimmernde Porzellan, die schneeweißen Tafeltücher, all diese Kostbarkeiten, den Reichtum, diese andere Welt, die nichts mit ihm zu tun hatte, nur das eine: die Frau, die im Mittelpunkt dieses Lebens stand und die er liebte, wie er nie wieder jemanden lieben würde. Und die Gewissheit, dass sie ihn genauso liebte, machte den Schmerz unerträglich.

Schritt für Schritt schob er sich voran, den Blick fest auf die Gäste der Verlobungsfeier gerichtet, damit er sofort reagieren konnte, falls jemand auf die Bewegung vor der hellen Düne aufmerksam wurde. Dann war er ihrem Blickfeld entkommen und lief mit großen Schritten um das Grundstück herum bis zum Eingang. Gerade konnte er noch die schwankende Gestalt erkennen, ehe sie in der Dunkelheit aufging.

»Hanna! Warte!«

Als er näher kam, sah er, dass sie stehen geblieben war. »Lass uns zusammen nach Hause gehen.«

»Du hast die ganze Zeit in den Dünen gehockt und zugesehen?«

Ebbo nickte, ohne aufzublicken. »Ich musste es mit eigenen Augen sehen, damit ich es glauben konnte.«

»Du hast gewusst, dass es über kurz oder lang so kommen wird.«

»Ja, ja.« Ebbo ging ungeduldig weiter, viel zu schnell für seine Schwester, blieb aber schon nach wenigen Metern stehen, um auf sie zu warten. »Und ich muss froh sein, dass er Elisa einen Antrag gemacht hat, das weiß ich auch! Alles andere wäre schrecklich für sie gewesen.«

Hanna lächelte, zog aber die Mundwinkel blitzartig herab, als sie Ebbos Zorn sah. »Ich weiß, ich bin schuld«, begann sie zu jammern. »Weil ich im falschen Moment austreten musste. Die Comtesse ist auch wütend auf mich. Immer bin ich schuld. Dabei will ich doch alles richtig machen!«

Ebbo fiel in Hannas Rhythmus, den er so gut kannte, dass er ihn von einem Augenblick zum nächsten zu seinem eigenen machen konnte. Er übernahm sogar Hannas Schwanken und die Last der Anstrengung, die sich dann in seinem Gesicht genauso abzeichnete wie in ihrem. Schon mit Hannas allerersten Schritten, als sie bereits fünf Jahre alt gewesen war, hatte Ebbo versucht, ihr damit einen Teil der Last abzunehmen. »Ich war seitdem nie wieder allein mit ihr«, sagte er leise, während sie in die Dunkelheit eintauchten und das beleuchtete Anwesen der von Zederlitz hinter sich ließen. »Ich weiß nicht einmal genau, was passiert ist.«

»Ich habe es dir erzählt«, entgegnete Hanna scharf.

»Aber ich hätte es gerne aus Elisas Mund gehört.«

»Glaubst du mir etwa nicht?«

»Darum geht es nicht. Woher soll ich wissen, dass Elisa dir alles anvertraut hat?«

»Sie vertraut mir immer alles an. Alles! Ich bin ihre Freundin.«

»Auch jetzt noch?

Wenn Hanna aufgeregt war und sich ereiferte, verlor sie ihren Rhythmus und lief Gefahr zu stolpern. Erschrocken griff Ebbo nach ihrem Arm und hielt sie. »Du hast sie in eine unmögliche Situation gebracht.«

»Ihr selbst habt euch in diese Situation gebracht«, widersprach Hanna heftig. »Ich habe euch nur geholfen.«

»Der Fürst weiß nun, dass Elisa einen anderen liebt. Was soll das für eine Ehe werden?«

»Ich habe euch geholfen«, beharrte Hanna. »Warum soll ich schuld sein? Warum immer ich?«

Ebbo ließ Hannas Arm los und sah beschämt auf seine nackten Füße. Ja, Hanna hatte ihnen geholfen. Es war ungerecht, ihr Vorwürfe zu machen. »Und Geesche?« fragte er, weil er noch nicht zulassen wollte, dass Hanna ohne Schuld sein sollte. »Warum hast du ihr nicht geholfen?«

»Ich bin nicht schuld«, wiederholte Hanna. »Wenn Geesche Geld gestohlen hat, muss sie dafür bestraft werden.«

»Hat sie das wirklich?«

Hanna funkelte ihren Bruder zornig an. »Woher soll sie sonst so viel Geld haben?«

Sie überquerten die Süderstraße und bogen in das Gewirr von winzigen Wegen ein, an denen die ärmsten Katen Westerlands standen.

»Vielleicht hat sie es von ihrem Vater geerbt«, meinte Ebbo mutlos.

»Warum sagt sie das nicht?«

Ebbo nickte stumm. Diese Frage hatte er sich tausendmal gestellt. Auch Freda bewegte sie ständig in ihrem Kopf, das wusste er. Dennoch waren sie nach wie vor beide der Überzeugung, dass Geesche Jensen keine Diebin war.

Ebbo tat es leid, dass er bei seinem Besuch im Gefängnis noch nicht zu dieser Gewissheit gekommen war. Es ginge ihm jetzt besser, wenn er Geesche Mut und Zuversicht hätte geben können.

Hanna humpelte nun so schnell sie konnte und stieß in dem schweren Rhythmus ihrer Schritte hervor. »Sie hat mich nie gemocht. Sie hat immer nur so getan. Gelogen hat sie! Gelogen! Früher habe ich gedacht, sie hat mich lieb. Warum sonst hätte sie mich verteidigen sollen, wenn die anderen Kinder mir was nachgerufen haben? Und sie hat mir zu jedem Geburtstag ein Geldstück geschenkt. Aber dann habe ich gemerkt, dass sie mich in Wirklichkeit gar nicht mag.«

»Das bildest du dir ein«, meinte Ebbo hilflos, obwohl er wusste, dass Hanna recht hatte.

Er rechnete mit wütendem Protest, aber Hannas Stimme klang mit einem Mal matt und empfindungslos. »Ihr könnt euch nun in Geesches Haus treffen. Sie hat einen bequemen Alkoven.«

Ebbo beugte sich vor, um Hannas Gesicht in der Dunkelheit erkennen zu können. »Bist du verrückt geworden? Elisa ist jetzt die Verlobte des Fürsten.« Und als Hanna darauf nichts entgegnete, fügte er an: »Außerdem wohnt Dr. Nissen in Geesches Haus. Er könnte uns entdecken.«

Es blieb eine Weile still, Ebbo lauschte auf das ruhige, gleichmäßige Tohk-tik von Hannas Schritten, schließlich sagte sie: »Er ist selten zu Hause. Bei gutem Wetter hält er sich am Strand auf, mittags und abends isst er im ›Dünenhof‹ oder im ›Strandhotel‹. Und die Abende verbringt er gern im Conversationshaus.«

»Wenn er uns entdeckt, wäre Elisas Ruf ruiniert!«

»Ich werde aufpassen«, sagte Hanna. »Ich kann euch immer noch helfen. Und ich kann auch dafür sorgen, dass Dr. Nissen den Mund hält, falls er tatsächlich etwas bemerkt.« Trotz der Dunkelheit sah Ebbo das Lächeln auf ihrem Gesicht, das immer dann entstand, wenn sie sich der Freundschaft der Comtesse sicher sein konnte. »Ich habe heute etwas über Dr. Nissen erfahren, was sonst keiner weiß. Und er wird nicht wollen, dass ich darüber rede.«

Marinus schlich den Geräuschen nach, sorgfältig darauf bedacht, selber kein einziges zu verursachen. Zum Glück schien sich der Mann, dessen Umrisse er nur schwach erkennen konnte, sehr sicher zu sein. Er dachte nicht an einen Verfolger, seine ganze Aufmerksamkeit richtete sich auf das, was er in der Zelle vorfinden würde. Auf Geesche! Sie sollte nichts von seinem Eindringen bemerken, sollte ruhig weiterschlafen, keinen Laut von sich geben, der in den Hütten der Strandgutsammler gehört werden konnte.

Was hatte der Kerl vor? Die Gedanken jagten durch Marinus' Kopf. Wer war dieser Mann? Wem war Geesche so gefährlich geworden, dass sie unschädlich gemacht werden sollte? Oder war es jemand, der Rache üben wollte? Ein Arbeiter der Inselbahn, der sich durch Geesche um seinen Lohn gebracht sah?

Nun schwang die Tür zu Geesches Zelle auf, noch immer hatte der Mann sich kein einziges Mal umgedreht. Er machte einen Schritt in die Zelle hinein, blieb dann stehen und wartete ab. Kein Geräusch drang zu Marinus. Nicht das Knarren der Pritsche, kein erschrockenes Stöhnen, kein unterdrückter Schrei. Es blieb still, totenstill. Marinus lauschte auf Geesches Atmen, aber nicht einmal den konnte er hören.

Nun bewegte sich die dunkle Gestalt in die Zelle hinein, Marinus huschte ihr mit lautlosen Schritten nach. Fünf, sechs Schritte, mehr brauchte er nicht, um ans Ende des Ganges zu kommen. Vorsichtig spähte er um die geöffnete Tür herum, konnte die Pritsche erkennen, auf der jemand lag, ohne sich zu rühren. Geesche in tiefem Schlaf! Vor der hellen Wand der Zelle war der Umriss des Mannes nun genauer zu erkennen. Ein großer, kräftiger Kerl, dunkel gekleidet, mit einer schwarzen Mütze auf dem Kopf. Von seinem Gesicht war nichts zu erkennen.

Marinus sah, dass er zu seinem Gürtel griff und etwas hervorzog, was leicht zu erkennen war. Ein kurzes Blinken nur, ein winziges Aufblitzen, und Marinus wusste, dass der Mann ein Messer gezückt hatte.

Im selben Augenblick hatten sich Marinus' sämtliche Fragen in einer einzigen Antwort gebündelt. Nicht mehr, wer es war und warum er es tat, war wichtig, nur noch, es zu verhindern. Mit einem gewaltigen Satz sprang er den Gegner an, seine ganze Aufmerksamkeit auf das Messer gerichtet, das der Kerl gerade in diesem Moment hob, um es auf Geesche hinabfahren zu lassen.

Der Mann war von dem Angriff derart überrascht, dass er erschrocken zurücktaumelte, gegen die Wand prallte, und das Messer fallen ließ. Marinus griff nach seinen Schultern, presste sie gegen die Wand und stieß ihm sein rechtes Knie in den Unterleib. Mit einem klagenden Laut krümmte sich der Mann zusammen und war für Augenblicke unfähig zu reagieren.

Geesche war von ihrem Lager hochgefahren. Ohne zu sehen und auch nur zu ahnen, was sie erkennen und sich erklären konnte, griff Marinus nach ihrem Arm und zischte ihr zu: »Komm! Raus hier! Schnell!«

Dass sie seine Stimme erkannte, wurde ihm sofort klar. Und für einen winzigen, aber umso eindringlicheren Moment durchzuckte ihn das Glück darüber, dass sie ihm noch immer vertraute. Sie war schon an der Tür, als der Mann sich von seinem Schmerz erholt hatte und auf Marinus losging. Er war stärker und das Kämpfen gewöhnt, das wurde Marinus schnell klar. Er begriff, dass er ihn nur hatte überwältigen können, weil die Überraschung auf seiner Seite gewesen war. Nun ging er mit den Fäusten auf Marinus los, als hätte es den Stoß in den

Unterleib nie gegeben. Und die Fäuste zielten gnadenlos auf alles, was einen Mann schnell kampfunfähig machen konnte, die Augen, die Nase, den Kiefer. Marinus hatte alle Mühe, sich zu verteidigen und zu schützen. An einen Gegenangriff war gar nicht zu denken.

Aus den Augenwinkeln sah er, dass Geesche aus der Zelle huschte, und die Enttäuschung machte ihn derart wütend, dass er auf seine Deckung verzichtete und erst mit der Rechten, dann mit der Linken auf die Augenbrauen seines Gegners zielte. Geesche ließ ihn allein? Sie brachte sich selbst in Sicherheit und überließ ihn der Gefahr?

Sein Gegner war ein zweites Mal überrascht. Diesmal von Marinus' kalter Wut. Er sah, dass die Augenbraue des Mannes aufplatzte, dass Blut herausschoss und ihm die Sicht nahm. Mit einer heftigen Bewegung wischte der Kerl sich die Augen frei, aber diese kurze Unterbrechung des Angriffs nutzte Marinus wiederum. Diesmal für einen Schlag in den Magen.

Mit einem grimmigen Knurren krümmte sich der Mann zusammen ... in diesem Moment sah Marinus, dass Geesche zurückkam. Sie hielt etwas in der Hand, was er nicht erkennen konnte. Erst als sie es mit beiden Händen erhob und auf den Kopf des Angreifers niederfahren ließ, wurde ihm klar, dass es eine Flasche war, die sie anscheinend bei dem geknebelten Nermin gefunden hatte. Der Geruch von billigem Fusel breitete sich aus. Mit einem hässlichen Röcheln brach der Mann zusammen und fiel vornüber. Direkt vor Marinus' Füße.

Erschrocken machte er einen Schritt zurück und starrte auf das Blut, das aus einer Wunde am Hinterkopf quoll.

»Weg«, hörte er Geesche stammeln. »Wir müssen weg.« Sie griff nach seiner Hand und versuchte, ihn mit sich zu ziehen.

»Lass uns erst nachsehen, wer er ist!« Marinus wollte sich zu dem Mann hinabbeugen, aber gerade in diesem Moment regte er sich und machte den Versuch, nach Marinus' Fußgelenken zu greifen.

Geesche schrie auf und stieß Marinus weg. Weg von der Gefahr! Weg in Richtung Tür! »Lass uns verschwinden!«

Und diesmal war Marinus einverstanden. Doch schon, als sie in den Dünen angekommen waren, bereute er die überstürzte Flucht. Er hätte gern gewusst, ob es wirklich ein Arbeiter der Inselbahn gewesen war, der Geesche zu töten versucht hatte. Und noch etwas bereute er schwer. Dass er nicht daran gedacht hatte, die Zellentür hinter sich zu verschließen. Wenn der Kerl rechtzeitig zur Besinnung kam, würde ihm die Flucht gelingen.

Ebbo war nicht mit ihr ins Haus gegangen. Hanna sah ihm nach, wie er mit gesenktem Kopf weiterlief, die Füße besonders nachdrücklich in den Sand setzte, die Hände in die Taschen seiner weiten Hose bohrte, die Ellbogen trotzig nach außen kehrte. Schon nach wenigen Metern wurde er von der Dunkelheit verschluckt.

Er glaubte ihr nicht! Misstrauisch hatte er sie angesehen, während sie ihm verriet, was sie von dem Koch der Königin erfahren hatte. Davon wollte er nichts hören. Und er wollte Hanna nicht sehen, die etwas derart Ungeheuerliches zu berichten hatte, dass Ebbo es nicht für wahr halten wollte. Aber daran, dass er die Chance nutzen würde, sich mit der Comtesse in Geesches Haus zu treffen, glaubte Hanna dennoch ganz fest. Dass Elisa von Zederlitz es ebenso wollte, dessen war Hanna sich auch ganz sicher. Und dass die beiden dafür ihre Hilfe brauchten, war ebenso gewiss. Ebbo und Elisa würden ihre Liebe auskosten wollen bis zum letzten Augenblick. Jetzt erst recht!

Dabei hatte Hanna die volle Wahrheit gesagt. Der Koch der Königin war ein geschwätziger Kerl, der sich freute, wenn er jemanden vor sich hatte, der seine Erzählungen noch nicht kannte, was ihm vermutlich nicht häufig passierte, da er schon lange am rumänischen Hof arbeitete.

Die anderen Dienstmädchen verdrückten sich, wenn er begann mit »Ihr hättest mal die Kammerzofen der Königin in Bukarest sehen sollen, da könnte ich euch Geschichten erzählen …«

Hanna aber hatte sich gern in seiner Nähe zu schaffen gemacht und ihm zugehört, wenn er von einer Welt erzählte, von der sie nichts wusste und nie etwas gesehen hatte. Und der Koch, der auf den Namen Eugen hörte, hatte schnell erkannt, dass er bei Hanna auf offene Ohren stieß. Während er für Königin Elisabeth eine rumänische Polenta kochte und die Krautwickerl für sie vorbereitete, die sie besonders gern aß, berichtete er von seiner Kindheit und Jugend in Wied, am Fuß der Burg, auf der die Königin aufgewachsen war, von seiner Ausbildung bei der Fürstenfamilie zu Wied, von den Jahren, in denen er als Smutje zur See gefahren war, und der folgenden Zeit, die er in Lübeck verbracht hatte, um dort die Marzipanherstellung zu erlernen. Danach war er bei den Eltern der damaligen Prinzessin Elisabeth zu Wied in Dienst gegangen und hatte angeblich keine Sekunde gezögert, als sie mit dem Wunsch an ihn herangetreten war, ihr nach Bukarest zu folgen. Und dass er mit Freuden die rumänische Küche erlernte, erwähnte er gleich mehrmals und setzte jedes Mal hinzu, dass er schon bald sämtliche Leibköche der rumänischen Adeligen übertroffen habe. »Ich war der einzige Koch weit und breit, der eine rumänische Moussaka genauso gut kochen konnte wie einen rheinischen Sauerbraten.«

Er hatte Hanna angestrahlt, wie sie selten angestrahlt wurde, und ihn schien ihre Behinderung nicht zu kümmern, was ihr ebenso selten geschah. Hanna war von da an mit jeder noch so groben Küchenarbeit einverstanden, obwohl sie kurz vorher noch schwer gekränkt gewesen war, als niemand ihr zutrauen wollte, bei Tisch zu bedienen.

»König Carol dankt es mir bis heute, dass ich für ihn eine Marzipantorte erfunden habe, für die er jede andere Köstlichkeit stehen lässt.« Selbstverständlich, so ergänzte er, habe er nach Sylt reichlich Marzipan mitgenommen, denn auch die Königin sei eine Liebhaberin dieser Delikatesse. Und wenn der König seine Gemahlin auf Sylt besuche, werde er sicherlich nach seiner Marzipantorte fragen. So viel Marzipan habe er im Gepäck, dass er sogar einiges davon habe abgeben können.

Und damit war er auf Dr. Nissen zu sprechen gekommen. Eugen war in der Lage, übergangslos von einem Gesprächsthema zum nächsten zu wechseln, am liebsten, ohne unterbrochen oder mit Zwischenfragen aus dem Erzählrhythmus gebracht zu werden.

»Als ich noch zur See fuhr, bin ich einmal mit einer schlimmen Blinddarmentzündung in Hamburg an Land gegangen. Dort wurde ich in die Klinik von Dr. Nissens Schwiegervater gebracht. Oder vielmehr … von seinem ehemaligen Schwiegervater. Dr. Nissen hat mir das Leben gerettet – ganz sicher! Dafür habe ich ihm gerne ein bisschen Marzipan überlassen, damit er der Frau, die er liebt, eine Freude machen konnte.«

Hanna hatte ihn mit dem Hinweis unterbrochen, dass ihr Dr. Nissen bekannt sei und sie von den Marzipanherzen wisse, aber Eugen hörte ihr nicht zu. Er erging sich in Mutmaßungen darüber, warum der arme Dr. Nissen, dem er sein Leben verdankte, von seinem Schwiegervater aus dem Haus und der Klinik gejagt worden war. »So ein guter Arzt! Und dann steht er plötzlich auf der Straße und besitzt nur noch das, was er am Leibe trägt. Als verheirateter Mann war er vermögend, einflussreich, bedeutsam, als geschiedener Mann besitzt er keinen blanken Heller.«

Nun wurde Hannas Einwurf nachdrücklicher. »Dr. Nissen ist ein reicher Mann! Seine Frau hat ihn betrogen, deswegen hat er sich scheiden lassen. Und deswegen hat er natürlich auch eine hohe Abfindung kassiert.«

»Papperlapapp!« Eugen holte die Weißkohlscheiben aus dem Sud und ließ sie vor Hannas Augen zappeln. »Dr. Nissen war ein armer Schlucker, als er die Tochter des Klinik-Chefs heiratete, und ist es heute wieder. Keiner weiß, warum er sich das gefallen lässt. Einfach auf die Straße gesetzt! Seine Frau wollte die Scheidung nicht und er selbst noch weniger. Aber der Schwiegervater hat sie verlangt.«

Hanna war verblüfft. »Geesche Jensen hat er erzählt, seine Frau sei schuld an der Scheidung.«

Das schwere Weißkohlblatt riss von der Gabel des Kochs, Eugen fluchte zunächst ausgiebig, ehe er weitersprach: »Ich bin froh, dass ich ihm mit dem Marzipan aushelfen konnte. Vielleicht kann er sich mit dieser Hebamme eine neue Existenz aufbauen. Das Leben wird für ihn nicht mehr so komfortabel wie früher sein, aber immerhin kann er hier auf Sylt sein Auskommen finden.«

»Ihn reizt das einfache Leben«, warf Hanna ein.

Aber Eugen ließ auch diesen Einwand nicht gelten. »Ihm bleibt gar nichts anderes übrig, als einfach zu leben, das ist es! Er kann froh sein, wenn er was zu essen hat.« Kopfschüttelnd betrachtete er die Krautwickerl, die er vor sich aufgereiht hatte. »Ich verstehe nur nicht, dass man so mit ihm umspringen durfte.« Dann schien ihm etwas einzufallen, was er im Eifer des Erzählens vergessen hatte. »Du sagst, er behauptet, seine Frau habe ihn betrogen? Und niemand auf Sylt weiß, dass er ein armer Schlucker ist? Und dass sein Schwiegervater ihn rausgeworfen hat, weiß auch keiner?« Er wartete Hannas Bestätigung nicht ab. »Dann ist es besser, du vergisst, was ich dir erzählt habe. Wenn Dr. Nissen nicht darüber reden möchte, dann will ich nichts gesagt haben.«

Hanna hatte halbherzig versichert, dass auch sie kein Sterbenswörtchen über Dr. Nissen Vergangenheit verlieren wolle, sah aber in Wirklichkeit nicht ein, warum sie sich diese neuen Kenntnisse nicht zunutze machen sollte.

Gerade wollte sie ins Haus gehen, da sah sie die Bewegung, die sich aus der Nacht löste und schnell Gestalt annahm. Ebbo war zurückgekehrt.

»Du meinst wirklich, das stimmt?«, fragte er und bewegte seine Füße auf der Stelle weiter, als schämte er sich dafür, zu Hanna zurückgekommen zu sein, und wollte ihr weismachen, sich unverzüglich wieder abzuwenden, solange sie jemanden der Lüge bezichtigte, der bisher über jeden Zweifel erhaben gewesen war.

Doch Hanna wusste, dass er vor allem an das Angebot dachte, sich mit Elisa in Geesches Haus zu treffen. Dort, wo sie sicher vor fremden Blicken sein konnten, sogar sicher vor Dr. Nissen. Auch dann, wenn er dem heimlichen Liebespaar auf die Spur kommen sollte. »Der wird nichts sagen, wenn er weiß, was ich von Eugen erfahren habe.«

Hatte sie nicht gewusst, dass Ebbo ihrem Angebot nicht widerstehen konnte? Und auch die Comtesse würde sie wieder wie eine Freundin behandeln, wenn sie hörte, was sie für ihre Liebe zu tun bereit war.

»Nur noch ein einziges Mal«, flüsterte Ebbo. »Ich muss noch einmal mit ihr reden. Ich will mich von ihr verabschieden. Diese plötzliche Verlobung … das ging viel zu schnell. Ich will aus ihrem eigenen Munde hören, was zwischen ihr und dem Fürsten vorgefallen ist.«

»Ich werde mit der Comtesse reden.« Hanna ging auf die Tür zu, hinter der Freda auf ihre Kinder wartete. Sie griff nach der Klinke, drückte sie aber nicht herab, sondern drehte sich zu Ebbo herum. »Ich habe zufällig gehört, dass der Fürst bereit ist, dich als Stallburschen einzustellen. Wenn du zustimmst, brauchst du an Abschied noch nicht zu denken.«

Ehe Ebbo etwas erwidern konnte, wurde die Tür von innen aufgerissen. Freda stand vor ihnen und starrte Ebbo aus weit aufgerissenen Augen an. »Nein, Ebbo! Das darfst du nicht tun. Du musst auf Sylt bleiben. Du machst dich unglücklich. Und Hanna und mich gleich mit!«

Ebbo blickte in ihr Gesicht, sah den Kummer, die Sorgen, die Verzweiflung und die Angst, die sich wie zersprungenes Glas über ihre Züge gelegt hatte, dann zog er sie in seine Arme. Hanna hörte, wie er an Fredas Ohr murmelte: »Ich werde euch nie alleinlassen, Mutter.«

Dr. Nissen kleidete sich an diesem Morgen besonders sorgfältig an. Zu einem knielangen braunen Gehrock wählte er eine helle Hose und eine weiße Weste. Das braune Seidentuch, dass er sich umlegte, passte farblich genau zu dem Gehrock, und der Hut, den er vom Haken nahm, war nur eine Nuance dunkler. Die Kleidung eines erfolgreichen, vermögenden Mannes! Nur kurz ließ er sich auf die Erinnerung an den Tag ein, an dem er diese Kombination beim besten Schneider Hamburgs bestellt hatte.

Das Frühstück, das Freda für ihn zubereitet hatte, war ihm nicht bekommen, obwohl es genauso geschmeckt hatte wie in den Tagen, in denen Geesche in der Küche hantiert hatte. Seine Laune hatte sich zwar geringfügig gebessert, seit er in dem Buch geblättert hatte, in dem Geesche die Geburten dokumentierte, aber der Weg, den er heute gehen musste, fiel ihm trotzdem schwer. Und das, obwohl es eigentlich ein Glücksfall war, dass er sich ihm eröffnet hatte. Dieses Durcheinander von Enttäuschung, Hoffnung, Angst und Erleichterung rumorte in ihm wie eine schwer verdauliche Mahlzeit. Wie kläglich, dass er zu diesen Mitteln gezwungen war! Ein Mann wie er sollte nicht in diese Verlegenheit kommen! Was das Schicksal mit ihm machte, war nicht gerecht. Unterlief nicht jedem Menschen mal ein Fehler? Durfte es statthaft sein, dass ausgerechnet er in einer Form dafür büßen musste, die jeder Verhältnismäßigkeit widersprach? Nun wurde er sogar gezwungen, sich an den Rand der Gesellschaft zu stellen, in deren Mittelpunkt er sich seit langem am rechten Platz fühlte. Dass er als geschiedener Mann nicht auf eine Einladung der Königin hoffen durfte, war zu verschmerzen, doch was ihm nun bevorstand, war wirklich unter seiner Würde. Aber was sollte er machen? Professor Johannsen, sein ehemaliger Schwiegervater, hatte ihm alles genommen. Und er, Leonard Nissen, musste nun sehen, dass er Mittel und Wege fand, sich seinen Platz zurückzuerobern. Natürlich konnte er froh sein, sie gefunden zu haben, diese Mittel und Wege, aber zuwider blieben sie ihm dennoch.

Er warf einen Blick ins Gebärzimmer, wo Fenna schlief, ihr Neugeborenes an der Brust. Dr. Nissen musste sich gewaltsam von diesem friedlichen Bild losreißen, das so gar nicht zu seinem inneren Bild passte, das düster und von Blitzen durchzuckt war, die sich Hoffnung nennen wollten und doch Verzweiflung heißen würden.

Freda trat hinter ihn und lugte ihm über die Schulter. »Wie lange soll sie hier bleiben?«

Dr. Nissen zuckte die Schultern. »Die Frage ist: Wohin soll sie gehen?«

»Geesche lässt Mutter und Kind stets am Tag nach der Geburt abholen.«

»Diese Frau wird niemand abholen.«

Fredas Gesicht verhärtete sich plötzlich. Das Leid verschwand aus ihren Zügen, das Fromme, Demütige gleich mit. Dr. Nissen hatte noch nie diesen kämpferischen Ausdruck in ihrer Miene gesehen. »Das hätte sie sich überlegen sollen, bevor sie sich von einem Strandräuber ein Kind machen lässt! Diese Gesetzlosen sind wie die Pest!«

Dr. Nissen war fassungslos. »Aber das unschuldige Kind!«

Doch die Duldsamkeit kehrte nicht in Fredas Gesicht zurück. »Wenn sie auf Sylt leben wollen, Herr Doktor, sollten Sie an Ihren guten Ruf denken. Sie haben dem Flittchen eines Strandräubers geholfen. Wenn sich das rumspricht …«

»Also gut«, unterbrach Dr. Nissen sie hastig. »Sorg dafür, dass sie verschwunden ist, wenn ich zurückkomme. Aber … gib ihr wenigstens was zu essen mit.«

»Die Vorräte werden gebraucht, um den alten Nermin zu

bestechen. Sonst bekommt Geesche im Gefängnis nichts zu essen.«

»Gib ihr trotzdem was mit. Ich werde es bezahlen.« Er ging zur Tür, ohne Freda noch einmal anzusehen. »Später, wenn ich zurück bin.«

Als er aus dem Haus trat, stieg die Sonne schon ihrem Zenit entgegen, die Wärme des Sommers saugte bereits die Kühle auf, die vom Meer herüberkam. Dr. Nissen schob Zeige- und Mittelfinger hinter seinen hohen Kragen und zog ihn so weit wie möglich von der Haut weg. Er schwitzte! Schwitzen war unfein und ordinär. Arme Leute schwitzten bei der Arbeit, sie rochen nach Schweiß und trugen Kleidung mit Schweißrändern. Wenn er verschwitzt bei Graf von Zederlitz ankam, würde er sich von vornherein auf die Stufe hinabbegeben, auf die das Schicksal ihn heute zwang. Nein, wenigstens wollte er es Graf Arndt so schwer wie möglich machen, ihn seine Verachtung spüren zu lassen. Der Graf sollte bedauern, dass ein so vornehmer Herr wie Dr. Leonard Nissen zu einer so ehrenrührigen Tat imstande war.

Er ging langsam, damit die Bewegung ihn nicht zusätzlich erhitzte, und fächelte sich mit einem Taschentuch Luft zu. Dass Dr. Pollacsek ihm entgegenkam, kaum dass er den Kirchenweg erreicht hatte, gefiel ihm nicht sonderlich. Er wollte nicht aufgehalten werden, sondern die unangenehme Sache hinter sich bringen.

Dr. Pollacseks erbitterte Miene war schon von weitem zu erkennen. »Ich wollte gerade zu Ihnen kommen!«

Nissen betrachtete ihn besorgt. »Ihre Magenbeschwerden?«

Aber Pollacsek winkte ab. »Gestern ging es mir besser, aber heute Morgen, als ich hörte, was letzte Nacht passiert ist …«

Leonard Nissen griff nach seinem Arm. »Was ist los?«

Pollacsek schöpfte tief Luft, ehe er antworten konnte: »Die Hebamme ist aus dem Gefängnis ausgebrochen.«

Leonard Nissen schwankte. »Was?«

»Sie hat den alten Nermin umgebracht. Heute Morgen wurde er tot aufgefunden. Gefesselt und geknebelt.«

»Aber … das ist unmöglich!«

»Der Inselvogt hat in der Zelle einen großen Blutfleck gefunden. Von Nermin kann das Blut nicht stammen. Er war äußerlich unverletzt. Gestorben ist er anscheinend an Angst und Schrecken.«

Dr. Nissen war froh, als das Schwanken aufhörte. »Wie soll Geesche das geschafft haben? Den Wärter überwältigen …«

»Es muss einen Kampf zwischen den beiden gegeben haben. Anscheinend hat sie sich dabei verletzt.«

»Sie meinen, das Blut stammt von ihr?«

»Von wem sonst?«

Dr. Nissen dachte angestrengt nach. »Vielleicht hatte sie einen Helfer?«

Pollacsek griff sich prompt an den Magen. »Für diese Frau hätte ich meine Hand ins Feuer gelegt. Eine so aufrechte, geradlinige, ehrliche Person! Deswegen konnte ich zunächst nicht glauben, dass sie die Lohngelder gestohlen hat.«

»Aber jetzt glauben Sie es?«

Pollacsek stöhnte. »Jemandem, der einen alten Mann umbringt, kann man alles zutrauen. Wäre sie unschuldig, hätte sie es nicht nötig gehabt, sich so ihre Freiheit zurückzuholen.« Er beugte sich näher zu Dr. Nissen heran, als gäbe es jemanden, der sie belauschen könnte. »Haben Sie mir nicht gesagt, Geesche Jensen wollte weg von Sylt?«

»Wegen Marinus Rodenberg.«

»Glauben Sie das immer noch? Ich glaube jetzt was anderes. Sie wollte weg, um ihre Beute auf dem Festland in Sicherheit zu bringen. Dort, wo sie das Geld ausgeben kann, ohne dass sich jemand fragt, woher sie es hat.« Sein Gesicht nahm einen bekümmerten Ausdruck an. »Ich habe Marinus Rodenberg ganz umsonst entlassen! Meinen besten Mann! Weil ich so fest an Geesche Jensen geglaubt habe!« Deprimiert schüttelte er den Kopf. »Ich kann nur hoffen, dass Sie trotzdem auf Sylt bleiben, mein lieber Nissen. Sicherlich können Sie das Haus der Hebamme günstig mieten.« Er stieß ein Lachen aus, das sich anhörte wie das Meckern einer alten Ziege. »Oder billig kaufen! Oder noch besser: einfach drin wohnen und praktizieren! Ich werde dafür sorgen, dass der Inselvogt Sie nicht behelligt. Wenn Geesche Jensen die Flucht aufs Festland gelingt, kann sie keine Miete und keinen Kaufpreis einfordern. Und wenn Heye Buuß sie erwischt, erst recht nicht. Jetzt ist sie nicht nur wegen Diebstahls dran, sondern auch wegen Mordes.«

»Glaubt der Inselvogt, dass er sie erwischen wird?«

»Er lässt alle Boote in Munkmarsch kontrollieren. Sämtliche Fischer wissen Bescheid, dass sie sich bei Heye Buuß melden müssen, wenn Geesche Jensen sie anheuern will. Hoffentlich tun sie's. Für Geld können die schon mal vergessen, was der Inselvogt angeordnet hat.«

»Geesche hat kein Geld, um einen Fischer zu bezahlen.«

»Haben Sie nicht gerade selbst gesagt, sie könnte einen Helfer gehabt haben?« Pollacsek schüttelte den Kopf, als wollte er das Chaos seiner Gedanken in eine ordentliche Reihe bringen. »Gut, dass sich auch noch Erfreuliches auf der Insel ereignet, sonst könnte man verzweifeln! Haben Sie es schon gehört? Elisa von Zederlitz hat sich gestern mit einem Verwandten von Königin Elisabeth verlobt. Ich war gerade bei den von Zederlitz und habe gratuliert.«

Dr. Nissen hatte seine Fassung zurückgewonnen. »Genau das ist auch meine Absicht«, behauptete er und war sogar so kühn zu ergänzen: »Der Graf hat mich persönlich von der Verlobung seiner Tochter in Kenntnis gesetzt.«

Wenn er auch gelogen hatte, Dr. Pollacseks Verblüffung tat ihm gut, dafür hatte es sich gelohnt. Ein Mann in seiner Lage musste nehmen, was er bekommen konnte.

XVIII.

Die Sonne streichelte ihr Gesicht, wie seine Fingerspitzen es getan hatten, sie wärmte sie, wie er es getan hatte, sie machte sie glücklich wie er. Geesche dehnte die Glieder, genoss das Helle, das hinter ihren geschlossenen Lidern stand, und öffnete die Augen erst, als sie genau wusste, dass sie nicht träumte. Nein, sie war wirklich in Freiheit! Nicht mehr in der finsteren, kalten Zelle, sondern in einer Freiheit, die zwar nur geborgt war, die sie aber vielleicht behalten durfte, wenn sie nun alles richtig machte.

Den Wunsch, für ihre Schuld mit einer anderen Schuld zu bezahlen und sich ihre innere Freiheit zurückzuholen, indem sie auf ihre äußere verzichtete, gab es nicht mehr. Er war verschwunden, seit sie vor dem Gefängnis Marinus' Hand ergriffen hatte, seit er sie mit sich gezogen und sie ihm und dieser wahnwitzigen Hoffnung nachgelaufen war. Der alte Nermin tat ihr zwar leid, und die Erinnerung an sein verzweifeltes Stöhnen machte ihr nach wie vor zu schaffen, aber vermutlich hatte man ihn längst gefunden und von dem Knebel und den Fesseln befreit. Vielleicht brachte diese Erfahrung ihn dazu, die Gefangenen in Zukunft besser zu behandeln.

Geesche streifte die Decke ab und sah sich um. Sie kannte diese Hütte. Im letzten Winter war sie von ihren Besitzern verlassen worden. Die alte Tjarda und ihr Sohn, die sich lange als Strandgutsammler über Wasser halten konnten, hatten schließlich aufgegeben. Von den Strandräubern, die sich an diesem Strandabschnitt niedergelassen hatten, waren sie vertrieben worden. Seitdem war die Hütte dem Verfall preisgegeben, doch das Dach war noch unbeschädigt, und die Wände waren es ebenfalls. Dass die Fenster zerborsten waren, spielte im Sommer keine Rolle. Vermutlich würden sich die Strandräuber im nächsten Winter hier einrichten.

Tjarda und ihr Sohn hatten natürlich all ihre Besitztümer

mitgenommen, aber Marinus hatte, bevor er sich an Geesches Befreiung machte, für Decken gesorgt und auch für Essen und Trinken. Wie schade, dass er nicht die ganze Nacht bei ihr bleiben konnte! Seine Liebe spürte sie noch in jedem Winkel ihres Körpers, sie machte ihre Glieder schwer, füllte ihre Leibesmitte aus und wirbelte schneeflockengleich durch ihren Kopf. Aber Marinus musste nach Westerland zurück, um keinen Argwohn zu erregen. Außerdem wollte er sich umhören, ehe er zu ihr zurückkehrte. Bevor sie sich nach Munkmarsch aufmachten, sollten sie wissen, welche Maßnahmen der Inselvogt ergriffen hatte. Wenn er damit rechnete, dass sie die Insel verließ, würde er alle Boote kontrollieren. Dann war es besser, in dieser Hütte zu warten, bis die Kontrollen nachließen und Geesches Verschwinden allmählich in Vergessenheit geriet. Natürlich konnte man auch darauf hoffen, dass das viele Geld, das Marinus von seinem Bruder erhalten würde, manchen Fischer dazu brachte, die Anweisungen des Inselvogts zu vergessen. Aber diese Unsicherheit war zu groß.

Geesche stand auf und trat vorsichtig an eines der zerbrochenen Fenster. Wie lange würde sie hier ausharren können? Da sie wusste, dass die Strandräuber sich in dieser Gegend aufhielten, war sie hier nicht so sicher, wie Marinus geglaubt hatte. Und er konnte beobachtet werden, wenn er zu ihr kam.

Sie lächelte, während sie ihre Haare nach hinten strich und ihr Gesicht der Sonne hinhielt. Marinus kannte sich eben nicht so gut aus auf der Insel! Er war erschrocken gewesen, als er von den Strandräubern hörte. Doch er würde einen anderen Weg finden, ganz sicher! Er liebte sie noch immer! Und Liebe konnte bekanntlich Berge versetzen. Was aber beinahe noch wichtiger war: Er hatte ihr verziehen. Seit sie das wusste, glaubte sie zum ersten Mal daran, auch sich selbst verzeihen zu können. Und der Wunsch, nicht für etwas bezahlen zu müssen, was sie nicht getan hatte, wurde übermächtig. Nein, sie hatte die Lohngelder nicht gestohlen! Und sie würde für diese Tat nicht ins Gefängnis gehen. Nicht noch einmal!

Vorsichtig öffnete sie die Tür, die so laut knarrte, dass Geesche erschrak. Aber der Wind trug dieses Geräusch schnell davon, und das Rauschen der Brandung riss es mit sich. Sie trat vor das Haus und sah sich um. Es lag in einem Dünental, leidlich vor dem Wind geschützt, aber doch nahe genug am Ufersaum, wo alles angespült wurde, was einem Strandgutsammler das Leben sicherte. Wenn in der Nacht ein Sturm getobt hatte, war Tjarda mit ihrem Sohn schon früh zum Meer gegangen, um sich nichts von der Habe der Unglücklichen entgehen zu lassen, deren Schiffe den Sturm nicht überstanden hatten. Die Strandräuber standen sogar in dem Ruf, falsche Blinkfeuer zu senden, um die Kapitäne aus der Fahrrinne ins sichere Verderben zu locken. Die Sylter erwarteten schon lange vom Inselvogt, dem wüsten Treiben der Strandräuber ein Ende zu setzen, aber Heye Buuß war ein Feigling, der sich nicht traute, gegen diese Bande vorzugehen. Er fürchtete ihre Rache und schürte damit den Hass der anständigen Bürger auf die Strandräuber noch mehr. Sogar Freda, die für alle Fehler ihrer Mitmenschen nach Entschuldigungen suchte und niemandem etwas Böses wünschte, wurde zu einem anderen Menschen, wenn es um die Strandräuber ging. Geesche hatte schon einmal mit eigenen Augen gesehen, dass sie einem Mann, den ein Ladenbesitzer als Strandräuber erkannte, vor die Füße gespuckt hatte. Etwas, was sie bis zu diesem Augenblick nicht für möglich gehalten hatte.

Als sie Stimmen hörte, machte sie instinktiv einen Schritt zurück in den Schutz des Hauses. Aber dann merkte sie, dass sie weit entfernt waren, und traute sich weiter vor. Angespannt blieb sie stehen und lauschte. Es waren männliche Stimmen, und sie kamen vom Wasser. Strandräuber?

Vorsichtig stieg sie Meter um Meter die Düne hoch. So weit, bis sie die Schaumkronen auf den Wellen sehen konnte. Dann duckte sie sich in den Sand und dachte nach. War es klug, was sie tat? War es nicht besser, im Haus zu bleiben, sich nicht blicken zu lassen und auf Marinus zu warten? Andererseits musste es richtig sein zu wissen, wie es in ihrer Umgebung aussah. Wie nah waren die Strandräuber? Wo hausten sie, und welche Gefahr ging von ihnen aus?

Behutsam schob sie den Kopf vor – und zog ihn erschrocken zurück, als sie entdeckte, dass die Männer näher waren, als sie angenommen hatte. Sie hockten direkt unter ihr am Fuß der Düne und sahen auf das Meer hinaus, während sie miteinander redeten. Wieder duckte Geesche sich, legte die Stirn in den Sand und konzentrierte sich mit allen Sinnen auf das, was unter ihr gesprochen wurde. Sie hörte nicht auf die Brandung und nicht auf den Wind, nicht auf die Möwen und schon gar nicht auf das Pochen ihres Herzens. Und je konzentrierter sie lauschte, desto deutlicher kamen die Worte von unten zu ihr herauf.

»Ich möchte wissen, wo Hauke steckt.«

»Du weißt doch, er hatte einen Auftrag für letzte Nacht.«

»Die Nacht ist vorbei! Vielleicht ist was schiefgegangen.«

»Warum verrät er uns nichts? Wüssten wir, was er im Schilde führte, könnten wir ihm helfen. Aber so?«

Nun mischte sich eine dritte Stimme ein. »Da ist viel Geld im Spiel. Hauke muss uns unseren Anteil geben.«

»Wenn er zurückkommt!«

»Wenn nicht, ist er vielleicht mit dem Geld über alle Berge. Weil er uns nichts abgeben will.«

»Oder er liegt irgendwo mit zertrümmertem Schädel, und wir sehen ihn nie wieder.«

Zertrümmerter Schädel! Geesche zuckte zusammen. War etwa von dem Kerl die Rede, der sie in der vergangenen Nacht in der Zelle überfallen hatte? Der sie sogar töten wollte? Dann schwebte sie gerade hier in allergrößter Gefahr, wo Marinus glaubte, sie in Sicherheit gebracht zu haben!

»Mir scheint, der sollte jemanden um die Ecke bringen. Besser, wir wissen von nichts.«

Damit waren die anderen anscheinend einverstanden. Das Gemurmel, das sich erhob, klang zustimmend.

Langsam schob sich Geesche die Düne wieder hinab. Was sollte sie tun? Ins Haus zurück und sich verstecken? Aber wenn sie dort jemand entdeckte, saß sie in der Falle! Womöglich war es besser, sich in der Nähe des Hauses zu verbergen, um diesen Hauke zu sehen und eine Chance zur Flucht zu haben! Sie war sicher, sie würde ihn erkennen. Die große, kräftige Gestalt stand ihr noch vor Augen. Und an seinem Geruch würde sie ihn auf jeden Fall identifizieren. Er roch wie alle Menschen, die obdachlos waren, nach ungewaschener Haut, aber auch nach frischer Luft.

Wenn er zurückkehrte – welchen Weg würde er nehmen? Am Wasser entlang? Dann würde sie ihn schon von weitem sehen können. Womöglich lag er aber immer noch auf dem Boden ihrer Zelle und war seiner Kopfverletzung mittlerweile erlegen? Geesche schauderte es, wenn sie daran dachte. Hoffentlich kam Marinus mit Neuigkeiten zurück. Sie musste hier weg. So schnell wie möglich!

Dr. Nissen war freundlich empfangen worden, so, wie er es erwartet hatte. Graf Arndt ließ seine Frau und seine Tochter entschuldigen, aber er selbst schien sich Zeit für den Besucher nehmen zu wollen, der zu ihm gekommen war, um ihm zur Verlobung seiner Tochter mit Fürst Alexander zu gratulieren.

Er bat ihn in den Salon und bot ihm einen Platz an.

»Meine Frau hat sich in den Garten zurückgezogen. Sie muss sich von der Verlobungsfeier erholen. Die Vorbereitungen waren sehr anstrengend. Und meine Tochter ist heute Morgen mit Kopfschmerzen erwacht.« Graf Arndt lachte etwas künstlich. »Aber bis zur Hochzeit ist sie sicherlich wieder wohlauf.«

Dr. Nissen schien es angebracht mitzulachen. Tatsächlich

war er erleichtert, dass nicht mit der Gesellschaft der Gräfin und der Comtesse zu rechnen war. Aber als Graf Arndt ihm Eiswasser anbot, damit er sich nach dem langen Weg erfrischen konnte, lehnte er ab. So weit wollte er es nicht treiben, dass er sich von Graf Arndt bewirten ließ, um ihm dann zu erklären, warum er wirklich zu ihm gekommen war.

»Ich werde Elisa Ihre Glückwünsche übermitteln«, sagte der Graf freundlich und schien sich auf eine kleine Konversation einzustellen, wie sie in einem solchen Fall üblich war.

Aber Dr. Nissen begegnete seinem freundlichen Gesicht mit undurchdringlicher Miene. Er wollte sofort zur Sache kommen, sonst würde ihn das liebenswürdige Gebaren des Grafen besiegt haben, ehe er sagen konnte, was er sagen musste. »Ich bin noch aus einem anderen Grunde gekommen«, sagte er sehr ernst.

Die Miene des Grafen verschloss sich prompt. Er schien zu spüren, dass etwas Unangenehmes auf ihn zukam. Aber er sagte nichts. Er lehnte sich zurück und schlug sehr langsam die Beine übereinander. Dann blickte er Dr. Nissen abwartend an.

»Ich brauche Geld«, sagte Leonard Nissen ohne Umschweife. »Und ich glaube, dass ich es von Ihnen bekommen kann.«

»Ein Darlehen?«, fragte Graf Arndt, sah aber nicht so aus, als wäre er bereit, Geld zu verleihen.

Dr. Nissen schüttelte den Kopf. »Ich denke, Sie werden es mir gerne überlassen, damit ich über etwas schweige, was sehr unangenehm für Sie werden könnte.«

Graf Arndts Augen wurden zu schmalen Schlitzen. »Das klingt wie eine Erpressung.«

Bis zu diesem Augenblick hatte Dr. Nissen gesprochen, als wäre er ein anderer, jetzt wurde ihm wieder bewusst, wie widerlich es war, was er zu tun gezwungen war. Aber nun musste er den einmal eingeschlagenen Weg weitergehen. »Ich habe etwas herausgefunden«, sagte er und hoffte, dass der Graf ihm nicht ansah, wie schwer ihm die folgenden Worte fielen. »Sie haben die Hebamme nach der Geburt Ihrer Tochter veranlasst, Ihnen ein anderes Kind auszuhändigen. Ein gesundes Kind. Das Kind von Freda Boyken.«

Graf von Zederlitz' Gesicht wurde aschfahl. Hatte es bis dahin noch einen kleinen Zweifel in Dr. Nissen gegeben, dass er sich die Fakten falsch zusammengereimt hatte, so waren sie in diesem Moment ausgeräumt.

»Elisa von Zederlitz ist in Wirklichkeit die Tochter eines armen Fischers. Und Hanna Boyken ist eine kleine Comtesse. Ein unansehnliches, unsympathisches Mädchen mit einer unangenehmen Behinderung. Um deren Hand hätte Fürst Alexander von Nassau-Weilburg niemals angehalten.«

Auf der Stirn des Grafen sammelte sich Schweiß, seine Lippen zitterten, die Hände, die auf seinen Knien lagen, bebten. Noch immer war er so blass, dass Dr. Nissen Angst bekam, er könnte in Ohnmacht fallen. »Wer hat Ihnen das verraten?«, fragte er so leise, als fürchtete er einen Horcher vor der Tür.

»Niemand«, gab Dr. Nissen zurück und versuchte, seine Stimme unbefangen klingen zu lassen. »Ich habe es herausgefunden. Wie, das tut nichts zur Sache.« Er beugte sich vor und fixierte den Grafen. »Ich erwarte, dass Sie mir so viel Geld geben, wie damals die Hebamme von Ihnen bekommen hat. Wenn nicht, erfährt alle Welt, was Sie getan haben. Auch, dass Geesche Jensen für eine Tat im Gefängnis sitzt, die sie nicht begangen hat.« Er setzte ein Grinsen auf, wusste aber nicht, ob es ihm so gut gelungen war, wie er wollte. »Dass das Geld in ihrer Truhe der Lohn für dieses Verbrechen ist, darf ich wohl annehmen?«

Aus Graf Arndts Augen sprühte nun der Hass. Angewidert blickte er in Dr. Nissens Gesicht. »Wie viel wollen Sie?«

»Das sagte ich doch: so viel wie die Hebamme.«

»So viel habe ich nicht mit nach Sylt genommen.«

Dr. Nissen hatte die Taschenuhr des Grafen schon mehr als einmal bewundert. Sie erinnerte ihn an die kostbare Taschenuhr seines Schwiegervaters und war mit Sicherheit genauso wertvoll. Eigentlich hatte er darauf gehofft, sie einmal erben zu können. »Dann geben Sie mir fürs Erste Ihre Uhr. Als Pfand sozusagen! Wenn ich das Geld habe, bekommen Sie die Uhr zurück.«

»Und woher soll ich wissen, dass Sie sich an Ihre Zusagen halten?«

»Sie müssen mir einfach vertrauen.« Dr. Nissen grinste noch einmal, und diesmal war er sicher, dass er die richtige Wirkung erzielte. Er machte damit einen sicheren, urteilsfähigen Eindruck, hatte aber auch eine gewisse Schärfe übermittelt. Graf Arndt würde keinen Zweifel daran haben, dass mit ihm nicht zu spaßen war.

Und er behielt Recht. Bedächtig zog Graf Arndt die Taschenuhr aus der Brusttasche seines Jacketts, betrachtete sie eine Weile und löste dann die Kette aus dem Knopfloch des Kragens. So unerwartet warf er Dr. Nissen die Uhr zu, dass dieser erschrocken zusammenzuckte und nicht schnell genug war, um die Uhr aufzufangen. Sie landete vor seinen Füßen. Und er wusste sofort, dass der Graf genau das beabsichtigt hatte. Er wollte ihm die Uhr nicht überreichen, sondern sie ihm vor die Füße werfen. Als Dr. Nissen gezwungen war, sich danach zu bücken, schämte er sich wie nie zuvor in seinem Leben. Wie schrecklich, dass er zu solchen Mitteln greifen musste!

Aber er ließ sich nichts anmerken. Bevor er die Uhr wegsteckte, vergewisserte er sich, dass sie keinen Schaden genommen hatte, dann fragte er: »Wann darf ich mit dem Geld rechnen?«

»Ich werde meinem Verwalter eine Nachricht zukommen lassen«, antwortete Graf Arndt ausweichend. »Er soll mir das Geld nach Sylt bringen. Dass das nicht von heute auf morgen geht, werden Sie einsehen.«

Dr. Nissen erhob sich und versuchte, freundlich und zufrieden auszusehen. »Sie werden es mich wissen lassen, wenn es so weit ist?«

Graf Arndt nickte nur und erhob sich ebenfalls.

»Vielleicht sehen wir uns bei der einen oder anderen Gelegenheit, dann brauchen Sie mir nicht extra jemanden zu schicken, wenn es so weit ist.«

»Unterstehen Sie sich«, zischte Graf Arndt, »mir auf irgendeinem Parkett dieser Insel zu begegnen. Ich könnte mich vergessen!«

Dr. Nissen nickte, als hätte er Verständnis für die unangenehme Situation des Grafen, was auch voll und ganz der Wahrheit entsprach, dann verbeugte er sich und verzichtete darauf, dem Grafen die Hand zu reichen. Vorsichtshalber verschränkte Graf Arndt sie auf dem Rücken, als hielte er es für möglich, dass Dr. Nissen an einem freundlichen Abschied gelegen war.

»Einen schönen Tag noch, Herr Graf.«

Dass er keine Antwort bekam, bekümmerte ihn nicht. Er hatte nicht damit gerechnet. Und dass keins der Dienstmädchen zur Stelle war, um ihm die Eingangstür zu öffnen, gefiel ihm. Dr. Nissen wäre jede Art von Höflichkeit in diesem Hause unerträglich gewesen.

Er trat über die Schwelle und blieb einen Augenblick stehen. Eigentlich sollte er jetzt zufrieden sein. Er hatte erreicht, was er wollte, es war erstaunlich glattgegangen. Der Graf würde ihm viel Geld bringen, und wenn er es nicht tat, würde er seine Uhr veräußern, die eine Menge wert war. Fürs Erste war er gerettet. Jetzt musste er sich nur noch überlegen, wie er mit dem Problem Geesche Jensen umging. Leben und arbeiten in ihrem Hause, das erschien ihm immer noch die sicherste aller Zukunftsaussichten.

Er trat vors Haus, und während er den Weg zum Tor beschritt, kam er sich ein letztes Mal vor wie ein gern gesehener Gast. Schade, dass das nun vorbei sein würde. Viel hatte er verloren im letzten Jahr, ein Stück seines Lebens nach dem anderen. Und nun auch das! Aber es gab noch genug, was zu retten war. Nur darum wollte er sich jetzt kümmern.

Dass er den Mann sah, war reiner Zufall. Dr. Nissen hatte sich noch einmal umgesehen, um sich von diesem Teil der Welt zu verabschieden, zu dem er nun nicht mehr gehörte, da fiel er ihm auf. Ein großer kräftiger Kerl, der aus dem hinteren Teil des Gartens kam und auf den Zaun zulief, der das Grundstück von der Düne trennte. Er trug einen hellen Kopfverband, so weiß, dass Dr. Nissen glaubte, er war gerade erst angelegt worden. Diesen Mann hatte er noch nie hier gesehen. Was tat er im Garten der von Zederlitz? Noch dazu, wo Gräfin Katerina sich dort aufhielt, um sich von den Anstrengungen der Verlobungsfeier zu erholen? Dr. Nissen konnte sich nicht vorstellen, dass der Graf irgendeinen Mann in der Nähe seiner Gemahlin duldete, wenn sie allein war.

Kopfschüttelnd wandte er sich ab. Was ging ihn dieser Mann an? So wenig, wie ihn von nun an die gräfliche Familie etwas anging. Trotzdem drehte er sich nach einigen Metern noch einmal um und blickte zurück. Und nun sah er auch Marinus Rodenberg, der anscheinend ebenfalls auf den Mann aufmerksam geworden war. Er stand neben dem Haus und blickte dem Mann hinterher, der die Düne hochstieg und kurz darauf verschwunden war. Der Kopfverband hatte bis zum letzten Augenblick unter der Sonne geleuchtet.

Marinus ging zügig, aber nicht so schnell, dass er auffiel. Er wollte aussehen wie ein Mann, der ein Ziel in möglichst kurzer Zeit erreichen wollte, aber keineswegs in großer Eile war. Am liebsten wäre er so schnell gelaufen wie möglich, damit er bald wieder bei Geesche ankam, aber er wusste, dass er sich unauffällig verhalten musste, damit niemand ihn mit Geesches Verschwinden in Zusammenhang brachte.

Er sehnte sich nach ihr. O Gott, wie sehnte er sich! Die wenigen Stunden nach ihrer Flucht hatten ihm gezeigt, wie sehr er sie brauchte und dass er nur an ihrer Seite glücklich werden konnte. Was sie getan hatte, war immer noch schrecklich, aber dass er ihr nun verzeihen konnte, war sicher. Sie hatte Andrees geliebt, nur für ihn hatte sie sich auf den Handel eingelassen, den Arndt ihr angeboten hatte. Geesche war eine Frau, die lieben konnte. Mit jeder Faser ihres Körpers, mit dem ganzen Herzen! Marinus war sicher, dass sie auch für ihn ein großes Unrecht begehen würde, wenn sie ihn damit retten könnte.

Sicherlich wartete sie schon auf ihn. Aber er hatte es als eine glückliche Fügung betrachtet, als der Hausdiener von Dr. Pollacsek im Hause seines Bruders erschienen war und ihn gebeten hatte, sich zu einem Gespräch im technischen Büro in der Strandstraße einzufinden. Vom Kurdirektor würde er vielleicht mehr erfahren, hatte er sich gesagt. Besser war es, etwas später zu Geesche zu gehen und dafür mit Neuigkeiten zu kommen. Geesche war es genauso wichtig zu erfahren, ob der Täter in ihrer Zelle gefunden worden war, ob er eine Aussage gemacht hatte, ob er geständig war, ob er zugegeben hatte, warum er Geesche töten wollte. Konnte es wirklich sein, dass ein Arbeiter der Inselbahn so rachedurstig war, dass er vor einem Mord nicht zurückschreckte? Marinus kannte die meisten von ihnen und konnte sich keinen einzigen vorstellen, der dazu fähig war. Selbst die größten Hitzköpfe gingen nicht so weit.

Seine Schritte wurden prompt langsamer. Wie sollte er es Geesche nur sagen? Wie sollte er ihr erklären, dass er nicht mit guten Nachrichten kam? Wie würde sie es auffassen, dass sie nun nicht mehr nur als Diebin, sonder sogar als Mörderin galt? Marinus beschleunigte seinen Schritt wieder. Geesche musste weg von der Insel. Wenn sie gefunden wurde, war ihr Leben keinen Pfifferling mehr wert. Dann würde man sie wegen Mordes verhaften und sicherlich auch verurteilen …

Wieder dachte er an den Mann mit dem Kopfverband, den er im Garten seines Bruders gesehen hatte. Nur kurz und lediglich von hinten hatte er ihn gesehen, aber seine Figur war so kräftig gewesen wie die des Mörders, und die Größe passte auch. Hätte er nicht diesen Kopfverband getragen, wäre er wohl nicht auf die Idee gekommen, dass dies der Mann sein könnte, der Geesche in der vergangenen Nacht niederstechen wollte; aber dass er eine Kopfverletzung hatte, erschien ihm wie ein wichtiges Indiz. Wenn er es war, dann hatte er es geschafft, sich trotz seiner Kopfverletzung in Sicherheit zu bringen. Nur ... wie sollte dieser Mann in den Garten seines Bruders gelangen? Marinus hätte gerne jemanden gefragt, aber Arndt hatte Besuch von Dr. Nissen bekommen, Katerina war nicht ansprechbar und Elisa ebenfalls nicht. Dem Personal wollte er nicht mit der Frage kommen, wer der Mann mit dem Kopfverband war. So hatte er sich also entschlossen, dieser Frage erst später nachzugehen und zunächst Dr. Pollacseks Aufforderung zu einem Gespräch zu folgen.

Es hatte sich schnell herausgestellt, dass der Kurdirektor ihm ein Angebot machen wollte. Mit großer Freundlichkeit hatte er Marinus empfangen, hatte ihm Tee und Gebäck servieren lassen und ihn behandelt wie einen hohen Gast. Dann war er schnell auf sein Anliegen zu sprechen gekommen. »Es war ein Fehler, Ihnen zu kündigen, mein lieber Rodenberg! Ich würde es gerne rückgängig machen.«

Umständlich hatte er nach Gründen gesucht, warum er die Kündigung ausgesprochen hatte, und noch umständlicher dargelegt, warum er sie für nichtig erklären wollte. Marinus hatte ihm ungeduldig zugehört, gelegentlich genickt oder mit dem Kopf geschüttelt und darauf gewartet, dass er das Gespräch in eine andere Richtung lenken konnte. Noch bevor er Dr. Pollacsek erklärt hatte, dass er nicht mehr zur Verfügung stand, war es ihm zum Glück gelungen, die Sprache auf Geesches Flucht zu bringen.

Tatsächlich war der Kurdirektor noch derart aufgebracht, dass er sich gern ablenken ließ. »Der alte Nermin ist tot! Geesche Jensen muss ihn umgebracht haben. Anscheinend haben die beiden sich einen Kampf geliefert. Diese Mörderin ist dabei verletzt worden. Wir haben viel Blut in ihrer Zelle gefunden.«

Marinus hatte ihn mit offenem Munde angestarrt. Mörderin? Geesche wurde eine Mörderin genannt? Noch immer hallte dieses Wort in ihm nach. Geesche, eine Mörderin! Er seufzte tief auf, sah in die Dünen, in den Himmel, auf das Ende des Weges ... und schüttelte den Kopf über den Frieden, der ihn umgab. Geesche hoffte auf gute Nachrichten, und mit welchen musste er aufwarten? Er musste ihr sagen, dass sie des Mordes verdächtigt wurde, dass der Mann, der sie töten wollte, flüchtig war und dass Heye Buuß die Absicht hatte, sämtliche Fischerboote, die ablegten, kontrollieren zu lassen und die Fischer davor zu warnen, Fremde mitzunehmen, die aufs Festland wollten. Was sollte nun aus ihnen werden?

Zwischen den Dünen tauchte ein Reiter auf, der sein Pferd zum Strand hinablenkte. Dr. Pollacsek! Er hatte Marinus erzählt, dass er mal wieder von Westerland nach Wenningstedt reiten wolle, wie er es früher täglich getan hatte. Seine gesundheitlichen Probleme hatten ihn in den letzten Monaten davon abgehalten, aber an diesem Tag traute er sich zu, ein oder zwei Stunden im Sattel zu sitzen, ohne Magenschmerzen zu bekommen.

Marinus hoffte, dass der Kurdirektor ihn nicht sah. Er wollte nicht noch einmal gebeten werden, die Kündigung zu vergessen, gleich morgen wieder mit der Arbeit zu beginnen und dem armen Dr. Pollacsek nachzusehen, dass er sich zu etwas hatte hinreißen lassen, was er mittlerweile selbst nicht mehr verstand.

»Wenn Sie's nicht verstehen, ich kann es Ihnen sagen«, hatte Marinus ironisch geantwortet und sich heimlich an Pollacseks Beklommenheit erfreut. »Sie wollten mich von der Insel entfernen. Dr. Nissen war Ihnen wichtiger als ich. Glauben Sie, das habe ich nicht durchschaut? Aber so lasse ich mit mir nicht umspringen, Herr Dr. Pollacsek.« Derart energisch war er natürlich erst geworden, als er alles wusste, was er vom Kurdirektor erfahren wollte. Marinus war aufgestanden und hatte ein gekränktes Gesicht gezogen. »Ich weiß nicht, warum Sie Ihre Meinung geändert haben, und ich will es auch gar nicht wissen. Ich weiß nur, dass ich unter diesen Umständen nicht mehr mit Ihnen zusammenarbeiten möchte.«

Dass ihm das Herz wehtat, ließ er nicht erkennen. Er gestand es sich nicht einmal selbst ein. Jetzt galt nur eins: seine Zukunft mit Geesche. Wenn er mit ihr sein Glück fand, dann würde es auch wieder eine Zukunft als Eisenbahningenieur geben. Aber niemals wieder würde er für die Sylter Inselbahn arbeiten. Anscheinend ging es ihm so wie Andrees: Die Inselbahn brachte ihm Unglück.

Die Sonne war erbarmungslos geworden, sie hatte auf ihrer Haut gebrannt, gleißend auf dem Weiß der Dünen gestanden, in ihren Augen geschmerzt, auf ihrem Nacken, auf den Armen, im Gesicht. Obwohl Geesche das Arbeiten im Freien gewöhnt war, hatte sie unter der Sonne gelitten. Sie hatte ihren großen Strohhut vermisst, den sie an heißen Sommertagen aufsetzte, und die Bewegung, die die Sonne erträglicher machte. Schließlich hatte sie aufgegeben und sich in den Schutz der Hütte zurückgezogen, als sie verspürte, wie benommen sie die Sonne machte, wie schläfrig und unaufmerksam. Es war wohl doch besser, in der Hütte auf Marinus zu warten. Sie hatte sich hingelegt und zur Decke gestarrt. Dann war sie anscheinend eingeschlafen.

Nun fuhr sie hoch, weil sie von einem Geräusch geweckt worden war. Marinus? Die Tür war noch geschlossen, es war still um die Hütte herum, kein menschlicher Laut zu hören. Hatte sie sich getäuscht? Hatte der Wind etwas bewegt oder eine Möwe sich in der Nähe niedergelassen? Sie lauschte angestrengt, starrte die Türklinke an, als wollte sie sie zwingen, sich zu bewegen … da sah sie den Schatten vor dem Fenster. Marinus! Endlich war er zurück!

Geesche sprang auf, war mit einem Satz an der Tür, noch ehe sie in ihre Holzschuhe gestiegen war, streifte mit der linken Hand den Rock über die Beine, während sie mit der rechten die Tür aufstieß.

Ein wütender Schrei fuhr ihr entgegen. Die Tür war gegen einen Widerstand geprallt, mit einem hässlichen Geräusch, das so widerwärtig war, weil Geesche sofort wusste, dass es auf einem menschlichen Schädel entstanden war. Erschrocken sprang sie aus der Hütte, um die geöffnete Tür herum, beide Arme vorgereckt, voller Schuldgefühle, voller Mitleid, voller Bereitschaft, wiedergutzumachen, was sie angerichtet hatte. Sie wollte Marinus in ihre Arme ziehen, an ihre Brust drücken, seinen Kopf streicheln und ihm ins Haar murmeln, wie leid es ihr tat, wie ungeschickt sie gewesen war, wie schrecklich tollpatschig und plump.

Aber der Mann, der vor ihr stand, seine Hand an die Stirn gepresst, war nicht Marinus. Wer er war, erkannte sie sofort. Es war sein eiskalter Blick, der sie erinnerte, die mörderische Wut, die in seinen Augen stand, die grobe Kraft, die von ihm ausging, das Unbarmherzige, das er mit seinen Fäusten hielt, als könnte er es sonst verlieren. Selbst die Hand, die er an die schmerzende Stirn hielt, war zur Faust geballt. Der Kopfverband, den er trug, färbte sich an der Schläfe allmählich rot. Nun stellte sie sogar fest, dass sie seinen Namen kannte. Hauke Bendix, der vor Jahren zu den Strandräubern gegangen war, weil er aus dem armseligen Leben herauswollte, mit dem sein Bruder zufrieden war.

»Du verdammtes Miststück!«, stieß er hervor und griff nach Geesche.

Beinahe wäre sie ins Haus zurückgewichen. Aber gerade noch rechtzeitig fiel ihr ein, dass das ihr Verderben gewesen wäre. In den vier Wänden der Hütte wäre sie ihm ausgeliefert gewesen, ohne Möglichkeit zur Flucht, ohne die Chance, dass jemand ihre Hilfeschreie hörte, der bereit war, ihr beizustehen.

Mit einer schnellen Bewegung entzog sie sich seinen Händen, indem sie zur Seite auswich, um ihm in Richtung Süden zu entkommen. Eigentlich rechnete sie damit, schon während der nächsten Meter gepackt und zu Boden gerungen zu werden, aber sie spürte, ohne sich umzublicken, dass sie schon bald an Boden gewann. Hauke war noch hinter ihr, sie hörte sein Stöhnen, sein Keuchen, schien sogar den aufstiebenden Sand hören zu können, aber all das wurde schwächer, je weiter sie lief. Ja, sie baute ihren Vorsprung aus! Als sie sich entschloss, sich Richtung Meer zu wenden, wagte sie einen Blick nach hinten und fiel prompt in ein gemächlicheres Tempo. Hauke Bendix schwankte, griff sich an den Kopf, hatte offensichtlich Schmerzen und wirkte benommen. Nun blieb er sogar stehen und schrie gegen den Wind an. Verschiedene Namen waren es, die Geesche verstand, er rief also nach seinen Kumpanen, die für ihn die Verfolgung aufnehmen sollten.

Hastig änderte Geesche ihre Pläne. Wenn sich mehrere Strandräuber an ihre Fersen hefteten, war sie am Wasser nicht sicher, wo sie auch auf große Entfernung gesehen werden konnte und wo es keine Verstecke gab. Also setzte sie ihre Flucht gen Osten fort, hinein in die Dünentäler, wo sich vielleicht etwas finden ließ, hinter dem sie sich verbergen konnte. Der Strandhafer, das Dünengras, eine hohe Sandwehe.

Geesche lief und lief, ehe sie sich zum ersten Mal wieder umdrehte. Einen weiten Bereich der Dünenlandschaft konnte sie überblicken, aber niemand war zu sehen. Sie war allein. Die Erleichterung war so groß, dass sie sich eine Ruhepause gönnte und in den Sand sinken ließ. Aber auf die Erleichterung folgte schnell die nächste Angst. Was sollte nun geschehen? Wie konnte Marinus sie finden? Sie zog den Rock so weit nach vorn, dass sie die Füße darauf stellen konnte, die auf dem heißen Sand brannten. Was sollte sie tun? Wohin konnte sie sich wenden? Welchen Weg würde sie barfuß zurücklegen können?

Geesche erhob sich schwerfällig und grub die Füße in den Sand, bis sie auf eine kühlere Schicht stießen, die das Stehen erträglicher machte. Sie fühlte sich schwach und ausgelaugt. Die Tage im Gefängnis, in denen sie kaum etwas zu essen und auch nur wenig zu trinken bekommen hatte, forderten nun ihren Tribut. Sie war nicht bei Kräften, sie durfte sich nicht zu viel zumuten.

Mühsam setzte sie einen Fuß vor den nächsten und verbiss sich den Schmerz, den der brennende Sand unter ihren Füßen verursachte. Sie würde Richtung Westerland gehen. Vielleicht kam ihr Marinus entgegen, dann war sie gerettet. Und dann war auch er gerettet, wenn sie ihn warnen konnte.

»Freda«, flüsterte sie und wusste, dass Freda ihre zweite Rettung sein konnte. Nicht nur auf Marinus konnte sie sich verlassen, sondern auch auf Freda. Ihre Freundin! Freda würde ihr helfen.

Marinus wurde von einem Gefühl beschlichen, das er Angst nennen konnte, aber nicht wollte. Er fragte sich, was es war, das dieses Gefühl in ihm hervorrief, und kam dann zu der Überzeugung, dass es die Stille sein musste, die über der Hütte lag und sie fest umschloss. Während er auf sie zuging, redete er sich ein, dass alles so war, wie er es erwarten durfte, dass Geesche in der Hütte auf ihn wartete, damit niemand sie sah, dass sie sich so unauffällig verhielt, dass jeder glauben musste, die Hütte wäre leer … trotzdem wurde er das Gefühl nicht los. Und kurz bevor er die Hütte erreichte, gelang es ihm, das ungute Gefühl beim richtigen Namen zu nennen. Ja, er hatte Angst. Etwas warnte ihn, aber er wusste nicht, was.

All seine Sinne waren gespannt, als er nur noch wenige Meter von der Hütte entfernt war. Er wartete jeden Moment auf einen Angriff, ohne sich vorstellen zu können, wer der Angreifer sein konnte. Ein Strandräuber, der ihn ausplündern, der Inselvogt, der ihn verhaften wollte? Oder der Arbeiter der Inselbahn, der Rache suchte?

Marinus spürte, dass er den Kopf schüttelte, um diese schrecklichen Gedanken zu vertreiben. Aber es gelang ihm nicht. Warum sah Geesche ihn nicht vom Fenster aus? Warum lief sie ihm nicht entgegen? Wieder schüttelte er den Kopf. Natürlich, weil sie eingeschlafen war. Sie war erschöpft von den Tagen im Gefängnis, die sie ausgelaugt und müde gemacht hatten. Nun versuchte er sogar zu lächeln. Und natürlich war sie müde von der vergangenen Nacht, in der sie nur wenig geschlafen hatte.

Er griff gerade nach der Türklinke und kämpfte die Sorge nieder, dass er Geesche hinter der Tür nicht vorfinden würde … da kam der Angriff, vor dem er sich gefürchtet hatte. Der Mann musste hinter der Hütte auf ihn gewartet haben. Schrill, wie von einer zum Zerreißen gespannten Saite, fuhr es durch seinen Kopf, dass dieser Kerl nur deshalb nach ihm Ausschau halten konnte, weil er Geesche bereits überwältigt hatte, weil er wusste, dass dort, wo sie war, auch Marinus bald auftauchen würde.

Mit einer geschmeidigen Bewegung entglitt er dem Angriff, der viel zu brutal war, um sorgfältig auf ein Ziel gerichtet zu sein. Der Mann war einfach auf ihn losgestürmt, in der sicheren Erwartung, ihn zu töten, ihn zumindest zu Boden zu werfen. Sein Anblick war furchtbar. Das Gesicht verzerrt, die Augen zu Schlitzen verengt, aus denen die kalte Wut sprang, der Kopfverband blutbesudelt. Dass er den Mann vor sich hatte, der in der vergangenen Nacht versucht hatte, Geesche umzubringen, daran zweifelte Marinus keinen Augenblick. Dies war der Kerl, der auch den alten Nermin auf dem Gewissen hatte! Eine Tat, für die Geesche büßen sollte! Und dieser Mann war kein Arbeiter der Inselbahn!

Marinus versuchte es mit einem Gegenschlag, aber er merkte

schnell, dass er dem Kerl unterlegen war. Nicht nur, was die Kräfte, sondern vor allem, was die Brutalität anging. Obwohl Marinus nun sicherlich genauso wütend war wie der andere, war er dennoch unfähig, die gleiche Erbarmungslosigkeit aufzubringen. Seine Schläge waren immer etwas schwächer als die des anderen, er zielte nie auf die Augen oder die Nase und auch nicht auf die Kopfwunde. Er schaffte es einfach nicht.

Dennoch war er dem Kerl auch überlegen. Marinus war schneller, bei guter Gesundheit, frischer und ausgeruhter. Er konnte den Schlägen ausweichen, konnte den anderen umtänzeln, war schon links, wenn er rechts auf ihn zielte, und ihm immer ein paar Schritte voraus, während er ihm nur schwerfällig folgte.

Schließlich entschloss Marinus sich, sein Heil in der Flucht zu suchen. Sein erster Schreck war überwunden, die Angst auch, er konnte wieder klar denken. Viel wichtiger, als den Gegner zu besiegen, war es, heil aus diesem Kampf herauszukommen. Denn nur dann konnte er Geesche helfen. Wenn sie überhaupt noch lebte!

»Wo ist Geesche?«, stieß er hervor. »Sag's mir! Hast du sie umgebracht?«

Die Rechte des Mannes schoss vor, ohne dass er eine Antwort gab.

Marinus war rechtzeitig zurückgewichen. »Warum willst du sie töten? Sag's! Was hat sie dir getan? Oder hat dich jemand beauftragt?«

Marinus lief einige Schritte Richtung Meer, sah dabei aber strikt zurück und ließ den Kerl nicht aus den Augen, der ihm folgte und jetzt schneller wurde, als Marinus ihm zugetraut hatte.

»Wer hat dir gesagt, dass du sie töten sollst? Was hat er dir dafür gegeben?«

Marinus blieb kurz stehen und sah dem Mann entgegen. Er antwortete noch immer nicht, aber ihm war, als hätte er ein

Licht in seinen Augen gesehen, das einer Antwort gleichkam. Ja, er war nun ganz sicher, dass er hier einen bezahlten Mörder vor sich hatte.

Marinus wandte sich dem Meer zu und begann zu laufen. Der Mann war schwer angeschlagen, er würde ihn nicht einholen. Was hatte es für einen Sinn, sich mit ihm zu prügeln? Marinus brauchte seine ganze Kraft, um Geesche zu retten. Wenn sie noch lebte, war er ihre einzige Chance. Wer sonst sollte sie befreien und in Sicherheit bringen? Nur er, Marinus! Der Inselvogt würde sie wieder ins Gefängnis werfen, nicht einmal auf Dr. Pollacsek konnte sie mehr vertrauen. Und auf die Sylter, die sie bisher geachtet hatten, erst recht nicht. Geesche wurde gehasst, weil sie die Inselbahnarbeiter um ihren Lohn betrogen hatte. Und wenn jemand von der einzigen Schuld erfuhr, die wirklich auf ihrem Gewissen lastete, würde man sie vermutlich lynchen. Er musste ihr helfen. Er war der Einzige, der es konnte.

Marinus war das Laufen im weichen, nachgiebigen Sand nicht gewöhnt. Obwohl er sicher gewesen war, schneller zu sein als sein Angreifer, merkte er nun, dass der Kerl aufholte. Marinus geriet ins Rutschen, als er den Kamm der Düne erreicht hatte und sich an den Abstieg zum Strand machen wollte. Er stürzte, rappelte sich mühsam hoch, stürzte erneut. Damit gewann sein Angreifer mehrere Meter, der sich sicher im Sand bewegte und genau wusste, wie schnell man laufen durfte, um auf den Beinen zu bleiben. Marinus hörte bereits das Keuchen in seinem Nacken, und als er, kaum dass er die Ebene des Strandes erreicht hatte, nach vorn taumelte und noch einmal stürzte, war der Kerl schon über ihm. Er drückte seinen Kopf in den Sand, so dass er kaum Luft bekam, und hieb ihm die Faust in den Rücken. Immer wieder, immer schmerzhafter. Marinus spürte den Sand in seinem Mund, in den Augen, in der Nase, warf sich dann mit der Kraft der Verzweiflung herum und den Angreifer damit von seinem Körper.

Er stand eher auf den Beinen als der andere, der sich schüttelte, nachdem er sich auf die Knie gehoben hatte, und nach seinem Kopf griff. Auch Marinus schüttelte sich, um den Sand loszuwerden, der ihm in den Augen brannte. Schwerfällig kam der Mann auf die Beine, und Marinus, an Fairness gewöhnt, wartete, bis es ihm gelungen war. Erst dann schlug er zu, bevor es der andere tun konnte. Und diesmal zielte er auf die Kinnspitze.

Es gab ein hässliches Geräusch, und der Mann kippte nach hinten, ohne einen einzigen Laut von sich zu geben. Er schien schon im Fallen das Bewusstsein verloren zu haben, denn er machte keine Abwehrbewegung und prallte auf den Boden, ohne auch nur den Versuch zu machen, sich abzustützen. Ein kurzes Zucken, dann entspannte sein Körper sich. Bewegungslos lag er nun da.

Schwer atmend stand Marinus vor ihm und machte dann einen vorsichtigen Schritt auf ihn zu, sorgsam darauf bedacht, nicht in die Nähe seiner Hände zu kommen. Nicht noch einmal wollte er Gefahr laufen, von ihnen gepackt und zu Boden gerissen zu werden, wie es in der vergangenen Nacht beinahe geschehen wäre. Erst als er sicher war, dass der Mann nicht bei Bewusstsein war, beugte er sich über ihn. Er lebte. Sein Atem ging flach, aber regelmäßig. Dann sickerte plötzlich Blut aus seinem rechten Mundwinkel, und Marinus erhob sich wieder. Was sollte er tun?

Die Antwort auf diese Frage ergab sich von selbst, denn in der Ferne tauchten zwei Reiter auf. Dr. Pollacsek mit seinem Hausdiener Michelsen! Marinus überlegte nicht lange. Mit wenigen Schritten war er wieder in die Dünen hinaufgestiegen, geduckt, so dass er von der Wasserkante aus nicht gesehen werden konnte. Zum Glück blickte Dr. Pollacsek auf das Meer hinaus, zeigte auf ein Boot, das weit draußen schwankte, und erklärte Michelsen etwas, das der nickend bestätigte. Währenddessen huschte Marinus weiter. Und als Pollacsek sich vom Meer abwandte, warf er sich auf den Bauch und robbte so weit, bis er sich im hohen Dünengras sicherer fühlen konnte.

Er warf sich auf den Rücken und ruhte sich ein paar Augenblicke aus. Als er sich wieder aufrichtete, stellte er fest, dass er den bewusstlosen Mann von hier aus nicht sehen konnte. Nur die Köpfe der beiden Reiter waren zu erkennen. Und dann hörte er einen Ruf! Anscheinend hatte Dr. Pollacsek den bewusstlosen Mann entdeckt. Marinus ließ sich zurücksinken und starrte in den Himmel. Wer mochte einen Mörder angeheuert haben, damit er Geesche tötete? Wem war daran gelegen, dass sie nicht mehr lebte? Er hatte diesen Mann vor wenigen Stunden im Garten seines Bruders gesehen. Und Arndt war der Einzige, der Angst davor haben musste, dass Geesche irgendwann doch die Wahrheit sagte. Wenn sie die Gefangenschaft nicht mehr aushielt, wenn ihr die Strafe, die ihr drohte, so schrecklich erschien, dass alles andere besser war.

Marinus merkte, dass seine Augen feucht wurden. Arndt! Sein Bruder! Mit einer heftigen Bewegung wischte er sich den Blick frei. Dann sprang er auf und lief geduckt davon.

XIX.

Dr. Pollacsek kniete neben dem Mann und fühlte seinen Puls. »Er lebt«, sagte er zu seinem Hausdiener. »Wir müssen Hilfe holen.«

Michelsen stand da und starrte auf den Mann hinab. Es sah so aus, als hätte er die Worte seines Herrn nicht gehört. »Das ist Hauke Bendix«, sagte er. »Okkos Bruder.«

»Der zu den Strandräubern gegangen ist?« Dr. Pollacsek ließ das Handgelenk los, als wollte er einem solchen Kerl den Puls nicht messen.

Michelsen nickte. »Okko hält trotzdem noch zu ihm. Und

manchmal lässt Hauke sich in Westerland blicken, wenn er seinen Bruder besucht.«

»Im Haus des Grafen?«, fragte Dr. Pollacsek ungläubig.

Michelsen nickte erneut. »Dort weiß niemand, dass Hauke zu den Strandräubern gehört.«

Dr. Pollacsek erhob sich stöhnend. »Wir müssen ihm trotzdem helfen. Reiten Sie los, Michelsen, und holen Sie Dr. Nissen. Am besten, Sie setzen ihn auf Ihr Pferd, dann wird es schnell gehen.«

Michelsen betrachtete ihn zweifelnd. »Sollen wir es nicht besser umgekehrt machen? Was ist, wenn der Kerl aufwacht? Oder … wenn er stirbt? Kann Ihr Magen das vertragen?«

Dr. Pollacsek überlegte kurz, anscheinend war ihm diese Gefahr noch nicht in den Sinn gekommen. Aber dann winkte er mit großer Geste ab. »Halten Sie mich etwa für eine Memme? Nein, nein, wir machen es so, wie ich gesagt habe. Sie reiten los und kommen mit Dr. Nissen zurück. Ich bleibe so lange hier.«

Michelsen schien immer noch nicht überzeugt zu sein. »Was ist, wenn die Strandräuber kommen?«

»Warum sollten sie das tun? Die werden froh sein, wenn sich jemand um ihren Spießgesellen kümmert, und sich schön ruhig verhalten.«

Das schien Michelsen auch zu glauben. Deswegen schwang er sich aufs Pferd und ritt los.

Dr. Pollacsek überlegte, ob er sich neben den Verletzten setzen sollte, was er sicherlich getan hätte, wenn es sich um einen rechtschaffenen Sylter Bürger gehandelt hätte. In diesem Fall aber entschied er sich dafür, zur Wasserkante zu gehen und den Blick auf das Meer zu genießen, der ihn stets beruhigte. Eine schöne Farbe hatte das Meer an diesem Tag, ein tiefes, dunkles Blau, das sich nur unterhalb der Schaumkronen gelegentlich in ein helles Grün verwandelte.

Ängstlich horchte er in sich hinein. Gab es in der Magengegend einen Schmerz? Einen unangenehmen Druck? Nein, er spürte nichts. Dankbar lächelte er zum Horizont. Die Empfehlungen von Dr. Nissen hatten ihm wirklich geholfen. Und dass er seine Angst verloren hatte, ebenfalls. Seit dem Diebstahl der Lohngelder hatte er nie wieder die heimlichen Schritte gehört. Es war vorbei! Und Geesche Jensens Flucht würde nicht ewig dauern. Aber selbst wenn es ihr gelang, sich aufs Festland hinüber zu retten, würde er von seiner Angst befreit sein. Sie war überstanden!

Gräfin Katerina war erst zufrieden gewesen, als Elisa ihr mehrfach versichert hatte, dass ein Spaziergang genau das Richtige für sie sei. »Die Kopfschmerzen werden weggehen, wenn ich mich bewege. Das Gerumpel der Kutsche würde alles nur noch schlimmer machen.«

Ihre Mutter seufzte. »Also gut. Es wäre schrecklich, wenn du gleich am ersten Tag nach deiner Verlobung mit Leidensmiene vor dem Fürsten erscheinst.«

Der Graf mischte sich ein. »Hanna wird mit dir gehen?«

Ehe Elisa etwas erwidern konnte, fuhr ihn seine Frau an: »Natürlich! Glaubst du, ich lasse unsere Tochter allein auf Sylt herumspazieren?«

Graf Arndt hob beschwichtigend die Hände. »Schon gut.« Er wechselte schleunigst das Thema. »Wer wird eigentlich zu dieser Einweihung kommen?«

»Alles, was Rang und Namen hat«, antwortete Katerina. »Der Hofstaat der Königin, Herr und Frau Roth, der Kurdirektor natürlich und vermutlich auch der Inselvogt. Vielleicht auch Dr. Nissen?«

»Das glaube ich nicht.«

Katerina sah ihn erstaunt an. »Du meinst, weil er geschieden ist?« Sie nickte. »Du hast recht. Die Königin hat ihn sicherlich nicht einladen lassen.«

Elisa gab Hanna einen Wink. »Wir gehen schon los.«

Ihre Mutter trat auf sie zu und zupfte ihre Bluse zurecht.

»Pass auf, dass sie so frisch bleibt. Die Wege sind zurzeit sehr staubig.« Dann griff sie an Elisas Hut, zog die Hutnadel heraus und steckte sie erneut fest, nachdem sie den Hut ein wenig schräger gesetzt hatte. »Ein halber Zentimeter kann die Wirkung schon total verändern. Dir fehlt das Händchen für so etwas, mein Kind.«

Elisa verzichtete auf eine Antwort, sie nickte nur. Als ihre Mutter endlich zufrieden mit ihrem Äußeren war, knickste sie und versprach noch einmal, dass der Spaziergang die reinste Labsal für sie sein würde.

Elisa und Hanna gingen schweigend durch das Eingangstor und schwiegen, bis das Haus außer Sichtweite war. Elisa war zügig ausgeschritten, als wollte sie Hanna zeigen, dass die Zeit der Rücksichtnahme vorbei war.

Dann aber blieb sie plötzlich stehen und sah sich um. »Weißt du, warum ich unbedingt zu Fuß gehen möchte?«

Hanna sah sie erwartungsvoll an. »Weil Sie mit mir sprechen wollen?«

Elisa wollte zunächst abwinken, ließ Hannas Antwort dann aber unkommentiert. »Weil ich das Mieder nicht ertrage. Meine Mutter hat es mir wieder so eng geschnürt, dass ich kaum Luft bekomme.« Sie sah den Weg hinauf und hinab, dann drehte sie Hanna den Rücken zu. »Du musst es mir lockerer schnüren. Ich halte das nicht aus.«

Hanna zögerte. »Aber wenn Ihre Mutter das merkt, Comtesse. Und wenn der Fürst nicht zufrieden mit Ihrer Taille ist ...«

»Das wäre ja noch schöner! Los! Fang an!«

Es dauerte eine Weile, bis Hanna die Bänder gelöst und das Mieder neu geschnürt hatte. Elisa atmete auf, als sie sich umdrehte. Ihr Blick wurde ernst und nachdenklich. »Ebbo war gestern im Garten.«

Hanna nickte. »Er wollte es mit eigenen Augen sehen.«

»Du könntest ihm sagen, dass Fürst Alexander ihn als Stallburschen einstellen will.«

»Das habe ich schon.«

Elisa ging weiter und ließ es auch diesmal zu, dass Hanna nicht mitkam und stets zwei Schritte hinter ihr zurückblieb. »Und?«

»Er hat Mutter versprochen, dass er bleiben wird.«

»Ist wohl auch besser. Selbst wenn der Fürst seine Mätresse behält, ich möchte eine untadelige Ehefrau werden.«

Hanna versuchte schneller zu laufen, sie konnte kaum sprechen, so sehr geriet sie außer Atem, aber Elisa veränderte ihr Tempo trotzdem nicht. Und sie sprach auch nicht lauter, damit Hanna sie verstand, sie verhielt sich genau so, wie es ihre Mutter von ihr erwartete.

»Ist es nicht gut, dass Sie wissen, was Sie erwartet, Comtesse? Finden Sie nicht auch, dass es viel besser ist? So bleibt Ihnen die Enttäuschung erspart, wenn Sie irgendwann gemerkt hätten, dass Ihr Gemahl Ihnen nicht treu ist.«

Nun blieb Elisa so plötzlich stehen, dass Hanna, die sich auf ihre Füße konzentrierte, beinahe gegen sie geprallt wäre. »Das sagst du, weil du schuld bist. Hätte Alexander uns nicht in den Dünen gesehen, wüsste er nicht, dass ich Ebbo liebe. Er braucht sich keine Mühe zu geben, mir ein guter Ehemann zu werden.«

»Ich will es wiedergutmachen.«

»Und wie, wenn ich fragen darf?« Elisas Stimme troff vor Hohn.

»Ich weiß ein sicheres Plätzchen, wo Sie Ebbo treffen könnten, Comtesse. Er würde Sie so gerne sehen. Wenigstens ein letztes Mal, hat er gesagt.«

»Was soll das für ein Plätzchen sein?«

»Das Haus der Hebamme. Sie sitzt im Gefängnis. Das Haus ist leer.«

»Dr. Nissen wohnt dort, das weiß ich.«

»Aber er hält sich abends nicht dort auf, weil er entweder im ›Dünenhof‹ oder im ›Strandhotel‹ speist. Und nachts schläft er tief und fest.«

Elisa blieb stehen und starrte Hanna mit offenem Munde an. »Du meinst …?«

»Sie könnten aus dem Fenster klettern. Ebbo wartet am Tor auf Sie.«

Elisa griff sich an den Hals, als litte sie unter Atemnot. »Wenn das rauskommt …«

»Es wird nicht rauskommen. Niemand wird Sie sehen.«

»Und was, wenn du wieder … du weißt schon?«

»Das wird nicht noch einmal passieren. Ich schwöre Ihnen, Comtesse, dass ich das Haus bewachen werde wie meinen Augapfel!«

Elisa ging langsam weiter, den Blick zu Boden gerichtet. Sie hob den Kopf, als die Kutsche ihrer Eltern vorbeifuhr und winkte ihnen lachend nach. Dann sagte sie: »Aber nur noch ein einziges Mal. Sag Ebbo das. Es wird unser Abschied sein.« Sie richtete sich auf, so dass sie noch ein bisschen größer wurde. »Gleich wird es alle Welt sehen, dass ich die Verlobte des Fürsten bin. Ich werde neben der Königin und Alexander stehen.«

Dr. Pollacsek hatte dem Arzt über die Schulter gesehen und nach und nach erkannt, wie es um den Mann stand. Trotzdem fragte er: »Was ist mit ihm?«

Dr. Nissen erhob sich und klopfte sich den Sand von der Hose. »Er ist tot. Die Kopfverletzungen sind erheblich.«

Pollacsek seufzte tief auf, während Michelsen sich bekreuzigte. »Was nun?«

Alle drei starrten auf den Toten, der noch immer auf dem Rücken lag, Arme und Beine von sich gestreckt. Wäre die hässliche Kopfwunde nicht gewesen, hätte man meinen können, Hauke Bendix nähme ein Sonnenbad.

Dr. Nissen hatte sofort nach dem Eintreffen den Verband entfernt und sich den Kopf des Toten sehr genau angesehen. Dann war er zu der Meinung gekommen, dass der Mann selbst schuld an seinem Ende war. »Damit hätte er sich ins Bett legen müssen. So was braucht viel Zeit, bis es auskuriert ist.«

Dr. Pollacsek fiel ein, dass er in diesem Fall die Autorität war, die eine Entscheidung treffen musste. »Wir nehmen ihn mit nach Westerland. Wenn er auch ein Strandräuber ist, er bekommt ein anständiges Begräbnis. Schon wegen Okko, der immer ein rechtschaffener Kerl war. Ihm zuliebe müssen wir Hauke behandeln wie jeden anderen Christenmenschen auch.«

Die beiden Doktoren richteten ihren Blick auf den einzigen unter ihnen, der für eine unangenehme und schwere Arbeit in Frage kam. Und Michelsen verstand sofort. Er bückte sich, griff nach Haukes Armen und zog ihn zu seinem Pferd. Dann machte er sich an die schwierige Arbeit, den leblosen Körper hochzuwuchten.

Pollacsek überlegte, ob er seinem Hausdiener helfen sollte, und sah dem Arzt an, dass er sich die gleichen Gedanken machte. Beide jedoch scheuten vor dieser unangenehmen Aufgabe zurück, einer wartete auf den anderen, bereit zuzuspringen, sobald der andere Anstalten machte, es zu tun.

Dr. Pollacsek hielt es nicht lange aus, Michelsens Bemühungen zuzusehen. Er machte einen Schritt auf seinen Hausdiener zu, der den Toten aufgerichtet hatte, ihn vor sich hielt und sich fragte, wie er ihn auf das Pferd bugsieren sollte. Pollacsek ging auf die andere Seite des Pferdes, griff nach Haukes Händen und zog ihn auf den Pferderücken, während Michelsen den Toten hinaufschob.

Dr. Nissen machte nun einen Schritt nach vorn. »Lassen Sie mich Ihnen helfen«, bot er höflich an.

Aber Dr. Pollacsek reagierte so, wie er anscheinend erwartet hatte. »Sie nicht, lieber Nissen! Sie haben genug getan.«

Zufrieden griff Dr. Nissen in die Brusttasche seines Jacketts, holte etwas heraus und schob es sich gedankenverloren in den Mund.

Dr. Pollacsek hatte gerade in diesem Augenblick aufgesehen, weil ihm einfiel, dass die Gelegenheit gekommen war, sich nochmals für Dr. Nissens Erscheinen zu bedanken. Prompt stellte er seine Bemühungen um den Toten ein. »War das eine Kaffeebohne?«

Dr. Nissen lächelte verlegen. »Ich leide unter Mundgeruch. Das ist mir unangenehm, ich rede nicht gerne darüber.«

Pollacsek war sehr interessiert. »Es hilft, wenn man eine Kaffeebohne kaut? Ich habe auch gelegentlich Mundgeruch. Meine Frau mag das gar nicht.«

Dr. Nissen nickte. »Wenn Ihre Frau das nächste Mal zu Besuch nach Sylt kommt, sollten Sie sich vorher Kaffeebohnen besorgen. Erwarten Sie Ihre Frau schon bald? Dann überlasse ich Ihnen gerne ein paar Bohnen.«

Aber Dr. Pollacsek wehrte ab. »Nein, nein, ich habe sie erst kürzlich auf dem Festland besucht.«

»Trotzdem.« Dr. Nissen griff noch einmal in seine Jackentasche, zog zwei Kaffeebohnen hervor und reichte sie dem Kurdirektor. »Mundgeruch ist unangenehm. Wer magenkrank ist, leidet noch häufiger darunter als andere.« Wieder lächelte er, als sprächen sie von einer Unart, für die man sich schämen müsse. »Sonst nehme ich sie nur, wenn ich allein bin. Wer redet schon gern über Mundgeruch? Aber nun ... haben wir eben ein kleines Geheimnis.«

Dr. Pollacsek nickte, schob sich eine Kaffeebohne in den Mund und zerkaute sie, während er die andere in seine Tasche gleiten ließ. »Danke.«

Nun erst merkte er, dass Michelsen immer noch nicht weitergekommen war, und fand es mit einem Mal unpassend, dass Dr. Nissen untätig daneben stand, während sein Hausdiener sich abmühte. Wieder griff er nach Haukes Händen und bat Dr. Nissen: »Können Sie Michelsen beim Schieben helfen? Er schafft das nicht allein.«

Dr. Nissen tat es sichtlich ungern, aber er tat es. Und er war auch bereit, dabei zu helfen, den Toten auf dem Pferd festzubinden. Wie unkonzentriert Dr. Pollacsek bei der Sache war, schien ihm gar nicht aufzufallen. Er merkte nicht einmal, dass der Kurdirektor es nicht schaffte, den Blick von ihm abzuwenden.

Erst als Hauke Bendix bäuchlings auf dem Pferderücken lag und keine Gefahr mehr bestand, dass er auf dem Weg nach Westerland herunterrutschte, hatte Dr. Pollacsek sich so weit wieder in der Hand, dass ihm das Erstaunen nicht mehr vom Gesicht abzulesen war. Er griff nach dem Zügel seines Pferdes und führte es hinter Michelsens Gaul her. Dr. Nissen trottete neben ihnen her, in Gedanken versunken, was Pollacsek sehr gelegen kam, denn eine Konversation wäre ihm vermutlich nicht gut gelungen. Die Gedanken pochten hinter seiner Stirn und formierten sich schließlich zu einem einzigen, der alles auf den Kopf stellte: An dem Morgen, an dem er seinen Tresor mit offener Tür und ausgeräumt vorgefunden hatte, war ihm etwas Merkwürdiges aufgefallen, eine Kaffeebohne auf dem Fußboden. Und diesem schrecklichen Gedanken schlossen sich gleich zwei weitere an. Er hatte Dr. Nissen gezeigt, dass der Tresor sich hinter einem Bild befand, und ihm ebenfalls erzählt, dass er den Schlüssel neben seinem Bett aufzubewahren pflegte. Prompt fiel ihm auch seine Angst ein, als er Schritte gehört hatte, und seine Erleichterung, als es Dr. Nissen gewesen war, der vor seiner Tür gestanden hatte.

»Jesus«, flüsterte er unhörbar. War er verrückt geworden? Sah er Gespenster? Ein Mann wie Dr. Nissen … das war doch ganz und gar unmöglich!

Er begann wieder mit dem Arzt zu sprechen, als erhoffte er sich eine Antwort von ihm, die jeden seiner schrecklichen Gedanken ad absurdum führte, als wollte er unbedingt herausfinden, dass Dr. Nissen noch immer der war, den er schätzte.

»Am frühen Abend wird übrigens der Gedenkstein eingeweiht, den die Königin dem Friedhof der Heimatlosen gestiftet hat. Sie werden doch auch dabei sein? Graf und Gräfin von Zederlitz kommen natürlich auch. Und die Comtesse wird zum ersten Mal an der Seite ihres zukünftigen Gatten stehen.«

Dr. Pollacsek wunderte sich darüber, dass Nissen regelrecht erschrak. Hastig wehrte er ab. »Nein, nein, da gehöre ich nicht hin. Das ist nur für die Honoratioren der Insel.«

Pollacsek versuchte zu lachen. »Wenn Sie erst hier praktizieren, werden Sie auch dazugehören. Spätestens dann!«

Doch Dr. Nissen, den er bisher für einen Mann gehalten hatte, der sich gern in präsentabler Gesellschaft blicken ließ, wehrte noch heftiger ab. »Nein, tut mir leid. Ich bin verabredet. Ein alter Studienfreund ist seit gestern auf Sylt. Wir wollen das Konzert im Conversationshaus besuchen und danach im ›Dünenhof‹ essen.«

Dr. Pollacsek spürte, dass er lächelte, und wandte sich schnell ab, damit Dr. Nissen es nicht bemerkte. »Gut, dass der ›Dünenhof‹ so lange geöffnet hat und die Küche erst schließt, wenn kein Gast mehr hungrig ist.«

Dr. Nissen nickte unkonzentriert, und der Kurdirektor beschloss, auf Nummer sicher zu gehen.

»Schade! Ich hätte Sie gern nach der Einweihung zu einem Glas Wein zu mir eingeladen.«

»Sie sollten vorsichtig sein mit Wein. Wenn überhaupt, dann Rotwein, der ist bekömmlicher als Weißwein.«

Pollacsek, der zurzeit keine Magenbeschwerden hatte, überhörte diesen Einwand. »Graf von Zederlitz werde ich auch zum Wein bitten. Und natürlich Baron von Bauer-Breitenfeld.«

»Ich wünsche Ihnen einen schönen Abend«, sagte Dr. Nissen steif. »Aber leider … ich werde den ganzen Abend mit meinem Freund verbringen.«

Dr. Pollacsek war zufrieden. Er sah zu den kleinen Federwolken empor, die sich vor die Sonne schoben und das Licht verschleierten, sah auf das Meer hinaus, das noch immer von dieser schönen blauen Farbe war, freute sich an dem strahlenden Weiß der vielen Schaumkronen und versuchte, sein Pferd so nah an der Wasserkante entlangzuführen, dass er ständig Gefahr lief, von einer der lustigen schnellen Sommerwellen erwischt zu werden. Dr. Nissen liebte diese Spielchen nicht, er hielt sich mehrere Meter von Pollacsek entfernt. Und der Kurdirektor war froh darüber. So hatte er Zeit, darüber nachzudenken, wie er mit seiner Entdeckung umgehen sollte.

Geesche hielt sich nun wieder in der Nähe der Kliffkante auf, wo es kühler war, wo der Wind ihr Gefährte und das Meer ihr Weggenosse war. Hier gab es genügend Dünentäler, in denen sie sich blitzschnell verstecken konnte, falls sie jemanden sah, der ihr gefährlich werden konnte. Und jeder Mensch, der ihr begegnete, konnte ihr gefährlich werden. Nicht nur die Strandräuber, die ihr nach dem Leben trachteten, auch jeder andere Sylter, der wusste, dass sie verhaftet worden und aus dem Gefängnis ausgebrochen war. Sie war zur Vogelfreien geworden, sie, die bisher allseits geachtete Hebamme von Sylt, bei der man gern Hilfe suchte.

Sie war erleichtert, als sie die ersten Hütten der Halmreeper sah, weil damit die Gefahr abnahm, von einem Strandräuber verfolgt und eingeholt zu werden. In der Nähe menschlicher Behausungen hielten sie sich selten auf. Die Halmreeper waren armselige Leute, schlecht ernährt, geschwächt von ihrer Armut und der Hoffnungslosigkeit. Sie würden Geesche vielleicht verraten, wenn man sie nach ihr fragte, aber ihr sicherlich nicht folgen, wenn sie floh.

Weiter durfte sie sich jedoch nicht nach Westerland hinein trauen. Nicht bis zu den Häusern der rechtschaffenen Bürger! Nicht dorthin, wo es einen kleinen Wohlstand gab, der gut gehütet wurde. Auch nicht zu den Hütten, die sich zur Kirche ausgerichtet hatten, in denen gebetet und gefastet wurde, damit der Pfarrer zufrieden war und im Himmel ein gutes Wort für seine frommen Schäflein einlegte.

Geesche duckte sich hinter dichtem Dünengras und sah sich um. Hier irgendwo musste sie den Einbruch der Dunkelheit abwarten. Solange es hell war, durfte sie nicht weitergehen. Es war zu gefährlich. Erst im Schutz der Dunkelheit konnte sie zu Freda Boykens Kate schleichen. Und sie musste ihr eigenes Haus so weit umgehen, dass sie es nicht einmal aus der Ferne sehen konnte. Es würde ihr das Herz brechen.

Sie duckte sich tiefer, als sie eine Halmreeperin sah, die vor ihre winzige Hütte trat, einen breiten hölzernen Rechen geschultert. Sie kannte Edna, die alte Witwe. Anscheinend machte sie sich auf, um neue Halme zu ernten, aus denen sie dann Wäscheleinen drehte oder Binsen für die Stühle der Sylter, die sich solche Möbel leisten konnten.

Geesche wartete geduldig, bis Edna außer Sichtweite war, dann lief sie geduckt auf ihre Hütte zu. Edna würde so bald nicht wieder auftauchen, vermutlich erst bei Einbruch der Dämmerung. So lange war sie hier sicher, wenn sie die Umgebung im Auge behielt, damit sie fliehen konnte, sobald Edna zurückkam oder sich ein anderer ihrer Hütte näherte.

Erst nachdem sie sich vergewissert hatte, dass niemand in der Nähe war, lief sie los. Und schon wenige Augenblicke später stand sie in Ednas Hütte. Sie schluckte angesichts der bitteren Armut, die sich ihr präsentierte. Gestampfter Lehmboden, hölzerne, notdürftig mit Moos abgedichtete Wände, durch die in der kalten Jahreszeit der Wind pfeifen musste, ein fauliges Strohlager, ein wackeliger Schemel. Das waren Ednas Besitztümer. In einer Ecke lag auf der Erde ein in schmuddeliges Tuch gehülltes Brot. Geesche musste ihre ganze Kraft aufbringen, um sich nicht ein Stück abzureißen, so hungrig war sie. Aber sie bezwang sich.

Aufatmend ließ sie sich auf den Schemel sinken. Fürs Erste war sie in Sicherheit. Was aber war mit Marinus geschehen? War er Hauke in die Hände gefallen? Was, wenn er an der Hütte auf Marinus gewartet hatte? Der Kerl war angeschlagen, hatte nicht mehr viel Kraft zum Kämpfen, aber wenn er den Überraschungsmoment nutzte oder wenn er seine Kumpanen zu Hilfe geholt hatte … dann war Marinus verloren.

Es hielt sie nicht auf dem Schemel. Geesche sprang wieder auf, ging zu dem winzigen Fenster und blickte hinaus. Niemand war zu sehen. »Marinus! Wo bist du?«

Verzweifelt redete sie sich ein, dass Hauke Bendix an Marinus nicht interessiert war. Womöglich hatte er sich aus dem Staube gemacht, nachdem er hatte einsehen müssen, dass ihr die Flucht gelungen war.

Sie ließ sich auf den Schemel zurücksinken. Warum? Was wollte dieser Kerl von ihr? Warum wollte er sie umbringen? Sie kannte ihn kaum, hatte nie ein Wort mit ihm gewechselt. Wer hatte ihm diesen Hass auf die Hebamme von Sylt eingeflüstert? Oder … Geesche stockte der Atem. Oder gehörte der Hass zu einem ganz anderen? War der Mann, der sie töten wollte, nur der verlängerte Arm eines anderen, der sie loswerden wollte? Geesche stöhnte auf. Natürlich! Das musste es sein! Hauke Bendix war der Bruder des Gärtners, den Graf Arndt beschäftigte. Es war also möglich, dass er ihn kannte. Und Graf Arndt war niemand, der sich seine Hände selber schmutzig machte. Aber dass er Angst hatte, sie könnte unter der Last ihrer Gefangenschaft die Wahrheit sagen, lag auf der Hand. Wenn sie nicht mehr lebte, würde die Wahrheit für immer unter einer Decke des Schweigens verborgen bleiben. Auf Marinus, der dann sein einziger Mitwisser sein würde, konnte er bauen, aber ihr, der Hebamme, traute er zu, den Schwur zu brechen, den sie einander in der Sturmnacht vor über sechzehn Jahren geleistet hatten.

XX.

Hauke Bendix war auf der letzten Kirchenbank von St. Niels abgelegt worden. Pollacsek hatte Michelsen zum Inselvogt geschickt, nun war er mit dem Toten allein. Er sah auf das wachsbleiche Gesicht hinab, auf die bläulichen Lider und spürte die Kälte, die von dem Toten ausging. Dann griff er in seine Jackentasche und tastete nach der Kaffeebohne. Er hielt die Hand in der Tasche, während er den Kirchengang entlang bis zum Altar ging. Julius Pollacsek schien es, als könnte er hier, in der Nähe des Herrn, einen Hinweis bekommen. War Dr. Nissen ein Dieb? Er starrte die Altardecke so lange an, bis ihm die Idee kam, dass der Arzt sein Mittel gegen Mundgeruch einem anderen empfohlen haben könnte. Dem Dieb der Lohngelder! Geesche Jensen?

Pollacsek merkte, dass er sich Gewissheit verschaffen musste, beschloss aber, Heye Buuß vorerst nichts von der Kaffeebohne und seinem Verdacht zu erzählen. Der Inselvogt wollte sowieso nichts davon hören, dass er die Falsche verhaftet hatte. Jetzt, da Geesche sogar als Mörderin galt, erst recht nicht. Dr. Pollacsek würde sich selbst darum kümmern müssen. Und er wusste auch, wie.

Die Tür öffnete sich, der Pfarrer erschien. Er sagte kein Wort zur Begrüßung, warf dem Kurdirektor nur einen strafenden Blick zu, dann ging er zu dem Toten und betrachtete ihn. Kopfschüttelnd wandte er sich dann Pollacsek zu. »Ein Gottloser in meiner Kirche! Schaffen Sie den Kerl sofort heraus!«

Dr. Pollacsek trat zu ihm und hob besänftigend die Hände. »Er ist ein Kind Gottes. So wie Sie und ich.«

»Ein Strandräuber, der seit Jahren nicht zum Gottesdienst erschienen ist!«

»Nun ist er tot, Hochwürden. Ermordet! Wollen Sie ihn wirklich ohne Ihren Segen von uns gehen lassen?«

Der Pfarrer zögerte, sein dicker Bauch unter dem Talar

bebte, die Finger umklammerten das Gebetbuch, das er immer mit sich führte. Aber ehe er sich zwischen Strenge und Langmut, zwischen den Gesetzen der Kirche und der allumfassenden Liebe eines Christen entschieden hatte, sprang die Tür auf, und Heye Buuß erschien in der Kirche. Breitschultrig, breitbeinig, mit der ganzen breiten Bedeutung seines Amtes und seiner Wichtigkeit. Er trug eine graue Stoffhose und eine schwarze Jacke, darunter ein weißes Hemd mit einem hohen Kragen, über den er ein dunkelrotes Tuch gebunden hatte. Anscheinend hatte er sogar versucht, seine rote struppige Mähne zu bändigen und dem Stallgeruch, der ihm ständig anhaftete, mit Seife zu Leibe zu rücken. Heye Buuß war also bereits auf die Einweihung des Gedenksteins vorbereitet, die in wenigen Stunden stattfinden sollte. Entsprechend ungehalten war er. »Was ist passiert?«

Dr. Pollacsek schluckte seinen Widerwillen herunter und wies auf den Toten. »Hauke Bendix ist ermordet worden«, erklärte er knapp. »Michelsen wird seinen Bruder verständigen.«

»Schon wieder ein Mordopfer? Erst der alte Nermin und nun Okkos Bruder?« Der Inselvogt unterzog den Toten einer Untersuchung, obwohl Dr. Pollacsek ihm erklärte, dass Dr. Nissen bereits einwandfrei den Tod festgestellt hatte und auch dessen Ursache. Dann schritt Heye Buuß den Kirchengang auf und ab und erging sich in Mutmaßungen, obwohl der Pfarrer ihn händeringend bat, das Haus des Herrn nicht für solche niederen Gedanken wie die Suche nach einem Mörder zu missbrauchen.

Der Inselvogt schien auf den Pfarrer hören zu wollen, denn er beendete seine laut vorgetragenen Überlegungen. »Es wird sich um einen Streit zwischen den Strandräubern handeln. Sie haben sich um die Beute gerauft, und einer hat dann zugeschlagen.«

»Der Mann war bereits verletzt, als ihm die tödliche Wunde beigebracht wurde. Wahrscheinlich wäre er glimpflich davongekommen, wenn es nicht bereits diese tiefe Kopfwunde gegeben hätte.« Dr. Pollacsek zeigte auf einen Zipfel des Kopfverbandes, den Dr. Nissen während seiner Untersuchung gelöst und dem Opfer in die Jackentasche gesteckt hatte.

Heye Buuß holte ihn heraus und inspizierte ihn, als könnte er damit Aufschlüsse über den Tathergang und den Täter gewinnen. »Ein schwieriger Fall«, murmelte er. »Ganz anders als beim alten Nermin. Da wissen wir, dass die flüchtige Gefangene ihn auf dem Gewissen hat.« Er unterband einen Einwand des Kurdirektors, indem er schnell weitersprach: »Wie sollen wir die Strandräuber befragen? Die verstecken sich, sie lügen, sie haben kein Zuhause, in dem wir sie antreffen könnten.«

»Gottlose!«, begann der Pfarrer wieder zu jammern.

Der Inselvogt nickte ihm zu. »Besser, die Strandräuber hätten diese Angelegenheit selbst geregelt. So wie immer! Wenn einer von denen stirbt, wird er von den anderen irgendwo verbuddelt. Und nun? Nun müssen wir uns mit dieser unangenehmen Angelegenheit beschäftigen.« Tadelnd blickte er den Kurdirektor an, den er anscheinend für den Schuldigen hielt, weil der sich unterstanden hatte, den Toten nach Westerland zu bringen.

Dr. Pollacsek spürte, dass die altbekannte Abneigung gegen Heye Buuß im Begriff war, die Oberhand zu gewinnen. Er war froh, dass die Kirchentür sich ein weiteres Mal öffnete und Michelsen einen Mann hereinschob, den er sofort als Okko Bendix erkannte. Der arme Mann schien Angst vor den letzten Metern zu haben, die ihn zu seinem toten Bruder führen sollten. Zögernd setzte er Schritt vor Schritt, von Michelsen immer wieder mit einem ermutigenden Stoß in den Rücken bedacht.

Schließlich stand er vor Hauke, und die Tränen sprangen ihm in die Augen. »Es musste ja mal ein schlimmes Ende nehmen mit ihm«, stöhnte er. »Das hat schon unser Vater gesagt. Gott sei Dank, dass er diese Schmach nicht mehr miterleben musste.«

Der Inselvogt mischte sich ein. »Hast du eine Vorstellung, wer das getan haben könnte? Einer der anderen Strandräuber! Habe ich recht? Unter denen hat es manche Rauferei gegeben, so wird es auch in diesem Fall gewesen sein.«

Er erwartete keine Entgegnung und wandte sich dem Pfarrer zu, um mit ihm zu klären, wie Hauke Bendix zu beerdigen sei. Wie zu erwarten, wies der Pfarrer es weit von sich, seinen Kirchhof zur Verfügung zu stellen, wo nur ehrbare Sylter Christen ihre letzte Ruhe fanden.

Wieder traf Dr. Pollacsek ein finsterer Blick des Inselvogts, der am liebsten verfügt hätte, den Toten wieder zum Strand zu bringen, wo er gefunden worden war, und darauf zu hoffen, dass seine Kumpanen sich der Leiche annahmen. Aber Dr. Pollacsek erklärte noch einmal, dass er für Hauke ein würdiges Begräbnis wünschte. »Wenn nötig, werde ich die Kosten übernehmen.« Er warf dem Bruder einen Blick zu, der ihn dankbar ansah. »Okko Bendix ist ein anständiger Kerl. Er soll ein Grab haben, an dem er um seinen Bruder trauern kann.«

Der Pfarrer seufzte und drehte die Augen zum Kirchgewölbe. Der Inselvogt seufzte ebenfalls und meinte: »Dann eben auf dem Friedhof der Heimatlosen.«

Aber Pollacsek schüttelte den Kopf. »Dort werden nur Namenlose beerdigt, die angespült wurden. Da gehört Hauke nicht hin.« Er wandte sich an den Pfarrer. »Ich verlange, dass er auf dem Friedhof neben St. Niels begraben wird.« Und listig fügte er hinzu: »Am besten, ich rede mit dem Grafen darüber. Oder mit Baron Bauer-Breitenfeld, für den Okko früher gearbeitet hat. Beide Herren schätzen ihn sehr. Sie werden sich für seinen Bruder einsetzen.«

Das Verhalten des Pfarrers änderte sich schlagartig. Wahrscheinlich hatte er bereits sowohl von dem Grafen als auch von dem Baron Spenden erhalten, die er nicht einfach vergessen konnte. Murrend fügte er sich drein, beklagte, dass die Welt immer schlechter werde, dass fromme Bürger sich in die Gesellschaft von Gesetzlosen begeben müssten und sogar die Obrigkeit nichts dagegen tue.

Er war mit seinem Lamento noch nicht fertig, als Okko ein Kästchen hinter seinem Rücken hervorholte, das bisher niemandem aufgefallen war. Seine Augen waren noch feucht, als er es dem Inselvogt hinhielt. »Heute Morgen in der Frühe ist Hauke mit einer schweren Kopfwunde zu mir gekommen, und ich habe ihn verbunden. Er wollte mir nicht sagen, wer für diese Wunde verantwortlich war. Das hat mich misstrauisch gemacht. Deswegen habe ich Haukes Versteck geöffnet.« Er sah seinen Bruder an, als wollte er ihn um Verzeihung für diese Indiskretion bitten. »Er dachte, ich hätte es nicht gemerkt, dass er meinen Bienenstock benutzte, um etwas zu verstecken, was anscheinend niemand finden sollte. Vor allem wohl die anderen Strandräuber nicht.« Wieder schimmerten seine Augen feucht, als er fortfuhr: »Nicht einmal ich. Sein Bruder! Dabei hat er mir früher immer alles anvertraut. Er wusste, dass ich ihn niemals verraten hätte. Wenn ich auch nicht billigte, was er tat. Er war doch alles, was ich hatte. Mein Vater tot, meine Mutter auch schon lange, meine Schwester bereits als Kind gestorben ...« Er schluchzte trocken auf, und der Pfarrer machte einen Schritt auf ihn zu, um ihn zu trösten, indem er mit einer segnenden Geste eine Hand auf seine Schulter legte.

Tatsächlich schien diese Geste Okko Mut zuzusprechen. Er atmete tief durch und streckte dem Inselvogt die kleine Kiste noch nachdrücklicher hin, der sie bisher nicht ergriffen hatte, weil er sich anscheinend erst klar darüber werden wollte, ob es von Vorteil war, wenn er den Inhalt kannte. »Ich glaube, er hat etwas Schreckliches getan«, flüsterte Okko. »Diebstähle, Betrügereien ... so was ist natürlich auch unverzeihlich. Aber Hauke hat immer nur das gestohlen, was er zum Leben brauchte.«

Der Inselvogt stellte die Kiste auf einer Kirchenbank ab und öffnete vorsichtig den Deckel. Dr. Pollacsek sah über seine

Schulter und war derart überwältigt, als er deren Inhalt sah, dass er leise durch die Zähne pfiff und sich nicht um das missbilligende Schnalzen des Pfarrers scherte. Vor ihnen lag ein Collier von außergewöhnlicher Schönheit. Ein Halsband aus unzähligen diamantenbesetzten Ösen, das sich mit einem Saphir verband, der von Diamanten eingerahmt war. Unter ihm prangte, nach vier weiteren diamantenbesetzten Ösen, ein eiförmiger Sternsaphir.

Dr. Pollacsek verstand nicht viel von solchen Pretiosen und die anderen vermutlich noch weniger. Aber dass sie hier etwas besonders Kostbares und sehr Teures vor sich liegen hatten, war allen sofort klar.

»Wem mag das gehören?«, fragte der Inselvogt, der als Erster seine Sprache wiederfand. »Es ist mir kein Verlust gemeldet worden. Wem so etwas Kostbares gestohlen wird, der wird doch Zeter und Mordio schreien.«

»Vielleicht hat die Besitzerin das Fehlen des Schmuckstücks noch nicht bemerkt?«, fragte Dr. Pollacsek. »So ein Collier wird auch von einer sehr vornehmen Dame nur zu besonderen Anlässen getragen.«

Der Inselvogt wollte gerade etwas dazu sagen, da antwortete Okko Bendix: »Ich weiß, wem dieses Collier gehört. Ich habe es schon am Hals von Gräfin Katerina von Zederlitz gesehen.«

Als das Haus seines Bruders vor ihm auftauchte, atmete Marinus erleichtert auf. Die Kutsche stand vor dem Tor, Arndt und Katerina waren also noch nicht zur Einweihung des Gedenksteins aufgebrochen. Nun musste er es nur noch schaffen, seinen Bruder zur Seite zu nehmen, ohne dass Katerina mitbekam, was er ihn fragen wollte. Vermutlich würde Arndt ihm auch unter vier Augen nicht die Wahrheit gestehen, aber Marinus glaubte, ihn gut genug zu kennen, um beurteilen zu können, ob er log. Notfalls würde er ihn so lange provozieren, bis die Wahrheit aus Arndt herausplatzte. Was er tun würde mit der

Erkenntnis, dass sein Bruder fähig war, einen Mord in Auftrag zu geben, wusste er noch nicht. Aber darüber wollte er auch nicht nachdenken. Er ahnte, dass es irgendwo tief in ihm noch einen winzigen Funken Hoffnung gab, der erst ganz erlöschen musste, bis er imstande war, in Arndt den Menschen zu sehen, der er war. Fähig, sich ein Glück zu kaufen, indem er sein eigen Fleisch und Blut dem Elend preisgab, und ebenso fähig, einen Menschen ermorden zu lassen, der ihm gefährlich werden konnte. Noch dazu einen Menschen, den sein Bruder liebte! Wenn Marinus das glauben konnte, musste er sich damit abfinden, dass Arndt nur einen einzigen Menschen wirklich liebte: Katerina! Alle anderen positiven Gefühle waren anscheinend dieser abgöttischen Verehrung unterworfen. Die Liebe zu Elisa, zu Marinus, zu seiner Mutter, zu Hanna …

Mitten in seine Überlegungen drängte sich ein Fuhrwerk, das von der entgegensetzten Seite auf das Haus seines Bruders zufuhr. Der Kutscher trieb seine Pferde an, ihre Hufe wirbelten Staub auf, es sah aus, als zöge der Wagen einen Schleier hinter sich her, der nur mühsam folgen konnte. Marinus blieb stehen und legte die Hand über die Augen, um besser sehen zu können. Hoffentlich kam nicht ausgerechnet in diesen Minuten Besuch, der ihn um das Gespräch mit seinem Bruder bringen konnte.

Enttäuscht ließ er die Hand wieder sinken. Tatsächlich! Der Wagen hielt vor Arndts Haus, zwei Männer sprangen heraus, die aussahen, als hätten sie es eilig. Marinus erkannte die beiden trotz der Entfernung. Es handelte sich um den Kurdirektor und den Inselvogt, der nun in den Wagen hineinlangte und eine Kiste hervorholte, die er feierlich hinter Dr. Pollacsek hertrug, der bereits auf die Eingangstür zuging. Marinus wurde unruhig. Was ging da vor?

Er begann zu laufen, war aber viel zu weit entfernt, um am Haus seines Bruders anzukommen, bevor die beiden Herren sich anmelden konnten. Als er näher kam, stieg der Mann vom Bock, der den Wagen gelenkt hatte. Es war Okko, der Gärtner.

Was hatte er mit dem Inselvogt und dem Kurdirektor zu schaffen? Wieso lenkte er einen Wagen, der nicht zum Hause des Grafen gehörte?

Das Gefühl, dass etwas Sonderbares vor sich ging, verstärkte sich. Obwohl Marinus sich müde und abgekämpft fühlte, versuchte er noch schneller zu laufen. Vielleicht konnte Okko ihm bereits einen Hinweis geben?

Aber der Gärtner war schon im hinteren Teil des Gartens verschwunden, wo es das kleine Haus gab, das er in den Sommermonaten bewohnte. Marinus öffnete die Eingangstür zur Villa, winkte das Dienstmädchen zur Seite, das sich ihm eilfertig näherte, und ging auf die Tür des Salons zu, hinter der er Stimmen hörte.

»Wir sind im Aufbruch«, sagte Arndt gerade. »Sie wissen ja, die Einweihung des Gedenksteins. Vorher wird es einen Empfang der Königin in der Villa Roth geben. Unsere Tochter ist bereits mit ihrer Gesellschafterin dorthin unterwegs.«

»Es wird nicht lange dauern«, sagte die Stimme, die Marinus dem Inselvogt zuordnete. »Nur eine kleine Auskunft.«

Marinus öffnete die Tür, grüßte kurz, machte nur einen einzigen Schritt in den Raum hinein und blieb dann stehen. Katerina sah ihn ungehalten an, denn natürlich war sein Äußeres nicht geeignet, sich Besuchern zu nähern, die dem gräflichen Paar ihre Aufwartung machten. Aber Marinus erwiderte ihren Blick, ohne zu erkennen zu geben, dass er den Grund ihrer Verdrossenheit verstand. Dann sah er Arndt an, der ihn scharf beobachtete, als wollte er mit den Augen eine Frage stellen, die Marinus auf die gleiche Weise beantworten sollte. Wusste sein Bruder, was sich in der letzten Nacht ereignet hatte?

Heye Buuß und Julius Pollacsek hatten Marinus mit einer kleinen Verbeugung bedacht und sich schnell damit abgefunden, dass er anscheinend nicht die Absicht hegte, sie förmlich zu begrüßen. Da sie wussten, dass er zur Familie gehörte, wandten sie sich wieder dem Zweck ihres Besuches zu.

Der Inselvogt öffnete die kleine Holzkiste und hielt sie Katerina hin. »Kennen Sie dieses Collier?«

Marinus sah, dass seine Schwägerin sich erschrocken vorbeugte. Dann stieß sie einen kleinen Seufzer aus. »Das gehört mir.«

Graf Arndt trat an ihre Seite. »Dein Collier, das du eigentlich zur Verlobungsfeier tragen wolltest!«

Katerina sah ihn entschuldigend an. »Ich hatte es verlegt. Die Dienstmädchen haben das ganze Haus danach abgesucht, es aber nicht gefunden.«

Graf Arndt gelang es nicht, seinen Unmut zu verbergen. »Das Collier hat meine Mutter dir zur Hochzeit geschenkt. Sie hatte es von ihrer Mutter bekommen und diese wiederum von ihrer. Es ist schon lange im Familienbesitz und sehr kostbar.«

»Ich weiß«, flüsterte Katerina. »Deswegen war ich ja so erschrocken, als ich es nicht fand.«

»Warum hast du nichts gesagt?«

»Es war mir peinlich«, flüsterte Katerina noch leiser. »Dieses kostbare Schmuckstück! Und ich habe nicht gut genug darauf achtgegeben! Außerdem habe ich gehofft, es würde sich wiederfinden.« Sie wandte sich von ihrem Mann ab und dem Inselvogt zu. »Es ist mir also tatsächlich gestohlen worden? Das hatte ich insgeheim befürchtet. Aber ich habe auch darauf vertraut, dass niemand dieses Collier zu Geld macht, ohne aufzufallen.« Sie griff in die Kiste und lächelte den Inselvogt liebenswürdig an. »Danke, dass Sie es mir zurückgebracht haben.«

Marinus' Erstarrung löste sich, er trat ein, zwei Schritte näher. Nun war er es, der seinem Bruder mit den Augen eine Frage stellte. Aber auch er erhielt keine Antwort. Hatte Arndt den Mann, der Geesche ermorden sollte, mit dem alten Familienschmuck bezahlt? Hatte der Kerl so viel Geld verlangt, dass Arndt es nicht aufbringen konnte? So wichtig war ihm Geesches Tod und Katerinas Glück, dass er sich von diesem Collier trennte? Marinus spürte, dass die Enttäuschung darüber, wie sehr er sich in seinem Bruder getäuscht hatte, noch schwerer wog, als er bisher gedacht hatte.

Im nächsten Augenblick erhielt er die Bestätigung. Dr. Pollacsek berichtete, unter welchen Umständen das Collier zutage gekommen war. »Hauke Bendix hat vermutlich heimlich seinen Bruder besucht. Und bei dieser Gelegenheit ist er in Ihr Haus eingedrungen und hat das Collier gestohlen. Okko scheint damit nichts zu tun zu haben. Er hat uns die Kiste gebracht, als er vom Tod seines Bruders erfuhr.«

Marinus erschrak. Die Frage schoss geradezu aus ihm heraus: »Er ist tot?«

Anscheinend hatte man seine Anwesenheit zwischenzeitig vergessen. Alle Köpfe fuhren zu ihm herum, erstaunt wurde er angesehen.

»Der Kerl wurde tot am Strand gefunden«, gab der Inselvogt zurück.

Und Dr. Pollacsek ergänzte: »Ich habe ihn zufällig entdeckt. Da lebte er noch. Aber als Dr. Nissen kam, war er tot.«

Marinus drehte sich um und verließ ohne ein weiteres Wort das Wohnzimmer, das Haus, das Grundstück seines Bruders. Weg! Nur weg! Er war für den Tod eines Menschen verantwortlich. Dieser Satz hämmerte in seinem Kopf. Immer wieder, immer lauter. Erst auf dem Weg blieb er stehen, sah nach Norden und nach Süden, als wüsste er nicht, wohin er gehen sollte. Was war aus diesem Sommer geworden, in dem er zum glücklichsten Mann der Insel werden wollte? Sein Bruder hatte schwere Schuld auf sich geladen, hatte sogar einen Mörder bezahlt, und er selbst war schuld am Tod eines Mannes. Zwar hatte ihn dieser Mann angegriffen, und alles, was Marinus getan hatte, war Notwehr gewesen, trotzdem fiel es ihm schwer, diesen Gedanken zu ertragen. In dieser Welt, die Stück für Stück um ihn herum zusammengebrochen war, konnte ihm nur Geesches Liebe helfen. Wo war sie? Wie konnte er sie finden?

Marinus wandte sich gen Norden, ohne dass von einer wirklichen Entscheidung die Rede sein konnte. Er lief einfach los. Die Sonne zu seiner Linken, die Dünen, die täppische sommerliche Brandung. Er wollte zum nächsten Strandübergang, sich am Meer niederlassen, wie Geesche es immer tat, wenn sie etwas zu verarbeiten hatte, wenn sie sich etwas wünschte, etwas herbeisehnte. Dort würde er so fest und innig an sie denken, bis er wusste, was er zu tun hatte.

Geesche duckte sich hinter einen Steinwall, bis die Frau eines Fischers, die auf dem Feld einer reichen Bäuerin gearbeitet hatte, vorbeigegangen war. Sie hörte, wie sich eine Tür öffnete und schloss, dann waren keine Schritte mehr zu hören. Geesche war froh, dass sich die Wärme des Tages in einem kühlen Wind auflöste, der sich direkt nach Sonnenuntergang erhoben hatte. Die Sylter, sowieso nicht an ein Leben im Freien gewöhnt, hatten sich in ihre Häuser und Hütten zurückgezogen, waren mit der Zubereitung des Abendessen beschäftigt oder mit dem Flicken von Netzen, eine Arbeit, für die ein Fischer Tageslicht oder eine gute Petroleumlampe brauchte.

Geduckt lief sie weiter und sah sich dabei nach allen Seiten um, damit sie jede Gefahr sofort erkannte und reagieren konnte. Endlich kam Fredas Kate in Sicht. Hinter ihrem Fenster glomm ein schwaches Licht, es war also jemand zu Hause. Hoffentlich war es Freda! Freda allein! Weder Ebbo noch Hanna durften bei ihr sein, wenn Geesche anklopfte. Hanna erst recht nicht!

Gerade wollte sie auf das kleine Licht zulaufen, da gab es erneut Geräusche, die sie aufhielten. Schritte, die näher kamen, Stimmen, die zunächst schwaches Gemurmel, dann aber heranwuchsen und zu verstehen waren.

»Wenn wir alle nach ihr suchen, müsste es doch mit dem Teufel zugehen, wenn wir sie nicht finden.«

»Wo mag sie sich verstecken? Wahrscheinlich draußen in den Dünen.«

»Die holen wir uns. Von der lasse ich mich nicht um meinen Lohn bringen.«

»Sie soll verletzt sein. Hat viel Blut verloren, sagt der Inselvogt. Die ganze Zelle war voll davon.«

»Dann liegt sie vermutlich irgendwo da draußen und wartet auf jemanden, der ihr hilft.«

»Darauf kann sie lange warten.«

Nun gingen die beiden direkt auf die Tonne mit den Küchenabfällen zu, hinter der Geesche sich versteckt hatte. Einen schrecklichen Augenblick lang fürchtete sie, dass ihr Kleid zu sehen sein könnte, wenn die beiden vorbeigingen, oder ihr helles Haar. Erschrocken ließ sie sich auf alle viere fallen und robbte, so schnell es ging, ein paar Meter weiter, wo es eine weitere Tonne gab, die widerlich nach Fisch stank. Vieles, was in die Tonne gehörte, war davor und dahinter gelandet. Geesche griff in glitschige Schuppen und undefinierbares Geglibber. Vor Ekel hätte sie beinahe aufgeschrien.

»Lass uns bei Laurids klopfen. Der ist mit dem alten Nermin verwandt.«

Ein hässliches Lachen drang in Geesches Versteck. »Der wird keinen Moment zögern, wenn er sie in die Finger bekommt.«

Geesche wartete, bis die Stimmen nicht mehr zu hören waren, dann erhob sie sich eilig. Es wurde Zeit! Über kurz oder lang würden die beiden zurückkommen und dann vermutlich ein Dutzend anderer Inselbahnarbeiter hinter sich haben. Sie versuchte, sich die Schürze abzuwischen, aber was ihre Hände fühlten, war derart ekelerregend, dass sie die Schürze mit beiden Händen ergriff und versuchte, alles abzuschütteln, was dort haftete. Doch während sie auf Fredas Kate zulief, wusste sie, dass der Gestank der Fischabfälle sich nicht abschütteln ließ.

Bevor sie sich an das erleuchtete Fenster schlich, sah sie sich ein letztes Mal um. Niemand war zu hören oder zu sehen. Noch zwei Schritte, noch drei, dann konnte Geesche in Fredas

Kate spähen. Tatsächlich! Sie war allein. Freda saß am Tisch und stopfte Ebbos Socken.

Lautlos ging Geesche um die Kate herum, wo sich die Eingangstür befand. Sie klopfte kurz, damit Freda sich nicht erschrak, dann öffnete sie die Tür und schloss sie hastig hinter sich. »Freda! Gott sei Dank!«

Freda sprang erschrocken auf. Dann ging ein Lächeln über ihr Gesicht, und sie machte Anstalten, Geesche zu umarmen … aber der Geruch, der von ihr ausging, hielt sie zurück. »Was ist mit dir passiert?«

Geesche setzte sich auf den zweiten Stuhl, und Freda hockte sich ihr gegenüber. Vorher drehte sie die Petroleumlampe so weit herunter, dass eine der anderen ins Gesicht sehen konnte, aber die Kate von draußen aussah, als wäre sie unbeleuchtet.

In Windeseile, so schnell, dass Freda Mühe hatte zu folgen, berichtete Geesche, was sich ereignet hatte, wie sie aus dem Gefängnis befreit worden war, dass Marinus sie vor einem Mörder gerettet hatte, dem sie später nur um Haaresbreite ein zweites Mal entkommen war. »Ich weiß nicht, was mit Marinus geschehen ist. Wenn der Kerl an der Hütte auf ihn gewartet hat, dann ist er vermutlich …« Sie brachte das schreckliche Wort nicht über die Lippen.

»Ob Marinus Rodenberg lebt, weiß ich nicht«, entgegnete Freda. »Aber ich habe auch nichts davon gehört, dass ihm etwas zugestoßen ist. Eins aber weiß ich genau: Der alte Nermin ist tot.«

Geesche hielt die Luft an. »Das kann nicht sein. Als ich floh, lebte er noch.«

Freda zuckte mit den Schultern. »Am nächsten Morgen wurde er tot aufgefunden.« Sie stand auf und griff nach Geesches Kopf. »Wo hast du dich verletzt?« Ehe Geesche, die zu verblüfft war, um zu reagieren, etwas antworten konnte, ließ sie wieder von ihr ab. »Keine Kopfwunde? Eine Fleischwunde? Wo? Und wie hast du sie verbinden können?«

Nun schüttelte Geesche sie ungeduldig ab. »Wovon redest du? Ich bin nicht verletzt.«

»Aber alle sagen es. Blut wurde in deiner Zelle gefunden. Du sollst dir mit Nermin einen Kampf geliefert haben.«

»Ich habe dir doch gerade erzählt, dass Hauke Bendix mich töten wollte. Ihn habe ich niedergeschlagen, weil er auch Marinus umbringen wollte.«

Freda griff sich an den Kopf. »Ich verstehe gar nichts mehr. In Westerland redet jeder davon, dass du eine Mörderin bist. Du hast Nermin getötet, das sagen alle. Von einem Kerl, der dir ans Leder wollte, ist hier nicht die Rede.«

Geesche starrte sie an. Nun ging es ihr genauso wie Freda. Sie brauchte eine Weile, um zu begreifen, was geschehen war. Dann stöhnte sie auf. »Ich muss mich verstecken, Freda. Kann ich bei dir bleiben? Vielleicht in dem kleinen Verschlag im Garten? Ich werde mich mucksmäuschenstill verhalten. Nur in Ruhe schlafen und mich waschen!«

Freda rang verzweifelt die Hände. »Warum bist du nicht in den Dünen geblieben? In Westerland bist du nicht sicher. Hier suchen sie nach dir. Die Obrigkeit allen voran! Heye Buuß hat sämtliche Männer ausgeschickt, die zur Verfügung stehen. Aber auch die Inselbahnarbeiter sind hinter dir her. Sie wollen Rache.«

»Ich weiß! Aber ich muss Marinus finden! Ich will wissen, ob er noch lebt. Ich muss hier bleiben.«

Freda zögerte. »Das ist zu riskant, Geesche. Ebbo bewahrt in dem Verschlag alles auf, was er zum Fischen braucht. Wenn er dich dort entdeckt … ich weiß nicht, was er tun wird. Was aber Hanna tun wird, wenn sie herausfindet, dass du dich bei uns versteckst, das weiß ich genau.«

Geesche nickte und ließ den Kopf sinken. »Sie wird mich verraten. Wie sie mich schon einmal verraten hat.« Nun kamen ihr die Tränen. »Wie kann ich dich überhaupt bitten?«

»Weil ich deine Freundin bin. Und weil du viel für mich getan hast. Ohne dich …« Freda machte eine Handbewegung, statt den Satz zu Ende zu führen. »Ich weiß, dass ich dir viel zu verdanken habe.«

»Wenn du wüsstest, Freda.«

»Schluss jetzt!« Freda konnte manchmal sehr resolut werden, wenn sie spürte, dass es auf ihre Kraft ankam, auf ihren Einsatz, auf ihren Mut. »Ich habe eine viel bessere Idee. Warum übernachtest du nicht in deinem eigenen Haus?« Freda stand auf und ging zu einem kleinen Holzkästchen, das auf einem Brett neben der Tür stand. Dort bewahrte sie den Schlüssel zu Geesches Haus auf. »Solange du nicht daheim bist, schließe ich immer sorgfältig ab. Dr. Nissen hat seinen eigenen Schlüssel. Auch er hat versprochen, das Haus nie unverschlossen zu lassen. Den Arbeitern der Inselbahn traue ich zu, dein Haus zu plündern. Sie glauben nach wie vor, dass du sie um ihren Lohn gebracht hast.«

»Glaubst du es nicht?«, fragte Geesche hoffnungsvoll.

»Es geht mich nichts an«, entgegnete Freda würdevoll, »wie du an das viele Geld gekommen bist. Aber dass du es nicht gestohlen hast, weiß ich genau. Und das Schlimmste ist …« Ihr Gesicht wurde jetzt wieder von dem Kummer überschattet, der sich in ihre Züge eingegraben hatte, seit Hanna geboren und Jens nicht zurückgekehrt war. »Ich glaube, Hanna weiß es auch. Warum hat mich der liebe Gott mit einer so boshaften Tochter bestraft?«

»Versündige dich nicht, Freda«, entgegnete Geesche unwillkürlich, weil sie diese Antwort immer gab, wenn Freda sich über Hanna beklagte. Dann kam sie auf Fredas Vorschlag zurück. »Aber was ist, wenn Dr. Nissen mich hört?«

»Du musst leise sein«, gab Freda zurück. »Vielleicht hast du Glück, und er ist noch nicht zu Hause. Dann kannst du dich in aller Ruhe waschen. Wenn nicht, wirst du es wenigstens schaffen, deine Kleidung zu wechseln. Und du kannst in deinem Alkoven schlafen. Morgen wird es dir bessergehen. Du kannst dich, bevor Dr. Nissen aufwacht, im Stall verstecken, ich bringe dir dann was zu essen.«

»Vielleicht hast du recht.« Geesche erhob sich. »Das Unmögliche ist manchmal das Beste. Niemand, der mich sucht, wird auf die Idee kommen, mich ausgerechnet in meinem eigenen Haus zu finden.« Sie umarmte Freda noch einmal, dann ging sie zur Tür. »Es ist schon dunkel. Warum ist Hanna noch nicht zu Hause? Und wo ist Ebbo?«

»Hanna soll der Comtesse vor dem Einschlafen vorlesen. Und Ebbo? Wenn ich es nicht besser wüsste, würde ich glauben, er hat irgendwo ein Mädchen, dem er nachsteigt.«

Geesche sah sie fragend an. Wusste Freda von der Liebe ihres Sohnes? Sie hatte noch keine Antwort gefunden, da sah Freda ihr ins Gesicht und nickte. »Die Comtesse hat sich gestern mit einem Verwandten der Königin verlobt. Ich hoffe, nun ist es vorbei ...« Sie brach ab und ließ den Kopf wieder sinken.

Geesche ging noch einmal zu ihr, beugte sich zu Freda hinab, drückte ihr einen Kuss auf das Haar. »Wirst du dich morgen für mich nach Marinus umhören?«

Freda nickte, ohne den Kopf zu heben. »Gut, dass ich das Flittchen aus dem Haus geworfen habe! Diese Strandräuberbraut meinte, sie könnte es sich bei dir gemütlich machen. Aber wenn es um Strandräuber geht, spiele ich nicht mit.«

Geesche verstand sie nicht. »Von wem redest du?«

»Von der Frau, die gestern in deinem Haus ein Kind bekommen hat.«

»Mit Dr. Nissens Hilfe?«

Freda nickte. »Aber mach dir keine Sorgen. Sie ist weg.«

»Danke, Freda.«

Geesche verließ die Kate und machte sich auf den Weg zu ihrem Haus. Der Gedanke, sich ein frisches Nachthemd über den Kopf zu ziehen und sich dann in ihren Alkoven zu legen, ihre Nase in duftende Bettwäsche zu stecken und am nächsten Morgen saubere Kleidung anzuziehen, machte sie glücklich. So müde sie noch gewesen war, als sie nach Westerland hineingeschlichen war, so ausgeruht fühlte sie sich nun. Wenn es ihr gelang, ungesehen zu ihrem Haus zu kommen, wurde vielleicht alles gut. Selbst die jähe Erkenntnis, dass sie den Schlüssel zu ihrem Haus auf Fredas Tisch vergessen hatte, konnte daran nichts mehr ändern. Sie würde einen Weg finden, ins Haus zu gelangen. Irgendwie! Den Gedanken, umzukehren und den Schlüssel zu holen, verwarf sie gleich wieder. Plötzlich kam es ihr auf jede Minute an. Sie wollte nach Hause!

Wie gut, dass es Freda gab! Wie glücklich konnte sie sich schätzen, Freda ihre Freundin zu nennen. Freda, die Frau, die sie so gemein betrogen hatte …

XXI.

Die Nacht war schwer geworden, immer schwerer, je weiter sie fortschritt. Sie war nicht wie diese leichten Sommernächte, die gegen Morgen in den Himmel aufstiegen, und auch nicht wie die klaren Winternächte, die am Boden festfroren. Diese Nacht wurde von einem Wind gehalten, der nicht zu ihr zu passen schien. Wie ein Herbstwind in einer Sommernacht.

Hannas Nerven waren zum Zerreißen gespannt. Wie immer, wenn sie nach Zuspruch suchte, tastete sie in die Tasche unter ihrer Schürze, wo sie das weiße Band aufbewahrte, das sie sich nur noch ins Haar band, wenn sie allein war. Nach wie vor war es das Symbol ihrer Freundschaft mit der Comtesse. Sie musste es nur festhalten, dann war vielleicht auch diese Freundschaft zu halten.

Sie hatte sich in Geesches Garten, in der Nähe des Stalls hinter dem Steinwall verborgen, auf dem die Sylter Rosen besonders üppig wuchsen. Hier hatte sie Dr. Nissens Fenster im Blick, hinter dem noch ein schwaches Licht zuckte, und auch den Weg, der auf das Haus zuführte. So dunkel diese Nacht auch war, seit Hanna sich an die winzigen Schimmer gewöhnt hatte, die es hier und da gab, an die hellen Punkte, die der Mond durch die Wolkenlücken auf die Erde sprenkelte, an den schwachen Schein, der aus Dr. Nissens Fenster kam, konnte sie jede Bewegung erkennen und sah auch die Schatten, denen ein kleines, schwaches Licht reichte, um sie zum Tanzen zu bringen. Die Schatten der Nachtfalter, der Gräser, der Büsche. Auch den Schatten und die Bewegung eines Menschen würde sie schnell ausmachen, daran hatte Hanna keinen Zweifel. Diesmal würde sie alles richtig machen. Die Comtesse würde mit ihr zufrieden sein und wieder ihre Freundin sein wollen.

Vor dem Eingang der Villa Roth hatte sie die Hoffnung gehabt, die Comtesse würde sie bitten zu warten, damit Hanna sie nach dem Empfang der Königin zum Friedhof der Heimatlosen begleitete. Doch Elisa von Zederlitz hatte sie mit einer fahrigen Geste fortgeschickt. »Es reicht, wenn du heute Abend da bist, um mir beim Auskleiden zu helfen.«

Aber Hanna hatte trotzdem gewartet. Und sie war dem feierlichen Zug, der sich von der Villa Roth zum Friedhof der Heimatlosen bewegte, heimlich gefolgt. Allen voran die Königin, direkt hinter ihr Fürst Alexander von Nassau-Weilburg mit seiner Verlobten am Arm, dann Graf und Gräfin von Zederlitz, die hinter ihrer Tochter hergingen. Die Sylter hatten am Wegesrand gestanden und all das Fremde, Schöne, Elegante, Vornehme bestaunt, und Hanna hatte sich zu einem Teil dieser Neugierigen gemacht und sich unter ihnen versteckt. Genau wie Ebbo, der vorgab, an der Königin interessiert zu sein, und doch nur Augen für Elisa hatte.

Ein paar zerlumpte Kinder versuchten dem feierlichen Zug zu folgen. Sie gehörten zu denen, die es mehrmals genossen hatten, von einer Gräfin Vrancea etwas vorgelesen zu bekommen. Sie war für diese Kinder so fremd gewesen, dass sie nicht fremder werden konnte, als sie sich in eine Königin verwandelt hatte. Aber die Kinder wurden von den Männern des Inselvogts weggeschickt. Die waren in diesen Stunden von der Suche nach Geesche Jensen entbunden worden, um sicherzustellen, dass die Königin nur aus angemessener Entfernung bejubelt wurde. Hier schritt weder die Schriftstellerin Carmen Sylva noch das Inkognito Gräfin Vrancea durch Westerland, sondern Königin Elisabeth von Rumänien, Gemahlin König Carols I. Die Kinder konnten und wollten es nicht verstehen, aber da die Königin sie mit keinem Blick, keiner Geste ermunterte, fanden sie sich schließlich damit ab, dass die Frau in dieser Stunde eine andere war als diejenige, die ihnen am Strand gelegentlich etwas geschenkt hatte, was sie nie zuvor bekommen hatten: Zeit und schöne Worte!

Hanna schreckte auf, weil sich etwas verändert hatte. Verwirrt blickte sie um sich, tastete mit den Augen den Weg ab, lauschte mit einer Verzweiflung, die das Blut in ihren Ohren zum Rauschen brachte. Dann sah sie, dass das Licht hinter Dr. Nissens Fenster erloschen war. Erleichtert atmete sie auf. Er würde schlafen, wenn Elisa und Ebbo erschienen. Eine Gefahr weniger!

Ebbo hatte nicht daran glauben können, dass die Comtesse wirklich bereit war, das Risiko einzugehen. Am Arm des Fürsten, als zukünftige Verwandte der Königin, war sie ihm so fremd geworden, dass der Gedanke an die schönen Stunden mit ihr das Fremde nicht auslöschen konnte. Hanna hatte es ihm angesehen. Er bereute, dass er, statt dieser Zeremonie beizuwohnen, nicht das Angebot eines Fischers angenommen hatte, dessen Netze zu flicken. Er schämte sich seiner Holzschuhe, seiner schäbigen Hose und der ausgefransten Hosenträger, die sie hielten. Er schämte sich, weil seine Haut tiefgebräunt war, seine Arme muskulös waren, seine Augen strahlend und naiv, sein Gesicht offen und ehrlich, seine Frisur das Ergebnis eines ungeschickt geführten Rasiermessers. Diese Scham war nicht neu, aber Hanna glaubte, dass Ebbo nun das erste Mal schwer unter der Scham litt. Seitdem er zusehen musste, wie Elisa von Zederlitz, die Verlobte des Fürsten von Nassau-Weilburg, hinter der Königin von Rumänien das weiße Tor zum Friedhof der Heimatlosen durchschritt und sich zu ihrer Linken stellte, während die Königin ihre Ansprache hielt, litt er. Und Hanna hatte gesehen, dass er sich krümmte wie unter einem großen Schmerz, als Elisa mit ihrer hellen, klaren Stimme die Worte vorlas, die nach der Anweisung der Königin in den Gedenkstein gemeißelt worden waren. »Wir sind ein Volk vom Strom der Zeit ...«

Ebbo hatte sich, während Elisa las, langsam aufgerichtet, aber nicht die Frau, die er liebte, angesehen, sondern ihren Verlobten. Die Augen Alexander von Nassau-Weilburgs hatten wohlgefällig auf Elisa von Zederlitz gelegen, er schien sehr zufrieden mit ihr zu sein, mit ihrem natürlichen, hübschen Aussehen, ihrer ungekünstelten, entzückend naiven Art, sich die Worte des Hofpredigers Rudolf Kögel zu eigen zu machen, die Königin Elisabeth für den Gedenkstein ausgesucht hatte. Und Ebbo litt nun auch an der Sicherheit, mit der Elisa sich präsentierte, zu der nur eine junge Frau ihres Standes fähig war. Der Neid hatte aus seinen Augen gesprüht, während er den Fürsten beobachtete, und ein Abscheu, den jeder erkannt hätte, dessen Blick auf ihn gefallen wäre. Aber da alle nur Augen für die Comtesse hatten, war Ebbo vor Entlarvung verschont geblieben.

»Es ist das Kreuz von Golgatha / Heimat für Heimatlose!«

Beifall war über das schlichte Rechteck hinweggebraust, das bis zu diesem Tag so wenig Beachtung erfahren hatte wie die verlorenen Seelen, die dort zur ewigen Ruhe gebettet worden waren. Elisa hatte den Applaus der Sylter mit einem winzigen Lächeln quittiert, ihren Verlobten dagegen mit einem umso strahlenderen Lächeln bedacht, als er ihr mit solch glücklichem Stolz in die Augen sah, dass jeder von seiner großen Liebe zu seiner Verlobten überzeugt war. Hanna hatte sich über die Augen gewischt, damit ihre Gefühle sie nicht verrieten. Einmal dieses Leben führen! Einen einzigen Tag an der Stelle der Comtesse, an diesem Punkt, in dieser Gesellschaft stehen, unter dieser Aufmerksamkeit! Hanna wäre bereit gewesen, Jahre ihres Lebens dafür zu geben!

Dr. Pollacsek war nach vorn getreten; augenscheinlich hatte er nicht viel Zeit gehabt, sich angemessen für diesen denkwürdigen Augenblick zu kleiden. Er wirkte gehetzt, trug ein Hemd, das nicht zu seiner schwarzen Jacke passte, und eine Hose, deren Zustand er anscheinend verdecken wollte, indem er seinen Hut abnahm und schützend vor sich hielt. Da er damit jedoch verriet, dass er sich für diesen Anlass nicht einmal frisiert hatte, machte er die Mängel seines Erscheinungsbildes nicht wett. Er sah aus, als wäre er nach Hause gehastet, und hätte mit einem Blick auf die Uhr nur das getan, was unbedingt nötig und angesichts seiner Zeitnot möglich war.

Seine Worte jedoch waren wohlgesetzt und lenkten schnell von seinem unzulänglichen Äußeren ab. Mit verbindlichen Worten dankte er der Comtesse für ihren wunderbaren Vortrag, der Königin für ihre großzügige Spende und der Sylter Bevölkerung für ihre Anteilnahme. Und als er verkündete, dass der Friedhof der Heimatlosen in diesen Minuten einen neuen Namen erhalten hatte, flogen ihm die Herzen aller zu, auch derer, die wie Gräfin Katerina noch immer die Stirn runzelten angesichts seiner unvollständigen Kleidung. »Gemäß der letzten Zeile des Verses wollen wir diesen Ort zukünftig nicht mehr Friedhof, sondern ›Heimat der Heimatlosen‹ nennen!«

In diesem Moment hatte sich die Miene der Gräfin verändert. Ihr Blick hatte nicht mehr dem Kurdirektor, sondern ihrer Tochter gegolten. Lag er sonst oft mit mütterlicher Strenge auf Elisa und mochte sie auch bemerkt haben, dass ihr Mieder nicht mehr so eng geschnürt war, wie es unter ihren Blicken geschehen war, so hatten ihre Augen jetzt vollends den leichten Tadel verloren, der sich dort so häufig fand. Voller Liebe ruhten sie auf Elisa. So voller Liebe, dass Hanna ein weiteres Mal von Neid und Eifersucht überwältigt wurde. Auch sie wurde von ihrer Mutter geliebt, aber nie war sie derart stolz von ihr betrachtet worden. Hanna Boyken wurde zwar trotz allem geliebt, trotz ihrer Behinderung, trotz ihres unscheinbaren Äußeren, trotz ihrer Fehler, aber Elisa von Zederlitz wurde geliebt, weil sie so war, wie sie sein sollte. Hanna Boyken würde niemals aus diesem Grunde geliebt werden.

Am Ende des Weges bewegte sich in diesem Augenblick etwas und riss Hanna aus ihren Gedanken. Sie richtete sich ein wenig auf, dann war sie sicher: Ebbo und Elisa kamen auf das Haus zu. Mühsam zog sie sich an dem Steinwall in die Höhe, fiel auf die Knie, stemmte sich auf den Wall, um auf die Füße zu kommen. Ein letzter Blick zu Dr. Nissens Fenster, hinter dem es immer noch dunkel war, und sie humpelte den beiden entgegen. Ihre Holzschuhe hatte sie stehen lassen. Kein Geräusch sollte ihre Schritte verraten.

Ihre Hoffnung, dass alles wieder so werden könnte wie vor der Entdeckung in den Dünen, vor der Verlobung, fiel in sich zusammen, während sie Elisa und Ebbo entgegensah. Die Leichtigkeit war verloren gegangen. Ebbo ging neben Elisa her, während er sich sonst ständig ihrer Nähe vergewissert, sie berührt, sich ihr zugewandt hatte. Obwohl sie sein Gesicht nicht erkennen konnte, war sie sicher, dass er nicht lächelte. Und Elisa schien eine andere geworden zu sein. Nicht nur wegen des schweren dunklen Umhangs, den sie trug und der ihre Gestalt so gründlich verhüllte, dass niemand auf die Idee kommen konnte, dass darunter die Comtesse von Zederlitz steckte, die sich anschickte, einen Fehler zu begehen, der sie ihre gesellschaftliche Stellung kosten konnte. Wer nur flüchtig hinsah, konnte genauso gut annehmen, Ebbo begleite seine Mutter, die schnell fror, weil sie zu viel arbeitete und sich nie richtig satt essen konnte, und sich deshalb auch in einer Sommernacht einen Umhang über die Schultern legte. Elisa ging tatsächlich so gebeugt wie eine Frau, die eine Last zu tragen hatte. War es der

Abschied von Ebbo? Diese letzten Stunden, die im Haus der Hebamme zelebriert werden sollten? Hanna sah ein, dass sie nie wieder den Versuch zu machen brauchte, Elisa und Ebbo zusammenzuführen. In Zukunft musste es etwas anderes geben, mit dem sie sich die Freundschaft der Comtesse sicherte.

Hanna humpelte auf die beiden zu. »Ihr könnt ganz unbesorgt sein«, flüsterte sie, als Ebbo und Elisa auf Hörweite herangekommen waren. »Dr. Nissen schläft.«

»Und wie kommen wir ins Haus?«, fragte Ebbo.

»Das Fenster der Wohnstube ist nur angelehnt. Dort könnt ihr einsteigen. Als Dr. Nissen vom Abendessen zurück war, bin ich zu ihm gegangen, um ihm einen Tee für die Nacht zu kochen. Er war sehr erfreut darüber. Bei dieser Gelegenheit habe ich das Fenster geöffnet und die Tür zur Diele verschlossen. Sollte er euch bemerken, habt ihr auf jeden Fall Zeit genug, durch das Fenster zu fliehen.« Hanna wies zum Haus, obwohl das Fenster der Wohnstube auf der gegenüberliegenden Seite lag, nach Süden ausgerichtet. »Wenn ich etwas sehe, klopfe ich ans Fenster.«

Elisa nahm zum ersten Mal den Blick vom Boden und sah Hanna eindringlich an. »Diesmal wirst du deinen Platz nicht verlassen?«

Hanna hob die Finger. »Ich schwöre es.«

»Und du wirst hier bleiben? Vor dem Haus?«

Hanna verstand, was sie sagen wollte, und wiederholte: »Ich schwöre es.«

Mehr sprachen sie nicht. Elisa und Ebbo huschten ums Haus herum, Hanna blieb stehen, wo sie war. Sie würde ihren Schwur nicht brechen. Die Comtesse sollte wissen, dass ihre Gesellschafterin nichts tun würde, was ihr gefährlich werden könnte.

Geesche bewegte sich vorsichtig die Trift hinab. Nicht auf dem Weg ging sie, sondern im Gras, auf einem Weidensaum, manchmal auch hinter einem Gebüsch her, das ein Bauer gepflanzt hatte, um die Tränke seiner Tiere vor dem Wind zu schützen. Und immer hielt sie Ausschau, drehte sich oft zurück, lauschte nach vorn und hinten, hatte ihre Augen überall. Aber zum Glück war alles ruhig. Die meisten Sylter schliefen, diejenigen, die schwer arbeiten und bei Sonnenaufgang bereits wieder aufstehen mussten, sowieso, aber auch die Sommerfrischler hatten sich zur Ruhe begeben. Westerland bot nicht viel Zerstreuung für die Großstädter, die Besseres gewöhnt waren als ein Conversationshaus, wo gelegentlich ein kleines Orchester aufspielte, dessen Stehgeiger sich nach zehn die Augen rieb, weil er fünf Stunden später in einer Backstube seine Arbeit antreten musste. Über Sylt hatte sich die Nacht gesenkt. Geesche hoffte, dass auch die Arbeiter der Inselbahn sich zur Ruhe begeben hatten oder in irgendeiner Schenke saßen, wo sie von dem Mut reden würden, den sie allesamt aufbringen wollten, um sich an der Hebamme zu rächen. Aber vielleicht würde er sich schon am frühen Morgen abgekühlt haben, wenn ihre Frauen ihnen erklärten, dass es sinnvoller war, den Versprechungen Dr. Pollacseks zu glauben, der versichert hatte, die Löhne auszuzahlen, sobald das Geld vom Festland gekommen war. Und irgendwie würde man die Zeit bis dahin schon überstehen, wenn man sich mit dünner Getreidegrütze über Wasser hielt.

Als Geesche nach rechts in einen Weg einbog, der die Felder von zwei Bauern trennte, fühlte sie sich sicherer. Sie sehnte sich nach ihrem Zuhause, nach ihrem Bett, nach ihrem wohlgefüllten Wäscheschrank. Freda hatte recht. In ihrem Haus würde sie niemand vermuten. Sie musste nur vorsichtig sein, sehr vorsichtig. Leonard durfte sie genauso wenig bemerken wie jeder andere, der ihr Böses wollte.

Was wollte Leonard Nissen? Dachte er immer noch an das Eheversprechen, das sie sich gegeben hatten kurz vor ihrer Verhaftung? Wünschte er sich noch, mit ihr auf Sylt zu leben? War er noch bereit, mit ihr aufs Festland zu gehen? Geesche schüttelte diese Fragen ab, deren Antworten sie zu kennen glaubte. Dr. Leonard Nissen, der honorige, vermögende Arzt mit tadellosem Ruf, war kein einziges Mal zu ihr ins Gefängnis gekommen, um ihr etwas zu bringen, um sich zu vergewissern, dass es ihr gutging. Nein, er hatte sich die Hebamme von Sylt aus seinem Herzen gerissen! Aber ... würde er sie deshalb auch verraten? Geesche war sich nicht sicher. Besser war es, Leonards Loyalität nicht in Versuchung zu führen.

Am Ende der Weide hielt sie sich links und stieß schon nach wenigen hundert Metern auf den Kirchenweg, der sich nach beiden Seiten menschenleer erstreckte. Sie hielt den Kopf gesenkt, während sie zügig ausschritt, und atmete auf, als sie rechts abbiegen konnte. Sie näherte sich ihrem Haus! Nicht mehr lange, und sie würde erneut rechts abbiegen und auf ihr Haus zugehen können. Was morgen sein würde, das wollte sie sich jetzt nicht fragen. Erst schlafen! In einem weichen Alkoven, in frischen Laken ...

Doch ihre Gedanken wurden jäh unterbrochen. Erschrocken blieb sie stehen und lauschte. Eine feine Gänsehaut überzog ihren Körper, ein dünner Schweißfilm legte sich darüber. Sie war nicht mehr allein! Ganz genau spürte sie es. Da waren Geräusche, die nicht durch den Wind entstanden waren und nicht durch ein Tier. Geräusche, die ein Mensch verursachte, der vorsichtig durchs Gras stieg, um seine Schritte nicht hören zu lassen. Das Rauschen der Halme war vernehmlicher, länger, rhythmischer, als der Wind oder ein Tier es erzeugen konnte.

Geesche stand da wie angewurzelt. Was sie selbst wahrgenommen hatte, konnte auch der andere spüren. Wenn er ebenfalls ahnte, dass er nicht allein war, befand sie sich in großer Gefahr. Wer war der Mensch, der auf ihr Haus zuschlich? Ein Arbeiter der Inselbahn? Dann war die Gefahr sehr groß. Einer der Männer, von denen Freda gesprochen hatte? Wenn sie den Bütteln des Inselvogts in die Hände fiel, war sie ebenfalls verloren. Einfach umdrehen und fliehen? Nein, dazu war ihre

Sehnsucht zu groß. Und dann war da noch ihre Anspannung, die gewaltiger war als die Angst. Sie wollte wissen, wer sich anmaßte, in ihr Leben einzudringen.

Ihr wurde schnell klar, dass sie selbst nicht bemerkt worden war. Ihr Gespür hatte sie gewarnt, aber vermutlich war es zurzeit besonders ausgeprägt, weil sie sich nirgendwo sicher bewegen konnte. Der Mann, der sich kurz darauf für einen winzigen Augenblick vor dem Nachthimmel zu erkennen gab, der heller war als seine Gestalt, verhielt sich sorgloser. Anscheinend fühlte er sich in der Nacht geborgen. Als er sich duckte, konnte sie nur noch ahnen, wohin er sich bewegte. Sie folgte dieser Ahnung und bewegte sich mit ihm. Immer weiter auf ihr Haus zu. Und schon, als sie seine Silhouette erkennen konnte, meldete sich erneut ihr feines Gespür. Sie glaubte plötzlich, dass jemand in ihrem Haus war. Nicht an Leonard Nissen dachte sie, nein! Der Frieden ihres Hauses wurde gestört. Von wem?

Die Nacht hatte keine Farben. Die Natur hatte ihr Grün verloren, Geesches Haus sein Weiß, die Rosen auf dem Wall ihr Rot. Es gab nur Nachtschwarzes und das, was bei Tag so hell und farbig war, dass es bei Nacht seinen Schimmer nicht ganz verlieren konnte.

Hanna duckte sich so tief wie möglich hinter den Wall, der Geesches Haus umgab. Der Weg gehörte zu dem, was von der Nacht nicht verschluckt worden war, die getünchten Wände des Hauses ebenfalls, und wenn der Wind das Gras auffächerte, entstand eine Bewegung, die auch ein wenig Helligkeit weckte. Bis zu diesem Augenblick hatte Hanna angestrengt gelauscht, hätte am liebsten die Augen geschlossen, um den Ohren noch mehr Kraft zu geben, dann war sie sicher gewesen, dass etwas diese Nacht durchschnitt. Wenn sie auch voller Geräusche war wie alle Nächte auf Sylt – ein neues Geräusch war hinzugekommen, das nicht zur Nacht gehörte. Ein Knirschen auf dem Sandweg, ein Huschen in den Gräsern, ein kaum hörbares Saugen direkt über dem Boden, ein Atmen, das sich anhörte wie eine seufzende Brise, aber nicht sanft aushauchte, sondern sich verriet, indem er angehalten wurde, als hätte sich jemand erschrocken.

Und dann hörte sie nicht nur, sie konnte auch sehen: eine schattenhafte Gestalt, die sich geduckt mit großen, federnden Schritten vorwärtsbewegte. Vor der hellen Hauswand wurde daraus eine Gestalt mit Umrissen und Nuancen, mit Schärfen und verschwommenen Linien. Ein Mann! Er sah sich um, verlor allmählich das Angespannte, Geduckte, das Lauernde. Er hob den Kopf und schien seine Angst, entdeckt zu werden, verloren zu haben. Und nun sah sie, dass er einen Hut trug. Einen schwarzen Hut. Nicht einen dieser Hütte, die die Sommerfrischler am Strand trugen und lüpften, wenn sie einen Bekannten trafen. Nein, dieser Hut war anders. Ein, zwei winzige Augenblicke zeigte er sich scharf umrissen vor dem Nachthimmel, und Hanna erkannte, dass es ein Hut mit einer weichen Krempe war, die dem Mann in die Stirn und in den Nacken fiel. Und dann sah sie noch etwas: An dem Hut steckte eine Feder. Und auch sie war schwarz.

Obwohl Hanna wusste, dass die Nacht sich die Farben einverleibte, war sie doch sicher, dass der weite Umhang des Mannes ebenfalls schwarz war. Nicht von dunkler Farbe, sondern tiefschwarz. Auch seine Haare waren nicht dunkel, sondern schwarz, ebenso wie der Bart, der die untere Gesichtshälfte bedeckte. Sie glaubte sogar zu erkennen, dass auch seine Augen schwarz waren. Hatte sie zunächst gedacht, ein Arbeiter der Inselbahn wolle sich an Geesches Hab und Gut schadlos halten, so wusste sie nun, dass sie hier niemanden vor sich hatte, der auf Sylt zu Hause war. Nein, diesen Mann kannte Hanna nicht. Ein Strandräuber? Ja, so musste es sein. Strandräuber hatten kein Zuhause, sie lebten irgendwo in den Dünen und kleideten sich oft absonderlich. Sie trugen das, was sie angespülten Strandleichen abgenommen hatten, die aus anderen Ländern kamen, und manche zeigten es sogar voller Stolz, wenn sie nach Westerland kamen, und weideten sich dann an den konsternierten Gesichtern der braven Bürger, die an diesen außergewöhnlichen Attributen erkannten, dass sie Strandräuber vor sich hatten.

Hanna rechnete damit, dass der Mann zur östlichen Seite des Hauses schleichen würde, wo der Pesel war, aber er bewegte sich in genau entgegengesetzter Richtung um das Haus herum. Hannas Herz, das schmerzhaft gegen die Rippen geschlagen hatte, beruhigte sich allmählich. Wäre der Mann in den Pesel eingestiegen, würde es schwer sein, Ebbo und Elisa rechtzeitig zu warnen, die sich in der Wohnstube, direkt neben dem Pesel, aufhielten. Obwohl Hanna zunächst erleichtert war, wurde sie nun noch unruhiger. Warum interessierte sich der Mann für den westlichen Teil des Hauses? Hier befand sich das Gebärzimmer und das Fremdenzimmer, das Dr. Nissen bewohnte, außerdem der ehemalige Stall, der gerade erst im Begriff war, zu Fremdenzimmern zu werden. In diesem Teil des Hauses gab es keine Kostbarkeiten, nichts, was sich zu stehlen lohnte. Außerdem hielt sich dort der einzige Mensch auf, der das Haus zurzeit bewohnte, der einzige also, der den Dieb stören und stellen konnte. Von Ebbo und Elisa konnte er nichts wissen, aber dass Dr. Nissen als Sommergast bei Geesche Jensen wohnte, wusste jeder. Auch ein Strandräuber würde sich diese Kenntnisse verschaffen, ehe er in ein Haus einbrach.

Hanna stockte der Atem, als sie feststellte, dass die schwarze Gestalt sich ausgerechnet an Dr. Nissens Fenster zu schaffen machte. Es saß nicht fest im Schloss, die beiden Fensterflügel berührten einander lediglich, bildeten einen spitzen Winkel nach außen, durch den frische Nachtluft ins Zimmer gelangen konnte. Dr. Nissen hatte die Fensterflügel innen mit einem Riegel gesichert, aber als er leise quietschte, blieb trotzdem alles ruhig. Noch ein raues Schaben, ein kaum wahrnehmbares Knarren, dann war das Fenster geöffnet.

Hanna brach der Schweiß aus. Sie musste Ebbo und Elisa warnen! Andererseits durfte sie sich nicht bewegen, solange sie befürchten musste, dass der Mann sie entdeckte. Es blieb ihr nichts anderes übrig, als hinter dem Wall auszuharren und abzuwarten.

Beim Sprung in Dr. Nissens Zimmer war der fremde schwarze Mann bereits unbekümmerter. Hanna konnte hören, wie die Dielen unter seinen Füßen aufstöhnten. Dann folgten ein Rascheln, ein Scharren, ein fragender Laut. Dankbar sah Hanna, dass der Mann das Fenster hinter sich schloss, als wollte er allein sein mit dem, was er vorhatte. Dass das Knarren des Fensterschlosses sich in der Nacht verzehnfachte, schien ihn nicht zu kümmern. Dafür hatte Hanna nur eine Erklärung: Er wusste nicht, dass in diesem Zimmer ein Feriengast wohnte. Was, wenn Dr. Nissen aufwachte und einen Fremden vor seinem Bett stehen sah?

Als keine Bewegung mehr hinter dem Fenster zu erkennen war, nahm Hanna allen Mut zusammen. Am liebsten hätte sie sich noch tiefer geduckt, um zunächst abzuwarten, was geschah, und sicher sein zu können, dass der Mann sie nicht entdeckte. Aber sie wusste, wenn sie diese Chance verspielte, würde sie die Freundschaft der Comtesse endgültig verloren haben. Sie musste es riskieren!

Aus Dr. Nissens Zimmer drangen nun Laute, die sie nicht zu deuten wusste, aber sie konnte und wollte sich nicht darum kümmern. Eilig erhob sie sich und humpelte so schnell sie es vermochte, am Fenster der Küche vorbei, um die Hausecke herum, hinter der die Kellerkammer lag, das winzige Zimmer über dem einzigen Kellerraum des Hauses. Atemlos blieb sie stehen, um zu lauschen. Folgte ihr jemand? Öffnete sich Dr. Nissens Fenster wieder? Oder gar die Haustür?

Aber alles blieb still. Hanna schwankte am Fenster des Pesels vorbei und sah um die Ecke, ehe sie weiterhumpelte. Dann war sie vor dem Fenster der Wohnstube angekommen. Sie wusste, es war nur angelehnt, es würde sich leicht öffnen lassen. Und sie sah den schwachen Schein einer Kerze, die den Raum bis zum Alkoven in ein diffuses Licht tauchte. Hell genug, um die beiden weißen Körper zu erkennen …

XXII.

Katerina von Zederlitz griff sich stöhnend an den Kopf. »Diese Migräne! Heute ist sie unerträglich.«

Graf Arndt betrachtete seine Frau aufmerksam. Sie war sehr blass, die steile Kerbe zwischen den Augenbrauen grub sich so tief ein, dass er hoffte, Katerina würde nirgendwo ihr Spiegelbild entdecken. Natürlich wusste eine Dame ihres Standes, dass sie nicht die Stirn zu krausen hatte, weil das über kurz oder lang zu hässlichen Falten führen musste. Katerina hatte früh gelernt, Missbilligung, Verärgerung und auch Freude mit minimaler Mimik zum Ausdruck zu bringen. Und ihre Bemühungen hatten ihr Recht gegeben, noch immer hatte sie eine makellose Haut. Außer … sie litt unter ihrer Migräne. Dann sah sie nicht nur älter aus, sondern verlor auch einen großen Teil ihrer kühlen Schönheit. Daran erkannte Graf Arndt, dass seine Frau wirklich Kopfschmerzen hatte und nicht nur schlecht gelaunt war.

»Vielleicht solltest du auch schlafen gehen«, schlug er vor. »Elisa hat ebenfalls unter Kopfschmerzen gelitten. Sie ist sehr früh zu Bett gegangen und schläft schon tief und fest. Morgen wird sie gut erholt aufwachen.«

Aber Katerina wollte davon nichts hören. »Bei meinen Kopfschmerzen ist an Schlaf überhaupt nicht zu denken!«

Arndt seufzte. »Ja, die Verlobungsfeier war anstrengend. Dann die Sache mit deinem Collier und schließlich die Einweihung des Gedenksteins … das war zu viel für dich.«

»Aber wir konnten unmöglich fehlen.« Katerina schien sich

in Erinnerung an dieses Ereignis zu beleben. »Findest du nicht auch, dass Alexander und Elisa ein schönes Paar sind?«

Arndt bestätigte es eilig, wie er alles bestätigt hätte, was Katerinas Wohlbefinden zuträglich gewesen wäre. Er hatte sogar die Hoffnung, dass das Ziel, das mit Elisas Verlobung erreicht worden war, zu derart angenehmen Gedanken führte, dass die Migräne in Vergessenheit geriet.

Aber da hatte er sich getäuscht. Katerinas Gesicht nahm erneut den zerquälten Ausdruck an. »Ich brauche ein Medikament.«

»Soll ich zu Herrn Roth schicken lassen? Du weißt, er war Apotheker, ehe er nach Sylt zog. Vielleicht kann er dir helfen.«

»Nein, ich brauche einen Arzt.«

Arndt spürte, wie der Unwille in ihm aufstieg. »Warum lässt du dir nicht von Rosemarie oder Eveline helfen? Kalte Umschläge tun dir sonst gut.«

Ihr Blick war vernichtend. »Ich brauche einen Arzt.«

»Du weißt, dass es auf Sylt keinen Arzt gibt. Schon im letzten Jahr hast du darüber gejammert.«

Nun wurde ihr Blick noch schärfer. Katerina von Zederlitz jammerte nicht, sie war aufgrund ihrer Sensibilität so schmerzempfindlich, dass ihre Migräne im Nu unerträglich wurde!

Arndt hob beschwichtigend die Hände. Ja, er hatte einen schweren Fehler begangen, indem er dieses Wort gewählt hatte. Jammern war etwas für Dienstboten. Katerina litt stilvoll und fühlte sich ausgezeichnet durch die Fähigkeit, leiden zu können, ohne zu jammern.

»Natürlich gibt es einen Arzt«, sagte sie. »Lass bitte Dr. Nissen kommen.«

Arndt erhob sich abrupt. »Dr. Nissen ist Feriengast.«

»Er hat seine Bereitschaft erklärt, mir zu helfen, wenn es mir schlechtgeht. Wir müssen ihn deswegen bei Gelegenheit zum Dinner einladen. Bitte, erinnere mich daran. Bei diesen Kopfschmerzen könnte ich es vergessen.«

Graf Arndt betrachtete seine Frau kopfschüttelnd. »Zu dieser späten Stunde soll ich ihn kommen lassen? Ich wüsste nicht einmal, wohin ich den Kutscher schicken sollte. Dr. Nissen speist mal in diesem, mal in jenem Restaurant.«

»Roluf soll zum Haus der Hebamme fahren. Vielleicht trifft er ihn dort an. Wenn nicht, soll er eine Nachricht hinterlassen.«

»Bei wem? Du weißt, dass die Hebamme verhaftet wurde?«

Wieder griff Katerina sich an den Kopf. »Rede nicht von so schrecklichen Dingen.«

Arndt schwieg folgsam, betrachtete die schmalen Finger seiner Frau, die nervös über die Schläfen strichen, schloss wie unter einem blendenden Lichtstrahl die Augen und lauschte auf das Rascheln des Taftkleides. Das Synonym für Heimat, Behaglichkeit und Sicherheit.

Erschrocken riss er die Augen wieder auf, als das leise Rascheln plötzlich zu einem scharfen Knistern wurde. Katerina hatte sich erhoben und funkelte ihn wütend an. Eine unglaubliche Kraftanstrengung angesichts ihres Zustandes. »Dann werde ich mich also selbst darum kümmern.«

Schon stand Graf Arndt neben seiner Frau. »Liebes! Nein! Lass mich das machen!« Er griff nach ihren Schultern und drückte sie sanft in den Sessel zurück. Nun fiel wieder das Licht der Petroleumlampe auf ihren Scheitel, auf diese feine Linie weißer Kopfhaut, die ihn rührte, weil sie ihm derart mädchenhaft und zart erschien, dass er ihr am liebsten mit den Fingern nachgefahren wäre. Aber natürlich hütete er sich vor einer derart intimen Berührung. Katerina würde ihm das Teeglas an den Kopf werfen.

»Ich werde Eveline Bescheid sagen, damit sie sich um dich kümmert, während ich nach Dr. Nissen suche.«

Katerina sah ihn verblüfft an. »Du selbst?«

»Das bin ich Dr. Nissen schuldig. Soll er von unserem Kutscher beim Dinner gestört werden? Oder in einem interessanten Gespräch? Wenn er schon behelligt werden muss, möchte ich ihm die Ehre erweisen, das höchstpersönlich zu tun. Das ist ein Gebot der Höflichkeit.«

Katerina stieß einen Seufzer aus, der zustimmend klang. Dann schloss sie die Augen und ließ sich zurücksinken.

Graf Arndt wies Eveline, die gerade das Haus verlassen wollte, an, sich um seine Frau zu kümmern, dann befahl er Rosemarie, die sich ebenfalls auf den Feierabend vorbereitete, dafür zu sorgen, dass der Kutscher anspannte. Er selbst ging in sein Zimmer, um die bequeme graue Hausjacke gegen ein hellbraunes Jackett zu tauschen, das ihm angemessen erschien. Formell natürlich, aber nicht elegant.

Ebbo fühlte sich so stark, wie die Liebe ihn seit langem machte, und so schwach, wie ihn die Liebe in diesem Sommer machte. Stark, weil die Liebe ihn über alle anderen erhob, und so schwach, dass er sich wünschte, dieser Abschied, dieser letzte Abend mit Elisa möge zu Ende gehen, damit der Schmerz, der ihn so schwächte, wieder zur Sehnsucht wurde, die ihn aufrichten konnte. Dass es eine unerfüllbare Sehnsucht sein würde, war nicht wichtig. Sich nach etwas zu sehnen hieß immer, eine winzige Hoffnung zu haben. Ebbo wollte nicht darüber nachdenken, wie unsinnig diese Hoffnung war. Er wusste, dass sie flackerte wie die Kerze, die er auf den Tisch gestellt hatte. Dass sie irgendwann erlöschen könnte, daran wollte er nicht denken.

Still lag er neben Elisa, ihre Hand in seiner, seine Haut an ihrer, und starrte an die Decke von Geesches Alkoven. Er wusste, dass Elisa denselben Punkt im Auge hatte, dass sie beide auf das winzige Astloch starrten, das sich in der hölzernen Verkleidung direkt über ihnen befand. Er sog den Geruch des Raumes ein, der ein wunderbares Gemisch aus den Gerüchen der Küche und der Geruchlosigkeit des Pesels war, und lauschte auf die Geräusche der Insel, die von weither kamen. Sie waren ihm einerseits vertraut, hörten sich aber andererseits in Geesches Haus ganz anders an als in der Kate seiner Mutter. So sehr er sich auch bemühte, es war ihm nicht gelungen, aus Geesches Alkoven etwas Vertrautes zu machen, indem er sich mit Elisa hierhin zurückzog. Der Alkoven war fremd geblieben. Er gehörte nicht zu ihnen, sie hatten sich seiner bemächtigt, waren hier eingedrungen, ohne um Erlaubnis zu bitten, hatten damit all das Unerlaubte verdoppelt und verdreifacht. Ebbo wollte, er hätte nicht auf Hanna gehört, nicht an die Bequemlichkeit und die Sicherheit gedacht, sondern sich mit Elisa auch diesmal in der Natur versteckt. Dort wären sie zwar nicht so geschützt gewesen, aber das Fleckchen, das sie sich ausgesucht hätten, wäre nicht der Besitz eines anderen gewesen.

»Wir werden immer zusammenbleiben«, sagte er hilflos, ohne den Blick von dem Astloch zu nehmen. »In unserer Erinnerung.«

»Die kann uns keiner nehmen«, gab Elisa zurück. Das hatte sie schon mehrmals gesagt, in immer größerer Verzweiflung, immer nachdrücklicher, als könnte es wahr werden, je öfter sie behauptete, es sei möglich, den Rest des Lebens in einer Erinnerung zu verbringen.

Ebbo umschloss ihre Hand fester und spannte einen Muskel an, damit er näher an sie heranrücken und ihre Haut noch deutlicher spüren konnte, ohne sich bewegen zu müssen.

»Es ist gut, dass wir diesen Abschied haben«, sagte Elisa. »Ich hätte es nicht ertragen, dich nie wiederzusehen.«

»Du bist ein großes Risiko eingegangen.«

Elisa schwieg eine Weile, dann antwortete sie: »So groß ist das Risiko nicht. Alexander würde mich ja verstehen.«

Ebbo merkte, wie der Unwille wieder in ihm aufstieg. Er war in seiner Magengegend entstanden, als Elisa ihm erklärt hatte, warum der Fürst von Nassau-Weilburg mit der Entdeckung, die er in den Dünen gemacht hatte, so kaltblütig umging, und nun war dieser Unwille in seinem Herzen angekommen. »Was soll das für eine Ehe werden?«, fragte er. »Er wird bei jeder Gelegenheit seine Geliebte von der Küche ins Bett holen … und du?«

»Ich könnte das Gleiche mit dem Stallburschen tun«, gab Elisa so leise zurück, dass Ebbo sie kaum verstehen konnte. »Muss ich Alexander nicht dankbar sein? Ich weiß nun, worauf ich mich einlasse. Die Enttäuschung, nach meiner Hochzeit zu entdecken, dass er eine andere liebt, bleibt mir erspart.«

Ebbo drehte sich auf die Seite, stützte sich auf einen Ellbogen und sah Elisa ins Gesicht. Er starrte in ihre Augen, folgte dem Schwung ihrer Brauen, prägte sich ihren Haaransatz ein, hielt dann mit der Zunge die Form ihrer Lippen fest. »Ich kann nicht.«

Ihr kleines, festes Kinn, das Grübchen am unteren Hals, das schimmernde Dekolleté, ihre weißen Brüste, das alles betrachtete er in dem Bewusstsein, es zum letzten Mal zu sehen. Seine Hand fühlte zum letzten Mal das Heiße, Feuchte ihres Schoßes, dann ergänzte er: »Ich kann meine Mutter nicht allein lassen. Und Hanna auch nicht.«

»Sie ist nicht deine Mutter. Und Hanna ist nicht deine Schwester.«

»Freda war immer wie eine Mutter zu mir. Und Hanna ist mir immer eine Schwester gewesen. Sie brauchen mich. Jetzt, wo Geesche nicht mehr da ist, brauchen sie mich umso mehr.«

Elisa schwieg. Aber Ebbo spürte, dass sie die Beine anzog, dass ihre Hand schlaff wurde, dass ihr Atem sich veränderte. Sie begann, sich von ihm zu lösen. Der Abschied war da.

»Ich könnte es auch nicht ertragen«, fuhr er hastig fort, »dich ständig neben ihm zu sehen. Du wirst seine Kinder bekommen. Oder …« Er ließ seine Hand an ihrem Schoß, obwohl er auch dort merkte, dass sie sich zurückzog. »Oder du bekommst Kinder, die auch meine sein könnten. Wie soll ich das aushalten?«

Elisa wollte etwas sagen, aber plötzlich ging ein Ruck durch ihren Körper. Er versteifte sich, ihre Augen gingen durch Ebbo hindurch. »Pscht.«

Nun hörte er es auch. Ein feines Knirschen, ein Rascheln, eine Bewegung an der Hauswand. Er ballte die Fäuste, ohne es zu merken. Ein Fremder? Hanna, die sie erneut belauschen und beobachten wollte? Oder Hanna, die gekommen war, sie zu warnen?

In diesem Moment klopfte es ans Fenster. »Das muss Hanna sein!«, flüsterte Ebbo und sprang aus dem Bett.

Er erkannte seine Schwester, kaum dass er sein Gesicht an die Fensterscheibe gedrückt hatte. So geräuschlos wie möglich öffnete er es.

»Ihr müsst verschwinden«, zischte Hanna. »Gerade ist jemand ins Haus eingestiegen.«

Ebbo starrte sie verblüfft an. »Wer?«

»Ich habe ihn nicht erkannt. Er ist in Dr. Nissens Zimmer. Die Tür der Wohnstube habe ich zwar abgeschlossen, aber er kann durch die Küche in den Pesel kommen. Wenn er etwas stehlen will, wird er auf jeden Fall in den Pesel gehen. Und von dort in die Wohnstube.«

Ebbo gab einen zustimmenden Laut von sich, dann schloss er das Fenster genauso leise wieder, wie er es geöffnet hatte. Als er sich umdrehte, sah er, dass Elisa bereits dabei war, sich anzukleiden. Ebbo hätte schreien können vor Enttäuschung. Dieser große Abschied! Sollte er nun klein und nichtssagend werden, weil es plötzlich nur noch darauf ankam, ungesehen zu verschwinden?

»Es ist gut so«, sagte Elisa, die seine Gedanken erkannte. »Das macht es leichter für uns.«

Schon hatte sie sich ihren Umhang umgelegt, während Ebbo noch in seine Hosen stieg und die Träger über die Schultern zog. Elisa hob bereits ein Bein über die Fensterbrüstung, schüttelte aber die Hilfe ab, die Hanna auf der anderen Seite leisten wollte. Ebbo wartete, bis Elisa sicher auf der Erde angekommen war, dann folgte er ihr.

Schwer atmend lehnten sie sich aneinander und lauschten. War etwas zu hören? Etwas Verräterisches?

Aber Hanna ließ ihnen keine Zeit. »Ihr müsst weg«, zischte sie ein weiteres Mal. »Schnell!«

Ebbo zögerte, aber Elisa griff nach seiner Hand. »Hanna hat recht! Bring mich nach Hause.«

Ebbo zog sie vom Haus weg. »Wir nehmen nicht den Weg, das ist zu gefährlich. Wir gehen hinten durch die Felder. Da wird uns niemand sehen. Ein Umweg zwar, aber sicherer.«

Ebbo berührte kurz Hannas Arm, Elisa jedoch hinterließ für Hanna keine Geste, keinen Blick, kein Wort. Enttäuscht starrte sie den beiden nach, die schon nach wenigen Augenblicken nicht mehr zu sehen und zu hören waren.

Geesche hatte sich zurückgezogen, jetzt wagte sie sich wieder Schritt für Schritt näher an ihr Haus heran. Sie war sogar geneigt, sich einzureden, dass sie von all ihren Beobachtungen genarrt worden war. Hatte sie wirklich einen Menschen gesehen? Geräusche gehört, die ihr verdächtig vorgekommen waren? Und konnte es wirklich sein, dass jemand in ihrem Haus war? Geesche schüttelte den Kopf. Die Sehnsucht war zu groß, zu übermächtig. Nein, sie wollte nicht, dass sich ihr jemand dort in den Weg stellte, wo sie sich am sichersten fühlte.

Vorsichtig blieb sie trotzdem. Obwohl mittlerweile alles ruhig war, obwohl sie kein verdächtiges Geräusch vernahm, obwohl von den Bewegungen, die sie geängstigt hatten, nichts mehr zu sehen war, erlaubte sie sich nicht, über den Weg auf ihr Haus zuzugehen. Sie blieb auf dem großen Weidenstück, wo ihre Schritte nicht zu hören waren und sie sich ins Gras legen konnte, damit sie nicht gesehen wurde.

Tatsächlich warf sie sich blindlings vornüber, als sie das Geräusch hörte. Sie wusste nicht, was an ihre Ohren drang, konnte nicht erkennen, ob es eine Gefahr darstellte, wusste nur, dass alles, was in dieser Nacht fremd war, für sie gefährlich sein konnte.

Bebend lag sie da und versuchte, ruhig zu atmen. Den Kopf zu heben wagte sie nicht. Sie blieb so liegen, das Gesicht ins Gras gedrückt, alle Sinne auf ihr Gehör konzentriert. Es rauschte in ihren Ohren, trotzdem traute sie sich zu, die vertrauten Töne der Nacht von anderen zu unterscheiden. Dazu war das kurze, komprimierte Stöhnen zu angsterregend gewesen, das Scharren zu durchgreifend, das leise Klirren zu drohend. Dann das Kratzen auf rauem Putz, der dumpfe Fall, der von einem Sprung herrühren musste. Vorsichtig hob sie den Kopf, starrte in die Dunkelheit, aus der sich langsam wieder die hellen Wände ihres Hauses lösten. Jemand war gesprungen! Aus einem Fenster? Irgendetwas geschah in ihrem Haus, was sie sich nicht erklären konnte.

Langsam hob sie sich auf die Knie. Ihr war, als kämen Schritte auf sie zu, als gäbe es wieder das rhythmische Rauschen in den Halmen und das Saugen von Fußsohlen auf dem Boden. Und dann glaubte sie sogar, eine Bewegung zu erkennen, etwas Schwarzes, Vibrierendes, Huschendes, was sich in einem Wirbel um sich selbst drehte und anschließend verschwand.

Dann … Stille. Vorsichtig richtete sie sich auf, warf sich aber gleich darauf wieder zu Boden. Schritte, die zunächst nur eine Vermutung waren, näherten sich so zügig, dass sie bald sicher sein konnte. Jemand kam auf das Haus zu. Jemand, der erst wenige Meter vorher stehen blieb und plötzlich darauf bedacht war, sich leise zu verhalten.

Geesche hob den Kopf. Auf dem Weg stand ein Mann. Sie erkannte schwarze Hosenbeine und glänzende schwarze Schuhe. Er schien sich umzublicken, als wollte er sichergehen, dass er allein war. Dann ging er auf das Haus zu, als wüsste er, dass sich dort niemand aufhielt. Er machte keine Anstalten, sich leise zu verhalten, und er schien genau zu wissen, was er wollte. Geesche stützte den Oberkörper auf und strengte ihre Augen an. Sie sah, dass der Mann an der Eingangstür vorbeiging, ohne zu überprüfen, ob sie verschlossen war. Ein paar Meter weiter blieb er stehen. Direkt vor Leonard Nissens Fenster. Nachdenklich betrachtete er es, dann versuchte er, einen Fensterflügel zu öffnen. Und als er sich zur Seite drehte und sein Profil sich vor der hellen Hauswand abhob, wusste Geesche mit einem Schlage, wen sie vor sich hatte. Dr. Pollacsek! Was fiel dem Kurdirektor ein, in ihr Haus einzusteigen?

Anscheinend hatte Leonard sein Fenster nicht verschlossen. Dr. Pollacsek hatte keine Mühe, es zu öffnen. Das Knarren der Scharniere schien ihn nicht zu kümmern. Wenn er sich nicht darum sorgte, dass Leonard geweckt wurde, dann glaubte er anscheinend, dass er nicht daheim war. Was wollte der Kurdirektor in ihrem Haus?

Geesches Empörung war so groß, dass sie darüber beinahe ihre Vorsicht vergessen hätte. Es war schrecklich, mit ansehen zu müssen, wie sich jemand das Recht nahm, in ihr Haus einzudringen. Nur, weil sie als Betrügerin, Diebin und sogar Mörderin galt? Das gab Dr. Pollacsek nicht das Recht, den Frieden ihres Hauses zu brechen!

Sie biss sich auf die Lippen, um nicht aufzustöhnen, als sie sah, dass Dr. Pollacsek, der kein sportlicher Mann war, sich einen Blumentopf heranholte, ihn umkippte und daraufkletterte, um anschließend mühelos in Leonards Zimmer steigen zu können. Geesche wäre gern näher herangeschlichen, rührte sich jedoch nicht. Was würde jetzt geschehen? Wollte der Kurdirektor durch ihr Haus gehen und sich nehmen, was ihm gefiel? Er war gut bekannt mit Leonard Nissen. Vermutlich wusste der Kurdirektor, dass er nicht zu Hause war, und hatte damit gerechnet, dass er sein Fenster nicht fest verschlossen hatte, obwohl er nicht im Hause war. Merkwürdig … so unachtsam verhielt sich Leonard sonst nie.

Geesche wartete darauf, dass es irgendwo im Hause hell wurde, dass Dr. Pollacsek eine Kerze anzündete, um sich ihre Besitztümer genauer anzusehen … da hörte sie etwas, was ihr eine Gänsehaut über den Rücken jagte. Einen Schrei!

Im Fenster des Fremdenzimmers entstand Bewegung. Dr. Pollacsek war zu sehen, der sich bemühte, das Haus so schnell wie möglich wieder auf dem Weg zu verlassen, auf dem er dort eingedrungen war. Anscheinend gab es auf der anderen Seite nichts, was ihm das Erklimmen der Fensterbank erleichterte. Er warf sich einfach bäuchlings darüber, versuchte ein Bein auf die andere Seite zu heben, geriet ins Straucheln und landete unsanft und mit großem Gepolter auf dem Blumentopf, den er vorher unters Fenster gestellt hatte. Aber der Lärm, den er verursachte, schien ihn nicht zu kümmern. Mit erstaunlicher Behändigkeit richtete er sich auf und stöhnte so laut, dass Geesche es trotz der Entfernung hören konnte. Dann setzte er sich in Bewegung, und sie duckte sich wieder so tief wie möglich ins Gras. Dr. Pollacsek begann zu laufen, das konnte sie hören. Er lief immer schneller, auch das war zu hören. Und als sie es wagte, den Kopf zu heben, sah sie, dass er schon an der Stelle vorbeigelaufen war, an der sie sich verbarg. Sie richtete sich auf und sah ihm nach. Trotz der Dunkelheit und obwohl sie ihn nur von hinten sehen konnte, glaubte sie, dass Dr. Pollacsek etwas Schreckliches erlebt hatte.

Als er weit genug entfernt war, hob sie sich auf die Knie. Hatte der Schrei jemanden angelockt? War einer der Nachbarn auf den fliehenden Kurdirektor aufmerksam geworden?

Aber in den Häusern, die von hier aus zu sehen waren, regte sich nichts. Doch gerade als Geesche sich sicherer fühlte und zu der Ansicht gekommen war, dass sie es wagen konnte, ins Haus zu gehen, sah sie etwas, was alles Schreckliche noch schrecklicher machte. Eine Gestalt bewegte sich an der östlichen Hausecke und ging dann, vorsichtig einen Schritt vor den anderen setzend, an der Hausfront entlang. Ganz leise, aber unverkennbar hörte Geesche das vertraute Tohk-tik. Es schwieg erst, als Hanna vor dem Fenster des Fremdenzimmers angekommen war. Geesche sah, wie sie sich in das Zimmer beugte. So weit, dass ihre Füße sich vom Boden lösten, dass sie beinahe das Gleichgewicht verlor und nur mühsam und zappelnd die Füße wieder zu Boden brachte. Hanna presste die Fäuste vor den Mund, und als sie sich umdrehte, hörte Geesche sie würgen. Tohk-tik, tohk-tik! Immer schneller wurde der Rhythmus. Hanna Boyken floh. Tohk-tik! Warum und vor wem?

Wieder presste Geesche ihr Gesicht ins Gras und versuchte, das Geräusch zu ignorieren. Tohk-tik! Als es endlich verklungen war, kam es ihr so vor, als habe sie minutenlang die Luft angehalten.

Plötzlich war ihre Angst, entdeckt, verhaftet oder gar gelyncht zu werden, wie weggeblasen. Was ging in ihrem Haus vor? Was hatte Hanna hier zu suchen? Geesche musste es wissen! Koste es, was es wolle!

Sie ging auf das Fenster des Fremdenzimmers zu, als würde sie von einer unsichtbaren Schnur dorthin gezogen. Die Fensterflügel standen offen, trotzdem öffnete Geesche sie noch weiter. So weit wie möglich. Sie schaute hinein, konnte aber nichts erkennen außer einer verschwommenen Dunkelheit und den umrisshaften Gegenständen, die sie kannte. Ein Schrank, ein Tisch mit einem Stuhl, ein Bett. Auf dem Bett lag jemand. Leonard war also doch zu Hause! Warum war Dr. Pollacsek dennoch so unbesorgt gewesen?

Bewegungslos blieb Geesche stehen. Ein merkwürdiger Geruch stieg ihr in die Nase. Es roch nach Endgültigkeit, nach dem Ende, nach … Tod. Der Gedanke überwältigte sie wie ein unfairer Angriff. Tod? Sie konnte sich nicht dagegen wehren, duckte sich nicht, floh nicht. Tod! Ohne sich um Geräuschlosigkeit zu bemühen, zog sie den Blumentopf heran, den Dr. Pollacsek umgestoßen hatte. Dann starrte sie wieder ins

Zimmer und wartete, dass Leonard aufwachte und sich bewegte. Aber nichts geschah.

Nun stieg sie ins Zimmer, so wie Dr. Pollacsek es getan hatte. Und als sie an das Bett trat, überfiel sie die gleiche Angst, unter der der Kurdirektor geflohen war. Leonard Nissen war tot. In seinem Leib steckte ein Messer, aus der schrecklichen Wunde tropfte Blut. Es sickerte über das Laken und die Bettkante. Und nun hörte Geesche auch das rhythmische Tropfen. Leonard Nissen war noch nicht lange tot.

XXIII.

Die Schenke, in die Marinus eingekehrt war, hieß »Zum Alten Jennes« und lag in der Nähe der Kirche St. Niels. Diese Nachbarschaft hatte ihr den Ruf des Anrüchigen erspart, der vielen anderen Gastwirtschaften anhaftete, in denen Familienväter genötigt wurden, das Geld für Bier auszugeben, das ihre Frauen für den Unterhalt der Familie brauchten. Im »Alten Jennes« jedoch verkehrten auch die Honoratioren, die nach dem Gottesdienst hier zu einem Frühschoppen einkehrten, der nur so lange dauerte, bis die Familie sich zum Sonntagsessen zusammenzufinden hatte. Manche Ehefrau schickte dann notfalls eins der Kinder in den »Alten Jennes«, um den Vater an den heimischen Herd zu holen, was in anderen Schenken niemals geschehen wäre, deren Ruf viel zu schlecht war. Aber dort, wo sich sogar der Pfarrer gelegentlich nach dem Gottesdienst blicken ließ, konnte nichts geschehen, was für Kinderaugen nicht geeignet war.

Marinus hatte sich an einem der Holztische niedergelassen und sich ein Bier bestellt, das ihm von einer jungen Frau gebracht wurde, die ihn neugierig ansah. »Arbeitest du für die Inselbahn?«

Marinus schüttelte den Kopf, weil er nicht über den Diebstahl der Lohngelder reden wollte, nicht über Geesche, die immer noch im Verdacht stand, und erst recht nicht über ihren Ausbruch aus dem Gefängnis. Außerdem hatte er der Serviererin die Wahrheit gesagt, befand er zufrieden, denn tatsächlich war es mit seiner Arbeit für die Inselbahn ja vorbei.

Wie lange er am Meer gesessen und nachgedacht hatte, konnte er nicht mehr sagen. Vom Sonnenuntergang war er schließlich aufgerüttelt worden und von dem kühlen Wind, der sich gleich darauf erhoben hatte. Ins Haus seines Bruders hatte er jedoch nicht zurückkehren wollen, und so war er am Strand entlang gelaufen, durch die Dünen, mal Richtung Wenningstedt, dann wieder Richtung Heide, so weit, dass er das Watt schon sehen konnte. Aber Geesche hatte er nirgendwo entdeckt. Immer wieder hatte er sich auf einen Dünenkamm gestellt, sich dargeboten, damit Geesche ihn, falls sie sich irgendwo versteckte, sehen konnte – aber alles war vergeblich gewesen. Marinus wusste nicht mehr weiter. Geesche war verschwunden, seinen Bruder hatte er ebenfalls, wenn auch auf andere Weise, verloren, und er selbst war zu einem Mann geworden, der für den Tod eines anderen verantwortlich war. Sein Leben war in einem Moment, den er nicht kennzeichnen konnte, ins Rutschen geraten, und er war nun auf dem besten Wege, in die Hölle zu fahren.

Um ihn herum waren alle Tische besetzt. Er war froh, dass niemand auf die Idee gekommen war, sich zu ihm zu setzen. Anscheinend war seine Miene abweisend genug, um klarzustellen, dass mit ihm kein unterhaltsames Gespräch zu führen war. Marinus war froh darüber und nahm sich vor, die Verdrießlichkeit nicht aus seinem Gesicht zu wischen, selbst dann nicht, wenn das Bier ihn allmählich duldsamer und phlegmatischer machen sollte.

Vorsichtig sah er sich um, darauf bedacht, keinen Blick zu erwidern, damit niemand auf die Idee kam, dass er doch auf Gesellschaft aus war. Er fühlte sich nicht wohl hier, obwohl die

Schenke angenehm sauber und einigermaßen behaglich eingerichtet war. Aber wo sollte er hin? In das Haus seines Bruders würde er erst zurückkehren, wenn es so spät geworden war, dass dort niemand mehr wach war. Am liebsten würde er nie wieder einen Schritt über die Schwelle setzen! Er nahm sich vor, so bald wie möglich nach einer anderen Unterkunft Ausschau zu halten. Arndt hatte ihm so viel Geld gegeben, wie er von ihm verlangt hatte, um Geesche retten und auf das Festland bringen zu können. Nun würde er dieses Geld dafür nutzen, um sich woanders einzumieten. Am liebsten wäre er natürlich nach Munkmarsch gefahren, um dort einen Dampfer zu nehmen, aber solange er nicht wusste, welches Schicksal Geesche ereilt hatte, kam das nicht in Frage. Wenn sie vor Hauke geflohen war, würde sie alles daransetzen, sich mit ihm in Verbindung zu setzen! Und wenn er nichts von ihr hörte, dann musste er sich wohl damit abfinden, dass Hauke Bendix den Auftrag seines Bruders ausgeführt hatte. Er hatte Geesche getötet, damit Arndts Schuld nicht ans Tageslicht kam, und sie irgendwo verscharrt, wo sie niemals gefunden werden konnte. Sein Bruder! Der Mensch, der ihm nach Geesche der wichtigste war …

Die Tür öffnete sich, ein Schwall kühler Luft kam mit dem späten Gast herein, der kurz auf der Schwelle stehen blieb und sich umsah, ehe er eintrat und die Tür hinter sich schloss. Marinus hatte nicht auf sein Erscheinen reagiert und sah nun unwillig auf, als er sich an seinen Tisch setzte. Er wollte allein bleiben!

Aber dann sackte seine Kinnlade herab, und als er etwas sagen wollte, merkte er, wie betrunken er bereits war. Die Worte wollten ihm einfach nicht über die Lippen kommen.

»Vertrinkst du hier mein Geld?«, fragte Graf Arndt von Zederlitz.

Marinus starrte ihn lange an, ehe er antworten konnte. »Was machst du hier? Hast du mich gesucht?«

Arndt schüttelte den Kopf. Dann rief er der Serviererin eine Bestellung zu, die ihm kurz darauf ein Bier vorsetzte.

Arndt zog seine Rechte unter dem Tisch hervor, die er bis dahin dort verborgen gehalten hatte. Sie war voller Blut. »Bringen Sie mir bitte etwas, womit ich meine Hand verbinden kann«, bat er die junge Frau.

Sie betrachtete die Wunde erschrocken. »Soll ich eine Kräuterfrau holen?«

Aber Arndt wehrte ab. »Es ist nur ein kleiner Schnitt. Ich habe mich an der Deichsel verletzt.« Er bedachte Marinus mit einem schiefen Lächeln. »Wahrscheinlich hätte ich doch besser den Kutscher gebeten, mich zu fahren.«

Die Serviererin verstand und kam kurz darauf mit einem Stück Leinentuch zurück, das sie ihm um die Hand band.

»Setzen Sie es nachher auf die Rechnung«, sagte Graf Arndt.

»Sehr wohl, Herr Graf«, gab die Serviererin zurück, die Arndt augenscheinlich erkannt hatte.

Bis sie mit dem Verbinden fertig war, hatte Arndt geschwiegen und seinen Bruder betrachtet, der in sein Glas starrte und verzweifelt versuchte, aus dem Tal seiner Trostlosigkeit herauszukriechen, um noch ein paar wichtige Worte zu sprechen, bevor er sich wieder zurückfallen lassen und nichts dagegen unternehmen würde, in diesem Tal zu versinken.

»Warum kommst du nicht nach Hause?«, fragte Arndt.

Marinus spuckte ein Lachen aus. »Nach Hause? Wo ist das? Bei dir? Ganz bestimmt nicht!«

»Was ist passiert? Wo ist Geesche Jensen? Ist dein Plan gescheitert?«

Marinus starrte seinen Bruder an, als überlegte er, ob er ihn schlagen oder anspucken sollte. »Willst du von mir erfahren, ob sie tot ist? Hauke Bendix kann dir ja nicht mehr sagen, ob er deinen Auftrag ausgeführt hat. Vielleicht hat er's noch geschafft, bevor er starb. Dann hast du Glück. Das Collier, das er dafür bekommen hat, befindet sich wieder in Katerinas

Schmuckschatulle. Du bist wirklich ein Glückspilz! Dir gelingt einfach alles.«

Arndt starrte ihn an. »Du glaubst …« Er brach ab, als wollte er erst seine Stimme unter Kontrolle bringen, die schrill begonnen hatte, wie es bei ihm sonst nicht vorkam. Als er weitersprach, klang sie wieder so dunkel und ruhig, wie Marinus sie kannte. »Das Collier ist gestohlen worden! Du warst doch heute Nachmittag dabei, als es zurückgebracht wurde. Hauke Bendix hatte seinen Bruder besucht und dabei die Gelegenheit genutzt, Katerina den Schmuck zu stehlen.«

Marinus schüttelte den Kopf, aber er fühlte sich außerstande, auf seiner Ansicht zu beharren und Arndt zu beweisen, dass er ein Mann war, der einen anderen zum Mord anstiftete. Wenn diese Begegnung mit seinem Bruder zu erwarten gewesen wäre, hätte er nicht so viel Bier getrunken.

»Du hattest Angst, dass Geesche am Ende doch verrät, woher sie das viele Geld hat«, brachte er mühsam über die Lippen.

Arndt nickte. »Natürlich hatte ich Angst davor. Auch deswegen war ich damit einverstanden, dass du sie aus dem Gefängnis holst.« Er sah Marinus so lange an, bis der unter seinem Blick zusammenschrumpfte. »Traust du mir das wirklich zu?«

Marinus wollte nicht so klein werden, wie er sich oft in der Gegenwart seines Bruders gefühlt hatte. »Wer sein eigen Fleisch und Blut verrät …«

»Pscht!« Arndt sah sich um, schien dann aber beruhigt zu sein, weil niemand ihrem Gespräch Aufmerksamkeit schenkte. »Trotzdem bin ich niemand, der einen Mord in Auftrag gibt.« Und in der gebotenen Lautstärke, mit dem gebotenen Duktus fuhr er fort: »Nun sag schon, wo Geesche Jensen ist.«

»Ich weiß es nicht. Als ich in die Hütte kam, war sie weg. Entweder hat Hauke Bendix sie vertrieben oder umgebracht.«

Arndt sah ihn so erschrocken an, dass Marinus so etwas wie Wärme in seinem Innern fühlte, die seiner Erstarrung erstaunlich guttat. »Weißt du etwa, wie Hauke Bendix zu Tode gekommen ist?«

Marinus überlegte nicht lange, dann schüttelte er den Kopf. So weit hatte sich seine Erstarrung noch nicht gelöst, dass er Arndt die Wahrheit anvertrauen konnte. »Warum bist du hier? Ich habe noch nie erlebt, dass du in einer Schenke Zerstreuung suchst.«

Arndt seufzte. »Katerina hat Migräne. Schlimmer als sonst. Sie will, dass ich Dr. Nissen hole.«

Marinus sah sich um. »Der ist nicht hier.«

»Ich weiß. Ich will hier die Zeit zubringen, bis ich glaubhaft versichern kann, ihn lange genug gesucht zu haben.«

Marinus starrte seinen Bruder an. Dann bestellte er ein weiteres Bier. Da er bereits unfähig war, eine Erklärung zu verstehen, die sich ganz einfach anhörte, kam es auf ein weiteres Bier nicht an.

Zum Glück war Arndt zu einer Erläuterung bereit. »Ich will nicht, dass Dr. Nissen ins Haus kommt. Es ist mir unangenehm, einen Mann, der auf Sylt Urlaub macht, derart zu behelligen. Außerdem … kann ich ihn nicht besonders gut leiden.«

Marinus nahm sein Bier in Empfang und betrachtete es misstrauisch, weil er plötzlich glaubte, dass es besser war, es nicht zu trinken. Noch während er überlegte, öffnete sich die Tür für einen weiteren späten Gast. Heye Buuß, der Inselvogt, trat ein und ließ die Tür so geräuschvoll ins Schloss fallen, als wollte er sichergehen, dass alle ihn bemerkten. Er sah in die Runde, sein Blick blieb an Arndt und Marinus hängen. Dann beschloss er, dass diese Gesellschaft für einen Inselvogt genau richtig war, und kam auf ihren Tisch zu. Widerwillig rückte Marinus ein Stück zur Seite, damit Heye Buuß neben ihm auf der Bank Platz hatte. »Meine Leute suchen die ganze Insel ab«, sagte er statt einer Begrüßung, »aber Geesche Jensen bleibt unauffindbar.« Er sah die beiden Brüder an, als erwartete er

Anerkennung für sein redliches Bemühen. Als nichts dergleichen kam, ergänzte er: »Auch die Inselarbeiter sind ihr auf der Spur. Gerade sind mir wieder ein paar begegnet, die nach ihr suchen. Dabei habe ich es verboten. Was soll aus dem modernen Fremdenverkehr werden, wenn hier noch die Verbrecher gelyncht werden? Das muss ich unbedingt verhindern.« Wieder wartete er auf Zustimmung, auch diesmal vergebens. »Nur gut, dass der Hamburger Arzt bei Geesche Jensen wohnt. Das dürfte die Inselbahnarbeiter davon abhalten, ihr Haus zu plündern.«

Erneut sprang die Tür auf, und Marinus hörte Arndt leise aufstöhnen. Beinahe hätte er ihn komplizenhaft angelächelt, um ihm zu zeigen, dass er genauso wenig einen weiteren Gast an ihrem Tisch sitzen haben wollte. Aber gerade noch rechtzeitig fiel ihm ein, dass Arndts Unschuld noch lange nicht bewiesen war. Zwar wünschte er sich nichts sehnlicher, aber dass die Indizien nach wie vor gegen Arndt sprachen, durfte er nicht vergessen. Wenn er auch in diesen Minuten eingesehen hatte, dass er ihn noch immer liebte und damit wohl erst aufhören würde, wenn Arndt ihm ins Gesicht sagte, dass er für Geesches Tod verantwortlich war.

Mit Dr. Pollacsek drang etwas Neues, Unangenehmes in den »Alten Jennes«. Das begriff Marinus mit einem Schlage, und das fiel auch Arndt und Heye Buuß sofort auf. Sogar an den anderen Tischen wurde aufgemerkt, als die Gäste erkannten, dass der Kurdirektor außer Atem und sehr aufgewühlt war. Er setzte sich dem Inselvogt gegenüber und verzichtete auf eine förmliche Begrüßung. »Ich habe von Ihrer Frau gehört, dass Sie hier sind.«

Die Serviererin erschien und fragte nach seinen Wünschen, aber Dr. Pollacsek winkte ab. Und als Heye Buuß um ein Bier bitten wollte, winkte er ebenfalls ab. »Sie haben keine Zeit! Kommen Sie mit! Es ist wichtig.«

Die Gespräche an den anderen Tischen wurden prompt leiser, deshalb musste Dr. Pollacsek flüstern, damit er nicht gehört wurde. »Es ist ein Mord geschehen. In Geesche Jensens Haus. Dr. Nissen liegt tot in seinem Bett.«

Ebbo klopfte das Herz noch immer bis zum Halse, als er zu Hause ankam. Die letzten paar hundert Meter lief er, so schnell er konnte, um die durchlittene Angst aus seinem Körper zu hetzen und von seiner Haut zu schwitzen. Keuchend blieb er vor der Tür stehen und hielt sich die Seiten. Die Angst war immer noch da. Nicht die Angst, vor der Hanna sie rechtzeitig gewarnt hatte, sondern die Angst, die sie kurz vor dem Haus der von Zederlitz angesprungen hatte. Eine Kutsche hatte den gleichen Weg genommen wie Ebbo und Elisa, und der Kutscher hatte die Pferde angehalten, als er auf sie aufmerksam geworden war. Und das, obwohl sie alles getan hatten, um sich hinter einem Findling zu ducken, der ein so dunkler Punkt in der grauen Nacht gewesen war, dass sie gehofft hatten, ebenso dunkel zu sein wie er. Doch der Wagen hatte dennoch in ihrer Nähe angehalten. Wollte der Kutscher sie mitnehmen? Oder nur fragen, was sie in der Nähe des gräflichen Anwesens zu suchen hatten?

Ebbo hatte Elisa einen Stoß versetzt, sie in die richtige Richtung gedrängt und zu den Dünen getrieben, wohin ihnen die Kutsche nicht folgen konnte. Erst in sicherer Entfernung waren sie stehen geblieben und hatten zurückgeblickt. Ebbo würde nie Elisas furchtsame Augen vergessen, die aus dem schwarzen Umhang herausstachen, den sie fest um sich gewickelt hatte.

»Das ist unsere Kutsche!«

Und dann, als der Wagen sich gemächlich wieder in Bewegung setzte, hatten sie die schreckliche Entdeckung gemacht: Graf Arndt saß auf dem Bock. Er hatte sie gesehen. Er hatte beobachtet, wie sie vor ihm geflohen waren. Und er kannte Elisa so gut wie kein anderer. Er kannte ihre Bewegungen, ihre

Haare, ihre Größe, ihre Gestalt. Elisa war sicher gewesen, dass er durchschaut hatte, wer unter dem schwarzen Umhang steckte.

Aber es war keine Zeit gewesen für Beratungen. Nun erst recht nicht! Elisa musste so schnell wie möglich ins Haus, musste wieder durch das Fenster steigen, aus dem sie entkommen war, musste sich in Windeseile ausziehen und ins Bett legen, falls ihr Vater sich vergewissern wollte, ob seine Tochter tatsächlich die Nacht mit dem Bruder ihrer Gesellschafterin verbracht hatte.

Mit der rechten Hand stützte sich Ebbo an die Hauswand und versuchte, ruhig zu atmen. Alles war zunichte gemacht worden! Alles! Der seelenvolle Abschied, der sie ein Leben lang für den Verlust ihrer Liebe entschädigen sollte. Dieses letzte Mal, mit dem sie ein Zeichen für die Zukunft setzen wollten. Der majestätische Verzicht … das alles war nun schmuddelig und banal geworden. Und was würde mit Elisa geschehen? Wie würde der Graf reagieren, wenn er seine Tochter tatsächlich erkannt hatte? Ebbo wagte es sich nicht vorzustellen. Dagegen spielte ein Mann, der in Dr. Nissens Fenster gestiegen war, keine Rolle.

Als er sich wieder in der Gewalt hatte, merkte er, dass er nicht mehr allein war. Hanna war neben ihn getreten.

Erschrocken sah er sie an. »Was machst du hier? Warum bist du nicht im Haus? Mutter wird schon auf dich warten.«

Sie gab ihm einen Wink, damit er ihr folgte. So weit entfernte sie sich von ihrem Zuhause, bis sie sicher sein konnte, dass Freda von ihrem Gespräch nichts mitbekam.

Ebbo war während der wenigen Augenblicke immer unruhiger geworden. »Geht es um den Mann, den du beobachtet hast?«

Hanna nickte, dann sagte sie mit würdevollem Ernst: »Ich habe den Mörder von Dr. Nissen gesehen.«

Dr. Pollacsek war der Erste, der stehen blieb, nachdem sie in den Weg eingebogen waren, der zum Haus der Hebamme führte und still und dunkel vor ihnen lag. Heye Buuß und Marinus gingen nun langsamer und drehten sich schließlich zum Kurdirektor um, der sich daraufhin wieder in Bewegung setzte. Wie ungern er sich dem Ort näherte, an dem er die schrecklichste Entdeckung seines Lebens gemacht hatte, war unschwer zu erkennen.

»Mir hat er gesagt, er wäre mit einem Freund verabredet«, begann er schon wieder zu klagen. »Er wollte das Konzert im Conversationshaus besuchen und anschließend im ›Dünenhof‹ zu Abend essen. Sonst hätte ich niemals gewagt, in sein Zimmer einzusteigen.«

»Haben Sie sich nicht gewundert, dass das Fenster offen stand?«, fragte Heye Buuß.

»Natürlich! Ich fand es leichtsinnig von Dr. Nissen. Wo doch jeder weiß, dass die Inselbahnarbeiter nur auf eine Gelegenheit warten, sich an Geesche Jensen zu rächen.«

Marinus war es wichtig, sich ein letztes Mal zu vergewissern. »Sie sind wirklich der Meinung, dass Dr. Nissen der Dieb der Lohngelder ist?«

Alle anderen Fragen, die ihm den Kopf schwer machten, ließ er nicht an sich heran. Auch nicht den Gedanken an seinen Bruder, der erschrocken abgewinkt hatte, als der Inselvogt ihn aufforderte, sie zum Tatort zu begleiten.

Pollacsek hob hilflos die Schultern und ließ sie wieder fallen. Wieder blieb er stehen und sah Heye Buuß zu, der nun an das Fenster von Dr. Nissens Zimmer trat und hineinblickte. Er schien froh zu sein, dass Marinus keine Anstalten machte, dem Inselvogt zu folgen. »Die Kaffeebohnen! Eine davon lag vor dem Tresor! Und am Strand habe ich gesehen, dass er Kaffeebohnen kaute. Gegen Mundgeruch, hat er mir erklärt.«

Marinus spürte die Anspannung wie eine senkrechte Linie, die durch seinen ganzen Körper fuhr. Aufrecht stand er da. Er fühlte sich nüchtern, in seinem Kopf herrschte absolute Klarheit. Kurz vorher noch war er froh gewesen, dass niemand die Wunde an Arndts Hand bemerkt hatte, nun, als er kerzengerade dastand und seine Gedanken seiner Körperhaltung folgten, bedauerte er es. Diesmal musste Arndt selber zum Täter geworden sein. Den Strandräuber Hauke, den er mit Katerinas Collier bezahlt hatte, damit er Geesche umbrachte, gab es nicht mehr. Um Dr. Nissen loszuwerden, musste er selbst zum Messer greifen. Welche Gefahr war von ihm ausgegangen? Hatte Dr. Nissen herausgefunden, was vor sechzehn Jahren geschehen war? Hatte er Arndt gedroht, ihn anzuzeigen?

»Natürlich dachte ich, dass es unmöglich ist«, klagte Dr. Pollacsek weiter. »Ein Mann wie Dr. Nissen! Der hat es doch nicht nötig, einen Tresor auszurauben!«

Der Kurdirektor sah aus, als wollte er vor Verzweiflung in Tränen ausbrechen. »Vielleicht hat er auch jemandem ein paar Kaffeebohnen zur Verfügung gestellt. So wie mir!« Als müsse er diese Vermutung untermauern, griff Pollacsek in seine Jackentasche und hielt Marinus die Kaffeebohne hin, die er dort aufbewahrte. »Gegen Mundgeruch«, erklärte er. »Womöglich hat jemand die Lohngelder gestohlen, der ebenfalls unter Mundgeruch leidet.«

»Sie hatten Angst, Dr. Nissen zu Unrecht zu verdächtigen?«, fragte Marinus, während Heye Buuß nun Anstalten machte, in Dr. Nissens Zimmer zu steigen.

Dr. Pollacseks Stimme verlor die Larmoyanz nicht, er schien sich nicht damit abfinden zu können, dass auf Sylt Straftaten begangen wurden, die dem Fremdenverkehr schaden konnten. »Andererseits … mir fiel ein, dass ich ihm während eines Besuchs gezeigt hatte, wo der Tresor ist. Sogar wo ich den Schlüssel nachts aufbewahre, habe ich ihm erzählt. Ich habe ihm ja vertraut! Und ich habe ihm auch geglaubt, als er von dem schwarzen Mann gesprochen hat, der um mein Haus herumgeschlichen war. Angeblich!«

Marinus nickte. »Damit wollte er womöglich nur von sich ablenken. Er wollte, dass wir Ioan Bitu verdächtigen.«

Heye Buuß kletterte wieder aus dem Fenster heraus und kam mit ernster Miene auf die beiden Männer zu. Dr. Pollacsek wollte anscheinend gar nicht hören, was er zu vermelden hatte, und fuhr fort: »Dann stand er an dem Abend vor dem Diebstahl plötzlich vor meiner Tür. Und das, nachdem ich kurz vorher diese schleichenden Schritte gehört hatte, die mir seit langem Angst machen. Angeblich wollte er sich nach meiner Gesundheit erkundigen, aber kurz darauf fühlte ich mich schrecklich müde.« Dr. Pollacsek richtete sich auf und sah Heye Buuß ins Gesicht, als hätte er etwas zu sagen, von dem er wusste, dass es dem Inselvogt nicht gefallen würde. »Heute glaube ich, dass Dr. Nissen mir ein Schlafmittel in mein Getränk gegeben hat, damit er leichtes Spiel hatte. Nur so ist es zu erklären, dass ich nicht gehört habe, wie die Tür der Vorratskammer aufgebrochen wurde.«

Heye Buuß sah den Kurdirektor an, als wollte er die Gelegenheit nutzen, die schwelende Feindschaft zwischen den beiden zu seinen Gunsten zu entscheiden. »Sie wollten also die Abwesenheit des Doktors nutzen, um Beweise zu sammeln?« Die Frage klang so, als wäre Dr. Pollacsek mit einem Male selbst in Verdacht geraten. »Dabei wissen Sie doch, dass die Diebin bereits verhaftet ist. Wie kommen Sie auf die unsinnige Idee, Dr. Nissen könnte das Geld gestohlen haben?«

Der Kurdirektor schien die Veränderung im Tonfall des Inselvogtes auch zu bemerken. Seine eigene Stimme wurde aufbegehrend und widerspenstig. »Ich klage niemanden an, der unschuldig sein könnte. Ich wollte sehen, ob ich die Beute in Dr. Nissens Zimmer finde. Hätte ich nichts entdeckt, wäre mein Mund versiegelt geblieben.«

Heye Buuß zog mit den Daumen seine Hosenträger ab und ließ sie zurückschnellen. »Dann lassen Sie uns mal sehen, ob wir was finden.«

Er war nun in seinem Element. Marinus war erstaunt darüber, wie wenig ihn der Anblick der Leiche berührte. Aber anscheinend gehörte er zu den Menschen, die sich von der Schwäche eines anderen stärken ließen. Verächtlich betrachtete Heye Buuß den Kurdirektor, der auf seine entsprechende Kopfbewegung nicht reagierte und nicht bereit war, einen weiteren Schritt auf das Fenster zuzumachen, hinter dem er Dr. Nissens Leiche wusste.

Marinus hätte sich gern an Pollacseks Seite gestellt, aber er sah ein, dass der Inselvogt jemanden brauchte, der später seine Angaben bestätigte. Zögernd ging er neben ihm auf das Fenster zu und verbot sich jede Anerkennung, als Heye Buuß leicht und behände über die Brüstung sprang. Er selbst beließ es zunächst bei einem langen Blick in Dr. Nissens Zimmer und stieg erst auf die Fensterbank, als der Inselvogt ihn ungeduldig hereinwinkte. »Nun kommen Sie schon!«

Vorsichtig ließ Marinus sich auf der anderen Seite von der Fensterbank gleiten. Zum Glück war es dunkel im Raum. Aber die Gestalt unter dem schneeweißen Laken war dennoch gut zu erkennen. Auch das Messer, das in seinem Leib steckte. Und sogar das Blut, das nicht rot, sondern schwarz aussah und im Mondlicht, das schwach hereinfiel, klebrig glänzte.

Marinus packte der Ekel. Er musste würgen und war drauf und dran, kopflos aus dem Fenster zu springen und zu Dr. Pollacsek zurückzukehren. In Gedanken sah er Arndt neben diesem Bett stehen. Das Messer erhoben. Den wehrlosen, schlafenden Mann vor sich. Er sah seinen Bruder ausholen, das Messer schwingen, sein verzerrtes Gesicht, als es in Dr. Nissens Leib fuhr. Er hörte den erstickten Schrei des Arztes, Arndts Stöhnen, weil er all seine Kraft hatte aufwenden müssen, um das zu vollenden, was er vor sechzehn Jahren begonnen hatte ... Ja, nun war Marinus sicher. Sein Bruder, den er ein Leben lang bewundert hatte, war ein Mörder. Aus Liebe war in ihm ein Hass entstanden, der ihn zum Mörder gemacht hatte. Obwohl das eine Gefühl eigentlich das andere ausschloss …

Heye Buuß hatte indessen das Zimmer verlassen, Marinus hörte ihn in der Küche rumoren. Kurz darauf glomm ein kleiner Schimmer in dem Türspalt zum Flur auf, und der Inselvogt erschien wieder mit einer Kerze in der Hand. Er leuchtete Dr. Nissens Leiche ab, bis er zu der Ansicht kam: »Da ist nichts mehr zu machen.« Dann sah er Marinus an und schien zu merken, wie es um ihn bestellt war. »Es hilft nichts, wir müssen sein Zimmer durchsuchen«, sagte er. »Sehen Sie währenddessen einfach nicht zum Bett, dann wird es schon gehen.«

Eine halbe Stunde später hatte Heye Buuß ein Päckchen mit Kaffeebohnen gefunden, aber da das als Beweis nicht ausreichte, legte er es achtlos zur Seite. Dr. Pollacsek, der lediglich auf Hörweite ans Fenster herangekommen war, rief er zu: »Außer ein paar Kaffeebohnen ist hier nichts zu finden.«

Marinus öffnete Dr. Nissens große, wuchtige Arzttasche. Ein Medikament nach dem anderen nahm er heraus, ein kleines Nadelkissen mit zwei Nadeln und einem dunklen Faden, das er sich nicht erklären konnte, schließlich hielt er ein Schlafmittel in Händen. »Das könnte er dem Kurdirektor gegeben haben.«

Heye Buuß betrachtete es mit herabgezogenen Mundwinkeln. »Könnte! Beweisen lässt sich das aber nicht. Das ist bestenfalls ein Indiz, kein Beweis.«

Nachdem Marinus die Arzttasche leer geräumt hatte, wollte er gerade die Fläschchen und Schachteln wieder zurücklegen, da stutzte er. Die Tasche erschien merkwürdig gepolstert, das Futter bauschte sich, als gäbe es dahinter etwas, was den Inhalt der Tasche schützen sollte. Marinus tastete dieses Polster ab, dann sagte er zum Inselvogt. »Kommen Sie mit der Kerze hierher. Ich glaube, ich habe was gefunden.«

Schon kniete Heye Buuß neben ihm und hielt die Kerze so, dass die Tasche gut zu sehen war. So gut, dass Marinus den Faden entdeckte, der an der oberen Kante der Tasche aus dem

Futter stach. Vorsichtig nahm er ihn zwischen Daumen und Zeigefinger und zog daran. Er löste sich leicht, als habe der Sattler, der diese Tasche hergestellt hatte, einen Schneider, der sein Handwerk nicht verstand, damit beauftragt, das Futter in die Tasche zu nähen. Als Marinus den Faden in der Hand hielt, klaffte ein handbreites Loch zwischen Leder und Futter.

Er wollte hineingreifen, wurde aber von Heye Buuß daran gehindert. »Das ist meine Aufgabe!«

Mehrmals fuhr seine Hand hinein, einmal, zweimal, immer wieder. Dann hielt er viel Geld in Händen. Sehr viel! So viel, dass sich keine vernünftige Erklärung dafür finden ließ. Nur eine ...

»Geesche Jensen ist nicht die Diebin!«, sagte Marinus.

Heye Buuß sah ihn scharf an. »Freuen Sie sich nicht zu früh. Eine Mörderin ist sie auf jeden Fall! Oder haben Sie vergessen, dass der alte Nermin tot ist?«

Marinus war drauf und dran, die Umstände von Geesches Flucht zu verraten, aber er hielt an sich. Heye Buuß erhob sich und rief Dr. Pollacsek ans Fenster. Die Kerze flackerte im Wind, aber sie erlosch nicht. So konnte der Kurdirektor sehen, was der Inselvogt in Händen hielt.

Plötzlich schien Dr. Pollacsek den Toten in dem Raum zu vergessen. »Also habe ich doch recht gehabt?«

Heye Buuß reichte ihm das Geld. »Zählen Sie nach. Dann wissen wir mehr.«

Erneut kniete er sich neben Dr. Nissens Arzttasche und griff in das Futter. Marinus hatte sich erhoben und sah auf ihn herab. Ihm fiel auf, dass Dr. Nissen dieses Futter offensichtlich später hatte einarbeiten lassen. Es war eigentlich viel zu groß für die Tasche, aber dadurch bot es viel Platz für etwas, was gut versteckt werden sollte. Also war Dr. Nissen mit dem Vorsatz nach Sylt gekommen, sich hier Geld zu verschaffen und es in seiner Arzttasche sicher zu verstecken? Marinus verstand die Welt nicht mehr. Kopfschüttelnd stand er da, während die

Mutmaßungen durch seinen Kopf jagten. Diesen Mann hätte Geesche beinahe geheiratet! Oder … hatte er Geesche vielleicht heiraten wollen, weil er auf Sylt einen Neuanfang suchte, der ihn auf dem Festland längst verwehrt war?

Marinus wollte dem Inselvogt gerade vorschlagen, sich über Dr. Nissens Vorleben zu informieren, da zog Heye Buuß schon wieder etwas aus dem Futter der Arzttasche. Eine Taschenuhr! Marinus wusste, wem sie gehörte, noch ehe der Inselvogt sie aufklappte und die Gravur entzifferte.

XXIV.

Graf Arndt von Zederlitz öffnete blinzelnd die Augen und sah zum Fenster. Ein grauer Morgen stand davor. Anscheinend war es noch früh, die Sonne war noch nicht aus dem Watt gestiegen. Aber die Luft, die hereinwehte, war lau, sie roch nach Meer und Sand. Möwen kreisten bereits über der Insel, er hörte ihr heiseres Schreien. Dann blökte ein Schaf, ein Wagen ratterte vorbei, der Kutscher schimpfte mit den Pferden. Ganz allmählich rückte der Tag näher, verband sich mit dem vorherigen und allen weiteren, die vorangegangen waren. Kein Wunder, dass die Zeit immer schwerer wurde und jeden Tag an Gewicht zunahm! Als Arndt aus dem Schlaf in die Wirklichkeit zurückgefunden hatte, glaubte er, sich die lange Kette an Tagen, Wochen, Monaten und Jahren nicht mehr aufbürden zu können. Es schien, als wäre er bald nicht mehr fähig, unter ihrer Last den Kopf anzuheben und sich aufzurichten und müsste über kurz oder lang zusammenbrechen. Vorsichtig tastete er nach seiner Hand. Die Wunde schmerzte, er würde Rosemarie um einen neuen Verband bitten müssen.

Er drehte sich weg von dem grauen Morgen und versuchte, sich hinter seinen geschlossenen Lidern zu verstecken. Nicht die Augen öffnen, nichts sehen! Nicht Dr. Nissens bleiches

Gesicht, die eingefallenen Augäpfel, den zum Schrei geöffneten Mund, nicht Hauke Bendix' wächserne Züge und auch nicht Geesche Jensens fragenden Blick. Alles nur Träume, die er nie geträumt hatte. Auch das Paar, das vor ihm geflohen war. Er ein junger kräftiger Bursche, sie unter einem Umhang verborgen. Ebenfalls eine vage Erinnerung, vielleicht nur eingebildet. Das Collier aber funkelte vor seinen Augen, als läge es tatsächlich vor ihm, als spiegelten sich unzählige Lichter darin. Es schimmerte auf zarter Haut, weckte Funken in den Augen seiner Besitzerin und Stolz in dem Mann, zu dem sie gehörte. Wie gerne wäre er zu Katerina gegangen, hätte sich unter ihre Decke geschoben, dafür gesorgt, dass sie nicht aufwachte, nur spürte, dass sie in seinen Armen gut aufgehoben war, und zuließ, dass er sich an sie schmiegte. Aber Katerina war weit weg. Viel weiter von ihm entfernt als den Abstand zwischen zwei Türen. Unerreichbar!

Als er mit der Mitteilung nach Hause gekommen war, dass Dr. Nissen nicht mehr lebte, war sie Zentimeter für Zentimeter von ihm abgerückt. Er hatte es nicht verhindern können. Je inständiger er die Hände nach ihr ausgestreckt hatte, umso nachdrücklicher war sie zurückgewichen. Ihre Migräne, ihre Müdigkeit, die Verlobungsfeier, die anstehende Hochzeit, Elisas Aussteuer ... Er hatte mit der Frage dagegengehalten, wer Dr. Nissen auf dem Gewissen haben mochte, aber darüber wollte Katerina nicht reden. Sie hatte sich nur noch ein Stück weiter von ihm entfernt. Bis sie beide zu Bett gegangen waren und er sie endlich zurückholen konnte in seine Wunschbilder. Wenn er sich selbst gegenüber ehrlich war, hatte sie sich so verhalten, als hielte sie ihn für den Mörder.

Als er das nächste Mal erwachte, war der graue Morgen blau geworden, der Wind hatte sich erwärmt, die Luft war angefüllt mit neuen Gerüchen. Die Dienstmädchen hatten das Frühstück zubereitet. Es wurde Zeit, sich zu erheben und sich den nächsten Tag aufzubürden. Graf Arndt stöhnte, als er aufstand, und blieb lange gebückt vor dem Bett stehen, ehe er sich ganz langsam aufrichtete. Sein Blick blieb dennoch auf dem Boden haften, und was er dort sah, erschreckte ihn. Das Blut tropfte von seiner Hand, der Boden und auch die Bettwäsche waren voller Blut.

»Rosemarie!«

Als er sein Zimmer verließ, um ins Esszimmer hinabzusteigen, trug er einen frischen Verband. Die Wunde schmerzte noch heftiger, er würde sich an diesem Tag im Garten ausruhen, damit sie nicht erneut anfing zu bluten.

Katerinas Tür öffnete sich in diesem Augenblick. Arndt blieb auf dem Treppenabsatz stehen und sah ihr entgegen. Als sie ihn erreicht hatte, küsste er ihr die Hand. »Ich hoffe, es geht dir besser, Liebes?«

Sie lächelte. »Tatsächlich hat mir der Schlaf gutgetan.«

Er reichte ihr seinen Arm, Seite an Seite gingen sie die Treppe hinab, sehr langsam, sehr gleichgültig, durch und durch leidenschaftslos.

»Wie geht es deiner Hand?«, fragte Katerina.

Aber das Pochen an der Eingangstür enthob Graf Arndt einer Antwort.

Katerina sah ihren Mann fragend an. »Wer kann das sein? So früh!«

Arndt gab Eveline, die aus der Küche geeilt kam, einen Wink. »Bitte nur jemanden herein, der einen guten Grund angibt, uns so früh zu stören.«

Er führte Katerina ins Esszimmer und schloss die Tür hinter sich. »Schläft Elisa noch?«

Katerina nahm am Tisch Platz und winkte nach Rosemarie, damit sie ihr frische Milch eingoss. »Eveline sagt, sie hat noch nicht nach ihr geschellt.« Katerina schenkte ihm ein Lächeln, das ihm für Augenblicke die ganze Last von den Schultern nahm. »Ich bin so stolz auf unsere Tochter, Arndt! Wie arm wäre doch unser Leben, wenn es Elisa nicht gäbe! Das ist mir während der Einweihung des Gedenksteins mal wieder bewusst geworden. Elisa ist wunderbar! Unsere Tochter macht mich glücklich.«

Sie hörten eine laute Stimme, kurz darauf klopfte Eveline an die Tür und meldete: »Der Inselvogt ist da. Er sagt, es ist dringend.«

Graf Arndt, der diesen Augenblick gerne noch länger festgehalten hätte, seufzte. »Also gut, bitte ihn herein.«

Heye Buuß hatte sich für diesen Besuch Mühe mit der Kleidung gegeben. Sein Hemd und seine Hose waren sauber, sogar die Holzschuhe, die er an den Füßen hatte, waren weiß gescheuert worden. Sein Gesicht glänzte rot, als hätte er es ebenfalls mit der Bürste bearbeitet, nur seine Haare stachen in alle Richtungen ab, als wäre keine Zeit mehr gewesen, sich auch um deren Zustand zu kümmern. »Bitte vielmals um Vergebung, dass ich störe! Aber es muss sein! Ich komme in meiner Eigenschaft als Inselvogt.«

Katerina antwortete nicht, sondern nippte an ihrer Milch, Arndt entschloss sich, jovial zu sein, und bot dem Inselvogt Platz an. »Wenn Sie eine Tasse Tee mit uns trinken möchten …«

Zögernd und sogar ein wenig ängstlich nahm Heye Buuß das Angebot an und ließ sich umständlich auf dem Stuhl nieder, den Rosemarie für ihn vom Tisch wegrückte. »Sie wissen ja, Herr Graf, was letzte Nacht passiert ist.«

Arndt nickte. »Dr. Nissens Tod.«

»Er wurde erstochen!«

»Ich habe ihn gesucht, weil es meiner Frau nicht gut ging. Im ›Alten Jessen‹ hörte ich dann, warum ich ihn nicht finden konnte.« Arndt lächelte und hielt es für angebracht, die Erklärung anzufügen: »Mein Bruder hatte mich überredet, dort einzukehren.«

Doch Heye Buuß hörte nicht auf seine Worte. Mit einer Miene, wie sie bedeutungsvoller nicht sein konnte, griff er in seine Hosentasche. Was er in Händen hielt, war zunächst nicht zu erkennen, denn er schloss seine rechte Faust so fest, dass die Fingerknöchel weiß hervorstachen. Sein Gesichtsausdruck wurde nun bedauernd, mitfühlend, beklagend … dann öffnete er die Faust. »Nach der Gravur müsste sie Ihnen gehören, Herr Graf.«

Arndt atmete tief ein und aus. »Meine Taschenuhr. Ich habe sie noch gar nicht vermisst.«

»Wir haben sie in Dr. Nissens Zimmer gefunden.«

Katerina sah den Inselvogt erstaunt an. »Wie kommt sie dorthin?«

»Die Antwort auf diese Frage hatten wir uns von Ihnen erhofft.« Heye Buuß sah den Grafen fragend an. »Er hatte sie gut versteckt. Warum? Und wie kommt es, dass Sie die Uhr nicht vermisst haben? Ich glaube … ich habe sie bisher täglich bei Ihnen gesehen.«

Graf Arndt schlug die Beine übereinander und zwang sich zur Ruhe. »Da müssen Sie sich geirrt haben. Ich habe mehrere Taschenuhren.«

»Dann gibt es nur eine Erklärung«, meinte Heye Buuß, und Arndt fand es unangenehm, dass er ihn dabei sehr aufmerksam musterte. »Dr. Nissen hat Ihre Uhr gestohlen!«

Katerina lachte verächtlich. »Dr. Nissen? Ich bitte Sie!«

Nun war Heye Buuß' Blick voller Triumph. »Wir haben uns wohl alle in dem Doktor getäuscht, verehrte Frau Gräfin. Es sieht so aus, als hätte er nicht nur die Taschenuhr des Herrn Grafen, sondern sogar die Lohngelder für die Inselbahnarbeiter gestohlen.« Eine Weile genoss er die Stille, die eintrat, weil er es liebte, andere Menschen zu verblüffen, aber als weder der Graf noch die Gräfin Anstalten machten, etwas zu erwidern, wurde er nervös. »Es gibt einige Indizien, die gegen Dr. Nissen sprechen.«

Gräfin Katerina war es, die endlich das Wort ergriff und als Erste die unangenehme Frage stellte, von der Heye Buuß befürchten musste, dass er sie im Laufe des Tages öfter zu hören bekommen würde. »Warum haben Sie dann die Hebamme verhaftet?«

Der Inselvogt ging sofort in die Verteidigung. »Weil sie viel Geld in ihrer Truhe aufbewahrte und nicht sagen wollte, woher sie es hatte.«

»Dann werden Sie Geesche Jensen also aus dem Gefängnis entlassen?«

»Wenn das so einfach wäre! Sie hat sich durch Flucht entzogen.«

»Das tut mir leid für Sie!« Katerina gab sich Mühe, bestürzt auszusehen. Dass es ihr nicht gelang, bemerkte nur Arndt, der seine Frau gut kannte und als Einziger wusste, welche Worte zu ihren Gedanken passten.

»Aber wenn wir sie finden, wird sie gleich wieder eingesperrt. Denn selbst, wenn sie keine Diebin ist, eine Mörderin ist sie auf jeden Fall. Sie hat bei ihrem Ausbruch den Wärter umgebracht.«

Gräfin Katerina griff sich ans Herz. »Das ist ja schrecklich. Aber Sie haben natürlich recht! Eine Mörderin darf nicht frei herumlaufen.«

Heye Buuß betrachtete die Teetasse, die Rosemarie vor ihn hinsetzte, und schien zu überlegen, ob das zarte Gebilde in seinen Pranken Schaden nehmen könnte. Vorsichtig griff er danach, wagte dann aber nicht, sie zum Munde zu führen, und beugte sich tief hinunter, um ein paar Schlucke herauszuschlürfen.

Gräfin Katerina zuckte zusammen und suchte nach Worten, die das obszöne Geräusch überdecken konnten. »Der arme Dr. Nissen wurde also erstochen?«

»Das muss ein scharfes Messer gewesen sein. Der Täter hat mit voller Wucht …« Heye Buuß stockte, als er Graf Arndts Blick sah, und beendete den Satz mit einem Gemurmel, das niemand verstand. Dann betrachtete er den weißen Verband, den Graf Arndt trug. »Sie haben sich verletzt, Herr Graf?«

Ehe Arndt etwas erwidern konnte, sagte Katerina: »Ein Weinglas! Als wir gestern Abend unseren Aperitif nahmen, stellte sich heraus, dass das Glas, aus dem mein Mann trank, einen Sprung hatte. Es zersplitterte in seiner Hand. Eine böse Schnittverletzung!«

»Das tut mir leid«, entgegnete Heye Buuß artig. Und sein Blick blieb auf dem Verband haften, als er sagte: »Merkwürdig, die Sache mit der Uhr. Wann könnte er sie Ihnen gestohlen haben? War er jemals bei Ihnen zu Gast?«

Wieder war es Katerina, die antwortete: »Nein, wir haben uns immer nur am Strand unterhalten.«

»Und trotzdem ...?«

Graf Arndt stand abrupt auf und unterbrach damit den Inselvogt. »Diebe finden immer einen Weg. Danke, Herr Buuß, dass Sie mir meine Uhr zurückgebracht haben.«

»So, wie ich auch das Collier zurückgebracht habe!« Heye Buuß war nicht besonders sensibel, aber dass er nun das Haus verlassen musste, verstand sogar er. »Eigentlich habe ich auch gar keine Zeit. Ich muss Dr. Nissens Mörder finden. Und die flüchtige Geesche Jensen auch.« Er wartete einen Augenblick darauf, mit Lob und weiterem Dank bedacht zu werden, aber als beides ausblieb, verabschiedete er sich und verließ das Esszimmer. Der Graf rief ihm erst »Auf Wiedersehen!« nach, als der Inselvogt bereits die Tür hinter sich geschlossen hatte.

Arndt nahm wieder Platz, versuchte so gerade zu sitzen, wie es sich bei Tisch gehörte, aber es war ihm unmöglich. Die Last des Tages wog schon wieder ein Stück schwerer. Katerina schwieg, wie nur sie schweigen konnte, strafend, vorwurfsvoll und gleichzeitig apathisch. Auch Graf Arndt sagte kein Wort. Aber während Katerina ihr Schweigen nach außen richtete, die Menschen anschwieg, die sich in ihrer Gesellschaft befanden, und damit viel sagen konnte, war Arndts Schweigen entstanden, weil er sich von der Außenwelt abgekehrt und seine ganze Aufmerksamkeit nach innen gerichtet hatte. Nun wurden sogar seine Gedanken schwer, schwer wie Blei. Alles wurde immer schwerer. Und je mehr er sich um Leichtigkeit bemühte, desto schwerer wurde das Leben.

Dann sagte er endlich: »Warum hast du behauptet, ich hätte mir die Hand am Weinglas verletzt?«

Katerina ließ ihn lange warten, ehe sie antwortete: »Warum hast du behauptet, du hättest zwei Taschenuhren? Du hast nur eine einzige mit nach Sylt genommen – du hast mir gesagt, du hättest sie zur Reparatur geben müssen.«

»Warum hast du gelogen?«, beharrte Arndt.

»Aus demselben Grunde, aus dem auch du gelogen hast.«

»Du wolltest nicht, dass der Inselvogt mich für Dr. Nissens Mörder hält?«

»Und ich möchte, dass er denkt, Dr. Nissen hätte die Uhr gestohlen.«

Das Schweigen wurde durchscheinend und flog davon. Arndt wunderte sich, dass die schwere Last gerade in dem Moment leichter wurde, da er glaubte, sie sei nicht mehr zu ertragen.

»Dr. Nissen hat gestern einen Besuch bei mir gemacht. Du ... hast mitbekommen, mit welchem Anliegen er kam?«

Katerina erhob sich. »Ich möchte nicht darüber reden.«

Arndt sprang auf, lief ihr nach und griff nach ihren Schultern, ehe sie die Tür erreichte. »Katerina! Was weißt du?«

Sie sah ihn mit der Kühle und der phlegmatischen Eleganz an, die er so sehr an ihr liebte. »Ich möchte nicht darüber reden«, wiederholte sie. »Ich verlange von dir, dass du es auch nicht tust. Hörst du? Ich verlange es!«

Die Tür fiel hinter seiner Frau ins Schloss. Und er wusste, dass es keinen Sinn hatte, ihr zu folgen.

Hanna begann schneller zu humpeln, als sie den Inselvogt sah. Sie wollte ihm unbedingt zeigen, wie wichtig sie ihre Aussage und damit seine Aufgabe nahm. Als er auf fünfzig Meter heran war, winkte sie ihm sogar zu, damit er früh genug merkte, wie wichtig es ihr war, ihn zu treffen.

Heye Buuß trat mit dem mürrischen Gesichtsausdruck auf sie zu, den sie kannte. Ihr galt selten ein Lächeln. Nur die Comtesse hatte sie häufig unbefangen angelächelt, andere Sylter taten es nie.

»Willst du was von mir?«

Hanna nickte eifrig. »Ihre Frau hat mir gesagt, dass Sie bei den von Zederlitz sind. In amtlicher Mission.«

Der Inselvogt nickte. »Und du? Was machst du hier? Bist du immer noch die Gesellschafterin der Comtesse?«

Diese Frage stellte er, als könnte er sich nicht vorstellen, dass Elisa von Zederlitz es so lange mit Hanna Boyken aushielt.

Aber Hanna war längst gegen Anzüglichkeiten dieser Art immun, sie verlor nichts von ihrer Dienstwilligkeit, mit der sie den Inselvogt für sich einnehmen wollte. »Ich habe Dr. Nissens Mörder gesehen. Gestern Abend!«

Der Inselvogt runzelte die Stirn und betrachtete Hanna wie ein Kind, das Realität und Fantasie nicht auseinanderhalten konnte. »Willst du mir die Zeit mit Fisimatenten stehlen?«

»Es stimmt! Ich habe ihn gesehen.«

Heye Buuß betrachtete sie lange, und Hanna hielt seinem Blick stand. Er wusste, dass sie nicht dumm war, und sie war sicher, dass er sich die Aussicht auf Hilfe nicht entgehen lassen würde. »Das würde heißen, du warst so spät noch unterwegs?« Er sah sie streng an. »Wie oft habe ich dir schon gesagt, du sollst bei Dunkelheit nicht um fremde Häuser schleichen? Ich weiß, dass du es tust.«

Aber Hanna sah ihm freundlich ins Gesicht. »Seit Geesche nicht da ist, muss ich mich um ihr Haus kümmern. Meine Mutter schafft das nicht allein. Und abends gehe ich immer zu Dr. Nissen, um ihm seinen Tee zu kochen. Ohne den kann er nicht gut schlafen.«

»So spät?«

Hanna nickte bedauernd. »Die Comtesse brauchte mich gestern länger als sonst. Aber ich hatte Dr. Nissen versprochen, ihm den Tee zu kochen.« Nun übertrieb sie es ein wenig mit ihrer Gewissenhaftigkeit, das merkte sie selbst: »Was man verspricht, muss man halten.«

Der Blick des Inselvogts wurde spöttisch. »Deswegen bist du zu Dr. Nissen gegangen, obwohl er schon schlief.«

»Das wusste ich nicht. Manchmal geht er sehr spät schlafen. Als ich das dunkle Haus sah, dachte ich sogar, er wäre noch gar nicht zurückgekommen.«

»Und dann? Das Haus war verschlossen. Besitzt deine Mutter einen Schlüssel?«

Hanna nickte. »Allerdings hatte ich ihn vergessen. Ich bin ums Haus herumgegangen, um nach einem Einstieg zu suchen … da hörte ich merkwürdige Geräusche.«

Hanna merkte, dass sie den Inselvogt nun für sich eingenommen hatte. Das Misstrauen war aus seinem Blick verschwunden, es hatte einem Interesse Platz gemacht, das sie genoss.

»Ich bekam Angst, deswegen habe ich mich ruhig verhalten. Und als ich ums Haus herumgeschlichen bin, war ich so leise, dass er mich nicht gehört hat.«

Schon erschien wieder der Argwohn im Gesicht des Inselvogts. Jeder kannte das Tohk-tik von Hannas Schritten. Anscheinend wollte er sich nicht einreden lassen, dass die verkrüppelte Hanna sich so leise fortbewegen konnte, dass niemand sie hörte.

»Ich kann ihn beschreiben!«

Der Argwohn vertiefte sich. »Obwohl es dunkel war?«

»Ich weiß, dass es kein Sylter war. Den Mann habe ich vorher nie gesehen.«

»Bist du sicher?«

»Ganz sicher! Er ist mittelgroß und schlank.«

»Das sind viele Sylter.«

»Alles an ihm war schwarz. Seine Kleidung, seine Haare …«

»Bei Nacht sind alle Katzen grau.« Heye Buuß unterband mit einer Handbewegung, dass Hanna weitersprach. »Von einem schwarzen Mann war schon einmal die Rede. Er sollte die Lohngelder gestohlen haben. Aber dann stellte sich heraus, dass er zum Gefolge der Königin gehört und jenen Abend mit mehreren Honoratioren verbracht hat. Komm mir also nicht schon wieder mit einem schwarzen Mann.«

»Er trug einen Hut, einen sehr auffälligen Hut. Groß, mit weicher Krempe und einer Feder. Alles schwarz!«

Heye Buuß machte Anstalten, seinen Weg fortzusetzen. »Halt die Augen offen, Mädchen«, sagte er und machte keinen Hehl daraus, dass er ihr nicht glaubte. »Wenn du einen Mann mit diesem Hut siehst, kannst du noch einmal zu mir kommen.« Er winkte ihr zu und bedachte sie mit einem letzten Blick, der so spöttisch war, dass Hanna sich beinahe geärgert hätte. Aber dann sagte sie sich, dass ihr das Wichtigste gut gelungen war: Heye Buuß hatte ihr geglaubt, dass sie nur zum Haus der Hebamme gegangen war, um für Dr. Nissen Tee zu kochen. Die Comtesse würde zufrieden mit ihr sein.

Geesche wurde aus dem Schlaf gerissen, als sie Schritte hörte, die sich dem Stall näherten. Erschrocken fuhr sie von dem Strohlager hoch, das sie sich bereitet hatte, sprang zum Fenster und blickte hinaus. Hinter ihr gab es entsetztes Aufflattern und Gackern, aber zum Glück war es Freda, die auf den Stall zukam. Geesche atmete auf und schloss die Augen, um die Angst, die in ihr hochgeschossen war, wieder herunterzuwürgen. Sie hatte viel zu lange geschlafen, aber die Erschöpfung war irgendwann stärker gewesen als Angst und Schrecken. Wie betäubt war sie gewesen, als Heye Buuß, Dr. Pollacsek und Marinus ihr Grundstück verlassen hatten. Selbst die Nähe zu dem Toten hatte sie nicht wach halten können. Gegen Morgen war sie zwar immer wieder aufgeschreckt worden, vom ersten Hahnenschrei, von dem Ruf der Möwen, von Stimmen, die in der Ferne vorbeiflogen, aber jedes Mal war sie wieder zurückgesunken und augenblicklich in tiefen Schlaf gefallen.

Sie ging auf die Stalltür zu, unterdrückte aber den Wunsch, sie zu öffnen und Freda in die Arme zu fallen. Ungeduldig wartete sie, dass die Tür geöffnet wurde, und erst als Freda sie eilig wieder ins Schloss drückte, machte sie einen Schritt auf sie zu.

»Du bist also wirklich hier?«, fragte Freda.

Kurz darauf löste sie sich verlegen aus Geesches Armen. Körperliche Nähe war ihr nicht angenehm.

»Wo sollte ich sonst hin?«, fragte Geesche zurück.

Freda nickte zufrieden. »Hier wird dich niemand vermuten, und ich kann dich versorgen, ohne dass es auffällt.«

»Was ist passiert, Freda?«

Die beiden ließen sich auf umgedrehten Eimern nieder und warteten, bis das aufgeregte Flattern hinter ihnen ein Ende hatte. Freda hatte eine Menge zu erzählen. Schon am frühen Morgen hatte Ebbo sich auf den Weg gemacht und war bald mit den neuesten Meldungen nach Hause gekommen, die in Westerland bereits von Mund zu Mund gingen. »Dr. Nissen hat die Lohngelder gestohlen. Dr. Pollacsek hat es erzählt, und der Inselvogt hat es bestätigt.«

Geesche starrte kopfschüttelnd auf ihre Füße. »Aber … so was hat er nicht nötig.«

»Vielleicht doch?« Freda lächelte leicht, als sie Geesches erstaunten Blick sah. »Hanna hat mit dem Koch der Königin gesprochen. Und der hat ihr erzählt, dass Dr. Nissen ein armer Schlucker ist. Es stimmt nicht, dass er von seiner Frau betrogen wurde und daraufhin die Scheidung verlangt hat. Dr. Nissen ist von seinem Schwiegervater aus dem Haus gejagt worden! Warum? Das wusste der Koch nicht. Aber er war sicher, dass Dr. Nissen mit der Scheidung ein armer Mann geworden ist.«

Geesche schwieg eine Weile, dann flüsterte sie: »Deshalb wollte er auf Sylt bleiben.«

»Und demnächst in deinem Haus wohnen.«

»Aber wer hat ihn umgebracht?«

Freda zuckte mit den Schultern. »Hanna hat den Mann gesehen. Sie glaubt, dass es kein Sylter war.«

»Ein Feriengast?«

Darauf wusste Freda keine Antwort. »Du könntest das Versteckspielen jetzt aufgeben … wenn da nicht der Tod des alten Nermin wäre.«

Geesche griff nach Fredas Hand. »Du musst Marinus finden. Er ist der Einzige, der die Wahrheit kennt. Er muss aussagen, dass er mich befreien wollte. Und dass Hauke mich töten wollte. Und dass Nermin von Hauke geknebelt worden ist, nicht von mir. Und dass er noch lebte, als wir geflohen sind …«

Freda unterbrach Geesche, deren Stimme immer mehr an Kraft verloren hatte und die am Ende zitternd in sich zusammenfiel. »Ich werde nach ihm suchen. Bis ich ihn gefunden habe, musst du hier bleiben.«

»Ist das nicht gefährlich? Sie werden bald kommen und Leonard abholen.«

»Wer von ihnen sollte auf die Idee kommen, den Stall zu betreten? Du musst dich nur ruhig verhalten, damit auch das Federvieh ruhig ist.«

Geesche tastete nach Fredas Hand. »Danke, Freda.«

Aber mit diesem Dank fühlte Freda sich genauso unbehaglich wie in Geesches Umarmung. »Es wird alles gut, Geesche. Am besten wäre es natürlich …« Freda stockte, dann fuhr sie mutig fort: »… wenn du Heye Buuß erklären könntest, woher das viele Geld stammt, das Hanna in deiner Truhe gefunden hat.« Als Geesche nicht antwortete, als das Starre, das von ihr ausging, zur Last wurde, ergänzte sie: »Aber das geht mich nichts an.«

Sie blickten beide auf ihre Füße, jede von ihnen in Gedanken weit entfernt von diesem Stall, dann veränderte sich Fredas Blick. Sie starrte nicht mehr mit leerem Blick auf Geesches saubere Strümpfe, ihren sauberen Rock und die gebügelte

Schürze, sondern betrachtete ihre Kleidung nun. »Schön, dass du Gelegenheit hattest, dir frische Kleidung aus dem Haus zu holen. Wie hast du das geschafft ohne Schlüssel?«

Geesche nickte. »Das Fenster der Wohnstube war nicht fest verschlossen. Dort konnte ich einsteigen.« Geesche verzog das Gesicht. »Durch Leonards Zimmer wollte ich auf keinen Fall.«

Freda sah sie überrascht an. »Das kann nicht sein. Ich habe alle Fenster verriegelt.«

Geesche lächelte sie versöhnlich an. »Mach dir keine Vorwürfe. Es ist ja nichts passiert.«

Freda atmete tief durch, sog ihren Stolz und ihr Ehrgefühl ein, ehe sie die Entrüstung ausstieß: »Ich bin ganz sicher!«

Geesche wollte nichts von ihren Rechtfertigungen hören. »Die Tür war fest verschlossen«, sagte sie, als wäre damit das nachlässig zugeschobene Fenster der Wohnstube entschuldigt. »Ich hatte gerade noch Zeit, mir frische Kleidung zu schnappen, da hörte ich, dass Leute auf das Haus zukamen. Daraufhin habe ich mich im Stall versteckt.«

Freda sah sie erstaunt an. »Du hast im Haus geschlafen.«

»Nein, im Stall!«

»Aber dein Alkoven stand offen, das Bett war benutzt. Und eine Kerze war heruntergebrannt.« Eilig ergänzte sie: »Ich habe das schnell in Ordnung gebracht. Wenn heute jemand das Haus inspizieren will, wird keiner auf die Idee kommen, dass du in deinem eigenen Alkoven übernachtet hast.« Ihre letzten Worte waren schleppend gekommen, verlangsamt von einer Erkenntnis, für die sie in Geesches Augen Bestätigung suchte und fand.

Geesche versuchte es mit einem ausdrucksvollen Schweigen, aber als Freda sich damit nicht zufriedengeben wollte, sagte sie: »Sei nicht böse mit deinen Kindern. Sobald die Comtesse abreist, ist alles wieder in Ordnung.«

Freda schüttelte den Kopf. »Sie will Ebbo zu einem Stallburschen machen. Dort, wo sie mit dem Fürsten leben wird.«

Geesche sah sie erschrocken an. »Und Ebbo will das auch?«

»Er hat mir versprochen, Hanna und mich nicht allein zu lassen.« Ihre Stimme war leise und mutlos geworden. Freda mochte anscheinend nicht daran glauben, dass Ebbo der Versuchung widerstehen konnte.

XXV.

Meine geliebte Katerina! Seit wann weißt Du es? Wie gerne würde ich Dir diese Frage stellen. Aber mir ist klar, es wäre sinnlos, ich würde keine Antwort bekommen. Lass mich Dir versichern, dass alles aus Liebe geschah, aus meiner Liebe zu Dir. So sehr ich weiß, dass es nicht richtig war, so wenig bereue ich, was ich getan habe. Es hat Dich glücklich gemacht, also kann ich nichts Falsches darin erkennen. Und alles wäre so richtig geblieben, wie es sechzehn Jahre lang war, wenn nicht ein lächerlicher Zufall alles zerstört hätte. Ich kann nicht glauben, dass ein Zufall über mein Leben, über unser Leben bestimmt, aber ich muss wohl einsehen, dass es derart leicht sein kann, über Glück oder Unglück zu entscheiden. Erst seit diesem Augenblick beginne ich an meine Schuld zu glauben …

Es klopfte, die Tür flog im gleichen Augenblick auf. Graf Arndt bedeckte das Briefblatt mit der Hand und sah sich ungehalten um. Doch seine Miene glättete sich, als er Elisa sah.

»Wo ist Onkel Marinus? Will er nicht dabei sein, wenn König Carol nach Sylt kommt?«

»Ich weiß nicht, wo er ist. Seit gestern habe ich ihn nicht gesehen.« Graf Arndt wurde ungeduldig. Ein Gespräch über seinen Bruder wollte er jetzt nicht führen. Diese Zeit war vorbei. Dieser Teil der Zeit würde sich ohne ihn fortbewegen.

Er wandte sich wieder seinem Brief zu, entschloss sich dann aber anders und drehte sich wieder zu Elisa herum. »Ich werde später anspannen lassen. Deine Mutter ist unpässlich. Rosemarie macht ihr kalte Umschläge. Ich hoffe, sie helfen.«

Elisa zögerte. »Also gut. Dann gehe ich schon mit Hanna voraus. Obwohl Mutter sagt, ich soll mit der Kutsche fahren, damit ich nicht verschwitzt am Conversationshaus ankomme. Ich sehe dann immer so unschicklich gesund aus.«

»Fürst Alexander wird es gefallen, ich bin sicher.« Der Graf zögerte, und Elisa sah ihn fragend an. Sie schien zu spüren, dass ihm noch etwas auf der Seele brannte »Elisa … ist der Fürst wirklich der Richtige für dich? Wenn nicht …«

»Er ist der Richtige!«

»Wenn du deine schnelle Entscheidung bereust …«

»Red nicht so, Vater! Ich kenne meine Pflichten.«

Graf Arndt sah seiner Tochter nach, wie sie aus dem Zimmer ging, freute sich an der Leichtigkeit ihr Bewegungen, an der Kraft, die sie ausstrahlte. Und dann freute er sich darüber, dass er überhaupt noch Freude empfinden konnte. Sechzehn Jahre hatte diese Freude angedauert. Es wäre unbescheiden, noch mehr zu erwarten.

Es war gekauftes, aber doch vollkommenes Glück, Katerina! Dann jedoch hat dieser unselige Zufall alles verändert. Und was das Schlimmste ist: Er hat nicht nur die Umstände verändert, die Sicherheiten genommen, die Gewissheiten verschoben, sämtliche Erinnerungen manipuliert … er hat auch Dich verändert. Vor allem Dich! Das weiß ich nun seit ein paar Stunden. Ich hätte niemals für möglich gehalten, dass Du fähig bist, um Dein Glück zu kämpfen, dass Du imstande bist, mit allen Mitteln zu kämpfen und sogar bis aufs Blut. Als der Inselvogt Dein Collier zurückbrachte, hatte ich das Gefühl, Dich nie richtig gekannt zu haben. In diesem Augenblick habe ich Dich mehr geliebt als je zuvor. Und ich wusste trotz allem, dass ich vor sechzehn Jahren eine gute Entscheidung getroffen habe. Nur aus Liebe entsteht so viel Mut, wie Du ihn bewiesen hast. Aber dass meine Entscheidung Dich zur Mörderin gemacht hat, ist mehr, als ich verkraften kann. Dass der falsche Mensch, Hauke Bendix, gestorben ist, spielt dabei keine Rolle. Wie hast Du es eigentlich aufgenommen, dass die Hebamme noch lebt? Und wen hast Du beauftragt, Dr. Nissen zu töten? Ich habe diesen Kerl gehasst, als er mit seiner Erpressung ins Haus kam, aber für die größte Erschütterung hast Du gesorgt. Nein, ich war nicht erleichtert, dass Dr. Nissen nun für immer schweigen wird, ich war erschüttert über diese Kälte in Dir, die ich bis dahin anbetungswürdig gefunden hatte. Aber ich habe sie allem Anschein nach seit Jahren falsch interpretiert. Und weil sie immer wieder – und immer dann, wenn ich glaubte, erfrieren zu müssen – schmelzen konnte in Deiner lodernden Mutterliebe, die mir den Atem nimmt, solange es Elisa gibt. Ich hatte keine Ahnung, wie weit diese Liebe gehen kann. Und seit ich es weiß, hat meine Schuld ein Gesicht bekommen. Deins! Nicht Geesche Jensens, Dr. Nissens, nicht Hauke Bendix' Gesicht – nein, meine Schuld sieht aus wie Du. Und das macht sie so unerträglich, dass ich sie beenden muss. Ich wollte Dich immer so, wie Du bist. Aber nun ist es geschehen, dass Du wurdest, wie die Umstände Dich gemacht haben. Die Umstände, für die ich verantwortlich bin. Diese Erkenntnis ist mir unerträglich.

Er hörte Stimmen vor dem Haus und legte den Federhalter zur Seite. Schwerfällig erhob er sich, als müsste er für diese Bewegung alle Kraft aufwenden. Aber noch mehr Kraft hätte es ihn gekostet, sitzen zu bleiben und auf den Blick aus dem Fenster zu verzichten.

Er sah Elisa und Hanna den Weg entlanggehen. Eine leichtfüßige, gesunde, kräftige junge Frau, stolz, aufrecht, standesbewusst. Daneben die schwankende, humpelnde, jämmerliche Gestalt, die sich abmühen musste, um folgen zu können. Die eine mit kunstvoll aufgesteckten Locken, die andere mit bleichen Strähnen, die sie im Nacken mit einem Stück Hanf zusammengebunden hatte. Die eine in einem Kleid aus feinstem Stoff, mit einem bauschigen Rock und kunstvoll besticktem Mieder, die andere in einem weiten grauen Baumwollkleid, das mit einer Schürze in Form gehalten wurde, damit es nicht zu lang war und unter die Füße geriet, die in derben Holzschuhen steckten. Elisas Schnürstiefeletten wirbelten den Staub auf, die Holzschuhe zertraten ihn Schritt für Schritt.

Arndt wartete, bis die beiden nicht mehr zu sehen waren. Dann starrte er noch eine Weile auf den Punkt, an dem sie verschwunden waren, als könnte er das Bild festhalten. Schließlich löste er sich vom Fenster und ging zu seinem Schreibtisch zurück.

Für die Bitte, die ich hier niederschreibe, hätte ich niemals den Mut gehabt, wenn ich Dir dabei in die Augen sehen müsste. Aber vielleicht … denkst Du einmal darüber nach, ob der Fürst wirklich der richtige Ehemann für Elisa ist? Sie liebt einen anderen, das ahne ich schon lange, und das weiß ich seit gestern Abend. Ich glaube, dass auch Du es weißt. Und eigentlich … passt der Sohn eines Fischers doch sehr gut zu ihr. Du könntest mit meinem alten Onkel reden, Graf von Muth. Er sucht einen Adoptivsohn, nachdem er seinen letzten direkten Nachkommen überlebt hat und in Sorge ist, dass sein Vermögen an den unwürdigen Neffen seines Cousins fällt, den einzigen noch lebenden Verwandten. Wenn er Ebbo Boyken adoptiert, wäre die Contenance gewahrt. Auch für Geesche Jensen wünsche ich mir Rehabilitation. Kannst Du dafür sorgen? Als Ausgleich dafür, dass Du Hauke Bendix zu ihr ins Gefängnis geschickt hast? Sie wird von Marinus geliebt, auch das ist ein Grund, ihr zu helfen. Für Hanna bitte ich Dich um nichts, ich weiß, das wäre zu viel verlangt. Es ist nur konsequent, wenn Du bei Deiner Kälte bleibst. Sie ist wie meine Mutter, sie würde Dir niemals für ein bisschen Wärme danken. Aber vergiss nicht, sie ist auch wie Du: viel stärker, als es den Anschein hat, und besonders stark gerade in ihrer Schwäche …

Hanna war verzweifelt. Noch immer stellte sich das Freundschaftliche, Innige, Sorglose nicht wieder ein. Nach wie vor war die Comtesse auf Distanz bedacht, berührte sie nicht mehr, nahm keine Rücksicht mehr auf ihre Behinderung, mied allzu persönliche Gespräche und nannte sie nicht mehr ihre Freundin. Was konnte sie noch tun, um ihr Vertrauen zurückzugewinnen?

»Ebbo hat mir gesagt, dass Ihr Vater Sie gesehen hat. Ebbo ist verzweifelt.«

Elisa nickte so gleichmütig, wie ihre Mutter es meisterhaft beherrschte. »Du kannst ihm sagen, dass alles in Ordnung ist. Mein Vater hat kein Wort verlauten lassen, weder gestern Abend noch heute Morgen. Also hat er uns wohl nicht erkannt.«

»Darüber wird Ebbo sehr froh sein. Er hatte Angst um Sie.«

Schweigend setzten sie ihren Weg fort, Hanna musste all ihre Kraft aufwenden, um mit Elisa Schritt zu halten. Schließlich sagte die Comtesse: »Du hast uns gestern Gott sei Dank rechtzeitig gewarnt.«

War das ein Angebot, die Freundschaft zu erneuern? Hanna geriet ganz außer Atem vor Hoffnung und Freude. »Ja, ich habe mich nicht vom Fleck gerührt. Wie ich es versprochen hatte.«

»Wer mag das gewesen sein, der in das Haus der Hebamme gestiegen ist?«

»Haben Sie nicht gehört, Comtesse, dass Dr. Nissen ermordet worden ist? Der Mann, den ich gesehen habe, war sein Mörder!«

Nun blieb Elisa stehen und starrte Hanna an. Ihr Mund blieb offen, sie schien unfähig, auf diese ungeheure Mitteilung ein Wort zu erwidern.

Hanna atmete erleichtert auf. Sie hatte der Comtesse etwas zu berichten, was derart skandalös war, dass man im Hause von Zederlitz kein Wort darüber verloren hatte! Tatsächlich hing

Elisa an ihren Lippen, als Hanna ihr erzählte, wie sie Dr. Nissen gefunden hatte. Dass sie nach Hause gelaufen war, um mit Ebbo zu sprechen. Dass sie zwar dem Inselvogt von ihren Beobachtungen erzählen musste, es aber sehr geschickt angestellt hatte, damit niemand der Wahrheit auf die Spur gekommen war. »Der Inselvogt hat mir geglaubt, dass ich Dr. Nissen so spät noch seinen Abendtee kochen wollte.«

Elisa ging langsam weiter, sehr langsam. Ob sie nun wieder daran dachte, dass Hannas Schritte mühsamer waren? Oder war sie einfach zu erschüttert, um den Weg so fortzusetzen wie vorher? Als die Comtesse auch nach ein paar Minuten keine Anstalten machte, weiter auszuschreiten, wuchs in Hanna erneut eine kleine Hoffnung. Vielleicht wurde bald wieder alles gut.

»Ebbo wird auch zum Conversationshaus kommen«, sagte sie. »Er möchte Sie sehen. Und wenn es nur von weitem ist.«

Elisa von Zederlitz lächelte nicht, wie Hanna es gehofft hatte, aber sie ging weiterhin so langsam, dass Hanna mühelos folgen konnte. »Der Fürst wird auch da sein«, sagte Elisa. »Ich möchte nicht, dass er Ebbo sieht.«

Eilig versicherte Hanna, dass Ebbo sich im Hintergrund halten werde, dass er nur wissen wolle, ob es ihr gutgehe. »Ich werde ihm sagen, dass Ihr Vater keinen Argwohn geschöpft hat. Dann wird er zufrieden sein und kann wieder gehen.«

Nun schien es so, als vertraute ihr die Comtesse wieder. Warm durchrieselte Hanna das Glück, als sie merkte, dass Elisa von Zederlitz wieder mit ihr im Gleichschritt ging. Das Tohktik entstand nicht nur unter Hannas Füßen, sondern auch unter den Schnürstiefeletten der Comtesse. Sie gehörten wieder zusammen, sie gingen im gleichen Rhythmus. Das Glück machte Hanna derart kopflos, dass sie stolperte und beinahe gestürzt wäre.

Marinus wusste nicht mehr weiter. Wieder hatte er es so wie Geesche gemacht, war zum Strand gegangen, hatte auf das Meer geblickt, hatte die Wellen, den Himmel und die Möwen gefragt, aber er war ohne Antwort geblieben. Solange Geesche sich vor ihren Verfolgern versteckte, konnte auch er sie nicht finden. Was sollte er tun? Wenn er zum Inselvogt ging und ihm gestand, dass er Geesche befreit und Hauke Bendix niedergeschlagen hatte, war das womöglich das Ende seiner eigenen Freiheit. Denn ob man ihm glauben würde, dass nicht er es gewesen war, der Nermin geknebelt hatte und dass der Gefängniswärter noch lebte, als er mit Geesche floh, war mehr als ungewiss. Und ob der Inselvogt ihm abnehmen würde, dass der Sturz, der Hauke das Leben gekostet hatte, ein Unglücksfall gewesen war, der noch dazu in Notwehr geschah, mochte er ebenfalls nicht hoffen. Blieb immer noch die Tatsache, dass Geesche Hauke niedergeschlagen hatte. Auch das war Nothilfe gewesen! Aber würde man ihm glauben? Solange Geesche in Freiheit war, musste auch er sehen, dass er in Freiheit blieb. Nur dann bestand Hoffnung, dass sie gemeinsam von der Insel fliehen und irgendwo ein neues Leben beginnen konnten. Wenn Geesche noch lebte … wo mochte sie sich verstecken? Wo würde sie sich sicher fühlen? Wem konnte sie vertrauen?

Darüber hatte Marinus lange nachgedacht und war nun zu der Ansicht gekommen, dass es nur einen Menschen auf Sylt gab, dem Geesche rückhaltlos vertraute. Freda Boyken! Obwohl sie Freda betrogen hatte und schuld an deren schwerem Schicksal geworden war, würde sie auf die Frage nach einer guten Freundin Fredas Namen nennen. Voller Bitterkeit dachte er daran, mit welchem Vertrauen er noch vor wenigen Tagen Arndts Namen genannt hätte. Nun mied er sogar die Nähe seines Bruders. Ob Arndt überhaupt bemerkt hatte, dass er in der vergangenen Nacht nicht nach Hause gekommen war? In den Dünen war er herumgestrichen, hatte sich in die Nähe der Strandräuber getraut, um Geesche zu finden, schließlich im Freien übernachtet, um gleich beim ersten Morgengrauen weiter nach ihr zu suchen. Der entsetzliche Gedanke, sie könnte das Opfer eines Verbrechens geworden sein, nahm immer mehr Gestalt an. Von Strandräubern ermordet! Von Inselbahnarbeitern gelyncht! Marinus schloss die Augen und versuchte, die schrecklichen Bilder zurückzudrängen. Ob er es wagen konnte, zu Freda zu gehen und sie nach Geesche zu fragen?

Er beschloss, sich zum Haus der Boykens zu begeben. Erleichtert, sich eine winzige Perspektive erarbeitet zu haben, machte er sich auf den Weg. Der Strandübergang, den er benutzte, war weit von Arndts Haus entfernt. Marinus war froh darüber. So lief er nicht Gefahr, seinem Bruder zu begegnen.

Doch kaum war ihm dieser Gedanke durch den Kopf gegangen, blieb er wie angewurzelt stehen. Ungläubig starrte er den Weg entlang, auf dem sich etwas bewegte. Langsam, ohne jede Eile, aber scheinbar mit einem klaren Ziel. Arndt! Ja, unzweifelhaft Graf Arndt von Zederlitz! Er saß auf einem alten Holzkarren, der von einem zottigen Pferd gezogen wurde, und hielt die Zügel so nachlässig, als wollte er das Tier entscheiden lassen, wohin es gehen sollte. Sein Kopf war auf die Brust gesunken, er schien nicht einmal auf den Weg zu achten.

Marinus kannte diesen Karren. Okko benutzte ihn gelegentlich, um Gartenabfälle wegzubringen oder Gras von den Wiesen zu holen. Das Pferd war das persönliche Eigentum des Gärtners, er ließ es im Sommer auf der Weide neben dem Haus grasen und spannte es an, wenn er den alten Holzkarren benutzte, auf dem Graf Arndt von Zederlitz nun saß und dem Watt entgegenfuhr.

Marinus starrte ihm so lange nach, bis er nicht mehr zu sehen war, dann machte er sich an den Abstieg und ging auf den Weg zu, den Arndt mittlerweile verlassen hatte: Er verlief eine Weile parallel zum Strand, bis eine Abzweigung direkt nach Westerland hineinführte.

Marinus legte die Hand über die Augen. Der Holzkarren, auf dem sein Bruder saß, war kaum noch zu erkennen. Das Tempo, mit dem er sich vorwärtsbewegte, war doch höher, als er zunächst angenommen hatte. Arndt schien auf die andere Seite der Insel zuzuhalten. Was wollte er dort?

Die beiden jungen Frauen fielen ihm erst auf, als es zu spät war, sich abzuwenden. Elisa winkte ihm bereits fröhlich zu. Obwohl er gerne vor ihrer Unbefangenheit davongelaufen wäre, musste er stehen bleiben und ihr entgegensehen. Sogar lächeln musste er. Und erstaunlicherweise fiel es ihm nicht mal besonders schwer. Elisa gehörte zu den Menschen, die überall ein Lächeln auslösten. Ob diese Fähigkeit sie auch als Tochter von Freda Boyken ausgezeichnet hätte? Und was würde aus ihrem Lächeln werden, wenn sie jemals erfahren sollte, was Graf Arndt getan hatte? Einmal mehr sah Marinus ein, dass er schweigen musste. Das Verbrechen, das vor sechzehn Jahren begangen worden war, schützte Arndt vor der Strafe für alle weiteren Verbrechen. Es war ungerecht! Schamlos und ungerecht! Trotzdem musste er schweigen …

Marinus' Blick wanderte zu Hanna, deren Augen immer kleiner wurden, je näher sie Marinus kamen. Wieder ähnelte sie Arndts Mutter so sehr, dass er sich fragte, ob Katerina nicht längst Bescheid wissen musste über das, was vor sechzehn Jahren geschehen war.

Marinus bemühte sich um eine muntere Begrüßung. »Guten Tag, die Damen!«

Elisa grüßte fröhlich zurück, Hanna beließ es bei einem undeutlichen Gemurmel. »Du willst also auch dabei sein, wenn König Carol nach Sylt kommt? Die Königin wird gleich losfahren, um ihn in Munkmarsch abzuholen.«

Marinus entschloss sich zu belangloser Freundlichkeit. »Wirst du sie mit Fürst Alexander nach Munkmarsch begleiten?«

Aber Elisa schüttelte den Kopf. »Die Königin hält es für besser, wenn wir ihn in Westerland erwarten. Dann werden auch meine Eltern da sein.«

Marinus wunderte sich. »Es wäre doch schön, wenn König Carol dich bereits am Dampfer in Munkmarsch begrüßen könnte.«

»Die Königin glaubt, dass er sehr erschöpft sein wird nach der Reise. König Carol ist nicht gesund. Es würde ihn irritieren, wenn er eine neue Verwandte begrüßen muss, ohne die Gelegenheit zu haben, sich darauf vorzubereiten.«

Marinus verstand. »Aber ob die kurze Fahrt mit der Inselbahn für eine Erholung ausreichen wird?«

Elisa lachte. »Die Königin ist der Ansicht, dass er sich in ihrer Gegenwart schon nach wenigen Minuten erholt fühlen wird.« Nun rückte sie einen Schritt von Hanna ab, als hätte sie plötzlich bemerkt, dass ihre Gesellschafterin nicht zur Familie gehörte. »Alexander und ich werden der Königin zum Abschied nachwinken. Anschließend gehen wir ins Conversationshaus und warten dort auf die Rückkehr der Inselbahn.« Nun wandte sie Hanna sogar den Rücken zu. »Du könntest uns begleiten, wenn du willst.«

Aber Marinus winkte ab. »Lass das deine Mutter nicht hören. Leute wie ich haben im Conversationshaus nichts verloren.«

Sie gingen die Strandstraße hinab, die am Conversationshaus endete, wo die Inselbahn abfuhr und ankam. Viele Sylter hielten sich bereits dort auf. Anscheinend hatte sich herumgesprochen, dass die Königin an diesem Tag nach Munkmarsch fahren wollte. In zwei Stunden, wenn König Carol in Westerland eintraf, würde die Zahl der Schaulustigen sich vermutlich verdoppelt oder verdreifacht haben.

Am »Strandhotel«, das am Ende der Strandstraße lag, blieb Marinus stehen, als wollte er das reetgedeckte große Haus mit der hölzernen Veranda näher betrachten. Ohne Elisa anzusehen, fragte er: »Glaubst du wirklich, dass dein Vater dabei sein will, wenn König Carol in Westerland eintrifft?«

Elisa sah ihn erstaunt an. »Warum fragst du?«

»Ich habe ihn vor einer Weile fortfahren sehen. Mit dem alten Holzkarren von Okko.«

Elisa sah ihren Onkel ungläubig an. »Du musst dich irren. Mein Vater hat noch nie Okkos Wagen benutzt. Er nimmt die Kutsche, wenn er nicht zu Fuß gehen will.«

Marinus wurde unsicher, als er in Elisas Augen sah, aber wieder ganz sicher, als er kurz darauf wegschaute und sich die Gestalt des Mannes ins Gedächtnis rief, den er auf Okkos Karren hatte davonfahren sehen. Es war Arndt gewesen. Ganz sicher!

»Er wird meine Mutter begleiten, um König Carol zu begrüßen«, bekräftigte Elisa, und es klang beinahe so, als wollte sie sich selber Mut machen. »Zwar hat sie wieder ihre Migräne, aber sie wird es sich nicht nehmen lassen, zur Inselbahn zu kommen.« Geradezu trotzig ergänzte sie: »Wir werden zur Familie des rumänischen Königs gehören! Da kann man nicht einfach mit Migräne zu Hause bleiben!«

Eine Kutsche der Villa Roth fuhr soeben vor dem Conversationshaus vor. Ein kleiner Teil ihres Gefolges würde die Königin selbstverständlich auch auf dieser kurzen Fahrt begleiten, zwei Hofdamen, eine ältere Verwandte des Königs und Ioan Bitu, der Lyriker. Mit den Gesprächen über seine Gedichte und die eigenen literarischen Werke vertrieb sich Königin Elisabeth am liebsten die Zeit, das hatte Marinus von Katerina erfahren. Und aus Arndts Erzählungen wusste er, dass dies der Grund war, warum Ioan Bitu die Königin auf den meisten ihrer Reisen begleitete. Ihm war es anscheinend recht, da er nach dem Tod seiner Frau sein Haus aufgegeben hatte und nirgendwo mehr sesshaft war.

Marinus vergaß Elisa und Hanna und betrachtete den Lyriker, der ihm schon bei seiner Ankunft aufgefallen war. Mittlerweile war ihm der Zauber des Besonderen, des Unheimlichen verloren gegangen. Man hatte sich daran gewöhnt, dass er nur schwarze Kleidung trug, und durchschaut, dass er sich gern als schwarzer Mann bezeichnen ließ und es sogar amüsant fand, wenn er ängstlich betrachtet wurde. Jetzt half er den Hofdamen der Königin aus der Kutsche, reichte ihnen den Arm, um sie zum ersten Waggon der Inselbahn zu führen, und benahm sich so wie jeder andere Mann, der sich alleinreisenden Damen verpflichtet fühlte. Er setzte den Hut auf, den er bislang in der Hand gehalten hatte, rückte ihn zurecht und stieg ebenfalls ein.

Marinus war so sehr in seinen Anblick vertieft, dass er Alexander von Nassau-Weilburg erst im letzten Moment wahrnahm. Der Fürst begrüßte seine Verlobte mit genau der richtigen Mischung aus Herzlichkeit und Galanterie und küsste ihr die Hand so ausgiebig, dass jeder Anwesende begreifen musste, wie sehr er in sie verliebt war. Dann wandte er sich Marinus zu und reichte ihm mit knapper Höflichkeit die Hand, so dass Marinus nicht zu erklären brauchte, warum er zwar Elisas Onkel war, aber dennoch keinen wohlklingenden Namen trug. Fürst Alexander war längst darüber informiert, das war daran zu erkennen, wie genau er zu dosieren wusste. Dass er Hanna keines Blickes würdigte, verstand sich von selbst. Marinus schüttelte das Unbehagen ab und sah sich um. Noch immer war von Arndt und Katerina nichts zu sehen.

Aber dann wurden alle Überlegungen vom Erscheinen der Königin verdrängt. Herr Roth begleitete sie, sprang aus der Kutsche, kaum dass sie anhielt, und lief auf die andere Seite, um der Königin herauszuhelfen. Jubelrufe ertönten, einige Sylter schwenkten ihre Hüte und Mützen. Die Königin hob winkend die Hand und ging an Herrn Roths Arm auf den Waggon der Inselbahn zu, der für sie reserviert war. Dort wurde sie von ihren Hofdamen und Ioan Bitu erwartet. Neben ihnen standen der Inselvogt und der Kurdirektor, um Königin Elisabeth zu versichern, wie sehr man sich auf die Ankunft ihres Gemahls freue.

Marinus spürte, dass er beobachtet wurde. Unruhig sah er sich um und entdeckte Freda, die in einiger Entfernung stand und ihn fixierte, als wollte sie ihn zwingen, auf sie aufmerksam zu werden. Als er sie ansah, wurde ihr Blick noch intensiver, so dass er nun ganz sicher war: Sie wollte ihm etwas mitteilen. Dabei konnte es sich nur um Geesche handeln. Das Glück fuhr durch seinen Körper wie eine heiße Welle. Das konnte nur bedeuten, dass Geesche lebte! Und Freda wusste, wo sie war!

Marinus musste sich zwingen, so gemächlich zu ihr zu gehen, dass niemand auf ihn aufmerksam wurde. Er schlenderte in Fredas Nähe, grüßte dabei zwei Bekannte, ließ sich sogar die Zeit für ein paar Worte, ohne allerdings Freda aus den Augen zu lassen, die wissen sollte, dass er verstanden hatte und dass er zu ihr kommen würde. Inzwischen war die Königin in den Waggon gestiegen, ein schriller Pfiff ertönte, die Inselbahn setzte sich langsam, sehr langsam in Bewegung. Sämtliche Fenster waren geöffnet, die Königin und ihre Begleiter winkten aus dem Fenster. Die Menschen, die vor dem Conversationshaus zurückblieben, winkten fröhlich zurück.

Während die Inselbahn sich langsam entfernte, nahm Ioan Bitu seinen Hut ab, schwenkte ihn aus dem Fenster, und setzte ihn dann wieder auf.

Kurz darauf hörte Marinus einen Schrei. Er wusste zunächst nicht, woher er kam, wusste genauso wenig, wem er gelten sollte, ließ wie alle anderen den Blick über die Menschenmenge wandern, um zu sehen, ob sich jemand daraus erhob ... dann bemerkte er eine winkende Hand und sah, dass Heye Buuß und Dr. Pollacsek auf jemanden zuliefen. Es war Hanna Boyken. Die Inselbahn entfernte sich zischend und ratternd, während Hanna dem Inselvogt und dem Kurdirektor etwas entgegenschrie. Er konnte nur wenige ihrer Worte aufschnappen und sich zunächst keinen Reim darauf machen. Dann aber sah er die bestürzten Gesichter des Inselvogts und des Kurdirektors und wusste, dass er ein Wort genau verstanden hatte: »Mörder!«

XXVI.

Für Hanna Boyken begann die schönste Zeit ihres Lebens. Dass sie nur wenige Stunden dauern würde, konnte niemand wissen. Und da auch Hanna nichts davon ahnte, genoss sie ihre neue Bedeutung in vollen Zügen.

Hanna Boyken hatte den Mörder Dr. Nissens entlarvt! »Der schwarze Hut! Die Feder! Ich habe sie gesehen. Er trug diesen Hut! Ich erkenne ihn wieder. Der schwarze Mantel, die schwarzen Haare! Der Bart! Die Größe! Seine Haltung! Ich bin ganz sicher!«

Dr. Pollacsek war im Nu überzeugt. »Dieser Kerl ist mir von Anfang an verdächtig vorgekommen. Wo der herumgeschlichen ist, war Dr. Nissen immer in der Nähe!«

Hanna schaffte es auch, dass der Inselvogt seinen Wagen anspannte, um nach Munkmarsch zu fahren und dort Ioan Bitu festzunehmen. Zunächst hatte er nach Gegenargumenten gesucht, weil er weder Hanna Boyken noch dem Kurdirektor zustimmen wollte, aber schließlich hatte er doch eingesehen, dass Hannas Aussage nicht von der Hand zu weisen war.

»Warum warten wir nicht einfach auf ihn?«, schlug er dann vor. »Der Kerl wird mit dem Königspaar von Munkmarsch zurückkehren?«

»Und wenn nicht?«, fragte Dr. Pollacsek. »Stellen Sie sich vor, er nimmt den nächsten Dampfer … und ist weg.«

Heye Buuß sah ein, dass er zum Handeln gezwungen war. Seine Angst vor der Königin durfte er nicht zeigen, wenn auch der Kurdirektor sie nicht zeigte. Dem schien es plötzlich nicht wichtig zu sein, dass Ioan Bitu zum Gefolge der Königin gehörte, also durfte es dem Inselvogt auch nicht wichtig sein. Er spuckte sogar in die Hände und tat so, als wäre es seine Idee, Ioan Bitu in Munkmarsch festzunehmen.

»Diesmal entwischt der Kerl uns nicht. Ich hatte ihn ja schon bei dem Diebstahl der Lohngelder in Verdacht!«

Hanna sah ihnen nach, da spürte sie plötzlich Elisa von Zederlitz an ihrer Seite, die sämtliche Einzelheiten erfahren wollte. »Mein Gott, Hanna! Wenn er dich bemerkt hätte, als er in Dr. Nissens Zimmer stieg!«

Sogar von Fürst Alexander wurde Hanna neugierig angesehen, der eine freundliche Bemerkung über ihre gute Beobachtungsgabe machte. Sie wurde von Menschen mit Fragen bestürmt, die es sonst vermieden, das Wort an sie zu richten. Und sie sah den Stolz in den Augen ihrer Mutter.

Die schönste Zeit ihres Lebens war bereits zur Hälfte vorbei, als Heye Buuß von Munkmarsch zurückkehrte, wo er Ioan Bitu gefesselt in ein Abteil der Inselbahn gesetzt hatte. Dr. Julius Pollacseks Aufgabe war es, darauf aufzupassen, dass Bitu keinen Fluchtversuch unternahm. Die Bahn würde auf sich warten lassen, teilte Heye Buuß mit, König Carol I. von Rumänien sei zu erschüttert, um seine Reise unverzüglich fortzusetzen.

Der Höhepunkt der schönsten Zeit in Hanna Boykens Leben war erreicht, als der Inselvogt sich bei ihr bedankte und ihr mit einem warmen Lächeln die Hand drückte. Für diesen wichtigsten Moment ihres Lebens wurde sie sogar ins Conversationshaus geführt, zu dem man ihr den Zutritt verweigert hätte, wenn sie jemals auf die Idee gekommen wäre, darum zu bitten. Nun aber legten die Herren ihre Zigarren und Zeitungen aus der Hand, die Damen unterbrachen ihre Gespräche, und alle sahen sie freundlich an. Fürst Alexander bot ihr sogar einen Platz in einem riesigen weichen Sessel an, in den sie so tief hineinsank, dass sie sich prompt wieder klein und bedeutungslos vorkam.

Kurz bevor der Inselvogt von Munkmarsch zurückgekehrt war, hatte sie gehört, dass Elisa zu ihrem Verlobten sagte: »Hoffentlich hat sie sich nicht geirrt. Ioan Bitu ist schon einmal in Verdacht geraten. Wenn er sich auch in der letzten Nacht in guter Gesellschaft betrunken hat, wird man Hanna in der Luft zerreißen.«

Aber Hanna hatte sich nicht geirrt, das bestätigte Heye Buuß ausdrücklich. Als Ioan Bitu begreifen musste, dass er bei dem Mord an Leonard Nissen beobachtet worden war, hatte er es mit dem Leugnen gar nicht erst versucht und sich zu einem Geständnis entschlossen. Nicht einmal Reue hatte er gezeigt und laut geschrien, für diese Tat ginge er gerne ins Gefängnis. Hauptsache, der Tod seiner Frau sei gerächt.

»Er ist Dr. Nissen so lange nachgeschlichen«, berichtete der Inselvogt den Gästen des Conversationshauses, »bis er endlich glaubte, eine gute Gelegenheit für seine Rache gefunden zu haben.«

Irgendjemand rief dazwischen: »Warum Rache? Was hat Dr. Nissen ihm angetan?«

Auch das konnte der Inselvogt erklären: »Bitus Frau wurde während der Geburt ihres ersten Kindes von einem Arzt falsch behandelt, so dass sie starb, kaum dass das totgeborene Kind auf der Welt war.«

»Etwa von Dr. Nissen?«, rief eine Frau und klimperte mit ihren Schmuckstücken.

Heye Buuß nickte. »Es hat sich dann herausgestellt, dass in der bekannten Klinik von Professor Johannsen ein Arzt tätig war, der nie sein Staatsexamen abgelegt hatte. Nach einigen Semestern hatte er wohl erkannt, dass er den Anforderungen des Medizinstudiums nicht gewachsen war.«

Empörtes Gemurmel erhob sich, das Hanna mit einem Lächeln quittierte, als hätte man ihr applaudiert.

»Aber er wollte die Tochter des Klinik-Chefs heiraten«, fuhr der Inselvogt fort. »Und für die kam nur ein Ehemann in Frage, der einmal die Nachfolge ihres Vaters antreten konnte. Also hat er Zeugnisse gefälscht, die ihn als examinierten Arzt auswiesen. Auf die gleiche Weise hat er auch seine Doktorwürde erworben.«

Der Fehler bei der Niederkunft von Ioan Bitus Frau war so eklatant gewesen, dass der Schwiegervater, den vermutlich schon seit einer Weile Zweifel plagten, nun genau wissen wollte, wen er sich da ins Haus geholt hatte. »Und dabei stellte sich heraus«, endete der Inselvogt, »dass Leonard Nissen ein Schwindler und Betrüger war.« Er bedachte die Anwesenden mit einem vielsagenden Blick, der eigentlich dem Kurdirektor gelten sollte. »Wie gut, dass dieser Mann keine Gelegenheit hatte, sich auf Sylt niederzulassen. Wir hätten uns von einem Kurpfuscher behandeln lassen!«

Die schönste Zeit in Hanna Boykens Leben hatte damit ihren Zenit überschritten. Sie war immer noch schön, dennoch war die die Zeit in dem tiefen, weichen Sessel des Conversationshauses bald vorbei, sie wurde mit vielen freundlichen, aber auch eindeutigen Worten vor die Tür komplimentiert. Doch ihr fiel es gar nicht auf, dass die schönste Zeit ihres Lebens sich dem Ende zuneigte, denn Elisa von Zederlitz war mit ihr gekommen, hatte sich an ihre Seite gestellt und aller Welt gezeigt, dass sie den weichen Sessel nicht wollte, wenn dafür Hanna Boyken daraus vertrieben wurde. Diese Loyalität war für Hanna das Allerschönste an diesem Tag. Und als ihre Mutter, die es nicht gewagt hatte, Hanna ins Conversationshaus zu folgen, auf sie zukam und sie umarmte, wie es eine Mutter tat, die stolz auf ihr Kind war, fühlte Hanna sich so glücklich, dass sie glaubte, dieser Tag könnte ihr ganzes Leben verändern.

Sie hatte nicht ganz unrecht. Aber natürlich konnte sie nicht ahnen, dass der schönste Tag ihres Lebens auch ihr letzter sein sollte.

Als sich ihrer Tochter eine tödliche Gefahr näherte, stand Gräfin Katerina am Fenster und begann den Brief zu lesen, den ihr Mann ihr hinterlassen hatte. Sie würde ihm sagen müssen, dass er sich irrte. Gleich, wenn er zurückkam, würde sie es ihm sagen. Aber nur dieses eine: Sie hatte Dr. Nissens Tod nicht in Auftrag gegeben. Mehr würde sie zu diesem Thema nicht sagen. Dazu, dass sie der Meinung gewesen war, er selbst habe den Arzt auf dem Gewissen, würde sie nichts sagen. Das waren zu viel der Worte. Gräfin Katerina war keine Frau, die sich dem Schicksal stellte, indem sie es von allen Seiten betrachtete, sich beriet, es erörterte oder disputierte. Sie war eine Frau, die ihr Leben bewahrte, indem sie schwieg. Sie war eine Frau, die lieben und hassen konnte, indem sie etwas an sich heranließ oder zurückwies. Und was sie zurückwies, war nichts, worüber sie zu reden bereit war.

Sie blieb dabei, dass sie nicht über die Nacht vor sechzehn Jahren sprechen wollte. Und Arndt musste verstehen, wie wichtig es war, die Hebamme daran zu hindern, über diese Nacht zu reden. Katerina von Zederlitz hatte früh gelernt zu schweigen. Ihre Mutter hatte es ihr geraten, und ihre Großmutter hatte es auch schon so gehandhabt. Man konnte vieles zu einem guten Ende schweigen. Auch ihre Schwiegermutter hatte so lange zu den ehelichen Verfehlungen ihres Mannes geschwiegen, bis ihm irgendwann die Kraft fehlte, sie weiter zu betrügen. Danach war alles gut gewesen! Ihre Mutter hatte so lange die fatale Neigung ihres ältesten Bruders durch Schweigen geleugnet, bis dessen Liebhaber gestorben war und damit allmählich in Vergessenheit geriet, dass er homosexuell war. Als der Bruder alt und krank geworden war, hatte sich kaum noch jemand daran erinnert. Danach war alles gut gewesen!

Als Katerina daran zurückdachte, entschuldigte sich Fürst Alexander gerade bei seiner Verlobten, weil er von Herrn Roth gebeten worden war, mit ihm die nötigen Maßnahmen zu ergreifen, damit das Königspaar nach seinem Eintreffen vor lästigen Fragen geschützt wurde.

Gerade, als Elisa sah, dass Ebbo sich in der Nähe der Gleise herumdrückte, erfuhr Gräfin Katerina von einem ihrer Dienstmädchen, dass der Graf noch immer nicht nach Hause gekommen war, obwohl es doch nun Zeit wurde, sich umzuziehen, damit die Familie von Zederlitz geschlossen an der Inselbahn stehen konnte, um König Carol I. zu begrüßen.

Katerina wurde unruhig, aber natürlich konnte sie nicht ahnen, dass es wohl die Gefahr war, in der ihre Tochter schwebte, die sie ängstlich und besorgt machte. Elisa hatte Hanna soeben einen Wink gegeben, die bereit war, sich von dem Interesse um ihre Person für eine Weile zu lösen und ihrer Funktion als Gesellschafterin nachzukommen. Da die Inselbahn noch immer auf sich warten ließ, beschlossen die beiden jungen Frauen, an den Bahngleisen entlangzugehen, um sich ein wenig Bewegung zu verschaffen. Wohlgefällige Blicke folgten ihnen, nicht nur der bezaubernden Elisa, sondern heute auch ihrer Gesellschafterin, der es zu verdanken war, dass ein schrecklicher Mord sehr schnell aufgeklärt werden konnte. Dass sich Ebbo Boyken zu ihnen gesellte, fand niemand verwunderlich, schließlich galt er als Hannas Bruder. Er half den beiden dabei, aus den wilden Blumen, die am Bahndamm wuchsen, einen Strauß zu binden, der vermutlich der Königin überreicht werden sollte.

Als Katerina zu Ohren kam, dass sich ihr Gemahl mit dem alten Holzkarren des Gärtners aufgemacht haben musste, hatte sich ein Lokführer der Inselbahn gerade entschlossen, die Verspätung des Zuges dafür zu nutzen, eine Ersatzlokomotive auf die Bahnstrecke zu schicken, um sie von dort über eine Weiche auf das Nebengleis zu fahren, das direkt in den Lokschuppen führte.

Aus Katerinas Ärger über das seltsame Verhalten ihres Gemahls wurde gerade große Sorge, als das schrille Pfeifen der Lokomotive, das der Lokführer unnötigerweise und vermutlich nur deshalb ertönen ließ, weil er vor erlauchtem Publikum rangierte, ein Pferd erschreckte. Es war gerade ausgespannt worden, weil es nervös vor der Kutsche seiner Besitzer tänzelte und das zweite Pferd mit seiner Unruhe ansteckte.

Katerina spürte einen eiskalten Schauer auf ihrer Haut, der im Nu ihren ganzen Körper überzog, ein Gefühl, das sie Angst nannte, Angst um ihren Mann. Dass es eine Vorahnung war, konnte sie nicht wissen. Denn gerade in dieser Sekunde vergewisserte sich Ebbo, dass die rangierende Lok die Sicht auf die wartende Menge versperrte, die sich überdies geschlossen dem scheuenden Pferd zuwandte, und griff nach Elisa, um sie zu küssen.

Sie wehrte empört ab. »Nie wieder, Ebbo! Hörst du?«

Sie stieß ihn vor die Brust, mit größerer Kraft, als er erwartet hatte. Ebbo taumelte ein paar Schritte zurück in dem Bemühen, auf den Beinen zu bleiben, ging aber schließlich doch zu Boden.

Auch Elisa taumelte zurück, von der eigenen Kraft überwältigt. Ihre Schnürstiefeletten rutschten über den Schotter, der die Bahnstrecke säumte, haltsuchend griff sie um sich, fand nichts, was sie retten konnte, versuchte sich auf den Beinen zu halten, spürte jedoch, dass ihr weiter Rock sich in den Spangen der Stiefeletten verfing, dass er ihre Bewegungen behinderte, ihren Körper noch weiter nach hinten riss. Sie wusste um das schwarze Ungetüm in ihrem Rücken, spürte seine Hitze, verbrannte sich bereits an der Gefahr, schrie und fiel, schrie und fiel …

»Elisa!« Schon war Ebbo wieder auf den Beinen, stürzte voran … aber er kam zu spät.

Hanna jedoch hatte die Gefahr rechtzeitig erkannt. Und sie stand nah genug, auf Armeslänge entfernt, brauchte nur mit einem einzigen Schritt auf die Comtesse zuzufallen, um sich ihr entgegenzuwerfen und sie zu halten.

Gräfin Katerina hatte gerade begriffen, dass ihr Gemahl nie wieder zurückkehren würde, da vollendete Hanna den schönsten Tag ihres Lebens, indem sie der Comtesse das Leben rettete.

XXVII.

Die Glocken von St. Niels läuteten. Sie schnitten in die Stille ein, die auf der Insel lastete, es schien, als atmete jeder auf, der sie hörte. So, als hätte die drückende Stille endlich zum Ziel geführt.

Als Geesche die Tür ihres Hauses öffnete, merkte sie, dass die Stille gar keine war. Der Wind pfiff in ihrem Reetdach wie immer, die Möwen schrien, aus dem Stall drang Gegacker, in der Ferne war die Brandung des Meeres zu hören. Kein lautloser Tag! Nur still im Bewusstsein dessen, was zu Ende gegangen war, was für immer schweigen würde. Das, was nur noch in den Herzen einiger Menschen seine Stimme erheben würde.

»Es ist soweit«, sagte Marinus und griff nach Geesches Hand.

Sie traten vors Haus, und die Stille nahm zu, obwohl der Wind gerade in diesem Moment anschwoll, in den Gräsern rauschte und jedem Widerstand entgegenfauchte. Die ersten Schritte waren schwer, aber als sie einen gemeinsamen Rhythmus gefunden hatten, wurde es leichter. Von da an spielte es auch keine Rolle mehr, dass man ihnen nachblickte, fragend, vielsagend, aber auch bedauernd und sogar reumütig. Wichtig war, dass sich in fast allen Häusern die Türen öffneten und man sich ihnen anschloss. Geesche Jensen war wieder die Hebamme von Sylt, der Vertrauen entgegengebracht wurde. Keine Diebin, keine Mörderin! Warum Hauke Bendix sie umbringen wollte, wusste niemand, aber da den Strandräubern alles zuzutrauen war, hatte bald keiner mehr danach gefragt. Dass Marinus Rodenberg sie aus dem Gefängnis hatte befreien wollen, weil er sie liebte und an ihre Unschuld glaubte, war eine Wandlung des Geschicks, die jedem gefiel, der noch an die Liebe glauben konnte. Warum Geesche nicht verraten hatte, dass sie das Geld, das sie in ihrer Truhe aufbewahrte, von der Gräfin als Dank für die glückliche Geburt ihrer Tochter erhalten hatte, verstand zwar niemand, aber da Katerina von Zederlitz es vor dem Inselvogt feierlich bezeugt hatte, gab es keinen Zweifel daran. Viel interessanter war den meisten in diesem Fall die Erörterung, wie jemand so viel Geld hergeben konnte für etwas so Normales wie eine glückliche Geburt.

So wurde der Weg zum Friedhof zu einer langen Strecke der Versöhnung. Ein Blick in Fredas Gesicht reichte, um Geesche zu zeigen, wie tröstend für sie dieser Friede war. Ebbo hielt ihre Hand und legte den Arm um ihre schmalen Schultern, als sie kurz darauf Hannas Sarg folgten.

»Sie hat ihr Leben für einen anderen Menschen hingegeben!«

Der Pfarrer war voll lobender Worte und band Hannas Namen in so viele wohlklingende Zitate ein, dass Freda ihn anstarrte, als wollte sie kein einziges davon je wieder vergessen.

Freda Boyken durfte stolz auf ihre Tochter ein. Das beteuerte der Pfarrer immer wieder, das wurde Freda von jedem bestätigt, der ihr sein Beileid versicherte, der Hanna zuvor kritisch betrachtet oder sogar einen großen Bogen um sie gemacht hatte. Hanna war für eine beispiellose Tat zu loben, sie hatte das größte Opfer gebracht, zu dem ein Mensch fähig war. Hanna Boyken wurde an diesem Tag zum Vorbild für alle Menschen. Aus dem schönsten Tag ihres Lebens wurde in diesen Stunden der schönste ihrer Unvergänglichkeit.

»Lasst uns für Hanna beten! Lasst uns darum bitten, selbst auch zu dieser Kraft und dieser Liebe fähig zu sein, sollte sie einmal von uns erwartet werden!«

Geesche konnte den Blick nicht von dem frisch ausgehobenen Grab nehmen, nur wenige Meter von Hannas letzter Ruhestätte entfernt. Zwei Tage vorher war Graf Arndts Leiche im Watt gefunden worden. Er sollte in Hannas Nähe beerdigt werden. Nur drei Schritte entfernt.

»Hanna Boyken ist das Himmelreich sicher! So wie unsere Dankbarkeit, unsere Hochachtung, unsere ewige Erinnerung!«

Dass die Gräfin den Leichnam ihres Mannes nicht in seine

Heimat bringen lassen wollte, hatte viele Fragen aufgeworfen. Bei der Sylter Bevölkerung, bei der Familie von Zederlitz, bei Arndts Mutter. Für Marinus war die Antwort bereits gefunden gewesen, ehe er die Frage ausgesprochen hatte. Und er erhielt sie in diesem Augenblick bestätigt. Geesche sah ihm an, dass er nun glauben konnte, dass sein Bruder kein Mörder war. Auch kein Mann, der einen anderen zum Mord anstiftete. Das war jemand anders gewesen, nun sah auch Geesche es ein. Jemand, der sein persönliches Glück mit allen Mitteln verteidigte. Einfach mit allen …

Die Friedhofspforte öffnete sich, und leichte Schritte knirschten auf dem Kies. Geesche war die Erste, die zurückblickte und sah, dass die Gräfin den Friedhof betrat. Und Geesche war die Einzige, die bemerkte, dass Katerina von Zederlitz vor dem frischen Grab Hauke Bendix' stehen blieb und sich bekreuzigte. Alle anderen blickten erst auf, als sie an Hannas offenes Grab trat.

»Sie ist schuldig geworden«, flüsterte Geesche, »für den gleichen Zweck. Sie wollte nichts anderes als ihre Familie retten. So wie ich damals.«

Fredas Tränen versiegten, aus ihrer Trauer wurde ungläubiges Staunen. Die Gräfin von Zederlitz gab ihr und ihrer toten Tochter die Ehre! Und das, obwohl sie selbst gerade einen so schweren Verlust erlitten hatte! Obwohl ihre Tochter sie brauchte, die nach dem Unfall mit einer schweren Fußverletzung ans Bett gefesselt war!

Geesche konnte sehen, wie sich Fredas Herz öffnete, das schon in der Versöhnung mit den Syltern weit geworden war. Dies war der Moment, in dem Freda mit dem schweren Schicksal ihren Frieden machte, das ihr ein verkrüppeltes Kind aufgebürdet hatte: der Moment, in dem Gräfin Katerina an Hanna Boykens Grab bitterlich zu weinen begann …

Anhang

In Westerland auf Sylt gab es Ende des 19. Jahrhunderts nur gut hundert Häuser, in denen etwa 450 Menschen lebten. Dazu kamen, nachdem 1855 das Seebad Westerland gegründet worden war, jährlich rund 100 Kurgäste. Sie fanden allerdings auf Sylt keineswegs den Komfort, an den sie gewöhnt waren, denn die Einheimischen lebten in ärmlichen Verhältnissen. Es gab auf der Insel weder Elektrizität noch fließendes Wasser geschweige denn eine Kanalisation.

Dr. Julius Pollacsek, 1850 in Budapest geboren, war Lehrer und Schuldirektor, gründete ein Bank- und Kommissionsgeschäft, war als Redakteur und Buchautor tätig und wurde in Hamburg Inhaber einer literarischen Agentur. 1884 kaufte er dann das Seebad Westerland für 365 000 Mark und wurde Kurdirektor. Er ließ ein Warmbadehaus bauen, finanzierte die erste Eisenbahnlinie von Munkmarsch nach Westerland, die 1888 eingeweiht wurde, und verdreifachte während seiner Zeit als Kurdirektor die jährliche Besucherzahl. Theodor Storm, der 1888 an Magenkrebs starb, gehörte zu seinen engsten Freunden. Wann und wo Julius Pollacsek starb, ist nicht bekannt.

Königin Elisabeth I. von Rumänien wurde 1843 als Elisabeth zu Wied geboren. Sie heiratete Karl von Hohenzollern-Sigmaringen, der als Carol I. den rumänischen Thron bestieg. Die beiden hatten eine Tochter, die im Alter von vier Jahren an Diphterie und Scharlach starb. Unter dem Namen Carmen Sylva veröffentlichte die »dichtende Königin« bzw. die »königliche Dichterin« Literatur in deutschen Verlagen. 1888 besuchte sie die Insel Sylt und stiftete dem Friedhof der Heimatlosen einen Gedenkstein, in den sie ein Gedicht des Hofpredigers Rudolf Kögel prägen ließ. Der Friedhof liegt in Westerland in der Elisabethstraße, die nach der Königin benannt wurde.

Mein Dank geht an meine beiden »Erstleser«, meinen Sohn Jan und meine Freundin Gisela Tinnermann, die beide viel Zeit für mich geopfert haben. Was täte ich ohne euch?

Leseprobe aus

Gisa Pauly

STURM ÜBER SYLT

Die Insel-Saga

Erschienen im Verlag Rütten & Loening
Klappenbroschur
Ca. 432 Seiten

ISBN 978-3-352-00852-8

Es war so wie vor zehn Jahren. Der Himmel war genauso blass und durchscheinend, zarte Wolkenschleier verhüllten die Sonne, die nur ein heller Fleck war, von dem keine Wärme ausging. Ein kühler Sommertag! Der Wind hatte auch damals beinahe still gestanden, so wie heute. Er war da, bewegte sich über dem Schiff hin und her, nahm seine Kraft aber nicht aus den Wolken, sondern aus der Fahrt des Raddampfers. Die Geschwindigkeit des Fortbewegens war es, die die Windstärke bestimmte! Aus dem Sturm, der noch vor zwei Wochen gewütet hatte, war dieser kraftlose Fahrtwind geworden. Auf der Insel würde es womöglich windstill sein. Eine Seltenheit! Damals war es ihr vorgekommen, als wollte der Wind sie nicht von ihrer Heimat wegtreiben, jetzt kam es ihr so vor, als wollte er sie nicht willkommen heißen. Oder sollte sie die Angst vor der Rückkehr verlieren, zu der es eigentlich nie hatte kommen sollen?

Sie spürte, dass Ludwig hinter sie trat. Aber sie veränderte ihre Haltung nicht, blieb an die Reling gelehnt stehen und drehte sich nicht um. Sie zeigte ihm nur, dass ihr seine Nähe guttat, indem sie leise seufzte.

Aletta Lornsen war eine mittelgroße Frau, schlank, aber nicht zierlich, sondern von kräftiger Statur. Sie hatte braune Haare, in die die Sonne manchmal blonde Tupfer setzte und die bei Dunkelheit und wenn sie straff zurückgekämmt waren, fast schwarz wirkten. Ihr Gesicht war schmal, ohne zart zu sein, die Nase winzig, ihre Wangen waren flach wie die einer Rekonvaleszentin, die gerade wieder zu Kräften kommt. Doch ihr Mund war breit und lachend, ihre Lippen waren voll und verlockend, die Stirn prägte sich über starken Brauen aus, so dass sie stark und gesund aussah, wenn es ihr gutging, aber auch elend und sterbenskrank wirken konnte, wenn es schwere Tage gab. Ihre Augen waren von einem stumpfen Grau, trugen aber braune und grüne Splitter, die sie interessant und ihren Blick sogar ein wenig rätselhaft machten.

Ludwig sagte oft: »Bei dir hat die Natur nicht gewusst, was sie wollte. An einem Tag solltest du ein zartes, elfengleiches Wesen werden, am anderen eine Frau, die ihren Mann stehen kann. Und am Ende bist du beides geworden.«

Er legte ihr die warme Stola um und umschlang sie mit beiden Armen, um sie zu wärmen. »Freust du dich auf Sylt?«

Aletta wollte nicken und den Kopf schütteln, gleichgültig die Schultern zucken und die Mundwinkel verächtlich herabziehen, alles auf einmal. Aber ihr gelang weder das eine noch das andere. Vorfreude und Angst, Schuldgefühle und Selbstzufriedenheit hielten sich die Waage. Ludwigs Frage war nicht zu beantworten.

»Hoffentlich ist das Hotel komfortabel«, sagte sie stattdessen.

Sie spürte, dass Ludwig lächelte. »Das Miramar ist das erste Haus am Platz.«

»Die Sturmflut von 1909 soll es schwer ramponiert haben.«

»Das ist fünf Jahre her. Und nicht das Hotel wurde beschädigt, sondern die Düne vor dem Hotel. Sie wurde von dem Sturm weggefegt. Da sieht man, wie leichtsinnig es ist, so nah am Meer zu bauen.«

Aletta merkte, wie gut es ihr tat, über etwas so Sachliches wie den Bau des Miramar zu reden. Sie atmete tief ein, richtete ihren Oberkörper auf, baute ihre Stütze auf, als müsste sie sich schon jetzt auf ihr Konzert vorbereiten. In den Jahreszahlen fühlte sie sich sicher, in den Debatten über den Dünenschutz auch, und über vergangene Sturmfluten redete sie gern, wenn sie über Sylt sprechen wollte und Sehnsucht nach ihrer Insel hatte. Nur über die Menschen, auf die sie in den nächsten Tagen treffen würde, redete sie nicht. Ludwig blieb immer wieder ohne Antwort, wenn er sie fragte, was ihr diese Rückkehr nach Sylt bedeutete. Mittlerweile hatte er sich damit abgefunden, dass er mit Aletta, wenn sie Heimweh hatte, über die Sturmfluten von 1909 reden musste, über den Brand der Kaiserhalle im September 1911 und die im Oktober folgende Sturmflut, die die gesamten Strandanlagen ins Meer gerissen hatte.

»Der Besitzer des Miramar hat eine Strandmauer bauen lassen«, sagte er, drängte sich dicht an Aletta heran und legte sein Kinn auf ihre Schulter. »Jetzt kann nichts mehr passieren. Keine noch so schwere Sturmflut kann der Strandmauer etwas anhaben.«

Seine Stimme klang zuversichtlich, aber Aletta wusste, dass er sich zum Optimismus zwang. Gegen die Naturgewalten mochte Sylt sich gewappnet haben, aber was war mit der Gewalt von kriegerischen Auseinandersetzungen? Ludwig hatte sie seit der Ermordung von Erzherzog Franz Ferdinand und seiner Frau Sophia mehr als einmal bedrängt: »Fahr nach Sylt! Versöhn dich mit deiner Familie! Wenn du es wirklich willst, dann zögere nicht mehr! Jetzt ist der richtige Zeitpunkt! Wer weiß, was kommt!«

Und so war dem Kurdirektor die Nachricht zugegangen, dass man die letzte seiner unzähligen Einladungen nun endlich annehmen wolle. Allerdings unverzüglich! Westerland musste die Vorbereitungen auf das große Ereignis, das Konzert von Aletta Lornsen, in größter Eile treffen.

1904 war sie noch mit dem Plattbodensegler übers Watt gefahren. An Veras Seite! Gemeinsam hatten sie sich auf den Boden gekauert, Aletta mit dem Rücken zur Insel, mit dem Blick zum Festland, ihre Vergangenheit im Rücken, ihre Zukunft vor Augen. Und Vera hatte immer wieder gesagt: »Du musst sie zwingen. Irgendwann werden sie sich zwingen lassen.«

Wenn Aletta die Tränen gekommen waren, hatte sie in die Segel gesehen, auf das große »S« geblickt, das jedes Segel trug, das »S«, das für »Sylt« stand. Aber wenn sie der Tränen Herr geworden war, hatte sie wieder vorausgeschaut. Und Vera hatte erneut gesagt: »Es ist richtig, dass du sie zwingst. Es geht nicht anders.«

Die Plattbodensegler waren mittlerweile von den Raddampfern abgelöst worden. Von Hamburg nach Hörnum fuhr seit 1905 sogar das große Turbinenschiff »Kaiser«, das für sage und schreibe zweitausend Decksgäste zugelassen war. Aber so viel Neues hatte Aletta nicht gewollt, so viel sollte sich nicht geändert haben seit ihrer Flucht von Sylt. Der Raddampfer war Fortschritt genug. Er näherte sich der Insel langsam und schwerfällig, wie es für sie richtig war, die beiden Schaufelräder links und rechts des Schiffskörpers mühten sich geräuschvoll ab. Es war ein urwüchsiges Vorankommen, nicht so zielstrebig wie auf der »Kaiser«, langsamer, schwerfälliger, aber doch unbeirrt. Das flache, breite Schiff, das durch die Schaufelräder noch breiter erschien, als es war, hatte Aletta sofort Vertrauen eingeflößt. Auch dass der Kapitän sich nicht in einem Steuerhaus verbarg, um seine Arbeit von den Passagieren abgeschirmt zu verrichten, gefiel ihr. Dieses Schiff wurde von der Brücke aus geführt, die nicht nur so genannt wurde, sondern wirklich eine war. Sie reichte von Steuerbord nach Backbord, von einem Radkasten zum anderen und führte über die Köpfe der Passagiere hinweg. Dort stand der Kapitän, Wind und Wetter noch schutzloser ausgesetzt als die Passagiere. Wenn das Wetter jedoch gut war, ruhig und trocken so wie an diesem Tag, dachte jeder nur daran, wie einfach die Fahrt geworden war, seit die Plattbodensegler aus dem Dienst genommen worden waren.

Die Reise nach Sylt war auch in anderer Hinsicht bequemer geworden. Es gab nun durchgängige Bäderzüge von Altona nach Hoyer, der Kutschenbetrieb war völlig eingestellt worden. Schon nach gut vier Stunden war man von Hamburg in Hoyer-Schleuse angekommen, wo die Raddampfer ablegten. Allerdings fuhren sie tideabhängig, nur einmal, höchstens zweimal täglich und nur bei Tageslicht. Doch Ludwig hatte die Reise gut geplant und dafür gesorgt, dass sie in Hoyer nur eine knappe Stunde zu warten brauchten, bis sie den Raddampfer besteigen konnten. Eineinhalb Stunden dauerte die Überfahrt nach Munkmarsch, zu wenig Zeit, um die Vergangenheit hinter sich zu lassen, die sich mit dem Entschluss, diese Reise zu wagen, erneut vor Aletta erhoben hatte. So, als hätte ihre Vergangenheit nur in einer Ecke ihres Lebens heimlich auf diesen Tag gewartet, obwohl Aletta geglaubt hatte, dass sie ihre Kindheit und Jugend längst vor die Tür ihres neuen Lebens gesetzt hatte.

Ihr Körper versteifte sich, als die Mole von Munkmarsch in Sicht kam. Sie wickelte den fliederfarbenen Seidenschal fester um den Hals, den sie von Ludwig zur Premiere von Fidelio geschenkt bekommen hatte und der seitdem ihre Stimme wärmte, wie sie es nannte. Ludwig begann ihre Arme zu streicheln und sanft ihren Nacken zu kneten, aber ihre Haltung veränderte sich nicht, während sie den Menschen, die sich auf der Mole drängten, entgegensah. Sie blieb angespannt.

»Sie werden nicht kommen«, flüsterte Ludwig. »Vielleicht zum Bahnhof, aber sicherlich nicht nach Munkmarsch.«

Ob er recht hatte? Aletta hoffte sogar, dass sie auch am Ende der Inselbahnfahrt nicht auf sie warteten. Wirklich auf Sylt angekommen sein würde sie erst, wenn das Konzert vorbei war. Wenn sie ihren Triumph gefeiert hatte! Wenn alle einsehen mussten, dass sie damals richtig gehandelt, dass sie gar nicht anders gekonnt hatte! Wenn sie es mit eigenen Augen gesehen und mit eigenen Ohren gehört hatten. Alle! Jetzt fühlte sie sich noch klein und schwach, dann erst würde sie ihrer Familie unverwundbar entgegentreten können. Die Eltern würde sie zwingen, stolz auf sie zu sein, und Insa würde sie zwingen, zu lächeln und etwas Anerkennendes zu sagen.

Wieder sprach sie sich unhörbar vor, was Vera ihr schon vor zehn Jahren eingeprägt hatte: »Du musst sie zwingen! Und glaub mir, sie werden sich zwingen lassen.«

Ach, Vera! Sie hätte sich nicht ausmalen können, was danach geschah …

Im Shanty-Chor waren keine Mädchen und Frauen zugelassen. Wer seinen Gesang einem Publikum zu Gehör bringen wollte, für den gab es nur die Möglichkeit, dem Kirchenchor beizutreten, den Pfarrer Frerich leitete, der zwar von Musik wenig verstand, dafür umso mehr von den Problemen, Nöten, Vorlieben und Ansichten der ihm anvertrauten Schäfchen. Was er billigte, unterstützte er, was ihm missfiel, versuchte er zu unterbinden. Damit, so meinte er, wurde er seiner seelsorgerischen Aufgabe mehr als gerecht. Er erkannte zwar Alettas Talent, war aber derselben Ansicht wie ihre Eltern: »Der Deern dürfen keine Flausen in den Kopf gesetzt werden.«

Ein Sylter Mädchen durfte singen, wenn es fröhlich war, wenn es Gott gefällig sein wollte oder die Arbeit mit dem Gesang besonders flott von der Hand ging. Aber singen um des Singens willen? Singen womöglich, um damit Geld zu verdienen und auf Ruhm und Ehre zu hoffen? Das fand Pfarrer Frerich genauso indiskutabel wie Alettas Eltern.

Aber immerhin war er bereit, sie gelegentlich ein Solo singen zu lassen. »Der liebe Gott wird sich was dabei gedacht haben, als er dir die schöne Stimme gab.«

Und als sie am Petritag in der Kirche das Ave Maria singen durfte, war Vera Etzold unter den Zuhörern. Bis zu diesem Tag hatte niemand gewusst, dass sie die erste Sopranistin am Stadttheater von Göttingen gewesen war. So lange, bis sie sich mit einem wohlhabenden Fabrikanten verlobte, der selbstverständlich verlangte, dass sie ihre Karriere zugunsten der Familie aufgab. Die Ehe währte allerdings nicht lange, denn Veras Mann wurde schon zwei Jahre nach der Hochzeit das Opfer eines Raubüberfalls. Doch da in ihren Kreisen eine Witwe genauso wenig wie eine verheiratete Frau einem Broterwerb nachging, war es Vera nicht gelungen, auf die Bühne zurückzukehren. Dass sie unter ihrer unerfüllbaren Sehnsucht litt, wusste niemand. Erst recht keiner von denen, die sie wegen ihres Reichtums und ihres bequemen Lebens beneideten.

Direkt nach dem Ave Maria war sie zu Aletta gekommen und hatte sie in ihr Hotel eingeladen. »Du musst aus deiner Stimme etwas machen. Wenn du willst, arbeite ich mit dir.«

Und ob Aletta wollte! Aber instinktiv begriff sie, dass sie mit keiner Unterstützung rechnen konnte, dass man ihr diese Flausen so schnell wie möglich austreiben würde. Und obwohl sie erst zehn Jahre alt war, hatte sie bereits die Weitsicht zu erkennen, dass ihr Wunsch, wenn er erst einmal abgelehnt worden war, nicht mehr heimlich zu verfolgen sein würde. Also erzählte sie den Eltern nichts von dem wahren Grund dieser Einladung. »Ich weiß nicht, warum ich zu ihr kommen soll, aber einer so vornehmen Dame kann ich den Wunsch unmöglich abschlagen.«

Dieser Ansicht waren ihre Eltern ebenfalls. Und als die Mutter vermutete, dass Vera Etzold ein Dienstmädchen brauchte, das ihr gelegentlich zur Hand ging, reichte sie ihrer Tochter damit ahnungslos eine Lüge, nach der Aletta gierig griff. Lange sollte das Lügen von da an zu ihrem Leben gehören. Und all das andere, für das sie sich heute schämte! Für den Gesang war sie zu einem schlechten Menschen geworden, das hatte Pfarrer Frerich ihr später unmissverständlich klar gemacht. Aber er hätte sich seine Worte sparen können. Aletta wusste selbst, was sie getan hatte. Jahrelang! Immer wieder! Und gebeichtet hatte sie es nur ein einziges Mal. Das war, als Vera gesagt hatte: »Nun wird es Zeit, sie zu zwingen. Du bist soweit!«

In die Menschenmasse kam Bewegung, als der Dampfer sich der Mole näherte. Etwa hundert Meter war sie lang, und Aletta mochte sich nicht vorstellen, wie viele Menschen es waren, die dort warteten. Dicht gedrängt standen sie, um dem Raddampfer entgegenzusehen. Aletta war es, als bewegte sie sich auf eine Gefahr zu, die sich nicht zu erkennen geben wollte.

»Ich hatte dem Kurdirektor gesagt, dass er über deine Ankunft schweigen soll«, murmelte Ludwig.

Aletta antwortete nicht, starrte schweigend auf die Menschen, die ihnen entgegenblickten, allesamt dunkel gekleidet, die Männer mit Hüten, die Frauen mit Tüchern, die ihre Köpfe bedeckten. Allmählich wurde aus der Menschenmasse eine Masse von vielen Menschen, einzelne waren zu erkennen, einige traten aus der Menge heraus, indem sie winkten, Hüte schwenkten, auf und ab sprangen.

»Es hilft nichts«, sagte Ludwig und löste sich von Aletta. »Du musst lächeln.«

Er trat einen Schritt zurück und blickte nun über ihren Kopf der Ankunft entgegen. Auf ihr Schweigen reagierte er nicht, er wusste um ihre Gefühle und brauchte keine Erklärungen.

Noch bevor das Schiff anlegte, wichen die ersten Reihen der Wartenden zurück, nur zwei Personen blieben stehen – der Kurdirektor und seine Gattin, die es sich nicht nehmen lassen wollten, Aletta Lornsen als Erste auf Sylt willkommen zu heißen. Heimgekehrt nach zehn Jahren! Alettas Wunsch, den Fuß ohne viel Aufhebens auf heimatliche Erde setzen zu dürfen, war von Kurdirektor Wülfke anscheinend nicht ernst genommen worden. Vermutlich hatte er mit seiner Frau darüber gesprochen, dass der Anstand es gebührte, die berühmte Sängerin angemessen zu empfangen, diese wiederum hatte mit ihrer Nachbarin darüber beraten, wie man sich zu diesem Zwecke aufzuputzen habe … und im Nu hatte ganz Westerland Bescheid gewusst.

Aletta wickelte die Stola eng um ihren Körper, während sie darauf wartete, dass das Schiff vertäut wurde. Sie fror. Tief in ihrem Innern wurde sie von einer Kälte gequält, die ihre Anspannung erstarren ließ, obwohl die Erwartung ihr die Hitze auf die Wangen trieb. Die Jubelrufe, die ihr entgegenklangen, erwiderte sie mit einem Lächeln, in dem sie Übung hatte, ihre Haltung drückte Hochmut aus, auch darin hatte sie Übung. Nur keine Vertraulichkeiten, kein Anbiedern an die Bewunderer ihrer Kunst! Das hatte sie längst gelernt.

Ein tieferes Lächeln galt lediglich dem Ehepaar Wülfke, außerdem einer früheren Nachbarstochter, dessen Bild sie aus der Menge ansprang, und der Besitzerin des Stuben-Ladens, in dem Alettas Mutter fast täglich eingekauft hatte. Rosi Nickels war klein und unscheinbar, aber sie schrie so laut Alettas Namen, dass sie zu den wenigen gehörte, die ein freundliches Winken erntete.

»Nicht suchen«, flüsterte Ludwig ihr zu. »Wenn sie da sind, müssen sie auf dich zukommen. Nicht umgekehrt!«

Wie gut er Aletta kannte! Er wusste, dass sie versucht war, den Blick über die Menge schweifen zu lassen, nach dem steifen Hut ihres Vaters Ausschau zu halten, nach dem schwarzen Kopftuch ihrer Mutter, nach Insas dicken blonden Zöpfen, die sich niemand so kunstvoll auf den Kopf stecken konnte wie sie. Aletta hielt den Blick auf den Kurdirektor gerichtet, auch nach Pfarrer Frerich hielt sie nicht Ausschau und nicht einmal nach Jorit Lauritzen. Wenn sie auch schuldbeladen diese Insel verlassen hatte, nun kehrte sie hocherhobenen Hauptes zurück. Was sie getan hatte, ließ sich wieder gutmachen. Was die Eltern und ihre Schwester ihr dagegen vorwerfen würden, brauchte sie nicht wieder gutzumachen. Es würde an ihnen sein, sie um Verzeihung zu bitten.

Dass weder der Kurdirektor noch seine Gattin ihre Familie erwähnte, fiel ihr erst auf, als sie bereits, flaniert von den beiden, die Inselbahn bestieg, die sie nach Westerland bringen sollte. Aber sie machte es so, wie Ludwig es ihr geraten hatte. Sie fragte nicht nach ihren Eltern und ihrer Schwester, erkundigte sich nicht nach ihrem Wohlergehen und gab mit keiner Silbe, keinem Blick zu verstehen, dass sie nichts von ihren nächsten Angehörigen wusste, dass sie keine Ahnung hatte, wie es ihnen in den letzten zehn Jahren ergangen war, dass sie nicht einmal wusste, ob die drei noch gesund waren. Ob sie dem Kurdirektor weismachen konnte, dass sie deswegen nicht fragte, weil sie über alles Bescheid wusste? Oder war ihm und allen Syltern längst bekannt, dass es in den vergangenen zehn

Jahren keinerlei Kontakt zwischen Aletta und ihrer Familie gegeben hatte? Womöglich hatte ihre Mutter bei jeder Gelegenheit darüber geklagt, ihr Vater zornig gebrummt, wenn er nach seiner Jüngsten gefragt worden war, und Insa hatte vermutlich so unnachgiebig geschwiegen, dass alle bald Bescheid wussten. Aber das musste Aletta egal sein. Sie hatte alles genau mit Ludwig abgesprochen. Bisher waren sämtliche Entscheidungen, die er für sie getroffen hatte, richtig gewesen. So würde es auch in diesem Fall sein. Aletta war froh, seine Schritte zu hören, seine Nähe zu spüren, sein Rasierwasser zu riechen und gelegentlich im linken Augenwinkel das Auffliegen seines weiten Mantels zu erkennen. Ludwig war bei ihr! Und sie wusste, er würde niemals von ihrer Seite weichen.

Auch sein Rat, sich bei ihrer Ankunft auf Sylt bescheiden zu kleiden, war richtig gewesen. In Wien, wo sie beide seit Jahren lebten, trug sie gern ausgefallene Mode, die sie am liebsten in Paris bestellte, wo besonders elegante Kleidung entworfen wurde. In ihren Koffern führte sie leichte Straßenkleider mit, in Lila und Blau, eins sogar mit einem extravaganten Muster aus Tupfen und Runen. Ein großer Koffer war allein dazu da, ihre Hüte aufzunehmen, zwei Strohhüte, mehrere Filzhüte und sogar ein weißer Zylinder, der in Wien zurzeit der allerletzte Schrei war. Auf Sylt würde man sich vermutlich auch über ihren Spazierstock wundern, der zum Glück in den größten ihrer Koffer gepasst hatte. In Wien war in diesen Tagen eine Ausgehtoilette erst mit einem auffälligen Spazierstock perfekt. Natürlich musste sein Knauf aus Gold oder Emaille gefertigt und mit Edelsteinen verziert sein. Ludwig hatte für ihren Spazierstock sogar antike Smaragde aufgetrieben. In Wien hatte sie damit Aufsehen erregt …

Aletta hatte alles eingepackt, womit sie ihre Eltern und ihre Schwester beeindrucken wollte. Jetzt allerdings, als sie den dunkel und schlicht gekleideten Syltern gegenüberstand, schämte sie sich ihres Wunsches, Aufsehen und Bewunderung zu erregen. Gut, dass sie auf Ludwig gehört und sich für ein schlichtes Reisekostüm aus einem zwar teuren, aber strapazierfähigen und damit vernünftigen Wollstoff entschieden hatte. Dunkelbraun war es und erinnerte mit keinem Accessoire an die Tango-Mode, die zurzeit in den Metropolen der letzte Schick war. Der taillenkurze Bolero, den sie über das schlichte Kleid gezogen hatte, wirkte anmutig und solide zugleich, dem Hut hatte sie auf Ludwigs Anraten vor ihrer Abreise die Federn abgenommen, ihre Stola war zwar aus einem feinen Wollstoff, aber zum Glück schlicht gearbeitet und kam ohne überflüssiges Beiwerk wie Nerzumrandung, Seidenbesatz oder kunstvolle Stickereien aus. Die Kälte in ihrem Innern löste sich allmählich, die Hitze auf ihren Wangen verging. Es war, als hätte sie soeben die Bühne betreten und damit ihr Lampenfieber überwunden.

»Willkommen!«, rief ein Mann in ihrer Nähe.

»Bravo!«, stimmte ein anderer ein, als hätte sie bereits ihre letzte Koloratur gesungen.

Die meisten der Umstehenden hielten sich jedoch zurück und starrten Aletta nur neugierig an. Lediglich Getuschel und Gekicher war zu hören, Frauen wiesen sich gegenseitig auf Alettas Erscheinung hin, auf Einzelheiten ihrer Garderobe und auf die drei Kofferträger, die mit ihrem Gepäck beladen waren. Männer starrten ihr nach und fixierten Ludwig mit wissenden Blicken.

Erst als Aletta im Zug saß, kam Leben in die Menge. Nun drangen freundliche Rufe durchs Abteilfenster, es wurde gewinkt und gelacht. Einige drängten sich in die anderen Waggons, um mit ihr gemeinsam die Fahrt nach Westerland anzutreten, die meisten jedoch blieben an der Mole zurück.

Zu Alettas Erleichterung übernahm Ludwig die Konversation mit dem Kurdirektor, und seine Frau ließ schnell erkennen, dass sie froh war, schweigen zu dürfen. Sie fühlte sich der Gegenüberstellung mit einer gefeierten Sängerin nicht gewachsen und gab es nach ein paar Allgemeinplätzen schnell auf, ein gemeinsames Gesprächsthema zu finden. Nachdem sie Platz genommen hatten, war aus Frau Wülfkes Mund einiges herausgesprudelt, was sie sich offenkundig vorher zurechtgelegt hatte, aber als von Aletta nur ein schwaches Echo zurückkam, fühlte sie sich nicht bewogen, das Gespräch in Gang zu halten. Dass die berühmte Sängerin aus dem Fenster sah und sich auf diese Weise von der Frau des Kurdirektors abwandte, machte es beiden leicht. Die Fahrt dauerte nur eine knappe Viertelstunde, es war also nicht viel Zeit zu überbrücken.

Als die Inselbahn sich in Bewegung setzte, war der Abstand zu den Syltern, die zu Alettas Empfang an die Mole gekommen waren, groß genug, um sich mit einem freundlichen Winken dafür zu bedanken. Und der Abstand war ebenfalls groß genug, um nun doch heimlich nach bekannten Gesichtern Ausschau zu halten. Unterhalb ihrer breiten Hutkrempe erschienen flüchtig ehemalige Nachbarn, Schulkameraden und Geschäftsleute, zu denen sie früher von der Mutter geschickt worden war, um Besorgungen zu erledigen. Die Gesichter ihrer Angehörigen aber waren nicht dabei. Auch Pfarrer Frerich, Jorit Lauritzen und seine Schwestern konnte sie nicht ausmachen.

Zufrieden lehnte Aletta sich zurück, zog den Seidenschal vom Hals und schloss kurz die Augen, um zu zeigen, dass sie damit einverstanden war, von der Frau des Kurdirektors nicht unterhalten zu werden, weil die lange Reise sie erschöpft hatte. Sie hörte Ludwig mit Herrn Wülfke über das Attentat von Sarajewo reden und über die Idee, Sylt durch einen Eisenbahndamm mit dem Festland zu verbinden.

»Es geht jetzt los mit den Vorbereitungen für den Bau des Damms«, erzählte Wülfke stolz. »Die amtlichen Planungen sind abgeschlossen. Der preußische Landtag hat die Mittel dazu genehmigt. Zehn Millionen für elf Kilometer!«

»Möglicherweise ein wenig voreilig«, sagte Ludwig, »gerade jetzt mit den Bauvorbereitungen zu beginnen. Wenn es Krieg gibt ...«

Aber Wülfke ließ Ludwig nicht aussprechen. »Schon seit Jahren rüstet Europa auf, ohne dass etwas geschieht. Bisher wurde immer ein diplomatischer Kompromiss gefunden. Warum nicht auch diesmal?«

»Irgendwann ist die Diplomatie am Ende«, antwortete Ludwig. »Die Krupp AG in Essen hat längst schwere Artillerie produziert, auch Schiffsgeschütze für moderne Flotten. Ganz Europa ist auf einen Krieg eingerichtet.«

»Die Tat dieses verbohrten serbischen Nationalisten soll der Grund für einen Krieg sein?« Kurdirektor Wülfke sah seinen Gesprächspartner spöttisch lächelnd an.

Aber Ludwig blieb ernst. »Nicht der Grund, aber der Auslöser.«

»Umso wichtiger wird dieser Damm sein. Der Seeweg nach Sylt ist umständlich, vor allem die unzuverlässige Verbindung zwischen Hoyerschleuse und Munkmarsch. Ein Damm ist im Falle eines Krieges von strategischer Bedeutung. Im Fall einer Mobilmachung müssen Soldaten samt Kriegsmaterial so schnell wie möglich nach Sylt gebracht werden.«

Ludwig nickte. »Zur Verteidigung der Nordwestflanke.«

»Wenn sich das bis zum Winter hinzieht, wird es schwierig«, bestätigte Wülfke. »Die Fährverbindungen sind im Winter noch unzuverlässiger. Und die Arbeiten am Dammbau werden nicht so schnell fertiggestellt werden können.«

»Es wird nicht bis zum Winter dauern«, murmelte Ludwig.

Aber obwohl er leise gesprochen hatte, wurde er von Wülfke mit einem warnenden Blick in Richtung der beiden Damen getadelt, und er beendete das Gespräch sofort. Ludwig sah ein, dass der Kurdirektor recht hatte. Der Krieg war kein Thema für Frauen, und erst recht kein Thema für diese Stunde der Heimkehr nach Sylt.

Der Zug fauchte durch die Munkmarscher Heide. Einige Bauersleute, die auf den Feldern arbeiteten, unterbrachen ihre Tätigkeit und winkten der Inselbahn und ihren Insassen zu. In einem der Männer, die ihren Holzrechen durch die Luft schwenkten, erkannte Aletta einen früheren Klassenkameraden, und sie winkte lachend zurück. Erk hatte sicherlich längst den Hof seines Vaters übernommen, die große Scheune, die dazu gehörte, hatte in den letzten zehn Jahren vermutlich noch manchem Liebespaar Zuflucht geboten. Dort hatte sie Jorit gestanden, dass sie ihre Flucht plante, dort hatte er versucht, sie davon abzuhalten. Bis zu diesem Tag war er ihr Verbündeter gewesen, hatte als Einziger gewusst, dass sie nicht als Dienstmädchen zu Vera Etzold ging, sondern von ihr Gesangsunterricht erhielt. Er hatte sein Versprechen gehalten und niemandem etwas verraten, aber als er hörte, dass der Gesang ihn von Aletta trennen sollte, war Schluss gewesen mit seiner Loyalität. Nein, so weit sollte sie es nicht treiben, und wenn, dann wollte er dabei sein.

»Ich komme mit«, hatte er mit entschlossener Stimme gesagt.

Aber da hatte Aletta längst eingesehen, dass Jorit nicht mehr zu ihrem Leben gehören konnte, nicht zu dem Leben, das Vera ihr ausgemalt hatte. In diesen letzten Tagen auf Sylt hatte sie das Maß ihrer Lügen vollgemacht und auch Jorit betrogen, damit er nicht im letzten Augenblick ihre Pläne zerstörte, aus Enttäuschung darüber, dass er selbst nicht einbezogen worden war.

Tausendmal hatte Aletta sich später vorgestellt, was in ihm vorgegangen sein mochte, als er feststellte, dass sie ohne ihn die Insel verlassen hatte. Wochen später hatte sie ihm einen Brief geschrieben, aber Vera hatte verhindert, dass sie ihn abschickte. »Lass die Vergangenheit hinter dir! Wir haben ein großes Ziel! Nur daran darfst du denken. Also schau nicht zurück.«

Aber Aletta hatte zurückgeschaut. Immer wieder, Abend für Abend vor dem Einschlafen, Morgen für Morgen nach dem Aufwachen, und erst recht nach Veras plötzlichem Tod. So lange, bis sie Ludwig begegnet war. Er hatte vieles vergessen lassen, was bis dahin auf ihr gelastet hatte. Sie betrachtete ihn lächelnd, ohne dass er es bemerkte. Ludwig Burger! Sie hatte sich sofort in ihn verliebt …